XIANDAIHUA NONGYE ZHIL

XINXING NONGYE JINGYING TIZHI DE ZHIDU:

现代化农业之路

新型农业经营体制的制度性探析

信俊仁 编著

中国农业出版社

北 京

本书作者作为一名基层"三农"工作者，在繁重的工作之余还能沉下心来研究农业农村制度层面的问题，实属不易。

寿光农业，尤其是其冬暖式大棚蔬菜产业能够发展到今天这样的高度绝非偶然。党的十一届三中全会以后，实施了家庭承包经营责任制，拉开了改革开放的序幕，充分调动了农民的生产积极性，极大地释放了农业生产力。同时，党和政府不断加大对农业农村的支持保护力度，制定了粮食最低收购价政策，保护农民的种粮积极性，我国粮食保持了19年连丰；取消了在中国大地延续了2 600年的农业税；推动直接补贴种粮农民、高标准农田建设、农机补贴、高素质农民培育等政策的落实，使广大农民得到了切实的政策实惠，农民的收入不断提高，城乡收入差距不断收窄；如期打赢了脱贫攻坚战，实现中华民族第一个百年奋斗目标，全面建成了小康社会。我国农业农村保持着良好的发展势头，农业现代化建设取得了巨大成就。这是寿光农业取得巨大发展的时代和政策背景。

进入21世纪，党和政府对"三农"工作更加重视，自2004年至今已连续出台了21个针对"三农"的中央1号文件，党中央始终把解决好"三农"问题作为全党工作的重中之重。党的十八大以后，以习近平同志为核心的党中央，更是对"三农"工作高度重视，不断强化强农惠农富农政策，实施了一系列重大战略措施。党的十九大提出并实施的乡村振兴战略，成为新时代做好"三农"工作的总抓手，五级书记靠上抓，集中精力、人力和财力，全力推进农业农村现代化建设，进一步加快了农业农村现代化的建设步伐。党的二十大更是提出了加快建设农业强国，扎实推动乡村产业、人才、文化、生态、组织振兴的目标。

改革开放 40 多年来，我国农业现代化取得了不斐的成就，但由于种种原因，农业依然是我国"四化同步"中的短腿。在人民日益增长的美好生活需要和不平衡不充分的发展之间的这一我国社会主要矛盾中，最大的不平衡是城乡发展不平衡，最大的不充分是农业和农村发展不充分，"三农"问题依然是我国 2035 年基本实现现代化和到本世纪中叶全面实现现代化的最大制约因素。造成农业现代化短腿现象的原因很多，我认为主要有两条：一是我国长期实行优先保证工业发展、通过工业现代化来促进农业现代化的思路，致使农业农村长期处于"失血"状态；二是在"大国小农"基础上探索我国农业现代化具体道路问题时存在不少纷争，走了一些弯路。

党的二十大提出了"加快构建新发展格局，着力推动高质量发展"的要求，高质量发展已成为新时代经济社会事业发展的主题。经过 40 多年的发展，农业家庭经营如何与市场有效衔接的问题越来越受到人们关注，引导农民发展多种形式的联合与合作成为当今农业发展的内生要求，我国各种形式的农民专业合作社应运而生。农民专业合作社是发展现代农业的重要组织载体，也是推进农业经营方式转变的有效形式；没有农民专业合作社的有效运作，就难以补齐农业现代化这一短板。由于发展时间短、经验不足，我国农民专业合作社的发展出现了重数量、轻质量等问题，当前仍处于探索提升合作社发展质量的阶段。本书作者提出的政府搭建、优化、评价合作社建设平台的设想，是通过让农民直接参与合作社评议，优选各级合作社示范社，以此推动合作社的规范化运作，不失为破解合作社建设难题和实现高质量发展的办法之一，也是破解我国农业现代化发展制约因素的出路之一。

马克思主义认为，生产力决定生产关系，生产关系对生产力有能动的反作用。农业现代化是生产力和生产关系的统一，也可以说，是生产技术和组织制度的统一，有什么样的生产技术就必须要有与其相适应的组织制度，否则就会抑制生产技术的应用和发展。我国农民合作组织建设滞后成为当前阻碍我国农业现代化发展,以致成为全面实现现代化短板的原因之一。我国农业发展到今天,确实需要有一个农业制度上大的创新和突破,这个创新和突破,重点应当在发展农民的多种联合、合作以及社会化服务上,以构建起新型农业经营体系,推动乡村振兴,实现农业农村现代化。

我愿意为这本书作序,将该书推荐给广大读者特别是"三农"工作者,因为它是来自基层实践者的体会和心得。同时,我为有像作者这样埋头苦干、勤于思考、热爱"三农"事业的基层工作者而高兴。我相信,有千千万万个具有这样"三农"情怀的干部在努力,紧紧依靠群众,发动群众,上下同欲,乡村何愁不振兴?农业农村的现代化又何愁不能实现!

陈锡文

2023 年 7 月 20 日

路者，道也。《现代化农业之路》重点不是阐述现代化农业本身，而主要是为实现现代化农业探寻规律、方式、途径和发展方向。

农业的现代化是沿着两条路径向前发展的，一条是技术路径，一条是制度路径。也就是说，有什么样的生产技术，就需要有什么样的组织和制度与之相适应。在使用锨镢锄镰的传统农业时代，农业单纯依靠家庭经营就可以了；在机械化时代，农业必须实现在家庭经营基础上的合作；在信息化时代，不仅需要农民进一步合作与联合，还要求合作得更加紧密和全面，否则就会抑制生产技术的应用与发展。

农民合作组织是发展现代化农业不可替代的重要组织形式，是组织农民、联结市场、畅通与政府关系的纽带、载体和桥梁，是"三农"工作的重要抓手，这已成为广泛共识。

由于我国农民合作组织建设起步较晚、发展经验不足，合作社不规范现象较为普遍，已严重影响到合作社制度的落实，制约着农业农村现代化乃至整个现代化的实现。但至今尚未找到切实可行、能有效促进合作社规范发展的方法。党的十九大提出实施乡村振兴战略，为实现农业农村现代化吹响了集结号，提供了政策支持，同时也增强了解决农民合作组织建设问题的紧迫感。

本书的重点是试图从建立一种合作社优化实施机制入手，破解农民专业合作社建设难题，以促进现代化农业发展。

本书共分为四大部分。

第一编，现代化的发展历程及含义。我国农业现代化建设在取得巨大进步和成就的同时，也走过弯路。通过深入分析就会发现，我们过去所走过的弯路和今天农民合作组织建设中所遇到的问题，同属于一个原因，那就是对现代化根本规律的认识不够。所以，本书首先从介绍现代化本身开始。

第二编，现代农业经营体制的建立。要想发展现代化农业，现代农业经营体制的建立是关键，而体制建设的核心是农民合作组织建设。本书针对我国农民合作组织建设中存在的问题进行层层分析，最终找出其根本性制约因素，在此基础上制定出一套有针对性的符合我国国情特点的合作社优化实施机制，将合作社制度落到实处，现代农业经营体制也由此得到建立。

合作社是一个舶来品，产生于西方，它本身是一项制度。合作社制度的引进不同于技术，无法完全照搬和移植。制度的背后是文化，要想使合作社制度在我国落地生根，必须将合作社所处的文化差异弄清楚。因此，本书不断深入到东西方文化的比较中去理解和认识，这既是合作社优化实施机制建立的需要，也是增强合作社优化机制实施自觉性的需要，更是提高合作社建设艰巨性认识的需要。

第三编，实施乡村振兴战略。在现代农业经营体制建立的基础上，现代化农业的各项事业就可以顺利开展了。乡村振兴战略的总目标是实现农业农村现代化。乡村振兴战略的实施，就是围绕农业农村现代化的实现而展开的，它包括了当前农业农村现代化建设的所有内容和任务。为突出乡村振兴战略中的有关现代化建设的重点事项，也为阐述方便，特将新型农业经营体系构建、农产品品牌建设和农产品多层次市场建设，从乡村振兴战略中单独列出并展开叙述。

附编，人类社会三大工具技术时代及未来农业贡献。人类社会已经历了两次大的工具技术阶段，现已发展到信息技术时代，通过总结前两次工具技术阶段的发展经验，找出第三大工具技术阶段及发展趋向。

　　第三大工具技术发展到信息技术时代，将会迅速改变人类社会的未来。我们现在一只脚才刚刚迈入农业现代化的发展进程，另一只脚（还处在传统农业中）抬起，它迈入的将是后现代农业阶段。在本书的最后，阐明工具技术发展所带来的社会变化，进而分析新技术工具条件下，未来农业对中国及人类的贡献。

编　者

2023 年 12 月

目录
CONTENTS

第二编　现代农业经营体制的建立

附编 人类社会三大工具技术时代及未来农业贡献

第一编 PART ONE

现代化的发展历程及含义

发展农业现代化，首先要知道什么是现代化。不仅要掌握其内涵，还应把握其内在规律。

农业现代化与现代化之间是部分与整体、分支与总体的关系。农业现代化是现代化在农业的实现形式，其发展规律存在于现代化的根本发展规律之中。要想找到现代化农业之去路，须从现代化之来路中找寻规律。

从我国现代化事业的发展实践来看，相较于其他现代化，农业现代化所遭遇的挫折最大，走过的弯路更多，及至今天，我们在组织农民方面依然缺乏行之有效的方式方法，致使农业现代化成为制约我国整个现代化事业发展的短板。当然，导致农业现代化滞后的原因很多，但最为关键的，还是对现代化根本规律的认识不足和掌握不准，这就需要从现代化的本源中深入认识和发现规律，为未来农业现代化发展提供遵循。

第一章

现代化产生的环境条件

现代化发端于西欧，其中英国率先走上这条道路。为什么现代化不是发生在其他区域，而单单产生于西欧？同时，"现代化最早是以资本主义的形式出现的"①，而资本主义起源于中世纪西欧的封建社会。因此，讨论现代化就需要回溯到中世纪的西欧，看它以怎样不同于其他地区的文化、政治、经济和社会环境条件孕育了现代化。

第一节　西方基督教文化

在人类社会开始向现代转型时，世界范围内主要存在四大文化圈，分别是东亚的儒教文化圈、南亚的印度教文化圈、中东的伊斯兰教文化圈和欧洲的基督教（天主教、新教和东正教）文化圈。此外，还分散着一些尚未形成体系的边缘文明，如非洲撒哈拉以南地区的黑人文明、南部美洲地区的印第安文明等。各文化圈之间保持相对孤立和隔绝的状态。

基督教文化是西方社会的主流意识形态，西方现代社会的来临首先是从基督教文化领域的变革开始的。

基督教是对信奉耶稣基督为救世主的各个教派的统称。从某种意义上说，基督教的起源根基是耶稣基督的诞生。1世纪，基督教发源于当时罗马帝国属下的巴勒斯坦省。基督教来源于犹太教，继承了犹太教的《圣经》及许多文化传统，信仰上帝（天主）创造并主宰世界。

基督教自产生后即开始向外传播，并建立了初期的基督教教会。基督教在发展初期尤为艰难。由于基督教属于一神教，不承认其他"神"的存在，与罗马社会的多神教相冲突，冒犯和威胁罗马氏族神权、皇帝权威和帝国统治，屡

---

① 钱乘旦：《世界现代化历程》，江苏人民出版社，2012，第147页。

遭罗马统治者的打击和镇压。

基督教同世界上其他宗教学说一样，都因应社会的需要而产生、兴起与发展，是社会时代发展的产物。基督教产生于古罗马由共和体制刚刚转向帝国体制时期，发展于罗马帝国的衰亡时期。由于社会动荡、官僚腐败、民众生活苦难，基督教成了大众普遍厌世情绪和绝望心理的解药，其救世福音和天国说成为当时令人信服和具有吸引力的心灵庇护所。打击迫害没有阻止基督教的发展，最终罗马执政当局还是取消了反教会政策，313 年，罗马帝国西部皇帝君士坦丁大帝发布"米兰敕令"，正式承认基督教的合法地位。392 年，罗马皇帝西奥多修斯一世颁布命令，关闭一切氏族神庙，废除其他一切旧有宗教，并禁止其他一切异教活动。基督教自此成为唯一合法的宗教，即罗马帝国的国教。

罗马帝国于 395 年一分为二，其中西罗马帝国于 475 年被日耳曼人推翻而灭亡；东罗马帝国又存续了近 1 000 年，灭亡于 1453 年的奥斯曼帝国。西方人把西、东罗马帝国灭亡之间的这个时段称为中世纪。

因为罗马帝国分裂为东、西两部分，东、西罗马帝国也相应分成了两个教会，即以罗马为中心的西派教会和以君士坦丁堡为中心的东派教会。东、西两派因教义上的分歧以及最高领导权、势力范围及世俗经济利益的矛盾，于1054 年彻底决裂，西派自称公教（即天主教），东派自称正教（即东正教）。

16 世纪，德国教士、神学家马丁·路德（Martin Luther）针对教会的腐败和敛财行为，提出了人可以直接和上帝进行沟通的思想；之后，法国神学家约翰·加尔文（John Calvin）进一步推动，拉开了宗教改革的序幕。西派的天主教分化出一个新的教派——新教，形成了基督教的三大派别——天主教、正教和新教，当然还产生了一些小的教派。到目前为止，从信众数量、教会规模及其影响力来说，基督教可称得上世界第一大宗教。

中世纪基督教表现出三个特点：

一是西方社会在基督教文化上的统一。基督教被古罗马官方承认为唯一合法的宗教后，基督教会作为一种新生的机制逐步遍及整个罗马社会。日耳曼人入侵并消灭了西罗马帝国，但由于文化上的落后，尽管成为这片土地上新的主人，却归顺了罗马天主教会。在欧洲东部，斯拉夫人威胁着东罗马（拜占庭）帝国，却同样接受了东正教的洗礼。"西欧东、西两部分虽在政治上分开，却在基督教的基础上组成一个共同的'西欧'，而古代的希腊、罗马文明也转化成真正的西欧文明。"① 基督教会在中世纪始终发挥着"黏合剂"的作用，而

① 钱乘旦：《世界现代化历程》，江苏人民出版社，2012，第152页。

基督教则扮演了统一意识形态的角色。

二是基督教成为最大的世俗力量。基督教在西欧不仅起着主流意识形态作用，同时还是封建社会结构中最大的封建主，是实实在在的实体机构。各地基督教修道院拥有大量庄园地产，每个庄园包含若干村庄。例如，8 世纪，圣汪列尔修道院拥有 4 264 处庄园；12 世纪，佛尔达修道院在萨克森、条麟吉亚等五地各有 3 000 处庄园。即使很穷的圣乌尔立喜修道院也有 203 处庄园，每处庄园有 1～6 个村庄。中世纪的罗马教会是集行政长官、地主、收租人、征税者、物质生产者、大规模的劳动雇主、手艺人、商人、银行家和抵押掮客、道德监护人、教育者、信仰的强制人等于一身的组织。[①] 有人常说，"中世纪历史基本上是中世纪教会的历史"[②]。

三是教会促进文化教育的发展和科学思维方式的产生。为促进基督教传播发展，基督教会创办了大量学校。特别是中国的印刷技术通过伊斯兰世界传播到西欧后，印刷变得迅速且成本低廉。文化传播加快，为教会学校的快速发展提供了条件，西欧后来很多有名的大学就是从中世纪教会学校发展而来的。教会学校的目的是培养神职人员（教士），起初主要是招收贵族子弟，后来逐步增加到招收一般家庭子女，并增加了自然知识课程。随着教育能力的提高，天主教会在大修道院和附属学校设立专门的经院，教授基督教知识和理论（经院哲学）。早期只是对基督教的圣经、信条加以阐释，或对典籍和文献等部分内容进行注释。后来，在"十字军东征"和"失地"收复过程中，在欧洲大陆久已佚失的亚里士多德（Aristotle）等古希腊典籍于穆斯林统治区被找回。11 世纪后，亚里士多德哲学著作和阿拉伯哲学等文化的传入，以及基督教异端出现，迫使经院哲学家为维护基督教信仰而对神学进行专门研究。结果从中催生了论证神学的辩证方法。

宗教虽然与科学相对立，但基督教因循犹太教传统，坚持只有一个上帝且上帝是一位理性的存在，由此进一步发展到上帝所造的人类——我们的生存世界——每一事物都受到上帝的监督并被置于上帝的规则之中，这就可以通过理性的过程去学习和研究。[③] 因此，有学者提出了"科学的背后有基督教的预设"的观点。确实，后来的很多神职人员成了科学家，如哥白尼（Kopernik）就用 30 多年业余时间写成了《天体运行论》。基督徒成为科学探索的先锋

---

① 钱乘旦：《世界现代化历程》，江苏人民出版社，2012，第 160－161 页。
② 汤普逊：《中世纪经济社会史》下册，耿淡如译，商务印书馆，1997，第 210、262 页。
③ 张绪山：《经院哲学：近代科学思维之母体》，侯建新主编《经济——社会史评论》，生活·读书·新知三联书店，2005，第 185－186 页。

群体。①

此外，西方宗教改革后的新教伦理为西方近代文明的出现做出了重大贡献，马克斯·韦伯（Mak Weber）认为，资本主义精神受新教观念的影响，"新教观念波及之处，都产生了有利于合理的资产阶级经济生活发展的影响。……它是养育现代经济人的摇篮的护卫者"②。总之，基督教对于中世纪的西欧社会具有重要的积极意义，它使处于严重分裂状态下的西欧拥有了统一的信仰体系，提升了西欧封建文明在文化和精神生活上的整体一致性。基督教文化与古希腊、罗马古典文化共同构成了中世纪以后的西欧文明。

第二节　封建社会形态

封建形态是中世纪西欧最显著的特征。③

对封建社会形态一般有两种理解：一是先秦时期特别是周朝时期的"封邦建国"制；二是按照马克思主义关于生产资料所有制性质划分的秦汉时期之后的社会形态。而西欧所形成的封建社会形态，则如同我国秦代之前体制上的分封制和井田制解体后形成的土地私有关系的结合体。

西欧封建关系的来源，主要是日耳曼人将战争中获得的主要成果——土地逐级分封。作为一种抚恤方式，国王将土地分配给他们的封臣，封臣进一步分给下一级封臣，即大封建主分封给中封建主，中封建主分封给小封建主，以此类推，最后及至农民。这种以土地分封为主要内容的经济结构是西欧封建社会的重要基础。

"封建"一词在拉丁文中是将土地分给有功之臣的意思，土地的分封只是封建制度的主要内容和形式，但它还包含很多权力（权利）和义务。法国历史学家马克·布洛赫（Marc Bloch）对西欧封建主义所做的定义包括六个方面：依附于封建领主的农民；佃领地（即采邑）不实行薪俸制，而是附有军役义务；优越地位的专职武士等级；人与人之间是一种服从与保护的关系（在武士等级内部被称作附庸关系）；一种无序混乱状态的权威分割；家庭和早期国家形式成为封建社会后期国家复兴的重要力量。④ 汤普逊（Thompson）更简洁地回答了什么是封建制度，"封建制度是一种政治形式，一种社会的结构，一

---

① 施密特：《基督教对文明的影响》，汪晓丹、赵巍译，北京大学出版社，2004，第201－202页。

② 马克斯·韦伯：《新教伦理与资本主义精神》，黄晓京、彭强译，四川人民出版社，1986，第163页。

③ 钱乘旦：《世界现代化历程》，江苏人民出版社，2012，第153页。

④ 马克·布洛赫：《封建社会》下卷，张绪山译，郭守田、徐家玲校，商务印书馆，2004，第704－705页。

种以土地占有制为基础的经济制度"①。

封建制度表现出的是一个金字塔式的社会等级结构。金字塔顶端是世袭的君主，其下是一层一层的封建主，农奴处在金字塔的最底层。封建化程度越高，自由农越少。"人各有其主"是基本特色。

封建社会的金字塔结构不是一个有机体，其结构链接只在上下相邻的封主与封臣之间，权利、义务也只是在这层关系中。也就是说，高一层的封建主只对其直接受封人有号令权，而低一层的封建主也只对他的直接封主（上层封臣）有服从义务。这就决定了即使国王也并不一定能号令所有的贵族，大贵族也不见得能号令比他隔一层的小贵族，"我的附庸的附庸不一定是我的附庸"。这种附属关系有些像周天子与各诸侯国之间的政治结构关系，与我国秦汉以来的大一统皇权统治的社会形态的所谓"封建"不一样。因为西欧封建社会是分权的，我国大一统的皇权是集权的。

西欧封建社会封主与封臣的权利、义务关系是通过契约关系确认的。小领主置于大领主的保护之下，同时作为回报，提供劳役，并为大领主打仗。

土地分封方式必然导致封建社会权力结构的分散。各封建主在自己的采邑内行使独立完整的司法和行政权，即每一个庄园都是一个独立的行政、司法单位。恩格斯（Engels）说："领主身兼立法者、裁判官和判决执行人，他成了自己领地上的完全不受任何限制的统治者。"② 当然，领主与封臣之间的契约关系，实际构成了封建制度的规范，即使是封建主，如果不履行义务也会遭到反对。至于领主审判权的大小，不同国家和地区有所不同，英格兰最小，法兰克最大。领主的审判权至少包括有关劳役、份地、赋税和耕种等问题，庄园都有自己的法庭，由农民组成陪审团，领主的管家任庭长，按照"庄园的惯例"进行裁决。③

第三节　商业和城市

西欧商业和城市具有不同于其他世界的产生机理和运行机制，这是其最大的特点。

西欧封建社会的权力结构分散，在纵向上主要依靠封主与封臣之间的契约关系，使权力不能进一步延伸到下一个层次，左右领主之间也不发生关联。这

① 汤普逊：《中世纪经济社会史》下册，耿淡如译，商务印书馆，1997，第303页。
② 马克思、恩格斯：《马克思恩格斯全集》第21卷，中共中央马克思恩格斯列宁斯大林著作编译局译，人民出版社，1972，第281页。
③ 亨利·皮朗：《中世纪欧洲经济社会史》，乐文译，上海人民出版社，1984，第56-57页。

就使封建制度间形成众多的间隙，为封建体制外商业和城市的产生与发展提供了条件、减少了阻力。

罗马帝国后期，由于商业的退化，贵族、商人纷纷投入地产，日耳曼人的入侵使西罗马帝国原有的商业与城市迅速衰落。西欧进入封建化过程中建立起来的庄园制度是一种特殊的经济结构，它无需商业的存在，因为庄园是自给自足的独立的自然经济社会单元，所需生产、生活资料都由自身内部提供，很少与外部交流。西欧经济由原来的货币化状态退回到实物交易的非货币化状态。

分封制形成的是一种封建割据状态，实际就是一个缺乏统一的权力分散格局，导致国王与国王之间、领主与领主之间战乱不断，可以说，无休止的战乱成为中世纪西欧社会的常态。领地贵族从安全考虑，凭城堡以自固，他们居住在城堡内。由于教堂及封建主需要不同的手工业者和商人为其提供各种服务，所需工匠就留居在城堡附近，由此逐渐形成了"外堡"，这些外堡兼有工匠和商人居住及生产和商品交易的作用，这就是城市的早期雏形。

封建主在初期围绕土地做文章，通过与农奴之间的契约权利和义务关系，来保证整个地盘不受侵犯，并保护好自有土地的收益和农奴的生产积极性。

经济的发展使封建主和外界经济联系的增多，如销售自产和农奴们缴纳的农产品，为发展庄园生产而购买新式农具，以及庄园主为自己购买的高档消费品等。为了提供这些方面的方便，国王、贵族及教会等各式封建主都在其"外堡"开辟土地，建立市场。当货币的中介作用取代了物物交换，使交易省却了很大麻烦的时候，封建主便相应改变了劳役或收缴实物租，采取货币租的形式，由此，农奴也不得不将农产品兑换成货币。再加上贵族阶级的奢侈生活所需，市场就成了必需且更加活跃了。在城堡的基础上加上市场交易，就成了名副其实的"城市"。

各个封建主之间是互不统属的，处于一种相互对抗的状态。在混乱不安的西欧封建社会中，要想在激烈的竞争中站住脚跟很不容易。如农奴的逃跑，从最初的个别现象发展到最后大量农奴的逃跑。庄园主之间为招引对方有手艺的工匠和接受逃亡来的普通农奴时常产生纠纷，如何加强自身实力就成了当务之急。当封建主发现城市能够起到庄园本身难以满足的要求的作用，且能够带来多种好处（提取税收比例、留住并吸引农奴、生产生活的便利）时，发展城市和商业就成了封建主最现实、最直接、有效的选择。

各封建主之间相互借鉴他人经验，积极为城市发展提供"扶持措施"和优惠条件，如采取较轻的和确定的赋税、较开明的司法、修整好的道路、桥梁等为条件，招引农奴充实新城。西欧曾出现一场大规模的"城市运动"。亨利·

皮雷纳（Henri Pirena）曾形容道："在那个令人神往的平原上，城市像庄稼一样茁壮成长。"[①]"在 11—13 世纪，西欧各国新建了大约 5 000 个城市或城镇。"[②]"从十世纪中期到十四世纪，城市的数目逐日增长，整个西欧几乎布满了城市。法国拥有五百个城市，德意志拥有三千个之多，英格兰有二百七十五个城市。"[③]

中世纪西欧城市的发展还有一个特点，就是商人自治。特别是在 11 世纪完全封建化以后，凡地皆有领主，这就决定了所有城市都处于封建主领地或教会领地、或国王领地、或世俗领地之上。工商从事业者的每一项权利都无法越过封建主的许可。从最初人本身的"自由"许可权到最终的城市"自治权"，商人及工匠权利获得的方式都是不断通过特许状的形式被固定下来的。也就是说，这些权利不是无偿获得的，很多是通过金钱从封建主手中一样一样买来的，后来涉及更广泛利益的权利时，还要从国王手中购买。以至于资产阶级在争取现代政治权利时说，他们的每一项权利都是用金钱买来的。此话不谬，也道出了西欧城市发展的特点。当然，也有些城市的自治权是由城市领主主动授予的。封建领主授予城市的自治特许状是城市市民与封建领主达成的一种类似于封建契约的事物，"这是在封建世界几百年来有效的契约原则扩充到非封建世界"[④] 的表现。

随着商品经济的发展，商人及工匠在教堂或城堡附近的聚居地规模不断扩大，其重要性也渐渐超过了封建城堡。"早期市民"即商人阶层从国王或贵族手中争取的"自治权"不断积累和扩大。早期市场的开设和管理权掌握在领主或教会的手中，而逐步形成的城市则由市民选举官员，民选官员组成自治政府，由此市场的管理权、司法权、征税权、货币铸造权以及对度量衡的规制等内容逐步成为市民权利的一部分，被写进了城市法。

征税、司法等权利的取得标志着城市自治的开始。交付给领主的款项，是"由市民自己分配和收集的，不是通过领主的手下人。从此城市有了征税权，有了独立的财政"[⑤]。这一点意义很大。这些自治机构的本质不同于封建主派出的管理人员，同时还反过来担负着统一和国王及封建主打交道、交税的职责。

---

① 亨利·皮雷纳：《中世纪城市》，陈国栋译，商务印书馆，1985，第 57 页。

② 雷恒军：《中世纪西欧城市的商人自治研究》，《陕西理工学院学报（社会科学版）》2011 年第 3 期，第 11 页。

③ P. 布瓦松纳：《中世纪欧洲生活和劳动》，潘源来译，商务印书馆，1985，第 194 页。

④ 汤普逊：《中世纪经济社会史》下册，耿淡如译，商务印书馆，1997，第 425 页。

⑤ 蒋相泽：《西欧中世纪城市的兴起》，《中山大学学报（社会科学版）》1957 年第 1 期，第 160 页。

封建主发展城市的目的就是为了获得最大的好处，在促进城市发展的同时又对城市及商业极力进行控制，以期使城市保留在封建社会的体制内，这就成了资产阶级发展的障碍。而市民阶层队伍日趋增加，反对力量日益壮大，封建主不仅"在经济方面开始成为多余，甚至成为障碍"，而且"在政治上也阻碍着城市的发展"。① 因此，封建主对商业和城市发展的态度经过了从最初的扶持培育到与市民阶级势不两立，到最后的无可奈何。

城市商人自治体制的始作俑者是威尼斯人。② 生活在罗马帝国废墟上的意大利人原本就有着民主与自治的政治传统，11 世纪罗马帝国皇帝和教皇在意大利的权力斗争又为各城市争取自治或独立提供了良好的政治机遇。教皇为削弱世俗皇帝的权力从而巩固自己的统治地位，支持市民和商人的自治行为，最终使皇帝几乎完全放弃了管理城市内部政治事务的权力，只对城市保留了一个徒有虚名的宗主权。"由于城市集团没有传统的统治者，而且传统的统治者既缺乏手段，又没有帮助他们的意图，城市集团不得不为自己提供一系列的防制措施。市民阶级凭着自己的努力，在 11 世纪时，已经使市政组织初具规模，12 世纪时他们已经掌握了一切的主要市政机构。"③

"在获得自治权之后，各个城市纷纷将商业确定为城市的主导产业，商人在城市政府的组成与政策法律的制定方面均占据主导地位，这样一来，绝大多数的北意大利城市也变成了商人自治的城市共和国。""商人自治体制同样给这些北意大利城市带来了前所未有的商业繁荣，一大批的意大利城市，如米兰、佛罗伦萨、热那亚、比萨等也迅速成长为国际化的商业贸易中心，并跻身于当时的商业强国之列。如果说威尼斯的崛起是促使商人自治体制在西欧确立的第一冲击波，那么，北意大利城市群的商业繁荣和迅速强大则是促使商人自治体制在西欧确立的第二冲击波。"④

西欧中世纪城市兴起以后，几乎都出现过争取自治的运动，尽管各城市的方式和结果不完全相同，但是城市自治运动的本质都是一样的。⑤

商人和工匠的生活从与土地的关系中脱离出来，并获得自治，形成了早期的市民社会，这个市民阶层为资产阶级的产生和发展奠定了基础。"从中世纪

---

① 马克思、恩格斯：《马克思恩格斯全集》第 21 卷，中共中央马克思恩格斯列宁斯大林著作编译局译，人民出版社，1972，第 454 页。

② 雷恒军：《中世纪西欧城市的商人自治研究》，《陕西理工学院学报（社会科学版）》2011 年第 3 期，第 10 页。

③ 亨利·皮朗：《中世纪欧洲经济社会史》，乐文译，上海人民出版社，1986，第 48 页。

④ 雷恒军：《中世纪西欧城市的商人自治研究》，《陕西理工学院学报（社会科学版）》2011 年第 3 期，第 11 页。

⑤ 金志霖：《试论西欧中世纪城市与封建主的关系》，《历史研究》1990 年第 4 期，第 160 页。

的农奴中产生了初期城市的城关市民，从这个市民等级中发展出最初的资产阶级分子。"① 美国经济史学家汤普逊特别强调西欧中世纪晚期的商业与城市的兴起，认为它们是西欧现代化的主要原因，"工商业的兴起促进了城市生活的产生，新的城市生活又使中世纪社会产生了新的阶级，即资产阶级和市民阶级"②。

由于资产阶级"置身于以土地封授为基础的西欧封建社会的基本结构之外，并慢慢地培育出一种与主流社会意识不同的新型文化，发展出一套完全异化的价值观念，这就是雏形中的资本主义意识形态"③。起初，相对于庞大的封建农业社会，资产阶级是弱小的，但却是充满活力的有机体，使"经济作用支配了一切"，最终成为封建制度的掘墓人。

我们必须清楚一点，中世纪城市和罗马城市两者之间没有连续性，它不是在旧罗马基础上的承继物，而是一种新生的经济关系。马克思认为，"这些城市小是从过去的历史中以现成的形式出现在中世纪，而是被解放的农奴重新组建的，它拥有了某种经济的职能"④。

除了西欧，其他地区并不存在相同的情况。日本明治维新之前的社会被认为与西欧封建社会很相像，但日本的商业和城市，即使在江户幕府时期，依然处于传统主流社会的控制之下。⑤

中国的商业和城市始终在体制内发展，受社会主流体制的制约。中国社会具有官办工商业传统，盐铁等重要生产生活资料长期在官府的严厉控制之下运行，并且这种传统非常久远，周代就开始了。即使到了清末洋务运动时期，工商官营仍是主要经营方式。中国的城市主要起政治功能的作用，城市首先是政治中心、官府机关所在地，城市中的商会、行会等组织，主要不是发挥为商人和行业服务的商业功能，而是作为国家体制内的准衙门机构，是控制工商团体的手段。

世界上其他地区和中国一样，无论城市多么繁荣，商业多么发达，都没有导致独立的城市经济和市民阶级的产生。比如，当时中国的泉州和扬州等城市，其繁华程度远远超过同时期的威尼斯和热那亚；再如阿拉伯的商业，当时

---

① 马克思、恩格斯：《马克思恩格斯选集》第1卷，中共中央马克思恩格斯列宁斯大林著作编译局译，人民出版社，1972，第252页。

② 詹姆斯·W. 汤普逊：《中世纪晚期欧洲经济社会史》，徐家玲译，商务印书馆，1996，第7页。

③ 钱乘旦：《世界现代化历程》，江苏人民出版社，2012，第158页。

④ 马克思、恩格斯：《马克思恩格斯选集》第4卷，中共中央马克思恩格斯列宁斯大林著作编译局译，人民出版社，1956，第141页。

⑤ 钱乘旦：《世界现代化历程》，江苏人民出版社，2012，第158页。

伊斯兰教扩张到整个地中海地区，商业非常发达，阿拉伯商人曾垄断东西方贸易，大马士革、巴格达和中国长安是当时世界上的三大城市。即便如此，这些城市的商业始终处于政权力量的控制之下，诸如西欧中世纪那种城市经济和市民阶级等新因素无从发展[①]。体制内的新力量往往为该体制所吸收，也可能被扼杀，很难成长为取代这个体制的社会力量。

西欧的城市和商业产生于主流体制之外，是在特殊社会制度环境下产生的特殊组织形式，在世界上是绝无仅有的特例。西欧封建社会看似是一个权力非常松散的社会，但它是严格按照契约原则建立起来的，并且等级和身份制严格，封建结构本身缺乏弹性，是一个刚性的体制。厉以宁认为，由于其"权力结构固定，权力行使方式也僵化而不会改变，由此各权力之间出现了空隙，便于体制外的异己力量滋生成长，……最终导致封建社会的崩溃和资本主义社会的诞生。所以说，只有在西欧刚性体制的封建社会中，才有可能产生原生型的资本主义"[②]。

---

① 庞卓恒：《中西封建专制制度的比较研究》，《历史研究》1981年第2期，第3-13页。

② 厉以宁：《资本主义的起源》，商务印书馆，2003，第1-2页。

第二章

西方思想文化变革

现代化产生于西欧。

现代化实际上是从传统社会向现代社会的转变过程，其间发生了一系列变化，变化的起点是思想文化的变革。

第一节　西欧文艺复兴

现代化的来临首先从文化变革开始。文艺复兴是西方思想解放运动之先声，为现代化的来临做了精神上的准备。

西方学者一般把 1500 年作为划定传统社会与现代社会的分界线[①]，但现代化却被普遍认为从意大利的文艺复兴开始。美国历史学家斯塔夫里阿诺斯（Stavrianos）认为："现代化包括文艺复兴和宗教改革、经济扩张……这些发展引起了伟大的科学革命、工业革命和相继出现的政治革命形式上的链式反应；这些革命对从 17 世纪到今天的人类历史产生了影响。"[②] 不过，14 世纪中叶到 16 世纪的文艺复兴，是从中世纪转向现代文明的一个过渡时期，不属于断代时期或转折点。

文艺复兴是一场反映新兴资产阶级要求的欧洲思想文化运动，与宗教改革、启蒙运动并称为西欧近代三大思想解放运动。

"复兴"具有"重生"和"再生"的意思。所谓文艺复兴，是相对于中世纪文化"黑暗时代"而言，意即复兴古希腊罗马时期的繁荣文化。

在中世纪的西方，由于没有形成一个强有力的统治政权，封建割据所导致

---

① 何传启：《现代化概念的三维定义》，《管理评论》2003 年第 3 期，第 8~14 页。

② 斯塔夫里阿诺斯：《全球通史：从史前史到 21 世纪》下册，吴象婴、梁赤民、董书慧等译，北京大学出版社，2006，第 372 页。

的战争频繁发生，科技和生产力发展几乎停滞。特别是，基督教教会作为当时封建社会的精神支柱，建立了森严的等级制度，掌控着一切；社会笼罩在宗教、神学和封建制度的控制之下，文学艺术陷入死气沉沉的局面。

文艺复兴始于 14 世纪西欧经济和文化中心——意大利，最早兴起于意大利的佛罗伦萨，后扩展至整个西欧，在 16 世纪达到顶峰。这一运动从产生、发展、走向辉煌前后经历了近 300 年时间。最初，文艺复兴反映的是当时意大利的价值观和社会需求，随着在西欧各国发展中的不断深化，带来了一场艺术、宗教及科学的革命，包括后来发生的一系列重大历史事件。

文艺复兴之所以发生，是众多因素共同作用的结果。一是先期教育的发展。"文艺复兴更直接来自于文化上发展演变的因素。"[①] 西欧素有重视教育的传统，这一传统可以追溯到中世纪早期，近代意义上的学校教育就是在中世纪的基础上得到了新的弘扬。6 世纪西欧就出现了修道院学校，7 世纪时，在修道院教育基础上发展起了较正规的主教学校机构。"12 世纪后期到 13 世纪，西欧许多王国也纷纷成立大学，如著名的英国的牛津大学和剑桥大学、法国的蒙彼利埃大学、意大利的帕多瓦大学、西班牙的帕伦西大学以及葡萄牙的里斯本大学等都在这个时期成立的。据统计，至 1500 年时，欧洲实际存在的大学总共有 79 所。"[②] "它活跃了当时的思想文化生活，并为文艺复兴时期的人文主义运动提供了人才基础和思想基础。"[③]

二是新型政治体制的出现。中世纪后期西欧经济开始复苏，意大利出现了城邦共和体制。城邦是一种新的政治和社会组织形式，具有很大的自主和独立性，商人和商业成为城邦国家的社会基础。

三是黑死病发生。11—13 世纪的十字军东征从东方带来了黑死病，使欧洲在 14 世纪中期发生了一场夺走欧洲总人口 1/3 的大瘟疫。教士的表现令教徒很失望，人们在加剧的恐慌面前，开始怀疑宗教神学的绝对权威，导致了对上帝万能论的动摇和对人生问题的深入思索。

四是优先接受了新技术。意大利占有邻近东方的便利，较早接受了通过阿拉伯穆斯林传播的东方造纸和印刷技术，提高了文艺传播速度和效率。

五是古希腊罗马历史文化典籍和艺术的重新发现。十字军东征带回来的，以及 14 世纪末奥斯曼帝国不断入侵拜占庭使东罗马人纷纷逃往西欧避难所带来的大量的古希腊和罗马的艺术珍品和文化典籍，加上逃亡西欧的东罗马学者

---

① 刘建军：《论欧洲文艺复兴运动新文化的多重起源》，《东北师大学报（哲学社会科学版）》，1999 年第 2 期，第 63 - 72 页。

② 阿伦·布洛克：《西方人文主义传统》，董乐山译，三联书店，1997，第 104 页。

③ 阿伦·布洛克：《西方人文主义传统》，董乐山译，三联书店，1997，第 106 页。

对希腊辉煌历史文明和哲学文化的介绍，使许多西欧学者感受到古希腊罗马时期的文化和艺术与人们所追求的精神境界相一致。

当然，在所有导致文艺复兴运动发生的诸要素中，最主要和最根本的还是当时社会生产力发展带来的物质基础及由此带来的人们思想意识和道德观念的变化。

10世纪时，西欧东南部经济已经在封建制度下开始复苏。11世纪后，随着经济的复苏与发展，城市生活水平有了很大提高。文艺复兴初期，意大利城市社会已表现出繁荣的景象，资本主义生产关系已处于萌芽状态。意大利占有有利贸易区位，在获取丰厚直接经济利益的同时，工业也得到同步发展。"到1400年左右，威尼斯商人的船队已由300条'大船'、3 000条小于100吨级的船和45条大帆船组成，配备的船员总计大约28 000人。威尼斯码头还雇用了6 000名木匠和其他工人。意大利其他城市，如佛罗伦萨、热那亚、比萨和罗马的情况也都如此。"[①]

资本主义萌芽的出现为这场思想运动的兴起提供了可能。城市经济的繁荣使新兴资产阶级因事业的成功更加相信个人的价值和力量。工厂手工业和商品经济的发展，使普通人改变了以往对现实生活的悲观绝望态度，开始追求世俗人生的乐趣。

新兴中产阶级在惊讶于古希腊罗马的历史文化成就的同时，认为中世纪文化是一种倒退，应以古典为师，力图复兴古典文化。文艺复兴中的人文主义者通过文学、艺术等形式讽刺、揭露天主教会的腐败和丑恶，在文学艺术的表达方式上突出人的真实感情，反对虚伪和矫揉造作。在诗歌、文学、绘画、雕刻、建筑、音乐各方面均取得了突出成就，涌现出很多反映时代特点和要求的优秀文化艺术作品及代表性人物。比如，但丁（Dante）的《神曲》，乔万尼·薄伽丘（Giovanni Boccaccio）的《十日谈》，达·芬奇（da Vinci）的《最后的晚餐》《蒙娜丽莎》，莎士比亚（Shakespeare）的《罗密欧与朱丽叶》《威尼斯商人》等。恩格斯在《自然辩证法》导言中曾高度评价文艺复兴，指出"这是一个人类从未经历过的最伟大的、进步的变革，是一个需要巨人而且产生了巨人——在思维能力、热情和性格方面，在多才多艺和学识渊博方面的巨人的时代"[②]。

很多文化艺术作品符合了新兴资产阶级的要求、口味及兴趣，他们成为除教会以外当时最重要的艺术赞助人，如佛罗伦萨著名的美第奇家族。"这解释了文艺复兴时期现世主义和人文主义存在的原因——文艺复兴关心的是今世而

---

① 斯塔夫里阿诺斯：《全球通史：从史前史到21世纪》下册，吴象婴、梁赤民、董书慧等译，北京大学出版社，2006，第472页。

② 马克思、恩格斯：《马克思恩格斯选集》第3卷，中共中央马克思恩格斯列宁斯大林著作编译局译，人民出版社，1995，第445页。

不是来世；它关注的是非宗教的古典文化而不是基督教神学。"① 甚至在古典文化的感召下，"许多意大利人甚至不承认自己是'蛮族'的子孙，硬要把自己说成是罗马人的后代"②。

文艺复兴运动表面上是古典文艺的复兴，本质是新兴资产阶级在复兴古希腊罗马历史文化的名义下发起的弘扬资产阶级思想文化的新文化运动，实际上是在新兴产业的产生、社会生产力的发展、资本主义的萌芽的这一时代背景下，社会需要的一种能够促进商品经济发展的新的思想导向。

文艺复兴的核心思想是人文主义。人文主义提出以人为中心而不是以神为中心，肯定人的价值和尊严，主张人生的目的是追求现实生活中的幸福，倡导个性解放，反对中世纪的禁欲主义和宗教观，认为人是现实生活的主人和创造者。人文主义者以"人性"反对"神性"，用"人权"反对"神权"，提出"我是人，人的一切特性我是无所不有"的口号；歌颂人的智慧和力量，赞美人性的完美与崇高，主张个性解放和平等自由，提倡发扬人的个性，要求现世幸福和人间欢乐，提倡科学文化知识；摒弃作为神学和经院哲学基础的一切权威和传统教条。文艺复兴运动对当时的政治、科学、经济、哲学和神学世界观都产生了极大影响。"在欧洲历史上，从来没有哪一场社会变革，像文艺复兴运动一样深刻地影响了历史的进程。"③

文艺复兴是历史上第一次资产阶级思想解放运动，促进了人们的觉醒，开启了现代化征程，为资本主义的发展做了必要的思想文化准备，为宗教改革提供了必要条件，为资产阶级革命做了思想动员。其局限性是文艺复兴运动在传播过程中过分强调人的价值，导致资产阶级个人主义思想及私欲膨胀、物质享乐和奢靡，对后世产生了负面影响。

随着文艺复兴思潮的深入人心，宣告了中世纪至资本主义时代的过渡完成，当资本主义革命开始时，文艺复兴运动也就结束了。文艺复兴经历了近三个世纪的历史时期，是一个渐进过程，从时间上看虽不具有革命的突变性，但从对后世产生的深刻影响和全面性来讲，是一次不折不扣的革命。从字面上理解，是文艺的复兴，但它实际包括的范围和内容要深远得多。

第二节　宗教改革

紧随文艺复兴，西欧又经历了一次思想文化的改革——宗教改革，并且在

---

① 斯塔夫里阿诺斯：《全球通史：从史前史到21世纪》下册，吴象婴、梁赤民、董书慧等译，北京大学出版社，2006，第373页。
② 钱乘旦：《世界现代化历程》，江苏人民出版社，2012，第170页。
③ 河东：《文艺复兴：变革从文艺开始》，《深圳特区报》，2013年5月17日第B11版。

文艺复兴运动还没有结束时宗教改革就开始了，使得文艺复兴的后期和宗教改革纠缠在了一起。因此，有学者把宗教改革归在文艺复兴中。

文艺复兴解放了人的思想，但人的精神还被控制在教会之下，对宗教进行改革、突破教会控制就成了必然之势。

宗教改革通常指从马丁·路德（Martin Luther）于1517年提出《九十五条论纲》开始，到1648年《威斯特伐利亚和约》签署为止的欧洲宗教改革运动。

中世纪的西欧人都信仰天主教，但很少有人能自己看懂《圣经》，这就给教会留下了很大的解释权，教会成了人与上帝之间的"中间人"。教会不仅垄断了上帝的"真理权"，还出现了借助解释权谋取自身私利的行为。文艺复兴时期，教皇拥有极大的权力和财富，更像世俗君主而非精神领袖，甚至卷入了战争和政治活动。高级教士也享有极高的社会地位和待遇。教廷内表现出以权谋私、中饱私囊、贪婪享受等现象。为了维持教廷和教会庞大体系的巨额开支，教会设立名目繁多的收入项目，如什一捐、特别捐、特赦捐等，甚至还有赎罪捐——一种通过向教廷捐款而得到上帝赎罪的敛财办法。罗马教皇为获得维修罗马圣彼得教堂的费用，派大主教去德国兜售赎罪券，结果遭到了维登堡大学神学教授马丁·路德的反对。马丁·路德在教堂门前贴出反对销售赎罪券的《九十五条论纲》，由此拉开了宗教改革的序幕。

在马丁·路德的《九十五条论纲》中，大多数主张并不具有革命性，主要针对的是天主教会的弊端。但他的"上帝之语"并不在教会的说教里，而是在《圣经》里表明，等于告诉信徒，人人都可直接和上帝沟通，不一定通过教会。这就等于把教会晾在了一边，无形中削弱了教会的地位。

马丁·路德的《九十五条论纲》事件在其他历史时期或许不可能发生，即使发生了可能也不会掀起什么波澜。但东方印刷术的传入，对印刷业的发展与普及和民族语言的使用起了推波助澜的作用。《九十五条论纲》及有关这方面的论文被迅速翻译成德语并传播开来，引起德国民众的强烈不满。

起初，罗马教皇利奥十世把此事当作"修士们间的争吵"来处理，但"随之而来的公开辩论使得路德清楚地说明了他的以信仰为核心的基本学说的革命含意——即教会的宗教场所和宗教仪式并不是个人与上帝之间必要的中介"[①]。1520年，教皇利奥十世发布《斥马丁·路德谕》，马丁·路德拒绝了

①　斯塔夫里阿诺斯：《全球通史：从史前史到21世纪》下册，吴象婴、梁赤民、董书慧等译，北京大学出版社，2006，第380页。

改变立场的要求，将之公开烧毁并相继发表《关于教会特权制的改革——致德意志基督教贵族公开信》等文章，阐明其神学见解和政治纲领，与教会彻底决裂。马丁·路德由一个改革者变为一个革命者。其最初的诉求只是革除天主教会的弊病，后来引发了由数位基督徒学者和领袖所领导的更深入的运动，并发展成反对教会控制、实现精神解放的运动。

实际上，在此之前，天主教教会内部的改革早已进行了不同的尝试。其一，为了向教会神职人员征税，法国国王菲利浦四世和教会产生了矛盾，菲利浦四世将教皇控制在靠近法国南部的边境城市阿维尼翁，之后迫使教廷迁至该城市，在这里，教皇们不得不从属于法国势力。史称"阿维尼翁之囚"。14世纪末，出现了"教会大分裂"事件，两位彼此对立的教皇分别居住在罗马和阿维尼翁，各自宣布是合法的继承人，对教皇的威信损害很大。其二，在教会内部，分裂的迹象和倾向早已出现。如中世纪的阿尔比派等教派，虽然都被镇压，但在基督教历史上起了改革先驱的作用。再如，被确定为异教徒的14世纪的约翰·威克里夫（John Wycliffe）和15世纪的约翰·胡斯（John Hus）的学说，对宗教改革更有直接的影响。当约翰·胡斯于1415年被送上康斯坦茨的火刑柱烧死一个世纪后，马丁·路德宣传与其相近的教义时，他的追随者仍然存在。[1]

除此之外，文艺复兴为宗教改革打下了思想基础。人文主义运动已经向中世纪教会权威发出了挑战。如人文主义者伊拉斯谟（Erasmus），通过对原始基督教的研究已经认识到，"教会的教阶制、神职人员世俗化、经院哲学的烦琐争论等，都背离了基督教的原始教义，是基督教面临崩溃的征兆"。少数思想家，如《圣经》学者威索尔（Withall）也提出了与马丁·路德相似的观点，即人只能靠信仰，通过与上帝的直接交往而得救。马丁·路德赞成威索尔的观点并于1522年将其发表，成为宗教改革基本教义的蓝本。

导致宗教改革的还有政治因素。此时，随着北欧国家中民族观念的增强和与此相关的"新君主"的出现，君主和平民日益把教皇看作外国人，认为教皇无权干涉国家事务和在本国疆域内收税。[2] 在经济利益上，大众对教会遍布西欧的巨大地产和税收已十分不满，中产阶级和国家君主对教会的财产及从本国流入罗马的税收、财产收入、大量的诉讼费和豁免费等特别关注。

需要明确的是，宗教改革不是否定宗教，而是反对罗马教廷的专横和腐败。路德教派在德国的被确认，其个人解读《圣经》直接与上帝交流的基本学

---

[1][2] 斯塔夫里阿诺斯：《全球通史：从史前史到21世纪》上册，吴象婴、梁赤民、董书慧等译，北京大学出版社，2006，第378页。

说，必然产生对《圣经》的不同理解，由此产生了各种新的教派，同时也带来了宗教派别之间的争端。其中加尔文派在荷兰的发展，使宗教争端结合政治争端导致了长年的战争，结果形成了荷兰人"争取国家独立的第一次现代革命"，这场革命还转变成具有国际性的战争。

新教的发展也倒逼天主教自身的改革，"特伦托会议"（天主教自我改革会议）的召开和耶稣会的建立就是改革的具体行动措施。最早到中国的传教士利玛窦就是由天主教耶稣会组织、委派的。天主教逐渐吸收了许多基督新教改革者的积极观点，认可了这些认识的某种贡献，明确指出"教会一直需要革新"。

宗教改革的遗产是多方面的。首先，认可了新兴学说和教派的存在，同时教会生活得到了必要的净化，教义得到了必要的澄清。其次，加尔文新教的出现推动了"合理资本主义"精神的形成。新教徒相信自己是"上帝的选民"，把事业的成功当作上帝的恩宠，把聚敛财富当成天职，努力创造财富而又不享乐挥霍，彻底改变了之前天主教中商业活动都是罪过的财富观。马克斯·韦伯说："在构成近代资本主义精神乃至整个近代文化精神的诸基本要素之中，以职业概念为基础的理性行为这一要素，正是从基督教禁欲主义中产生出来的。"[①]

当然，宗教改革的最直接结果就是使中世纪统一的教会变成了大量的当地地方性教会。地方性教会由世俗统治者控制，权力由教会转向了政府，改变了神权和政权的关系，为西欧资本主义发展和多元化的现代社会奠定了基础。

第三节　启蒙运动

人类社会从封建主义过渡到资本主义，其间经历的第三次思想解放过程是启蒙运动。

理论是行动的先导，启蒙运动所发挥的正是这样的作用。启蒙原义是"发光"或"光明"，具有把人们从蒙昧引向光明的意思。康德（Kant）将其定义为"启蒙就是使人们脱离未成熟状态"。启蒙运动是发生在17—18世纪的一场资产阶级和人民大众的反封建、反教会的思想文化运动。如果把宗教改革作为一次基督教内部的变革，那么启蒙运动就是文艺复兴后的又一次思想解放运动。启蒙运动还可以说是一次推进民主与科学的思想解放和社会改革运动。启蒙运动的主题是"以理性精神的增长，反教权、反封建"，核心思想是"理性崇拜"，通过"理性"去除愚昧蒙蔽和黑暗。这次运动有力地批判了封建专制

---

① 马克斯·韦伯：《新教伦理与资本主义精神》，于晓、陈维刚译，三联书店，1987，第141页。

主义、宗教愚昧和贵族特权等，其主要斗争对象是封建专制制度及其精神支柱——教会势力，宣传了自由、民主和平等的思想，为欧洲资产阶级革命做了思想准备和舆论宣传。启蒙运动覆盖了哲学、政治学、自然科学、经济学、历史学、文学、教育学等广泛的知识文化领域。

启蒙运动起于英国，盛于法国，并以法国为中心向全世界扩散。

启蒙运动和之前的两次思想解放运动一样，都是为适应资产阶级发展要求而进行的变革。17—18 世纪是资本主义发展较快的时期，英国是当时西欧经济发展最快的国家，也是社会改革最早的国家。所不同的是，"英国的社会改革不是先有理论，后有革命，而是先有革命，后有理论"[1]。1485 年，英格兰"红白玫瑰战争"结束，开启了新的都铎王朝。在这段时间里，王权得到加强，教会置于王权之下。伊丽莎白一世（Elizabeth Ⅰ）统治时期，英国打败了西班牙的无敌舰队，畅通了殖民之路，随着在北美殖民地的逐渐建立，商品经济不断扩展，加上 14—15 世纪的圈地运动，资本主义得到了进一步发展。虽然王权在促进资本主义发展方面发挥过重要作用，但随着专制王权与资产阶级矛盾的加剧，需进一步对王权进行限制。英国是孤悬海外的岛国，封建势力相对弱于欧洲大陆，所以资产阶级革命首先在此发生。限制王权是英国素有的传统，1215 年，英国国王被迫签订了保障贵族和平民权利的文件——《英国人民自由大宪章》（即《大宪章》），成为人类历史上绝对皇权受到限制的开始。1640 年，英国资产阶级革命爆发；1688 年，光荣革命爆发。君主被迫把权力一步步交了出来，最后只保留了礼仪性权力，形式上是君主立宪，实质上是虚君民主。

地理的扩张，经济的上升，神权的破灭，王权的削弱，使人们的思想日趋活跃，一群先进知识分子将群众的要求和思想所汇集成的时代思潮凝聚成了系统的启蒙理论。

弗朗西斯·培根（Francis Bacon）是近代哲学归纳法的创始人，在哲学史上有着重要地位。因对科学研究程序进行逻辑组织化的开创性成就，被称为现代实验科学的始祖。他对归纳法做了系统论述，提出"知识就是力量"，反对阻碍人们获得真正知识的教条和权威。

托马斯·霍布斯（Thomas Hobbes）继承了培根的唯物主义并将其系统化。他主张用力学和数学说明一切现象，创立了机械唯物主义的完整体系。他认为，哲学的目的是认识自然、征服自然、造福人民。其代表作《利维坦》强调国家的作用，拥护强有力的国家权力，主张君主专制，认为"最坏的专政也

---

① 周有光：《文艺复兴和启蒙运动》，《群言》2001 年第 2 期，第 29 - 31 页。

强过无政府状态"。同时主张国家不是根据神的意志而是人们通过社会契约创造的，君权不是神授，而是人民授予的，提出国家起源与人民通过契约把权力交给政府，换来政府对人民幸福的保障。由于其过分关注安全与秩序，因而忽视了作为其内核的契约精神，但其提出的契约思想是最基本启蒙思想的重要内容，之后很多启蒙思想家的"契约精神"多继承于此。

约翰·洛克（John Locke）是著名的英国启蒙思想家，他继承和发展了弗朗西斯·培根和托马斯·霍布斯的学说，建立了唯物主义经验论和知识起源于感觉的学说。他反对天赋观念论，认为心灵本是一张白纸，后天获得的经验是认识的源泉；提出政府分权学说，主张立法机关应当是一个经选举产生的机构，而执行机关则是单个个人或君主，立法权与行政权必须分立，即两权分立。他和托马斯·霍布斯不同，主张政府是人民对统治者的一种信任，统治者的权力是有条件的而非绝对的，人民是最终的主权归属；如果政府失去人民的信任，人民有权撤回他们的支持，推翻这个政府。人民最初享有的是自然自由，后来订立契约进入社会，享有的是社会自由，社会自由须受法律约束。他指出人们按契约成立的国家的目的是保护私有财产，因此国家不应干涉公民的私有财产。他有一句名言，"我的茅房子，风能进、雨能进，国王不能进"。进一步认为私有财产是人权的基础，没有私有财产无人权可谈。

约翰·洛克对其后的哲学和政治哲学界产生了极大影响，尤其是对自由主义的发展。因此，其被广泛认为"自由主义"之父。

法国启蒙运动的直接思想来源是与其隔海相望的英国。法国的启蒙思想深受英国影响。在法国，启蒙时期长达一个世纪，参加启蒙运动的学者有 200 多人，形成很多为资产阶级革命和与现代社会相适应的思想理论。

一是国家学说理论。孟德斯鸠（Montesquieu）是这一理论的奠基者，代表作是《论法的精神》。他反对君主专制，主张君主立宪制，认为法律应当体现理性。他提出了"三权分立"学说，该学说体现了人民主权原则，奠定了近代西方政治与法律理论发展的基础，成为当今民主国家的基本政治制度的建制原则。孟德斯鸠也是近代西方国家较早系统研究古代东方社会与法律文化的学者，其理论在很大程度上影响了西方人对东方政治与法律文化的看法。

二是自由和平等理论。代表性人物伏尔泰（Voltaire）是一位杰出的启蒙运动领袖人物，被称为 18 世纪法国资产阶级启蒙运动的泰斗。他主张天赋人权，人生来就是自由和平等的；反对封建专制，主张由开明的君主执政；强调资产阶级自由与平等；主张法律面前人人平等，其名言为"我不同意你说的每一字，但我誓死捍卫你说话的权利"。主张信仰自由和信仰上帝，猛烈抨击天主教的黑暗和腐朽。他把教士称作"文明恶棍",把教皇比作"两足禽兽",号召每个人都按照自己的方式同宗教狂热作斗争。

三是唯物主义哲学观点。代表性人物是德尼·狄德罗(Denis Diderot),提倡唯物主义感觉论,肯定知识来源于感觉,而感觉是外界事物刺激人们感官的结果。宣传"社会契约论",其主编的《百科全书》集成和体现了当时许多卓越思想家的智慧和观点,宣传理性主义,反对宗教愚昧。

四是主权在民思想。代表性人物是让-雅克·卢梭(Jean - Jacques Rousseau),著有《社会契约论》《论人类不平等的起源和基础》《忏悔录》等,他是18世纪法国大革命的思想先驱,也是一位激进的民主主义者,被称为人民主权的捍卫者。

让-雅克·卢梭继承了上述约翰·洛克的"人民主权说",提出了"主权在民"的主张,认为一切权利属于人民,权利的表现和运用必须体现人民的意志。他在书中不断夸赞民主政治,认为"小国家适合民主制,中等国家适合贵族制,而大国家则适合君主制"①。还认为私有制是人类不平等的根源,要求均衡贫富,要保护小生产者利益。

除了法国的启蒙运动思想家,还有德国的思想家,如伊曼努尔·康德(Immanuel Kant)。罗素评价他是"近代哲学家中最伟大的人物"②。他的一系列涉及广阔领域且有独创性的伟大著作,给当时的哲学思想带来了一场革命。他提出了道德神学宗教哲学理论,解决了宗教和科学对立的难题。他强调人就是人,而不是达到目的的工具,即"人非工具",指出人应该自己独立思考,理性判断。

为改变旧制度,建立新秩序,启蒙运动的思想家们和后来的资产阶级革命者们一样,常常冒着上断头台、坐牢和流放的危险于不顾,为追求正义而贡献自己的智慧。

启蒙运动启迪了人们的思想,使民主共和思想深入人心,它不仅促使了法国大革命的爆发,改造了法国社会,而且对整个西方社会乃至世界都产生了深刻影响,其中美国的独立就是英法启蒙运动的扩大实践。近代亚洲国家如中国和日本社会改造实践的基本思想精神,也来源于启蒙运动。

法国启蒙运动有其时代大背景。18世纪的法国仍然是一个君主政体的国家,是当时欧洲各国中封建统治最顽固、最反动的堡垒,国家的社会生活和人们的思想依然被专制王权和教会控制着。农村处在封建领主的盘剥之下,宫廷

---

① 伯特兰·罗素:《西方哲学简史》,文利编译,陕西师范大学出版社,2010,第360页。
② 伯特兰·罗素:《西方哲学简史》,文利编译,陕西师范大学出版社,2010,第363页。

贵族挥霍腐败，社会第三等级和特权等级之间的矛盾已经十分尖锐。在文艺复兴运动期间，自然科学取得很大发展，科学家们揭示了许多自然界奥秘，如尼古拉·哥白尼（Nicola Copernicus）的太阳中心说、约翰尼斯·开普勒（Johannes Kepler）的行星运行的三大定律、伽利略·伽利莱（Galileo Galilei）的第一运动规律（即惯性定律）和艾萨克·牛顿（Isaac Newton）的万有引力定律，这些都是 17 世纪涌现出的伟大科学成就，使得天主教会的很多说教不攻自破。在西欧资本主义迅速发展和英国资产阶级革命的影响下，人们摆脱天主教会压迫和摆脱封建专制统治的愿望日益强烈，由此掀起了这场轰轰烈烈的思想解放运动。

　　文艺复兴发现了人的价值，从神学中把"人"救了出来，竖起了尊重人格尊严的人文主义大旗。宗教改革解放了人们的思想，信众可以按照自己的理解去阅读《圣经》，直接与上帝沟通，摆脱了罗马教会的束缚，建立了新教会，使教会权力移交给了世俗统治者，实现了宗教宽容和信仰自由。启蒙运动以理性精神的增长，以反教权、反封建，进一步推进民主、科学和平等的思想解放，为欧洲资产阶级革命做了思想准备和舆论宣传。三次思想文化解放运动几乎对应着资产阶级的产生、发展和革命，成为资产阶级顺利发展的思想武器。

第三章

现代体制的建立

思想文化的变革，必然带来和产生与之相适应的组织和制度的改变。西欧思想文化的三大变革就带来了西方世界体制方面的三个改变，分别是民族国家形成、现代政治体制建立和资本主义经济制度建立。

第一节　民族国家的形成

不论做什么事情，都需要一个主体来承载它，搞现代化也一样。现代化的载体是什么？是民族国家，这是整个现代化的载体。钱乘旦曾说："民族国家的出现是现代化的起点，民族国家也就是现代化的载体，经济的快速发展与社会的根本转型都是从这里开始的。"① 什么是民族国家？首先要知道什么是民族。民族不同于种族，种族是在体质形态上具有一定共同遗传特征的人种分类，而民族则是经过长期历史发展形成的基于历史、文化、语言以及与其他人群所区别的稳定共同体。民族国家除了民族所包括的概念范畴，还包括对新创设的政体的认同，这是一个具有独立自主能力的政治实体。同时，民族国家的形成也有利于进一步加强民族的认同感，因此一些民族主义的"现代理论"认为"民族认同是政府政策的一个产品"。

民族和民族国家不是历史上就存在的，而是为了满足资本主义发展的需要在近代西欧首先产生的概念和形态。"民族不但是特定时空下的产物，而且是一项相当晚近的人类发明。"② 民族国家同样是非常晚近的事情，多数后发的现代化国家是在第二次世界大战后通过民族自觉取得解放和独立后形成并开始现代化建设。

---

① 钱乘旦：《世界现代化历程》，江苏人民出版社，2012，第181页。

② 埃里克·霍布斯鲍姆：《民族与民族主义》，李金梅译，上海人民出版社，2000，第10页。

在封建时期的西欧，庄园是基本的社会单元，所有人都和领地、庄园有直接关系，他们隶属于领地，依附于庄园，民众只知有领主，不知有国家。效忠的对象是领主，只有同一分封土地上的人才会产生认同感。像英格兰、法兰西这些概念，只是一种地域概念，表明某个地理范围。因此，"许多人说封建的西欧不存在'民族'——当然，这个'民族'是指现代意义上的民族"①。每块领地都有自己的经济权、政治权、司法权和治理权。实际上，如果按照东方人的理解，这些本属于国家的权力被分割在成千上万的领地内。从形式看，西欧也存在大大小小的"国"，但这些所谓的国只是一个范围而已，并且很不稳定，真正的治理权反而在领地。君主的权力一般不超过自己的领地，其权力已经随着领地的分封而转移给了封臣。"比如12世纪的法国，国王的权力仅限于'法兰西岛'的一小块地方，自己的封臣们，安茹伯爵和诺曼底公爵、布列塔尼业公爵、勃艮第公爵根本没拿国王当回事。"②再如，"从三十年战争结束到拿破仑入侵的160年中，在德意志的这块土地上，一共有360个诸侯国、1 500多个独立骑士领、几十个帝国自由市，皇帝对它们都没有权威"③。当时宗教改革之所以从德国开始，也是基于其过度分散导致"统治者太软弱，无法抵抗强大教会的过度勒索"④。所以罗马天主教皇把德国作为重点区域，兜售赎罪券，但遭到马丁·路德的反对。

封建割据还严重制约着贸易的进行。因为地方封建自治政权"都有自己的关税、法律、衡量制和货币；它们设立了许多征税站；迟至14世纪末，在易北河旁有35个，在莱茵河两岸有60多个，在塞纳河沿河一带也有这么多，如果船载谷物沿塞纳河行使200英里⑤，花费的钱将达所载谷物售价的一半"⑥。对经营者来说，消除这种国内壁垒就成了一种愿望。

民族和民族国家对文化的认同是一项重要内容。西欧各地民众识字率的提高和一大批文学题材以自己区域方言形式写作，促进了民众对民族的认同；东方印刷术的传入恰逢其时地发挥了这方面的促进作用。民族国家的形成正是资本主义关系产生、封建割据引起的普遍不满、民族意识开始觉醒以及欧洲各国大众表现出要求民族和政治上实现统一的强烈愿望的结果。

封建领主在资产主义发展早期曾发挥过促进作用，但之后越来越成为资产

---

① 钱乘旦：《世界现代化历程》，江苏人民出版社，2012，第174页。
② 张宏杰：《简读中国史》，岳麓书社，2019，第246-247页。
③ 钱乘旦：《世界现代化历程》，江苏人民出版社，2012，第181页。
④⑥ 斯塔夫里阿诺斯：《全球通史：从史前史到21世纪》上册，吴象婴、梁赤民、董书慧等译，北京大学出版社，2006，第93-96页。
⑤ 英里是非法定计量单位，1英里≈1.61千米。下同。——编者注

主义发展的障碍，资产阶级不得不与王权结合来对抗封建主，以谋求最大范围的统一。民族国家形成的初期以专制王权的加强为特征，即新君主们创建了更具凝聚力的政治结构。

13世纪，"国家利益高于一切"的民族国家思想意识已经出现。中世纪的结束标志着土地分封时代的结束。15世纪末，民族君主国的趋向已明显表现出来，向民族国家过渡已成大势所趋，其标志是专制王权的建立。"专制王权的历史意义是：它把统辖范围内的人民强制捏合在一起，让他们形成一个'民族'。这个民族在同一个政府的统治下经历各种事件，培养起相同的情感，形成共同的身份认同。"①

专制王权之所以成功建立，原因之一还在于火药、火炮技术发展带来的军事技术革命。民族君主在与新兴的商人阶级所结成的非正式联盟关系中得到的最大好处，就是从商人阶级那里得到必要的财政支援；只有民族君主才拥有购买枪支、子弹、火药和为此提供必要的后勤保障的能力，因此，封建领主无法再躲在城堡后面来抵抗皇室的权威。

民族国家建立最早或者说最早出现专制王权的是伊比利亚半岛的葡萄牙和西班牙。伊比利亚半岛长期是阿拉伯世界势力的统治范围。从8世纪开始直到1492年"收复失地战争"结束，在长达近8个世纪的穆斯林统治中，曾经依靠贸易有一段繁荣辉煌时期。如伊比利亚半岛于10世纪曾出现过与长安、君士坦丁堡、巴格达并称为世界四大都市的西班牙倭马亚王朝首都——哥尔多瓦。

葡萄牙王权的加强和后来的对外扩张与宗教因素有很大关系。伊莎贝拉（Isabella）女王具有强烈的宗教信念，在讨伐穆斯林获得胜利的同时，葡萄牙的王权和民族意识都得到加强，"在西欧其他地区的民族意识还很模糊的时候，葡萄牙的民族意识就已经很强烈地表现出来，12世纪，葡萄牙小王国成为西欧最单一的民族"②。1179年，罗马教皇正式承认葡萄牙独立。在若昂一世时期，国王拥有极大的权力，"国王的意志就是国家的最大权力，没有任何东西能够限制它"③。西班牙在"收复失地战争"后，国王拥有强大的常备军，剪除了内部的贵族势力，权力大增，其间很少召开国会，并且不再听命于罗马教廷的指使，国王有权推荐西班牙各教区的主教人选。国王的权力覆盖了各个方面，"国王们的手无处不伸，眼睛无处不到"④。西班牙是继葡萄牙之后西欧的又一个民族国家。

① 钱乘旦：《世界现代化历程》，江苏人民出版社，2012，第180页。
② 钱乘旦：《世界现代化历程》，江苏人民出版社，2012，第176页。
③ J. H. 萨拉依瓦：《葡萄牙简史》，王金礼译，中国希望出版社，1988，第113页。
④ 萨尔瓦多·德·马达里亚加：《西班牙现代史论》，朱伦译，中国社会科学出版社，1998，第28页。

专制王权的建立和民族国家的形成对社会发展的推动力不言而喻。地理大发现的先驱者首先出现在葡萄牙和西班牙两国也不是偶然的。如果没有国王和政府的强有力支持，横渡大西洋和远涉印度洋这样耗资巨大的冒险活动是无法进行的。哥伦布不断向葡萄牙和西班牙国王请求资助，最后赢得了西班牙伊莎贝拉女王的支持，充分说明民族国家在地理大发现中所发挥的基础性作用。哥伦布首先向葡萄牙国王申请资助，之所以没有得到航海技术和能力显著占优势、经验更丰富的葡萄牙的支持，是因为哥伦布依据马可·波罗（Marc Polo）的资料和托勒密（Ptolemy）对地球周长的估计，结果"推断出分隔欧洲和日本的海洋宽度不到 3 000 英里"，把去印度的路程算错了。结果哥伦布误打误撞到了美洲，却认为是印度群岛。世界历史最多的嘲弄之一是，哥伦布至死还确信他所抵达的是亚洲。

在 15 世纪的海外冒险事业中，起带头作用的是葡萄牙。当葡萄牙集中精力进行海洋探索近一个世纪之时，邻国西班牙还在光复国土的战争中。哥伦布发现新大陆，给伊比利亚半岛上的这两个国家带来了巨大的金银财富、发展潜力和扩张空间，使两国一跃成为世界的征服者。

英国和西班牙在民族国家的发展上走了两条截然相反的路子。英国在与法国百年战争（1337—1453 年）中失败后退出了大陆事务，将更多的资源和精力投入海洋事业发展和国内建设，这为组建民族国家创造了条件。百年战争结束不久，又爆发了内部两派贵族之间因王位继承问题的 30 年玫瑰战争（1455—1485 年），战争中贵族势力因自相残杀而殆尽，王位落在了亨利·都铎（Herry Ⅶ）手里，在他的统治下，国家得以统一，建立了专制王权。都铎王朝的建立标志着英格兰民族国家的正式出现。经过都铎王朝的统治，英国从一个偏远小岛国一跃成为当时西欧最强大的国家之一，被认为是英国君主专制历史上的黄金时期，同时也实现了从封建制到资本主义的过渡。

法国相比于英国，其大贵族势力太强，君主专制制度的建立十分曲折。法国的专制王权也因百年战争而加强。9 世纪，法国封建化完成，全国不再有无领主的土地，一些大贵族控制的领地范围甚至比国王的还要大。1302 年，腓力四世（Philippe Ⅳ）首次召开由教士（第一等级）、贵族（第二等级）和城市市民（第三等级）三个等级的代表共同参加的三级会议，封建等级君主制得以确立，促进了专制王权的发展和国家的统一。

法国专制王权到路易十四（Louis ⅩⅣ）执政时期达到顶峰。在路易十四亲政的 54 年中，从未任命首相，一切国务由他一人决断，他个人的意志就是法律，各级官吏机构成了他的执行工具。其名言是"朕即国家"。他认为，"构成国王的伟大和尊严的，不是他们手中的权杖，而是他们手执权杖的方法。如果由臣民决定一切，君主只是受到他们的尊重，这就歪曲了事物的本来面目。只有君主才有权思考和决策，其他人的职责，只不过是执行他的命令而已"①。其实，不仅是君主本人，一些政治理论家也为当时新君主们的执政方法提供了辩护和依据。其中尼可罗·马基雅维利（Niccolò Machiavelli）在目睹了文艺复兴时期意大利各城邦之间残酷的竞争后，在其《君主论》一书中否认了公认的一般道德，认为君主必须像狐狸一样狡猾，像狮子一样凶猛，如果太善良，是要灭亡的。书中还说，有时候君主必须不守信用，只有在守信用有好处时才能守信用。② 在路易十四统治下，法国成了西欧大陆当时最强大的国家。

16世纪后，瑞典、丹麦、挪威等北欧的民族国家也逐步形成。东欧俄罗斯的专制王权在留里克王朝开始起步，伊凡四世（Ivan Ⅳ）是第一个"沙皇"（皇帝）。沙俄帝国建立的不是西欧类型的民族国家，而是通过领土扩张建立的多民族国家，这也影响了它后来的发展道路。

德意志国家长期没有解决统一问题，虽然号称"德意志民族的神圣罗马帝国"，但它不是真正的政治实体，只是一个松散的组织，王公诸侯才是德意志的真正主人，因此其现代化起步较晚。

东欧除俄罗斯外，没有和西欧一样建立起王权而转变成近代的民族国家，都被近邻列强所控制或瓜分，现代化自然落伍了。反面的例子更进一步证明了民族国家的重要性。

1648年，欧洲持续了30年的半宗教半王朝的战争以威斯特伐利亚会议的召开为标志宣告结束，会议签订了《威斯特伐利亚和约》。威斯特伐利亚会议不仅被公认为欧洲最早的国际会议，而且标志着现代民族国家的形成和国际的承认。

第二节　现代政治体制的建立

政治体制既反映了一定状态下的经济社会文化要求，又是经济社会发展的保障。只有建立了符合经济社会发展需要的政治体制，现代化建设才算步入正轨。"纵观历史事实，在现代化过程中，政治现代化比经济现代化更早起步"。③

民族国家建立后，政治权力被牢牢地掌握在新君主手中。新君主在民族国

---

① 吕一民：《法国通史》，上海社会科学出版社，2002，第79页。
② 伯特兰·罗素：《西方哲学简史》，文利编译，陕西师范大学出版社，2010，第265页。
③ 钱乘旦：《世界现代化历程》，江苏人民出版社，2012，第191页。

家形成初期对城市商人阶级的发展确实起到了很大的推动作用。但随着君主权力的不断扩大，16 世纪中叶以前，西班牙、英国、法国等君主主政下的政治结构都已非常强大，各国君主纷纷独揽政权，停止召开议会，对国家大事独断专行，君主专制的盛行严重阻碍了资本主义的发展。资产阶级在兴起过程中，主动和王权结盟，反对他们共同的敌人——贵族阶级。资产阶级尽管从中分享了经济好处，但专制君主独占了政治收益，这时资产阶级们不愿意了，要求必须具有与经济地位相称的政治权力——建立资产阶级政权和国家，实现现代社会。在当时的西欧，"政治现代化的目标是克服专制制度"①。

西班牙最先形成民族国家，也是最典型的君主专制国家。经过与大贵族们的斗争取得政局稳定和国家统一后，国王们开始控制城市，如查理一世（Charles Ⅰ）执政后，"取消城市的自治权，直接委派代表国王的行政官吏，强制城市贷款给君主，任意加派款项"②，结果遭到城市公社的激烈反抗而起义，"起义最后为专制君主所镇压，从此城市的自治权被完全剥夺，国王任命的市长具有监督、报告和干预的权力"③。西班牙出现城市议会的时间早于英国、法国等西欧国家，曾促进了国家的统一，在专制君主时期，"议会日渐失去作用，成为君主专制制度的政治装饰品"④，并沦为国王的征税工具。西班牙专制君主还使天主教会成为专制制度的直属机构，通过设立"神圣至上的宗教裁判事务委员会"来控制教会，并通过宗教裁判所来加强专制。

随着从美洲滚滚而来的金银财富，加上查理一世又当选为神圣罗马帝国皇帝，西班牙开始与英法等国角逐西欧的舞台。西班牙君主们借以恢复天主教信仰，对称霸欧洲乃至世界都乐此不疲。西班牙衰弱的原因，一是不断染指大陆事务。君主们试图不仅在海上而且也在陆上扮演主要角色，这一行动的结果无疑是致命的。派兵镇压尼德兰起义，插手法国的宗教战争，建造"无敌舰队"，准备打败英国，结果耗费了巨大的人力物力，使得西班牙社会经济走向了衰落。二是西班牙因金银财宝大批流入，导致物价和工人工资大幅上涨，致使其产品缺乏竞争力，加工业走向了衰落。

君主专制制度只是一个必然的历史时期和阶段性产物。专制王权完成了国家统一和民族独立两项任务，也促进了国内商品生产的扩大，使许多国家的经

---

①　钱乘旦：《世界现代化历程》，江苏人民出版社，2012，第 191 页。

②　H. R. 西弗尔：《卡斯提尔大起义》，纽约，1966，第 56 页。

③　H. R. 西弗尔：《卡斯提尔大起义》，纽约，1966，第 23 页。

④　张卫良：《试论 15—16 世纪西班牙君主专制制度的特点》，《杭州师范学院学报》1993 年第 5 期，第 45 - 49 页。

济有了明显的发展，但专制王权好像已完成了它的历史使命，日益表现出它对经济发展的制约作用。马克思指出，在西欧，"如果说君主专制从前保护过工商业，同时以此鼓励过资产阶级上升，并且还曾经把工商业看作国家富强、使自己显赫的必要条件，那么现在的君主专制到处都成了工商业发展道路上的障碍"①。马克斯·韦伯更认为："哪里的法规具有独裁、极权特征，哪里的法规就在很大程度上直接阻碍资本主义精神的形成。"民族国家虽然通过采取重商主义促进工业发展，却不能形成资本主义精神，"国家的重商主义法规也许促使工业发展，但却不能或者光靠它们肯定不能形成资本主义精神"。②

专制往往表现出严密控制社会，使社会缺少活力，阻碍资本主义发展和现代化的进行。打破专制制度的手段就是资产阶级革命，建立起反映资本主义精神的政治结构，为经济发展创造一种宽松的政治环境。资本主义国家的加快发展，表现为谁率先克服了专制制度、完成了政治变革。在此方面，英国是最早克服专制制度、完成政治变革的国家，所以英国率先开启了工业革命。

1640 年，英国国王查理一世（Charles Ⅰ）为了筹划军费、镇压苏格兰人民起义，被迫恢复已长期关闭的议会。但查理一世拒绝接受议会提出的以限制王权为主要内容的《大抗议书》，最终和议会决裂，标志着资产阶级革命的开始。资产阶级为了克服专制，发动革命，甚至把国王送上了断头台，开始了共和国时代。1660 年斯图亚特王朝（查理二世）复辟后，资产阶级和新贵族通过采取不流血的非暴力手段发动宫廷政变，推翻了斯图亚特王朝，这就是英国有名的"光荣革命"。从此，英国实现了从专制君主制向立宪君主制政体的转变。

"事实证明，在专制主义的历史合理性丧失之后，谁先摆脱专制制度，先推翻专制的王权，谁就有可能继续向前发展，走到其他国家的前面。"③ 14—16 世纪所发生的那些历史事变，如文艺复兴、民族国家成立、地理大发现、宗教改革、商业发展等，都不是首先发生在英国，但在克服王权专制方面，英国走在了前面，适时进行了资产阶级体制变革，结果第一个开启了通往现代世界的大门，开始了从农业社会向工业社会的转变。巴林顿·摩尔（Barrington Moore）指出："……没有新的原则在 17 世纪的成功实施，就难以想象英国社会如何能够在 18、19 世纪和平地实现现代化。"④ 英国革命确立了议

---

① 马克思、恩格斯：《马克思恩格斯选集》第 1 卷，中共中央马克思恩格斯列宁斯大林著作编译局译，人民出版社，1972，第 181 页。
② 马克斯·韦伯：《新教伦理与资本主义精神》，四川人民出版社，1986，第 137 页。
③ 钱乘旦：《世界现代化历程》，江苏人民出版社，2012，第 192 页。
④ 巴林顿·摩尔：《民主和专制的社会起源》，拓夫等译，华夏出版社，1987，第 14 页。

会制君主立宪制（议会君主制）、内阁制及《权利法案》，经思想家约翰·洛克（John Locke）的理论阐述，成为后来英国政治制度的奠基石，也对 18 世纪后期法国大革命的启蒙运动思潮产生了重要影响。

英国光荣革命给自己带来了长期的政治稳定，为开展工业革命创造了条件，确定并贯彻了自由主义原则，揭开了欧洲和北美革命运动的序幕，成为世界近代史的开端。

光荣革命不仅使英国摆脱了专制制度，而且作为英国殖民地的北美地区和母国一样摆脱了专制王权的束缚，使美国一步到位，直接建立起独立的现代政治制度国家。在独立以前，北美和英国一样，受到宗主国专制王权的影响。北美殖民地所具有的民主传统和他们后来的制度来源于第一批到达北美洲的英国清教徒们的一个主要目标，就是建立一个平等的理想社会。在登陆北美之前的轮船上，清教徒们签订了"五月化公约"，这是人类历史上第一份未受任何外力约束或授权而制定的带有法律约束力的政治文本。此公约对美国的影响贯穿至今，是美国人创建新政府的先例，也是美国信仰自由、法律等现代政治文明理念的来源。

第三节　资本主义经济制度的产生

资本主义制度由一系列经济、政治、法律及社会等制度组成，其中经济制度是最为核心的制度，其他制度要么是为经济制度服务的，要么是经济制度的进一步延伸。资本主义经济制度的内核是以私有制为基础，资本家占有生产资料并实行雇佣劳动。资本主义制度的形成过程就是一个不断巩固和促进私有产权制度建立和发展的过程。具体来讲，资本主义制度就是"一种以牟利为动机、以各种精心设计的、往往是间接的方法、通过利用大量的资本积累来赚取利润的制度"[1]。

资本主义经济制度产生于民族国家之中，两者具有同等的重要性，"同时期'新君主'的出现与欧洲资本主义的兴起可以相提并论，他们创建了更具凝聚力的政治结构"[2]。

民族国家的形成标志着中央集权的形成，新君主能够更有效地集中和调动国家资源从事国家发展活动。西方新君主国家的对外扩张多运用经济手段，并

[1]　斯塔夫里阿诺斯：《全球通史：从史前史到 21 世纪》下册，吴象婴、梁赤民、董书慧等译，北京大学出版社，2006，第 393 页。

[2]　斯塔夫里阿诺斯：《全球通史：从史前史到 21 世纪》下册，吴象婴、梁赤民、董书慧等译，北京大学出版社，2006，第 396 页。

都具有强烈的经济目的。因此，西方的扩张通常被称为"经济扩张"。

中世纪末期，西欧封建领主逐步从自给自足的庄园经济中走了出来，商品经济开始发展，对金银货币的追求成为普遍的社会现象。专制王权国家的形成更激发了建设和消费，进一步放大了对金银的需求，所以当时西方人对金银的渴望异常强烈。哥伦布曾说："谁有了黄金，谁就可以在这个世界上为所欲为；有了黄金，甚至可以使灵魂上天堂。"[①] 天主教会在兜售赎罪券时的宣传也印证了哥伦布这一说法的现实性，"当金钱落入钱箱叮当一响，罪恶解除"。如何搞到金银成了当时西方社会的共同梦想，由此西方开始了海外扩张。

伊比利亚半岛的扩张，前期主要是通过暴力直接掠夺，后期逐步转为贸易剥削。欧洲人从美洲流入了巨大数量的金银，15 世纪末以后的 100 多年中，葡萄牙从非洲运走黄金 27.6 万公斤；1521—1544 年，西班牙平均每年从美洲运回黄金 2 900 公斤、白银 30 700 公斤，1545—1560 年，运回的黄金和白银平均每年分别达到 5 500 公斤和 2 406 万公斤。大量黄金和白银刺激了西欧的"价格革命"，商业活动变成最有利可图的活动，任何东西只要变成商品，就能赚取成倍的利润。[②]

资本主义的萌芽由于新航路的开辟找到了生长点，进而引发了一场前所未有的商业革命。国家鼓励商业，保障商人的利益，国家成为商人对外贸易的坚强后盾。

新航路的开通，西班牙滚滚而来的财源，让其他各国的商人坐不住了。1599 年 9 月，80 名伦敦商人齐聚市政厅，要求女王授予他们东方贸易的特许权。1600 年，英国东印度公司成立。

时隔两年，1602 年 3 月，荷兰人也成立了一个东印度公司。荷兰东印度公司是由各种私营贸易公司合并而成的一家国营公司。之前的远航通常是贵族和国王主导，只有少数人出资。现在资金需求量大，单凭少数人无法凑足。荷兰人脑洞大开，在英国东印度公司的基础上实行了制度创新，即向社会募集。不论什么人，不论资金多少，只要购买了股份就是公司的股东，就能分享它的收益。这个办法一出台，立即得到市民的热烈追捧。无数商人、技工、水手甚至女仆都跑来买股份，"阿姆斯特丹的居民认购了其中的 57%，认购者多达 1 143人，……首期就募集到 650 万荷兰盾"[③]，远远超过两年前英国东印度公司 3 万英镑的筹资规模，形成了远大于英国东印度公司的海洋扩张竞争力。后来的股

---

① 米歇尔·博德：《资本主义史 1500—1980》，东方出版社，1986，第 7 页。
② 钱乘旦：《世界现代化历程》，江苏人民出版社，2012，第 185 页。
③ 张宏杰：《简读中国史》，岳麓书社，2019，第 253 页。

票募集不乏其他国家的购买者。

荷兰人在第一次制度创新的基础上，又进了第二个制度创新：建立固定常设的股票交易机构——股票交易所。当时海洋贸易的一个特点就是周期很长，一年一个来回属于快的，有的甚至需要几年时间，因此海洋贸易投资是一种长线投资，由此带来的问题是如果有人急需资金则无法解决，荷兰人便创立了专门交易股票的场所。1609 年，世界上第一家股票交易所在阿姆斯特丹正式诞生。股票交易所的建立，不仅满足了股票持有者的应急之需，还为通过股票的交易价格及时了解公司的运营状况提供依据，进一步增加了人们购买股票的信心。作为凭证票据的交易，荷兰的做法确实是人类社会交易方式的又一次重大进步。

凭借公司制度优势，荷兰东印度公司迅速实现了海外扩张和崛起。1600年，荷兰已有 10 000 多艘商船悬挂着荷兰三色旗，游弋在世界五大洋上，这是当时世界上最大的船队，被后人称为海上马车人。"在荷兰东印度公司成立后的短短 5 年时间里，它每年都向海外派出 50 支商船队，这个数量超过了当时西班牙、葡萄牙船队数量的总和，让西班牙人目瞪口呆。"[1]

1669 年，荷兰东印度公司就像一个国家一样，拥有超过 150 艘武装商船和 40 艘战舰、1 万名士兵及 5 万名员工，在海上攻城略地，先后战胜葡萄牙、西班牙、英国等国家，从他们手里夺得马来群岛、孟加拉国、泰国、马六甲等东南亚大片海洋区域，并在中国、印度、日本等国家的海岸城市设立商行。[2]荷兰东印度公司成为世界上最富有的公司，股息高达 40%，拥有 15 000 个分支机构，贸易额占到全世界总贸易额的一半。[3]一个仅有 150 万人口的荷兰，将自己的势力几乎延伸到了地球的每一个角落，成为当时整个世界的经济中心和最富庶的地区，被马克思称为"海上第一强国"。

资本主义的生产方式作为经济制度被确立下来，就是从荷兰开始的。荷兰创设了影响世界经济发展的这两项制度——股份有限公司和股票交易所，结合1581 年政治上的独立，荷兰成为世界上第一个资本主义国家。

西班牙的扩张主要依靠武力征服，而英国和荷兰则主要依靠政治智慧。学者张宏杰认为，"荷兰和英国在欧洲自治城市中都是很发达的地区，因此，这两个东印度公司的建立及组织结构，都从自治城市身上学习到了很多东西"[4]。自治城市向贵族或国王购买城市自治权，而两个东印度公司则向议会和国王购

---

①　中央电视台《大国崛起》节目组：《大国崛起：荷兰》，中国民主法治出版社，2006，第 116 页。
②　王宪磊：《全球经济共同性的性质和原因》第 5 卷，社会科学文献出版社，2012，第 10 页。
③　苗延波：《公司的历程》，知识产权出版社，2012，第 86 页。
④　张宏杰：《简读中国史》，岳麓书社，2019，第 252 页。

买了自由经营权，如英国东印度公司一开始向国王购买了东印度 21 年的贸易垄断权并不断续约，荷兰则由议会授权东印度公司东起好望角、西至南美洲麦哲伦海峡的贸易垄断权，甚至签约和付款方式都与自治城市一样。两个东印度公司可以自己立法、组织军队、发行货币、拥有法庭、建立收税体系，也可以发动战争、与他国签订协议。"更为相似的是，两个公司都由众多'自由人'组成，并选举自己的'议会'和'政府'。""这两个东印度公司也就成了两个移动的海上城邦。"①

股份有限公司形成的是一个巨大的力量汇集渠道，所产生的是经济发展的强大社会动员能力，同时也是一种新的征服方式。英国、荷兰这两个东印度公司的出现，改变了世界的面貌，后来的世界历史在很长一段时间内由这两个公司主宰。

西方国家在世界上的征服和殖民活动，在很大程度上是通过公司形式进行的。如对印度的征服和占领，其主导力量就是英国东印度公司，而不是英国政府。其孟买、加尔各答和马德拉斯三地总督职务在一开始就是东印度公司任命的，1858 年，英国政府收回垄断权，东印度公司被撤销，这种职务才由政府任命。自然，印度的社会发展和改造也必然按照符合东印度公司经济利益发展要求的模式去进行。此外，1792 年英国马戛尔尼使团对中国的首次访问，也是由英国东印度公司促成并承担了 8 万英镑的全部费用。②

东印度公司的出现，看似简单而又顺理成章，但事实上很不简单，在其首开先河的背后是契约精神和法治精神。如果缺少这两种精神，不用说建立这种制度，就是这种制度的运用也会很成问题。后来一些国家从事现代化经济建设的曲折实践也充分证明了这一点。契约精神和法治精神是东印度公司产生的基础，股份有限公司之所以首先在荷兰出现，就是因为荷兰自治城市在欧洲最为发达。契约精神和法治精神是自治城市的最关键因素。

荷兰学习英国的做法建立了自己的东印度公司，而英国又反过来学习了荷兰做法且更为成功，一举反超了荷兰。其实两国在逻辑上是一样的，都是依靠股份有限公司的力量。

从海外开拓的特点来看，西班牙基本以皇权和国家利益为驱动力，英国则以商业利润为驱动力。西班牙人的行动是军事征服在先，随后的经济利益只是战利品；而英国则是商业活动在先，军事力量是为经济利益服务的。③ 英国在对外殖民上，如同政府把海外扩张项目承包给了东印度公司，公司自己承担运

---

① 张宏杰：《简读中国史》，岳麓书社，2019，第 253 页。

②③ 张宏杰：《简读中国史》，岳麓书社，2019，第 256 页。

营成本和风险，政府只收少量的资源开发费。英国最终击败了荷兰和法国，成为南亚诸多国家的宗主国，这是英国东印度公司董事们苦心经营的结果，而不是英国内阁运筹帷幄的战绩。[①] 英国东印度公司在商业上的作为也极为成功，从 1657 年起，每年分红可达 20% 左右，最高年份达到 50% 以上，导致公司股票价格不断上涨，100 英镑的股票价格到 1669 年已上涨到 130 英镑，1677 年达到 245 英镑，1683 年竟升到 360 英镑。[②] 荷兰最终没有竞争过英国，原因有两个：一是荷兰国家体量太小，1700 年其人口是英国的 1/3，领土面积只有英国的 1/6。二是荷兰人的成功在于商业制度创新，失败则在于过度专注于商业。历史上，荷兰人不怎么在乎政权的归属，至于谁统治他们，就看谁更能保障他们自由发展经济，因此荷兰这片土地轮换过很多统治者。当西班牙国王菲利普二世借战争对荷兰横征暴敛时，各地才为保护自己的经济利益团结起来，发起了独立战争。胜利后又把国家托付给了英国女王，而后又嫌女王收的保护费过高，无奈之下选择了自己领导自己。1581 年，七省联合成立尼德兰联省共和国。它是由中产阶级建立并统治的国家组织形式，结构非常松散，各省之间绝对独立，甚至没有常备军，因为雇佣外国军队作战比征调商人们作战要廉价和方便得多。

　　荷兰的治理方式和历史上的迦太基非常相似，它们都是专注于商业的国家，其命运是荷兰衰弱，而迦太基灭亡。荷兰之所以没有步入迦太基的后尘，根本原因是人类社会进步到民族国家阶段。

　　英国不同于荷兰，它拥有统一的中央政府和议会，从而保持国家强大的武力，同时英国更注重商品生产，为东印度公司的对外扩张提供了更为有力的支撑。事实上，英国东印度公司对印度的征服，依靠的是英国中央政府的强有力推动。当然，它又不像西班牙那样专制而抑制公司的活力。英国走的是一条适中的道路。

---

①② 谌焕义：《论东印度公司与近代早期的英国社会》，《广西师范大学学报（哲学社会科学版）》1997年第 3 期，第 90 - 95 页。

第四章

现代化的具体实施

西方思想文化上的转变以及由此带来的民族国家、体制和制度的建立，为整个现代化建设的具体实施提供了基础和保障，由此带来并推动了作为现代化建设核心内容——科技的产生与发展。

第一节　科学革命

科学本身包含了无限进步的可能性[①]。欧洲之所以能够前所未有地扩张并在 19 世纪取得支配地位，原因就在于率先实现了科学革命和工业革命，并由此带来了全人类现代化，而且这一进程一直在继续和加速。

一、科学革命产生的根源

科学在古代各大文明中就已存在，但除西欧外，其他文明都没有产生科学革命，科学革命成了西方文明的独特产物。

科学革命是科学知识体系的根本变革，源自科学的新发现和崭新的科学基本概念与理论的确立。最初的科学革命发生于 16—17 世纪，以尼古拉·哥白尼 1543 年发表的《天体运行论》"日心说"为代表，初步形成了与中世纪神学和经院哲学完全不同的新兴科学体系，标志着近代科学的诞生。后经开普勒、伽利略，特别是以牛顿为代表的一大批科学家的推动，建立起了近代自然科学体系。以致后来欧洲在天文学、物理学、医学、生物学和化学等方面都经历了根本性的变革。

为什么科学革命和其他的现代化诱导因素一样，也首先发生在西方而不是

[①]　斯塔夫阿诺斯：《全球通史：从史前史到 21 世纪》下册，吴象婴、梁赤民、董书慧等译，北京大学出版社，2006，第 479 - 480 页。

东方或其他地区？因为西欧发生了文艺复兴运动，产生了人文主义学术，能够按照人的意志而非神的意志，理性分析和对待客观现象。同时也说明，西欧的现代化发展既不是偶然的也不是单方面的突进，而是一个有机的综合性递进过程。

文艺复兴时期，学者和艺术家在回溯希腊古典时期的文化时，从中不仅发现了柏拉图（Plato）和亚里士多德（Aristotle）等的哲学，还有欧几里得（Euclid）和阿基米德（Archimedes）的科学，后者促进了对物理学和数学的研究，特别是古代医学和博物学著作等使生物科学的研究受到巨大鼓舞。

此外，新兴资产阶级的产生和发展使匠人在文艺复兴时期已不再像之前那样受鄙视，地位不断提高，匠人与学者之间的鸿沟逐渐缩小，这为科学与技术的联合提供了条件和可能。

在文艺复兴之前，技术和科学各自沿着自己的轨道向前发展。在人类社会的发展中，不同地区的人们通过不断观察和实验，都发展出了自己的技术并产生了掌握这些技术的匠人。比如，狩猎、务农、捕鱼和加工木具、石头、金属等，有些技术甚至达到很高的水平。但匠人们关心的只是技术上的实际知识本身，并不关心技术背后的原理，不探究因果关系。西方的伟大成就在于最早让哲学家、科学家和匠人实现了联合，这为科学及其发展奠定了基础，使科学成为现代社会的支配力量。

两者的结合是一个很大的飞跃。不论东方还是西方，在古代都存在一种歧视体力劳动者的强烈偏见，这种偏见根深蒂固。

这种偏见在西方奴隶制度中得到加强，认为体力劳动是奴隶的事情。古希腊时期伟大哲学家柏拉图就以不劳动为荣。即使奴隶制消失后，古希腊的这种依靠头脑完成的工作和改变物质形态的工作之间的界线鸿沟依然存在。甚至将内科医生的工作看作高尚的，将外科医生的工作看作"奴隶性的"，因为外科医生改变物质形态。因此，导致实验性科学受到轻视。

文艺复兴带来的这些改变确实是很大的进步。人们尊重纺纱、织布、制陶、玻璃制造等方面的技术，特别是日益重要的采矿和冶金术方面的实用工艺。工匠地位的提高使工匠与学者之间的联系得到加强，"工匠拥有古代的旧技术，并在旧技术上添加了中世纪期间的新发明。同样，学者提供了关于被重新发现的古代、关于中世纪的科学的种种事实、推测及传统做法"[1]。两者的融合尽管很慢，但最终引起了聚变反应。其中最关键的是工匠和学者的联合使劳动和学者或科学家的思想实现了联合。

---

[1]　斯塔夫里阿诺斯：《全球通史：从史前史到21世纪》下册，吴象婴、梁赤民、董书慧等译，北京大学出版社，2006，第481页。

地理大发现和对海外地区的扩张是促进科学发展和科学革命发生的最初源动力。新的动植物、新的人类社会相继被发现，所有这些都向传统思想提出了挑战。海外地区和市场的开辟，使商业和工业得到发展，从而进一步导致技术进步，技术进步在促进科学发展的同时又反过来受到科学的促进。远洋贸易引起了对造船业和航海业的巨大需求，在这一巨大需求的引领和推进下，除造就了一大批受过专门训练的工匠外，还引起了对天文学等具有明显实用价值领域的研究。由于对动力传送和水泵技术的需求，人们开始关心机械原理和液压原理，同时，随着对采矿业新矿石和新金属的不断实验，形成了化学原理等。

二、科学革命的进程

近代科学革命经历了三个时期，有的学者称之为三次科学革命。

第一个时期在 16—17 世纪，近代科学最主要的进步是在与地理学和航海技术有着密切联系的天文学领域发生的。哥白尼证实了古代哲学家托勒密提出的太阳而非地球是宇宙中心的观点。伽利略则使用当时新发明的望远镜，观察宇宙的实际情况，以实验事实为根据支持哥白尼。哥白尼的太阳中心说在伽利略和布鲁诺（Bruno）的大力宣传下得到了广泛传播。太阳中心说这一天文学革命彻底否定了上帝把地球置于宇宙中心的宗教信条，建立了科学的宇宙观，开创了近代科学革命的先河。因此，恩格斯称哥白尼的天文学革命为自然科学借以宣示独立的革命行为。

和哥白尼天文学革命并行的还有近代医学革命。继哥白尼的近代天文学革命后，生物学领域发生了以血液循环理论为主线的近代医学革命。在哥白尼《天体运行论》出版的同一年，即 1543 年，意大利帕多瓦大学解剖学教授安德烈·维萨里（Andreas Vesalius）出版了《人体的构造》一书，之后西班牙医生弥贵尔·塞尔维特（Michael Servetus）对维萨里理论进行进一步的解释和补充，英国生物学家威廉·哈维（William Harvey）又于 1628 年出版了讨论心脏问题的专著《心学运动论》，三人共同建立起血液循环理论。

在哥白尼带来的天文学革命之后，是伽利略和牛顿创立的经典力学。在这一方面，伽利略做了先导的基础性工作，牛顿使之走向成熟。

伽利略研究和进行过多方面的力学实验，发现了自由落体定律和惯性定律，还提出了力学的相对性原理。其《关于力学和位置运动的两种新科学的对话与数学证明》一书的出版，为经典力学作为独立学科奠定了基础。

牛顿发现了物体运动三大定律，这是一个能够用数学方法证实的宇宙定律。这就等于说明了，"自然界好像一个巨大的机械装置，按照通过观察、实验、测量和计算可予以确定的某些自然法则进行运转"①。牛顿的《自然哲学的数学原理》被公认为有史以来最伟大的科学著作之一，标志着经典力学体系的完成，也标志着由哥白尼开创的近代天文学革命的终结和近代科学的诞生。②

人们不仅将牛顿的学说应用于物理世界，而且应用于整个思想和知识领域以及人类社会。

第二个时期是整个 19 世纪，以化学、物理学、生物学的重大理论突破为内容。18 世纪末，蒸汽机的改良成功与应用，推动了其他工业部门的机械化，引起了工程技术领域的全面改革；同时，热能转化为热力学理论的建立提供了前提。19 世纪前半期，由于纺织业连续几十年的迅速发展，与之有着密切联系的化学科学取得了重大发展。安东尼·拉瓦锡（Anthoine Lavoisier）发现了在一系列化学反应中、反应前后物质的形态可能发生改变，但其质量不会变化的物质守恒定律。之后，陆续有尤斯图斯·冯·李比希（Justus von Liebig）发现了化学肥料，威廉·亨利·帕金（W. H. Jr. William Herry Perkin）发现了合成染料，路易斯·巴斯德（Louis Pasteur）发现了疾病的微生物理论。

还有，查尔斯·罗伯特·达尔文（Charles Rorbet Darwin）发现了支配人类本身进化的规律，其两部重要著作《物种起源》和《人类的起源》用自然选择的观点阐述了进化论理论。达尔文认为变异借以发生的主要方式是"自然选择"。达尔文学说引发了一场不仅涉及生物学，还影响宗教、哲学、社会学甚至政治学的大争论。

第三个时期是 19 世纪末 20 世纪初，微电子等技术的发明，使人类对物质结构的认识由宏观领域进入微观领域。相对论、量子力学这两大理论的产生和建立，使物理学理论和整个自然科学体系以及自然观、世界观都发生了重大变革。一系列新技术的产生和应用，如有机化学、分子生物学与基因工程、微电子与通信技术等，使科学发展进入了现代时期。

三、科学革命的意义

科学革命本质上是科学思维方式的革命，通过科学思维方式的变革解决科学进步过程中发生的危机。

科学革命的首要意义在于改变人们的科学观，即对科学自身认识的改变。

---

① 斯塔夫里阿诺斯：《全球通史：从史前史到21世纪》下册，吴象婴、梁赤民、董书慧等译，北京大学出版社，2006，第483页。

② 肖耀根：《世界近代科学革命事件及其意义》，《理论月刊》2007年第6期，第142－145页。

它把自身作为探究和反思对象，提出各种各样的看法，形成不同的观点。其次是建立起新的科学知识体系。在科学观改变的基础上，通过新的科学基本概念和基本理论的确立，形成新的知识体系。最后是通过新知识体系的建立推动社会实践。包括在新的科学理论指导下产生的新技术、新工具和新工艺，使生产力发展到一个新阶段。

西方世界首先发生科学革命，到 19 世纪末已经形成了全新的工业状态，同时，科学也深深影响了西方人的生活方式和思想方式，并以各种方式直接和间接地影响整个世界。科学使欧洲在技术上对世界形成霸权，并规定这一霸权的性质和作用。科学革命成为西方文明最根本的体现。

第二节　工业革命

工业革命最早开始于英国，以蒸汽机的改良成功和应用为标志，经历了一个从手工业向机械工业的转变过程。在手工业期间，已经存在一些机械的发明和应用，因此，人们又通常认为珍妮纺纱机的发明标志着工业革命的开始。由于机器发明及运用是这个时代的标志，因此，也被历史学家称为"机器时代"。

一、工业革命的根源

在工业革命之前，英国已经形成了一系列有利于工业革命产生的条件。工业革命发生在英国，而且恰恰是在 18 世纪后期。

首先，英国光荣革命奠定了国王"统而不治"的政治形式，资产阶级掌握了政权，建立了适宜工业发展的新的体制，使英国成为当时世界上政治与社会环境最宽松的国家。同时，资产阶级确立的君主立宪制度保证了国内外有一个较长时期的稳定的发展环境，特别是 18 世纪以后，英国本土没有出现过较大规模的战乱。

其次，海外大扩张导致的商业革命带来了产业革命。最早在农业领域的变革发挥了最为基础的基石作用，被侯建新教授称作"现代化第一基石"[①]。英国的农奴制早在中世纪晚期基本绝迹，农业社会的发展受封建残余的阻碍比欧洲大陆的其他国家小得多。

英国圈地运动就是用暴力实现资本原始积累全过程的基础。圈地运动始于 16 世纪，在 18 世纪后期至 19 世纪初期达到高潮，持续了 3 个世纪。初期，贵

---

① 侯建新：《现代化第一基石——农民个人力量与中世纪晚期社会变迁》，天津社会科学院出版社，1991。

族圈占公地和沼泽地带。这些区域本是西欧民族自原始社会末期马尔克公社中一直流传下来的，是用于保证农民生活砍柴和放羊而共同使用的带有福利性质的公共区域。圈地运动使得自耕农不得不时常出卖自己的劳动力而维持生存。一开始，圈地运动由羊毛价格的上涨引起，被圈占的土地主要用于放牧。较后的时期，圈地主要为生产粮食，因为商业和手工业发展导致城市迅速发展，使粮食生产变得更为重要，被圈占土地采用最新的、有效的方法加以耕种。比如，由二圃制改为三圃制，使土地利用率提高了1/3；又如，选育良种、改良牛品种、研制某些农业机械等。英国农业经济的增长在商业革命前已经开始，因为农业若不能生产出相当的农产剩余，手工业、商业和其他新的生产部门就不可能从农业中分离出来。

不可否认的是，新兴资产阶级和新贵通过暴力对农民土地的掠夺，给农民带来极大的苦难。农民不得不租种土地和打零工，或者到城市找工作。圈占土地的过程是残酷和血腥的，农民称之为"羊吃人"，但就工业革命来说，它提供了两个不可缺少的先决条件——劳动力和城市生活所必需的粮食。尽管遭到失地农民的强烈反对，但圈地运动之所以在英国能行得通，是因为英国相对较小，且有大量的海外贸易，手工业发展较快，能逐步消化大量的剩余劳动力，同时农产品价格下降，日工资收入提高。英国在17—18世纪基本完成了农业革命。

圈地运动虽在英国得到施行，但在其他国家或地区无法被照搬。圈地运动在欧洲一些国家都发生过，但程度上要小得多。比如，法国革命反而为农民提供了更多的土地。有学者认为，这增加了法国农民对故乡的依恋，不利于工业革命。但不同的国情自然要实行不同的办法，对法国来说，本国的国情如果任由圈地运动发展必然带来社会的动乱，连基本的社会稳定都无法保证的情况下，又何谈本国的工业革命。

商业革命使世界贸易的商品结构发生了变化。16世纪以前，主要是从东方向西方运送香料和从西方向东方运送金银的双向贸易。之后，新的海外产品逐渐成为欧洲的主要消费品，商品的价值也在不断增长。同时，除了欧洲和世界东方地区及殖民地的纵向贸易，殖民地之间的横向贸易比重也愈来愈大。这为欧洲的工业，尤其是为制造纺织品、船舶及由船舶带来的相关工业，提供了很大的且不断扩展的市场，进而不断逼迫着工业改善其组织和技术要求。股份有限公司制度又为商业企业带来了丰厚的利润，为进一步的资本投资提供了条件。英国当时宽松的政治环境带来的长期稳定和较早瓦解的传统行会组织，都有利于工业发展，吸引了大量企业家人才的流入。

"重商主义"逐步转向"重工主义"。在资产阶级追求财富的激励下，商品贸易的巨大需求牵引着手工业及工业的发展，激发了工匠们发明创造的热情，使手工劳动不断向动力机械转变，促进了机械工业的飞速发展。

二、工业革命的进程

工业革命是一场以工业技术革命为中心内容的社会变革。强有力的需求刺激了发明者的内在动力，而产业的形成和发展又是造成强有力需求的内在原因。各种发明可以循着产业链有序扩展，产业链成为技术发明的诱导和依托因素。

按照传统的划分，工业革命通常被认为经历了四次。

（一）第一次工业革命

随着海外贸易的扩展，当时英国的棉纺织业规模最大，供需矛盾也最为突出，因此激发了围绕棉纺织业的各种发明，技术变革最先从这个行业开始。

1733 年，约翰·凯伊（John Kay）发明了飞梭，大大提高了生产效率。1765 年，詹姆斯·哈格里夫斯（James Hargreaves）发明了珍妮机，一个工人能纺出十多支乃至几十支棉纱，使生产效率进一步提高。珍妮机的诞生揭开了工业革命的序幕。1768 年，理查德·阿克莱特（Richard Arkwright）发明了水力纺纱机，能在皮辊之间纺出又细又结实的纱线。之后，围绕纺织出现了一系列技术发明。纺织机械的应用很快生产出比人工处理既好又快且多的纱线，之后技术突破的重点自然转到织布上，各种发明沿着纺织业这个链条不断推进。1785 年，牧师埃德蒙·卡特莱特（Edmund Cartwright）在最初马拉驱动的基础上发明了水力织布机，使织布速度提高了 40 倍，于四年后获得蒸汽动力织机专利权。19 世纪 20 年代，动力织布基本取代了手工织布。英国纺织业在质量和效率上的优势，一举垄断了国际市场，使中国及印度国的传统纺织制品迅速丧失了竞争力。

纺纱和织布迅速发展所带来了极大的对动力的需求。1769 年，詹姆斯·瓦特（James Watt）对之前汤姆斯·纽科门（Thomas Newcomen）的蒸汽机进行改造，发明了"单动式蒸汽机"。十多年后，又改良发明了"联动式蒸汽机"，1785 年投入使用。

实际上，很多工业革命新发明的基础原理早在 18 世纪前就被人们所知道，由于缺乏应有的需求刺激，一直未被应用于工业。之所以 18 世纪下半叶这些技术被密集地"发明"，是因为棉纺织业的发展需求。英国非常需要一种新的动力来从矿井里抽水和驱动新机械的轮机，由此引起了一系列发明、改进和商业用途蒸汽机的成功研制。据说，蒸汽动力在 1 世纪希腊化时代的埃及就已出现，用于开关庙宇的大门，此后至瓦特蒸汽机的使用，试用蒸汽做动力的发明者不下 20 人之多。有人说:"如果瓦特早出生 100 年,他和他的发明将会一起死亡!"① 此话或许不谬。

蒸汽机的发明是英国进入工业化时代的一个重大标志,也是人类历史上的一次划时代的革命。大规模蒸汽机的使用催生了工厂制度的诞生,蒸汽动力取代以往的人力、畜力甚至水力和风力成为生产的主要动力,带来生产力的巨大发展。

1800 年,已有 500 台左右的瓦特蒸汽机投入使用,其中 38% 用于抽水,剩下的用于为纺织厂、炼铁炉、面粉厂和其他工业提供旋转式动力。1807 年,罗伯特·富尔顿(Robert Fulton)制造出用蒸汽机做动力的轮船。1833 年,加拿大"皇家威廉号"蒸汽船从新斯科舍出发,历时 25 天,穿越大西洋,行驶到英国伦敦。1838 年,汽船"天狼星号"用时 16 天半、"大西方号"用时 13 天半朝相反方向越过大西洋。1814 年,乔治·史蒂芬孙(George Stephenson)发明了蒸汽机车,1825 年,蒸汽机车试车成功。1850 年,英国拥有铁路里程 6 600 英里,1870 年达到 15 500 英里。1815 年,汉弗莱·戴维(Humphry Davy)发明了安全灯。19 世纪中叶,人们发明了电报。1866 年,人们铺设了一条横越大西洋的海底电缆,沟通了东半球和美洲的直接通信联络。②1851 年,英国举办了有史以来第一届世界博览会。

19 世纪中叶,英国的钢铁产量与棉布产量相当于世界其他国家产量的总和,煤炭产量则相当于世界其他国家产量总和的两倍。英国物质财富空前增加,工业产品畅销全世界,成为名副其实的"世界工厂"。

受英国工业革命的刺激,法国迅速开始进行变革,美国的发展也十分迅速,西方国家相继掀起工业革命运动。

(二)第二次工业革命

时间是 19 世纪下半叶至 20 世纪初,主要标志为电气技术的产生与应用。

以 1870 年左右为界,较之以前有两种变化:其一,科学开始直接影响工业。科学最初对工业没什么影响,科学就是科学,与技术是分离状态。工业革命开始时的各种发明,多半由有才能的工匠完成,极少由科学家们做出。1870 年以后,情况发生了变化,科学开始作用于工业并成为工业部门的组成部分。比如,配备专门的实验室,装配昂贵的仪器和对指定问题进行系统研究及经过专门训练的科学家。把之前基于偶然和个人对偶然机会的及时把握的发明,变

---

① 吕宁:《工业革命的科技奇迹》,北京工业大学出版社,2014,第 13 页。

② 斯塔夫里阿诺斯:《全球通史:从史前史到 21 世纪》下册,吴象婴、梁赤民、董书慧等译,北京大学出版社,2006,第 492 - 495 页。

成事先安排好的、有计划的定制的发明行为。正如国外学者所说，"19 世纪最大的发明，是发明了发明的方法"①。1870 年后，所有工业都受到科学的影响，科学对工业影响最惊人的例子是对石油各种成分的提炼和煤衍生物的发现。

在科学影响工业方面，最令人瞩目的成就当属电磁原理的发现。英国物理学家詹姆·克拉克·麦克斯韦（James Clerk Maxwell）是经典电动力学的创始人，其 1873 年出版的《论电和磁》是继牛顿《自然哲学的数学原理》之后最重要的物理学经典。

这一理论的出现，向人类展示了另一个物质世界的存在，在此基础上，人们将视野一下投向了微观世界，带来了大量的新发现和新发明。电磁技术的发展在形态上极大地促进了工业的发展，但从本质上，却在改变着工业的内涵，主导着这个时代的工业发展方式。

在第二次工业革命过程中，两个国家占据了领先地位——德国在科学领域，美国在生产技术领域。美国具有国土空间、资源、人口和国内市场及廉价的移民劳动力等优势因素，促进了生产发展和与之相伴随的一系列技术发明和改进，还出现了促进生产的新的方法，如规范的可互换的零部件标准的制定、生产"流水线"模式设计等。

第二次工业革命后，又先后出现了两次技术飞跃，一是计算机发明、核技术的发展和生物技术的创新，使人类社会进入向自动化发展和核能时代。二是互联网、人工智能技术的发展，使人类社会进入了信息时代。这些技术的飞跃带来了工业巨变。

三、工业革命的影响

工业革命的影响是多方面的、深远的，不仅改变着自然世界，也改变着社会生活和人们的思想及行为。一是生产组织形式发生了变化，以机器生产的工厂取代了手工工场。二是人口随工业化程度提高而增长并不断趋向集中，城市化加快，人们的生活方式发生改变。三是社会结构发生变革，分裂形成了工业无产阶级和资产阶级。四是西方社会思想观念发生变化，从重商主义转向了自由主义。

---

① 丹尼尔·贝尔：《后工业社会的来临：对社会预测的一项探索》，高铦、王宏周、魏章玲译，商务印书馆，1984，第 36 页。

第五章

中国现代化道路的探索

现代化产生于西欧，西方属于原生型现代化，沿着"思想文化变革—体制变革—具体技术器物的发明创造"道路发展的。而我国则属于后发型现代化，其最初的发展过程是一个倒序，即洋务运动——工业发展，戊戌变法、辛亥革命——体制变革和民族国家建立，最后才是五四运动——思想文化变革。①

第一节　洋务运动

我国的现代化不是自发的，而是被西方帝国主义列强强行纳入这一体系的。

清朝日趋衰落时，西方已开始了工业革命。至 19 世纪三四十年代，大机器工业逐渐代替了工场手工业，工业的发展促使西方国家不断开拓外部市场，寻找新的资源及产品销售空间。而中国是一个地域广大人口众多的国家，非常符合英国扩大商品倾销地的条件。尽管清政府长期实行闭关政策，但也存在一定的贸易活动。英国人非常希望中国能开放贸易，但问题是当时西方的工业产品还没有发展起来，英国出口中国的羊毛、呢绒等工业制品并不受青睐，而中国出产的茶叶、瓷器、丝绸等在欧洲市场十分受欢迎，这使中英贸易中英国形成了庞大的贸易逆差（入超）。大量白银流入中国使英国吃不消，加上中国对英国的进口产品征收 20% 的高税率，使英国大为不满。英国利用出口鸦片，来弥补贸易的逆差问题。鸦片的大量输入，带来了两个结果：其一，中英贸易收支出现翻转，英国出超，而中国入超。中国国内发生严重的银荒，造成银贵钱贱，出现通货膨胀，令清廷国库空虚，财政枯竭。其二，鸦片贸易严重摧残了中国人民的身心健康，使社会生产力遭到严重破坏。从王公大臣到平民百姓，吸毒者日众，身体变得虚弱，军队失去作战能力。东南沿海地区的工商业

---

① 厉以宁：《资本主义的起源》，商务印书馆，2003，第 8-9 页。

日渐萧条、衰落。

1839年，清廷决定开展禁烟运动，派钦差大臣湖广总督林则徐前往广州，将查获的鸦片进行了全部销毁。英国以"保护通商"为借口，于1840年出兵侵略中国，发起了第一次鸦片战争。第一次鸦片战争以中国的失败并割地赔款告终。

第一次鸦片战争后，西方列强并不满足已经取得的特权和利益，为了进一步打开中国市场，扩大在华侵略利益，蓄意加紧侵犯中国主权，进行经济掠夺。之后爆发了第二次鸦片战争，仍以中国的失败告终，这次战争失败所造成的割地赔款的数量更大。

经过两次鸦片战争的失败，清政府和中国的士大夫阶层感受到了西方技术的巨大威力。曾国藩、李鸿章、张之洞、左宗棠以及在中枢执掌大权的恭亲王奕䜣等人，主张开始学习西方先进技术，这部分人被称为"洋务派"。洋务派采取"师夷长技以制夷"的思想，极力将这种思想付诸实践。他们以"自强""求富"为口号，进行了一场引进西方军事装备、机器生产和科学技术以挽救清朝统治的自救运动，被称为"洋务运动"。

洋务运动首先从军事工业开始，在李鸿章等人的主持下，一批大型近代军事工业相继问世。在很短的几年时间内，清政府具备了铸铁、炼钢以及其他一些军工产品的生产能力，并装备于军队。1865—1895年，清政府曾先后设立了24个规模不同的军用工业企业。① 与此相适应，还设立了一批以发展海军需要为主的军事学校。北洋海军的建立，是洋务运动军事方面的最高成果之一，尽管最后北洋海军以失败告终，但在当时也是一支先进的军事力量，并且在发展过程中带动了一系列民用工业和新式交通运输业等近代事业的发展。

随着军事工业和民用工业的发展，轻工业及相关配套产业也在洋务运动中得到大力发展。例如，左宗棠于1880年创办的兰州织呢局，是中国近代纺织工业的鼻祖。另外，中国的发电厂、机器缫丝、机械造纸、印刷、制药、玻璃制造及自来水厂等，都是在洋务运动期间建立起来的。

洋务派在所从事的洋务活动中面临着重重困难和阻力。如兴建铁路一事，就曾一波三折，建议也屡遭拒绝。1880年，怡和洋行修建了从上海到吴淞的铁路，引起官员的一致反对，他们寻找借口，以28万两白银买下并拆毁；1881年才建成了一条11公里用于捡煤的铁路，但条件是不许用火车头，而是用骡马牵引。

1894年，中日甲午战争爆发，北洋海军全军覆没，中国的战败标志着清

---

① 严中平：《中国近代经济史 1840—1894》下册，人民出版社，2012，第1615页。

政府历时 30 多年的洋务运动宣告破产，打破了近代以来中国人民对民族复兴的追求，进一步加深了中国的半殖民地化，中国的国际地位急剧下降。

洋务运动尽管以失败告终，但其历史作用是值得肯定的。对于中国，现代化从最简单的技术——器物层面入手，通过这些最直接的现实手段慢慢改变国人的认识，是符合当时中国实际的。洋务运动的失败和鸦片战争的失败一样，其教训同样很值得总结。鸦片战争是因不同文明之间的差异导致的失败，而中日甲午战争则是因不同政治体制上的差异而失败。

中日两国，几乎从同一时期、同一状况下起步，并且都把西方科学技术的引进和追求军事上的"强"、经济上的"富"作为目标，甚至日本也曾采取闭关锁国的政策。但两次鸦片战争后，日本看到中国的失败，从明治时期即开始调整政策。他们在对待东西方文化上实行"和魂洋才"，即保持东方道德，吸收西方技术和方法。1868 年，日本通过明治维新，学习欧美先进制度的"脱亚入欧"之路，开启了资本主义道路。

在日本，"维新"是天皇政权的一项基本国策，它涉及政治制度、社会经济结构、技术、学术文化、教育所有领域的系统性改革，是上至最高统治者天皇、下至民众的自上而下的一致行动。而中国的洋务派是封建统治体系内士大夫阶层，他们作为封建传统思想的卫道士出现，推行自强运动的最终目的是为了维护封建传统统治。而且洋务派只是清朝政权内的一派，且存在着不统一，朝廷内始终存在强大的反对势力，运动只涉及少数人，缺乏广大民众的认识和参与。因此，洋务运动只局限于在军事和经济的某些方面采取西方的科学技术，丝毫没有触及清廷的政治制度和经济结构变革。

与鸦片战争不同，中日甲午战争对清廷朝野震动很大。令传统儒生百思不得其解的是，文化上同属儒教认同的邻属岛国，在注入了西方异质文化后，竟一举击败了"文化母源"——儒教中国，这使"中国一批先觉的知识群体开始从文化的层次上来理解西方与东方作为政治实体存在的差异性，而不是总以儒教帝国的优越性为前提去理解帝国之外政治实体存在的优劣"[1]。

第二节　中国政治体制的变革

洋务运动的成果没有经得住甲午战争的检验，甲午战争使国人一下明白了，一种与技术发展相适应的国家政治体制建设的重要性。从此，中国开始探究政治体制变革道路。

---

① 许纪霖、陈达凯：《中国现代化史　1800—1949》第 1 卷，学林出版社，2006，第 111 页。

中国政治体制的变革十分艰难。中国强大文化的惯性,加之没有像西方那样长时期的文艺复兴运动带来思想文化上的转变,中国的政治体制变革道路十分曲折,其间经过了很多重大的历史事件。

一、清政府的自我改革

(一) 戊戌变法

中国自秦朝建立封建专制制度的 2 000 多年以来,第一次提出制度改革的是戊戌变法,它开启了中国近代史上学习资本主义国家模式、变革中国国家和社会制度的先河。

戊戌变法,也称维新变法,是清政府进行的第一次自我改革。

中国在甲午战争中惨败,清政府被迫与日本签订了《马关条约》。中国再次遭受割地、赔款的屈辱和大量主权进一步丧失的厄运。危机迫使一些进步的中国人开始寻找新的救国救民的道路。《马关条约》签订的消息传到北京,正在北京应试的 1 300 多名举人在康有为、梁启超等的组织发动下联名上书光绪帝,痛陈民族危亡的严峻形势,提出了变法的主张,史称“公车上书”。但上书因顽固派的阻挠没有送到光绪帝手中。

1897 年冬,德国出兵强占胶州湾,引发了列强瓜分中国的狂潮。康有为继续上书光绪帝,陈述变法的紧迫性和重要性。后来,光绪帝接见康有为,并让他全面筹划变法。变法开始后,因触及了清政府保守派的利益而遭到反对。最后,以慈禧太后为代表的保守派通过发动政变,将光绪帝囚禁于中南海瀛台,“戊戌变法”失败。戊戌变法从 1898 年 6 月 11 日开始,到 1898 年 9 月 21 日,慈禧太后发动政变,光绪帝被囚,康有为、梁启超逃离,谭嗣同等六君子被杀,历时只有 103 天,因此又被称为“百日维新”。

戊戌变法是一次具有爱国救亡意义的变法维新运动,是中国近代史上重要的政治变革,也是一次思想启蒙,这次变法促进了思想解放,对思想文化的发展和促进中国近代社会的进步发挥了重要推动作用。

(二) 清末新政

甲午战败使中国的国际地位一落千丈,西方列强瓜分中国的欲望日益增强。随着民族危机的加大,人民不堪赔款重负,反抗帝国主义的斗争日益高涨,由此引发了义和团运动。

慈禧太后轻信义和团“刀枪不入”的功夫,借“义和团”来应对所面临的列强威胁,但最终失败,并于 1901 年 9 月与十一国代表签订了《辛丑条约》,清政府从此成为帝国主义的傀儡。

导致清政府进行自我改革因素包括:一是戊戌变法运动虽然失败了,但它的影响却依然存在，很多改良内容甚至成了自我改革的蓝本。二是西方列强把义和团运动的矛头直指朝廷保守派，要求惩办涉事"首祸诸臣"，客观上等于打击了顽固保守势力。三是在《辛丑条约》签订前后，列强曾多次向清廷提出改革的建议。实际上，对《辛丑条约》的接受，等于敞开了国门，使清政府完全暴露在帝国主义控制之下。

同时，义和团运动使西方帝国主义列强想独吞或彻底瓜分中国的目的最终破产，曾为八国联军统帅的阿尔弗雷德·格拉夫·冯·瓦德西（Alfred Graf von Waldersee）意识到，中国人"含有无限蓬勃生气"，"无论欧、美、日本各国，皆无此脑力与兵力，可以统治此天下生灵四分之一"。[①] 中国被划分为各国势力范围，沦为共管的半殖民地状态，清政府的统治处于风雨飘摇中，已不可能照旧统治下去，因此，从1901年起，清政府不得不宣布实行"新政"。

清末新政是中国现代化的重大事件之一，是清末的政治和经济体制改革运动，对中国后来的发展产生了重要影响。清政府进行的改革内容多与戊戌变法近似，且更广泛、更深入。

但清末新政的仿行立宪，使立宪派对清政府的自我改革失去了信任。始自1906年的预备立宪，原则为"大权统于朝廷，庶政公诸舆论"。1911年5月，清政府发布内阁官制，以庆亲王奕劻为总理的内阁，共有13名国务大臣，其中汉族4人、满族8人、蒙古族1人。8名满人中皇族竟有5人，故人称"皇族内阁"。清廷在面对各方压力而不得不改革的情况下，虚与委蛇，最终暴露出不放弃权力的真面目。由此，立宪派纷纷感到失望，一部分人开始转向革命阵营。

二、辛亥革命与南京临时政府成立

清末新政促进了民主革命的爆发，民主革命的活动又促进了清末新政的实行。

清末新政的开展，为资产阶级民主革命提供了经济基础、阶级基础和群众基础。特别是新军的出现，成为革命党人所依靠的武装力量，并最终成为清政府的掘墓人和民主革命的阵地。清政府实行的"新政"客观上加速了资产阶级民主革命运动的发展，从而加快了清朝统治的最终覆灭。

1911年10月10日夜，武昌起义爆发，旨在推翻清朝专制帝制、建立共和政体，拉开了辛亥革命的序幕。其后，地方各省纷纷宣布独立、脱离清政府。1912年元旦，孙中山在南京就任临时大总统，宣告中华民国临时政府成

---

① 《瓦德西拳乱笔记》，中国史学会编《义和团》第3册，上海人民出版社，1961，第86页。

立。1912年2月12日，清帝发布退位诏书，标志着统治中国几千年的君主专制制度结束。

清末新政和近代民族民主革命之间，虽然有更为直接的因果关系，但更多的革命因素早已孕育在社会变革中。两次鸦片战争和一系列不平等条约的订立，使中国社会发生了根本性的变化，中国领土和主权的完整遭到破坏，政治上的独立地位日趋丧失，不断滑向半殖民地半封建的深渊。从农民的不断起义，到仁人志士的苦苦思索，各个阶层从不同的立场为中国的未来寻找出路。

辛亥革命虽没有实现其建设计划的目的，但就推翻两千多年封建专制帝制而言，其实际政治影响远远超出了人们的预料，正是这一革故鼎新的政治体制，打开了中国通向现代化的大门。它冲破了封建思想的牢笼，促进了人民的思想解放。皇帝不再是政治上的权威，也不再是文化价值观念的依据与合法性的来源，从此君权神授观念和皇权思想失去了立足之地，这些为探索新的救国道路打开了新的思想境界。民主思想不断传播，自由、平等、天赋人权、政党制度观念不断被引进、吸收和掌握。民主共和意识的积聚，促进了中华民族爱国主义精神的高涨。辛亥革命使"中国人"这一现代概念得以产生，现代化也有了"自己"的载体，中华民族的民族国家观念得以形成。辛亥革命后，新文化运动和五四运动的到来，为马克思主义在中国的传播打开了通道。早期中国共产党人基本都受过辛亥革命的洗礼和启蒙，然后由民主主义者转变为共产主义者。

辛亥革命也有其历史局限性。辛亥革命虽对少数资产阶级和部分知识阶层影响较大，但对中国社会的影响非常有限。辛亥革命并没有像西方资产阶级革命那样，重新构建社会结构。参加辛亥革命的大多数人是军人、旧式官僚、各地士绅，这些人在辛亥革命后仍然掌握权力；虽然其主要领袖孙中山出身普通知识分子，但中国贫穷的平民阶层没有参加辛亥革命，也没有因辛亥革命的发生而带来生存条件的根本性改变，或者说辛亥革命没有给工人、农民、小资产阶级带来根本利益。

从辛亥革命各省独立响应开始，中国进入了长期的分裂混乱中，除了袁世凯在二次革命后曾短暂大致统一全国外，其他民国政权都未能直接统治整个中国。就连号称"统一"的国民政府，也只能收到五个省的税收。长期的分裂及战乱，对于中国的经济发展及现代化建设形成很大的阻碍。

三、对旧制度的复辟

（一）袁世凯复辟帝制

资产阶级革命派的妥协退让，使袁世凯窃取了辛亥革命的成果，成为中华民国第二任临时大总统。

1914年10月，袁世凯强迫国会违背先订宪法、后选总统的立法程序，通过一些非正常手段，被"选"为正式大总统。袁世凯正是利用资产阶级民主制度所赋予的权力结束了这个制度。随即抛弃国会、内阁和政党，提出增修约法案，召开约法会议，废除《临时约法》，制定《中华民国约法》，改责任内阁制为总统制，独揽大权。随即废除国务院，改设政事堂，并设参政院代行立法权。不久，"参政院"又制定了一个大总统可无限连任和推荐继任者的"大总统选举法"。从"二次革命"结束不到一年的时间里，辛亥革命所建立的资产阶级民主制度基本上被摧毁，为袁世凯的帝制复辟扫清了道路。

1915年12月12日，袁世凯发表接受帝位申令，次日接受百官朝贺，下令改1916年为洪宪元年，元旦举行登基。

袁世凯的倒行逆施激起了普遍的反对，形成了反袁统一战线。资产阶级的革命派和立宪派结成联盟，共同走上了护国反袁斗争之路，帝国主义也不再支持复辟帝制，其北洋军阀内部出现分裂，袁世凯在南方的爪牙为了自保也相继倒戈宣布独立。在内外压力之下，袁世凯下令取消帝制，恢复"中华民国"年号，总共经历了83天。

护国运动的胜利，表明民主共和成为不可抗拒的潮流，封建帝制必为历史所抛弃。

（二）张勋复辟

推翻袁世凯复辟帝制的护国运动，其实力派是与北洋军阀并无本质区别的地方军阀，因此，护国运动并没有真正完成重建资产阶级共和国的任务，它所完成的只是争回了"民国"招牌，并没有赢得"民国"的实质，代之起统治作用的仍是与袁世凯一脉相承的北洋军阀。

1917年，在是否参加第一次世界大战问题上，因日本和英美利益的不一致，在其中国代理人黎元洪和段祺瑞之间形成了"府院之争"。黎元洪向驻守徐州的张勋求助"调停"，张勋慨然许诺，带兵入京"共商国是"。

张勋一心梦想重整清室，张勋和他的军队一直保留着辫子，被称为"辫子军"。张勋策划复辟不是孤立的，他不但得到了若干军阀、清室宗亲国戚、遗老、保皇派和封建残余的支持，还得到德国、日本和沙俄等帝国主义的支持。张勋带辫子军入京后，急电各地清室遗老进京"襄赞复辟大业"。1917年7月1日，将12岁的溥仪抬出来宣布复辟，改称此年为"宣统九年"。

此消息一出，立即遭到了全国的强烈反对。孙中山发表《讨逆宣言》，段祺瑞也转而宣布讨伐张勋，辫子军一触即溃，7月12日，张勋12天的复辟闹剧收场。

从袁世凯称帝和张勋复辟中，不难看出中国现代政治体制建设在迂回中前进，也说明了中国现代化道路之艰难。

孙中山建立的现代共和体制并没有得到实质的运行，而是一些旧军阀打着"共和"旗号行旧封建之实。正如民国初年同盟会元老、辛亥革命功臣蔡济民《书愤》所言："无量头颅无量血，可怜购得假共和。"

第三节　思想文化变革

洋务运动只是模仿西方技术器物而缺乏近现代体制的支撑，因此失败；资产阶级照搬西方国家制度模式而缺乏应有文化的支撑，导致难以建立。文化是制度的内核，制度是文化的外在表现形态。作为体制建立前的思想文化变革，不是可有可无的过程，而是不可缺少的前提条件。没有现代的思想文化为基础，现代制度必是空中楼阁。中国的近现代化过程首先从"师夷长技"入手，再到模仿日本、西方国家的制度模式，这只是不断深入了解现代化本质的过程，思想文化变革才是中国现代化建设的正式开始。

一、"五四"前的新文化运动

新文化运动是中国现代思想文化的变革运动，是由一批受过新式西方教育的先进知识分子发起的一次"反传统、反孔教、反文言"的思想文化革新、文学革命运动。这次运动沉重打击了传统礼教，启发了人们的民主觉悟，推动了现代科学及精神的发展，为五四爱国运动的爆发和马克思主义在中国的传播奠定了思想基础。其间爆发的五四爱国运动，使新文化运动表现为两个前后不同特点的阶段。

新文化运动以陈独秀于1915年在上海创刊《青年杂志》（后改为《新青年》），提倡民主与科学，反对封建文化拉开序幕。新文化运动的核心是为共和体制寻找立足基础，其初衷是建立现代社会价值体系，实现中国文化重塑，本质是中国人的现代思想启蒙运动。

近代以来，随着西方列强坚船利炮一同进来的还有西方文化，这些实用理性主义的文化对中国传统文化造成了严重冲击，使中国文化"传统价值理性的内涵在西方工具理性的冲击下不断收缩阵脚"[①]。面对西方文化的步步紧逼，"学以致用""师夷长技以制夷""中学为体、西学为用"这些具有调和意味的价值观念，还能勉强应付清朝封建体制下洋务运动的一时之需。但随着西学东

① 许纪霖、陈达凯：《中国现代化史　1800—1949》第1卷，学林出版社，2006，第170页。

渐的不断深入，中国文化应对和适应这场巨变就显得非常困难，需要对中国文化的价值重估再建，新文化运动所完成的正是这个任务。

西方文化最初传入中国的是基督教文化，随着传教而来的技术知识，尽管传授得很慢，却一直持续进行着。洋务运动期间，有见识的官僚如郭嵩焘已经注意到西学不仅是技术，还有更重要的政制问题。甲午战争后，西方的政治、经济和社会学知识开始传入中国。严复认为，西方之所以富强，在于行为以科学为指导，而科学精神又体现在认识论与逻辑学中，因此，除了科学本身，还应介绍、宣传科学的思想方法，这使西学东渐从技术知识层面上升到理论知识层面。

西方文化的传入层层递进。作为精华的西方哲学，则是最后影响中国文化的，也是对中国文化影响最深刻的。王国维曾评论说："顾严复所奉者，英吉利之功利论及进化论之哲学耳。其兴味之所存，不存于纯粹哲学，而存于哲学之各分科，如经济、社会等学，其所最好者也。故严氏之学非哲学的，而宁科学的也。"① 与严复互为犄角的另一位大师是梁启超。严复重科学，在于"开民智"；而梁启超则重政治，是"新民德"，有了更多的哲学思想。西学不再意味着西技、西艺，更指向西政、西制，同时一跃而变成"新学"。

面对西方文化入侵，最早觉悟且付诸行动的是康有为，他曾试图通过神秘主义色彩来提升传统文化中儒教的神圣性，以期发挥基督教在西方那样的作用，同时抵挡西方文化的侵染。但由于中国盛行以儒家为主干的传统文化，其纲常伦理为核心的世俗化特点，以及中国知识界已开始接受科学理性的洗礼的现实，使得康有为的设想无法推行。

1911年辛亥革命使政制遽变，打破了中国社会传统儒家学说与政制系统高度整合的状态，在造成政治权威丧失的同时，也连带造成了社会价值的空阙。辛亥革命后的中国社会实际上进入了一个系统调整或重新建立价值体系的时期。然而，在当时"'咸与维新'的任何一方政治势力和知识阶层，都不曾即时提供一个在完整性上足以与传统价值全面匹敌的替代系统"②。

康有为这位"中国的马丁·路德"，虽然将孔子宗教化失败了，但他始终是清末以来知识分子群体中最敏锐注意到价值重建课题的人。他曾于1912年11月著文提出：共和革命作为革一朝之命，尚可勉强接受，但它举中国数千年之命而革之（诸如废止小学读经科等），则大祸临头。他又不无嘲弄地说："共和有政府议院政党国民，摹欧钧美，以为政治风俗，而无其教以为人心之

---

① 王国维：《论近年之学术界》，《静安文集》第五册，上海古籍出版社，1983，第94-95页。
② 许纪霖、陈达凯：《中国现代化史　1800—1949》第1卷，学林出版社，2006，第255页。

本，若是者，可谓之国乎？"① 可见，康有为对中国文化认识之深邃。"由于康有为的刻意提倡，原已式微的孔子及其学说反而更加疏离了新知识分子群体的心理需要。"② 在对康有为进行批判和反击的过程中，一批新的思想家不断聚拢，标志着一场更大的思想风暴的开始。

《新青年》杂志的出现为新的知识分子群体开辟了一条重新估定一切价值、建言立论的渠道。杂志一开始就宣布其宗旨之一是，"与青年诸君商榷将来修身治国之道"③，表明其初衷是重建中国社会价值体系。

然而，辛亥革命形成的共和意识与传统儒教文化无法取得思想上的统一。特别是西方现代科技带来的各方面的变化，使儒教伦理出现严重坍塌。孔教是"人伦日用之世法"，即礼教。伦理道德自然应当随世进化而推移，以纲常礼教为核心的礼教实际上是"封建时代之道德"，在当时主要是维护少数君主贵族的权利。它的原则与规范违背了以"个人独立主义"为根本原则的现代经济、家庭与社会的伦理秩序，也明显违背现代立宪国家的政治体制。民国以后尊孔与复辟的因缘关系则是最好的反面证明。陈独秀断言：中国"欲建立西洋式之新国家，组织西洋式之新社会，以求适今世之生存，则根本问题，不可不首先输入西洋式之新社会国家之基础"，这就是"平等人权之新信仰"，它与孔教可谓"不塞不流、不止不行"。④ 多数热衷于社会改造的《新青年》作者与读者同样感到没有其他选择，急需新的与共和政制、经济和社会生活配套的意识形态。由此，《新青年》的同人们逐步走向了意识形态的构建。

《新青年》放的第一把火就是"打孔家店"。对这些《新青年》同人来说，这是再顺理成章不过的事，"既然要为共和政制造就思想基础，非涤除有违自由平等的纲常名教不可；既然要重估价值，非评判作为传统价值本位的儒家伦理不可；既然尊孔思潮借强人政治而泛滥，非予以当头痛击不可"⑤。

孔夫子因为倡导知识道德化、伦理政治化和政治伦理化在过去独享尊荣，尽管《新青年》圈内有些读者反复表示孔子之道的某些部分可以古为今用，胡适亦力求公允理解孔子的价值，然而，更多的人采取了激烈的态度，所有这些倒孔言论汇合在一起，变成了一个颇有声势的"打孔家店"运动，使相当一批人言必称圣贤的习气转向了言必称欧美。

胡适在《新青年》圈子中，对"打孔家店"是相对疏离的一位。他对如何

① 《康有为〈中国学报〉题词》，《中国学报》第 6 期，1913 年 4 月。
② 许纪霖、陈达凯：《中国现代化史 1800—1949》第 1 卷，学林出版社，2006，第 259 页。
③ 《青年杂志》1915 年第 1 卷 1 号。
④ 《宪法与孔教》，《新青年》第 2 卷第 3 号，1916 年 11 月。
⑤ 许纪霖、陈达凯：《中国现代化史 1800—1949》第 1 卷，学林出版社，2006，第 264、270 页。

进行文化建设有自己的想法和方式，他"打定二十年不谈政治的决心，要想在思想文艺上替中国政治建筑一个革新的基础"①。这种想法使胡适为《新青年》的价值重估工作开辟了一个新的领域——文学革命和白话文运动。

文学革命造成的影响是深远的，本质上属于文化的世俗化过程。对白话文的使用，毛丹在《中国现代化史》一书中评论道："晚清以来，白话文之所以伴随西学浪潮而逐渐盛行以至于渐成时势，恰是因为现代理性的逻辑系统难以用文言文来圆满显现，甚至连西学的一些概念都无法在文言文中找到对应物。因而，用白话文替代文言文的'正宗'地位，不仅是一个语体形式的革命，而且是一个创造新的语义系统的过程，其目的在于适应变迁了的现代社会心态以及与外部世界交流的需要。"②

为了论证旧思想、旧制度、旧道德、旧知识等的不合时宜，《新青年》同人常常自觉或不自觉地把人权、自由当作最根本的价值衡量尺度。然而，新的道德价值的建立，需要政治力量支持。这在事实上有赖于社会改造本身。这就把启蒙工作的终极意义只能定位于社会改造，现实已无法避开政治而只谈文学革命了。他们只得投入政治实践，作为"根本解决"中国问题的办法。

第一次世界大战使人们认识到科学与个性一旦脱离道德力量的驾驭，文明就会走向毁灭，于是《新青年》同人走上了不同的道路。梁启超、严复等走向了新保守主义。胡适则坚信通过价值重估工作的耐心累积和对社会问题的整个研究，逐步改良，最终造就社会的基础和前景。李大钊受到俄国十月革命的感召，通过阅读有关社会主义书籍，比较法俄革命的意义，认定1917年布尔什维克领导的十月革命，必定成为世界潮流，"将来的环球，必是马客士（马克思）、布尔什维主义、社会主义的世界"，随即开始向中国介绍苏维埃十月革命和马克思主义。③

二、五四运动

五四运动是发生在新文化运动期间的爱国运动，以青年学生为主，同时又有广大群众、市民及工商界人士等阶层共同参与，通过示威游行、请愿、罢课、罢工、暴力对抗政府等多种形式进行，是中国人民彻底的反帝反封建的爱国运动。

五四运动的直接导火索是巴黎和会上中国外交的失败。1918年11月，第

---

① 胡适：《我的歧路》，《胡适作品集》9，台北远流出版公司，1986，第65页。
② 许纪霖、陈达凯：《中国现代化史　1800—1949》第1卷，学林出版社，2006，第264、270页。
③ 许纪霖、陈达凯：《中国现代化史　1800—1949》第1卷，学林出版社，2006，第254-276页。

一次世界大战中德、奥等军事同盟国失败，作为战胜国一方于次年 1 月在法国巴黎召开"和平会议"，中国由于对德宣战成为协约国一方的"战胜国"之一，并派代表参加了巴黎和会。

中国代表向和会提出了废除"二十一条"、归还日本夺去的德国在山东的各项权利等帝国主义在华特权的七项条件要求。但这次会议实际上是一次宰割战败国和重新瓜分殖民地、划分势力范围的会议，不但拒绝了中国的合理要求，还将德国在山东的权利全部转让给了日本，并写进了会议文本——《凡尔赛和约》。这充分暴露了所谓"公理战胜强权"虚假性，也进一步诠释了"弱国无外交"的定律。

中国外交在巴黎和会上失败的消息传到北京，引起了中国民众的强烈不满。得知消息的当天，北京大学学生代表便召开紧急会议，并组织在天安门前举行集会和游行示威。北洋政府的镇压引起了事件进一步的升级和规模的扩大，并激起了社会各界的同情、支持和响应，学生罢课、工人罢工、商人罢市、抵制日货，迅速蔓延到全国各大城市。在国内民众的强烈抗议下，北洋政府不得不"采取怀柔和软化政策"，曹汝霖、陆宗舆、章宗祥被免职，总统徐世昌提出辞职，中国代表最终没有在和约上签字。

五四运动之所以发生，巴黎和会上外交的失败仅是直接原因，其背后还有更深层的原因。清末特别是甲午战争后西方思想的大量传入影响了年轻一代，加上民国初期各种新刊物的发展和新文化运动白话文的推行，使学生及一般市民有了一些自由意识和反抗传统权威的思想。特别是新文化运动所倡导的新思想激发出的青年一代的爱国救国热情，成了五四运动的思想基础和智力来源。

五四运动是一次群众性的革命运动，其中工人阶级的参加发挥了重大作用，表明中国工人阶级开始摆脱资产阶级的影响，作为一支独立的政治力量登上历史舞台。五四运动标志着新民主主义革命的开始，是中国旧民主主义革命和新民主主义革命的分水岭。它直接促进了马克思主义在中国的传播，并为中国共产党的创立和发展创造了阶级上、思想上和干部上的先决条件。

三、"五四"后的新文化运动

五四运动并没有使新文化运动中断，而是使其重点发生了转向，由原来的价值重估转向了为社会改造而进行政治变革提供支持的意识形态建设，表现为社会改造思潮的兴起与各思潮之间的论争。

五四运动标志着中国现代民族主义的迅速成长，这种以"民族国家"为效忠对象的新意识形态，反映了民初以来社会历史的新变化。"为重建社会政治秩序而寻觅意识形态支援的新文化运动，自始就负荷着过于沉重的社会功利目的，并蕴含着文化主题与政治宗旨的内在紧张。"① 中国启蒙学者们愈来愈发现，西方的自由意识不一定能在东方的中国成为社会动员的精神力量，特别是意识形态的转换与社会结构的变迁互为因果关系，对国民性的改造离不开社会改造。第一次世界大战的告终在知识界引起了空前的政治热忱。陈独秀与李大钊等人创办了《每周评论》这一政治刊物，标志着这一时期进步刊物的主题逐渐由"价值重建"转向"社会改造"。

五四运动以后，民族主义情绪高涨的同时是中国现代化的范式危机。自鸦片战争起，中国现代化始终以西方为蓝本，"科学"和"民主"是新文化运动的旗帜，然而，巴黎和会上外交的失败不仅催化了民族主义，同时也使中国人的现代化西方范式幻灭。五四运动对临摹西方模式提出了怀疑，"以欧洲启蒙主义文化为蓝本的新文化运动，并没有收到其组织者所预期的启蒙成效。启蒙学者们自西方舶来的个人主义价值，难以在以儒学为文化背景的农业中国，动员广大民众变革社会的热情和力量。而且，西方个人主义价值观并不足以取代传统儒学的功能，而提供一套有效的意义系统""这种对西方文明的怀疑和失望情绪，构成了'五四'后思想界的一个显著特征"②。

当知识分子们对西方文明失去热情时，俄国社会主义革命的胜利，以其非西方式"公平"魅力，深刻影响了知识分子们的思想，出现了各种思潮。几乎所有与西方主流文化对立的思想在中国都赢得了同情者。马克思主义兼具科学形式和人际激情，以其大同理想和革命方略相统一的实践性魅力，吸引了急谋改造中国社会的知识分子。就其思想内涵来讲，马克思主义与中国儒教传统有很多相通之处，也非常容易被知识分子接受。中国现代化运动逐渐由"西式"向"师俄"的范式转变。

实际上，五四运动以后，"不管个别思想家如何坚执价值评估的余脉，以《新青年》为核心的启蒙阵营实际上已经被新的政治革命洪流和他们自身的社会改造热情所征服。而价值重建工作的缺憾，将注定在中国现代化的漫长历程中一再被提到中国知识界的面前"③。

第四节　中国现代政治体制的探索

十月革命的胜利，为中国现代化建设提供了范式，从此中国走上了师俄的

---

① 许纪霖、陈达凯：《中国现代化史　1800—1949》第 1 卷，学林出版社，2006，第 304 页。
② 许纪霖、陈达凯：《中国现代化史　1800—1949》第 1 卷，学林出版社，2006，第 305-306 页。
③ 许纪霖、陈达凯：《中国现代化史　1800—1949》第 1 卷，学林出版社，2006，第 279 页。

道路。国共两党都以俄为师，吸取苏维埃俄国的政治建设经验，但由于阶级立场不同，走上了不同的发展道路，结果共产主义发展道路在竞争中胜出，最终建立起中国共产党领导的社会主义政治体制。

一、中国共产党的建立

五四运动后工人运动的发展和马克思主义的传播，表明建立共产党组织的阶级基础和思想基础已经具备。共产主义知识分子积极投身到工人群众中，使马克思主义同工人运动紧密结合，中国工人阶级新型政党的建立成了必然之势。

陈独秀于 1920 年初离京避居上海，开始筹组中共上海早期组织，李大钊等则在北京组织马克思学说研究会，"南陈北李，相约建党"，二人成为倡导、推进和建立中国共产党早期组织的"双子星座"。继上海、北京之后，武汉、长沙、济南、广州等地和海外东京、巴黎也相继建立了中国共产党早期组织。各地共产主义组织的建立及其开展的一系列活动，标志着建立全国性统一党组织的条件已经成熟。1921 年 7 月 23—31 日，由各地共产主义小组派出的代表着全国 53 名党员的 12 名代表和共产国际代表聚会上海，举行了第一次全国代表大会，宣告了中国共产党的成立。这标志着中国的革命和建设事业从此将会有一个理论上不同于其他阶级和政党的领导组织。

在中国共产党的领导和推动下，工人阶级掀起了工人运动高潮，并在领导罢工的过程中建立了工会组织，同时从工人运动失败的教训中总结出了建立武装和统一战线的经验，并逐步深入农村，注重从事农民运动。

二、国民党的改组

孙中山领导的民主革命尽管推翻了清王朝的封建帝制，但建立资产阶级民主共和国的任务远没有完成。孙中山在一筹莫展时遇到了十月革命和中国共产党。同时，刚刚诞生的中国共产党要想推动中国革命，除了先进的理论，并无可资的现实力量，中国共产党第三次全国代表大会即确立并认识到联合孙中山领导的国民党建立革命统一战线的必要性。

孙中山在长期的反清斗争中，把中国实现英、美国家的政党政治制度作为奋斗目标，但袁世凯暗杀宋教仁的现实，使其思想发生了变化。他提出革命程序分军政、训政、宪政三个时期，其中军政和训政时期，"一切军国庶政，悉归本党负完全责任"[1]，这就由主张多党制转变成了"先一党制而后再多党

---

① 韦慕廷：《孙中山——壮志未酬的爱国者》，杨慎之译，中山大学出版社，1986，第 111 页。

制"。但世界上先进国家并无实行一党制的具体经验可借鉴，俄国十月革命的胜利，使孙中山对一党制的兴趣重新燃起。苏维埃俄国的一党制与共产主义的意识形态紧密联系，孙中山把十月革命作为革命成功的榜样，而对共产主义意识形态充满疑虑。孙中山于1921年底和1922年春两次会见共产国际代表，重申对中国正统思想的信念、对马克思主义的批评以及对中国实行共产主义前景的怀疑。但就在这时，苏联实行新经济政策，允许私有制的存在。孙中山认为这相当于放弃共产主义，与他倡导的三民主义相契合。后来国民党的改组和黄埔军校的举办就是接受共产国际建议和苏俄援助的结果。

1923年8月，孙中山先派代表团访问苏联，考察军事、政治和党务，9月邀请苏联政府派员具体指导和帮助国民党改组，参与国民党组织法及党纲、党章草案等重要文件的制定。

实际上，孙中山思想的转变及对新的革命道路的选择，除了直接受十月革命的影响，共产党人如李大钊、林伯渠等与他的积极接触和宣传也有影响并促进作用。同时，马林等共产国际代表也是经由共产党引荐给孙中山的。国民党改组，实际上是在苏联和中国共产党的帮助下，按列宁主义建党原则实践，等于重新建党。[①] 改组后的国民党及南方政权，其最大特点是把列宁主义政党原则推广到政府和军队的组织、管理中。

1923年，孙中山在广州建立了大元帅府。国民党于1924年初召开第一次代表大会，对国民党进行全面改组和国共合作的会议。一些共产党人以个人身份加入国民党，在参加会议的165名代表中有20多名共产党员，他们参加了国民党的改组并主持负责国民党内组织、动员民众的主要机构工作。改组后的国民党以重新解释的新三民主义为政纲，用联俄、联共、扶助农工的三大政策加以具体体现，具有很强的动员民众、领导国民革命和树立新权威的能力。

三、国民党政府政权的统一和国民党的统治

1925年7月1日，中国国民党政府在广州正式建立，大元帅府改为国民政府。在完成第二次东征后，国民党于1926年在国共两党合作下开始北伐，不到十个月即消灭了北洋军阀主力。随着北伐胜利的北扩，国民政府北迁武汉，实现了"宁汉合流"。随着北伐的结束和张学良东北易帜，国民党完成了对国家主权形式上的统一，成为代表中国的合法政府，一直到1949年败走台湾。

1927年后，蒋介石对孙中山提出的作为国民党意识形态的新三民主义做

---

① 许纪霖、陈达凯：《中国现代化史 1800—1949》第1卷，学林出版社，2006，第353页。

了大幅度修改，几乎抛弃了联俄、联共和扶助农工的三大政策。在具体实践中，三民主义与现实严重脱节，成为一个空洞的口号。国民党的"革命"成了"党专政"的代名词，作为党治首领的权力也受不到任何力量的制衡，结果，苏联一党制经验在中国变成了国民党强化一党统治的工具。

四、中国共产党武装起义和苏维埃政府的建立

改组后的国民党本是一个革命的联盟。在革命运动日益高涨的形势下，联盟内部的斗争更加尖锐、复杂。1925 年 11 月，国民党内的一些老右派召开所谓的"西山会议"，公开宣布反共、反苏，攻击共产党、分裂国民党、另立国民党中央。共产党组织推动国民党各级党部对西山会议派进行了反击。

中国国民党第二次全国代表大会后，蒋介石以中派代表人物的身份，当上了国民党中央执行委员，掌握了重要权力，随即制造中山舰事件，开始剥夺共产党在国民革命军中的领导权。1927 年，国民党发动"四·一二"反革命政变和"七·一五"反革命政变，使国共两党合作的反帝反封建的大革命失败。其后，中国共产党联合国民党左派举行了南昌起义，打响了武装反抗国民党反动派的斗争，拉开了中国共产党独立领导武装斗争和创建自己领导的军队的序幕。

中国共产党在拥有并不断扩大自己军队和开辟根据地的基础上，于 1931 年 11 月成立了中华苏维埃共和国临时中央政府，其《宪法大纲》规定："中国苏维埃政权所建立的是工人和农民的民主专政的国家。"国民党政权对工农红军根据地围剿的规模不断扩大，采取攘外必先安内政策。1937 年，日本全面侵华战争爆发，中国共产党以民族大业为重，提出抗日民族统一战线政策，实现了又一次国共合作。中国人民经 14 年浴血奋战，取得了对日本法西斯主义的全面胜利。

五、国民党的失败

抗日战争胜利后，国共两大政权围绕"主义"之争，进行了三年的军事对抗，最后以国民党的失败而告终。

孙中山提出的民族、民权、民生的三民主义，是民主革命的纲领，是国民党的主要意识形态。国民党第一次全国代表大会对该纲领重新做了解释，赋予了三民主义新的含义。三民主义将英美民主主义、中国传统文化和苏联革命专政思想融会贯通，以服从于国民革命的需要，进而具有完整性结构。因此，在理论层面，国民党无法绕开孙中山的三民主义，去解释清楚三民主义与共产主义、自由主义和中国传统的关系问题。1927 年后，蒋介石集团对孙中山的三

民主义做了大幅度修改，并完全抛弃了使三民主义得以恢复活力的联俄、联共和扶助农工的三大政策，破坏了三民主义的完整性。

"检视国民政府成立后国民党在意识形态方面的努力，可以说基本上是失败的。国民党在很大程度上是一个丧失政治理想、没有精神凝聚力的松散的'政治'集合。促使国民党集合的动力只是利益，而非意识形态。"① 国民党一味利用政治手段强制灌输三民主义，结果必然是严重的形式化弊端，并直接破坏了三民主义政治在民众心目中的形象。当国民党无法用意识形态来凝聚党员，其政策又不为下层所理解和接受时，也就失去了维系组织存在的精神纽带，结局只能是走向自我解体。

国民党作为资产阶级民主革命的政党，反帝反封建是其历史使命，推翻地主阶级土地所有制是其革命的重要内容，但自 1927 年成为全国性执政党之后，却并未保持"革命党"的本色，始终拒绝解决代表封建性质的土地地土占有形式，农村土地的严重危机愈演愈烈。国民党内一些人士，为了巩固国民党统治基础，长期呼吁进行土改，但都没有得到最高统治者的重视。国民党始终没有触动农村地主阶级土地所有制。土地问题长期得不到解决，最终成为威胁国民党统治的最大隐患。共产党正是通过土地革命争取到了广大农民的支持，走上了农村包围城市的道路，最后取得了胜利。张治中先生在他的回忆录中，将国民党在封建土地所有制问题上的不作为，称为"党不革命"。

国民党的失败，等于宣告了国民政府已无力推动中国的现代化进程。1949年 10 月 1 日，中华人民共和国成立，标志着领导中国现代化建设的历史使命落到了中国共产党的身上。

---

① 　许纪霖、陈达凯：《中国现代化史　1800—1949》第 1 卷，学林出版社，2006，第 365 - 366 页。

第六章

现代化的概念与含义

现代化这个名词出现得很晚，21 世纪 60 年代以后随着西方社会科学的研究兴起才逐渐流行起来。我国对西方发生的领先于世界的变化，最先称之为"工业化"，或"西化""欧化"。现代化最早见诸中国报端，是胡适在 20 世纪 30 年代对"维新"行为的划定："30 年前，主张'维新'的人，即是当日主张现代化的人。"① 中国政府也于新中国成立初期提出了"四个现代化"建设的现代化概念。但是，"现代化"在中国真正成为一个响亮的词，是在 70 年代末，随着国家全力转向实现社会主义现代化建设和我国社会科学研究的兴起而开始。因此，把现代化的概念置于其发展过程之后来解释，符合时序逻辑，同时也更容易理解。

对于发生在西方国家的历史性巨变，最初的称为"工业化"，或许抓住了变革的本质，但工业革命带来的变化不仅是工业本身，而是一个全面的系列的变革，这一理解显然是不合适的。"西化"和"欧化"同样也存在解释上的局限性，发生在西方的变革，在后来的其他国家和地区甚至以同样的方式发生了，并且变成一种普遍的世界性现象，这显然不是西方国家特有的存在形式。正如马克思所说："工业较发达的国家向工业较不发达的国家所显示的，只是后者未来的景象。"② 所以，无论是工业化还是西化或欧化，都无法准确全面地描述和反映这一变化过程。

后来人们使用"现代化"一词来概括这一变化过程。"现代化"一词是个舶来品，在英语里是一个动态名词 modernization，意为 to make modern，即"成为现代的"。"现代"一词作为时间概念，在中外历史学界也有不同的含义。近代

---

① 胡适：《建国问题引论》，《独立评论》1933 年第 77 号。
② 中共中央马克思恩格斯列宁斯大林著作编译局编译，《资本论》第 1 卷序言，人民出版社，1975，第 8 页。

西方史学家将人类文明史分为古代、中世纪、现代三部分；而中国的历史阶段划分和西方无法对应，因为中国不存在中世纪的概念。但中国历史传统的分期架构也是三段法，即 1840 年鸦片战争之前为古代，之后至中华人民共和国成立为近代，中华人民共和国成立后为现代。按照西方历史阶段的划分，1500 年以后就属现代，这与中国的"现代"在时间上存在很大的错位。

"现代"一词的历史时限在西方拉得很长，伸缩性很大，而且世界上都没有明确的下限。西方人对现代化的理解是"成为现代的"，而非西方人对现代化的理解，是成为西方先进国家今天的样子。那"现代"何时是尽头呢？这是现代化一词遇到的尴尬。

第一节　西方学术界对现代化的定义

20 世纪 60 年代，西方学术界兴起现代化研究热潮。他们分别从经济学、政治学、社会学、心理学、历史学等学科进行研究，涌现出了一大批具有开创性的研究成果，分别从不同的角度对现代化进行了定义。

一、经济学家的现代化定义

现代化过程最为显著的变化当属经济领域的变革，自然最先引起了经济学家的注意。英国经济学家阿瑟·刘易斯（W. Arthur Lewis）从二元经济结构（即传统农业部门和现代资本主义部门的对立）出发，提出现代化的过程，认为现代化就是不断减少传统农业部门，增强资本主义社会的过程。

美国经济学家华尔特·惠特曼·罗斯托（Walt Whitman Rostow）提出了经济增长的阶段理论。他将人类社会的发展分为五个阶段：传统社会阶段、起飞前的准备阶段、起飞阶段、趋向成熟阶段、大众高消费阶段，认为当社会经过一定变革孕育准备后，经济会出现持续增长状态，社会开始向现代过渡，这就是现代化的过程。

美国学者马里恩·列维（Marion J. Levy）从能源利用的区别和比例角度为现代化下了定义。他认为："现代化的标准是非生物能源与生物能源的比率，比率越高，现代化的程度越高。"当然，不能走入绝对化，"无论一个社会现代化水平如何高，也不可能完全不使用生物能源"，比如"做决策总是要运用人脑能源，除非达到机器主宰一切的地步"。[①]

---

① M. 列维：《现代化的后来者与幸存者》，知识出版社，1990，第 99 页。

二、政治学家的现代化定义

美国政治学家加布里埃尔·阿尔蒙德（Gabriel A. Almond）认为政治发展是现代化的重要内涵，提出："应按照政治结构分化与政治结构功能专门化程度，以及在政治文化中现代风格所占的优势等标准来给政治现代性下定义。"[①]

阿尔蒙德的政治发展理论对后来从事政治学研究的学者产生了巨大影响。美国政治学家弗雷德·里格斯（Fred Riggs）提出，政治发展或者政治现代化程度的高低，取决于政治系统的行政部门、官僚政治、立法和党派的健全程度，这四个组成部分都健全的体制，是现代化程度最高的政体，也就是最为现代化的社会。[②]

三、社会学家的现代化定义

在社会学领域的现代化研究中，美国学者处于领先地位。美国社会学家塔尔科特·帕森斯（Talcott Parsons）开创性地提出了系统—功能理论，并被广泛使用。帕森斯认为，现代化就是"整个社会趋向于分化为子系统（社会结构）"[③] 的过程。因为社会结构的存在方式必须满足社会系统的功能需要，因此，现代化也是社会总体适应能力不断提高的过程，社会结构的变迁会造成传统社会向现代社会的过渡。

后来，学者尼尔·斯梅尔瑟（Nell J. Smelser）受帕森斯的影响，在系统—功能理论的基础上，提出了现代化过程就是社会结构分化的过程，包括经济活动的分化、家庭活动的分化、价值体系的分化、社会分层体制的分化和个人流动性增多。

以色列社会学家 S. E. 艾森斯塔特（Shmuel E. Eisenstadt）借鉴帕森斯的系统—功能理论，从宏观和微观层面定义现代化。他提出，从宏观上说，现代化是经济、政治、社会体制向现代类型变迁的过程，在这一过程中，各个领域内的结构也随之变迁并产生了一些现象：社会动员、角色分化及专门化程度不断提高；在政治、经济、生态等方面，出现了很多新的组织体系；高度的流动性使身份系统变得意义模糊，最后形成大众取向偕同的现代社会最重要的特征，等等。

詹姆斯·奥康内尔（James O'Connell）也是受帕森斯影响的学者，在他

---

① 钱乘旦：《世界现代化历程》，江苏人民出版社，2012，第5页。
② 钱乘旦：《世界现代化历程》，江苏人民出版社，2012，第6页。
③ 塔尔科特·帕森斯、尼尔·斯梅尔瑟：《经济与社会》，华夏出版社，1989，第43页。

看来，"在社会科学中，有一个名词用以指称一种过程，在这个过程中，传统的社会或前技术的社会逐渐消逝，转变成为另一种社会，其特征是具有机械技术以及理性的或世俗的态度，并具有高度差异的社会结构，这个名词就是现代化""现代性是一个相互作用的行为系统"。① 他强调，任何一种功能都需要所有其他成分共同有效作用，各种成分的功能之间相互依存、相互作用。

日本学者富永健一在定义"现代化"时，特别强调了与"产业化"的区分。他认为，产业化是现代化的一部分，应包含在现代化内。现代化"包含着政治侧面和社会文化侧面这两个方面，若把这两个方面再加以细分，那么政治侧面又包括法和政治。……而社会文化的层面，正如这个名称所表示的那样，包括社会和文化"②。政治现代化包括现代法的确立、民族国家及民主主义的形成等；社会文化现代化包括父权家长制及村落解体，向核心家庭化、城市化演进，功能群体（组织）、科学革命和理性精神的形成，公共教育普及等，是从传统形态向现代形态过渡的过程。

四、心理学家的现代化定义

心理学者从价值观念和心理因素方面对现代化进行研究并定义。美国社会心理学家戴维·麦克莱兰（David C. McClelland）将人们对业绩的关注和追求看作现代化的决定性因素。在麦克莱兰看来，相对于传统社会，创新精神和企业家精神是现代社会体现，具有这种精神的人可以获得通往成功之路，"这就使社会科学家们的注意力不仅仅集中在历史的表面现象上，而是去注意那些决定历史事变的始终起作用的内在心理因素"。

美国斯坦福大学教授艾利克斯·英格尔斯（Alex Inkeles）提出了"现代化的关键是人的现代化"这一著名观点。他认为，所谓"现代化"应该是一种心理、思想和态度，当然还包括行为的改变过程，属于一种精神现象和心理状态，不应该理解为一种经济和政治制度的形式，他指出："那些完善的现代制度以及伴随而来的指导大纲、管理守则，本身是一些空的躯壳。如果一个国家的人民缺乏　种能赋予这些制度以真实生命力的广泛的现代心理基础，如果执行和运用着这些现代制度的人，自身还没有从心理、思想、态度和行为方式上都经历一个向现代化的转变，失败和畸形发展的悲剧结局是不可避免的。"③

① 詹姆斯·奥康内尔：《现代化的概念》，载钱乘旦主编《世界现代化历程》，江苏人民出版社，2012，第9页。

② 富永键一：《社会结构与社会变迁》，云南人民出版社，1988，第5－6页。

③ 艾利克斯·英格尔斯：《人的现代化——心理·思想·态度·行为》，殷陆君译，四川人民出版社，1985，第4页。

"一个现代国家，要求它的全体公民关心和参与国家事务和政治活动。一言以蔽之，那些先进的现代制度要获得成功、取得预期的效果，必须依赖运用它们的人的现代人格、现代品质。无论哪个国家，只有它的人民从心理、态度和行为上，都能与各种现代形式的经济发展同步前进、相互配合，这个国家的现代化才真正能够得以实现。"① "在整个国家向现代化发展的进程中，人是一个基本的因素。一个国家，只有当它的人民是现代人，它的国民从心理和行为上都转变为现代的人格，它的政治、经济和文化管理机构中的工作人员都获得了某种与现代化发展相适应的现代性，这样的国家才可真正称之为现代化的国家。……人的现代化是国家现代化必不可少的因素。它并不是现代化过程结束后的副产品，而是现代化制度与经济赖以长期发展并取得成功的先决条件。"②

英格尔斯将现代化理解为"传统人"向"现代人"的转变过程，提出了现代人应具备 12 个方面的心理品质和特征：准备和乐于接受他未经历过的新的生活经验、思想观念和行为方式；准备接受社会的改革和变化；以广阔开放的思路和头脑，主动对待不同意见和看法；注重现在和未来，守时惜时；注重个人的效率和效能；有计划性；获取知识；生活世界的可依赖性和信任周围的人和组织；重视专门技术，具有接受因此而导致的报酬差距的心理基础；乐于接受自己和后代离开传统所尊敬的职业；更加相互了解、尊重和自尊；对生产及过程更感兴趣和了解。③

五、历史学家的现代化定义

现代化是从传统社会向现代社会转变的过程，是所有学者都认同的看法。现代化所涉及的内容非常丰富，涵盖范围也非常广泛，它是一种整体的社会变动。因此，历史学家从综合的视角来界定现代化的含义。

历史研究现代化集大成者、美国普林斯顿大学历史学教授西里尔·E. 布莱克（Cyril E. Black）在 20 世纪 60 年代中期，对现代化做过这样的定义："'现代化'一词指的是近几个世纪以来，由于知识的爆炸性增长导致源远流长的改革的过程所呈现的动态形式。现代化的特殊意义在于它的动态特征以及它对人类事务影响的普遍性。……如果一定要下定义的话，那么，'现代化'可

---

① 艾利克斯·英格尔斯：《人的现代化——心理·思想·态度·行为》，殷陆君译，四川人民出版社，1985，第 5-6 页。

② 艾利克斯·英格尔斯：《人的现代化——心理·思想·态度·行为》，殷陆君译，四川人民出版社，1985，第 8 页。

③ 艾利克斯·英格尔斯：《人的现代化——心理·思想·态度·行为》，殷陆君译，四川人民出版社，1985，第 22-33 页。

以定义为：反映着人类控制环境的知识亘古未有的增长，伴随着科学革命的发生，从历史上发展而来的各种体制适应迅速变化的各种功能的过程。……在19—20世纪，这些变革延伸到所有其他国家，并导致了一场影响各种人际关系的世界性转变。"① 由于变革过程所带来的全面而立体的变化，布莱克特别强调指出："只有一种无所不包的定义才更适合于描述这个过程的复杂性及其各方面的相互关联。"布莱克从不同的层面定义现代化："现代化是指这样一个过程，即在科学和技术革命的影响下，社会已经发生了变化或者正在发生着变化。""我们把现代化看作一个影响社会的各个方面的扩增过程。""现代化的定义是：就同时存在的社会形式而言，无生命动力源泉的比例已经增长到了或者超过了不可回转的程度。"②

印度孟买大学教授德赛（A. R. Desai）也用宏观和综合的观点定义现代化认为，现代化既是过程又是产物。具体内容包含：思想领域内的变化，表现为新知；社会结构的变化；政治变化；经济变化，表现为现代产业经济取代传统的农业经济；文化领域内的变化，即出现新的文化观。

美国政治学家塞缪尔·P. 亨廷顿（Samuel Phillips Huntington）对现代化概念的总结和探讨非常有代表性。他指出："现代化是一个多层面的进程，它涉及人类思想和行为所有领域里的变革。"③ 亨廷顿概括出了现代化进程所包含的九种特征：现代化是革命的过程；现代化是复杂的过程；现代化是系统的过程；现代化是全球的过程；现代化是长期的过程；现代化是有阶段的过程；现代化是一个同质的过程；现代化是不可逆转的过程；现代化是进步的过程。④ 应该说，亨廷顿概括的九大特征是对现代化进程较完备的总结和描述，包含了大多数学者都认同的观点。

第二节　中国学者对现代化的定义

尽管我国政府于1954年就明确提出要把中国建设成为"一个强大的社会主义的现代化的工业国家"⑤ 的历史性目标，但受意识形态影响，我国关于现代化的学术研究起步于改革开放后。随着以经济建设为中心的现代化建设全面

---

① C. E. 布莱克：《现代化的动力》，段小光译，四川人民出版社，1988，第11页。
② C. E. 布莱克等：《日本和俄国的现代化》，周师铭等译，商务印书馆，1984，第18-19页。
③ 塞缪尔·亨廷顿：《变化社会中的政治秩序》，王冠华等译，生活·读书·新知三联书店，1989，第30页。
④ C. E. 布莱克：《比较现代化》，杨豫、陈祖洲译，上海译文出版社，1996，第37-47页。
⑤ 周恩来著，中共中央文献编辑委员会选编：《周恩来选集》下卷，人民出版社，1984，第136页。

展开，现代化进入了学术研究范畴。国内学术界在批判吸收国外学者成果的基础上，提出了更符合中国实际的现代化定义。

香港中文大学的金耀基教授是最早研究现代化的学者之一，早在 20 世纪 60 年代就出版了《从传统到现代》一书。他没有对现代化给予明确定义，但概括出六个方面的内涵，即工业化、城市化、世俗化、高度的结构分殊性和高度的普遍成就取向。

作为国内现代化研究的开拓者，北京大学罗荣渠教授认为，现代化是用来概括人类近期发展进程中社会急剧转变的总的动态的新名词，是一个包罗宏富、多层次、多阶段的历史过程，很难一言以蔽之，因此从不同的角度研究现代化，自然形成不同的流派。[①]

中国社会科学院何传启研究员认为，现代化犹如一个盒子的三面，应从三个维度给予定义。从现代化的基本词义和习惯用法来看，有两个基本词义，即成为现代的、适合现代需要和大约 1 500 年以来出现的新特点和新变化。现代化既可以表示一个成为现代的过程，也可以表示现代先进水平的特征。他还认为，经典现代化是指从农业社会向工业社会的转变过程及其深刻变化，第二次现代化指从工业社会向知识社会的转变过程及其变化。[②]

北京大学钱乘旦教授对世界现代化发展历程进行过系统阐述。他认为，现代化是一个世界性的变化过程，有共同的指向、相似的内涵，阶段发展体现相通性，在类似的历史文化背景下，不同国家甚至地区会呈现许多相似性。

南京大学杨豫教授将现代化看作经济领域的工业化、政治领域的民主化、社会领域的城市化和价值观念领域的理性化的互动过程。

北京大学孙立平教授将现代化的内容概括为七个方面：以工业化为核心的经济现代化；以效率和民主为标志的政治现代化；城市化；以阶层制为起点的组织管理的现代化；社会结构的现代化；文化和人的现代化；生活方式的现代化。[③]

---

① 罗荣渠：《现代化新论——世界与中国的现代化进程》（增订本），商务印书馆，2004，第 17 页。

② 何传启：《现代化概念的三位定义》，《管理评论》2003 年第 3 期，第 8 - 14 页。

③ 孙立平：《社会现代化内容刍议》，《马克思主义研究》1989 年第 1 期，第 73 - 86 页。

现代农业经营体制的建立

　　农业现代化是现代化在农业上的实现形式，也是农业被现代化的过程。前述现代化的发展规律已经明确地告诉我们，现代体制是现代化建设的重要内容和载体，缺乏体制承载的现代化是无从谈起的。体制对农业现代化之重要性亦然。现代农业经营体制的建立，不仅是现代农业建设之必需，更成为当前现代农业建设之急需。

　　何谓"体制"？"体"者，组织之架构也；"制"者，规则、制度也。体制是关于体的架构和体的规定性的统一。在所有制度中，体制之制度是最为根本的制度，只有把"体"立起来，组织和机构各得其位后，机制才能运转。因此，只有建立起符合农业规律和特点要求的经营体制，现代农业的发展才能有效进行，同时也有利于之后其他市场主体及社会组织提供服务。本编作为本书的重点和核心内容对此进行阐述。

第一章

农业现代化的概念与家庭经营

现代农业经营体制建立的目标是为农业现代化提供组织载体，最终目的是实现农业现代化。这就需要首先了解什么是农业现代化。

农业具有自身的特点和规律，把握农业的特点和规律是搞好农业的基础与关键，更是搞好农业现代化建设的逻辑起点。同时，家庭这一社会组织同其他社会组织相比，又与农业的特点和规律最契合。因此，农业的家庭经营形式广泛存在并适应于不同时代、国度、生产力水平和生产关系条件，是当前世界上普遍推行的农业经营形式。

第一节　农业现代化的概念

从前述现代化的含义出发，就不难理解什么是农业现代化。当然，农业现代化除了符合现代化的一般规律，还有自身的行业特点和含义。

农业现代化首先是一个过程，即现代化在农业上的实现过程；农业现代化同时也是一种手段，是将现代要素付诸农业，实现对其改造。对于什么是农业现代化，专家、学者对此提出了很多具体的看法和观点。

例如，江西农业大学黄国勤教授认为，农业现代化是指用现代科学技术、现代工业提供的物质条件和现代管理科学，去改造传统的、落后的传统农业（或原始农业），并使之转化为当代世界先进的现代农业的过程。实现这个转化过程的农业就叫现代化的农业。

中国著名农学家卢良恕认为，农业现代化的本质是科学化，特征是商品化，标志是社会化，基础是集约化，关键是知识化。[①]

---

① 黄国勤：《农业现代化概论》，中国农业出版社，2012，第33-34页。

四川文理学院孟秋菊教授将现阶段中国农业现代化的内涵概括为七个方面，即农业的工业化，劳动者的知识化，农业的市场化，农业的持续化，农业功能的多元化，农业生产的产业化、标准化、组织化，农业服务的社会化。[①]

清华大学新农村研究院刘奇教授认为，农业现代化是一个相当长时期的复杂的系统工程，通过科技的渗透、现代要素的投入、工商部门的介入、市场机制的引入和服务体系的建立，用现代科技改造农业，用现代工业装备农业，用现代管理方法管理农业，健全社会化服务体系服务农业，提高农业综合生产能力，增加农民收入，营造良好的生态环境，实现可持续发展。[②]

我们在对农业现代化的认识和理解过程中，还遇到了一个字义相近而又容易混淆的概念——现代农业。这就需要厘清两者的关系和区别，避免在使用上出现混乱。

西方经济理论中有现代农业而没有农业现代化的概念，西方学者将农业现代化称为"农业转型"，即传统农业向现代农业的转型。[③]

从西方的"农业转型"理论不难看出，现代农业是和传统农业相对应的农业状态，也就是说，现代农业是农业现代化发展的结果。就总体而言，农业现代化作为一个过程，其目标就是现代农业。农业现代化是过程和手段，而现代农业是这一过程和手段所要达到的目标，二者是既统一又有所不同的两个概念。

但问题是，农业现代化的过程由于受生产力发展水平、人们的认知水平和客观条件的制约，往往被划分成若干不同的小的实现过程，这就形成了不同阶段的现代农业特征。比如，20世纪50—60年代，学术界把农业现代化概括为机械化、化学化、水利化和电气化，即"四化"，这就是该阶段的现代农业目标；20世纪80—90年代，则将农业现代化概括为运用现代科学技术、现代工业提供的物质装备和现代科学管理方法，将传统农业转变为现代农业的过程。进入21世纪，又有学者从生产力、生产关系和上层建筑的层面，认为农业现代化不仅是技术发展过程，而是技术、经济和社会条件相互促进又相互制约的发展过程。由此看，农业现代化在不同时期有不同的内容和实现目标，这就使现代农业在不同时期有不同的内涵。

以上是从纵向发展来分析，刘奇则从横向上指出两者的范围不同，他认

---

① 孟秋菊：《现代农业与农业现代化概念辨析》，《农业现代化研究》2008年第3期，第267-271页。

② 刘奇：《现代农业不等同于农业现代化》，《中国农业科技》2017年11期，第13页。

③ 康芸、李晓鸣：《试论农业现代化的的发展内涵和政策选择》，《中国农村经济》2009年第9期，第9-10页。

为："农业现代化，农业是本体，农民是主体，农村是载体。现代农业只要求实现'本体'的现代化，这是不完整的现代化"。① 随着现代化的深入发展，农业现代化的范围不断拓展，甚至不仅大大超出了农林牧渔业的范围，而且向着产业链的延伸和一二三产业的融合以及农业农村农民的相互关系的方向发展，农业现代化已不再仅是农业本身的现代化过程，而是一个不断将农业置于现代化中并接受现代化改造的过程，因此，将农业现代化称为现代化农业，更为恰当和贴切。

对应现代信息技术和生物工程技术带来的技术变革和之前工业发展对农业的影响，有些学者提出了"后农业现代化"和"后现代农业"的概念，以作区分。

第二节　农业特点及规律

农业有着显著不同于工商业的自身特点和规律，这是导致农业现代化区别于其他现代化的本质所在，也是准确制定符合农业实际政策的依据。因此，开展农业现代化应首先了解和把握农业的基本规律和特点。

农业是最古老的产业，至今已有上万年历史。当前，农业仍然是涉及人口最多、土地面积最广的产业。在国民经济发展中，农业始终发挥着基础性作用，农业的兴衰直接决定和关系着其他产业的发展状况甚至国家的命运。世界上无论多么先进发达和富裕的国家，无一不对农业重视有加。中国是世界上最大的农业国之一，至今还有四亿多农村人口没有完全脱离农业，且农业自然禀赋不足，人多地少是中国长期存在的实际问题，使农业对于我国有了更为特殊的重要性。

农业是指通过培育动植物、微生物以生产食品和工业原料的产业。农业的劳动对象是生物，通过利用动植物等生物的生长发育规律进行人工培育获得产品，获得的产品是动植物本身。农业属于第一产业，狭义的农业专指种植业；广义的农业包括农业、林业、牧业、渔业等，也称大农业。随着现代农业的发展和融合的日益深化，分工逐步细化，农业的内容不断丰富。

由于农业生产的对象是生命有机体，其生长和繁殖都依赖于一定环境条件，这就决定了农业必然深受自然环境和生物体生长规律的影响。与工业等其他行业相比，农业有自己的特点。

一是生物性。农业生产首先是一种"自然再生产"的过程。就其本质而

---

① 刘奇：《现代农业不等同于农业现代化》，《中国农业科技》2017年11期，第13页。

言，是人类利用生物有机体的生命活动，将外界环境中的物质和能量转化为各种动植物产品的生产活动，因而它是生命物质的再生产，同时也是有机体的自然再生产过程。相对而言，工业生产则主要是对无生命体物质进行加工制造的过程。

二是分散性。由对土地的依赖程度所决定，农业生产是一种"露天生产"，虽然随着科学技术的发展，农业保护设施的面积不断增加，但农作物在以自然状态下进行生产为主的局面不会改变。土地是农业最基本且不可替代的特殊生产资料，是农业生产利用各种自然资源的基础，农业生产只能分散在广阔的土地上进行。相较于农业生产的分散性，工业生产可以通过改善和依靠交通条件实现大规模集中，如城市和工业区等。

三是季节性。农业生产具有明显的季节性和周期性特征。"春生、夏长、秋收、冬藏"是始终不变的农业生产规律。"春争日、夏争时""迎伏种豆子，迎霜种麦子"，都是说争取时节的重要性。农业生产中的"二十四节气"，是古代劳动人民经过长期的生产实践得出的规律性总结，它清楚地告诉我们，什么节气该从事什么农事活动。"人误地一时，地误人一年"，说明时机一旦错过，只能等到下一个周期从头再来。相对于农业生产的季节性，工业生产几乎不受季节限制，它可以通过对环境的控制，抹平由于季节变化形成的环境差异。

四是连续性。农业生产是一个从"种子到种子"的连续过程，生产过程不能中断，也不能颠倒。农业生产一般也不存在半成品，都是以最终产品进行核算，因为，中间生产环节无法交易，更难以进行经济核算。比如马、牛等大型母畜的交易，并不因为孕有仔畜而卖出更高的价格。同时，作为农作物赖以生长的土地，和农作物一样，只有不断地种植，才能确保"地力常新壮"，保持土地生产能力。而工业生产则可以将连续的生产加工过程分割成独立的生产环节，形成一系列半成品，参与市场交易，也可以将成品的各个零部件交由不同的市场主体去生产，从而形成高度专业化的市场分工。正因为分工的细化，工业生产效率大为提高。同时，工业生产不同产品之间的加工过程，可以采取颠倒、并列等程序进行。

此外，农业生产存在生产时间和劳动时间不一致的特点。动植物不分白天黑夜都在生长，其生产时间是持续的，而人类的劳动主要集中在动植物生长的部分时间。工业产品通常需要在操作人员的值守下才能生产，当然随着智能时代的到来，这一状况正在改变。正如列宁所指出的那样，"农业有许多绝对不能消除的特点（如果把在实验室制造蛋白质和食物这种过于遥远和过于不可靠的可能性撇开不谈的话）。由于这些特点，农业中的大机器生产永远也不会具备工业中的大机器生产的全部特点"①。

五是地域性。农业生产具有显著的地域性特征，首先表现为自然环境的影响。不同地域有着不同的土质、气候、光照和水源等条件，现有的动植物的生长发育特点主要是在特定地域条件下长期自然选择的结果，其生命活动对自然环境的反作用几乎可以忽略不计。成功的人工选择和其他人为措施也只是在适应自然环境条件下对有限范围内局部小环节小环境的改变。各地区有不同的气候、地形、土壤和植被等自然条件，从而形成了各地独特的农业生产类型、品种、耕作制度和栽培管理技术，因此农业生产具有强烈的区域化特征，从而构成了作物生产的地域性。②"橘生淮南则为橘，橘生淮北则为枳"，农业生产需"因地制宜"。工业生产除了少数矿业等需要严格依赖地理区位条件外，多数行业不受地域性影响，可以在世界范围内流动和转移。

六是弱质性。与其他产业相比，农业的弱质性十分明显。首先，农业的生产过程是在自然条件下这一不可控的环境中进行的，无时不受气候环境条件的影响。温度的高低、光照的强弱、降水的多少、风力的大小等直接影响着农业生产的过程。可以说，农业收成直接受制于自然环境。农民用"种在地上，收在天上"和"龙口夺粮"等来形容农业生产对大自然的依赖性。其次，农产品是有生命的有机体，农产品的鲜活性决定其具有易腐、不耐贮藏的特点，每种农产品都有自己对温度、湿度和贮藏方式的要求。

农业除了具备上述自然特点外，还有其经济特征。农业生产是自然再生产与经济再生产相交织的过程，这是农业生产的最根本特征。单纯的自然再生产过程是未受人类干预情况下的生物有机体与自然环境之间的物质、能量交换过程，这一过程不能称为农业生产。之所以称为农业生产，是人类辅助了有意识的行为活动，它不仅是通过劳动干预改变动植物生长发育的过程和条件，还是获得所需要的动植物产品的过程。人类从事的这一动植物生产必然要受市场、价格、成本、经济政策等经济规律的制约。同时，农业生产难以及时适应市场的变化，不论市场价格如何变化，农产品都只有等到成熟收获后才能上市销售，市场风险大。农业的生产活动既要符合生物生长发育自然规律，也要符合社会经济再生产的客观规律。

农业还有很强的社会、环境、文化等功能特点。农业是人类社会的衣食之源、生存之本，是安天下稳民心的战略产业，没有农业的存在和发展，人类社

---

① 列宁：《列宁全集》第5卷，中共中央马克思恩格斯列宁斯大林著作编译局译，人民出版社，1986，第120页。

② 廖允成主编：《农业概论》，高等教育出版社，2017，第4页。

会的生存和发展就无从谈起。任何其他非农业部门的产生和发展都以农业的绝对剩余为前提和条件。农业不仅具有美国经济学家西蒙·史密斯·库兹涅茨（Simon Smith Kuznets）提出的产品、要素、市场和外汇四方面贡献，而且还具有其他经济方面的非产品产出功能，例如，保障劳动力就业和缓冲经济波动的作用，以及对农村不完善的社会保障的补充功能。[①]

同时，农业还具有为人类提供生态环境和农业景观的功能。农作物具有吸收二氧化碳和防风固沙、保持水分、防止沙漠化等净化、保护和改善生态环境的作用，也有营造爽心悦目的田园风光、美化绿化生活环境和打造旅游景观的作用。

农业还具有传承文化传统的功能。现代社会来临之前，人类长期生活在农耕社会，积累了深厚的农耕文化。随着物质的不断丰裕和生活水平的提高，人们对精神文化生活的需求日趋增加，农业的文化功能将得到不断的挖掘和开发，其在丰富现代人精神生活的同时，会进一步激活人们流淌在血液深处的亲近大自然的基因，以缓解因现代社会发展带来的自身难以克服的精神压力和困惑。

当前，在世界范围内，各国政府对农业发展普遍采取了支持和扶持政策，农业属于受保护的产业。

第三节　农业家庭经营

农业应以什么样的组织形式进行生产经营活动，不是可以任凭主观意志人为安排和设计出来的，而是由农业本身的特点和生产技术及家庭这一最基本的社会生产生活组织共同决定的。从国际国内的实践看，农业普遍采取了家庭经营的组织形式，并且一再被历史和现实反复证明是最有效的组织形式。

一、农业家庭经营的内在原因

家庭组织形式非常符合农业生产的特点要求。

（一）家庭是一个多因素维系的最紧密的有机整体

家庭是一个社会细胞，也是一个经济单位，还是一个政治或文化单元，家庭常常被作为拉平随生命周期变化而带来的收入和消费水平不均，以确保未成年人和失去劳动能力的人的生活和健康来源。其成员关系具有多重性、复杂性和稳定性，包括政治、社会、经济、血缘、伦理、心理、情感和文化等多重因

[①] 孔祥智等编著：《农业经济学》，中国人民大学出版社，2014，第8页。

素，这些因素难以量化、不可言传、无法把握，且相互间交织复杂，难以厘清。这些因素自我生成，无须外力推动，且很难打破。成员之间容易形成共识和合力，在追求利益和目标上具有高度的一致性。在农业生产上，成员之间思想统一，不计利害，行动自觉，无需监督管理。而农业生产劳动对象的生命特征及自然环境存在的随时变化的不稳定性和复杂性，以及由这种特性带来的需要凭劳动者亲身投入现场排除种种不利因素的限制，客观上要求劳动者在生产劳动过程中具有强烈的责任心，关心、爱护劳动对象。家庭的有机整体性决定了家庭内部的利他主义和成员的互惠性质，使每一名家庭成员都能从家庭整体利益出发去思考和对待所从事的事情。家庭的这些特点在满足农业生产要求上具有得天独厚的优势。

（二）家庭成员个体之间的差异能够和农业劳动中的不同需求相契合

家庭成员之间存在性别、体力、年龄和技能上的差别，而农业生产的作业对象——动植物管理，与对劳动者的体力和智力呈现出的多层次、多样化的需求特点，正好相契合。家庭经营平时以主要劳动力为主，关键时刻全家集体参加，如大人做重体力活，小孩则从事撒种等轻体力活，此时，小孩几乎发挥了大人的作用。农忙时节少量雇工，农闲时节外出兼业或调剂做其他家务及农活。家庭成员在农业生产时间上和劳动上的灵活调剂机制，是任何其他组织形式无法比拟的。正是农户家庭在农业生产上能够最充分地利用各种劳动力，最有效地利用闲置劳动时间，恰当地组织劳动分工，使成员之间默契地合作，最终提高了作业的质量和效率。诺贝尔奖得主、美国经济学家西奥多·W. 舒尔茨（Theodore W. Schultz）于 1964 年出版了学术著作《改造传统农业》，他在书中提到，传统农业在给定的条件下并不存在资源配置的效率低下问题，各种生产要素都得到了最佳配置，且充分发挥了自己应该发挥的作用。[①]

（三）成员之间的努力取向是生产而不是分配

家庭的利益共同体特性决定了家庭成员之间的利益分配并非完全是物质性的。父母可以从子女身上获得幸福和快乐，并从自己丧失劳动能力后获得照顾的长远预期去抚育子女，子女则将赡养义务作为对父母抚养的回馈，所以，家庭的利益分配是以多种形式进行的，家庭的任何收益最终体现在每个成员身上。生产劳动无需通过精密的劳动计量和劳动报酬相衔接来激发活力，每个成员都会自愿地把家庭的利益当成自己的利益，不计个人所得，不讲价钱，同心勠力，拼命劳动。家庭的这一特点，正好破解了农业的自然再生产和经济再生

---

① 西奥多·W. 舒尔茨：《改造传统农业》，梁小民译，商务印书馆，1987，第 33 页。

产相交织的生产过程中无法进行精确计量和监督的难题。

无论是工业生产还是农业生产，都需要解决效率问题。效率问题的解决要靠激励，而激励就需要准确计量劳动者劳动的质和量，并与报酬挂钩。农业生产的连续性特点，使劳动者在生产过程中各环节的劳动支出状况难以得到准确、及时体现，再加上农业生产的自然条件迥异且具有不可控制性，各个劳动者在某一时刻的劳动付出对最终产品的有效作用更无法计量，因此，要使农业生产者在生产过程中各项劳动的质和量与最终的劳动成果及其分配直接紧密联系起来，只有在以家庭为经营单位的条件下才能做到。

同时，由于农业生产过程的季节性，相较于其他非家庭性劳动组织，使用家庭内劳动力的组织和管理成本及交易费用更低，且管理成效更高，克服了其他非家庭性的利益共同体组织中必须存在的独立管理人员，使创造力耗散和效率衰减的现象，以及过分重视劳动成果的利益分配而影响利益创造积极性的问题。[①] 在生产力诸要素中，劳动者是唯一的能动要素，其生产积极性的发挥必然成为发展生产的决定要素，家庭成员所固有的积极性是其他组织形式所不具备的。

农业的特点"也导致与工业、服务业相比，农业的规模经济很有限。因此，非农企业往往难以进入农业初级生产领域"[②]。

农业可以通过现代化手段，如使用机械工具、化肥、农药、农膜、良种提高农产品产量，也可以通过使用相应的技术和设施缩短生产周期，但无法改变农业经济再生产和自然生命再生产两个过程合一的特点，所以，也就难以改变农业上的家庭生产经营的组织形式。

二、农业家庭经营是世界农业发展的经验与通行做法

综观世界农业发展，无论是发达国家还是发展中国家，无论是历史上还是当今现实，以家庭经营为主体，都是农业生产经营的最基本组织形式。农业家庭经营广泛存在并适应于不同时代、不同国度、不同生产力水平和不同生产关系的条件。

从纵向看，家庭经营始终是农业生产的基础。人类社会自产生农业革命以来，即走入了家庭经营方式。在我国，即使是商、周时期的"井田制"方式，其所谓的集体耕作的主体形式还是家庭经营。井田制将土地按"井"状划分成

---

① 刘奇：《构建新型农业经营体系必须以家庭经营为主》，《中国发展观察》2013年第5期，第38-41页。

② L. 道欧，J. 鲍雅朴：《荷兰农业的勃兴——农业发展的背景和前景》，厉为民译，中国农业科学技术出版社，2003，第110-112页。

九块，周边八块归农民耕种，中间一块的收益归统治者所有，并由周边其他八块地的农户提供无偿劳动负责耕种。井田制也许是当时生产力条件下最好的组织方式，以"井田"为单元，可以很好地解决单凭一家一户无法解决的沟、路、渠等基本基础条件问题。春秋末期至战国初期，由于铁器的使用，生产力水平大为提高，一家一户独立生产成为可能，井田制随之瓦解，土地开始私有化，所有权可以买卖交易，之后即进入完全的家庭经营状态。尽管孟子把井田制作为理想的社会状态，曾向梁惠王建议恢复实行这一办法，但铁器所带来的生产力发展无法回到之前那一落后的生产关系中。井田制时期，尽管井田中间那块属于统治者的土地仅占九分之一，但因"民不肯尽力"，始终不如周边个人种自己地的作物长得好。在那样严酷的制度下尚且如此，充分说明了家庭经营的必然性。

　　尽管西方经历了较长时期的奴隶制社会，但因奴隶生产效率不高，最终还是让位于封建制度的农户家庭成员经营。进入资本主义阶段后，资本主义工业革命把家庭手工业和家庭农业并入了资本主义大生产的轨道，使家庭手工业被冲击得消失殆尽，但却没有改变农业以家庭为基本生产经营单位的格局，而只是顺应资本主义生产力和生产关系发展形成了一种新的状态——家庭农场。多年的社会主义非家庭经验实践，如苏联集体农庄和中国人民公社的失败，证明了农业必须采取家庭经营方式。

　　中国改革开放以来的农业家庭承包经营的成功经验，进一步证明了农业家庭经营方式的合理性，说明农业的家庭经营"能与多种层次的生产力发展水平动态适应"[①]。"这种体制，不仅适应以手工劳动为主的传统农业，也适应采用先进科学技术和生产手段的现代农业，具有广泛的适应性和旺盛的生命力。"[②] 它可以与不同的所有制、不同的社会制度、不同的物质技术条件和生产力水平相适应，是一种弹性很大的经营方式，在很长的历史时期占据主要地位。

　　从横向看，家庭经营是发达国家农业发展的成功经验。放眼美、英、法、德、日等发达国家，其并没有因先进工业设施、设备的应用而改变家庭经营方式，也没有形成大量工商资本进入农业而采取公司化运营模式。各国农场都经过了数量由多到少、规模由小到大的过程，但农场规模的扩大并没有改变家庭经营占主导地位的格局。如美国，家庭农场的优势地位非常明显，据统计，

---

　　① 兰徐民：《论长期坚持农业家庭经营体制不动摇》，《山西高等学校社会科学学报》2000年第3期，第16-17、30页。

　　② 《中共中央关于农业和农村工作若干重大问题的决定》，1998年。

1969—1978 年美国家庭农场占农场总数的比重从 85.4% 上升到 87.8%，而公司制农场占比则从 12.8% 下降到 9.7%。要知道，在美国，即使是公司制农场，也几乎是通过家庭投资设立的，其就本质而言还是属于家庭经营方式。美国农业部 2014 年 9 月公布的数据显示，美国农场总数为 220 万个，其中，公司制农场只占 2%，其余 98% 都是家庭农场。在家庭农场中，主要是小型农场，占 88%，大型农场只占 10%。在小型家庭农场中，45% 为生活式农场，18% 为退休者农场，只有 25% 为职业农场。从农场规模看，美国农场的平均面积为 2 428 亩[①]，其中，大型家庭农场的平均面积为 10 896 亩，公司制农场的规模也比较大，平均达 6 671 亩。大型家庭农场是农产品的主要提供者，虽然仅占农场总数的 10%，却贡献了农业总产值 60% 以上的份额；公司制农场贡献了农业总产值的 24%。[②] 2017 年，全美农场总计 204 万个，其中家庭农场占 97.8%，经营农地占农业总用地的 93.5%，产值占农业总产值的 87%。[③] 再如日本，由于人多地少，在第二次世界大战后普遍采取一家一户的小规模经营方式，目前的专业农户仍然主要依靠家庭劳动力进行耕作。又如法国，在第二次世界大战后，其农场规模经历了由小到大的演变过程，农场规模的扩大同样没有改变家庭农场的主导地位，公司制农场仅占农场总数的 10% 以下。家庭经营在其他国家和地区同样是主要的农业经营方式，如在南美国家占 82%，在澳大利亚占 93%，在欧盟原 28 个成员国占 97%。[④] 长期以来，世界各地之所以一直把家庭经营作为农业发展的主要生产方式，除经济原因，还有其社会原因，如家庭农场在西欧、北欧都被视为社会可靠的稳定器、就业者的收入来源，以及消除农村贫困的保障。此外，还有其生态原因和农业的多功能性，也可以部分解释农户家庭经营的合理性。从国内外经验看，实行农户家庭经营的体制，也有利于维护农作物品种的多样性。[⑤]

三、家庭经营是中国改革开放前后经验和教训的总结

从中国自身农业发展实践看，其更充分说明了农业家庭经营的合理性。只要违背这一规律，就会遭到惩罚；尊重这一规律，农业就会得到健康发展。

---

① 亩是中国非法定计量单位，15 亩＝1 公顷。——编者注
② 耿明斋等：《农业适度规模家庭经营的理论思考与政策建议》，《河南大学学报（社会科学版）》2015 年第 1 期，第 50－57 页。
③④ 王颜齐、史修艺：《中国农业家庭经营的代际传递：基本逻辑与现实研判》，《经济学家》2020 年第 7 期，第 108－118 页。
⑤ L. 道欧，J. 鲍雅朴：《荷兰农业的勃兴——农业发展的背景和前景》，厉为民译，中国农业科学技术出版社，2003，第 110－112 页。

　　新中国成立前后，中国共产党通过实行对土地所有制的改革，使广大农民拥有了土地所有权和充分经营自主权，生产积极性得到激发，农业获得了丰产丰收。从1952年底开始，在政府的倡导下开始逐步推行农户生产互助，建立互助组，后又建立合作社，互助组和合作社的建立对农业生产的发展起到了很好的促进作用。但从1956年底开始，在初级合作社的基础上大力推行所谓具有完全社会主义性质的高级社，出现了在合作化道路上的急躁冒进的倾向。到1957年底，全国高级农业生产合作社增加到75.3万家，入社农民的比重达96%以上，甚至90%以上的手工业者也加入了合作组织。这些合作社中很多是迫于命令而勉强办起来的，很不稳固。之后这些合作组织被改组为2.6万个人民公社。人民公社运动与"大跃进"是密切联系在一起的。合作社的本质是合作，应该是在经营者保持独立的基础上的合作；而人民公社突出的表现是"一大二公"，使合作社都办成了缺乏自主权的"集体化"组织。由于生产队中农业劳动难以监督，导致每个农民的报酬与他们的努力无法直接关联，进而缺乏劳动激励，情绪不高。人民公社化除了农民集体劳动，还有资产统一调配以及举办集体食堂等，结果挫伤了农民的生产积极性，加上自然灾害的发生，最终导致了粮食危机，1959—1961年发生了严重的饥荒现象。之后，虽然中央对人民公社的很多做法进行了修正，生产生活秩序得到了改善，但没有从根本上动摇人民公社的体制，农业生产和人民生活水平长期处于停滞状态。这种主观上想通过建立"一大二公"的生产关系改变农业落后面貌的做法，没有经得起历史的考验。

　　客观地讲，中国农业技术在20世纪60—70年代获得很大的发展，如杂交种子、农业机械、化肥和农药的应用等，在水利等基础设施配套完善方面也取得了很大成效，但这些都被难以实现劳动激励的集体劳动机制抵销了。

　　1978年底，中央召开的中国共产党第十一届中央委员会第三次全体会议（以下简称"十一届三中全会"）确定了把工作重点转移到经济建设上来的改革开放政策。这一政策在农村的具体措施就是实行家庭联产承包责任制，其实质就是在农村土地集体所有基础上对传统农业经营方式的回归。家庭联产承包责任制的推行使农村改革获得巨大成功，农民告别了粮食不够吃的状况。

　　这一成果来之不易。农业家庭联产承包责任制真正赋予了农民独立的生产经营自主权，"生产什么、生产多少、怎么生产"完全由农民自己根据市场决定，其所带来的不仅仅是农业生产效率的提高，及温饱问题得到解决，更重要的是农民自身劳动力的自由安排和职业选择。

　　农民们在保证正常农业生产经营的同时，广泛开展多种经营，发展乡镇企业，提高收入水平，在农业现代化道路上努力前行。

面对农村改革取得的巨大成就，一些专家学者从理论上不断总结经验，同时，也不断进行反思，总结教训。

经济学家林毅夫对中国农业合作化有过淋漓尽致的分析。一是人民公社缺乏退出机制，导致了农业危机的发生。林毅夫用博弈论的观点解释了农业危机。他认为："由于农业生产上的监督极为困难，一个农业合作社或集体农场的成功，只能依靠社员间达成一种'自我实施'的协议。……但这种自我实施的合约只有在重复博弈的情形下才能维持。在一个合作社里，社员如果拥有退社的自由，那么，这个合作社的性质是'重复博弈'的，如果退出自由被剥夺，其性质就变成'一次性博弈'。……但自1958年的人民公社化运动后，退社自由的权利就被剥夺了，因此，'自我实施'的协约无法维持，劳动的积极性下降，生产率大幅滑坡，由此造成危机。"① 二是家庭承包制度的改革对农业增长的贡献率为46.89%。以不变价格计算，1978—1984年，农作物总产值增加的42.23%的份额中，"仅制度改革一项就使产出增长了约46.89%，大约相当于投入增加的总效应"②。化肥增加的贡献则大约为32.2%，其他改革的贡献甚微。

学者吴方玉等则认为，家庭责任制对农业增长的贡献率更高，达到75%。③农村改革已实行40多年，农业现代化发展实践也在不断证明家庭经营方式的优势，农业家庭经营依然焕发着生机和活力。

山东省寿光市就是从农村实行家庭联产承包责任制开始致力调整农业生产结构，发展蔬菜生产，最终形成了享誉国内外的蔬菜大产业。改革开放以来，寿光人不断转变思想观念，改进生产技术及工具，改变营销方式，扩大生产规模，但始终保持不变的是家庭经营方式。如果要问寿光成功的秘诀是什么，那就是，除了高度重视农业的科技和投入，最关键的是毫不动摇地坚持农业的家庭经营制度。

关于农业的家庭经营，陈锡文有过非常精到的阐述，"农业是一个经济再生产和自然再生产相交织的特殊产业，需要人类在自然环境中通过利用和控制动植物的生命过程来从事生产活动，在这种充满不确定性的复杂条件下要保证农产品的顺利成长，就必须依靠农业生产者对它们及时和精心的照料。而要做到这一点，最简单的办法就是使农业生产者成为他生产的农产品的主人，不需要别人监督，不需要计算劳动付出，他们会为自己的经济利益而竭尽全力。正

① 林毅夫：《制度、技术与中国农业发展》前言，格致出版社，2014，第5页。
② 林毅夫：《制度、技术与中国农业发展》，格致出版社，2014，第64页。
③ 吴方玉、孟令杰、熊诗平：《中国农业的增长与效率》，上海财经大学出版社，2000。

是由于农业的这些特点，人们才普遍选择了家庭经营的方式。即使在已经实现了现代化的国家中，农业仍普遍实行家庭经营。在工业化手段的推动下，一些农产品实现了工厂化的生产，动植物生长的环境可以控制，雇员付出的劳动能够计量和监督，对每一个生产环节是否符合标准也可以及时监测。但这样的农业毕竟只占很小的部分。在大多数情况下，农业的发展一要减少农业人口而逐步扩大经营规模，二要加大现代物质技术的投入而提高效率，三要通过合作和社会化服务来弥补家庭的不足，但家庭经营本身始终是难以被替代的。"[①]

第四节　农业家庭适度规模经营

一提到农业现代化，很多人就会自然地联想到美国等大规模的家庭农场和大型机械的使用，特别是有些人想当然地认为，农业的现代化就等同于农业的规模化，这是对农业现代化认识的误解。实际上，不论是美国等西方国家的大规模还是日本等东亚国家的小规模，都是由自身综合条件决定的，而非现代化本身的体现，规模大小并不代表农业现代化水平的高低。农业的家庭适度规模经营才是现代农业建设中需要把握准的一条非常关键的标准。

（一）适度规模家庭经营的原因及不同表现形态

农业的生物性特点不仅决定了其家庭经营的组织形式，还决定了必须是适度的经营规模。

在农业适度规模经营的诸多影响因素中，农业的特点是最重要的内在因素。农业生产是依据生命体生长发育过程完成的，所以任何附加于动植物生命体的活动，都必须符合动植物的生长规律。生命本身是一个十分复杂的过程，这一不容间断的生命连续过程发出的信息量不但极大，而且极不规则，从而使得对农业的人工调节活动无法程序化。这就需要农业活动的主体必须根据生物需要的指令来作出有效反应，动植物生命的不可逆性所内含的极强的时间性和生命节律，决定了农业组织要比工业组织更具有反应的灵敏性与行动的灵活性。[②]舒尔茨就曾指出，在农业中，决策必须在现场作出，否则信息不足。这种灵活的信息临场决策机制要求，使每一个劳动者所能控制的动植物数量必须不能超过一定的限度，这就是农业适度规模经营的生物学理由。

关于农业的适度规模经营，古代劳动人民早已认识到这一规律。西汉农学

---

①　陈锡文：《加快发展现代农业》，《求是》2013 年第 2 期，第 38 - 40 页。

②　罗必良：《农地经营规模的效率决定》，《中国农村观察》2000 年第 5 期，第 18 - 24、80 页。

家氾胜之所著《氾胜之书》中即已提出"顷不比亩善";北魏著名农学家贾思勰所著《齐民要术》中两次提到规模适度问题。《齐民要术·杂说》中提出:"凡人家营田,须量己力,宁可少好,不可多恶。"《齐民要术·种谷第三》中引用并强调了氾胜之的说法:"'顷不比亩善',谓多恶不如少善也。"

农业的适度规模经营一直反映在国内外的农业历史发展实践中。如中国自秦汉以来实行的土地地主所有制,"地主"是名副其实的土地之"主",即土地的所有权人。地主主要是经营土地本身,即通过出租土地而收取租金,包括定额、分成等形式,只留下少部分土地自己耕种。而大地主干脆全部出租,不进行农业生产经营。众多的小农户则通过承佃地主土地进行家庭经营,小农户会很好地算计租佃的规模,做到既不能出现大量雇工,也不能出现浪费劳动的现象。土地地主所有制下,地主成为变相的佃户适度规模经营的落实者和执行者;佃户的收益情况,将直接反映在地主地租的收取顺利和成功与否上,所以,地主会从自身利益出发,考虑佃户的劳动力数量和经营能力,然后才决定给予佃户一个比较适度的土地租佃数量。当然,由于我国长期存在土地资源紧缺状况,农户普遍存在投入过量劳动的现象,这种经营规模绝不是今天我们所理解的在市场经济条件下各生产要素通过市场价格机制,由边界成本所确定的规模。

可以说,农业的适度规模经营既是农业生命特性的内在要求,也是农业历史发展的规律性总结。

随着科学技术手段在农业生产上的大规模投入,特别是农业机械设备的大量应用,生产能力大为提高,从而使生产规模不断扩大,并且这种规模扩大的趋势还将延续下去。由于经营规模的不断扩大趋势,容易让人陷入"规模即效益"的惯性思维误区,并同时会错误地认为规模经营就是土地规模经营,致使现实中出现了规模不经济的现象。

从理论上讲,现代农业的生产要素包括土地、劳动、资本、技术和管理等,而技术要素的投入具有依附形态特点,即物化为机械、种子、农药、化肥等或表现为劳动者技能,因此,土地、资本、劳动和管理成为农业生产投入的四大要素。在传统农业阶段主要是土地和劳动投入,而农业生产主要是维持家庭成员的生活需要,是一种自给自足的自然经济模式,劳动由家庭成员提供,因此土地就成为最关键的生产要素。但是,现代农业中的规模是一个综合要素的反映,土地只不过是农业生产函数众多变量中的一个,农业的产出也由综合要素共同作用决定,更何况,规模经营也不是土地的简单相加。至于以哪种要素投入为主,取决于所经营的动植物品种和各个国家的资源禀赋状况。如美国,就是一个土地相对于人口而富余的国家,因此其优势在土地而弱势在人力，而美国的经济科学技术发达，劳动力工资水平高，选择方向是机械设备替代人力劳动。在农作物生产上选择以大宗的主要农产品生产为主，如大田作物小麦、玉米、棉花等，表现出的是大农场和大机械生产。而像中国、日本等属于土地相对紧缺、人口富余的国家，这　　现实必然导致在农业要素投入选择上是以劳动投入为主，即采用那些占用劳动比较多的种植养殖方式，包括保护地设施农业和工厂化畜牧业养殖等。从表面上看，这两种发展趋向形成了大农和小农之分。但不论大农还是小农，他们追求的最终目标是效益而不是规模。

规模经济来源于西方经济学的规模经济理论。西方规模经济理论研究的出发点是边际效益规律，即在分析达到什么样规模的情况下是最经济的。所谓边界效益，是指随着投入的增大，收益也逐步增加，但当再增加投入收益不再增加，甚至会减少时，投入与收益就形成了一个临界点。农业适度规模的"度"就是这个意思。

农户愿意不断扩大生产经营规模的动机是为了获得更多的纯收入，不一定是为了降低单位产品成本，而降低单位产品成本只是增加收入的一种手段；如果成本没有降低，甚至提高了，但总的纯收益会增加，那么农户还是愿意继续扩大经营规模。实际上，规模经营效益主要还是通过总收入增加的部分大于成本增加的部分实现的。

农业规模经营的适度边界形成机制可以这样理解：农业的收益等于收入减去成本，无论是收入的增加还是成本的降低，都会形成收益的增加，因此这两种因素都会激发农户扩大经营规模的动机。当经营规模扩大到需要雇佣劳动或雇佣劳动达到难以管控致使效率降低到效益开始减少时，农业规模经营的扩大便会停滞下来，这就是所要达到的规模的适度。

不过，农业生产经营上的这个度，在实际上是很难具体确定的，只是一个理论上的假设。但很多专家认为，"小农"更有效率，更有竞争力，因为相对于大农场，小规模农场的各要素之间的调整空间更大一些。

农业经营的情况非常特殊，其劳动付出区间很大，正是因为参加农业生产经营的是家庭成员，才能有效克服这一困难。他们可以晚上和白天颠倒劳动，也可以使用一些家庭辅助劳动力。而大农场和公司化农场显然没有这方面的优势，土地和劳动两大要素的价格都是通过市场来决定的，浮动空间非常小。而适度规模的小农户在劳动投入上有更大的浮动空间和灵活程度。特别是雇佣劳动因缺乏家庭成员劳动的自觉性与责任心而导致的低效劳动，势必使劳动成本即劳动的有效价格提高或者增加监督费用。大农场相对于小规模农场处于竞争弱势，而公司化农场相比于大规模家庭农场处于更加劣势地位。

美国农村发展研究所所长、华盛顿大学法学院罗伊·普罗斯特曼（Roy Prosterman）教授对发展资本密集型规模经营的做法提出建议："一是从实践经验上看，农业生产中的规模效益很微弱；二是农场规模与生产效率之间一般是反向相关；三是发达国家农场规模大和资本密集程度高等现象并不是农业生产率高的原因；国内外的实践都证明，家庭农场比集体农场更优越、效率更高。"他还指出，社会主义国家和一些实行市场经济制度的国家在没有多少实质性证据、甚至是在许多反例的情况下，假定大型农场比小型农场效率高，并为这一假定付出了沉重代价。[①] 华南农业大学罗必良教授也得出了相同的结论，认为"农业在本质上并不是一个有显著规模效率的产业"[②]。很多专家通过调查提出了土地规模与土地产出的关系，即土地规模对土地产出率的促进作用不显著，但"农业劳动生产率可以随着经营规模的扩大而提高"[③]。

由以上意见和分析可以得出：如果把农户对土地的投入分为投资和投劳两方面，则存在大农户更乐意吸纳资本、小农户更倾向于投入劳动的现象。大农户更具劳动生产率优势，即每个劳动力生产更多的农产品；小农户则更具有土地产出率优势，即单位面积的土地生产出更多的农产品。如果不同国家的土地资源禀赋不同，土地资源丰富的国家会支持劳动生产率的提高，而土地不足的国家更注重支持土地产出率的提高。农户还是要从经济效益上综合考虑采取哪种适度规模的经营方式。

（二）家庭适度规模的标准和途径

适度规模经营，严格来说，并没有一个准确的"度"，很难确定一个固定的标准。但政府对农业的扶持常常又需要这个标准，所以会规定一个基本的标准。总起来说，适度规模的标准是一个动态的尺度，它始终随着生产力的发展而不断发生变化，总体上向着规模不断扩大的趋势演进。具体到每一个农户，可以根据每个农户自身的能力素质、主要投入要素优势、农产品生产种类和种植模式等因素合理确定其经营的规模。

2014 年底，我国提出了"两个相当于"重点扶持的标准，即"现阶段，对土地经营规模相当于当地户均承包地面积 10～15 倍、务农收入相当于当地二、三产业务工收入的，应当给予重点扶持"[④]。这"两个相当于"比较宽泛

---

① 罗伊·普罗斯特曼等：《中国农业的规模经营：政策适当吗？》，《中国农村观察》1996 年第 6 期，第 17－29、63 页。

② 罗必良：《农地经营规模的效率决定》，《中国农村观察》2000 年第 5 期，第 18－24、80 页。

③ 徐明华：《良田规模经营：利弊尚待权衡》，《中国农村经济》1998 年第 3 期，第 37－41 页。

④ 中共中央办公厅、国务院办公厅：《关于引导农村土地经营权有序流转发展农业适度规模经营的意见》，2014 年 11 月。

地从土地经营数量或家庭务农收入上划足鼓励发展范围，既是标准又是原则，非常符合我国幅员辽阔、各地差异较大和人多地少的现阶段实际。如果单从土地面积看，这样的规模无论放在哪一个国家，都应该是小规模，这是由我国的国情决定的。比如，到2050年我国将全面实现现代化目标，届时按15亿人口计算，城市化率达到70%，还有4.5亿人留在农村，当然这部分人只有一少部分直接从事农业，即使有3 000万～5 000万农户从事种植业，且18亿亩耕地的红线不失守，户均耕地也不过36～60亩。看来，我国提出的"土地经营规模相当于当地户均承包地面积10～15倍"的标准，不仅具有现实意义，还有长远的指导意义。

我们再把目光投向美国。美国是一个移民国家，土地资源丰富，且人口较少，美国农业的很多东西是我们无法学习和复制的。在殖民时期，他们有占不完的土地，在西部大开发时，每一个土地经营者可以获得160英亩（1英亩≈6.07亩）的土地，相当于中国的近千亩，这是美国经营者的最基准的规模。随着美国工业的高速发展、国民收入的提高和机械化的应用，生产效率提高，一些原本从事农业的经营者退出农业，转向工商业或农业服务业，使农场经营规模不断扩大。美国农业服务业高度发达，农场主的主要工作不是在田间从事生产劳动，而是制定生产经营计划，了解市场信息，与服务组织及供销企业签订合同，管护农场设施设备等。大量农事活动不是通过雇工解决，而是通过服务公司或合作社去完成，如农产品销售、农资采购、田间管理、上级扶持政策的联系对接，甚至农产品的期货交易等，所以一对农场主夫妻就可以经营几千甚至上万亩的土地。

中国的土地小规模经营是先天性的，是自然条件所决定的，无法根本改变。这就决定了我们必须根据这一实际制定政策，否则就会犯违背规律的错误。温铁军曾说："极而言之，中国无农场，美国无农民"[①]，很有道理。因此我们规模经营的优势显然不完全在土地上，而应该在其他投入要素上。

无论以哪种要素为主，农业的适度规模经营是必须的，可以通过不同的途径逐步实现。

第一，通过土地流转实现适度规模经营。无论实现以哪种要素为主的农业适度规模经营，土地规模的扩大是无法绕过的，像小麦、玉米等主要农作物生产规模的扩大尤其需要土地面积的扩大，实现的途径就是土地经营权流转。通过土地经营权流转使那些具有农业经营能力的从业者进一步扩大生产规模，同

---

① 温铁军：《三农问题与世纪反思》，生活·读书·新知三联书店，2005。

时使那些已经从事非农业和有意愿从事非农业的人员将土地有序流转，实现农户的适度规模经营。

第二，通过提高组织化程度实现适度规模经营。所谓规模，并不仅局限于一个家庭的经营规模，尽管我们讨论的是家庭适度规模，也可以从专业化规模和产业规模中去理解家庭经营规模。家庭适度规模经营的目的就是追求效益，家庭的适度规模经营应被置于一个大规模的专业和产业中，依据其专业和产业规模提高经济效益。具体实现方式，可以通过农户加入合作组织，实现合作和联合，由此实现一家一户开展不了的标准化农业生产，通过建立安全追溯体系和开展品牌化生产，实现产品质量、商品信誉、传统特色及当地农耕文化的有机衔接。规模经营还可通过组织的规模化以及服务的规模化实现，如农业生产资料供给、农业技术服务、农业服务体系等方面，可以依靠农业专业合作社的形式，通过分户生产、规模服务，实现某一产品在区域内的专业化分工的社会化大协作和规模化大生产。

第三，通过农产品的深加工和销售，延长产业链，或发展以农业生产为龙头的农工商综合体，实现一二三产业的融合，实现适度规模经营。农业生产经营中的利润主要集中产生在加工和销售环节，可以通过对农产品的深加工和销售把二三产业环节的利润留给农业。在传统农业时代较普遍的做法，是农户利用农闲时节对农产品进行进一步加工实现增值，这也为现代农业的发展提供了借鉴。20 世纪 90 年代中期，日本社团法人 JA 综合研究所所长今村奈良臣提出了"六次产业"的观点，与近年来中国各级政府提出的一二三产业融合发展的要求在本质上是一致的。

第四，通过突出个别要素的投入实现适度规模经营。因农业的适度规模经营由多种要素组成，突出土地以外的要素投入同样可以实现适度规模经营。比如，养殖业，当前主要生产方式是工厂化集中养殖，生产要素以资本和管理为主，特点是投资密度大，管理（信息、技术、防疫、营销等）要求高。再比如，设施蔬菜栽培生产，生产要素以资本和劳动为主。以寿光蔬菜大棚生产为例，夫妻二人外加少量雇工可以经营一个长度 200 米左右或者更长的蔬菜大棚。大棚建设投资 2 000 元/米，按 200 米计算需投资 40 万元，占地 10 亩，平均年销售收入 40 万元左右，年纯收益率在 50%～60%，即净收益在 20 万元左右（不包括大棚折旧和经营者本身的工资）。在华北地区，2019 年一年种植小麦、玉米（粒）两季作物，销售收入 2 454 元/亩，扣除种植成本 1 109 元/亩，再减去平均 850 元/亩的土地租赁费，加上政府粮食补贴 125 元/亩，每年收益 620 元/亩左右（表 2-1-1 至表 2-1-3）。

表 2 - 1 - 1　2019 年、2020 年华北地区小麦、玉米种植亩生产成本情况

品种	项目	使用情况	费用（元/亩）
小麦	耕、旋、播种		85
	种子	12.5 千克/亩	50
	复合肥＋追肥		200
	除草剂＋喷		15
	杀虫＋杀鼠＋叶面肥＋调节剂	3 次/茬	55
	浇水	4 次/年	160
	收割＋运输		55
	合计		620
玉米	种子		45
	播种		25
	肥		150
	除草剂		15
	杀虫＋杀菌＋叶面肥＋调节剂	2 次/茬	34
	浇水	1 次	40
其中：玉米青贮	合计		309
其中：玉米粒	收割＋运输		80
	脱粒		100
	合计		489

资料来源：山东省寿光市农业农村局农技站。

注：2019 年和 2020 年生产成本基本相同。

表 2 - 1 - 2　2019 年华北地区小麦、玉米种植亩成本收益情况

品种	产量	单价	收入（元/亩）	备注
小麦	550 千克/亩	2.28 元/千克	1 254	
玉米青贮	3 吨/亩	280 元/吨	840	
小麦＋玉米青贮			2 094	一年两季
玉米粒	600 千克/亩	2 元/千克	1 200	
小麦＋玉米粒			2 454	一年两季
政府粮食补贴			125	
土地承包费			850	
小麦＋玉米青贮生产成本			620	
			309	
小麦＋玉米青贮净收入			440	
小麦＋玉米粒生产成本			620	
			489	
小麦＋玉米粒净收入			620	

资料来源：山东省寿光市农业农村局农技站。

表 2-1-3　2020 年华北地区小麦、玉米种植亩成本收益情况

品种	产量	单价	收入（元/亩）	备注
小麦	450 千克/亩	2.32 元/千克	1 044	
玉米青贮	3 吨/亩	355 元/吨	1 065	
小麦＋玉米青贮			2 109	一年两季
玉米粒	625 千克/亩	2.44 元/千克	1 525	
小麦＋玉米粒			2 569	一年两季
政府粮食补贴			137.88	
土地承包费			1 150	
小麦＋玉米青贮生产成本			620 309	
小麦＋玉米青贮净收入			167.88	
小麦＋玉米粒生产成本			620 489	
小麦＋玉米粒净收入			447.88	

资料来源：山东省寿光市农业农村局农技站。

也就是说，按照一年两季小麦和玉米粒的种植方式，一个占地 1 亩的设施蔬菜大棚至少能产生相当于 15 亩左右的大田粮食作物销售收入，也相当于 35 亩以上的净收入。过去农民常说"一亩园十亩田"，但现在设施农业的发展使经济作物的收益大大高于大田作物的收益。所以，在适度规模经营的主体发展上，不仅要支持土地规模上的家庭农场模式，更应该支持以其他生产投入要素为主的专业大户等经营形式，这更符合中国的国情。

（三）农业适度规模家庭经营的重要意义

农业的家庭适度规模经营很重要，它不仅是一个标准问题，也是一个发展路径的选择问题，它甚至反映和决定着一个社会的健康发展和稳定。

1. 适度规模经营有利于坚持农村基本经营制度。"以家庭承包经营为基础统分结合的双层经营体制"是我国长期坚持的一项农村基本经营制度。实现适度规模的家庭经营是保证农村基本经营制度得以长期坚持的基础和前提。我国实行家庭承包责任制的目的就是调动农业生产者的积极性，挖掘土地生产潜力，同时将土地承包权经营权作为对农民的一种生活社会保障形式而存在。

发展适度规模经营可有效实现对非适度大规模经营的限制。按理说，农业的家庭经营应该是适度规模的，因为农业只有适度规模经营才会取得最佳经济收益，农民会自己做出最优的规模边界选择，无须多此一举增加这一约束性的

含义。但现实是，个别农户存在片面追求土地规模扩张，还有很多工商资本在不了解农业的情况下去投资农业。特别是大工商资本投资农业往往打破了原有的农业生产与消费的平衡，不仅对农业生产造成破坏性影响，还严重伤害了农业生产者利益。比如，随着工商业的发展，大量剩余资本难以消化，一些从来没从事过农业的企业，在不知道农业是一个高风险低收益的微利行业情况下，把大量资本投入农业。工商资本的大量投入会使特定产品在该区域迅速出现市场过剩、价格降低。在农民遭受损失的情况下，工商资本也难以抽身逃脱。

通过重点支持发展农业适度规模经营，形成适度规模生产经营者的竞争优势，是防止农户非适度大规模经营和非家庭经营大规模抢占土地而影响农户家庭承包经营制度的最有效方法和渠道。当然，工商资本也不是绝对不可以投资农业，而应该"引导工商资本发展良种种苗繁育、高标准设施农业、规模化养殖等适合企业化经营的现代种养业，开发'四荒'资源发展多种经营"①。

2. 适度规模经营有利于国家和社会的长期稳定、和谐发展。在传统农业时期，王朝的更替往往和土地规模过度集中紧密相连。秦汉以降，其土地规模的集中往往和朝代的更替具有高度一致性。当土地兼并到一定程度时，失地流民增多，社会动乱，人口减少，引起朝代更迭，新的朝代由此产生，之后又开始下一个循环。

传统社会是农业社会，人口的土地占有状况往往影响着社会稳定和王朝的命运。在现代社会，农业依然发挥着压舱石、储水池、稳定器的作用，采取适度规模经营就是在充分发挥各种资源要素综合效能的同时，兼顾社会各方面的利益，必定利于和谐社会的构建。

第五节　农业家庭经营内涵的演进

自改革开放以来，我国的农业家庭经营形式经历了从生产责任制到家庭经营不断深化完善的过程。十一届三中全会确立改革开放政策后，农村改革先行一步，并首先从农业的生产责任制开始。

第一阶段，劳动力的"生产责任制"（或称为联产计酬）。这一阶段从十一届三中全会后即开始。党的十一届三中全会原则同意了《中共中央关于加快农

---

① 中共中央办公厅、国务院办公厅：《关于引导农村土地经营权有序流转发展农业适度规模经营的意见》，2014年11月。

业发展若干问题的决定（草案）》，虽然其中规定了"两个不许"，即"不许分田单干"和"不许包产到户"，但却肯定了"包工到作业组，联系产量计算劳动报酬"的责任制。最初是将农业生产田间管理分工到个人或小组，然后把形成的产量与劳动报酬进行挂钩。增产部分个人（或小组）与生产队以四六或五五的比例进行分成。

1979 年，中共十一届四中全会正式通过上述《决定（草案）》，把其中"两个不许"改为"不许分田单干"和"不要包产到户"的"不许、不要"，程度明显和缓很多。形势发展很快，因为农业生产责任制形式非常符合农业实际，基层实践的发展走在了中央政策的前面。如 1978 年底，安徽省凤阳县小岗村 18 名社员私定密约实行包产到户。中央顺应民意及时总结基层经验和做法，不断推出支持政策。1980 年 9 月，中共中央印发通知《关于进一步加强和完善农业生产责任制的几个问题》，并将"专业承包联产责任制……以合同形式确定下来当年或几年不变。"这应该是针对生产队和社员之间在责任制执行上的不严肃、不严格、随意性大、口头订约和任意毁约现象的制止，也是巩固生产责任制成果和为进一步推进责任制发展提供的政策支持。

第二阶段，家庭联产承包责任制。1982 年 1 月 1 日，中共中央批转了《全国农村工作会议纪要》，这是中国共产党历史上第一个关于农村工作的中央1 号文件，文件明确指出"目前实行的各种责任制，包括小段包工、定额计酬、联产到劳，包产到户、到组，包干到户、到组，等等，都是社会主义集体经济的生产责任制"，"社员承包的土地，不准买卖，不准出租，不准转让，不准荒废"。从中央 1 号文件可以看出，中央已经批准包产到户和包干到户的责任制形式。实际上农村的实践很多已经走在了这一文件的前头，实行了包产到户。因为在实践中实行包产到户相比劳动联系报酬的分配形式，更直接、更简单、更容易操作和调动农民的积极性。到 1981 年夏季小麦收割时，农村很多生产队已经采取了按劳或按人的各农户单独收割和脱粒、粮食归己的方式，生产队主要是分配国家公粮指标和提留数量。这种情况下的责任制形式已经不再是以生产队成员——劳动力为单位的生产责任制，而是以家庭为单位的生产责任制。1982 年，大部分生产队和农户签订了联产承包责任制合同。生产队除土地外的大部分资产也将权属确定给了农户。到 1983 年，全国有 97% 的集体生产队被新型的家庭经营制度所取代。[①]

为适应农业和农村的这一变化，1982 年，《中华人民共和国宪法》对人民

---

① 林毅夫：《制度、技术与中国农业发展》，格致出版社，2014，第 96 页。

公社和生产大队两级组织做出了相应调整，将原来"政经合一"的人民公社体制改为"政经分设"，设立乡人民政府及村民委员会——村民自治组织。1983年中央1号文件（《中共中央印发〈当前农村经济政策的若干问题〉的通知》），要求农村按照"政社分离"的原则进行改革，撤销人民公社，成立乡人民政府。

1984年中央1号文件规定："为了完善统一经营和分散经营相结合的体制，一般应设置以土地公有为基础的地区性合作经济组织。这种组织，可以叫农业合作社、经济联合社或群众选定的其他名称；可以以村（大队或联队）为范围设置，也可以以生产队为单位设置；可以同村民委员会分立，也可以一套班子两块牌子。"一些地区在村民委员会选举成立时，一并选举成立了经济合作社。但经济合作社由于一直缺乏具体的操作规程，名存实亡，最后不了了之。农村集体资产的管理通常由村民委员会代行职权。

第三阶段，土地家庭承包经营。土地承包经营是家庭联产承包责任制的进一步深化。1983年，按照中央1号文件的精神，各地基层政权组织进行了"社改乡"；1984年，农村进行了"队改村"。由于生产经营责任制的推行，农户有了完全生产经营自主权，加上人民公社、生产大队组织体制的变更，作为一级生产核算单位的生产小队，其组织生产的职能不复存在，生产小队再与农户签订生产责任制合同的做法显然已不符合实际。实际上，初期生产小队和农户签订的家庭联产承包责任制合同的具体指向就是土地，只是约定了上缴公粮、提留和义务工等义务，本质上就是土地承包经营权问题。

1984年中央1号文件还提出："延长土地承包期，鼓励农民增加投资，……土地承包期一般应在十五年以上。"由原来的"当年或几年不变"，发展到"十五年以上"。

1993年11月，《中共中央、国务院关于当前农业和农村经济发展的若干政策措施》决定："在原有的耕地承包期到期之后，再延长30年不变。"1998年，第九届全国人大常委会第四次会议通过了修订的《中华人民共和国土地管理法》，将"土地承包经营期限为30年"这个政策上升为法律。

同时，"家庭联产承包责任制"还写入了1993年第八届全国人民代表大会修订的《中华人民共和国宪法》，成为一项国家基本经济制度。"农村中的家庭联产承包为主的责任制和生产、供销、信用、消费等各种形式的合作经济，是社会主义劳动群众集体所有制经济。"1999年3月，第九届全国人民代表大会第二次会议通过了《中华人民共和国宪法修正案》，明确提出了"农村集体经济组织实行家庭承包经营为基础、统分结合的双层经营体制。"对农村经营体制做出了规定。

第四阶段，农业家庭经营。2002 年 8 月，第九届全国人民代表大会常务委员会通过了《中华人民共和国农村土地承包法》，从此，中国的土地承包经营权制度有了专门的法律制度，步入了法制化轨道。该法明确规定："耕地的承包期为三十年。草地的承包期为三十年至五十年"，林地的承包期更长。"承包期内，发包方不得收回、调整承包地。"《农村土地承包法》不仅赋予农民"长期而有保障的土地使用权"，还规定了"土地承包经营权可以依法采取转包、出租、互换、转让或者其他方式流转。"《农村土地承包法》为发展适度规模的家庭经营提供了法律依据。

2013 年，党的十八届三中全会通过了《中共中央关于全面深化改革若干重大问题的决定》，除了维护土地承包经营权的长期性外，还鼓励经营权流转，"稳定农村土地承包关系并保持长久不变，……赋予农民对承包地占有、使用、收益、流转及承包经营权抵押、担保权能，……鼓励承包经营权在公开市场上向专业大户、家庭农场、农民合作社、农业企业流转，发展多种形式规模经营"。2014 年 11 月，中共中央办公厅、国务院办公厅印发了《关于引导农村土地经营权有序流转发展农业适度规模经营的意见》，指出"坚持农村土地集体所有权，稳定农户承包权，放活土地经营权""实现所有权、承包权、经营权三权分置，引导土地经营权有序流转""用 5 年左右时间基本完成土地承包经营权确权登记颁证工作。""三权分置"进一步明确了集体、农户和经营者三者之间的权利和关系，为经营权的流动清除了制度上权属不明晰的障碍，使家庭经营不再受制于土地承包权，为经营者经营权的获得打开了通道，开启了绿灯。

同时为进一步坚持农村基本经营制度不动摇，保证经营者放心流转和生产经营，中央宣布，第二轮土地承包到期后再延长 30 年。

从"生产责任制"到"土地家庭承包经营"，再到"承包权"和"经营权"的分离及经营权可以流转，是一个从责任制到产权制的制度演变过程。[①] 作为"联产计酬"的生产责任制，仅仅是集体组织内部成员的一种生产上的责任制形式，农民所使用的土地，不是一种财产权利，而是一种"生产工具"。产权明晰是商品经济的基本条件，否则，商品经济无法形成。而家庭联产承包经营制度则是农户拥有了法定的土地财产权利，承包土地的农户成了市场经营主体。尽管经营权很长时间涵盖在承包权中，但是由于承包权的长期不变和使用

---

① 王江一、郑征：《农业家庭经营模式：从承包农户到家庭农村》，《河南财经政法大学学报》2015 年第 6 期，第 39 - 49 页。

权有偿转移，早已被赋予了土地财产权利，甚至分享了作为集体的所有权的权益。正如马克思所说："不论地租有什么独特的形式，它的一切类型有一个共同点：地租的占有是土地所有权借以实现的经济形式。"[①]

①　马克思、恩格斯：《马克思恩格斯全集》第 25 卷，中共中央马克思恩格斯列宁斯大林著作编译局译，人民出版社，1975，第 714 页。

第二章

农民合作组织的产生与发展

在现代化过程带来的一系列变化中，最根本的就是科技的发展需要建立与之相适应的组织形式，即科技的发展必然带来与之相适应的组织形式的变革。如果相应的组织变革及时，就有利于甚至促进科技发展，否则就会阻碍其发展。农业现代化同样遵循这一规律。农业生产的特点决定了家庭经营的合理性，同时也决定了其进一步的组织建设必然在家庭经营的基础上进行。

第一节　合作社的产生、发展及其定义

一、合作社的产生

合作是人类社会一个非常古老的现象，自人类产生开始就有了人们之间的合作行为。正是因为合作，才使个体不占优势的人类战胜了其他动物，站到了生物链的最顶层，成了自然界的主宰。以往的合作主要是各种协同劳作形式，而现在的合作更具经济性质。作为相对专属固定的合作机构——合作社，是近代社会的产物，随着商品经济的产生和发展、人类社会进入资本主义阶段而出现。

被誉为世界上最早的合作社——罗虚代尔公平先锋社，诞生于 1844 年的英国纺织工业中心曼彻斯特市郊的罗虚代尔小镇。当时这里的手工纺织业非常发达，生产毛纺织品已有几百年的历史，在英国享有盛名。19 世纪初，工场主开始引进纺织机械。资本主义的机械大工业取代工人劳动成为主要生产力，加之 19 世纪中期以前英国发生了第一次经济危机（史学界称其为英国"饥饿的四十年代"）[1]，使那些依靠手工劳动的小工场主破产，依靠劳动谋生的工人大量失业。随着失业人数的增多，劳动力供求关系改变，劳动力价格日益下

---

① 申龙均、潘峻岳：《农民合作社研究》，北京理工大学出版社，2015，第 8 页。

降。资本家趁机以更低的报酬雇用工人，特别是一些女工和童工。不仅如此，由于产品滞销，工场主还常常以质次价高的产品或指定商店的购货券代替工资，使工人们的生存状况日益恶化。

1844 年，罗虚代尔市的 28 名纺织工人为改善生存状况，自发组织成立了名为"罗虚代尔公平先锋社"的消费合作社。每人出资 1 英镑，共计股金 28 英镑，于当年 12 月 21 日正式开始营业。

罗虚代尔公平先锋社在章程中提出了明确的建社目的，即增进社员经济利益，改善社员社会地位及家境状况。合作社以市场价批量买入产品，再按市价卖给社员赚取差价后来分配盈余。起初他们只经营社员生活所必需的面粉、白糖、黄油等食品。

围绕经营管理和发展计划需要，合作社制定了自己的办社原则，后来人们把它归纳为 8 项：自愿，即入社自由；一人一票，即社员资格平等，不因出资多少而有差异；现金交易，不赊购赊销；按市价出售合作社商店货物；如实介绍商品，不缺斤少两；合作社盈余按社员向合作社购买额分配；提取盈余额的 2.5% 作为社员教育费用；对于政治、宗教保持中立态度。

罗虚代尔公平先锋社经过十多年的发展，成员由 28 人增加到 29 000 人，股金增加到 40 万英镑，开设了 3 家大店和 93 家分店。1873 年，改名为"英国批发合作社"。[①]

罗虚代尔公平先锋社是世界上公认的第一家最为成功的合作社。它是一家消费合作社。其后，德国人 F. W. 雷发巽于 1864 年发起创立了赫德斯多夫信贷协会，被认为是世界上最早的农村信用合作社。该协会有 11 条办会原则，有些对今天办社仍具有借鉴和启示作用。这 11 条原则是：不通过会员出资，运营资金来源于成员存款；会员必须经营农业；会员权利不得转让；不分红，防范信用社资本化；以办理信用贷款为主，兼营其他事业；会员承担无限责任；积累归信用社公共所有；贷款以短期为主；协会业务由理事会负责执行；协会财产及业务由监事会负责监督；对协会会员及工作职员进行辅导教育。[②]

英国罗虚代尔公平先锋消费合作社和德国赫德斯多夫信贷协会的出现不是偶然的。当时资本主义的发展所带来的经济危机及给劳动群众所带来的困苦，暴露出了资本主义的种种弊病和矛盾，使一些思想家开始思考社会发展的出路。其中空想社会主义学派的罗伯特·欧文（Rorber Owen）、昂利·圣西门（Henri de Rouvroy）、夏尔·傅立叶（Charles Fourier）等提出了合作社思想。

---

① 申龙均、潘峻岳：《农民合作社研究》，北京理工大学出版社，2015，第 8 页。
② 申龙均、潘峻岳：《农民合作社研究》，北京理工大学出版社，2015，第 9 页。

他们反对资本主义私有制，领导开展了早期工人阶级运动。其中，欧文是世界公认的"合作社之父"，他不仅是一位杰出的合作经济理论家，而且还是合作运动的积极实践家。傅立叶在构建他的"和谐社会"过程中，完整地提出了农业协作经济——即建立农业协会的构想。① 19 世纪 30—40 年代，在各种合作思想的影响下，欧洲各国出现了创办合作社的高潮，但大部分归于失败。来源于空想社会主义思想的合作社引起了当时资产阶级的反对和敌视，罗虚代尔合作社的规定中有一条"保持政治中立"的原则，是合作社为防止招致不必要的麻烦而确立的。

从合作社发展的早期实践看，合作社实际是在社会生产的某个环节实现的联合，解决的是社会的某些具体的实际困难，谋取的是社会弱者利益，而不是对整个社会制度的根本改变，这使得资本主义上层社会对合作社变得日益友善，认为合作社可以缓和社会矛盾，转而对合作社给予支持。马克思曾讽刺他们说："那些面善口惠的贵族，资产阶级的慈善空谈家，以至机灵的政治经济学家，先前在合作劳动制处于萌芽时枉费心机地想要把它铲除，嘲笑它是幻想家的空想，咒骂它是社会主义者的邪说，现在都突然令人发呕地捧起场来了。"②

二、合作社的发展

罗虚代尔公平先锋社非因创立最早，而是因其成功使其办社原则受到广泛的推崇，并产生了深远影响。1895 年，国际合作社联盟成立，把罗虚代尔合作社的办社原则作为自己的办社原则列入联盟章程，并成为其成员国的合作社组织共同遵守的原则，被称为"罗虚代尔原则"。之后国际合作社联盟随着时代的发展演变，不断做出新的调整。1895 年，国际合作社联盟章程删除了"如实介绍商品，不缺斤少两"这样比较浅显而由市场规范的原则；1936 年，国际合作社联盟召开第十五次代表大会，在强调参加合作社必须自愿的同时，还强调了"交易限于社员"的原则；1966 年的第二十三次联盟代表大会则删除了已经过时无需保留的"按市价出售合作社商店货物"和"保持政治中立"两条，又增加了一条，"促进国内和国际合作"。随着社会和时代的发展变化，合作社原则也历经了多次修改，并不断打上市场经济的烙印，特别是 1995 年9 月，在英国曼彻斯特召开了国际合作社联盟成立 100 周年代表大会，其所确

① 刘雅静：《农民专业合作社的发展与创新研究》，山东大学出版社，2012，第 5 页。
② 马克思、恩格斯：《马克思恩格斯选集》第 2 卷，中共中央马克思恩格斯列宁斯大林著作编译局译，人民出版社，1995，第 606 页。

立的七项原则更呈现出后现代化特征和逼近信息化时代要求，但合作社原则中的入社自愿、成员民主控制、盈余按成员惠顾额返还、限制资本报酬条款的内涵始终未变，这是合作社与其他工商资本企业相区别的本质性规定所在，这几条原则的贯彻和坚持对步入正常发展轨道时间不长的中国农民专业合作社来说，无疑是至关重要的。

为推动合作社事业的发展，1922 年，国际合作社联盟在德国埃森举行的代表大会上，决定将每年 7 月的第一个星期六作为"国际合作社日"，之后每年举行一次"国际合作社日"庆祝活动。

1992 年 12 月，联合国大会通过 90-47 号决议，将国际合作社联盟的"国际合作社日"上升为"联合国国际合作社日"，并将从合作社联盟成立 100 周年，即从 1995 年开始，将之前的联盟"国际合作社日"作为"联合国国际合作社日"。[1]

国际合作社联盟总部设在瑞士日内瓦，它是联合、代表、服务全世界合作社组织的非政府的、独立的社团法人。成员为来自 103 个国家或地区的 299 个组织机构，涉及社员 10 亿多人，是世界上规模最大的非政府组织。

三、合作社的定义

以上合作社的产生过程及所确定的办社原则已充分体现出了合作社的内涵，这对理解合作社的定义提供了基础。

究竟什么是合作社呢？合作社是一个国际性的概念和现象。世界各国的情况千差万别，表现为不同的国情、制度、法律法规等，因此各国合作社的性质、类型、自身经营和政府管理等也不完全一致，给合作社下一个符合所有不同国家和地区情况要求的定义是相当困难的。

1995 年 9 月，在英国曼彻斯特召开的国际合作社联盟成立 100 周年代表大会通过了《关于合作社特征的宣言》，该宣言对合作社的定义、性质、价值和基本原则等多方面内容作出界定。其中对合作社的定义是"自愿联合的人们，通过其共同拥有与民主控制的企业，满足他们共同的经济、社会与文化需要以及理想的自治联合体。"其性质"既不是政府的组织，也不是雇主的企业，而是合作社社员自己的自治组织，合作社最基本的治理方式是自治。"其基本价值是"自助、民主、平等、公平和团结"。合作社社员应信奉诚实、公开、社会责任和关心他人的道德价值观。

世界各国都根据各自的国情确定了自己的合作社定义。

---

[1] 慕永太：《合作社理论与实践》，中国农业出版社，2001，第 8 页。

1987 年，美国农业部在提交国会的报告中规定："合作社是由利用者所有、控制，并按事业利用份额分配的经济体。"显然，这一定义是适用于农业合作社的。

芬兰合作社法规定："合作社是其社员设立的公司，注册资本无限额要求，它通过开展诸如社员利用公司的服务来参与各项经济活动，以达到促进社员实现经济利益的目标。"[①]

日本则把农协（农业合作社）定义为：农户在互相帮助精神的指导下，以提高大家的农业经营和生活水平为目的，为从事合作的事业和活动而兴办的组织。[②]

韩国农协主要借用美国农业部的定义，没有自己法定的定义。

还有些国家将农业领域的合作社看作一种企业，并按企业的经营管理模式来进行组织运营。

中国长期以来一直缺少一部权威的法律作为合作社发展的保障，加之合作社发展上的挫折，因而缺乏一个公认的概念。2006 年通过的《中华人民共和国农民专业合作社法》终于有了一个准确的定义，"农民专业合作社是在农村家庭承包经营基础上，同类农产品的生产经营者或者同类农业生产经营服务的提供者、利用者，自愿联合、民主管理的互助性经济组织"，2017 年新修订的《中华人民共和国农民专业合作社法》不再要求"同类"之间的合作。

关于合作社定义，无论各国怎么变化，其内涵都没有脱离国际合作社联盟所确定的本质内涵。

第二节 合作社在世界典型国家的发展

农业合作社是世界上几乎所有国家普遍采取的一种农业组织形式，只是根据各自的特点和要求所实行的方式不同而已。从大类而言，北美和西欧国家都实行农业专业合作社模式，而东南亚各国则主要采取综合合作社形式。从合作的环节看，当前主要是围绕农业生产服务开展的合作，但仍有极个别的存在农业生产领域的劳动合作。

合作社是随着资本主义发展而产生的一种社会现象，资本主义发展较早的国家，其合作社发展经验也相对比较成熟。因此，介绍部分农业发达的先进资本主义国家的合作社经验做法，为我国合作社建设提供借鉴是必不可少的。

---

① 管爱国、符纯华：《现代世界合作社经济》，中国农业出版社，2000，第 160 页。
② 宗义湘等：《农民专业合作社管理与实务》，金盾出版社，2012，第 29 页。

一、美国农业合作社

（一）基本情况

美国得天独厚的自然资源是其农业不断发展并使其成为世界农业强国的基础。美国国土总面积为 937.1 万千米^2，其中农业用地 4.3 亿公顷，人均耕地0.61 公顷，是中国人均耕地的 5 倍多。大规模的家庭农场是美国农业经营的基本形式，在农业生产经营过程中，以合同形式为农场主提供产前、产中和产后服务的社会化服务组织作用突出，而其中农业合作社一直牢牢占据着重要地位，成为美国农业组织化和产业化的主要模式。

（二）农业合作社的沿革

美国农场主合作社经过了政府从反对到扶持的过程。1890 年，美国国会通过了《谢尔曼反托拉斯法》，合作社被看作限制贸易的联合，属于受规制的范围。但实践证明，合作组织非但无害，反而对农民及社会有利，不具有托拉斯所形成的垄断特征，因此，美国国会于 1922 年通过了《卡帕-沃尔斯坦德法》，把合作社从《谢尔曼反托拉斯法》中豁免出来，合作社的合法地位得到确认。西部大开发运动期间，农场主急需进行合作服务，致使合作社数量剧增，最高峰出现在 20 世纪 20 年代，大约有 14 000 家农业合作社。[①] 之后合作社数量不断减少；1961 年，合作社成员数达到最高峰 700 多万人，之后迅速减少（表 2-2-1）。从表 2-2-1 中可以看出，合作社减少的幅度大于成员减少的幅度，说明合作社的规模不断扩大是合作社不断走向合并的结果。同时，由于农场和牧场主同时参加一个以上的农业合作社，导致农业合作社的成员数在很长时间里都大于农场总数。然而 2012 年出现新变化，全国农场总数为217 万个，首次超过同期农业合作社成员总数，说明合作社规模的扩大和服务能力的增强，使农场主无需加入更多的合作社。

表 2-2-1　美国合作社及成员发展变动情况

年份	合作社数量（家）	社员数量（万人）
1915	5 424	65.118 6
1929—1930	12 000	310.000 0
1950—1951	10 064	709.112 0

[①] 黄祖辉、梁巧等：《农业合作社的模式与启示：美国、荷兰和中国台湾的经验研究》，浙江大学出版社，2014，第 10 页。

（续）

年份	合作社数量（家）	社员数量（万人）
1970—1971	7 955	615.774 0
1980	6 282	537.888 8
2000	3 346	308.510 0
2002	3 140	279.400 0

资料来源：申龙均、潘峻岳编著《农民合作社研究》，北京理工大学出版社，2015，第207页。

（三）农业合作社主要类型

美国农业合作社主要存在如下几类：

1. 销售合作社。美国的农业合作社数量最多，历史最长，实力最强，在农业中发挥的作用也最重要。2012年，美国有2 238家合作社，其中营销型合作社1 206家，占总数的一半以上，尤以谷物和油籽合作社占比最大。[1] 合作社开展加工出口等业务，在美国，由合作社加工的农产品占农产品总量的80%。

2. 供应合作社。主要以合作形式向农场主提供农用生产资料、日用品及相关的技术指导等服务。

3. 农村电力和电话合作社。是专门为农村提供电力和电话服务的合作社，可获得农村电气化管理局的贷款。

4. 服务合作社。服务内容涉及范围很广，主要为农场主和农村居民的生产生活提供服务，包括医疗保健、保险、住房、灌溉、畜种改良、人工授精、运输、仓储、烘干等业务。

5. 信贷合作社。美国的信贷合作体系由联邦土地银行、联邦中间信贷银行和生产信贷协会、合作社银行三部分组成。三部分之间既有分工又有联系，共同为农业和农场主提供生产经营服务。

6. 新世代合作社。这是新的历史条件下，为提高合作社的活力和竞争力，而在运转机制等方面对传统合作社的改革。

（四）基本经验做法

1. 政府设立专门机构和专项计划支持合作社发展。20世纪30年代，为了促进农业合作社发展，美国农业部成立了负责促进农业合作社发展的专门机构。目前，农业部的农业合作社管理局负责通过"合作社计划""企业计划"支持农业合作社的发展。

---

① 黄祖辉、梁巧等：《农业合作社的模式与启示：美国、荷兰和中国台湾的经验研究》，浙江大学出版社，2014，第15页。

2. 农场主利益集团的支持。美国存在几个规模比较大的农场主利益集团，如农场主协会、农业联合销售集团、农产品商品协会和美国农场局联盟。在美国，农场主联盟自身并不从事具体的业务经营活动，而是具体地为成员办实事。一是发挥培训作用，提高农场主和合作社领导人及其成员的决策水平和经营能力；二是代表农场主和合作社向政府反映利益诉求，争取优惠政策；三是向农场主、合作社提供市场信息、咨询服务和商务资源甚至电力、燃料等相关服务。美国在开展合作社之间的进一步联合与合作上走在其他国家前面。

3. 合作模式的不断创新。一是合作社在不断合并的过程中形成小部分规模比较大的合作社，表现出几个特点：专注于产业链，在自身业务的基础上不断向上下游延伸，形成利益链，实现效益最大化；集团化发展和企业化运营，实行职业经理人和专家治社；充分利用现代科技手段积极打造新产品和服务。

二是自 20 世纪 90 年代起，北美国家兴起了新一代合作社。新一代合作社对成员资格以及成员向合作社投售农产品的数量进行限定，从而提升了成员的稳定性和产量的稳定性，也提升了合作社的发展稳定性。新一代合作社为追求产品增值而进入产品加工领域，从而融资需求增大，需要以直接投资方式筹措资金。允许非农业生产者，但不是其成员购买优先股。新一代合作社力图挑战传统型合作社的成员资格开放、决策权力分散的属性和搭便车现象，以紧密的成员关系、相对集权机制和消费者导向为特点，它们把自己定位为供应链中的核心企业，并为之改变一些传统的合作社经营理念及其机制。[①] 新一代合作社虽没有完全遵守国际合作社联盟确定的合作社七项原则，从经营管理上更具有公司化特征，但作为核心原则的"共同所有、民主管理"得到坚持，本质上还是属于合作社。

三是 2001 年美国怀俄明州合法化了传统合作社与有限责任公司的混合体——有限合作社。在加工环节，有限合作社允许非农业生产者购买优先股，也允许他们成为成员（即能享有表决权），但在同等条件下，"惠顾成员"的表决权和收益权受到了优先照顾，这或许便是有限合作社还被称为合作社的原因。[②]

二、法国农业合作社

法国是农产品和食品加工出口量位列世界前茅的国家。但在 20 世纪 70 年

---

① 黄祖辉、梁巧等：《农业合作社的模式与启示：美国、荷兰和中国台湾的经验研究》，浙江大学出版社，2014，第 100 页。

② 黄祖辉、梁巧等：《农业合作社的模式与启示：美国、荷兰和中国台湾的经验研究》，浙江大学出版社，2014，第 101 页。

代前却是一个净进口国家。法国农业快速发展的原因，从外部看得益于欧盟共同农业政策，内部动因则是农业合作组织的建设。法国农业部官员曾表示："今天法国农民的富裕，很大程度上是合作社带来的。"[①]

农业合作社是法国农业生产体系最基本的组织形式，是农业发展的主要推动组织。自 20 世纪 60 年代，法国通过颁布一系列法律和法规，促使农业合作社走产业化道路，推进农业生产链条延伸到了农业初级产品的加工和销售，将农业合作社及其联盟和民事企业、贸易企业等一般企业严格区分开来，予以特殊扶持。

法国农业合作社大体也经历了三个发展阶段。第一阶段，从 19 世纪至二战结束后不久，主要围绕农业信贷合作、农业保险合作以及农业供销合作完善法律制度和发展建立合作组织。第二阶段，二战结束至 20 世纪 70 年代，由于受第三次科技革命的影响，物质生产发生了革命性变化，由此导致了服务性合作社迅速发展壮大。在内容上，从单一的合作社向"农工商综合体"企业发展，即开展农、工、商多方面的经营活动；在规模上，向"地区联盟"甚至"合作社集团"发展。第三阶段，从 20 世纪 80 年代至今，为克服当时经济危机对农业的冲击，强化农业合作社的功能，政府颁布法案允许外来投资者（非合作社成员）购买农业合作社的股份，使合作社发展成为庞大的经济实体，也使合作社的业务涵盖了从生产到销售、出口的各个环节。

法国农业合作社之所以成功，主要有两条经验：其一，法国将农业合作社视为不同于一般企业的特殊法人形态，给予特殊的经济照顾，如财政贴息、农业投资、所得税免除及其他税收优惠、农业补贴和保险、农民社会保险等。其二，政府对合作社给予大力支持，主要是运用经济手段和法律手段进行间接调控，而不是直接干预合作社的正常生产经营。政府也有专门机构负责管理合作社事务，如技术指导、人员培训和经济补助等，积极为合作社的建立和发展创造条件，提供方便。法国 90% 的农民都加入了农业合作社。

三、德国农业合作社

德国合作组织是世界合作社组织的发源地之一。德国人严谨扎实的工作作风和生活态度也体现在他们的农业合作组织建设中。德国农业合作社组织体系清晰地分为地方、地区、全国三个层次，地方一级设立农业合作社，地区和全国两级设立合作社联合会。

德国的农业合作社遍布全国农村地区，为农民提供产前、产中、产后的全

---

① 宗义湘等：《农民专业合作社管理与实务》，金盾出版社，2012，第 114 页。

方位服务，成为系列化农业生产经营的重要组织载体。截至 2009 年 12 月 31 日，德国农业合作社共有 2 675 家，其中，农村商品和服务合作社 2 504 家，农业合作社成员约 180 万人，几乎所有德国农民都加入了一家或多家农业合作社。农业合作社的市场占有率分别为蔬菜和奶制品类达 75%、谷物类达 50%、肉类达 30%。

德国农业合作社的成功经验可总结为以下几点。首先，明确的法律规定是德国合作社得以发展的基础。1867 年，德国制定了第一部《合作社法》，使合作社的建立、发展和调整都有法可依。德国合作社法属于法律体系中的基本法范畴，与公司法具有同等重要的主体法地位。

其次，严格的审计制度是合作社规范运行的保证。德国的合作社在成立前就已进入审计程序。德国《合作社法》规定，合作社在成立前必须经过当地审计协会的审计，成立后必须加入合作社审计协会，定期接受该协会的审计。审计的内容根据法律要求是全方位的。审计结果报告于成员大会。此办法是防止合作社异化为公司制的可行措施。

最后，合作社之间的密切协作和联合。由于各个合作社都有自己的专业服务范围，如信贷合作社、农业合作社、商业与服务合作社。在各合作社自成一体的基础上，各合作社之间又建立了联合经营的业务网络，既提供了综合性服务，又产生了较好的规模经济效益。正因如此，才促进了合作社规模的扩大。如作为德国金融业三大支柱之一的德国合作社银行，其市场份额约占 25%，在农村地区的市场占有率为 40%～80%；德国最大的两家食品零售超市 EDE-KA 和 REWE 也是按照合作社原则成立和经营的。[1]

四、日本农协

日本是中国的近邻，如果说中国合作社发展需要借鉴他国经验的话，日本农协的可取之处最多。

(一)农协概况

日本是个岛国，是世界人口密度最大的国家之一，属典型的人多地少国家。日本土地资源比较贫乏，山地和丘陵约占总面积的 80%，耕地面积约占总面积的 12%。日本农业是典型的小农制模式，农业经营以分散、细小的农户为单位。日本之所以能在农业资源稀缺的情况下克服了小规模生产的局限性，取得农业现代化的成就，与日本农协组织的作用是分不开的。农协作为代表农民利益的流通中介，支撑着日本现代农业的发展。日本农协被认为是世界

---

[1]　宗义湘等：《农民专业合作社管理与实务》，金盾出版社，2012，第 110 - 113 页。

上最成功的农村合作经济组织形式之一。

日本的农业合作组织被称为"农协",是"农业协同组合"的简称。"协同"即"合作"之意,"组合"为"团体""组织"之意。日本农协是根据《农业协同组合法》建立的,农民在自愿、平等、互利的基础上,依法结成的代表农民利益的农业合作组织。它是不以营利为目的、从事产供销一体化及其配套服务,并具有法人地位的一种以农民为主导的民间联合组织,是一个遍布城乡、由农民志愿联合、自成系统的庞大的经济合作组织,也是一个服务于农户、农业与农村的综合性服务体系。它包括金融部门、农业相关事业部门、生活及其他事业部门、营农指导事业部门等。

截至 2007 年,日本共有 820 个基层农协(主要指种植业和饲养业,日本有单独的渔协和林协),成员达 914 万人,其中正组会员 505 万人、准组会员 409 万人。[1] 截至 2011 年 9 月,日本综合农协数量已下降到 715 家,成员增加到 958 万人。[2] 农户入社率接近 100%,农户所需的生产资料甚至 70% 以上的生活资料都来自农协,其他如金融、加工、储存、运输等服务也几乎依靠农协提供,甚至政府的行政指导与农业政策,也是通过农协系统贯彻实施的。

(二)发展历程

日本农村的农业经济组织发展的历史,可以追溯到明治维新以后出现的"同业组合"。其雏形最早出现在茶业、蚕丝业中,是由农民和手工业者自发组织起来的开展生产资料的共同购买和产品共同销售以及他们之间的相互融通业务。

日本的合作组织在东亚地区起步最早,1900 年就通过了《产业组合法》,赋予了农业协会组织的法律地位。1905 年,"大日本产业组合中央会"成立,产业组合开始普及。经济危机后,从 1925 年开始,日本开展了"产业组合刷新运动",以当时的地主、富农为核心,吸收全体农民作为产业组合的会员,并成立了"全国购买组合联合会""大日本生丝销售组合联合会"和"产业组合中央金库"等全国性的系统组织。1929 年后,《扩充产业组合五年计划》的出台,通过行政干预和指导,使农协组织全部扩充到了市、町、村一级(三者属同一级最基层的行政单位)。

第二次世界大战期间,农协遭到了极大的破坏。为保证战争需要,战时阶段的产业组合失去了原有的"自主协同"作用,成为肥料、稻米等重要生产、

---

① 毕天云:《日本农协的发展经验及其对我国的启示》,《学习与实践》2008 年第 10 期,第 119-124 页。

② 刘颖娴:《2014 东亚农民合作社发展国际研讨会综述》,《中国农民合作社》2015 年第 1 期,第 45-47 页。

生活资料的专营机构。

第二次世界大战后，在美国的授意下，日本推行土地改革，于 1946 年制定了《农地改革法案》，废除封建土地制度，政府收买地主手中的土地，又以低价卖给佃农，使几乎所有的农民都有了归自己所有的土地，从而确立了后来日本农业家庭经营的基本制度。

日本在农业组织上推行美国式民主，开始农协重建。1947 年 11 月，日本政府公布了《农业协同组合法》，将农协定义为促进发展农民的合作组织，提高农业生产力和农民在社会上的经济地位，同时促进国民经济的发展。自此，日本农协走上了法制化发展轨道，全国范围的基层农协、县级联合会和中央联合会及其体系得以建立。

1961 年，日本政府公布了《农业基本法》和《农协合并助成法》，其中规定基层农协与市、町、村一级的政府机关联合成立农政协议会，使农协在农村经济中有了领导地位。20 世纪 80 年代，由于经济发展带来的农业从业人员的减少和兼业农民的大量出现，不少地方基层农协进一步合并，经营规模进一步扩大。日本基层综合农协的数量总体呈不断减少趋势，由 1961 年 3 月的 12 050 个，发展到 1971 年 3 月的 6 049 个，2001 年 3 月的 1 347 个，2005 年 3 月的 836 个。[①]

20 世纪 70 年代以后，农业内外部条件发生了深刻变化，日本国内农产品出现过剩，农村城市化进程加快。农协进行了角色转换，把农业发展与农村发展结合起来开展各项工作。

20 世纪 90 年代后，日本农协根据农业、农村面临的新形势，对农村组织制度开始全面调整。1991 年 3 月，日本全国农协中央会提出了业务组织二级形式的调整原则，使农协由原来的三级组织改为两级，把都、道、府、县联合会并到中央，并将基层农协进行合并。

日本农协不断适应新发展要求并做出了及时的调整，在安倍政权推行新自由主义经济学量化宽松经济政策的环境下，2014 年 6 月，日本内阁会议通过了《规制改革会议第二次报告》，对第二次世界大战后制定的农业及农协制度进行了修改。将竞争机制引入农协系统中，使农协在市场竞争中求生存与发展，将综合农协改组为专业农协，将金融业务从农协业务中剥离出来，甚至将联合会改制为股份制企业性质。[②] 这实际上是将综合农协改为了专业农协，

[①]　毕天云：《日本农协的发展经验及其对我国的启示》《学习与实践》2008 年第 10 期，第 119 - 124 页。

[②]　刘颖娴：《2014 东亚农民合作社发展国际研讨会综述》，《中国农民合作社》2015 年第 1 期，第 45 - 47 页。

"废除"了全国性的综合农协组织的原有职能，而继续保留了地方农协的职能。

农协在日本农业和农村中始终居于重要地位，各种事业活动均离不开各级各类农协组织的参与。日本的每个村都有农协的基层组织，几乎把每个村庄的所有农户都组织在农协之中，其参加农协的比例甚至远远超过欧美等农业合作社发达的国家。农协的业务不仅包括对农业技术和农业经营的指导服务，还包括农产品的加工、储存和销售，生产资料、生活资料的购置，直至储蓄、信贷、医疗、保险、文化娱乐等，几乎涉及农民生产、生活的一切方面。因农协的有效运作，轻劳作、反季节、重特色、优品种、高收入成了现代日本农业的典型特征。

（三）组织体系

日本农协具有不完全等同于其他国家合作社组织的特点。其组织规模庞大，组织体系严密，广泛覆盖农村社会经济，各方面功能齐全。从社会作用来看，可称之为农村的"第二政府"；从经济上看，其像是垄断了农村市场的超级公司。在组织方式上，它并不完全出于共同目标者的自愿、自主联合而形成，更主要的是根据政府的旨意和在其直接推动下产生，其作用是成为实现政府在农村的发展计划与执行政府农业政策的中枢。在组织运作上，农协也并不限于"罗虚代尔"原则，而是广泛地运用市场经济原则。

（四）主要职能

农协在为农民服务方面，基本做到了农民需要什么服务，就提供什么服务。日本农协自成立以来，对农村经济的发展起到了重要作用，其功能主要表现在：

1. 生产指导服务。农协通过营农指导协会与官办农业推广体系协调农业推广事宜，在农业生产、经营等多方面给农民以指导。通过各项指导服务，使农民有目的、有计划地组织生产，避免了盲目性，提高了市场竞争力，有效地保护和增加了农民的经济利益。

2. 农产品销售服务。农产品销售是整个生产经营活动的最重要环节，对农民来说，只有农产品完成销售了，劳动成果才能真正得到实现。各农协为农产品销售及提高其附加值，建立了加工和包装厂、冷藏库、运输中心和地方批发市场，并在全国大中城市的 74 个中央批发市场建立了分支机构。[①] 日本农协在组建批发市场、集配中心和组织物流、商流、结算等方面发挥了不可替代的作用。

3. 生产生活资料集中采购。组织农户集中购买农业生产资料是合作组织

① 陈柳钦：《日本农协的发展经验之鉴》，《南方农村》2010 年第 1 期，第 73-76 页。

通行的做法，日本农协也不例外。

4. 信用合作服务。日本农协制度是明治维新后向西方学习的产物之一，应该说受当时德国信用合作社的影响最大，因此，日本农协从一开始就特别重视经营信用业务。日本农协的信用业务遍布农村和城市郊区，其信用资本成为日本金融界一支不可小觑的力量。同时，农协的信用业务也是整个农协安身立命的主干。日本法律规定，农协可以自办信用事业，包括存款、贷款、票据贴现和国内汇兑等金融业务。以独立于商业银行的方式，开展对农协会员的信贷业务，以提供资金保障。其原则是不以盈利为目的为会员服务。贷款主要用于农民的借贷、农协自身经营的周转金以及各项发展事业投资。

5. 保险服务。日本也是世界上较早实行农业保险制度的国家。日本农协的保险种类很多，能够满足从农民个人到财产的保险需要。如养老金保险、人寿保险、儿童保险、意外伤害保险、汽车保险、建筑物更新保险、农机具更新保险、火灾保险、生产（农作物、牲畜）灾害保险等。农民在参加法定国民年金保险的基础上，还参加由农协经办的补充养老年金保险，以提高养老生活收入。

6. 权益保障。首先，日本农协确实是适合本国国情的一种合理设置，其在极力维护农民利益的同时，也帮助政府解决了它自身力所不能及的涉农问题。"为农民服务"是这个庞大的组织体系生存与发展的道义力量源泉，也是农协在日常服务和与政府打交道中一以贯之的准则。同时，农协也是贯彻政府农业政策的力量。其次，政府的农业政策也是在充分听取农协的意见之后制订的。日本政府在制定政策时，会听取农协的意见和建议，与农协进行讨论协商。作为农民利益代言人的农协，也时时代表农民发表意见、反映要求，农协的最高一级组织也利用各种渠道，反映农民意愿和利益要求，以对决策层施加政治影响。

农协不但会对政府在国内制定农业保护政策产生影响，还会与开展国际贸易活动的涉农进出口公司合作，制定共同对外措施，以维护自身和农民的利益。

日本当地食品价格高昂，这与日本农业的保护政策分不开，同时，日本在进口食品上把控非常严格，而这种保护政策的支持者和守护者正是农民及其农协组织。当然，这与国民对本国食品质量的自信和长期养成的饮食习惯也有关系。

（五）日本农协的经验做法

1. 围绕农民需求开展精细化服务。一是围绕市场需求开展服务。日本农协把分散农户组织起来，以共同组织生产、进入市场为宗旨，坚持服务第一，不以营利为目的，得到了广大农民的拥护。二是通过一体化经营，把农业作为一个产业来经营，不断延伸产业链条，发展"六次产业"，把二、三产业中的利润留给农业，提高了农产品附加值，增加了农民收益。三是对农民生活的服务。农协没有把服务局限于农业本身，而是扩展到农民及农村，把农民所有需要都纳入服务范围。

2. 得益于政府对农协的大力支持。日本农协之所以从小到大，从弱到强，最后发展成为亚洲乃至世界最成功的典范，是国家提供法律保障、政府提供大力支持的结果。可以说，日本农协是由政府一手扶持起来的，是政府代表人民利益的另一种形式。尽管日本农协被称为"第二政府"，但日本农协并不因此而改变其始终是农民利益代表者的本质。

日本农协一直充当着国家与农民之间进行联系和沟通的纽带。日本政府除了把扶持农业的政策通过农协落实，还对农协本身提供经济政策扶持，从而提高了农协的生存和发展能力。如提供给农协优于一般私人企业的税收政策，比其他法人组织税率低 10%，垄断法对农协经营农产品和农资不适用等。[①] 同时，农协的发展壮大也得益于政府通过信用和保险事业提供的巨大财力支持。[②]

3. 重视农民教育人才培养和农业科技的普及。农协非常重视发挥对农民的教育作用，日本全国农业者农政运动组织联盟总干事代理松岗公明曾提出"农协运动始于教育终于教育"[③]，教育之于农协之重要性可见一斑。日本农协建有完整的教育体系，用协同共济精神培养农协人才，同时，通过正规教育和社会教育并举的办法，采用灵活多样的方式培养农业科技人才和开展农业科研与推广工作。日本农协发展中一条比较重要的经验就是重视对人才，特别是农协带头人及核心成员的培养。例如，一个农协组织中，只要培养出 5% 的核心成员，他们就能带动 20% 的组织成员，而这 20% 的成员就能带动更多的组织成员。[④]

第三节 合作社在中国的发展

如果从渊源上说合作社在我国的发展，最早是在台湾地区产生。1895 年，

---

① ④ 毕天云：《日本农协的发展经验及其对我国的启示》，《学习与实践》2008 年第 10 期，第 119 - 124 页。

② 黄博琛：《日本农协发展经验和教训对中国农业现代化的启示》，《世界农业》2014 年第 11 期，第 34 - 37 页。

③ 陈柳钦：《日本农协的发展经验之鉴》，《南方农村》2010 年第 1 期，第 73 - 76 页。

清政府与日本签订《马关条约》，将台湾地区割让与日本。台湾地区的合作社发展就开始于这一时期，其发展过程和模式与日本非常相似。1945年，中国人民抗日战争暨世界反法西斯战争取得胜利，中国政府正式收复台湾、澎湖列岛，恢复对台湾行使主权。当时的国民政府采取了将合作社从农会中分离出来的办法，专营经济、金融业务，而农会则负责开展推广事业，这一变化不仅使农会和合作社之间产生了财产纠纷，也使农会亏损累累、业务停顿。1949年，国民党当局退居台湾地区后，又将农会和合作社进行了合并。台湾地区农会的发展，总体上是非常成功的，其对台湾地区农业现代化的实现和农民富裕起到了很大的促进作用。

中国大陆合作社起步较晚，经历了很多波折，甚至还走过一段很长的弯路。

一、合作社在中国大陆的起步

中国大陆合作社的起步主要是通过民间力量推动的。

中国最早的合作社组织是"北大消费公社"，于1918年7月由北京大学的部分教职工和学生创办。这是一个消费型合作社，它的诞生标志着中国合作社运动的开始。[1]

中国合作社的起步阶段有几位代表性的知识分子人物，他们是中国"合作"思想的具体实践者，为我国早期合作思想的传播和试验示范做出了重要贡献。

最早把现代合作理念带到中国的，是一个名叫薛仙舟的人。他在美国、德国和英国留学期间研究和接受了西方的合作改良思想。其中，在德国期间，他系统研究了德国合作运动并对合作运动的价值产生了深刻的认识，深信合作制度是解决贫困问题的一条有效途径。1911年回国后，他在北京大学和复旦大学任教期间，即开始大力倡导合作运动。

1918年，薛仙舟在被聘任为上海工商银行总经理期间，利用再次赴德国的机会搜集合作资料并进一步深入考察学习。他借助在金融领域开展合作运动试验的便利，联合一部分学界人士，自筹资金，于1919年10月22日正式创办了"上海国民储蓄银行"，这是中国历史上第一个现代意义上的金融合作组织。之后他又创立"平民周刊社"（后改名"平民学社"），在国内大力宣传合作思想。虽然薛仙舟的合作运动实践没有像德国莱夫埃森信用合作社那样坚持下来，而是被混乱的时局所湮没，但其合作思想的传播并没有就此终止。

---

① 慕永太：《合作社理论与实践》，中国农业出版社，2001，第13页。

　　而后是被称为"平民教育之父"的晏阳初。他把河北省定县确定为实验区，于1924年成立"中华平民教育促进会"。他认为当时中国落后的根本原因是民众的"愚、贫、弱、私"，可通过文化教育治愚、生计教育治贫、卫生教育治弱、公民教育治私。他认为，教育可以使农民"知自救"，发展经济能够使农民"能自救"，而合作制度便是实现教育兼发展经济最好的自救办法。晏阳初在定县建立合作社，尝试之后，成立县联合社及县联合总会。时任华洋义赈会总干事的章元善曾评价定县实验说，"从办平教而办合作，将来更会以经济的组织——合作社，为中心发展村治"。后因抗日战争的全面爆发，定县实验被迫中止。[①]

　　此外，还有北大教授梁漱溟，其自称是一个"实践者"。他选择山东邹平县为乡村建设运动试验区。在试验区的教育上，相对于晏阳初的西方现代思想，梁漱溟更注重中国传统文化。他认为，中国最大的问题是"文化失调"，要重塑中国文化，就必须从乡村建设开始。乡村建设的重点是经济、政治和文化教育，而农村经济建设是首要任务，其实现途径就是举办各项合作。邹平试验区当时得到地方国民政府的大力支持。梁漱溟组织成立了山东乡村建设研究院，开展文化教育、技术推广与改进，发展合作事业。1937年，日军入侵山东，合作运动中断。据统计，到1936年底，邹平合作社已发展出棉花运销、林业、蚕业及购买、信用、庄仓等领域，多达307家，入社社员8 828人，股金12 442元。[②] 其中庄仓合作社和信用合作社最受农民欢迎，发展较快，邹平乡村建设实验也扩展到了山东的鲁西南地区。梁漱溟所进行的邹平试验很重要的一个特点是采取改良主义的办法，回避农村尖锐的阶级矛盾和斗争情况，企图通过不触动土地封建地主所有制而搞乡村建设，在全面抗日战争开始之时，在受到严重顿挫下很快就瓦解了。

　　在推动中国农村合作社发展上，最重要的是中国华洋义赈会。它由1921年因中国华北特大旱灾而成立的民间赈灾慈善团体转变而来，由于赈灾团体系华人和洋人合办，因此被称为"中国华洋义赈会"。该组织利用原赈灾余款支持农村合作社发展，引导农民联合起来走合作的道路，1923年6月，在河北省香河县创立了中国第一家农村信用合作社。截至1932年底，经中国华洋义赈会指导创办的合作社达915家。[③]

---

　　① 任庆银：《晏阳初的平民教育思想及其对新农村建设的启示》，《中共四川省委党校学报》2011年第3期，第88-91页。

　　② 刘雅静：《农民专业合作社的发展与创新研究》，山东大学出版社，2012，第53页。

　　③ 刘雅静：《农民专业合作社的发展与创新研究》，山东大学出版社，2012，第49、51页。

二、民国政府推动的农民合作社发展

国民革命的先驱孙中山先生是农村合作运动的积极倡导者,他把在中国推行合作事业确定为国民党的基本政策之一。1919 年,他在《地方自治开始实行法》中提出:"地方自治团体所应办者,则农业合作、工业合作、交易合作、银行合作、保险合作等。"并指出:"实现三民主义的最佳捷径是合作制度,合作制度不但是民生主义的经济互助,而且也是整个三民主义的动脉。"①

蒋介石也充分肯定合作社的功能和作用。他表示"合作事业,为复兴农村之根本工作""农村合作事业,就是救济农村最紧要最要好的一个办法"。1927年 6 月,国民政府要员陈果夫组织编纂的《全国合作化方案》提出"应定民生政策""舍合作外,亦没有其他较好的办法"。1927 年,在国民党统治区,即由国民政府通过官办和官督民办形式推行合作化运动。

1928—1929 年,在东部诸省和北平、上海先后成立合作运动指导机关,不久又将实业部和全国经济委员会确定为合作事业的指导机关和管理机关。1934 年 3 月,国民政府公布实施了《中华民国合作社法》,这是国民政府关于合作运动的最高法律文件,也是中国历史上第一个关于合作社的国家法律。

抗日战争全面爆发后,为服从抗战的经济环境和配合抗战的需要,农村合作运动进一步与"新县制"结合,使合作社的设置与行政区域相一致,每保一社,每户一社员;每保合作社加入乡(镇)合作社,乡(镇)合作社加入县联社。由于其合作运动与地方自治密切结合,带来的结果是,农村合作运动的社会控制功能不断增强,经济功能被不断弱化,农村合作运动发展道路偏移。

抗战期间,在国民政府的广泛宣传和大力引导下,国民党统治区的合作社运动从 1927 年国民党在南京政府成立到 1949 年退居台湾地区的 20 多年里,得到了快速发展,到 1948 年 10 月,农村合作社总达 168 864 家。②

国民党政府在大陆所倡导的农村合作社运动对促进当时中国农村社会经济的发展及抗战需要发挥了一定的积极作用。但由于国家政权的强力介入及外力推动,完全背离了合作社自治、互助的真谛和精神,难以得到广大农民群众的积极响应,再加上当时战事不断、社会动荡不安,使得农村的合作事业难以顺利开展。尽管蒋介石曾表示:"农村合作制度与农村土地制度问题,如辅车相依,缺一不可,缺一即不可推行",但国民党对封建土地制度始终没有去触碰,使土地制度和现代合作组织无法实现统一,这也成为国民政府推动农村合作运

---

① 王昇:《国父思想》,黎明文化事业公司,1993,第 354 页。

② 杜吟棠:《合作社:农业中的现代企业制度》,江西人民出版社,2002,第 299 页。

动的又一个障碍。国民党统治时期的农村合作运动并没有按照设计者们计划的路径开展下去，也没有实现把农民组织起来以复兴农村经济的目标和给农民带来利益增加，更多地体现了当时的政治需要，最后演变成控制农村社会和统治农村经济的工具。随着共产党军队对国统区的解放，大多数合作社自行解体，部分被解放区人民政府改组，国民党政府在大陆的合作运动结束。

三、中国共产党领导的根据地和解放区的合作社运动

中国共产党从一开始就非常重视在工农群众中发展合作社运动。早在1922年，中国共产党第二次全国代表大会通过的有关决议中已明确规定了"工人消费合作社是工人利益自卫的组织，共产党须注意和活动此种组织"。1923年，中国共产党领导和组织了第一个消费型合作社，即"安源路矿工人消费合作社"。同年，在组织开展海陆丰地区农民革命运动的实践中建立了农民协会，在农民协会章程中做出了建立农民消费合作社的规定，随之诞生了最早的农民消费合作社。[①]

第一次国内革命战争时期，中国共产党在领导开展土地革命斗争的过程中，不断把建立农会和发展合作社组织作为组织发动和依靠农民的重要手段，使农民合作社得到发展。为引导农民积极参加合作社运动，中国共产党开展了一系列宣传工作。如著名的广州农民运动讲习所，在课程安排上，每期都有中国共产党的教员讲授"农村合作"课程，借以传播合作知识和培养合作事业人才。

第二次国内革命战争时期，中国共产党通过武装斗争建立了许多苏维埃政权组织，苏区的合作社运动也得到较快发展，合作社主要有农业生产互助合作、信用合作和商业合作三种形式，其中农业生产互助合作占比最大。例如，到1934年4月，兴国县的劳动互助社已有1 206家，有成员22 118人，犁牛合作社72家，有成员5 552人，股金5 168元，耕牛12头；瑞金的劳动互助社有成员4 429人，犁牛合作社37家，股金1 539.5元。[②]

抗日战争时期，日本对中国实行"三光"政策，加之国民党顽固派的封锁，边区和各抗日根据地的经济和军民生活遭受了极大的困难，为摆脱困境，中国共产党领导边区和各抗日根据地群众开展合作社运动。当时边区的合作社主要有劳动互助社、消费合作社、手工业生产合作社、运输合作社和信用合作

---

① 慕永太：《合作社理论与实践》，中国农业出版社，2001，第26页。
② 史敬棠、张凛、周清和等：《中国农业合作化运动史料》上册，生活·读书·新知三联书店，1957，第143页。

社五种。这些合作经济组织对于当时发展生产、促进贸易、保障供给、团结农民支援战争和建设根据地都起到了积极的作用。

抗日战争胜利到 1949 年新中国成立前，仅华北地区就有农民合作社 9 585 家，成员 220 万人。[①] 总之，解放战争期间各解放区结合土地改革的合作社运动，调动了农民的生产积极性，促进了生产的发展，成为沟通政府和人民群众的桥梁，团结了广大农民群众，对中国共产党领导人民最后夺取政权发挥了重要作用，同时也是广大农民翻身得解放和当家作主的重要体现。

四、新中国成立后至改革开放前农民合作社的发展

1952 年底，除新疆、西藏和某些边远地区外，新解放区的土改任务全面完成，农民实现了世世代代梦寐以求的"耕者有其田"的夙愿，这是一个了不起的社会变革，中国共产党领导农民完成了资产阶级革命一直在努力而始终没有完成的任务，从根本上铲除了封建社会制度的根基。农民获得了土地，极大提高了生产积极性。土改后政府需要解决的另一个问题便是农民的互助合作。

新中国成立后至改革开放前，合作社大体经历了三个阶段。

第一个阶段是新中国成立后至 20 世纪 50 年代中期的农业合作社运动时期。总体来讲，20 世纪 50 年代初期，我国农业生产上的互助合作基本是成功的。这一时期，为克服农民生产生活中特别是生产方面的困难，政府引导农民开展了多种形式的互助合作。先期开展的是临时互助组和常年互助组。这时还是实行农户分散经营，互助组没有独立的财产，也不实行统一经营，主要是成员之间在劳动力和生产资料等方面的相互帮助。1952 年底，全国参加互助组的农户达到 4 536 万户，占农户总数的 39.9%；1954 年增加到 6 847.8 万户，占农户总数的 58.3%，其中多数是临时互助组。[②]

其后是在互助基础上发展初级农业生产合作社。初级农业生产合作社已经有独立的财产，实行统一经营和按劳、按股结合的方式进行分配。虽然把生产资料以入股分红等形式交由合作社统一经营使用，但土地及各种生产资料仍属于成员所有。由于这一时期农业生产互助合作运动的积极和稳妥，农业生产实现了快速发展，并一直持续到人民公社化之前。1952—1957 年，我国粮食单产年平均增长 2.1%，农业产值年均增长 4.5%。[③]

这一时期虽然坚持农民对土地及其他重要生产资料的私有权，强调不能忽视

---

①　洪远朋：《合作经济的理论与实践》，复旦大学出版社，1996，第 146 - 152 页。

②　刘雅静：《农民专业合作社的发展与创新研究》，山东大学出版社，2012，第 66 页。

③　温铁军：《中国农村基本经济制度研究》，中国经济出版社，2000，第 168 页。

农民个体经济利益而挫伤农民的生产积极性，但已经表现出了脱离实际的片面追求规模扩大和合作升级的急躁冒进的趋势。初级农业生产合作社组织由 1953 年 12 月的 1.5 万家猛增到 1954 年初的 9.5 万多家，超出计划数近 3.6 万家，1954 年底发展到 11.4 万多家。由于对过渡时期总路线的大力宣传，1955 年春，农业合作社猛增到 67 万家，其中许多是强迫命令、勉强办起来的，很不稳固，引起农民群众的不满，出现退社、变卖农具、宰杀耕畜现象。中央决定对合作社进行整顿，解散了 2 万家合作社，到 1955 年 6 月底，最终保留巩固了 65 万家合作社。[①]

第二阶段为 1955 年 7 月至 1958 年初，是中国农村掀起的建立高级农业合作社的合作化高潮阶段。中国合作道路上出现的严重失误，从 20 世纪 50 年代中期开始，在推行农业生产合作社和农村人民公社化运动中发生。从 1955 年夏季开始，农业生产合作社运动开始快速推进，采用行政命令方式大搞合作社升级和合并，大量发展高级社。原计划用 15 年左右或更长时间完成的农业社会主义改造任务，结果只用了 3 年多的时间就完成了。合作变成了合并，社员参加生产劳动像工厂工人一样通过记工获得报酬，"合作"的内涵已经完全改变。

高级社的特点是：农民的土地和其他主要生产资料全部转为集体所有，统一经营、共同劳动、完全按工分进行分配，虽然政策规定实行自愿加入和退社，但实践中确实存在强迫农民入社和不准退社的问题。

第三阶段为 1958—1978 年的人民公社化运动时期。1958 年的农村人民公社运动发生了更加严重的失误。1958 年 8 月，中共中央政治局扩大会议通过了《关于农村建立人民公社的决议》，决定在全国农村普遍建立政社合一的人民公社，原计划"快则三四年，慢则五六年或更长一些时间就可以实现向全民所有制的过渡"。在"组织规模大比规模小好、公有化程度高比程度低好"的"左"倾思想支配下，一场全国性的人民公社化运动高潮迅速掀起。至 1958 年 9 月底，全国 74 万家农业生产合作社被改组为 2.6 万家人民公社，参加农户达 1.22 亿户，占全国农户总数的 98％以上。[②] 结果，在短短两个月内，全国农业生产合作社全部被改造成"一大二公"和政社合一的人民公社。人民公社化运动与"大跃进"是密切联系在一起的，"大跃进"是生产上的急于求成，人民公社化运动是生产关系上的急于过渡，生产上的急于求成导致了生产关系上的急于过渡。

---

① 慕永太：《合作社理论与实践》，中国农业出版社，2001，第 34 页。
② 慕永太：《合作社理论与实践》，中国农业出版社，2001，第 36 页。

在"政社合一"的人民公社体制下，公社既是经济组织又是政府组织，其"三级所有，队为基础"的三级组织结构，强调"一大二公"，采取"一平二调"，在大队、公社甚至更大范围内实行人财物的无偿调拨，生产队甚至一度将社员个人的某些财产无偿地收归公社所有。人民公社体制给中国的农业和整个国民经济带来了灾难性的后果。1962 年，中央出台文件，纠正人民公社以来农村工作中的主要错误，虽然遏制了"共产风"的盛行，但产权不明、平均主义和吃"大锅饭"等体制弊端仍被延续下来。在人民公社体制下，供销合作社和信用合作社行政化严重，缺乏独立经营的主体功能，本质上成为人民公社的一个部门。

人民公社化运动使中国农业发展和农民收入增长几乎处于停滞状态：1958—1978 年，中国农业总产值年均增长只有 2.6%；农民人均纯收入平均每年只增长 2.88 元。

我国合作社发展走过了曲折的道路，是由多种原因造成的，包括在意识形态上片面理解公有制形式、照搬苏联农庄模式和为赶超资本主义国家工业发展而从农业汲取剩余，但从本质上还是违背农业特点和农业经济发展规律、背离农民意愿、剥夺了农民家庭作为生产单位应该发挥的基本作用所致。历史是最好的老师，我们了解和回顾这段历史，就是为了以史为鉴，时刻铭记其中的教训，在今后的新的合作社道路上，尊重客观规律，尊重农民意愿和财产权利及民主办社原则，减少不当政府干预，避免急于求成，走好现代化农业发展之路。

五、改革开放以来农村合作组织的发展

党的十一届三中全会后，农村普遍实行了以家庭承包经营为基础的新的制度，打破了原有的农业生产合作社形式，取消了人民公社体制。随着商品生产的发展到市场经济的确立，农户对社会化服务的需求不断提高，农村的合作进入了一个新阶段。改革开放以来的农村合作组织发展大体可分为三个阶段。

第一阶段，1979 年至 20 世纪 90 年代初，是农民专业合作经济组织的萌芽时期。1978 年后，农民获得了生产经营的自主权，但由原来的生产队统一筹划，一下变为由农民自己负责生产的全部过程，分散经营使农民首先感到生产技术不足，迫切需要农业实用技术。于是一些能人或大户便开始牵头组建了各种专门为农民提供技术服务的组织。这些带有合作性质的农村经济组织，当时一般称作"研究会"或"专业技术协会"，因当时没有相关的法律法规依据，这些组织一般没有注册登记。这些组织的活动方式和内容多以技术合作和交流为主。尽管这些组织缺乏规范性，但对服务当时农民的技术服务需求，实现农

业的增产增收发挥了积极的作用。1986 年，全国农村有各种专业技术协会
6 万多个，1987 年达 7.8 万个，1992 年发展到 12 万个。

第二阶段，20 世纪 90 年代初至 2006 年，是农民专业合作组织的起步
阶段。

伴随家庭联产承包责任制推行的另一项改革措施是农副产品的市场化。前
者确立了农民在农业生产经营中的基础地位，使之具有了按照真正合作组织原
则发展的条件和可能。后者使农民成为自主经营的市场主体，增强了其积极性
和主动性。这实际上等于政府把成千上万的农户托付给了市场。随着市场化农
业的深入发展，农产品更多地依靠市场调节，农民面对分散、弱小、信息不灵
和对外经济联系渠道不畅等问题，寻求互助合作是必然的趋势和要求。仅仅实
现技术的合作已经远远不能满足农民的需要，必须进行更进一步的合作。一些
以农产品销售为主的合作组织开始出现，专业技术协会也把经营重点转向提供
农产品销售服务方面，并不断由单纯的提供服务向组建经济实体和真正意义上
的合作组织发展。这一时期的农民专业合作组织的主要特征是：服务内容拓
宽；兴办方式和牵头组织者多种多样；组织形式相对紧密；嵌入产业经营；向
经济实体转化。

据中国科学技术协会统计，1998 年底，全国有专业技术协会 11.56 万个，
其中提供技术交流和培训服务的占 53%，能够提供产前、产中和产后综合服
务的占 38%，拥有经济实体并对农产品实行加工增值的占 9%。原农业部相关
统计数据显示，2006 年底，农民合作经济组织有 15 万多个，其中开展产、
加、销综合服务的占 44.5%。[①]

在农民专业合作组织的萌芽和起步阶段，中央及相关部门根据农村发展实
际及时提出了一些反映农民需求、支持发展各种合作组织的意见，对农民专业
合作组织的发展起到了很大的促进作用。然而，由于这些组织的建立更多的是
农民自发行为，无法可依，缺乏应有的法律保护。

在农民专业合作社制度建设上，浙江率先启动，走在了全国的前头，通过
地方法规的形式确立了农民合作社的法律地位，2004 年，浙江省第十届人民
代表大会常务委员会第十四次会议通过了《浙江省农民专业合作社条例》。浙
江的探索，不仅为本省农民合作组织的发展提供了依据，也为全国的农民专业
合作社法制定提供了有益的借鉴。

第三阶段为 2007 年至今，是农民合作社的发展阶段。2007 年 7 月 1 日正
式实施的《中华人民共和国农民专业合作社法》，彻底结束了农民合作社法律

① 刘雅静：《农民专业合作社的发展与创新研究》，山东大学出版社，2012，第 76-78 页。

地位不明确的尴尬状态。这是我国农民专业合作社建设和发展史上的一个重要里程碑，是我国农业法制建设史上的一件大事，对引导和促进农民专业合作社依法发展提供了法律依据。同年，国务院颁布了《农民专业合作社登记管理条例》。为确保这两个法律法规的贯彻落实，农业部和财政部分别制定了《农民专业合作社示范章程》《农民专业合作社财务会计制度（试行）》等规章，至此，从法律到法规到规章的法律制度框架体系基本确立，由此带来了合作社的快速发展。截至 2020 年 11 月底，全国农民专业合作社达 224.1 万家。

第四节　《农民专业合作社法》有关条款内容简释

一、订立与修改

法者，治之端也。《中华人民共和国农民专业合作社法》（以下简称《农民专业合作社法》）由第十届全国人民代表大会常务委员会于 2006 年 10 月 31 日通过，自 2007 年 7 月 1 日起施行。《农民专业合作社法》的颁布实施，赋予了农民专业合作社应有的市场主体法律地位，解决了农民专业合作社法律地位不明确和发展无法可依问题，促进了农民专业合作社的快速发展。但随着现代农业的发展，农村分工分业不断深化，农民专业合作社的发展出现了许多新情况，致使《农民专业合作社法》中的一些规定已不再适应合作社发展的需要。第十二届全国人民代表大会常务委员会第三十一次会议于 2017 年 12 月 27 日审议通过了修订后的《农民专业合作社法》，自 2018 年 7 月 1 日起施行。

二、立法的目的

《农民专业合作社法》开宗明义，第一条即提出了此法的立法目的：为了规范农民专业合作社的组织和行为，鼓励、支持、引导农民专业合作社的发展，保护农民专业合作社及其成员的合法权益，推进农业农村现代化。相对于修订前，增加了"推进农业农村现代化"的内容。

合作经济组织发展是国际社会农业发展的普遍做法，更是我国改革开放以来具体实践的经验总结。就我国农业实际，自改革开放以来，农业进行了土地承包经营，虽然极大地解放了农村生产力，但作为市场主体和财产主体的农户，却面临着日趋激烈的市场竞争，农户小规模家庭经营的弱点逐渐显现出来，通过走向合作提高家庭经营抗御市场风险和自然风险的能力，将分散经营的小农户与国内外大市场对接，成为加快农业和农村经济发展的一个重要渠道。农民专业合作社是解决"三农"问题的一个重要抓手和途径，它可以通过提高农民的组织化程度来提高农业生产和农民进入市场的组织化程度，以推进农业结构调整，提高农业产业化水平，增加农民收入，同时，也为落实国家对农业的支持保护政策提供了一个新的渠道。因此，通过立法支持和引导农民专业合作社的健康发展是必然的结果。

此次新修法前移了"规范农民专业合作社的组织和行为"的内容，作为第一个立法目的，主要是为了提高农民专业合作社的发展水平和质量。这是因为，经过十多年的合作社发展实践，当初制定《农民专业合作社法》时，突出了促进农民专业合作社的快速发展，而对合作社的设立及管理的规定比较宽松，缺乏严格明确的退出机制，出现了一些"空壳社""休眠社"和"挂牌社"；还有，一些合作社管理不民主，财务不公开，制度不健全或流于形式等。通过突出其立法目的性，以规范农民专业合作社的组织和行为。

新修订法还将"加快推进农业与农村现代化"作为立法目的。通过农民专业合作社的发展，实现小农户与现代农业发展的有机衔接，带动广大农民实现增收和促进乡村振兴。

三、农民专业合作社遵循的原则

合作社的原则是合作社的价值所在、制度标准，每家合作社都应当将每项原则所体现的精神贯穿其中。

1995年，国际合作社联盟通过的《关于合作社特征的宣言》中明确提出了合作社的基本价值是自助、平等、公平和团结，并以此提出了国际合作社应遵循七项原则：自愿和开放的社员资格；民主控制；经济参与；自治、自立；教育、培训和信息；合作社之间的合作；关心社区。以上七项原则的核心精神可以概括为三点：开放的社员资格，社员的民主控制，按惠顾额返还。只有同时具备这三点精神的组织才能算是合作社。[1]

我国《农民专业合作社法》规定了五项基本原则。

1. 成员以农民为主体。这一原则须解决好两个问题，一是何为农民；二是农民的比重，以及由此引申出的农民是否真正成为农民专业合作社的主人，并有效表达自己的意愿，以防止他人利用和操纵农民专业合作社。关于什么是农民的回答从根本上确定了农民专业合作社的属性。随着市场经济发展和社会分工深化，过去很多从事农业的农民不断从农业中分离和部分分离出来，即使不考虑已脱离农业而依然称为农民的"户口登记在农村并为农业户口的农村人"的身份概念因素，农业的兼业状态早已普遍存在，如以农为主兼业工商或以工商为主兼业农业的现象，所以农民成为一个很难界定的概念。《新华字典》

---

① 王瑞贺：《中华人民共和国农民专业合作社法释义》，法律出版社，2018，第11-12页。

对农民的定义是"在农村从事农业生产的劳动者"。现在将农村以领取工资报酬为他人打工的农业从业者列入农民显然不合适，准确地说他们应该是农业工人。准确把握这一含义是建立成员以农民为主体的合作社的逻辑起点。也就是说，农民专业合作社应由真正的农民组成和体现农民的意愿。同时，为保证农民的主体性，除了从农民概念及性质上进一步明确，还需从数量上予以规定，即农民至少应当占成员总数的80%。对企业、事业单位和社会组织成员的加入作出明确限定，成员总数20人以下的农民专业合作社，只允许1人；超过20人的农民专业合作社，不超过成员总数的5%。

之所以允许企业、事业单位或者社会组织成员加入合作社，主要考虑是：农民属于弱势群体，受文化水平和经济条件的限制，他们对市场变化的敏感程度低，资金、技术缺乏，生产和销售的信息不畅通，非农组织成分的加入有利于发挥其在市场、资金、技术和管理经验上的优势，提高合作社生产经营水平和抵御市场风险的能力，同时也可以方便农民专业合作社及成员生产资料的购买和农产品的销售，增加农民收入；对企业、事业单位或者社会组织而言，加入合作社可以稳定原料供应来源，降低原料成本，促进标准化产品生产，实现生产、加工、销售的有机衔接，最终实现合作双赢。

2. 以服务成员为宗旨，谋求全体成员的共同利益。合作社本质上是互助性经济组织，服务对象是成员，对其成员具有非营利性。合作社成立的最终目的是满足成员的"共同的经济和社会需求"。它是成员共同利益的联合体，其共同利益是各成员间合作开展一致行动的基础，通过共同利益的实现达到成员利益的最大化。

3. 入社自愿、退社自由。这一原则体现了对农民意愿的尊重和对农民市场主体地位的保护。但"入社自愿、退社自由"并不是没有条件的。新修改法增加了关于新成员入社的规定。要求加入已成立的合作社须履行一定的程序后方可成为该社的社员。吸收新成员入社，对合作社来说属于重大事项，可能对合作社的运营产生重大影响，所以，需要向作为合作社法定代表人的理事长或者理事会提出书面申请，并经成员大会或者成员代表大会表决通过。合作社是人合组织，合作社是在成员承认并遵守其章程的基础上建立起来的，新成员的加入必须以承认原章程或共同修改过的章程为前提。

实践中，自由退社与任意限制或禁止退社现象都存在。必须正确理解退社自由的含义，要知道"退社自由"不是自由退社。自由退社，往往使合作社的经营资产始终处于一种不稳定的状态，难以形成合作社生产经营服务的合理安排，影响合作社的正常运行，导致合作社的效率低下，有可能损害其他成员的利益，新修改法也对退社作出了"书面申请"和时间上的明确规定。

4. 成员地位平等，实现民主管理。《农民专业合作社法》从必须设立成员大会这一组织机构和实行一人一票制的基本表决权两个方面作出规定，来保证农民成员的民主管理。

农民专业合作社"一人一票"的制度与公司的"一股一票"制度具有本质的不同，根本区别在于前者强调的是成员权利，追求的是全体"成员收益"的最大化，体现的是公平原则。成员权利突出表现在遵循盈余主要按照成员与合作社的交易量（额）比例返还的原则。而后者强调了资本的权利，追求的是"资本收益"最大化，体现了效率原则。资本权利通过实行按股分红等制度实现。

5. 盈余主要按照成员与农民专业合作社的交易量（额）比例返还。盈余分配按成员惠顾额比例返还的方式，是农民专业合作社与其他经济组织的重要区别。可分配盈余返还总额比例不得低于 60%，剩余部分计入成员账户。

四、农民专业合作社成员责任

《农民专业合作社法》第六条规定，成员以其账户内记载的出资额和公积金份额为限对农民专业合作社承担责任。这是一种有限责任形式，也是大多数国家较普遍采用的一种责任形式。但是农民专业合作社和《中华人民共和国公司法》（以下简称《公司法》）规定的有限责任公司的责任范围是不一样的。《公司法》规定的股东的责任范围是其认缴的出资额或者认购的股份；而农民专业合作社成员的责任范围除了出资额，还有其成员账户内记载的公积金份额。

五、农民专业合作社联合社

随着农业的发展，为进一步扩大生产经营规模，延伸农民专业合作社产业链条，发展产业化经营，提高市场竞争力，增加农民收入，此次修订新增加条文规定：可以依法自愿设立或者加入农民专业合作社联合社，并增加"农民专业合作社联合社"专章予以规定，以鼓励、支持和引导联合社进一步规范发展。

世界各国合作社发展中的普遍做法是在农民专业合作社发展过程中，按照自愿、平等、互利的原则实现农民的再联合并设立联合社。国际合作社联盟也非常重视"合作社之间的联合与合作"，1966 年，将其作为合作社发展的原则之一。

农民专业合作社联合社实行一社一票制，这也是区别于其他市场主体的重要特征，甚至与农民专业合作社的一人一票制也有所不同，因为农民专业合作社还存在附加表决权，而联合社则是完全意义上的成员地位平，成员之间不论规模大小、出资额多少、与联合社的交易量的大小，其投票权不存在差异。同时联合社的成员只能是农民专业合作社，其他主体不能加入联合社。

农民专业合作社联合社尽管有一定的特殊性，但其主要制度和农民专业合作社一致，也符合农民专业合作社运行的基本原则。

六、对农民专业合作社的扶持措施

建设与发展好农民专业合作社，是市场经济条件下，党和政府指导农业与农村工作的重要抓手，是国家支持"三农"的重要渠道和可靠载体。对农民专业合作社的建设和发展给予指导、扶持和服务是国家、政府及其职能部门应尽的职责。《农民专业合作社法》总则中，第十条规定，国家通过财政支持、税收优惠和金融、科技、人才的扶持以及产业政策引导等措施，促进农民专业合作社的发展；第十一条规定了政府部门的职责，是推动农民专业合作社的建设和发展；并专设"扶持措施"一章进行法律制度规定。

1. 国家支持。 支持农民专业合作社承担发展农业和农村经济的建设项目，是近几年党中央支持农民专业合作社发展的一项重要措施。

2. 财政扶持。 法律规定了中央和地方政府应当分别安排资金支持农民专业合作社开展各种服务活动。具体包括信息、培训、农产品标准与认证、农业生产基础设施建设、市场营销和技术推广等服务，主要目的是引导和帮扶合作社规范运行，促进其健全各项管理制度，提高合作社的发展能力和实力。

2017 年，中共中央办公厅和国务院办公厅印发的《关于加快构建政策体系培育新型农业经营主体的意见》中提出，加大对新型农业经营主体发展支持力度，针对不同主体，综合采用直接补贴、政府购买服务、定向委托、以奖代补等方式，增强补贴政策的针对性、时效性。实践中，比较常见的方式是直接补贴和以奖代补。2017 年，中央财政安排专项转移支付资金 14 亿元支持农民专业合作社，通过以奖代补，重点支持制度健全、管理规范、带动力强的国家级农民专业合作社示范社。[①]

中央还对贫困、边疆等特殊地区的农民专业合作社进行帮扶，发挥农民专业合作社的益贫作用，在现代农业发展中促进和带动脱贫农户的继续增收。

2015 年，中共中央办公厅、国务院办公厅印发的《关于加大脱贫攻坚力度支持革命老区开发建设的指导意见》中提出，"做大做强农民合作社……鼓励大型零售超市与贫困老区合作社开展农超对接。"2015 年，《中共中央　国务

---

① 王瑞贺：《中华人民共和国农民专业合作社法释义》，法律出版社，2018，第 162 页。

院关于打赢脱贫攻坚战的决定》中也指出，加强贫困地区农民合作社培育工作和发挥其对贫困人口的组织和带动作用，以带动贫困户增收。

2016年，《国务院关于印发"十三五"脱贫攻坚规划的通知》中明确提出，"培育壮大贫困地区农民专业合作社……创办、领办、协办企业和农民专业合作社，带动贫困人口脱贫。"

根据我国农民专业合作社发展实际，为规范财政扶持补助资金使用行为，提高使用效益，新修法增加了依法加强对财政补助资金使用情况监督的规定。2017年，财政部、农业部出台的《农业生产发展资金管理办法》中明确规定，农民专业合作社支出主要用于支持加快农民专业合作社组织发展，提高农民组织化程度等方面。这从另一个侧面反映出政府部门对农民专业合作社组织建设的重视。

3. 金融和保险支持。新修法在国家政策性金融机构提供资金支持的基础上，增加了鼓励商业性金融机构为农民专业合作社成员提供金融服务的规定，以进一步缓解农民专业合作社及其成员在从事农业生产经营过程中遇到的"融资难、融资贵"问题；增加了鼓励保险机构为农民专业合作社提供多种形式的农业保险服务，鼓励农民专业合作社依法开展互助保险的规定，以降低农民专业合作社及其成员生产经营活动中的风险，减少生产经营损失。

4. 税收优惠。农民专业合作社享受的税收优惠主要包括：农业生产方面，对主要农作物种植、禽畜养殖、水产捕捞、农产品初加工及农业生产服务等内容与项目，免征企业所得税，对其他种植、养殖等减半征收企业所得税，及优惠企业所得税缴纳比例等；在农业加工、农业流通、农业服务以及其他涉农经济活动方面，给予税收优惠。

5. 用电和用地管理优惠。农业生产用电价格相对于居民生活用电和工商业及其他用电价格一般是最低的，农民专业合作社从事农产品初加工用电执行农业生产用电价格。农民专业合作社生产性配套辅助设施用地管理，不需要办理农用地转用审批手续和缴纳耕地占用税，只要求生产经营结束后进行土地复耕，手续简单，也不增加农民专业合作社的负担。

第三章

农民合作组织发展的必然性

不同的经济社会领域对应着不同的组织形式。每一种经济组织的组织形式或治理结构由其特定的内在要求和外在环境条件共同决定。农业具有不同于其他行业领域的特点，这决定了家庭经营是最为有效的基本组织形式，而商品经济的发展使家庭经营本身所具有的局限性更加凸显。可以说，作为现代农业经营组织形式的合作社，既是农业发展到市场经济阶段的必然产物，也是各国依据自身国情而进行的制度设计的结果。

第一节　农业发展的必然产物

农业合作社是现代农业的重要组织载体，广泛分布于农业生产、加工、销售等领域，是现代农业的重要生产经营组织形式。但是，合作组织形式并不是先天性地伴随着农业的产生而存在，而是随着商品经济的繁荣发展起来的。因为在传统农业社会，农户是在自给自足的自然经济条件下进行生产，基本不与外在的市场打交道，农业生产中的问题主要依靠农户家庭解决。随着资本主义的发展，先进生产工具和技术不断投入农业，使农业生产效率大为提高，规模不断扩大，产出也不断增加，家庭农场就是这些变化所带来的直接结果。资本主义的发展除了在促进生产力发展方面带来了生产规模扩大外，同时也促进了商品生产的发展，使农户生产必须面对市场，这就产生了家庭生产经营的扩大与大市场之间的矛盾。为解决这一矛盾，农户内在地要进行横向联合，通过联合形成具有规模优势的新型组织形式而进入市场，以克服作为单个农户进入市场而存在的被动局面。

由于农业生产很大程度上依赖于自然条件，如降水、温度、土壤等因素，生产要根据这些条件因素随时改变，因此农业一线劳动者难以像工业生产者一样进行纵向的生产过程专业化分工。再就是农业生产在时间和空间上的分散性,更进一步决定了家庭是农业生产一线高效率的生产组织形式[①],为保持这种高效率,农业上的任何组织制度的创新必须建立在维持家庭经营这种组织形式的基础上。

传统农业生产过程中,农户之间存在一定的简单协作关系。生产相同或相近农产品的农户互帮互助共同抵御自然风险,或在农业生产过程中进行不同程度的协作。这种简单协作自家庭作为农业生产的基本单位就开始了,不过大多数协作只是在具有血缘、亲缘关系的农户家庭之间进行。

随着生产力水平的提高,市场经济萌发,农户生产逐步趋向商品化。农户在面对自然风险的同时又要面对市场风险,为抵御双重风险,同时为满足不断增加的市场需求和应对市场带来的竞争压力,必然要求以社会化横向专业分工协作取代简单协作。在资本主义发展初期,市场经济起步后,合作制的出现被引入农业领域,大量农户开始参与到分工协作当中。分工使生产者彼此独立,从而无法完成整个产品的生产经营内容,这就需要使彼此独立的生产者之间形成一种生产经营组织形式——合作社。众多的农业生产经营者出让各自部分权利给合作社,变为共同使用的权利,从而使农业生产纳入社会化大生产的范畴中。

农业(或农民)合作社建立后,一部分生产经营内容从家庭经营中分离出去,如生产资料的供应和农产品销售,这些业务由合作社的专业人员来完成。农户则专注于具有优势的农业一线生产,此所谓"生产在家,服务在社",形成一种"社"内分工,从而使生产效率进一步提高。

农业生产力的发展除了演化出农业合作社外,还出现了发展最先进的农业生产组织——农业工厂,尽管在实践中只是极少数,并且也难以成为主导形式,但这种组织形式将会随着未来科技的发展产生很大的发展潜力。一些获得生物技术突破的某些新品种,不再依赖于其祖先生存的自然条件和环境,并符合了厂房内工厂制作流程和人造环境要求,实行了工厂化生产。技术上的突破引起生产组织形式上的相应变革,由家庭农场制演变为工厂制,由家庭经营下的简单协作发展为工厂制度下的专业化分工协作。可见,生产力发展水平决定了生产方式,而生产方式包括生产工具的使用方式和生产经营组织形式,农业生产经营组织形式总是由农业生产力发展水平所决定。

马克思主义认为,人类生产经营组织形式是生产关系为适应生产力发展而变革的结果。生产经营组织的制度演进总是受制于总体生产关系的变化,而作

---

① 娄峰:《农业合作社产生发展原因辨析——兼对"交易费用起源论"的评述》,《经济研究导刊》2013年第13期,第47-49页。

为具体生产关系——制度的每一次变革又都受制于生产力的变革。

农业合作社的产生和发展本质上说是农业生产关系对农业生产力发展的一种适应性调整。

第二节　我国农业双层经营体制的制度设计

农业经营体制在世界各国互有不同，每个国家都会根据自身的自然资源禀赋、历史文化传统等设计出适合国情的农业经营制度。我国实行的是"以家庭承包经营为基础，统分结合的双层经营体制"。

1978 年，安徽凤阳小岗村 18 户农民签订秘密协议，实行包产到户分田单干，拉开了我国家庭承包经营责任制的序幕。小岗村成了农村改革的发源地。

家庭承包经营责任制不是我国农村改革内容的全部，农村改革不是"一分了之"，家庭承包经营责任制是整个改革过程的第一步，我们需要建立的是"双层经营体制"。

关于农业双层经营体制，邓小平早就有过著名的农业"二次飞跃"的论断。1990 年 3 月，邓小平提出了我国农业发展战略的"两个飞跃"思想，即"第一个飞跃，是废除人民公社，实行家庭联产承包责任制。这是一个很大的前进，要长期坚持不变。第二个飞跃，是适应科学种田和生产社会化的需要，发展适度规模经营，发展集体经济。这是又一个很大的前进，当然这是很长的。"[1] 这是邓小平就未来农业发展提出的一个战略性构想。农村改革的总体目标是建立起"以家庭承包经营为基础、统分结合的双层经营体制"，就此，有学者指出，"农业经营体制改革只完成了一半"[2]，自家庭承包经营责任制后，统分结合的双层经营体制的建立成了农村深化改革的主要任务，也成为农业现代化建设的重要内容。

一、我国双层经营体制的概念

所谓双层经营体制，是指我国农村实行联产承包责任制以后形成的家庭承包经营和集体统一经营相结合的经营形式，是集体经济组织在实行联产承包生产经营的同时，还要对一些不适合农户承包经营或农户不愿承包经营的生产项目和经济活动进行统一经营和统一管理，即所谓的统一经营层次。例如，大型的农田水利设施、某些大型农机具的管理使用、大规模的农田基本建设活动、

---

① 中共中央文献编辑委员会编辑：《邓小平文选》第 3 卷，人民出版社，1995 年，第 35 页。

② 牛若峰：《论只完成了一半的农业经营体制改革》，《农业经济问题》1990 年 7 期，第 11-17 页。

某些工业生产及其他仍需要由集体统一服务的植保、防疫和产前产后的其他农业服务等。由于这种经营体制由两个不同的经营层次组成,因此称为双层经营体制。

双层经营体制可以恰当地协调个人利益与集体利益,并使劳动者的自主经营和集体统一经营两方面的积极性同时得到发挥。

双层经营体制就其本质而言,是集体经济组织的一种责任形式,是作为集体组织成员对集体土地这一主要农业生产资料的内部承包,是对人民公社体制"三级所有、队为基础"的改革发展。双层经营体制是一个完整、有机和确定的组织整体。

二、双层经营体制的创新发展

在农村经济向商品化、现代化转变的大背景下,家庭经营已经超出了原土地承包经营的范围,也超越了原集体经济组织范围或行政界限。比如,作为最初的生产小队,其有限的规模根本无法提供因商品经济发展而带来的对农户的有效服务,其形式很快就过渡到大队即后来的行政村,而后来的行政村同样面临着服务内容和范围上的局限性,由此带来了社会化服务的需求,一些超越地域性的专业性和综合性的合作与联合的服务组织开始在农村出现。这些服务组织有流通领域的,如供销社、各国有公司及新成立的专业公司等,还有农村能人兴办的连接市场和农户的中间组织,还出现了一些以农村专业户和专业人才为主体的专业协会等组织。这些组织的出现,对拓宽农村经济的服务领域,提高商品生产的组织程度,促进工农商的衔接,解决单纯依靠原有集体经济组织服务无法适应农业和农村发展需求的问题发挥了重要作用。

2009 年,国务院副总理回良玉在《农民合作社》创刊词中指出,"农民专业合作社是广大农民群众的积极探索和伟大创造,是稳定和完善农村基本经营制度、创新农村经营体制的重要途径"[1]。

第一,农民专业合作社是另一种集体经济形式。我国农村双层经营体制的基础层——家庭承包经营,其来源就是作为集体经济重要部分的土地承包经营,它是从农村集体经济经营中衍生出来的。中国共产党第十五届中央委员会第三次全体会议通过的《中共中央关于农业和农村工作若干重大问题的决定》明确指出:"家庭承包经营是集体经济组织内部的一个经营层次,是双层经营的基础,不能把它与集体统一经营割裂开来,对立起来,认为只有统一经营才

---

① 回良玉:《大力扶持农民专业合作社加快发展现代农业经营组织》,《中国农民合作社》(创刊号)2009 年第 1 期,第 1 页。

是集体经营。"

农民之间的合作尽管具有其私人产权之间联合的性质，但这种"私人产权"只是在家庭对集体土地进行承包经营的基础上实现的，并没有突破土地集体所有和家庭承包经营的底线，本质上应该属于集体经济的范畴。杨坚白认为，合作经济与集体经济不过是同一事物的两个名称，从组织形式和经营方式上说，叫作合作经济；从所有制上说，叫作集体经济。这在中国"已经约定俗成"，成为常识了。当然，合作社经济是否等同于集体所有制经济，我国理论界尚无定论。

尽管合作经济和集体经济在组织形式和方式上有所不同，但就其本源和最终发挥的服务作用来说，二者是一样的，都应该属于集体经济范畴，只不过是"村社集体"和"专业社集体"之别。实际上，中央对此早已有指导意见，1998 年，中央 1 号文件提出，"农民自主建立的各种专业合作社、专业协会以及其他形式的合作与联合组织，多数是以农民的劳动联合和资本联合为主的集体经济"。1998 年 10 月，党的十五届三中全会通过的《中共中央关于农业和农村工作若干重大问题的决定》中规定："农民采取多种多样的股份合作制形式兴办经济实体……以农民的劳动联合和农民的资本联合为主的集体经济，更应鼓励发展。"这些文件虽没有明确合作与联合的具体形式，但作为当前重点支持发展的农民专业合作社属于集体经济范畴是无疑的，应坚持不懈地予以支持发展。

第二，农民专业合作组织是一种创新的双层经营体制。农民专业合作社是在农村家庭承包经营基础上，农民之间自愿联合的互助性经济组织，是农民为实现自我服务而建立的自治组织。其组织形式依然是一种双层结构形式：基础层——家庭承包经营，服务层——合作社，与村集体经济"统一经营"下的双层经营体制具有相同的组织结构和服务作用，二者互为补充。农民专业合作社是在市场经济发展条件下的一种新型服务组织形式，是一种服务方式上的创新，在未来的统一经营服务上必定发挥更大的作用。因此，在双层经营体制建立和完善上应突出农民专业合作社建设，加快实现农业经营体制的创新。

三、强化集体经济服务功能

有人认为，"……双层经营体制中，其统一经营层有其特定含义：即集体经济组织内部的经营层次。它是以土地为主要集体资产并作为纽带的利益联结体，不是可以随意扩大延伸的。"① 无论在概念上还是实践上，都不应把"统一经营"的集体范围扩大。这就是说，尽管农村的两种组织形式都具有服务功

---

① 李洪波：《关于推动农村经营体制创新的几点思考》，《农村经营管理》2003 年第 3 期，第 21－24 页。

能，但两者具有不同的组织性质。如唐宗焜认为，集体所有制和计划经济体制相伴而生，将合作经济等同于集体所有制经济，实际结果是以集体所有制经济排斥或替代了合作经济；并且，农村集体经济组织是农村基本经营制度中统一经营层次的经营主体和维护农民基本经济权益的组织保障。因此，其具有其他组织的不可替代性。[①] 由此说明，尽管两种组织都具有集体性质和服务职能，但两者还是有根本性的区别。

为了更好地适应农业发展的服务需要和进一步增强农村集体经济组织的实力，我国在积极促进农民之间自发专业合作的基础上，不断对农村集体经济组织进行改革，以增强其服务功能。

2010 年中央 1 号文件《中共中央 国务院关于加大统筹城乡发展力度进一步夯实农业农村发展基础的若干意见》指出："加快农村集体土地所有权、宅基地使用权、集体建设用地使用权等确权登记颁证工作""壮大农村集体经济组织实力，为农民提供多种有效服务"。2016 年 12 月，《中共中央 国务院关于稳步推进农村集体产权制度改革的意见》下发后，农村集体产权制度改革进入了具体实施阶段。通过对经营性资产股份合作制的改革，农村建立起了符合市场经济发展要求的集体经济组织，使村集体资产最终有了归宿，并逐步实现了"村民自治组织事务和集体经济组织事务分离"，为最终实现村集体资产的保值增值和为农户更好地服务打下了基础。

当前农村产权制度改革基本完成，农村普遍建立了村集体经济合作社，通过将农村集体历年积累的经营性资产量化到成员个人的方式，明确产权关系，增强群众责任感，提高增值能力。合作社的集体所有制特点充分体现了我国的社会主义公有制性质，使我国农村两种服务组织之间形成相辅相成、共同服务的局面。两种服务组织，如鸟之两翼，车之双轨，共同推动着我国农业农村的现代化事业发展。

第三节　农民合作的规模经济

规模经济是指通过扩大生产规模引起经济效益增加的现象，它反映的是生产要素的集中程度同经济效益之间的关系。其特性是随着产量的增加，平均总成本下降而形成效益增加。规模经济并不意味着生产规模越大越好，本质上规模经济追求的是效益而非规模，是一个能获取最佳经济效益的生产

---

① 关锐捷等：《新时期发展壮大农村集体经济组织的实践与探索》，《毛泽东邓小平理论研究》2011 年第 5 期，第 28 - 34 页。

规模。

在市场经济条件下，农业的发展和其他产业一样，取得规模效益既是增强产业竞争能力的主要手段之一，也是经营者所追求的目标。在发展初期，规模效益更多地依赖经营者自身经营规模的扩大，取得内部规模效益。当发展到一定阶段或程度，边际效益开始下降时，就需要通过外部规模经济来解决。

相对于农户，合作社具有可实现农业规模经济发展的功能，一是通过服务可以促进其成员本身生产经营规模化的扩大；二是成立农业合作社本身即形成了全体成员作为一个整体的经营规模化；三是通过一体化发展实现规模化。这三种规模扩大都可以带来经济效益的增加。

一、促进其成员生产经营规模扩大

农户小生产和大市场之间的矛盾是市场经济条件卜的一个重要矛盾，分散的小农户由于生产规模过小，劳动生产率较低，初级产品以小批量销售，导致产生相对过高的市场交易成本，农业经营效益低下，缺乏市场竞争力，客观上限制了农民进入社会化大市场的广度和深度。尽管随着科技的进步和农业专业分工的深化，农业生产效率不断提高，农户生产经营规模不断扩大，但受自身条件的限制，还有一些潜能不能释放出来。合作社正是在农民和市场之间形成的一个渠道，解决农民一家一户"解决不了、解决不好和解决了不合算的问题"。通过合作社的服务，农民不用再为生产、销售和技术等产前产中产后环节的困难而犯愁，可以放心投入到生产环节进行扩大再生产，从而实现规模的扩大和效益的提高。

一是通过提供信息服务促进农户规模扩大。大多数农民由于受教育程度有限且需要长期置身于农业生产的现场，接收信息的渠道较窄，信息不灵，信息鉴别能力较弱，不能及时跟上市场和技术的发展变化，同时由于大量现代要素的投入，特别是信息时代的发展，信息量越来越大，农民获得所需有价值信息的难度越来越大，限制了规模的扩大。农民专业合作社的建立，使信息得到优化，农户可以放心使用合作社提供的信息，以扩大生产规模。

二是通过提供销售服务促进农户规模的扩大。在市场经济条件下，农产品销售不仅是农户生产经营的重要内容，也是制约农户发展和规模扩大的最主要因素。首先，普通农户面对外在的竞争市场，既缺乏可靠的销售客户，又时常遭遇市场价格剧烈变动的侵害。要么种多了，要么种少了，缺乏计划性和安全感。合作社可以通过与农民订立购货合同，发展订单农业，实现满负荷生产，减少经销商拖欠货款赖账跑路的市场风险，提升农民收入稳定性。其次，农民参与销售过程本身也需要耗费大量时间，特别是一些设施农业的特殊瓜果种类，几乎每天都需要上市交易，会占用农民较多的劳动时间。而劳动集约型又是我国农业的一个重要特点，合作社的建立可使外部市场内部化，会大大节约劳动时间，实现生产规模的扩大。

三是通过提供农业技术和大型设施等支持促进农户规模的扩大。在当前信息技术条件下，农民只有实现一定的合作并形成一定的规模，信息技术才能发挥作用和得到有效利用。农户加入合作社本身就等于进入了一个公共信息平台，很多生产甚至生活中的难题都能得到解决。再就是生产中广泛应用的大型设备，如果由一家一户去购买，必然利用率低，经济上不合算。合作社为农户提供了这些服务，促进了农户生产能力的提高，进而促进生产规模的扩大。

四是帮助农民进入"二级市场"，促进农户规模的扩大。随着市场经济的发展，农民生产的农产品不仅可以进入销售市场进行直接销售，还可通过二级金融信用市场——农产品期货交易市场进行合约销售。一些发达国家的农户通过合作社开展这项业务，在农产品收获以前即进行了交易，然后通过反向交易行为实现套期保值，降低农民的生产风险。这些操作不是每一个农民都能掌握的，但可通过合作社的专业人员为成员提供服务。

通过开展合作服务实现农业生产规模的扩大是大多数国家走过的共同道路。应该说，大规模农场的形成就是农业合作社服务的结果，每一个农场经营者无不加入一至几家合作社，以取得各种服务。日本、韩国的农协更是采取"保姆式"服务，保护农民利益，扩大农户农业生产规模，提高农业生产竞争力。

二、实现农民合作本身的规模经济

农民之间合作的本身就是经营规模的扩大，是农民为实现自身利益的增加而采取的有效措施。合作社的宗旨是为成员提供服务，而不是追求自身经济利益，提供服务的最终目的还是增加成员经济收益。合作社可以通过多种渠道实现规模经济效益。

一是通过实行生产资料的统一购买降低采购价格，节约生产成本。合作社建立后最容易做到、最立竿见影和最能体现规模效应作用的是农业生产资料的统一购买。由于合作社的集中统一购买相对于普通农户来说具有数量大、需求稳定的特点，会大大减少供应商的销售费用，也会进一步加剧供应商之间的竞争。农资供应商必然以最大的优惠让利于合作社，以保证其市场份额的占有率，成员的利益就此形成。

二是通过实行农产品的统一销售提高销售价格，增加经济效益。农业生产经营者在市场竞争中的弱势地位主要表现在农产品销售方面。弱小的农户根本不是市场经营者的对手，不公平交易现象时有发生，如压级压价、打白条、携带货款跑路等。近年来，市场经营秩序虽大有改善，但这方面的纠纷仍时常出现。合作社的联合作用使销售规模扩大，谈判地位提高，合作社可以选择一些信誉好、实力强的购货商作为自己的合作伙伴。合作社货源充足稳定、按标准质量生产也是购货商首选的条件，同时又大大降低了购货商相对分散收购的成本费用。合作社规模优势在农产品销售上必然带来价格的提高和市场风险的降低，使农民获得直接收益。

三是通过标准化生产实现规模经营。标准化生产是对合作社最基本的要求，当前我国合作社采取的是同类农产品生产者之间的专业合作，非常有利于促进合作社的管理和合作社成员的专业生产。通过统一农产品生产标准，在从源头上控制了违禁农业投入品购买和使用的情况下，既能保证农产品质量安全，提高商品率，扩大影响力，又有利于农产品品牌的形成，提高农产品的附加值。

同时，在合作基础上进一步实现联合继续放大规模效应，可以实现一定地域内集中配置生产要素，进而产生集聚效应和聚合规模，使同一地区能够共用自然、经济、技术和信息资源，带来更大范围的规模经济。

三、通过农业产业一体化经营扩大规模

农民合作社的服务相对于农户来说是一种外部规模效益，其所办加工企业对农业合作社来说能增加外部规模效益。无论何种资源禀赋的国家，通过支持发展各种形式的农民合作社和农工商一体化经营，提高农业组织化程度，实现生产要素的合理配置，形成规模效益，都会成为一条越来越重要的发展规模经济的途径。国外已有很多先例。当前我国实施的乡村振兴战略中的三产融合措施，也是一种以合作社为主导的农业产业一体化经营规模扩大方式。

四、通过减少损失提高规模效益

随着科技的发展，农业投入品品种增加，市场经营者数量增多，同时科技的发展也使农业分工更加细化、生产工艺更加复杂多样。因农业投入品质量问题和农产品销售问题，农民面临着更大的市场风险，农民与市场经销商的纠纷不断增加。

农民通过合作可以实现农业生产资料统一购买、农产品统一销售、生产标

准化等，大量减少了农民与市场经营环节之间的矛盾，在减少农民损失的同时，等于相对增加了农民的经济收入，提高了农业的经济效益。

第四节　农民合作组织发展符合经济学规律要求

农业有自己的生产经营特点，但其经济属性必然符合一般市场经济发展规律的要求。发展现代农业必须掌握现代经济学原理知识。

一、现代经济学原理

（一）分工促进效率的提高

有着"现代经济学之父"美誉的亚当·斯密（Adam Smith）的巨著《国富论》被称为市场经济学"圣经"。亚当·斯密在其开篇即论述了分工，他以制针业为例进行分析。一个人如果没有接受过这种职业技能的培训，又不懂得操作相关的机械，那么即使他倾尽全力，恐怕一天也难造 1 枚针，更别提 20 枚了。但是，按现行的生产模式，一个人抽铁丝，一个人拉直，一个人切截，一个人削针尖，一个人磨圆另一端以便装上针头，等等。如此一来，制针的流程就包含了大约 18 项操作，一天生产 12 磅针也不成问题，平均下来每人每天产针 4 800 枚。分工使同样人数的劳动者得以完成远超从前的工作量，其原因有三：第一，每一个特定环节的工人技能得到提升；第二，节约了在不同类型工作之间来回转换耗损的时间；第三，大量精减劳动的机械的发明，使一个人能够胜任多个人的工作。[①]

亚当·斯密认为，分工是由交换引起的，所以交换能力的大小制约着分工的程度。《国富论》第三章的标题就是"分工受市场范围的限制"。市场如果过小，就不能形成人们终身从事的专门行业。

关于分工问题，人类的祖先很早就已经认识到了它的必要性，如在远古的渔猎时代，人们就懂得胖子钓鱼、瘦子狩猎的道理。当然，这种分工不是按技能，而是按照身体状况实行的。

生产的分工和专业化是一个事物的两个方面，专业化程度越高，分工就越细，一个人或组织的生产活动就会越集中于更少的不同的职能操作上。同时，专业化也带来了生产和交换效率的提高。

亚当·斯密把分工当成经济增长的关键："劳动生产力最大的进步，以及所有劳动指向和应用的地方展现出的熟练程度、技能和判断力的提高，似乎都

---

① 亚当·斯密：《图解国富论》，高格译，中国华侨出版社，2016，第 2 - 3 页。

源于分工。"① 但他对技术的作用缺乏应有的重视，以致后来的学者不断对此提出异议。阿瑟·刘易斯（W. Arthur Lewis）在《经济增长理论》一书中指出："斯密如此重视分工，以致在他看来，分工是技术增长和资本运用增加的原因。以后的学者对这种因果关系提出了质疑。"② 虽然分工对技术发展有促进作用，但根本上应该是技术发展带来了分工。

（二）分工带来市场交易成本的增加

分工包括整个产品生产的分工、产品零部件生产的分工和生产工艺的分工，还可以包括产品的开发、设计、生产、营销、管理等环节的分工。这些分工融入了深化的社会分工和细化的企业内部分工中。分工提高了劳动生产率，使生产者能够有更多的剩余劳动生产产品，最终成为经济发展的基础。分工及其带来的专业化发展，一个直接后果就是市场交易的次数迅速增加。在完全非专业化的自给自足时代，交易是根本不需要的；在分工带来的高度专业化的情况下，生产加工日益向精细化发展，不仅需要进行不同产品的交换，而且需要进行不同工艺阶段或服务阶段之间的交换。以斯密所举例子为例，10 人规模的小工厂因分工形成的产出增长是原来未分工时的 240 倍，甚至是 4 800 倍。那么其产品向市场出售时，其交易次数就会相应地大幅度增加。事实是，今天的企业数量要比工业时代刚刚兴起时的庞大，而且每一个企业所面对的市场也更大更复杂，企业的交易伙伴分布在日益广泛的地区，企业买卖的产品在品种、花色和数量上日益增多。如一辆汽车需要约几万个零部件，需要成千上万个企业组织生产。可见，由于分工在提高效率的同时所带来的交易频率的增加，也带来了企业市场交易费用和社会总市场交易费用的增加，迫使企业和政府在协调机制上及时做出响应。

"交易费用"是美国经济学家罗纳德·哈里·科斯（Ronald H. Coase）于1937 年发表的《企业的性质》一文中提出的一个概念，后来引起了西方经济学界极大的关注。按照科斯的描述，交易费用是指在市场交易中为保证经营效果和目标的实现，使用价格机制而花费的全部费用，概括为"利用价格机制的成本"。价格机制是商品经济阶段的重要调节机制之一，在市场经济体系中，价格几乎调节着全部生产要素的配置和组合。但问题是，市场交易中使用的价格机制是要付出一定代价的，这就是所谓的交易费用。

市场交易费用包括：预测各种商品市场价格的变动趋势和掌握相关商品的价格弹性，以便更好地合理定价所带来的费用，即搜寻交易对象和交易价格的

---

① 亚当·斯密：《图解国富论》，高格译，中国华侨出版社，2016，第 2 页。

② 阿瑟·刘易斯：《经济增长理论》，梁小民译，上海三联书店、上海人民出版社，1994。

费用；和供应商、销售商讨价还价的谈判费用；签订合同和执行合同的费用；监督违约并对其追究责任的费用等。据估计，现代市场经济中的交易费用占净国民生产总值的 50%～60%，且这些数字并不包括建立新制度和组织的初始成本。[①] 交易费用最后要归结到产权交易中，作为人们在商品交换过程中的一种成本。

分工所带来的专业化发展形成了广泛深入的商品交易，由于交易频率增加所带来的费用的增加，反而侵蚀了由于分工所带来的成本降低的好处。"市场越大，专业化的可能性也就越大……一旦人们开始专业化，就必须有某种机制来协调他们的活动。"[②] 这就需要用企业机制来调节内部分工和外部市场分工之间的关系，以尽量压缩交易费用，提高经济效益。

（三）企业对市场的替代作用

在科斯之前，企业通常被理解为劳动、土地、资本等各种生产要素的结合，"是一个生产函数"，而交易成本则被忽略。如果交易成本为零，即企业之间交易没有费用，那么企业内部分工的细化与社会分工的深化相互之间的关系就仅仅体现在生产成本的比较。科斯开创性地对企业性质进行了最有解释力的探讨，他认为，交易是有成本的，通过形成一个组织，就能节约某些市场运行的成本，企业的存在是这种节约交易成本的结果。企业与企业合并可以节约交易费用。在科斯的观点中，企业作为一种协调分工或生产的组织，是对"市场价格机制的替代"。价格机制是商品经济阶段的重要调节机制之一，在市场经济体系中，价格无处不在地调节着全部生产要素的配置和组合，决定着生产和经营的组织与决策，成为所有经济活动乃至社会活动的制约力量。但是，在市场交易中使用价格机制必须付出一定的代价，即市场交易必然产生交易费用，费用的大小必然影响到人们的各种行为选择，因此可以认为交易费用是影响经济活动的重要因素。人们之所以选择企业，就是替代市场的价格机制减少交易费用，将产品在市场上交易内化到企业内部，即将一些上下游的产品通过在企业内部生产减少行为在市场上的交易频率，进而节约费用。

从另一个角度去认识，有分工则必然有协作，分工与协作是相辅相成和相互制约的。专业化分工与协作是社会化大生产的必然要求，也是现代生产组织不可分割的两面，专业化的直接结果必然是大规模的组织协作的产生。[③] 企业与市场一样，都是经济协作工具和资源配置方式。

企业的内部生产会带来组织管理费用，企业规模越大，组织管理费用越

---

① 申龙均、潘峻岳编著：《农民合作社研究》，北京理工大学出版社，2015，第28页。
② 阿瑟·刘易斯：《经济增长理论》，梁小民译，上海三联书店、上海人民出版社，1994。
③ 李瑜：《中国农户经营组织化研究》，中国社会科学出版社，2008，第57页。

多，当企业规模达到一定程度时，企业组织管理费用就开始大于市场交易费用，企业自己生产就不如到市场上去购买，这个临界点就是企业规模的边界，即企业内部的协调成本＝企业的交易成本。

这里还需要搞清楚，分工带来了交易费用的增加，但为什么交易成本的增加没有阻挡住社会分工的脚步？原因在于社会分工带来的效益的增加超过了交易成本增加的速度。①

在社会化大生产中，企业一方面努力参与社会分工，不断向专业化发展；同时又不断努力将市场交易内部化，即通过扩大企业规模减少交易成本。至于在具体过程中，某一专业化的生产活动是从企业中独立出来还是并入企业中，取决于专业化所带来的单位生产费用节约和企业一体化所带来的单位交易费用节约的对比。当前者高于后者时，会出现专业化倾向；当后者高于前者时，会出现一体化倾向。一般情况下，市场越成熟，竞争越充分，就会存在较多的专业化企业，反之，就会存在较多的一体化企业。

现在尽管存在大量的专业化的中小规模企业，但大规模企业不断增加，如世界上的大型跨国企业，这种现象反映了交易成本的增加至少在一些方面给企业留下了更多的通过协作扩大规模的空间。

（四）制度创新可以降低交易费用

分工带来专业化生产，专业化生产带来生产效率的提高，生产效率提高带来交易量的增多和交易费用的增加。解决市场交易费高的办法就是通过建立一系列制度减少交易摩擦阻力，降低企业运行成本。交易费用可以简明地定义为经济制度的运行费用。为减少市场交易费用可通过交易内部化的企业制度本身来实现，而通过制定外部制度以减少市场交易费用更为关键。二战后为适应国际贸易规模扩大和发展，减少贸易壁垒，世界贸易组织是为降低交易费用而建立的一种国际制度；各国自身为打破地区封锁、实现国内市场的统一、实现贸易自由等制定的法律法规也是一种意义相同的经济制度；而作为市场交易替代的企业，本身就是具体的组织及运行制度，是一种对市场制度的替代。

为降低市场交易成本，除了将市场交易内化于企业这一途径，还需通过建立企业外部的市场制度，以降低企业之间的市场交易费用。

交易费用是经济制度的运行费用，或者说是制度运行的摩擦力。要想实现市场交易费用的降低，必须在产权、组织、市场等方面引入一系列相关的制度安排，构成制度集合，从而实现在正式制度、非正式制度诸方面的整体

---

① 王大勇：《交易成本与社会分工演进》，《南京理工大学学报（社会科学版）》2003年第4期，第36－40页。

创新。

何谓制度？是指人际交往的规则及社会组织的结构和运行规则。

19 世纪 40 年代开始，西方国家的学者将制度研究应用于经济行为，以及经济发展如何影响制度演变的研究，称之为制度经济学。以 1937 年美国经济学家科斯发表论文《企业的性质》为开端，学者们开启了运用经济学方法研究制度的途径，为制度经济学开辟了一个新的领域，形成了新制度经济学。

传统制度经济学派重视对非市场因素的分析，诸如制度、法律、历史、社会和伦理因素等，其中尤其重视制度因素的作用。他们以制度为视角，研究"制度"，分析"制度因素"，并强调这些非市场因素是影响社会经济生活的主要因素。这一研究方法不同于其他以客观指标来衡量经济活动的研究，而是立足于个人之间的互动来理解经济活动。

科斯在制度分析中建立起了边际交易成本概念并指出了企业和市场在经济交往中的不同作用，为制度经济学的研究提供了新空间。在科斯之后，对建立新制度经济学作出突出贡献的另一位代表人物是道格拉斯·诺思（Douglass C. North），他认为科斯"交易成本"的发现找到了解释制度存在和制度变迁的方式，以及可以解释整个经济在体制上的变化。也就是说，"交易成本"概念可以使我们理解制度为什么会存在以及是怎样发生变化的，如何采用更经济的方式来组织生产和交换活动等。

斯密的《国富论》首开现代经济学之先河，形成了古典经济学体系。进入 20 世纪后，又形成了以微观经济学和宏观经济学为基本理论框架的经济学体系，称为新古典经济学。

古典经济学和新古典经济学都没有就专门的制度理论提出解释，尽管其在政治、法律、货币和习俗等制度方面对经济体系的作用有所认可，但是，这些传统的研究把制度视为"既定的"[①] 因素，要么是外在的，要么是内生的。古典经济学重点解决的是生产不足的问题，因此，古典经济学假定，制度可以无成本地运行，因此没有专门对制度运行成本进行分析；新古典经济学主要解决的是需求不足的问题，因此，新古典经济学则假定制度是外在给定的，由此假定经济绩效不受影响。

新制度经济学是现代西方经济学的一个分支，其特别强调对人的研究，认为经济组织的中心问题，归根到底是人类活动的行动属性。人类行为与制度产

---

① 兰斯·E. 戴维斯、道格拉斯·C. 诺思：《制度变迁的理论：概念与原因》，载 R. 科斯、A. 阿尔茨、D. 诺斯等《财产权利与制度变迁——产权学派与新制度学派译文集》，刘守英等译，上海三联书店，2014，第 185 页。

生和发展密不可分。"在社会过程舞台上，制度与人类行为互补与对比，永远相互塑造。"① "当代制度经济学应该从人的实际出发来研究人，实际的人在由现实制度所赋予的制约条件中活动。"② 新制度经济学更接近现实，是真实世界的经济学。

从经济学来讲，制度存在的意义就在于规范主体行为、降低交易成本，进而影响经济绩效。达尔曼（Dahlman）认为："制度的功能是用来减少交易费用的，因此交易费用应该被看作是经济制度内容决定的变量。于是，问题最终变为：经济组织如何通过内生的组织重组得到改善？"③ 因此，交易费用是新制度经济学的核心范畴。

通过创立新制度来减少交易费用，那新的制度是如何实现创新的呢？

科斯认为，一项制度安排是不是能够被创新，一方面是因为外界的变化促成了潜在利润或外部利润的形成；另一方面是存在规模经济的要求，潜在的外部利润无法在规定的现有制度安排结构内实现。也就是说，只有在一部分（或全部）人感到在潜在的新制度下能够获得的净收益大于他们在现有制度安排下获得的净收益时，新制度的产生才会成为可能。制度的创新构成了人们在政治、社会或经济方面发生交换的新的激励结构，即通过一系列制度规则的约束，减少人们交往中的不确定性，降低经济活动中的交易费用，从而给人们的行为选择活动提供激励。制度的创新不仅包括正式制度的创新，还包括非正式制度，如文化传统、习惯、价值观、道德伦理、意识形态等的创新。非正式制度作为一种潜在和无形的力量，有助于降低契约等正式制度的监督成本和执行成本。

制度是会影响效率的因素，即在不同制度下，绩效是不一样的。科斯认为，要解释经济现象、行为和关系，就必须研究对它们产生影响、支配或约束作用的制度安排。

新制度经济学强调企业治理，"不再把企业看作一个生产函数，而代之以（或拓展为）企业是一种治理结构的概念"④。

（五）明晰的产权关系有利于保护主体权益和节约交易成本

产权是新制度经济学的核心概念之一。在经济制度的建立和创新中，产权的界定是最重要的。交易活动是以产权界定为前提的。在现代市场经济条件

---

①　阿兰·斯密德：《制度与行为经济学》，中国人民大学出版社，2004，第372页。

②　科斯：《企业、市场与法律》，盛洪、陈郁译，上海三联书店，1990，第255页。

③　埃里克·弗鲁博顿、鲁道夫·芮切特：《新制度经济学——一个交易费用分析范式》，上海三联书店，2006，第88页。

④　奥利弗·E.威廉姆森：《资本主义经济制度》，段毅才、王伟译，商务印书馆，2002，第28页。

下，没有规范明确的产权制度做基础，内容广泛繁复的商品交易几乎是不可想象的。

产权作为一种理论，虽然在近现代被提出和研究，但作为一种权属的含义出现时间应该很早，甚至可以追溯到不同族群之间的区域之争中。但作为一种从财产上去定义和认识的概念，可以说是随人类社会私有制的出现而产生。

产权最原始的本质含义是资产的所有权，是指受确认和保护的经济利益主体对财产的排他性的权利关系，包括我们今天所理解的所有者依法对自己的财产享有占有、使用、收益和处分的权利。随着商品经济的不断发展，财产权益表现为不同的形式，如所有权、占有权、支配权、使用权、收益权和处置权等；一个更具包容性和满足现代市场需求的财产权名词表述——产权出现了，所有权变为全部产权权能中的一项。产权不同于所有权，其是一个权属范围更大的概念，具有广泛的可交易性。产权包括所有权。

道格拉斯·C. 诺思（Douglas C. North）认为，产权本质上是一种排他性权利，产权制度在一个社会中的主要作用是通过建立一个人们相互作用的稳定的（但不一定有效）结构来减少不确定性。[①] 现代产权理论认为，明晰的产权关系有利于形成资产的有效利用和社会化使用财产的利益约束。只有明晰产权，市场交易运行才能变得便利和顺畅，才能在同其他人的交易中形成理性预期，从而最大限度地节约交易成本。

科斯认为，只要存在交易成本，不同的权利界定会带来不同效率的资源配置。其隐含的理论意义是无论产权属于谁，只要产权界定是清楚的，市场机制都能导出最有效率的结果。换句话说，节约交易成本的有效途径就是明确界定产权。

产权看似表现为人与物的关系，但其实质是人与人的关系。从经济学角度分析，产权不是指一般的物质实体，而是指由人们对物的使用所引起的相互认可的行为关系，是人们在使用资产过程中发生的经济、社会性质的关系，产权的本质是社会关系。产权制度的变迁必然影响人们的行为方式，并通过行为效应使产权安排影响资源配置。不同的产权形式必然有不同的资源与之匹配。只有合适的产权安排，才能使资源得以有效的利用和优化配置。[②] 哈罗德·德姆赛茨（Harold Demsetz）指出："产权的一个重要功能是引导人们实现将外部性较大地内在化的激励"和"帮助一个人形成他与其他人进行交易时的合理

---

① 道格拉斯·C. 诺思：《经济史中的结构与变迁》，上海三联书店，1991 年版。参见李瑜：《中国农户经营组织化研究》，中国社会科学出版社，2008，第 67 页。

② 申龙均、潘峻岳：《农民合作社研究》，北京理工大学出版社，2015，第 30 页。

预期。"① 企业制度本身就是以产权制度为核心的组织制度。

在市场经济条件下，明确产权和保护产权是极为重要的，只有在产权界定下，交易才能通过契约来实现。明晰的产权关系有利于资产的有效利用和社会化使用财产的顺畅运行。单从经济学意义上看，谁拥有产权甚至比拥有所有权更重要，也就是说，真正实际掌握和控制具体财产的权利更重要。一个完整的产权必须包括排他的使用权、自由的转让权和独享的收益权。在市场经济中，政府应发挥作为最大制度供给者、产权界定和保护者、契约第三方实施者的职能作用，建立和保护各种产权的完整性，克服共有产权中的不完全性带来的激励不足问题，使社会资源和市场要素以低成本快速流动。

二、农民合作组织符合经济学规律要求

农民合作组织的建立集中反映了经济发展规律的客观要求，体现了制度经济学的一般原理。

（一）农民合作组织是一种制度创新

西方学者把农业的现代化过程称为"传统农业的改造"。刘易斯认为，发展中国家在经济发展过程中，必然会出现传统农业部门和现代工业部门并存和转化的局面。在传统经济部门，劳动的边际生产力十分低下，率先起步的工业部门只需支付略高于农村维持生计水平的工资，就会诱使农业剩余劳动力向现代工业部门转移，促使农业部门劳动的边际生产率提高。当现代部门的就业创造速度超过农业中产生剩余劳动力的速度，就出现了二元经济结构的第一个转折点。再当农业部门的剩余劳动力被吸收殆尽，现代部门与农业部门的劳动边际生产力相当时，二元经济结构被单一经济结构所替代，传统农业改造任务就完成了。②

这一过程主要通过两条路径进行。一是传统农业改造的技术路径。美国著名经济学家西奥多·舒尔茨认为，传统农业虽然贫穷但有效率，仅"依靠重新配置受传统农业束缚的农民所拥有的要素不会使农业生产有显著的增加"。技术停滞不前是传统农业落后的主要原因，不在农业中引入现代技术就不能把传统农业改造成现代农业。日本学者速水佑次郎和美国学者弗农·拉坦（Vernon Ratan）二人共同提出了"诱致性技术变迁和诱致性制度变迁假说"的新的农业发展理论，他们同样认为以农业为代表的传统部门生产率提高缓慢的一

① 德姆赛茨：《关于产权理论》，载 R. 科斯、A. 阿尔茨、D. 诺斯等《财产权利与制度变迁——产权学派与新制度学派译文集》，刘守英等译，上海三联书店，2014，第 71 页。

② 袁铖：《农村双层经济体制"统"与"分"结合问题研究》，《贵州社会科学》2011 年第 3 期，第 44 - 49 页。

个重要原因是农业技术进步不快，应重视农业科研，加快农业技术的进步、推广、普及和更新。二是传统农业改造的制度路径。改造传统农业的制度路径就是不断创新制度建设以适应技术带来的各方面发展的需要，也是农业部门制度的变迁过程。传统农业改造除了外部制度的供给，内部制度建立更为关键，其中最主要的就是作为农业组织制度的适应性变革。

农业的自然再生产和经济再生产相交织的生产特点，虽然使农业的自然生产过程无法脱离以家庭为基本单位的生产，但其经济再生产环节可以从农业中分离出来，并可以发展成独立的产业部门。通过加强外部的经营环节联结，可以促使内部自然生产过程向有利的方向发展。因此，在现代农业的专业化分工与协作中，应该以自然生产环节，即农户经营外的联合作为农业分工协作的重要形式。① 这正是农业上组织制度创新的立足点所在，农民专业合作社也正是基于这一立足点定义的。

农民专业合作社不仅是推进现代农业建设的有效组织形式，也是创新农村经营体制的重要途径，更是重要的微观组织制度创新。

（二）农民合作社是对市场交易的替代

按照科斯原理，市场交易是有成本的，降低市场交易成本的办法就是将外部市场交易内化为企业内部流程，企业所起的作用就是对市场交易的替代。农民之间的合作实质也是实现对市场交易的替代，依然遵循着制度经济学原理，所不同的只是这种替代形式被赋予了自身的特点和规律。

1. 科技及商品经济的发展带来了农业专业化分工的深化。 随着科技工业产品不断投入农业，农业生产的各环节不断分化，并从整个生产过程中不断独立出来。农业生产的专业化不仅在横向上体现在生产品种单一，还在纵向上体现在不同环节服务的专业化上。

以设施农业为例。设施农业具有劳动、资本、管理、技术密集的特点，集成了很多新的生产要素，代表着现代农业的发展方向和特征，其分工及市场交易变化状况更显著、更具代表性。比如蔬菜大棚生产，在该种植方式发展初期，整个生产活动几乎由农户自己解决，包括大棚建设、施肥、耕翻土地、育苗、移栽、生产管理、采摘、销售等，现已分化出专业的大棚建设公司、专门的育苗企业，耕翻、移栽有专业的队伍，销售有专业的收购市场，农户则专门从事生产管理和销售。

大田生产也是如此，小麦、玉米、水稻等主要农产品的耕、种、收都分别由专业公司负责，农户主要从事管理活动。

① 李瑜：《中国农户经营组织化研究》，中国社会科学出版社，2008，第57页。

2. 分工的深化带来交易量和费用的增加。 农户商品化率和专业化程度的提高，带来了生产效率同步提高、生产规模的扩大及交易量和交易频率的增加。以设施农业的大棚蔬菜生产为例，在 20 世纪 90 年代刚刚起步时，大棚规模一般长 60 米左右，宽 7 米左右，种植面积约 400 米^2；现在，一个农户可以种植的大棚长度可达 200～300 米，甚至更多，棚内宽度也增加到 15 米以上，实际种植面积会达到以前的十几倍，加之现在的品种生产能力和大棚的保温性能都优于以前，产量远远不止十倍。由此，农户相对于之前，不得不花费更多的时间、精力和资金去收集信息、谈判、签约和监督合约执行，从而增加了市场交易成本。

由于新科技的引进应用和管理的日趋精细化，农业工序进一步细化分解，如新的化肥、农药和其他生产资料品种不断增加，很多过去混合使用的微量元素被作为种种单品肥料销售和使用；生物调节剂、生物农药和生物防治病虫害制剂等成为不同功效的系列产品，产品交易频次由产量的提高大幅度增加，有些精细品种，如小黄瓜、小西红柿等在生产时期几乎是天天采摘天天销售。

交易范围扩大和交易频率提高的结果必然是市场交易费用的增加。

3. 农民合作社具有对市场的替代作用。 首先，合作社是一种企业，农民合作社也是一种企业。多数西方学者认为，合作社是"利用者共有企业"。

我国学者也提出了基本相同的定义：农民专业合作社就是农民拥有和农民控制的公司。[①]

单纯从经济学意义上去理解，农民合作社就是一个独立的企业，其目标也是增加收益。我国也将农民合作社定义为经济组织。《农民专业合作社法》规定，农民专业合作社是互助性经济组织，并且规定设立农民专业合作社，应当向工商行政管理部门提交文件，申请设立登记。这说明国家将农民专业合作社列入了工商企业类管理范畴，不过是将其作为一种特殊的企业类型对待。黄祖辉认为，合作社与社员的关系既不是完全外包的市场交易关系，又不是完全内化的科层治理的企业关系，而是介于两者之间的市场与科层相结合的产业组织关系。它是一种兼有企业和共同体双重属性的社会经济组织。[②]

合作社和公司制企业在追求经济效益这个方向上是一致的，如果说合作社与公司制企业有什么本质不同，主要表现在目的和手段上，合作社以服务成员

---

① 刘文璞、杜吟棠、陈胜华：《合作社：农民的公司——瑞典考察报告》，《中国农村经济》1997 年第 2 期，第 75 - 79 页。

② 徐旭初：《农民专业合作社发展辨析：一个基于国内文献的讨论》，《中国农村观察》2012 年第 5 期，第 2 - 12 页。

为宗旨，以谋求全体成员的利益为目的。其赢利方式主要是通过对成员的服务使成员利益最大化，合作社所开展的经营活动只是一种服务行为，所形成的收益扣除费用后还要分配给成员，其赢利活动只是一种服务成员的手段。公司制企业则通过企业自身利益的实现，增加作为投资者股东和社会的利益。

其次，合作社通过内部交易实现市场代替，从而有效节约交易成本。农民组建合作社的目的就是通过实现联合的规模优势，节约交易成本，增加经济效益。尽管有学者提出合作社的产生发展是农业发展到一定阶段的产物而非成本节约的结果，更不是"企业替代市场"理论产生以后的现象，当然这是从农业的历史发展过程去分析的，也是正确的。但合作社所具有的节约市场交易费用的功能也是显而易见的，农民加入合作社的目的也在于此。

我们熟知，能够组织小规模农户对接大市场是合作经济得以生存和发展的重要依据，然而，即使已经摆脱了传统意义上的小农生产而步入集约化经营的现代农业国家，其合作社制度仍然富有生机，其中的原因是什么呢？孔德春认为："一个社会之所以选择这种经济组织制度而不是另一种制度，是由这种制度的交易费用高低所带来的社会效能决定的。"[①] 在给定环境条件下，一种经济组织的组织形式或治理结构，使生产和交易成本之和最小化，这些成本最小的组织形式便成为该领域内处于优势地位的组织形式。[②] 合作社得以长盛不衰的原因就在于其节约交易费用方面的优势。

威廉姆森（Williamson）认为，合作组织在交易费用理论中，与其他纵向组合形式相同。单个农民进入市场，将面对高昂的交易费用，且容易受中间商压价而进一步丧失经济利益，农民很难预测其经济绩效，换言之，他们面临着信息不对称问题。合作组织通过加工——供应链中的整合，使本来在市场中发生的交易内化为合作社内部的活动，并通过规模经济改善了买方垄断的市场结构，节约了交易费用，增加了农民收入。[③]

农业合作社是一个非常巧妙的系统，它将农户纳入其中，又使生产和经营在相互联系的基础上截然分开，将监督成本高昂的生产环节交由农户负责，合作社则专注于经营环节，充分发挥了两个优势，这是作为其他形式的纵向一体化，如工商资本企业一体化等所做不到的。因此，合作社的优势不能简单孤立地被认为是在经营环节节约市场交易费用，它是农户有效节省监督成本和通过

---

① 孔德春：《对合作社理论的再思考》，《中国合作经济》2010 年第 12 期，第 56 - 57 页。

② 刘丽、吕杰：《新型农业经营主体的制度比较——基于交易费用理论》，《改革与战略》2015 年第 10 期，第 97 - 100 页。

③ 刘颖娴：《对农民合作社及其产权安排的研究综述》，《重庆科技学院学报（社会科学版）》2008 年第 7 期，第 72 - 73 页。

合作降低市场交易成本的有机统一。

　　合作社所发挥的作用和其他类型企业的交易费用节约方式一样，就是将外部市场的交易变为内部交易，即农民加入合作社，由合作社统一对外，从而减少了农户与外部市场的交易，也就节约了交易成本，合作社由此实现了对市场的代替。

第四章

农民专业合作社发展现状、
存在问题及原因分析

自《农民专业合作社法》颁布以来，我国合作社如雨后春笋，获得了长足的发展，可以说成绩斐然。但由于合作社起步晚，发展经验不足，发展速度和质量脱节，导致出现了一些不规范问题，制约了合作社整体水平的进一步提升，甚至成为制约现代农业发展的瓶颈。要想解决这个问题，首先要先弄清其中存在的问题，并找到形成问题的原因，这样才能为最终问题解决找到方向和出路。

第一节　农民专业合作社发展现状

农民合作社是重要的农业生产经营组织形式，是提高农民收入、促进农村经济发展的重要载体，也是促进农村区域经济持续稳定发展的持久动力，在现代农业发展中发挥着不可替代的作用。

当今世界，无论是发达国家，还是欠发达国家，其农业凡是受市场经济支配的，都存在农民的合作组织，并且这种组织在经济社会中扮演了重要角色。[①] 作为我国新型农民合作经济组织的重要组织形式——农民专业合作社，其预期功能也被广泛认同。

农民合作社在我国日益得到党和政府的高度重视，从 2003 年实施《中华人民共和国农业法》以来，党中央从 2004 年至 2022 年已连续发布了 19 个以"三农"为主题的中央 1 号文件，彰显了"三农"问题在现代化建设中的重中之重地位以及中央解决"三农"问题的决心。这些中央 1 号文件都对合作组织发展进行过部署，其中 2013 年中央 1 号文件明确提出，"农民合作社是带动农

---

① 黄祖辉：《农民合作：必然性、变革态势与启示》，《中国农村经济》2000 年第 8 期，第 4－8 页。

户进入市场的基本主体，是发展农村集体经济的新型实体，是创新农村社会管理的有效载体"。人们对合作社在稳定和完善农村基本经营制度、创新现代农业经营体系、发展现代农业社会化服务体系等方面的重要组织载体作用已达成共识，由此农民专业合作社发展也取得了很大的进展。

自 2007 年《农民专业合作社法》正式实施以来，农民专业合作社发展进入"快车道"，其数量和参加人数与日俱增。截至 2021 年 9 月底，在我国市场监督管理部门依法登记的农民专业合作社有 223 万家，平均每个村有约 4 家合作社。农民专业合作社在提高农业生产效率、增加农户收入、带动小农发展、完善社会化服务、创造就业机会、助力脱贫攻坚、促进农村社区发展等方面取得了一定成就。

农民合作社在我国虽然发挥了一定作用，但在发展过程中也存在诸多不尽如人意的问题。如国家鼓励发展农民合作社的初衷是要解决一家一户的传统农业原子化、分散化问题，以期通过合作社的建立形成发展合力、扩大生产规模，更有效地联结小农户对接大市场，但合作社发展的路径并没有遵循国家对农民专业合作社发展所设计的集约化、组织化、专业化、社会化发展的既定目标前进，严重制约着农业的转型和升级。

中国农业大学何秀荣教授曾指出，政策鼓励合作社，然后我们就冒出大堆合作社来，仔细一看大概 80% 以上的合作社是假的，所谓的合作社，它可能是另外一个徒有虚名的、没有实质性活动的组织。[1]

有《半月谈》记者指出，当前我国农民合作社发展"多而不规范"的问题较为严重，多数合作社沦为"空壳社"。

孔祥智认为："能够对成员有明显带动作用的合作社大体只占总数的 1/3 左右，基本没有发挥作用或者已经趋于倒闭的占 1/3 左右，剩下的 1/3 介于两者之间。"[2]

原国家工商管理总局调查数据显示，陕西省凤翔县的合作社"如果采取自主年报的方式，年报率可能下降到 30% 左右，由此推测未申请年报的空壳率在 70% 左右。"宁夏回族自治区固原市原州区经管站调查发现，2016 年在农经部门登记的合作社有 517 家，其中规范运营的占 30%，"半死不活"的占 40%，空壳的占 30%。实际上这个比例应该还高，因为在工商部门注册登记后，只有那些相对比较好的农民专业合作社才到农经部门再登记备案。[3] 2013

---

① 刘老石：《合作社实践与本土评价标准》，《开放时代》2010 年第 12 期，第 53 - 67 页。

② 孔祥智：《对农民合作社的非议从何而起》，《人民论坛》2019 年第 4 期，第 64 - 66 页。

③ "促进农民专业合作社健康发展研究"课题组：《空壳农民专业合作社的形成原因、负面效应与应对策略》，《改革》2019 年第 4 期，第 39 - 47 页。

年 8 月辽宁省农业科学院与沈阳农业大学在辽宁省的一项联合抽样调研数据显示，运营和管理规范的合作社仅占全省合作社总数的 10.19%。[①]

熊万胜从组织性、农民性和合作性三个维度分析考察，发现大多数合作组织都处于"名实分离"的状态。[②]

笔者也非常认同上述专家学者们的结论。笔者在多年农业执法工作实践中发现，在农业事故矛盾纠纷调处中，有被投诉的合作社，但几乎没有合作社代表农民维权和投诉，说明合作社发挥的作用非常有限。从实际调查和了解看，即使当前正在运行的农民专业合作社，也主要是以公司形式运作。

一些学界与业界人士甚至质疑中国是否有真正的合作社[③]，有的专业人士不无担忧地提出："合作社原则，最后还能坚守什么？"[④] 有的学者更质疑道："为什么精心设计的制度在实践中未能很好地付诸实施？"[⑤] 邓衡山等曾严肃地指出："绝大多数合作社名实不符和部分合作社名实不符是两个性质截然不同的问题。后者只是关乎合作社的质量问题，如果其原因在于不恰当的政策支撑，只要适当调整政策就能够去伪存真；但前者，则可能关乎中国究竟有没有合作社发展的适宜条件的问题，事关合作社在中国的前途。"[⑥] 有学者就合作社的发展去向，提出"中国农民合作社又走到一个新的十字路口"[⑦]。

面对当前存在的大量"空壳社""僵尸社"和"异化社"等问题，我国合作社确实到了新的路径选择和非治理不可的程度。

同时，随着我国经济由高速增长向高质量发展的转型，农民专业合作社"先发展、后规范"的追求数量的发展方式已不可持续，农民专业合作社必须迅速转移到高质量发展的轨道上来，以适应现代农业发展要求。

① 周腰华、潘荣光、葛立群等：《构建新型农业经营体系的思考与建议》，《辽宁农业科学》2016 年第 6 期，第 53-55 页。

② 熊万胜：《合作社：作为制度化进程的意外后果》，《社会学研究》2009 年第 5 期，第 83-109 页。

③ 邓衡山、王文烂：《合作社的本质规定与现实检视——中国到底有没有真正的农民合作社？》，《中国农村经济》2014 年第 7 期，第 15-26 页。

④ 潘劲：《中国农民专业合作社：数据背后的解读》，《中国农村观察》2011 年第 6 期，第 2-11 页。

⑤ 赵凌云：《农民专业合作社不规范运作问题探析》，《中共南京市委党校学报》2010 年第 4 期，第 104-108 页。

⑥ 邓衡山、徐志刚、应瑞瑶、廖小静：《真正的农民专业合作社为何在中国难寻？——一个框架性解释与经验事实》，《中国农村观察》2016 年第 4 期，第 72-83 页。

⑦ 徐旭初：《农民专业合作社发展辨析：一个基于国内文献的讨论》，《中国农村观察》2012 年第 5 期，第 2-12 页。

第二节　当前合作社存在问题及直接原因

一、农民专业合作社存在问题的具体表现形式

当前农民专业合作社所表现出的问题大体有五种表现形态，分别是"空壳社""休眠社""异化社""不规范合作社""非农民专业合作社"。

"空壳社"，即空壳合作社，或称"皮包社"，是指登记注册以后，仅有公章和牌照，甚至连真正的办公经营场所都没有的合作社。

"休眠社"，或称"僵尸社"，是指处于长期停业状态的合作社。

"异化社"是指向其他农业经营主体变异或已变异成其他农业经营主体的合作社，有的学者称其为"假合作社"。

"不规范合作社"是指没有严格按照《农民专业合作社法》要求运行的合作社。

"非农民专业合作社"是指不属于《农民专业合作社法》规定的范围、具有其他合作性质的合作组织。

以上每种具体表现形式的问题又都对应着一定的形成原因。

(一)"空壳社"

"空壳社"和"休眠社"往往容易混淆，都属于一种不经营状态，但两者之间的办社动机和出发点有所不同。"空壳社"往往是建立在一种非正常目的基础上形成的，自始就不是想建立真正的合作社。它有两种促成原因：一是为获得政府资金扶持而注册的合作社。当得知成立合作社能得到政府资金扶持或看到其他合作社已得到政府资金扶持时，本着"有枣无枣打一杆"的想法，几个人加上家庭成员一起，有的则纯是家庭成员和近亲属注册合作社。当合作社注册后，难以获得政府资金，这些合作社就一直没有发展，徒有虚名。二是为完成基层政府下达的考核指标而成立的合作社。由村级组织负责人出面通过借用农民身份证直接办理注册手续。显而易见，这样的合作社根本没有运行的可能。

还有一种形式，就是一个单位挂多个牌子，实际运营并不是以合作社方式，其财产也不在合作社名下，合作社仅是一个招牌和摆设。

(二)"休眠社"

这种合作社形成的原因是在合作社运行过程中，由于各种原因无法坚持下去而长期停业。这种合作社占当前不运行合作社的主要部分。调查发现，这些合作社的办社初衷是正确和积极的，就是想通过组织农民，扩大标准化生产规模提高知名度，创造品牌，提高收益。有的合作社理事长在《农民专业合作社

法》公布之初就先于政府部门的工作人员外出参加各种形式的培训交流活动，并率先抢注合作社，但现实与理论和理想之间存在很大的差距，最后不得不陷入休眠状态。

（三）"异化社"

异化是个哲学概念，是指主体发展到一定阶段，分裂出自己的对立面，变为外在的异己的力量。如西欧封建制度下产生的资本主义制度。

合作社原则是合作社的本质体现，也是合作社的行动指南。针对农民专业合作社的"异化"，是指在合作社发展实践中，合作社由发起企业或大股东控制，普通社员的利益不能得到改善，偏离合作社的本质，背离最初法律设定而转向其他组织类型的一系列倾向和现象。

很多学者对"异化社"进行了研究，如张晓山（2009）[①]、熊万胜（2009）[②]、潘劲（2011）[③]、林坚和黄胜忠（2007）[④]、郭红东和张若键（2010）[⑤]、赵晓峰和付少平（2015）[⑥]、冯小（2014）[⑦] 等，发现在"公司＋农户""经纪人＋农户"或"市场＋农户""大户＋小户"等模式中，合作社被公司、大户等个别成员控制，真正的小生产者无论在生产决策还是利润分配上都少有控制权。一些合作社实际上只是农业企业的另一块牌子。因此，将其称为"翻牌合作社""大农吃小农"等。

应该说，"异化社"和"休眠社"二者同源，在办社之初都是为了发展合作社而建立，只是由于现实的条件环境发生了分离。导致"异化社"形成的原因主要是在激烈的市场经济环境竞争中，一些具有经营能力的合作社负责人为适应现实市场条件的需求而求得生存，及时调整运行方式，逐步放弃了合作社制度。当然，也存在极少部分由投资者所有的企业经过包装，注册为合作社，即假借合作社之名专为获取国家财政扶持和逃避税收政策而创立。

（四）"不规范合作社"

当前我国能够真正按照法律规范运作的合作社少之又少，大体都不同程度

---

① 张晓山：《农民专业合作社的发展趋势探析》，《管理世界》2009 年第 5 期，第 89 - 96 页。

② 熊万胜：《合作社：作为制度化进程的意外后果》，《社会学研究》2009 年第 5 期，第 83 - 109 页。

③ 潘劲：《中国农民专业合作社：数据背后的解读》，《中国农村观察》2011 年年第 6 期，第 2 - 11 页。

④ 林坚、黄胜忠：《成员异质性与农民专业合作社的所有权分析》，《农业经济问题》2007 年第 10 期，第 12 - 17 页。

⑤ 郭红东、张若键：《中国农民专业合作社调查》，浙江大学出版社，2010。

⑥ 赵晓峰、付少平：《多元主体，庇护关系与合作社制度变迁——以府城县农民专业合作社的实践为例》，《中国农村观察》2015 年第 2 期，第 2 - 12 页。

⑦ 冯小：《农民专业合作社制度异化的乡土逻辑——以"合作社包装下乡资本"为例》，《中国农村观察》2014 年第 2 期，第 2 - 8、17 页。

表现出不规范现象，如组织机制不健全，民主管理形式化；股权设置不规范，股权结构不合理；财务制度不健全，盈余返还难实现；生产经营不规范，合作社业务待发展等。这些"不规范"现象只是在具体运作上缺乏规范性，并没有使合作社脱离其本质规定性，也就是其核心内涵始终没有改变，即成员民主控制，盈余按交易额返还，资本报酬有限。① 不规范合作社仍然属于合作社范畴，这些合作社只要客观条件发生有利于其规范的改变，很快就能实现规范。

需要注意的是，由于"不规范合作社"存在不按《农民专业合作社法》规定运作的行为，并在经营方式上和盈利手段上与"异化社"非常相像，很容易与"异化社"相混淆。这两类合作社的区分既困难又容易，如果用定量方式去区分则难，用定性方式则易。"不规范合作社"即使再不规范，但其宗旨是为成员服务，为全体成员谋求利益，所以其本质属于合作社。

如何区分"异化社"和"不规范合作社"，或者说假合作社和真合作社呢？专家学者从不同的角度提出了自己的观点：原则论、身份论、企业论、交易额论等，但最根本的一点就是"所有者与惠顾者同一"。② 所有者即合作社社员，合作社作为社员的共同所有组织，社员对其进行民主管理并具有索取剩余财产权。惠顾者即顾客，这是合作社制度相对于其他组织形式的特殊安排。其他组织的所有者不一定必须购买该组织产品和向该组织销售产品，但合作社存在的前提就是成员购买合作社的产品和向合作社销售自己生产的农产品，这既是合作社成员的义务，也是其责任，否则合作社将不复存在。

（五）"非农民专业合作社"

现在还有很多合作组织，例如社区股份合作社、社区土地股份合作社，以及土地合作社、农机合作社、资金互助合作社，还有已经行政化了的农村信用合作社、供销合作社等。这些合作社虽具有合作性质，但不属于《农民专业合作社法》所规范的范围，在实践中这些合作社往往与农民专业合作社难以区分，混为一谈，进一步混乱了人们对合作社概念的认识。因此有学者认为，中国农民专业合作社在理论研究中存在概念"泛化"问题。③

二、分析农民专业合作社存在问题的根本依据

合作社的本质规定性是农民专业合作社具体问题分析的逻辑起点，合作社

---

① 潘劲：《中国农民专业合作社：数据背后的解读》，《中国农村观察》2011年第6期，第2-11页。

② 邓衡山、王文烂：《合作社的本质规定与现实检视——中国到底有没有真正的农民合作社？》，《中国农村经济》2014年第7期，第15-26页。

③ 马彦丽、黄胜忠：《农民专业合作社：理论研究中的泛化和实践中的异化》，《新疆农垦经济》2013年第8期，第7-12页。

的本质规定性来源于合作社原则，这是合作社区别于其他经济和社会组织的本质特征。世界上公认的合作社原则是在罗虚代尔先锋社原则的基础上经国际合作社联盟代表大会确定的。

在过去的 100 多年里，国际合作社界所公认的罗虚代尔原则先后经历了 1921 年、1937 年、1966 年和 1995 年四次修订。

虽然随着世界形势的发展变化，市场经济深化，合作社原则几经修订，但核心原则一直被保留和继承。1995 年，国际合作社联盟第 31 次联大将合作社原则确定为七项内容，即自愿和开放的社员、社员民主管理、社员经济参与、自主和自立、教育培训和信息、合作社间的合作和关心社区。国际合作社联盟认为，在这七项原则内容中，头三项原则是各合作社内部所拥有的典型特征。[①]

我国《农民专业合作社法》完全承袭了国际合作社联盟所确定的合作社原则精神，只是我国农民专业合作社规定的原则内容减少到了五条，即成员以农民为主体；以服务成员为宗旨，谋求全体成员的共同利益；入社自愿、退社自由；成员地位平等，实行民主管理；盈余主要按照成员与农民专业合作社的交易量（额）比例返还。原则内容的减少主要是为了把更大的空间留给合作社的社员。减少的原则内容，如关心社区等，根据我国国情实际无需法律规定就现实存在。

三、合作社存在具体问题的直接原因

关于合作社存在问题的原因，已有很多学者和专业人士进行了大量的分析，主要集中在《农民专业合作社法》的执行和政府扶持政策方面，包括登记注册门槛过低、监督管理缺乏规定、规制理念偏差与扶持政策诱变等。

（一）"空壳社"和"休眠社"形成的原因

很多人把"空壳社"和"休眠社"大量存在的原因归结为合作社注册登记门槛过低。根据我国《农民专业合作社法》和《农民专业合作社登记管理条例》的规定，设立农民专业合作社的门槛非常低。一是成员人数少，要求至少有五名以上的成员组成。二是工商管理部门审核合作社申请注册登记只凭其提供的纸质材料，不进行实质性查验审核。在《农民专业合作社法》修改后，才增加了对"向登记机关提供虚假登记材料或者采取其他欺骗手段取得登记的"制约措施条款。三是对成立合作社无出资限制，且对申请注册登记所提供的注

---

① 应瑞瑶：《论农业合作社的演进趋势与现代合作社的制度内核》，《南京社会科学》2004 年第 1 期，第 13－18 页。

册资金情况不进行验资。四是登记不收取任何费用，且登记速度快，只要申请材料齐全、符合法规要求形式，可予以当场登记并发放营业执照。可以说，注册登记合作社无出资限制、不验资、不实地考察、不收费，基本上只要出具一些格式性的材料，就可以注册一个合作社，合作社注册可以说是零成本。这为合作社无节制的注册登记敞开了大门，农民内在的扶持政策获利动机加上基层政府的考核推动，更成为空壳合作社泛滥的直接动因。从实际看，登记门槛过低确实与这种现象的发生有很大的关系。

（二）"异化社"形成的原因

"异化社"产生的原因主要可以两个方面分析。一是政府扶持政策的诱变。《农民专业合作社法》规定了很多扶持合作社发展的措施，包括财政、税收、金融、信贷等各种政策手段。但基层政府在扶持政策的具体落实上，则倾向于扶持那些"大、强、优"的合作社。按照各级示范社的标准，几乎都强调"民主管理好、经营规模大、服务能力强、产品质量优、社会反响好"五项内容。而民主管理虽然属于最主要考核条款，但难以进行具体衡量，其他四项则直接可以量化。所以，除了普惠制的农产品税收等优惠政策外，各类农业项目的申请及奖励都集中于规模大的合作社。对基层政府来讲，这样做也是一种最佳选择：对面广量大的合作社采取普惠制措施，对合作社整体发展来说起不到多大激励作用；选择大而强的少数合作社进行扶持，减少了项目及扶持的实施成本，放大了实施效果，凸显了政府绩效。

农民合作组织本质上是由弱势产业的弱势群体组成的组织，农民之间组织合作社的内在原因就是通过联合形成规模优势来对抗资本的盘剥。尽管农民采取了合作组织形式，但无法改变农产品的公共属性及农业自然风险和市场风险等因素共同影响的弱质产业性质，而建立在这种产业基础上的农民组织也必然是一个弱势的组织。正因如此，对农民合作社进行扶持成为世界各国通行的做法。

市场经济制度本身是一个非常适应和有利于资本发展的制度。当合作社异化为企业形式的所谓"合作社"时，它会比规范的合作社具有更大的生命力和竞争力，二者之间的差异就像驯化了的动植物和野生动植物之间那样大，农民组织根本不是资本组织的对手。本来农民合作组织就是弱势，政府政策在无意中又支持了资本，试想，合作社怎么能不"异化"？真正的合作社又如何发展？

二是《农民专业合作社法》对合作社异化现象缺乏硬性的约束性规定。法律上既缺乏认定"非合作社"的标准，也没有明确合作社执法监管的部门，更没有规定对异化现象的制裁措施。

（三）"不规范合作社"形成的原因

"不规范合作社"的形成是多种综合因素共同作用下的结果，包括政策优惠的诱惑、合作社治理监管的缺失，以及各级政府对合作社数量考核压力等。但最终归结为与"先发展后规范""重数量轻规范"的数量增长方式的规制理念偏差有关，应该说是由合作社发展的大制度环境决定的。不过，随着我国经济向高质量发展的转型，政府不断出台规范合作社发展的意见，合作社发展的理念向质量型转变，这类合作社就会规范化运作起来。

（四）"非农民专业合作社"形成的原因

"非农民专业合作社"一般由两种原因导致。一是与其他类型合作组织相混淆，最典型的就是与农村社区类合作组织相混淆。农村社区类合作组织是我国特有的一种经济组织形式，这类合作组织作为人民公社解体以后的社区合作遗产而存在，虽然农村社区的合作组织被称为"社区合作社"，但这类组织的成员资格是以村民资格而取得，不存在进入和退出问题。此外，这类组织所进行的业务与农民的生产经营活动没有必然联系，农民虽然从中受益，但并不必然是该组织的参与者。这种组织的本质是一种农村集体经济组织形式。在国家缺乏专门法律规定的情况下，其被笼统地称为合作社，特别是在农民专业合作社发展还很不规范的情况下，很容易混淆，进一步增加了合作社总体状态上的不规范感。二是近几年在全国发展较快的"土地托管合作社""农业机械合作社"，也不具有"使用者与惠顾者同一"的规定性，所谓的合作社社员不再是独立的生产者，也不与合作社进行交易，社员获得的是土地租金收入或投资股金分配。土地合作社本质上是一个土地流转平台。再就是农机合作社，如果不从事土地托管业务，基本就是一个纯公司性质的组织。

四、对合作社问题产生原因的再分析

（一）对"空壳社"和"僵尸社"产生原因的再分析

"空壳社"和"僵尸社"产生原因普遍被认为是注册登记门槛过低，如此的解决思路就是提高注册登记门槛。从表面上看，这一问题解决方式是可行的和直接的，当然对"空壳社"和"僵尸社"的控制肯定也会大有成效。但如果再进一步分析将会发现，这一措施是个治标不治本的办法，不能有效地从根本上解决问题。试想，无论注册登记的门槛有多高，只要预期收益大于合作社注册登记成本，就无法阻止"合作社"的登记，特别是那些利用合作社招牌而仅为获得政府农业支持项目的经营者。而那些真正想建立合作社的农民却由此成了直接的受害者。在市场经济条件下降低市场准入门槛，降低市场交易费用，是制度经济学的基本内容。放宽合作社注册登记条件，是政府减轻农民负担、节约合作社开办成本、变相增加农民收益的一项有效的惠民措施。国内外合作社的普遍做法都为农民加入合作社设置了较低的门槛，甚至不设置任何门槛。因此，想通过提高准入门槛来阻止"空壳社""僵尸社"的形成，既难以实现也不符合市场经济发展规律，同时，不符合国际惯例，更与我国加快建立和完善市场经济制度、积极推进"放、管、服"改革的要求相违背。

只有合作社发展环境治理好了，才不至于在主观上有意造成"空壳社"，而不仅是通过提高准入门槛来限制"空壳社"的产生。

（二）"异化社"产生原因的再分析

"异化社"产生原因的众多矛头指向了监管不力，进而指向《农民专业合作社法》缺乏惩处条款。对此问题的解决寄希望于通过立法制定制裁措施以阻止合作社的异化倾向。持这一观点的人不在少数，人们曾对《农民专业合作社法》的修订充满期待。当新修法公布后，人们发现并没有增加对此采取制裁的条款，从而打消了通过制裁措施解决"异化社"问题的念头。

实际上，想通过立法来解决合作社的异化问题是不可能的。当然，《农民专业合作社法》设立关于损害合作社原则行为的罚则条款是必要的，否则在缺乏应有的法律约束力情况下必然是法将不法了。

但如果法律仅有"堵"的约束措施，而没有"疏"的畅通渠道，合作社还会走向其他方向。当前的农民专业合作社中存在一个很重要的问题，就是不论是"公司＋农户"还是"大户＋小户"型合作社，作为合作社的牵头人或者组织者的大股东成员，投入的资金、管理和交易及社会关系等各要素显著大于一般成员。对于合作社内部要素的严重不平衡性，学者们称之为"异质性"，并将其认定为合作社"异化"的原因。特别是其中最难以计量的合作社企业家的贡献和报酬挂钩问题。如果"合作社企业家能力与合作社绩效之间具有明显的正向相关关系"[①] 这一问题解决不了，自然他们与一般农户的利益分配也成了问题。自 20 世纪 90 年代农业产业化提出以来，企业与农民的利益联结机制就备受关注，到现在也没有明确的方案。因为这是市场行为，不是政府和人为能解决的。现在农民专业合作社所表现出的异化现象，实际就是农业产业化利益联结问题的外在反应。

再就是将合作社异化现象的形成归咎于地方政府对农民专业合作社的扶持政策诱变的结果。这是多年来支农项目备受诟病的主要原因。对政府扶持政策的质疑和对获得支农项目的合作社的非议是一个问题的两面，原因是其"使得

---

① 彭莹莹、苑鹏：《合作社企业家能力与合作社绩效关系的实证研究》，《农村经济》2014 年第 12 期，第 110 - 115 页。

一些不符合条件的合作社承担了农业农村建设项目或者享受了政策优惠"①，接受了相应的项目资金或补贴。问题是，接受了政府扶持的合作社毕竟是少数，更多的合作社并没有获得各种特殊补贴和优惠，由此走向了异化之路。

早在我国实施《农民专业合作社法》之前，自发成立的各种形式的合作社就已存在，"在许多方面背离了合作社的基本原则，他们中的绝大多数并不是真正意义上的合作社，而是异化了的合作组织"②。这说明政府扶持政策的诱变不是主要原因，假设政府停止这种扶持政策的执行，也不会终止合作社的继续异化，由此无法说明政府扶持政策是导致合作社异化的直接原因。

同时，不论是"空壳社""僵尸社"还是"异化社"，相信绝大多数合作社的开办初衷都想办成规范的合作社，蓄意办成假合作社的毕竟是少数，大多数偏离行为是在其运行过程中发生的。

(三)"非农民专业合作社"产生原因的再分析

"非农民专业合作社"产生的原因比较直接，主要是由于其他类合作社存在法律缺失，可通过另立法规予以调整和规范，使其与农民专业合作社形成清晰的类别划分，防止造成人们对各种合作组织概念和认识上的混乱。

同时，对于那些不属于合作社范畴的如土地托管合作社、农机合作社等，其形成原因不是合作社本身的问题，而是由于我国合作社还处于起步阶段，合作社普遍规模小、功能少，功能不够完善，这类合作社填补了当前农民专业合作社功能上的欠缺，待我国合作社发展总体进入成熟阶段后，合作社本身就会具有这些功能，这类合作社就会失去存在的空间。

第三节 合作社存在的内在问题及其外在原因

合作社所表现出的具体问题，根本上是由其内在问题所导致的。当前合作社普遍存在成员选择不合作和合作社选择不规范等内在问题，而这些内在问题的产生，与对合作社扶持机制存在的偏差有很大关系。

一、合作社成员的不合作问题

合作社由于其投入要素的不同而形成了合作社成员的异质性。正因为成员异质性的存在，不同类型的成员从维护自身利益出发进而形成了各种方式的不

---

① 孔祥智：《对农民合作社的非议从何时而起》，《人民论坛》2019年第4期，第64-66页。

② 应瑞瑶：《合作社的异化与异化的合作社——兼论中国农业合作社的定位》，《江海学刊》2002年第6期，第69-75页。

合作行为。

（一）合作社成员异质化

在传统农民合作社发展阶段，合作社成员具有较强的均质性。由于传统合作社主要是一种劳动的联合，各合作社成员之间劳动能力差异不大，对合作社所投入的要素（包括入社投资及购买和销售合作社服务产品）的交易量比较均衡。但是随着经济社会发展特别是现代技术的推广应用和产品流通范围的扩展及合作社纵向一体化发展，合作社从简单的劳动合作转向多要素合作，从封闭运营转向开放运营的状态。合作社需要积聚的要素增多，而农民专业合作社内部成员的资源禀赋、经营规模、合作贡献、风险程度、个人能力、文化程度、参与水平等方面的差异及其利益诉求上的差别，使合作社成员之间的均衡状态被打破，出现了合作社成员之间异质性问题。随着合作社的发展，成员异质性程度不但不会减弱，反而还会增强，并不断向异质化方向发展。

异质性是一个遗传学概念，农民合作社的成员异质性是指有别于传统合作社成员特征的成员之间的特征差异化[①]，指不同参与主体的资源禀赋异质性，具体体现在资本资源、自然资源、人力资源和社会资源四个方面。合作社成员异质性的存在既可以通过激活各投入要素使之发挥巨大能力，对合作社发展产生积极影响，同时，也容易造成对合作社的负面效应。我国农民专业合作社由于发展时间不长，没有形成一套有效的要素激励机制，成员之间在资源禀赋上的差异导致了成员的要素投入、对合作社的贡献及所承担风险的不同，进而形成异质性的社员结构，最后形成了不同的剩余控制权和索取权，合作社的异化使合作社成员之间产生不合作态度。

我国农民专业合作社相对于其他国家具有更大的异质性。一是我国自实现家庭承包责任制以来已经发生了严重的分化，农户之间经营规模和经营水平及能力之间的差异出现了加大的趋势。另外，我国《农民专业合作社法》规定，"农业生产经营服务的提供者、利用者"可以加入合作社，尽管有"农民至少应当占成员总数的百分之八十""成员总数超过二十人的，企业、事业单位和社会组织成员不得超过成员总数的百分之五"的规定限额，以保证农民的合作社主体地位，但相对于世界上很多国家的纯农民组织特性，中国农民专业合作社具有成分多元的特征。这一规定虽然从我国农村的实际出发，考虑到农民种植规模小、资金不充裕的现实，企业等组织的加入能够起到带动及注入资本解决合作社筹资困难的作用，是一种从我国现实性出发比较务实的措施，但同时

---

① 邵科、徐旭初：《成员异质性对农民专业合作社治理结构的影响——基于浙江省 88 家合作社的分析》，《西北农林科技大学学报（社会科学版）》，2008 年第 2 期，第 5—9 页。

也等于给工商资本进入该领域开了方便之门，为资本控制合作社带来了一定的隐患。

合作社成员异质性具有相当的普遍性。牵头人控制、一股独大、一般成员参与而大户领办和控制的合作社，在一些地区已成为合作社的主要形式。浙江大学中国农村发展研究院对全国 442 家合作社调查发现，第一大股东出资额占农民专业合作社出资额的比例平均为 29.4%；有 25% 的农民专业合作社第一大股东的出资额所占比例超过 30%，有的甚至高达 100%。[①]

（二）核心成员的不合作

由于合作社成员之间资源禀赋及参与合作社程度不同的异质性存在，使合作社实际存在着核心成员与非核心成员（包括大农与小农、正式成员与非正式成员）的区别。成员异质性的存在虽并不必然导致合作社的少数人控制，但长期缺乏有效制约、被牵头人或少数核心成员控制的可能性大为增加。合作社完全由少数人说了算的做法，实际体现出的是少数核心成员采取的与合作社原则相背离的一种不合作行为。合作社被少数核心成员控制在我国是一种很普遍的现象，这也是有些学者怀疑"中国到底有没有真正的农民合作社？"的原因。[②]

从理论上讲，在合作社成员异质性要素的组成中，企业家人才资源的要素最为关键，或者说企业家人力资本最具稀缺性。同时，在农村作为同样具有资源稀缺性的资本多数也会由核心成员提供。潘劲认为，"产权的形成方式和结构决定了成员在合作社中的地位和相互关系"[③]。美国学者菲吕博腾等曾指出，"产权不是指人与物之间的关系，而是指由物的存在及关于它们的使用所引起的人们之间相互认可的行为关系，是一系列用来确定每个人相对于稀缺资源使用时的地位的经济和社会关系"[④]。这样就形成了核心成员的有利地位。

合作社在发展的早期阶段，由于在经营内容、市场竞争力、经济绩效及制度安排等方面不具有对职业经理人的吸纳能力，其发展经营过程中形成的核心成员自然而然地充当了合作社企业家的角色。企业家人力资本在农民合作社发展中最为关键，但弊病是，它和所有的人力资本一样，具有难以确定性，即无

---

① 张晓山：《农民专业合作社的发展趋势探析》，《管理世界》2009 年第 5 期，第 89—96 页。

② 张晓山、王文烂：《合作社的本质规定与现实检视——中国到底有没有真正的农民合作社？》，《中国农村经济》2014 年第 7 期，第 15—26、38 页。

③ 潘劲：《中国农民专业合作社：数据背后的解读》，《中国农村观察》2011 年第 6 期，第 2—11 页。

④ 菲吕博腾、配杰威齐：《产权与经济理论：近期文献的一个综述》，载 R. 科斯、A. 阿尔茨、D. 诺斯等：《财产权利与制度变迁——产权学派与新制度学派译文集》，刘守英译，上海三联书店，1991。

法准确地进行量化并不易以"事前全部讲清楚"的合约模式予以确定[①]，因为人力资本这一独特的产权特性，它天然地由其载体——个人所有，其经验、知识及其才能的所有权只能不可分地属于其载体个人，并且非激励不能使潜能发挥。合作社建立后实际为合作社企业家人才潜能的发挥开辟了空间，也等于在合作社内部形成了很大的治理盲区。

在农民合作社发展初期，合作社规模小、经营项目少、工作业务单一，在管理人员中实行的多是不计报酬、利用业余时间工作的荣誉职务制度。可以说各合作社在初创时期大多采取这种方式。但随着合作社与市场联系的日益紧密，特别是经营规模的不断扩大和新的业务领域的开拓，合作社负责人再继续采取这种不计报酬的服务方式显然是不可能的。但如何核算合作社企业家人力资本报酬却没有依据和标准，只能是由合作社核心成员自己来确定其"人力资本＋资金资本"的"盈余分配"方式。

笔者在和合作社负责人座谈时注意到，作为发起人，他们对合作社的组建与发展感慨良多，绝大多数合作社在当初组建时，发起人也都是信心满满，但合作社发展的现实要比想象的复杂得多。尽管领办了合作社，但却领不动农民，最后走上了由少数发挥关键作用的人组织运营之路。其实，那些纯粹为套取政府财政扶持和能够获取国家扶持项目的合作社毕竟是少数。主要还是受政府政策的鼓动，想通过组织和带领周围的农民集体闯市场、打品牌，提高大家的收入。

以合作社企业家人才为主要形式的核心成员地位的形成主要有以下原因：一是从总体上说，核心成员在能力、资本和社会资源方面都具有相对于其他一般成员的优势。其凭借优势领办合作社并占有主动，依托广泛的人脉关系可以创造出合作社发展所需要的环境，特别是能够优先争取到政府扶持。二是农产品市场供求关系的改变使具有营销能力的核心成员的重要性日益显现。20世纪90年代中期以来，我国农产品市场供求状况发生变化，由总体供给不足变为多种农产品结构性过剩，形成买方市场特征，农产品销售人才成为农村的一种稀缺资源，农村的这些"能人"作为发起人成了合作社发展的主要推动力量。三是现有农民专业合作社规模优势不明显，而作为营销型人才的核心成员的优势突出。国外成功农业合作社的规模优势非常明显，通过扩大合作与联合在某一行业往往处于垄断地位，其市场竞争能力和价格谈判能力很强。而我国当前的小规模合作社基本不具备规模优势，并且众多的小型合作社处于自我竞

---

① 周其仁：《市场里的企业：人力资本和非人力资本的特别合约》，《经济研究》1996年第6期，第71-80页。

争的状态，所以，具有销售能力的人才能够解决农产品销售难题，自然地位重要。四是合作社资金短缺强化了具有投入资本或筹资能力的合作社企业家的需求。合作社资金来源渠道非常有限，要想扩大服务合作事业，资金就成为继合作社企业家人才之后最重要的资源要素，因此，对合作社企业家的需求因其投资和筹资能力而得到进一步的加强。五是普通成员的合作能力和合作意识上的差异，强化了对合作社企业家人才的依赖。合作社发起人或者理事长等重要人员，一般都是较大规模的经营者，本身具有内在的能动性；其他普通成员一般经营规模较小，处于附和状态，合作意识不强，在对合作社企业家依赖的同时，也形成自我权力的让渡。"当治理规则还没有在组织之中规范确立，合作社特别容易被精英分子或首倡者内部人控制。"① 资源的类型和数量往往决定了拥有者所处的经济地位，由此也决定了制度选择时的特定动机和借助于合作所要实现的特定目的，也就决定了对特定制度形式的选择。

核心成员地位不断提高，但对其权力的内部约束却是空白，核心成员逐步做出更有利于自己的安排，合作社农民的联合演变成基于资本的联合，合作社的本质规定性丧失，合作社功能产生漂移。民主管理流于形式，成员之间那种自愿联合、共同所有和民主管理的合作关系不复存在，最后形成"选举不过是确认，讨论不过是告知，监督不过是附议"② 的局面，合作社失去了真正合作的意义。

当然，核心成员的不合作行为，从其产生的过程来看，也是一个理性选择。从合作社内部看，是成员间异质性演化过程中相互博弈的结果；从外部看，是核心成员抢占政策制高点、充分利用政策优惠的结果。

（三）一般成员的不合作

新制度经济学认为，一项新制度之所以能够产生，原因在于它能够带来潜在的收益，也就是它的收益大于为此付出的成本时才有可能产生一项新的制度。在现有制度下，如果无法获得已经认识到的某些潜在利益，行为者就会努力改变现有制度，通过创立新制度以获得在原有制度下得不到的利益，这就形成了改变现有制度的创新。党的十一届三中全会后所采取的家庭联产承包责任制就是为获得潜在利益而相对于人民公社体制的一种制度创新。农民专业合作社作为一种新的农村经济组织形式，也是一种为获得潜在收益而进行的制度创新。

① 崔宝玉、刘峰、杨模荣：《内部人控制下的农民专业合作社治理——现实图景、政府规制与制度选择》，《经济学家》2012年第6期，第85-92页。

② 徐旭初：《中国农民专业合作经济组织的制度分析》，经济科学出版社，2005，第204页。

从理论上讲，合作社创办的必要条件是总收益大于总成本，否则合作社建立不起来。但是，在合作社的潜在总收益超过总成本的情况下，合作社也不一定能产生。原因在于单个农户有自身利益需求，个人理性与集体理想不完全统一。

合作社的形成能够为农户带来许多潜在收益，但在实践中，合作社的产生和运行需要各种新的成本，并且合作社是一种组织成本高昂的组织形式，合作社的成本最终要由其成员买单。由于合作社异质性的存在，形成了合作社成员不同的收益结果，由此决定了不同的合作社成员在合作社制度创新上采取了不同的合作态度和方式。核心成员的不合作行为就出于这一原因。

合作社的成本可分为组建成本、运行管理成本和经营成本。对每一个成员来说，组建成本是一个相对固定的成本，运行管理成本虽然随着业务量的增加而有所增加，但增幅不大，只有经营成本随着业务量的增加而同比例上涨。

成本是所消耗资源的总称，并不是单纯指经济上的费用。合作社的组建成本和管理成本的组成虽因合作社规模大小、经营类别等不同而有所不同，但在合作社初创时期组建成本及正常运行后的管理成本中很重要的一部分是人力成本。因为合作社的"民办、民管、民受益"的农民自组织特性，使成员需要在诸多方面进行协商和讨论，以增强民主管理和监督。在这方面所付出的人力（精力）和物力，会分摊到每一个合作社成员头上。只有直接发生的经济费用才被摊销到业务经营的成本中。

发生在合作社组建和运行管理上的每一个成员的人力成本，并不和合作社交易量直接关联。一般的，随着农户生产规模的扩大，其参与合作社的民主管理和监督活动越多，付出的交易成本会相应增加，但并不是同比例增加，而是趋近一个定值，对合作社成员来说是一个相对固定的成本。当参加合作社的单个农户生产规模很小时，所得到的合作社对农户提供的各种服务而产生的规模效益就很小，特别是农户收益来源于与合作社的交易量，交易量越大，所获得的盈余分配越高。作为合作社成员的农户，对参与并谋求新的合作社制度建立的迫切程度取决于自己从合作社获得的收益减去付出成本所形成的最终潜在收益的大小。如果是正值，则选择加入合作社，正值越大积极性越高，参与度越高；如果是负值，则选择不加入，即使已经加入或"被加入"，也会选择"用脚投票"给予应付，或表示沉默。

我国普通农户的经营规模很小，多则十几亩至几十亩，经营几百亩上千亩的少之又少，我国国情决定不适宜农业大规模经营，很多农户还维持在农业家庭承包经营责任制推行时期的规模稍有发展的基础上。在这样的生产经营规模下，农户从合作社中获得的收益必然很少，因此，多数选择的是一种不合作行为，之所以做出这样的选择，是因为收益不抵人力成本付出。所谓"合作"，实则是一种市场交易关系。

目前尽管我国农民专业合作社总数已发展到 220 多万家，每个村达到近 4 家，但规模相对较小。其中未加入合作社的农户占一半以上。相对于西方合作社兴起较早的国家还有很大差距，这些国家的农户同时加入几个不同服务类型的合作社，合作社成员数量甚至大于农户数量。这与我国农民专业合作社发展起步晚有关，也与我国农民专业合作社发展不规范、农民获得的利益不明显有关。

未加入农民专业合作农户的理由或许更为简单：并没有看到已经加入合作社的农民得到他们预想的潜在收益，产品该怎么卖还是怎么卖，加入和不加入没什么大的区别，因此他们对合作社的态度漠然。

从以上分析可以看出，合作社成员的异质性容易导致核心成员和一般成员的不合作行为。但是成员异质性将是一个永恒的问题，不是中国现阶段独有，国外是这样，我国未来还会是这样。异质性导致成员不合作的现象的背后是各投入要素得不到有效价值界定而获取收益，使核心成员在更大自主权基础上形成的更多决定权，演变为核心成员控制合作社。进一步分析，即使具有一定经营规模和经营能力且各方面投入要素差不多的农户组建的相对同质的专业合作社，其成员也未表现出较强的合作欲望，而办成相对规范的合作社；或者具有相同水平和条件的农户自我主动寻求合作，克服成员因异质性而带来的问题，从而建立起成功的同质合作社，但事实是，这种情况并未发生。另外，是建设规范好合作社来解决成员异质性的问题，还是先解决好成员异质性后才能将合作社建设规范好？不言而喻，合作社办好了，这些问题才能得到较好的解决，例如农户土地经营规模小，合作社将为农户提供交易平台，帮助农户解决土地流转难题，并提供其他多方面服务，加快适度规模经营形成。包括最难以确定的合作社企业家贡献，也只能是在以合作组织为核心的经营体系建立后形成一个相对合理的标准，才得以衡量。

分析到此我们发现，成员异质性问题只是造成当前成员不合作行为的一个现实不利因素，是一个外因，而不是根本原因。真正的原因是，无论核心成员还是一般成员，都缺乏一种真正的"合作精神"。只有具有合作精神，才能够解决合作中的问题，而不至于因合作中的问题把合作冲垮。

二、合作社选择不规范问题

面对国际经济环境的变化和我国农业发展阶段实际，合作社的发展选择了一条远离《农民专业合作社法》要求的不规范的近路。

（一）合作社主动适应国际经济环境条件的发展变化

我国合作社发展不仅受本国环境因素的影响，还要主动适应国际环境的发展变化。自 20 世纪 70 年代开始，市场经济在世界范围内迅猛发展，传统的贸易壁垒被打破，社会经济环境发生了许多变化，如自由贸易区的建立、金融业的自由化等，特别是很多国家政府减少了对农业的扶持力度，这些环境及经济体制上的变化，对依附于这些体制的合作社而言，必然对其之后几十年来的发展形成冲击。同时，现代化通信手段的广泛应用、资本几乎不受任何限制和干预地在世界流动等，使合作社为了生存和发展，不得不做出适应性调整。具体地说，西方发达国家的合作社发展中面临着以下几方面的挑战：一是受到大型的跨国公司的冲击。20 世纪的最后 25 年，世界经济经过广泛调整，企业可以建立在世界任何一个地方，很多企业在政府的鼓励和支持下，为寻找最佳的投资机会和拓展业务走向了世界。信息产业的发展促使商品在世界范围内自由流动，灵活的生产制度、廉价劳动及资源在世界范围配置，并形成专业化的流水线作业，这种完全的资本经济状态对合作社价值理念形成了威胁和挑战。二是合作社之间进行了深度整合。随着农业在整个国民经济中的比重日益减少，各国政府受国际条约制约，不再愿意去调整与国民生活相关的经济的、社会的和法律的体制，政府减少了对合作社的扶持，促使合作社组织更加独立，并重新审视未来的发展策略和进入市场的途径，以新的联合方式去适应变化了的形势，为社员提供服务。在农业领域的合作社，经历了一场深刻的变化：合作社之间的大规模兼并，合作社数量的急剧减少和规模的迅速扩大，导致出现了一个产业向一个合作社发展的趋势。[①] 三是新一代合作社对传统经典合作社原则的冲击。发达国家的农业现代化始于 19 世纪末 20 世纪初，完成于 20 世纪七八十年代。[②] 农业现代化的实现使农业成为高度商品化和现代集约化的农业，而传统合作社以区域性农产品生产和销售为主要服务内容，这显然无法满足市场的日益扩大和延伸、市场对深加工农产品的需求增多以及加工增值空间甚至大于生产过程等各方面的需要，因此，自 20 世纪末北美等地首先兴起了"新一代合作社"，这类合作社通过实行纵向一体化经营模式，将生产、加工与销售融为一体，通过合作社自办及联办加工企业或参与加工及销售等形式实现增值服务。新一代合作社对合作社原则进行了变通，不再强调资本报酬有限和一人一票，甚至放弃成员开放原则，使之更加适应现代市场经济的竞争环境。[③]

---

①③　刘文璞、杜吟棠、陈胜华：《合作社：农民的公司——瑞典考察报告》，《中国农村经济》1997 年第 2 期，第 75 - 79 页。

②④　应瑞瑶：《论农业合作社的演进趋势与现代合作社的制度内核》，《南京社会科学》2004 年第 1 期，第 13 - 18 页。

对合作社做出适应性调整是世界性的，具有典型东亚模式的日本农协制度也顺应发展大势进行了大力改革。

众所周知，日本农协长期接受政府的巨额补贴，农协长期独享粮食专营权，对粮食特别是大米等农产品实行高额价格补贴，农产品市场不开放，农协经营享受税收优惠等。毫无疑问，日本农协的发展与这些外部因素有着密切的关系。但进入 90 年代后，由于农产品贸易自由化、经济全球化、国际化等宏观环境的变化，以及日本农业的发展和农协内部因素的变化，日本农协的发展面临着新的转折点。④农协的改革早已成为必然之势，2014 年 6 月，日本内阁会议通过《规制改革会议第二次报告》，对第二次世界大战以来制定的农业、农协制度进行了修改：通过农地归农业生产法人和大型公司持有推行土地经营规模化；推行三次产业并重的综合农业产业化策略，提高农产品附加值和农业的出口竞争力；将竞争机制引入农协系统，将综合农协改组为专业农协，把金融业务从销售供给业务剥离，联合会改制为股份制企业。① 从总体上说，日本的农协改革方案是有违合作社基本原则精神的。

进入新世纪，我国加入世界贸易组织，农业生产也纳入世界体系。在这种国际大背景下，中国合作社发展不可能独善其身，必然深刻体现着国际特色。

由于我国合作社起步较晚，当前合作社所处的经济社会环境条件相对于传统合作社的发展时期已发生根本性改变，无法按照经典合作社发展的轨迹和步骤进行，只能在现实的环境中做适应性调整。中国农民专业合作社自组建伊始就处在工商资本大量侵入农业及其加工领域和农民高度分化的背景之下，合作社成员异质性呈现出较强的态势，既有从事农业生产规模差异较大的农民，也有从事农产品经销和贩运的农民，同时还有从事资本化经营的工商企业，这些都使中国农民合作社的发展具备了特殊性。

（二）合作社的组织成本高昂

农业合作社具有高组织成本的特点。农业合作社的规模往往受制于其组织成本，其边界取决于节约的交易费用和产生的组织成本的比较。

合作社不仅具有节约市场交易费用以营利为目的的企业特性，还具有满足成员公平需要的社会价值的社会组织特性，这使合作社不仅是成员之间利益的联结，同时还建立在成员团结、信任和合作的基础上。为了增强成员的认同感，合作社必须防止自身的异化。一系列合作社原则的设计与执行，主要目的也是为了维系合作社成员之间的团结和信任，如入社自愿退社自由、一人一票

---

① 刘颖娴：《2014 东亚农业合作社发展国际研讨会综述》，《中国农民合作社》2015 年第 1 期，第 45 - 47 页。

民主管理、按照惠顾额返还盈利、限制外来资本的权力、关心社区和对成员教育等。但与此同时，与投资者所有企业相比较，合作社需付出更高的组织成本。

一是一人一票制的民主管理方式，强调了社员间的平等，但同时带来了对合作社作出不同贡献的社员间事实上的不公平，特别是对那些难以量化又在其中发挥重要作用的因素，如人力资源要素等，势必造成协调难度的增加。一人一票和一致性原则，很可能使少数有效率的大农场处于屈从大多数的小农场意见，在降低效率的同时也无形中增加了组织成本。同时合作社在组建和运行过程中都需要按照集体谈判的民主管理原则去施行，取得成员的共识要比其他类型的企业和公司更为困难，需要付出更多的组建和谈判成本。

二是对资本的限制，不利于吸收资本，从而限制了规模的扩张。在激烈的市场竞争条件下，合作社为了在竞争中获得发展，不仅需要扩大经营规模，而且还要不断采用新技术和设备，因此所需资本越来越多。而从《农民专业合作社法》的规定可以看出，合作社资金主要通过成员出资产生，但成员出资不是合作社组成的要件，对成员出资多少并没有强制性规定，这项重要内容交由成员进行自主确定。另外，合作社塑造的是人的联合组织，社员的权利与个人相关而不直接与资本相关，表决权和合作社的交易额、参与盈余分配的权利与出资金额都没有直接的关系。一个最低限度的出资额即确保了完全的社员权利，由此导致的趋势是：尽可能少的资本投入对自己更有利。每一个成员把他的那份出资看作为了建立和以后获得共有资助的一种资格，而非一种有利可图的投资。但是，如果把成员出资作为是否拥有社员资格的前提条件，那么合作社原则规定所体现的基本特征就不复存在。同时，由于合作社组织的非营利性，其所举办的各种服务性事业盈余很少甚至亏损，而从盈余中提取的作为用于扩大再生产的公积金比例较低，因此积累相对不足。

三是为保持凝聚力所必要的情感付出和提供社区服务而导致的额外支出。农民合作社是土生土长在农村社区的组织，农村社区是合作社得以发展的重要基础条件。合作社成员大多是本村村民，合作社成员和其他村民共用统一的生产生活基础设施。同时，农民对所在农村社区的文化认同是合作社得以产生和增强凝聚力的一个重要内在原因。这就使合作社有一种社会责任，要保证促进所在区域的经济、社会、文化发展，促进社区各方面环境的改善。

四是难以克服的机会主义行为。合作社制度存在一个难以克服的制度性缺陷，就是"搭便车"问题。造成"搭便车"行为的原因主要有两个，一是个人在行动之前难以估计其收益，而成本确是较为明显和直观的。二是个人行为与行为后果之间关联性不强。如果一个人不论是否行动都会获得利益，那他就不会自愿而主动地采取行动。合作社的业务开展中需要多个人决策的事很多，而社员个人行为与行动后果之间缺乏较强的联系，因而在合作社中"搭便车"现象经常存在。"搭便车"行为的发生还在于合作社本身的制度原因：按交易额分配盈余不像按股份分红那样具有直接的关联性，或者说投票权与剩余索取权不相统一；合作社制度存在产权模糊的问题，其中"不可分割的公共积累"的产权难以界定。这些都容易产生"搭便车"行为。我国农民专业合作社制度设计上为有效防范和克服产权模糊现象，吸取和借鉴历史经验教训，采取了公积金记入成员个人账户的办法，以使合作社产权能够明确清晰。

（三）经济效率较低

在理论方面，传统的合作社制度不断受到许多经济学家的批评：缺乏经济效率、实行市场垄断、寻租活动过分活跃，其中缺乏应有的经济效率位居批评原因之首。

效率在经济学上是指"投入产出的比率"。由于效率问题实际上是研究稀缺资源的配置问题，因此它是经济学研究的核心。我国著名经济学家厉以宁教授认为，效率是资源的有效使用与配置，一定的投入有较多的产出或一定的产出只需要较少的投入，意味着效率的提高。[①] 从上述分析可以看出，使合作社组织成本提高的因素同时也是导致合作社效率降低的因素。成本也可以说是阻力，成本越高，阻力越大，效率必然越低。

合作社效率低的原因还体现在合作社不同于投资者所有企业的公平与效率的价值追求上。合作社制度具有企业和社会组织的二重性特征，这就决定了合作社不能单纯追求经济上的高效或成员的绝对公平，必须在经济效率和成员公平之间寻求平衡。

按照经济学的观点，公平与效率之间存在着一种替代关系，较高的公平会引起效率损失。[②] 在合作社原则中，一人一票的民主管理和惠顾者返还等原则都体现着追求公平的思想和理念，而这些又进而成为影响专业合作经济组织效率水平的诱因。

实践证明，效率和公平之间任何一方的偏废都会带来合作社的畸形发展。我国合作社的发展实际就显示了公平和效率之间的曲折选择过程。计划经济体制下的人民公社化，突出地表现在追求公平而放弃效率；现在合作社所表现出的资本化倾向的异化现象实际是偏重效率而放松公平的结果，总体上也是受我

---

① 厉以宁：《经济学的伦理问题》，上海三联书店，1999。

② 黄祖辉、扶玉枝：《合作社效率评价：一个理论分析框架》，《浙江大学学报（人文社会科学版）》2013 年第 1 期，第 73 - 84 页。

国社会主义初级阶段"效率优先兼顾公平"发展理念的影响。

合作社制度无论是从内部治理的决策权力还是对资本的限制以及对收益分配的方式，更多地表现为非经济逻辑的社会组织倾向。合作社以服务，而不是以追求最大利润为行动准则的特性，[1] 决定了合作社在本质上就不是以追求效率为主的组织。

有学者认为，合作社制度中"自由进退权"是影响合作社效率的最重要因素。提出要保证经济组织的可持续与高效率，关键要在维护经济组织成员的基本"自由退出权"与保持经济组织的稳定之间取得适度的平衡。提出了对资本、重要人才、时间节点三方面退出的必要限制。[2] 原因是合作社组织成员，特别是关键性重要成员的随意退出，会使合作社统一的生产经营计划被打乱，使协作收益、分工收益和规模收益都受到影响。合作社这一成员之间的组织，不是加入农户之间的简单加总，而是已经形成了一个有机融合的整体；成员的退出也不是无机体的部分切割，任何成员的自由退出都会使合作社整体受到伤害，或者说伤害到其他每一名成员的利益。在合作社的初创时期，发挥重要作用的人员退出对合作社来说很可能是致命的。

总之，今天的合作社发展的外部环境已不同于传统经典合作社产生发展时期，有学者提出，我国农民专业合作社"生不逢时"，加上合作社本身具有的组织成本高、经济效率低等特点，使合作社不得不根据变化了的情况，在围绕降低组织成本、提高经济效率上作出具体制度安排，实际上是在缺乏有效制约或组织成本补偿，以及对合作社应该发挥的社会外部效率重视不够的情况下，迫使合作社走了一条通向资本倾向的"不规范"的近路。

于是，合作社的利益机制安排体现为：大部分合作社仅通过农资供应等方式提供技术服务；提供生产资料购买服务的合作社，大部分倾向于采用便捷、交易成本低的利益机制安排，即在农资交付时直接以降低单价形式与成员交易；为规避农产品统一销售服务组织成本高的问题，大多采取大户以优惠价收购小户的农产品。这三种利益机制安排形式的特点可以概括为：一是合作社提供多种形式的服务；二是合作社难以形成盈余分配；三是大户存在更多的决定权。

但问题是，在国际经济全球化大背景下，其他国家的合作社在进行了相应的变革之后，并没有改变其合作社的本质内涵。而我国合作社就现状而言，已

---

[1]　林坚、王宁：《公平与效率：合作社组织的思想宗旨及制度安排》，《农业经济问题》2002年第9期，第46-49页。

[2]　曹阳、姚仁伦：《自由退出权、组织稳定、组织效率——兼论合作社为什么难以成为我国当前农村经济的主流组织形态》，《华中师范大学学报（人文社会科学版）》2008年第4期，第46-50页。

经远离了合作社原则要求,并且是在有非常明确的《农民专业合作社法》规制要求的前提下选择了变通,就其变通的程度来看,与其说是"不规范",倒不如说是异化了的合作社,或者说不是合作社。

进一步的问题是,"为什么这种自主性空间的存在会被人们所接受,或者说具备了合法性呢?也许最根本的原因是中国人对待规则系统的非虔诚态度"[①]。这或许才是农民专业合作社选择"不规范"的真正内在原因。

三、导致合作社内在问题的外在原因

导致合作社内在问题的外在原因主要是财政扶持政策存在偏差。

多年来,我国非常重视"三农"工作,国家倾注了大量的财力、物力和人力。特别是自《农民专业合作社法》颁布以来,政府把合作社作为支持"三农"工作的重要抓手,通过支农项目和政策扶持进行支持,由此带来了合作社的快速发展。但问题是,政府支农项目和政策优惠扶持合作社的初衷是实现合作社发展的规范化,基层政府也想取得这个结果,但在具体的运作实施过程中却出现了偏差。这种国家支农政策上的偏差到底从何而来呢?

(一)新的资源再分配机制的形成

国家支农惠农政策为什么选择大而强的公司资本类合作社,熊万胜教授从社会学的角度做了非常有说服力的解释。他把当前合作社表现出的"名实分离"的资本倾向的原因归结为"制度化进程的意外后果"[②],从其产生的制度根源上进行了深刻的分析。

改革开放前,我国实行的是高度集中的计划经济体制,国家全面垄断和控制了社会资源并对民众实施再分配,并且最突出的表现为生产性分配,如调配国有和集体企业资源。所谓再分配,就是政府为保持社会稳定和维护社会公正的需要,通过税收和其他财产收入渠道对掌握的资财进行的分配。这是相对于第一次要素投入所得收入的初次分配而进行的再分配,以达到宏观管理和收入调节的调控作用。我国市场经济制度建立的过程实际就是政府再分配资源的大幅度减少的过程。虽然计划经济体制下的再分配体制已经瓦解,但针对国有和集体企业改制后的原再分配渠道还需要一个较长的转换时期,市场经济中的国家依然掌握着丰富的资源。转换时期的国家已经不再对所有社会成员负有同等的发展责任,所以,它必然将所掌握的这些国家资源有选择性地分配给特定的主体。熊万胜将这种再分配行为称为"选择性再分配",把实施和再生产这种选择性再分配行为的制度关联称为"选择性再分配体系"。

---

①② 熊万胜:《合作社:作为制度化进程的意外后果》,《社会学研究》2009年第5期,第83-109页。

随着我国对解决区域、城乡和工农差异问题力度的加大及农业发展、农民增收和新农村建设的日益关注，对资源投入不断增多。作为 20 世纪 90 年代"三农"工作突破口的农业产业化经营理论，其政策落脚点就是扶持农业龙头企业的发展。后来的农民专业合作社和相关的农业经济组织也成为既龙头企业之后的扶持重点。这些扶持不是普惠式的，而是在一定标准条件下有选择性的。这就等于政府在市场经济条件下重建了一种农业经济中有选择性的再分配体系。

这种选择性再分配体系的强化还与我国的非科层性集权关系有关。非科层是相对于科层制来说的。科层制是德国社会学家马克斯·韦伯（Max Weber）提出的一种理想型现代社会组织结构形式和管理方式，是指社会组织内部实行职位分层、权力分等、分科设层、各司其职，并认为这是相对于无规则低效率的传统管理方式的一种进步。科层制的集权容易埋解，一个组织内部自然存在着这种集权机制。非科层性集权关系则表现出这样一种现象：很多看似独立的组织和个人都被纳入纵向的权力关系中，并且这些垂直的联系凌驾于组织的横向联系之上。

这种非科层集权关系使农村中的能人或优势组织在选择性再分配体系的运作中凸显出来，成为被重点扶持的对象。这一过程实际上是下面向上疏通和上级向下选择的一个双向互动过程，形成的是一种双向依赖和双重依附关系，即下面需要从上面获取资源，上面需要得到下面捧场以体现政绩。

管理学人际关系学派的基本观点认为，科层制集权关系中必然存在大量的人格化运作。而非科层集权关系要实现规范化运作则更为困难，其高度的人格化必定难以避免。资源性再分配趋向人格化，法律的执行方式也会呈现出人格化趋势。

集权的多层级和多源性可能导致"有组织的无序"[1]。集权控制效力的下降，为下层组织腾出了很大的自主性空间。周雪光认为："一个领域中的资源分配渠道越集中，或者政策执行的链条越长，基层政府在执行过程中的灵活性越大。因此，基层上下级政府间共谋行为的合法性便越强。"[2]

经济发展是我国各级政府的中心任务，作为集权体系中的上级负有设计和改造社会的紧迫职责，国内生产总值和财政收入是重要的考核指标和发展成果的体现，尽管中央政府非常重视农业发展，并把农业作为中央再分配体系的重

---

① 米歇尔·克罗齐埃：《科层现象》，刘汉全译，上海人民出版社，2002。

② 周雪光：《基层政府间的"共谋现象"——一个政府行为的制度逻辑》，《开放时代》2009 年第 12 期，第 40 - 55 页。

点产业，但这些资源再分配的实施在走向基层的过程中逐步倾向和选择了更能体现发展成果和政绩的"替代目标"——资本性组织，也就是基层政府选择了自己所需要的资源再分配对象。同时，对政府部门的公益性目标来说，虽然也乐于见到真正的合作社，但由于扶持资金有限，扶持企业或大户建立"假合作社"比建立普惠制的扶持机制或建立一套更严密的遴选机制行政成本更低，这就导致地方政府部门在对合作社扶持时倾向于"知假扶假"①。这样的选择或许是基层政府部门在市场经济发展和制度建立过程之初社会理性化的一个选择，而之所以能得到资源再分配体系中每个上一级组织的宽容，原因也在这里。

实际上，地方政府在很多时候都以经济发展为导向，合作社从一开始就被视为一种中型或微型企业，被当作一个可以带动当地农村经济发展的主体，而对其民主管理、文化内涵关注不多。他们更注重合作社对社员和非社员的带动，而不注意对合作社运作规范性的监管。

（二）农民专业合作社组织极易受制度环境的影响

农民专业合作社的资本化倾向，除了受政府选择性资源再分配体系机制的影响外，与作为合作社自身组织的复合属性极易受制度环境的影响有很大关系。

韦伯将社会组织分为强制机构、企事业团体和协会。按照合作社的组织特性，它既具有共同体性质，又具有协会属性。应该说合作社本身也是现代社会组织制度化过程的一个意外后果，合作社在产生之初，政府并不予承认，并对其进行压制。

合作社制度建立的过程，实际就是一个合作社的制度和行为受所处正式制度、非正式制度及操作规程等整个制度环境的影响，并不断地做出适应性改变的过程，熊万胜教授将称其为"制度化"过程。由于合作社具有多组织形式上的不确定性，极易受制度环境的影响，或者说外在制度环境对合作社的意义非常重大。

同时，中国农民专业合作社是极具中国特色的合作社类型，不仅表现出相对于企业和社团的特殊法人形式，与其他国家的同类组织相比也具有鲜明的特殊性。比如欧美国家是中等或大规模农场经济，而我国是小农经济。再如东亚国家的农协组织是一种长链条的纵向一体化组织，并与城市商业资本紧密结合；而我国在农业产业化经营中所形成的产供销一条龙组织，不仅要与同行无

---

① 温铁军：《农民专业合作社发展的困境与出路》，《湖南农业大学学报（社会科学版）》，2013年第4期，第4-6页。

序竞争，还受到城市商业资本的打压。

非科层性集权关系就是农民专业合作社所要面对的一个"制度环境"，结果，在合作社的制度化过程中，产生了一个意外后果——合作社的"名实分离"现象，使法律文件中的农民专业合作社制度与现实中的合作社制度存在着巨大差别。

我国农民专业合作社中广泛存在的"名实分离"现象的形成原因，可以概括为：在制度环境层次上，国家在市场经济条件下强化了有选择的再分配体系及法律体系，建立了政府对于企业和能人的非科层性集权关系，这种集权关系在纵向上是多层级的，横向上是多条线的，运作方式是人格化的，这给农民专业合作社经济组织的名实分离行为提供了自主性空间与合法性。在行动者层次上，选择性再分配体系中的制度行动者将农民专业合作经济组织的制度形式作为最基本的甄别依据，并将制度建设与选择作为获取政府资源的路径，而使制度和实际操作的内容之间形成了名实分离现象。①

中国企业和西方企业在与政府打交道时采用的方式显著不同。西方国家往往先组成协会组织，通过公开的政治过程来影响政策制定或立法过程。中国由于市场经济制度的建立无法满足市场化过程中企业特别是民营企业快速发展的需要，以致"普遍的情况是：企业和企业家通过建立与政府官员的特殊的个人关系来取得对本企业的好处"②。其过程往往采取一些非正常的利益交换手段。

熊万胜认为，"（改革开放）30年来，能人及其企业制度环境的最大变化，是非科层性的集权关系在地方社会中的形成和强化"③。

农民专业合作社的"异化"和"名实分离"的关键问题是真正的《农民专业合作社法》这一法律存在缺陷，而内生了以获取内部制度外资源的具体操作手段成为合作社的实质，甚至已经成为一种被默认的规则形式。正如张静从土地规则的不确定性角度所探讨中国的人治原因时所认为的那样，如果不同来源的规则中不存在一个主导的规则，比如法律，那么每个规则都可以伸张自己的合法性，结果这些规则非但不能约束行动者，反而被行动者所利用。④

当前的农民专业合作社不仅表现为实际制度与法律规定之间的明显差异，而且不同农民专业合作社之间的实际制度差异也很明显，但共同之处是"资本"倾向现象突出。

国家支农政策形成对资本偏向的原因是非科层性的集权关系的形成对具有

---

①③　熊万胜：《合作社：作为制度化进程的意外后果》，《社会学研究》2009年第5期，第83－109页。

②　张建君、张志学：《中国民营企业家的政治战略》，《管理世界》2005年第7期，第94－105页。

④　张静：《土地使用规则不确定：一个解释框架》，《中国社会科学》2003年第1期，第113－124、207页。

选择性再分配体系的强化的结果，而问题是，作为法律维护和执行主体的政府部门，为什么使这种体制建构得以形成，并且在一些基层政府顺畅实行。法律的执行方式往往是具有人格化的，具有普遍意义的法律往往以具有特殊意义的方式进行贯彻。这就将问题延伸到了人，是人的内在意识性起了决定作用。

总之，我们对政府、合作社和成员三个层面的分析发现，我国农民专业合作社发展中各参与主体所表现出的和农民专业合作社制度设计不相统一的现象，着实令人费解：基层政府把中央通过合作社扶持"三农"的政策理解为资本；农民专业合作社发展实践中选择了"不规范"；合作社成员则选择了不合作。由此可以看出，这种综合性现象的发生已不限于具体制度性问题的解决，进而延伸到制度外的资源分配体系，其背后必深藏着影响国人思想和行为的文化原因。按照迈克尔·沃尔泽（Michael Walzer）的观点，文化是"深厚"的，它们规定体制和行为模式，以引导人们走上一条对某一特定社会来说是正确的道路。[①]

第四节 合作社存在的根本问题及其原因

一、缺乏有效的民主管理

（一）农民专业合作社的本质

国际合作社联盟于 1995 年 9 月在曼彻斯特举行了"国际合作社联盟成立 100 周年代表大会"，会议通过了《关于合作社特征的宣言》，用以指导 21 世纪合作社运动的发展。其中对合作社的定义进行了重新确定，即"合作社是人们自愿联合、通过共同所有和民主管理的企业来满足共同的经济和社会需要的自治组织。"同时将合作社原则修订为：自愿和开放、民主管理、经济参与、自主和自立、教育培训信息传播、合作社之间合作和关心社区七项。各国在国际合作社联盟确定的七项原则的基础上，根据自身的具体实际定义了各自的合作社内容和概念。

从国际合作社联盟确定的合作社定义中我们可以看出，合作社有两个追求目标，即"满足共同的经济和社会需要"，即合作社是一个经济组织和社会组织的有机结合体。

1. 合作社的经济属性。 就其经济属性来说，合作社尽管属于经济组织，却有着不同于其他经济组织的本质特点。

---

① 塞缪尔·亨廷顿：《文明的冲突与世界秩序的重建》，周琪、刘绯、张立平、王圆译，新华出版社，2010，第 293 - 294 页。

第一，合作社是经济弱者的互助性经济组织。在市场经济下，经济上的强者实行公司制，经济上的弱者则实行互助性的合作制。公司制和合作制维护了不同社会群体的利益，为市场经济的顺利发展提供了稳定的社会环境。

第二，合作社是不以营利为目的的服务性经济组织。凡是公司制企业，都以追求最大利润为目的，均为资本的结合体，无论是资本主义企业还是社会主义企业，在这一点上是一样的。而合作社是所有者和利用者的同一，这就决定了合作社经营以为成员提供优质服务为目的。同时，合作社与成员的交易属于合作社内部的市场交易，即使产生盈利也是和成员内部交易的结果，不是一般意义上的企业利润，且须按交易额和股金额分给成员。当然，合作社还与非成员进行交易，须严格按市场规则运作，实行企业化经营。这些共同构成了合作社作为特殊企业的特点。

第二，合作社是在成员经济独立基础上的联合性经济组织。我国《农民专业合作社法》定义的合作社"是指在农村家庭承包经营基础上"建立的，成立或加入合作社的目的是为农民的生产经营服务，通过合作社的服务来扩大农业家庭承包经营规模，节约成本，提高效益。同时，成员对合作社的出资只是根据服务的需要而确定，在整个农户生产经营的资产中不会占很大的比例，且成员的出资及形成的积累由于成员的"入社自愿、退社自由"本质上属于"私有公用"，并通过盈余的"二次分配"进一步体现了财产所有权的归属性质和成员经济的独立性。

2. 合作社的社会属性。合作社的社会本质属性，最根本的是体现人的联合，是"农产品的生产经营者或者农业生产经营服务的提供者、利用者"的联合，而不是公司制企业那样的资本的联合。

第一，合作社属于自由团体。成员自愿申请加入、自由退出，可以实现内外的"流动"。公司制企业是资本的联合，股票只许转让、不能退股，所有权只能实行外部交易。

第二，合作社是民主团体。合作社的经营管理，原则上实行"一人一票"制。这集中体现了成员的地位平等和参与合作社运营的民主权利。这与实行"一股一票"制的公司制企业经营由大股东决定的情形有着本质的区别。并且，政府及社会团体在资金、人力、技术和信息等方面对合作社支援，限定于维护合作社的自立权和自主权。

第三，合作社是区域社团。合作社的活动有其区域性，特别是我国实行的是农民专业合作，成员的区域性特点更为明显。这与公司制企业股东来源的广泛性有着本质区别。

从合作社的经济和社会本质关系看，其经济属性更多的是由其社会本质属性决定的，因此，合作社更具有社会本质属性。

在我国，《农民专业合作社法》把农民专业合作社确定为"互助性经济组织"，且在国家市场监督管理部门登记以取得法人资格，这主要是因为其开展经营服务活动的需要。《农民专业合作社法》并未对成员的出资额和农民专业合作社登记的总出资额作出具体规定，说明成员出资不是组成合作社的决定性因素，也进一步说明了合作社是人的联合。有些国家，如韩国、日本直接把合作社规定为社团法人。而我国不是直接将其列入企业法人类型，而是将其设立为专门的农民专业合作社类型。[①]

（二）民主管理在农民专业合作社建设中的重要性

合作社是人的联合，这就决定了其民主管理的重要性。

1. 民主管理原则是农民专业合作社五项原则的关键。 我国《农民专业合作社法》规定了农民专业合作社应当遵循的五项原则：其一，成员以农民为主体，农民专业合作社的性质是"农民"合作社，而不是其他合作社。其二，以服务成员为宗旨，谋求全体成员的共同利益。其三，入社自愿、退社自由。体现了合作社开放成员资格准入和退出机制。其四，成员地位平等，实行民主管理。既规定了成员之间地位平等的民主基础，又规定了合作社的管理方式。法律进一步从农民专业合作社的组织机构和保证农民成员对所加入合作社的民主管理两方面作了规定。一是设立成员（代表）大会，作为农民专业合作社的权力机构，并依法定期召开和临时召开。二是成员（代表）大会选举和表决实行一人一票制，成员各享有一票的基本表决权，可以通过民主程序直接控制本社的生产经营活动。其五，盈余主要按照与成员交易量（额）的比例返还。体现了与其他经济组织的重要区别。

合作社的原则是合作社的价值所在，也是合作社区别于其他组织的内在要求和本质规定。合作社的健康运行主要基于两点，一靠外部的法律规定，二靠内部的自我管理，但外部的法律制度终究要通过合作社内部的管理去落实。农民专业合作社的管理方式是民主管理，这是整个农民专业合作社运行的关键。

从农民专业合作社的五项原则规定中可以看出，民主管理决定了其他四项原则的落实情况。如果缺乏民主管理，其结果可想而知：成员以农民为主体，空有比重，而大户或资本说了算；以服务成员为宗旨谋求全体成员共同利益的目的也会被歪曲，而沦为个别成员谋利的工具；入社自愿、退社自由也不会顺

---

① 申龙均、潘峻岳：《农民合作社研究》，北京理工大学出版社，2015，第5-6页。

畅；盈余则将会按股份返还。

民主管理是农民专业合作社的重要管理手段，民主管理的核心是民主，是用民主方式去进行管理。单纯从手段意义上看，如果手段不具备目标就无法达到，目的就无法实现。同时，民主还具有价值意义。对社会而言，其民主发展程度成为评价和衡量其进步程度的标志。对合作社来说，不能仅将民主单纯地理解为一种管理方式。

2. 我国社会主义核心价值观和国际合作社联盟价值观相一致。国际合作社联盟在《关于合作社特征的宣言》中规定："合作社的基本价值是自助、民主、平等、公平和团结。"合作社成员的道德价值观是："合作社社员信奉诚实、公开，承担社会责任，关心他人的道德价值观。"

人们把合作社的价值概括为一句通俗的话，即"我为人人，人人为我"，这成为合作社生存和发展的精神支柱，也成为合作社文化的标志性软实力。

我国社会主义核心价值观从三个层面确定了其基本内容．国家层面的价值目标是富强、民主、文明、和谐；社会层面的价值取向是自由、平等、公正、法治；公民个人层面的价值准则是爱国、敬业、诚信、友善。从中可以看出，我国社会主义核心价值观和国际合作社联盟的价值观没有本质区别。践行国际合作社联盟的合作社价值观基本等同于践行社会主义核心价值观。

其实，追溯历史可以发现，社会主义理论和合作社思想是同源的，并且社会主义实践和合作运动的开展又是同步的。合作社尽管是资本主义市场经济的产物，但反对资本主义的社会主义理论和实践，却总是把合作社作为一个立足点。

"19 世纪 40 年代后，马克思、恩格斯科学地总结欧洲工人运动经验，批判地吸收空想社会主义，特别是十九世纪三大空想社会主义者的思想成果，创立了科学社会主义。"① 三大空想社会主义的代表人物分别是法国的克劳德·昂利·圣西门（Claude Henley Saint‐Simon）、沙尔·傅立叶（Sal Fourier）和英国的罗伯特·欧文（Robert Owen）。其中，世界公认欧文是"合作社之父"。欧文合作社思想的基本点，是把合作社看作"全新的人类社会组织的细胞"。他设想的未来社会状态应该是"劳动公社"或"合作公社"的联合体。欧文积极投身社会主义理想和合作社实验活动，尽管欧文的实验失败了，但其思想对后人产生了积极深远的影响。人们总结欧文学说的缺陷主要在于，在资本主义市场经济条件下，垄断是主导的经济形式，合作经济只能减弱资本剥削，而不能根除资本主义制度，正因如此，他的学说被称为空想社会主义。圣

---

① 本书编写组：《社会主义发展简史》，人民出版社，2021，第 28 页。

西门和傅立叶也积极置身于自己合作社思想的实验。

同时，无论是苏维埃社会主义还是我国社会主义实践，都同时开展合作社化运动。这些充分说明，合作社运动是社会主义建设的组成部分。尽管在合作社运动中都走过了不少弯路，但这不等于合作社本身有问题，只能说明人们还没有准确掌握和弄清在不同国情和历史及制度条件下合作社运动的根本规律。

中国农民专业合作社是在劳动合作的基础上建立的，不否定资本的作用，使两者得到有效结合，完全符合中国特色社会主义理论要求的组织。合作社组织与社会主义社会在性质上是统一的，二者的价值观具有一致性。

理论上，社会主义社会是以"社会"为本位的制度形态，而资本主义是以"资本"为本位的制度形态。两者的目的不同，带来的民主方式也不同。"社会"本位实际就是以"人"为本位，是多数人的民主；"资本"本位实际就是以"钱"为本位，即以"资本所有者"为本位，概括为维护少数大资本家的利益。因此，民主之于我国社会主义的制度具有特别重要的意义。1979年，邓小平曾在《坚持四项基本原则》的讲话中明确指出："没有民主就没有社会主义，就没有社会主义现代化。"这一论断说明，民主同社会主义、同社会主义现代化建设是密切联系、不可分割的。民主作为社会主义现代化建设的重要内容，被确认为我国社会主义社会的一个重要特征，成为我国建设富强、民主、文明、和谐、美丽的社会主义现代化强国的五位一体的奋斗目标之一。

农民专业合作社建设是我国社会主义建设和事业的组成部分。合作社的民主建设直接体现的是我国社会主义民主的发展实际，不仅事关合作社本身的规范发展问题和合作社性质，也体现着社会主义民主的具体建设程度。西方学者认为，民主的广度、深度和范围是衡量民主发展的三个重要标准。[①] 合作社民主的发展所反映的正是这三个向度的同时展开。

（三）民主管理程度较低并缺乏有效促进机制

对合作社来说，民主管理无疑是最重要的，可以说，民主管理是合作社的生命，没有民主管理就不能称之为合作社。但现实的情况却是，在合作社中，较普遍存在民主管理程度较低或民主管理流于形式的问题。

黄祖辉等学者于2011年对黑龙江、四川两省58家省级农民专业合作社示范社进行深度调查，发现贯彻执行"一人一票"民主管理的只有7家，有且只有1家合作社的成员认为举手（即投票）是有效的，可见我国农民专业合作社

---

① 朱映雪：《西方民主发展动力论评析》，《湖北社会科学》2011年第9期，第37—40页。

的民主管理程度确实堪忧[①]。实际上，我国当前农民专业合作社民主管理不理想的状况是一个较普遍的现象，可以说至今也改观不大。就合作社本身来看，始终缺乏一种行之有效的推动民主管理的改进措施，当前合作社的民主管理程度主要取决于负责人的个人素质和意志。

合作社是民主的学校，是培养民主的阵地。合作社的民主管理既是合作社管理的重要手段，也是培养成员民主意识和民主能力、开展民主建设的重要方式。合作社的民主管理不仅对合作社本身，甚至对整个农村民主环境的改善都有重要的意义。钱乘旦说："历史告诉我们，民主是建设出来的，不是拿过来的。"[②] 当然，也不是等出来的。民主需要实实在在、扎扎实实地建，并通过各种不同形式的激励措施进行推动，但从当前的考核措施来看，难以发挥这样的作用。

合作社的民主管理不仅取决于合作社内部，还需要从外部发力，国家各职能部门针对这些问题早已出台了办法。2009 年，国家 11 部委联合制定了《关于开展农民专业合作社示范社建设行动的意见》，其中明确规定了"在全国择优培育扶持一批经营规模大、服务能力强、产品质量优、民主管理好的农民专业合作社，使之成为各产业领域的示范社"的要求，以期通过示范社的建立和引导实现合作社的规范化，并将"民主管理好"作为示范社择优培育的一个标准要求。

2010 年，农业部制定了《农民专业合作社示范社创建标准（试行）》，将"民主管理好"作为示范社的第一项标准，并且内容涵盖的 19 条规定要求中，"民主管理好"就占了 9 条。毫无疑问，这充分说明了相较之前对合作社建设的要求，现在对民主管理的重视更提高了一步。

除了"民主管理好"外，还有"经营规模大、服务能力强、产品质量优、社会反响好"四项标准。"民主管理好"是很难考核的，尽管和其他四项标准一样都有一些指标要求，但民主"既是一种制度又是一种社会观念"[③]，是一种实际的操作程序和一种崇高的政治价值、政治信仰和政治追求。它并不表现为"物"的形态，所以很难通过定量方式去考核。此外，民主管理是一种手段，是实现目标的手段，它的作用和价值只能通过最终的结果反映出来。例如，合作社按规定召开成员大会，该规定核心作用是会议应取得的效果，

① 黄祖辉、高钰玲、邓启明：《农民专业合作社民主管理与外部介入的均衡——成员利益至上》，《福建论坛（人文社会科学版）》2012 年第 2 期，第 44 - 48 页。
② 沈聪：《认识西方民主的真实——访北京大学历史系教授钱乘旦》，《前线》2017 年第 1 期，第 59 - 63 页。
③ 梁全：《民主制度与民主意识》，《河池师专学报》1987 年第 4 期，第 38 - 41 页。

而非会议召开次数和人数。民主管理是具体的，它由一项项、一件件成员民主权利的行使组成；但是它又是抽象的，其本身难以计量和考核。

更为关键的是，我们真正追求的理想的农民专业合作社必然是非常势弱的，而那些具有公司制企业性质的所谓"合作社"或者资本发挥主导作用的以营利为目的合作社更具有"高、大、上"感觉。"民主管理好"中的"好"，是一种价值判断，是定性分析而非定量分析。"社会反响好"是从外部和不同侧面看待合作社的问题，并不涉及合作社的本质特征问题。

民主管理是合作社健康发展的关键，只有做到了民主管理，成员才能正常行使民主权利，只有这样他们才会以一种"主人翁"的自觉，发自内心的为合作社着想并积极参与合作社的具体决策，合作社才能有生命力并建设好。

而要做到这一点，其一，要改进示范社培育和产生的办法；其二，仅凭合作社本身的民主氛围是难以做到的，还必须有一套外在于合作社的能够反映"亚洲式"民主特点的中国特色的民主管理激励运行机制。

二、缺乏制度性建设的有效财政支持

我国农民专业合作社发展中所表现出的不规范现象，本质上是合作社制度没有得到有效运行。导致这一现象的原因，主要是在合作社建设中缺乏对制度建设的有效支持。

（一）制度建设的重要性

合作社本身就是一套规则制度体系，建立合作社实际是在建立制度。建立合作社既是对《农民专业合作社法》这项法律制度的落实，同时也是对合作社本身的制度体系的建立，并且合作社本身的制度体系是现代农业经营体系的中心环节。

制度很重要，"国之兴衰系于制"，农业亦然。制度"带有根本性、全局性、稳定性和长期性"。我国历代王朝除了本身是一套制度体系外，都非常重视制度建设，当然历史上为少数统治者服务的制度和今天的现代制度不是一个概念。我国古人很早就注意到制度建设的重要性，"小智治事、中智治人、大智治制"，把制度建设列为社会治理最高层次。

进入近现代社会，制度成为学者争相研究的学科内容，并产生了把制度作为研究对象的一门经济学分支——制度经济学，即研究制度对经济行为和经济发展的影响，以及经济发展对制度演变的影响。我国市场经济制度的构建就是现代制度经济学原理的具体实践和应用。

新制度经济学的奠基者、美国新制度经济学家道格拉斯·诺斯（Douglas North）和罗伯斯·托马斯（Robles Thomas）在《西方世界的兴起》中提出

"有效率的经济组织是经济增长的关键","有效率的组织需要在制度上作出安排和确立所有权以便造成一种刺激"。①18 世纪以后,西欧之所以首先出现经济迅速发展和人均财富迅速增长的局面,就是由于这些国家具有更有效率的经济组织和保障个人财产安全的产权法律制度体系,而这种比较完善的经济组织又是中世纪以来将近一千年间长期演变的结果。②

我国著名经济学家吴敬琏在《制度重于技术》一书中指出:"一个国家,一个地区高新技术产业发展的快慢,不是决定于政府给了多少钱,调了多少人,研制出多少技术,而是决定于是否有一套有利于创新活动开展和人的潜能充分发挥的制度安排、社会环境和文化氛围。"③

吴敬琏认为,西方国家经济迅速发展,其原因是西欧在中世纪后期建立了一种有利于不断创新的社会机制。他指出:"19 世纪初产业革命的发生,有一个增长体制作为基础。这种增长体制是在中世纪中后期的商业革命中逐渐形成起来的,例如复式簿记是 13 世纪发明的,公司制是在 17 世纪出现的,等等。没有这种制度上的变迁,产业革命是不可能发生的。因此完全可以说,产业革命其实是商业革命的直接后果。"④过去我们一直认为,在生产力和生产关系、技术与制度这两对矛盾中,生产力、技术是本源性的,发挥主导作用,而生产关系和社会经济制度则是适应生产力和技术发展而变化的因变量。⑤但西欧世界兴起的事实是商业革命中逐渐形成的制度,先于产业革命,并且成为产业革命的基础。马克思在《共产党宣言》里也指出,市场的发育是推动产业革命发生的最重要的因素。因此,观察一个地区"经济增长仅仅停留在要素层次是不够的,还有一个重要的维度是制度。"⑥

就制度变革在农业上的重要性,国际上一些知名学者对其进行了专门的研究。

舒尔茨在《改造传统农业》一书中,重点从技术和制度两方面阐述了其对传统农业改造的作用。他认为:"仅使用传统生产要素的农业是无法对经济增长作出重大贡献的。"⑦"传统农业概念是一种特殊类型的经济均衡状态"⑧,另一方面,"传统农业中农民持有和获得收入流的偏好和动机是不变的"。要改变

---

① 道格拉斯·诺斯、罗伯特·托马斯:《西方世界的兴起》,厉以平、蔡磊译,华夏出版社,2017,第 1 页。

②④ 吴敬琏:《制度重于技术》,中国发展出版社,2002,第 6 页。

③ 吴敬琏:《制度重于技术》,中国发展出版社,2002,第 1 页。

⑤ 吴敬琏:《制度重于技术》,中国发展出版社,2002,第 35 页。

⑥ 吴敬琏:《制度重于技术》,中国发展出版社,2002,第 7 页。

⑦ 西奥多·W. 舒尔茨:《改造传统农业》,梁小民译,商务印书馆,2016,第 5 页。

⑧ 西奥多·W. 舒尔茨:《改造传统农业》,梁小民译,商务印书馆,2016,第 62 页。

这种状况，就要引进新生产要素，即促进经济增长的关键因素——技术变化。如何才能通过引进现代生产要素来改造传统农业呢？舒尔茨着重论述了三个问题：其一，建立一套适于传统农业改造的制度；其二，从供给和需求两方面为引进现代生产要素创造条件；其三，对农民进行人力资本投资。他和其他许多发展经济学家一样，都重视制度的作用，认为"制度上的相应的改变是经济现代化的必要条件之一。"①

对于制度的重要性，体会最深的莫过于中国的农民。党的十一届三中全会后推行的农村家庭承包经营责任制改革，使我国农村产生的发展变化速度之快，成效之明显令人惊奇，同时也为我国的城市等系列改革打下了基础，创造了条件，充分体现出一种新的制度的产生所带来的力量。

林毅夫就制度和技术与中国农业发展进行了专门研究，结论是："1978—1984年的加速增长是一系列以市场为导向的改革的结果，它降低了计划的功能，增强了个人的激励与市场的作用。"②"由于在（生产）队中监督农业劳动的困难，每个农民的报酬与他们的努力没有直接的关联，因此，劳动的激励（效率）非常低。"③

林毅夫从改革和投入两个方面通过函数模型，对1978—1984年产出增长的贡献来源进行了计算，结论是：在农村各项改革所致的生产率变化构成产出增长中，"仅制度改革一项就使产出增长了约46.89%"；在土地、劳动、资本、化肥各项投入所引起增长的45.79%中，"化肥使用的增加最重要，单此一项就贡献了约1/3（32.2%）。"所以，因制度改革所带来的增长，"大约相当于投入增加的总效应"④。

同时，林毅夫对1984年后产出增长放慢的原因进行了解释：一是，向家庭责任制转变所产生的一次性突变效应在1984年后已释放完；二是，劳动力的加速外溢和肥料使用增长率的急剧下降，这两个因素的产生可能是国家外汇牌价的急剧下降所致。林毅夫强调："我们的结果表明……中国的未来改革应该加强刚刚建立起来的农户制度的地位。"⑤ 从林毅夫以上结论中可以看出，

---

① 西奥多·W. 舒尔茨：《改造传统农业》，梁小民译，商务印书馆，2016，译者前言。
② 林毅夫：《制度、技术与中国农业发展》，格致出版社、上海三联书店、上海人民出版社，2014，第50页。
③ 林毅夫：《制度、技术与中国农业发展》，格致出版社、上海三联书店、上海人民出版社，2014，第54页。
④ 林毅夫：《制度、技术与中国农业发展》，格致出版社、上海三联书店、上海人民出版社，2014，第64页。
⑤ 林毅夫：《制度、技术与中国农业发展》，格致出版社、上海三联书店、上海人民出版社，2014，第66页。

制度的效力不是无限的，它的效力会随着释放而衰减。

制度需要不断创新，通过不断地提供新的制度供给，才能形成源源不断的经济增长。制度在一个时期内是发动因素，在另一个时期内就可能变成限制因素，当然，同一种制度在一个地区内起发动作用，在另一个地区则会起制约作用。[1]

但在所有制度中，"体制"之制度是最关键的，是其他制度存在的前提；若没有"体制"之制度，其他制度就没有存在的条件和基础。

农民专业合作社制度就是新型农业经营体制之制度，只有将这一制度建设好，将这一"体"立起来，其他附着在合作社上的制度才能存在和运行。当然合作社制度本身是一组"制度集"，如民主管理制度、财务管理制度、经营管理制度以及进一步内部细化的培训、信息、标准等管理制度。其中合作社的组织制度是合作社制度之根本，民主管理制度是保障合作社组织制度具有生命力的关键。

（二）对合作社建设政策支持的必要性

技术发展和制度变革是农业现代化过程的两个相互作用的重要因素。现代化尽管首先通过科技进步和发展生产力形式表现出来，但它最终要反映在人的组织关系的改变上，即组织要适应技术发展的要求，否则就会阻碍技术生产力发展。因为，组织是人的组织，是人的制度的变化，是人的制度的变革及时反映在技术上的要求。因此，"现代化的本质是制度变革"[2]。

但制度变革和创新是需要成本的。政府是制度的最大供给者，因此，政府应对合作社的建立与创新提供支持。

1. 合作组织制度建设相对滞后。众所周知，我国的改革开放开启了现代化建设的新征程，加快了现代化建设的速度，改革开放政策首先是从农村的土地家庭承包经营责任制开始的，农村改革的成功不仅使农民从温饱逐步走上富裕的道路，也为之后其他领域的改革提供了经验借鉴和发展基础。但经过几十年的发展，农业现代化竟然成为四个现代化的弱项，农村成为全面现代化中的短板。

农业农村现代化相对于其他现代化稍慢一些是正常的，一般农业现代化需要的很多投入资料来源于现代工业产品，又由于"农业上劳动生产率的增进，总跟不上制造业上劳动生产力的增进的主要原因，也许就是农业不能采取完全的分工制度"[3]。但如果二者之间形成过大差距就不是工农业现代化过程中的

---

① 张培刚：《农业与工业化》上卷《农业国工业化问题初探》，华中科技大学出版社，2002，第8页。

② 党国英：《传统农民与现代化》，《政协天地》2004年第6期，第27-28页。

③ 亚当·斯密：《国民财富的性质和原因的研究》，郭大力、王亚南译，商务印书馆，2002，第7页。

工农业发展的先后顺序问题了，需要对其进行分析。

其一，从长远和宏观来说，我国工业化是从零开始的，并无陈规旧制。改革开放后，我国在充分借鉴和吸收先进经验的基础上，建立起了符合国情的市场经济制度。现代工商业发展的一个重要推动力量是"资本"，资本作为一个重要手段，通过募集社会资金而组织生产经营。农业的现代化实际上是通过不断对农业付诸现代要素，使农业不断增加生产力、提高生产率，从而使农业的生产方式乃至农民的生活方式逐步发生改变的过程。农业现代化不是对传统农业的割断，而是在传统农业的基础上逐步对其改造的过程，正如舒尔茨的书名那样——《改造传统农业》。有些学者称农业现代化为传统农业的转型。有些学者则曾对农业现代化一词提出异议，认为农作物的生产过程无论投入怎样的现代要素，还是主要在自然状态下，通过大自然中二氧化碳、光、水、温度等自然合成。

总之，农业现代化是一个相对缓慢、渐进的过程，同时，传统因素对现代要素有很大的制约和影响作用。

农业是古老的产业，特别是像中国这样具有五千年农耕文明史的民族，农业文化已沉淀成中华民族的民族心理。农业已不仅是一种生产方式，更成为一种生活方式，同时也是一种文化。"传统农业基本是某个特定民族生活方式的一种文化特征。"[①]

任何制度的变迁与创新都是在既定的制度环境中实现的，必须高度重视其形成过程中的"历史因素"和"制度因素"。就我国来说，农业现代化所背负的历史包袱比任何国家都沉重，我国民族文化的历史惯性确实非常强大，对传统农业的改造不仅比其他国家艰难，也比工商业现代化任务艰巨。

农业现代化不同于工商业等其他现代化的内在要求，工商业是资本组合的组织形式，而农业的现代生产经营组织形式是一种劳动的联合，本质是人与人的联合。因此，首先要从解决"人"的问题入手。解决不了人的"现代化"问题，就很难解决现代农业组织问题，农业现代化就很难实现。可以说，任何一种制度都是在一定的文化养育中成长起来的，文化价值奠定了行为主体基本的行为方式，中国农村传统的价值观念和文化规范，难以为作为现代农业经营组织形式的合作社的产生和发展提供必要的思想基础和制度材料。这些都决定了对于我国的农业现代化建设必须花费更大的气力和具有更强的耐心。

其二，从现实的农业农村现代化状况来看，农村的短板可能更好理解一

---

① 西奥多·W.舒尔茨：《改造传统农业》，梁小民译，商务印书馆，2016，第22页。

些。比如农民外流，村庄萧条，农民收入偏低，社会保障不足，交通、医疗、教育等基础设施和条件落后等，可以概括为：城乡之间、工农之间和区域之间的差别。近年来通过推行新农村建设和乡村振兴战略的实施，农村现代化已经取得了很大成就，2020 年，我国已彻底解决了农村的绝对贫困问题，全国 832 个贫困县全部摘帽，解除了 12.8 万个贫困村，现行标准下 9 899 万农村贫困人口实现脱贫，绝对贫困现象历史性地消除了，不仅为世界脱贫事业作出了杰出贡献，也为其他国家的脱贫树立了典范。农村医疗保险事业和农村环境改造所取得的效果更是有目共睹。这些具有里程碑意义的一项项、一件件成就正在将农村的"短板"不断补齐，特别是随着乡村振兴战略的实施，城乡二元制结构的打破，城乡统筹措施的实行，农村必定迎来一个大的发展转变。同时，农民和农村问题在很大程度上源于农业问题，农村现代化因素需要在解决农业现代化的不足中得以补足。

农业现代化的不足到底在哪里？我们可以从农业的技术和制度两条路径加以分析。

就我国当前农业上的技术水平来看，2020 年，农作物良种覆盖率超过 96%，农业科技进步贡献率突破 60%；至 2020 年底，全国农业机械拥有量总动力达到 105 622.1 万千瓦，大中型拖拉机数量 477.27 万台，配套农具数量 459.44 万部，小型拖拉机数量 1 727.6 万台，耕种收综合机械化率达到 71%；耕地灌溉面积 6 916.05 万公顷，农用化肥使用量 5 250.7 万吨，农产品商品率几乎达到 100%。根据农业农村部的统计，截至 2020 年底，全国农业社会化服务组织总量达 90 万个。

这些数据远远超过了之前不断提出的阶段性现代化计划或规划目标（表 2 - 4 - 1），怎么还不能算实现现代化，而且成为弱项呢？如果原因不是出在技术路径上，必然出在制度路径上。实际情况是，农民组织显著落后于技术的改进，特别是面对信息技术的发展，农民组织显得很不相适应。

表 2 - 4 - 1　农业现代化评价指标体系

序号	指标名称	计算单位	现代化数值	权重	备注
1	人均 GDP	元	40 000	0.20	1995 年上中等收入国家人均 GNP 4 260 美元
2	非农业产业在 GDP 中的比重	%	≥90	0.10	1995 年上中等收入国家为 91%
3	第一产业从业人数占全部劳动力比重	%	≥30	0.10	

（续）

序号	指标名称	计算单位	现代化数值	权重	备注
4	农业劳动生产率	元/(人·年)	20 000	0.05	
5	农机化综合作业率	%	≥80	0.10	
6	科技对农业增长贡献率	%	≥60	0.10	
7	农业社会服务人数占全部农业劳动力比重	%	>20	0.10	
8	农村城镇人口比重	%	>50	0.10	1995年上中等收入国家为73%，下中等收入国家为56%
9	农业劳动力平均受教育年限	年	>10	0.05	
10	农村人口人均收入	元/(人·年)	10 000	0.10	

资料来源：韩士元：《农业现代化的内涵及评价标准》，《天津社会科学》1999年第5期。

马歇尔（Marshall）于1890年在《经济学原理》中曾把"组织"作为劳动、土地和资本之后的生产的"第四要素"。如果农民的组织没有搞好，这一要素就无法发挥作用。

只要农民的组织化程度低，农业的双层体制建设就不牢固，其功能就难以发挥，建立在这一体制基础上的各种制度就难以正常运作，就会导致农业总体上现代化程度不高的状态。

2. 对合作社政策支持的必要性。合作社因具有节约市场交易费用的作用而产生。合作社的优势在于实行分户生产，监督费用远远少于农业生产企业。按照林毅夫的观点，人民公社体制下，生产队难以对集体劳动支付高昂的监督费用而解体。合作社的"生产在家、服务在社"将监督内化于家庭，解决了外部监督成本过大而影响生产效率的问题。但合作社同时具有管理决策效率低、组织成本高等弱点。

合作社的组织成本由谁来承担？从根本上来说是入社的农民，但又有多种理由要求政府给予支持。

第一，合作社在发展初期难以给农民带来好处。农民在看不到利益之前是不会首先支付合作社组织费用的。他们也不会先投资，其态度是等合作社在未来运行好了，能从中看到好处再说。特别是在我国合作社还缺乏在当地具有可借鉴、可复制、可推广的典型和经验的情况下，农民更不会那样做选择。

农民组成合作社或加入合作社，最现实最直接的想法是通过农资的统一购买和农产品的统一销售，通过合作社规模效益从中获得优惠价格而获利。但现实的情况是连这些起码的要求也难以达到。现在的社会化服务组织和流通体系非常健全和畅通，经销商经营竞争激烈，加上线上交易方便，批发零售差距缩小。同时，农民的专业化生产随规模的扩大和技术发展带来服务分工的细化，需要打交道的对象很多，且当前合作社本身规模小，缺乏进一步联合。一是合作社没有能力包揽很多服务内容，二是如果真正组织开展具体的业务，其减少的费用不一定低于组织这些活动的成本。即使这一服务活动存在较好的效果，也必然是建立在先有好的合作社建设运行基础上。这是一个现实版的"先有鸡还是先有蛋"问题。

第二，农业的特点决定了需要政府扶持。首先，农业的弱质性特点决定了天然需要支持和保护。农业是国民经济的基础，有先天的弱质性，它面临着比其他产业更高的自然风险和市场风险，主要表现在农业是对自然有很强依赖性的产业，对洪涝、干旱、飓风、冰雹和霜冻等特大自然灾害无法抵御；农业生产的季节性和周期性对市场信息的反应滞后，难以随市场供求的变动而及时调整；同时，由于农产品在人类需求层次中处于最基础的层次①，受消费者收入弹性影响不大，其供求弹性比较小，在市场作用下其稀缺和过剩的程度往往被放大，农业经营者难以建立起稳定的价格预期，市场风险大。其次，农业的生产效率较低。农业生产的生物性特征决定了其生产时间的连续性和劳动时间的不连续性，导致"分工和专业化难以展开，农业中的分工经济难以实现，这就在很大程度上影响到农业生产效率"②。最后，农产品具有准公共物品性质。农产品是人类赖以生存的不可替代的必需生活品，具有公益性和涉及面广泛等特点，决定了其供求关系不能完全由市场进行调节。农业的生物学特点决定了其经营方式是家庭农户经营，而单个农户在市场和资本的竞争中处于弱势地位。

同时，我国加入 WTO 后，农业与其他发达资本主义国家处于同一世界市场的竞争平台上，处于显著的劣势地位。又由于受制于我国人地关系高度紧张的国情和长期实行的城乡对立的二元结构体制的双重矛盾制约，更需要政府的扶持。

第三，农民合作组织的本质属性决定了需要政府扶持。合作社是在市场经济条件下处于弱势群体的农民的联合性组织。首先，合作社具有追求公平的价值准则，其提供的服务具有兼顾社会公平的正外部性，这必然影响自身效率，因此，应得到公共政策的支持。从国内外实践看，合作社既有行业管理的性质，又起到中介组织的作用，还是一个经济实体。如果没有公共政策扶持，单

---

① 吴敌、明洋：《略伦农业的弱质性》，《农村经济》2004 年第 11 期，第 74 - 76 页。
② 高帆：《中国农业弱质性的依据、内涵和改变途径》，《云南社会科学》2006 年第 3 期，第 49 - 53 页。

凭农民自己努力，合作社很难自发产生与发展，非常容易演变为"异化"的合作社。[①] 其次，合作社效率较低，组织成本较高，农民不仅在组建过程中缺乏出资的积极性，而且在合作社的运行中也由于成本较高而影响到农民使用合作社提供服务的充分性。这势必需要政府对合作社予以扶持。最后，从我国市场经济体制的建立出发，过去的全能政府逐步让市场配置资源，"使市场在资源配置中起决定性作用"。这一政府职能转变的本身实际是政府从具体市场活动的退出，其资源配置成本必然随着资源配置主体的改变而改变，政府支持合作社就等于将自身所支付的成本转移给合作社，由合作社进行支付。实际上，合作社的服务和政府在为农民谋求利益的共同愿望、为农民服务的共同对象、促进农业产业发展的共同责任上是一致的。

交易成本理论的集大成者威廉姆森把交易费用比喻为"经济世界中的摩擦力"，因降低这种摩擦力的需要而诱致制度变迁，或者说为减少社会交易成本政府制定了制度。政府是最大的制度供给者，要想使一项新的制度产生并成功实行，需要支付这一制度的产生与实施成本。《农民专业合作社法》这项国家法律制度，必然也要通过政府对合作社进行财政扶持等措施实现落实。政府的制度创新供给也是实现其自身双重目标的需要：一是经济目标，即力图提高资源配置效率，加速经济增长，实现财政收入的最大化；二是政治目标，即实现政治支持最大化。[②]

第四，世界各国对合作社的支持。从国际经验看，国家（地区）政府无一例外地对合作社发展采取了积极支持的态度，普遍的做法是通过立法保护和政府政策支持。其中在政府政策支持方面，一些国家给我们提供了可供借鉴的经验。

德国：其一，财政支持。新成立的农业合作社五年内可享受创业资助，七年内可享受投资资助。第一年补贴管理费用总额的 60%，第二年补贴 40%，第三年补贴 20%，补贴总额要达到合作社生产性建设投资总额的 25%；农民和合作社购买的绿色农业机械可以得到 35% 的补贴。其二，税收优惠。对合作社用税后利润进行投资的部分免征所得税；为农业企业提供咨询、农机出租等服务的合作社免交法人税（税率 25%）等。其三，信贷支持。从 1954 年开始，德国联邦政府对农村信贷实行利息补贴。对于经营规模在 250 万欧元以下的农户，贷款贴息可以得到 1.0%～1.5% 的优惠。

---

① 应瑞瑶：《合作社的异化与异化的合作社——兼论中国农业合作社的定位》，《江海学刊》2002 年第 6 期，第 69 - 75 页。

② 杨瑞龙：《论制度供给》，《经济研究》1993 年第 8 期，第 45 - 52 页。

法国：第一，财政支持。创办任何为农业服务的合作社，政府都给予大约25％的投资补贴。第二，税收优惠。对于农业供应和采购合作社及其合作社联盟，以及农产品生产、加工、储藏和销售合作社联盟免征公司税；对谷物合作社免征印花税，对农业供应、采购合作社及农产品生产、加工、储藏和销售合作社免征50％的不动产税和按行业征收的产品税。第三，信贷支持。对农民专业合作社贷款实行优惠利率。优惠利率与普通利率之差由政府补贴。[①]

美国：第一，财政支持。美国由于有强大的工业力量做后盾，政府有充足的财力对农业进行扶持。各级政府对辖区内的农业合作社都给予巨额财政支持，在农民家庭收入中，政府的补贴占到24％。农村电话合作社、农村电力供应合作社等公共事业合作社由政府提供直接补助、贷款。对种植特殊作物的合作社给予直接补贴，对能加工成商品且可供出口量达50％以上的农产品可申请给予展销和宣传费补贴。[②] 第二，税收优惠。美国没有专门针对农业的税种，合作社的整体税负也明显低于其他工商企业，并且以多种税收优惠措施进行，主要有延期纳税、减税及免税。美国各州均出台了农机销售和使用的减免税政策，并且对农用柴油也实行免税政策。[③] 第三，信贷支持。美国农民申请贷款主要有政府贷款、公司贷款和银行贷款三种形式。贷款利率普遍低于一般工商贷款。政府通过政府基金对合作社进行贷款担保，最高担保额占合作社贷款的80％，使农业信贷服务安全稳定地进行。[④] 另外，合作社自行研究开展的项目，经审核批准，可以作为国家或地区农业发展的重要内容申请资金支持。第四，其他支持。农业保险服务在美国已形成了比较完备的体系，农户或农场主参保率高。美国农业保险体系已形成了以私营或民营为主的单轨制度，联邦保险公司主要从事对私营或民营保险机构的再担保业务。[⑤]

日本：第一，财政支持。日本农协申请并获得政府批准的农产品加工项目涉及的厂房、设备投资，政府补贴50％。第二，税收优惠。对农协实行低税制。所得税，农协税率为39％，而一般股份公司税率为62％；法人税基本税率，合作社与公益法人一样，为27％，一般公司为37.5％。[⑥] 第三，信贷支

---

① 胡卓红：《浅谈国外政府对合作社的支持》，《中国合作经济》2009年第6期，第53－55页。

② 汪昭军、马瑞峻、龚海明：《美国精确农业全面快速发展的要素体系》，《中国农机化》2012年第5期，第201－204页。

③ 李健、阮建雯、郭兴昱：《美国农业合作社的研究》，《世界农业》2013年第12期，第145－148页。

④ 苑鹏、刘凤芹：《美国政府在发展农民合作社中的作用及其启示》，《农村经济问题》2007年第9期，第101－105页。

⑤ 彭成娅、谢元态：《美国财政金融对农业合作社发展的支持及启示》，《中国集体经济》2011年第4期，第237－238页。

⑥ 涂丽：《各国政府对合作社的政策支持（上）》，《湖南农业》2013年第6期，第11页。

持。政府通过农协发放长期低息贷款，偿还期为 5～15 年，帮助农户引进机械设备。第四，其他支持。每年拨出巨额专款用于培训合作社所需的各类专门人才；对农业保险给予多种援助。

韩国：第一，财政支持。农户购买农业机械由政府补贴，通过农协半价供应；政府扶持农业资金由农协发放并负责收回，政府补助 1% 的手续费。第二，税收优惠。农协法人税率 25%，而一般公司为 28%；农协农产品加工和农用油供应免税。第三，信贷支持。政府通过农协向农民提供低息贷款，利息差额由政府补贴，并向农协支付一定的手续费，在资金上予以支持。第四，其他支持。农协产生的利润以指导事业费的形式返还农民，补贴农民。另外，韩国的农民得到的新技术是免费的，所有技术培训也是免费的。[①]

总之，综观各国（地区）农业合作社的发展，都离不开政府的财税等经济支持与立法保护。

（三）我国农民专业合作社制度建设支持上存在的问题

工欲善其事，必先利其器。要想提升农户的市场竞争力、提高农民收入、建设农业现代化，同样需要先解决好工具手段问题，这个工具就是农民专业合作社。

农民专业合作社具有带动散户、组织大户、对接企业、联结市场的功能，是引领农民进入市场的主要经营组织形式，发挥着连接农民与市场和政府的桥梁纽带作用。正因如此，在扶持政策上才有了"扶持农民专业合作社就是扶持农业，扶持农民专业合作社就是扶持农民"的结论。

世界各国通行的做法是，在工业化起步阶段，农业支持工业发展，政府通过索取更多的农业剩余来支持工业发展。当工业化进入中后期，国家已积累了较强的经济实力，并且由于支持工业发展而带来城乡、工农差距的扩大，政府就开始采取"工业反哺农业"的措施，通过财税扶持支持农业、农村发展和农民增收。我国在进入 21 世纪后即开始着手对农业、农村的扶持，把解决"三农"问题作为党的一个重中之重的任务。

在对农民合作社的政策扶持中，要搞清楚一个问题，就是政府的扶持是通过合作社扶持农业和农民，还是对合作社本身的扶持，还是对合作社制度建设上的扶持，只有将三者区分开来，对合作社的支持和扶持才能更加有效。

其一，通过合作社对农业和农民的扶持。当前我国对合作社生产的农产品实行增值税减免的税收优惠政策，并且在农产品流通领域得以落实。这一扶持政策从根本上是对农业的扶持，即使农民自己开展这项业务也同样享受这些待

---

① 胡卓红：《浅谈国外政府对合作社的支持》，《中国合作经济》2009 年第 6 期，第 53-55 页。

遇，合作社只是起到了承接这个政策的载体作用。

其二，对合作社本身的扶持。我国对合作社的扶持主要通过实施农民专业合作社示范社建设行动，开展一些支农项目的方式进行。具体方式是"通过开展农民专业合作社示范社建设，树立—批可学可比的典型，发挥示范引路作用，引导农民专业合作社完善运行机制，增强内部活力和发展后劲"。在对合作社的扶持中，较为普遍的现象是重视看得见摸得着的合作社硬件建设，这种扶持往往是一次性的。无论是在示范项目设计、评审、实施，还是检查验收过程中，往往把硬件建设当作一个硬指标，结果强化了合作社示范项目实施中投资硬件建设的行为。从实际投资的使用情况看，项目补助资金大多被项目实施单位作为开展生产经营、加工等的投资，而成员的合作理念培养、合作社的内部民主管理制度建设等"软件投资"普遍得不到重视，导致一些项目在提升合作社的经营实力及规范化建设方面的作用很有限，财政资金的引导和示范效应难以发挥。[1]

其三，针对合作社制度建设的扶持。是指政府扶持政策的指向是保障合作社制度的建立和正常运行，其扶持资金用于合作社自身运转。

尽管我国对合作社进行了一定的扶持，但缺乏对合作社制度的扶持。对合作社的扶持和对合作社制度的扶持从根本上来说是有区别的。对合作社制度的扶持主要体现在保证合作社这一组织制度的存续，或者首先保证合作社作为一种制度得以运行，从根本上落实《农民专业合作社法》这一法律制度。当前合作社表现出来的问题，无论是"不规范"，或是"异化"，还是"非合作社"都是指偏离或脱离了合作社制度，就是偏离或脱离了《农民专业合作社法》。

当前对合作社财政扶持反映比较集中的意见是扶持了不应该扶持的"合作社"，核心就是没有扶持具有合作社性质的合作社，本质上仍是制度问题。而所不同的是，农业产业化建设中对农业龙头企业发展的扶持政策，在执行过程中，反而没有产生多少负面的声音，其原因在于这一政策明确规定的就是扶持资本企业发展。

从世界其他国家和地区与我国对合作社扶持的比较看，其中根本的区别在于对合作社制度建设的扶持。对合作社管理费用的支持，实际就是对合作社制度建设的扶持，这是对合作社最基本运行成本支出的补助，使合作社在不增加成员负担的情况下有效运转。如韩国，政府扶持农业的资金由农协发放并负责收回，政府补助1%的手续费。从德国和韩国对合作社扶持中单独将经费列支

---

① 苑鹏：《农民专业合作社的财政扶持政策研究》，《经济研究参考》2009年第41期，第3－11页。

看，说明对合作社的支持和单独对合作社经费支持不是一回事。这一区别实际是将合作社制度建设从整个合作社建设中突出出来，尽量避免受经营波动的影响，以保证合作社能够正常运转。相比而言，我国既没有从法律上对制度性支持作出具体规定，同时，在扶持合作社建设的项目中也很少在预算里列明管理费用。这实际很不利于合作社作为一个独立法人实体的有效运行。在实践中，合作社在从政府扶持项目中受益之前，首先需要解决管理费用从哪里来的问题。

世界上合作社发展的三种模式，实际就是合作社的三种制度建设模式。就合作社制度建设的成本付出来源看，三种模式都是有保障和支撑的。西方国家的民众具有很强的个人主义价值观及对私有财产的保护意识和法律意识、契约意识，因此，他们完全是为了自身利益而选择了合作，所以，合作社制度从一开始就必然会设计得比较务实，并在此基础上自下而上建立起联合体系。北美模式中，农场主规模大，对合作社的服务需求迫切，具有组建合作关系的积极愿望，合作社的经费可以来源于成员自愿出资、缴纳的年费或从服务对象（农场主）经营收入中扣除；而欧洲农场主虽没有北美农场主经营规模大，但同样具有对合作社的积极需求，按理说政府对合作社的扶持中包含了合作社经费，但德国政府还是将其单独列支出来，其核心就是体现制度和其他扶持事项的不同。

东亚农协模式的特点是通过政府自上而下首先建立起农协体制，当然这一体制设计首先要保证其能够正常运转，然后才能开展服务。如日本农协就有大量的经费以确保其开展信用事业，"吸收社员的闲置资金后转贷给有融资需求的农业生产者、出资法人、村落农业经营组织及其相关法人等。贷款主要用于强化农业基础设施、农业经营周转等。信用事业为农协带来了丰厚的收入。"同时开展的保险和医疗保健事业也为农协带来了收益。"日本农协收入来源主要是信用与保险两项事业，是以金融为主、以营农为辅。"农协开展的营农指导事业带有很强的公共性。在日本基层，农协的营农指导事业的收入来源主要是补助金和助成金，按章程向农户收取很少的费用或干脆不收费。[1] "日本农协实际上是以提供金融服务为主的合作组织。"[2]

同时，东亚模式的综合农协体制设计使农协开展很多内容的业务，并且所有的政府对农业的扶持都通过农协来落实和组织实施，因此，日本农协被称为

---

[1] 吴婷：《谁来种地，怎么种地？——世界各国农业服务体系化解发展难题》，《湖南农业科学》2013年第2期，第12-16页。

[2] 孔祥智、陈丹梅：《政府支持与农民专业合作社的发展》，《教学与研究》2007年第1期，第17-20页。

"第二政府"。日本农协的经费来源较多并将合作社本身的运转费用和对成员所
开展的事业服务费用分开列支。韩国政府扶持农业资金由农协发放并负责收
回，政府补助 1‰ 的手续费。

东亚模式采取对农协经费单独列支的方法，不仅是对农协经费使用起到限
定作用，更重要的是作为一种对农协运行管理费用的保证，本质是保证农协制
度的存在。

在我国，农民专业合作社制度性运转经费可能的来源渠道，就是两条：一
是农民对合作社的出资，二是合作社经营的利润。从前面分析中已经得知，农
民不会出资，在当前合作社还很不规范和缺乏有效示范典型的情况下，这种由
农民承担合作社运作经费的想法必然是天真的。所以合作社也就走向"异化"
的公司制。

日本农协通过提供金融服务为其运转提供了资金支持，而我国农村金融信
用合作社则实行了商业化的改制。从部分地区农村商业银行的存款余额的规模
来看（表 2-4-2），其收益是一个可观的数字，如果按照日本的做法，从收益
中拿出一部分专用于合作社制度性建设，部分合作社或许能够进入规范化发展
轨道，这也会对整个面上的合作社建设起到积极的引导作用。

表 2-4-2　2020 年、2021 年潍坊市农村商业银行各县、市个人存款余额

单位：亿元

年份	全市总计	市辖区	青州市	诸城市	寿光市	安丘市	高密市	昌邑市	临朐县	昌乐县
2020 年	2 212.90	395.93	294.69	260.93	318.13	207.43	201.83	181.02	197.56	155.38
2021 年	2 461.80	453.64	323.53	281.22	359.45	231.58	222.57	200.33	218.39	171.10

资料来源：2021 年、2022 年《潍坊统计年鉴》。

尽管当前政府也提倡在合作社内部成员之间开展金融合作，但就当前我国
合作社的状况来看，很难开展好这项业务。我国合作社开展信用服务的实践也
证明了这一点。"金融业务的专业独特性和复杂性，对组织体系的系统性具有
很高的要求，单一合作社无法承担这样的业务属性，也不具备这样的专业人
才。"[1] 合作社要开展金融业务，只有先把合作社制度做实以后才能进行，否
则不但金融合作搞不好，还会出乱子，反过来累及合作社本身。鉴于金融业务
的独特性和合作社发展现状，即使合作社开展金融服务，也应当仅限于在小规

---

[1]　苑鹏：《关于〈农民专业合作社法〉的名称和调整范围的修改建议》，《中国合作经济》2016 年第 7
期，第 4-6 页。

模的成员内部进行。

合作社面广量大，要想全部通过政府的制度性扶持来保证其正常运转是不现实的，那么，有没有一个切实可行的以政府有限的财力发挥出最大的合作社制度建设效用的办法？

三、合作社存在问题的深层次原因

从现代化的发展历程可以得出结论，现代化实际包含着技术—器物、体制—机制、思想—文化三个层面。其中，人们思想文化上的改变和变革才最具根本性；制度的背后是文化，没有对文化的深刻了解和把握，新的制度就难以确立。

合作社是一个"舶来品"。合作社这套制度产生于西方，并不断被发扬光大，被世界其他国家所借鉴和效仿。不难发现，合作社在中国的发展所遭遇的水土不服，需要深入到合作社制度背后的文化环境，从东西方的文化差异的比较中去寻找最根本原因。

（一）正式制度需要兼容的非正式制度支持

制度是对人类社会关系和社会行为的规范体系。具体什么是制度，学者们从不同的侧面给出了不同的定义。黄少安认为："制度是至少在特定社会范围内统一的，对单个社会成员的各种行为起约束作用的一系列规则；这种规则可以说是正式的，如法律规则、组织章程等，也可以是非正式的，如道德规范、习惯等；各种各样的社会制度只能是各种社会关系的制度化、规范化或规格化，而不是对各种社会关系的创造；特定社会的各种制度相互影响、相互依存，构成一个有机整体，其中经济制度决定政治、法律等制度。"[①]

多数新制度经济学家认为，制度分为正式制度和非正式制度，由两种规则要素构成。在我们的社会生活中，两种制度以不同的行为约束机制促进着人们之间的交易和合作。

正式制度是人们有意识建立起来的并以正规方式加以确定的一系列成文规则，是"正式的"和"有形的"，通常由国家权力机构来保证实施，如法律、政府法令等。还有具体单位制定的制度，如单位规定、公司章程等。这些都表现为对行为约束的外在化形式。

非正式制度是人们在长期交往潜意识里形成的行为规则，如文化传统、风俗习惯、道德伦理、意识形态及企业价值观、经营理念等，在正式制度没有定义的范畴起着约束人们相互关系的作用，依靠的是社会成员的自我心理约束及

---

① 黄少安：《产权经济学导论》，山东人民出版社，1995，第 90 页。

自觉信仰，它是一种"非正式"和"无形的"的制度。

正式制度和非正式制度作为制度的两个不可分割的部分，是一个对立的统一体，两者之间相互影响、互相渗透、相辅相成，共同制约着人们的行为。其兼容程度往往决定着正式制度的成效。

相对于正式制度安排，非正式制度具有自发性、非强制性、广泛性和持续性的特点。[①] 具体表现在，非正式制度是建立在长期的文化传统积淀和生活累积之上的，而对于非正式制度的遵循，常常出于习惯而非理性的算计，主要靠主体内心的自觉或常识来维持，通过约定俗成、共同恪守的不依靠国家强制力实施的规则体系而发挥作用。对于一个在制度扩散过程中的制度创新，意识形态甚至可能取得优势地位，特别是对于将信念伦理置于首要地位的民族地区来说，意识形态或以"指导思想"的形式构成正式制度安排的"理论基础"和最高准则。[②] 非正式制度已渗透到社会生活的各个领域，尽管正式制度表现为一种正式明确的形式，但人类生产生活的大部分活动行为是由非正式制度约束规范的。诺斯（North）认为，即使在最发达的经济制度中，正式制度规则也只占限制人们选择的总约束中的一小部分（尽管是非常重要的部分），人们行为选择的大部分行为空间是由非正式制度来约束的[③]；熊彼特（Schumpeter）认为，若没有习惯，无人能应付得了每日必须干的工作，无人能生存哪怕是一天。[④] 非正式制度变迁是渐进缓慢的，由于其形成于历史文化的积淀，往往不会轻易发生改变，因此具有深厚而持久的影响力。

正式制度的确立并不必然发挥作用，必须有与之匹配的非正式制度予以支持，其应有作用才能有效地发挥。

诺斯在制度经济学中构建了意识形态理论，认为意识形态是一种系统化的道德原则、价值观念，这一理论提供了关于正式制度是否正义、公平、合理的判断，从而成为政府行为和法律制度合法性的依据。因此，决策者要想推行一种正式制度，必须要对本土观念和地方制度有深刻的了解，如果成文法不考虑或者否定，甚至背离了地方传统社会的非正式制度环境，效果往往适得其反。"正式组织和法律权力不是为行为规范和社会的价值标准所支援和支持，就是为它们所困，有时还会被它们所抵销，当这些规范改变后，安排的适应性变化

---

① 马智胜、马勇：《试论正式制度和非正式制度的关系》，《江西社会科学》2004 年第 7 期，第 121 - 123 页。

② 孔泾源：《中国经济生活中的非正式制度安排》，《经济研究》1992 年第 7 期，第 70 - 80 页。

③ 道格拉斯·诺斯：《制度：制度变迁与经济绩效》，刘守英译，上海三联书店，1994，第 28 页。

④ 熊彼特：《经济发展理论》，何畏等译，商务印书馆，1990，参见汪丁丁：《制度创新的一般理论》，《经济研究》1992 年第 5 期，第 69 - 80 页。

才会接踵而至。"① 恩斯明格（Ensminger）也认为："当正式制度强加给一个与之并不和谐的社会时，自我实施就会削弱。而且外部管理的刺激不会产生预期的结果。"② 德国学者柯武刚等对非正式制度的重要性也提出了相同的看法，"仅仅拘泥于法律的文字（法律实证主义）和正当程序的正规性，但违背社会上广泛持有的基本价值和伦理规则，是建立不起法治的"③ 或者只注重法律体系和规则的引进，而忽视本民族的传统心理、习惯以及集体的无意识等对新规则操作的影响，结果必然导致制度移植效果不佳。我国学者李培才也认为，"离开了一个制度能够存续的社会背景和基本条件，制度的设计可以实现，但制度的实施决不能实现"④。

在正式制度的创新中，如果和非正式制度的兼容程度越高，或者说，正式制度变迁的设定目标与既定的制度目标距离愈近，亲和力愈强，新制度的形成和运行阻力就越小，其变迁成本越低，新制度目标也就越易实现；反之，就如诺斯所言，非正式制度可以制约正式制度，当正式制度与非正式制度存在矛盾或不相容时，正式制度就会流于形式，或者在执行中变形，甚至无法实施。⑤ 因此，诺斯、科斯和威廉姆森等在谈到新制度经济学的未来发展时，都反复强调信仰结构和文化习俗等因素对制度研究的重要性。

世界各国现代化的实践也充分证明了非正式制度的重要性。美国之所以能迅速建立起自己的制度，并成为继英国之后第二个现代化强国，关键是美国是一个西方移民国家，整体承继了英国的制度。而其他非移民国家则在移植西方制度的过程中遇到了水土不服，最后只能在自己传统文化的基础上建立适合本国国情的现代化制度。

正式制度与非正式制度在一定时期内可以相互推演，之前和现行的正式制度将随着时代的变迁而不断改变或减少，但不会彻底消亡，而是作为一定的历史文化沉淀下来，演变为现在和未来的非正式制度因素，在将来的正式制度变迁中被重新利用。其实，很多现行法律制度就是在过去一些约定俗成的，仍符合当今需要的非正式制度因素和借鉴其他国家经验的基础上制定的，实际也是将历史上形成的优秀成果加以确认与巩固的结果。

---

① 戴维斯、诺斯：《制度创新理论：描述、类推与说明》，载 R. 科斯、A. 阿尔茨、D. 诺斯等：《财产权利与制度变迁——产权学派与新制度学派译文集》，刘守英等译，上海三联书店，2014，第 210 - 211 页。

② 恩斯明格：《变更产权：非洲正式和非正式土地产权的协调》，载约翰·N. 德勒巴克、约翰·V. C. 奈编《新制度经济学前沿》，张宇燕等译，经济科学出版社，2003，第 200 页。

③ 柯武刚、史漫飞：《制度经济学——社会秩序与公共政策》，韩朝华译，商务印书馆，2000，第 203 页。

④ 李培才：《论我国法律信仰现成的法律心理基础》，《理论界》2006 年第 2 期，第 161 - 162 页。

⑤ 李光宇：《论正式制度与非政治制度的差异与链接》，《法制与社会发展》2009 年第 3 期，第 146 - 151 页。

（二）东西方不同的政治社会组织结构演变走向

在世界文化体系中，以中国为代表的东亚文化和以西欧为代表的西方文化在价值取向上存在明显的对立性。在古希腊时代，古希腊城邦已经形成了不同于其他地方的社会结构，并由此形成了不同于其他地方的区域文化。不同的社会结构和文化价值取向，最终形成了不同价值的治理模式。

1. 我国政治社会结构的发展演变。 华夏五千年文明发展史铸就了自成一体的独特的中华文化，中国成为世界上唯一一个文明没有中断的国家。

我国古代处于一种封闭的农业自然经济中，人们由血缘关系固定在土地上。其社会的演化过程由家族—部落—部落联盟—国家发展而来。其权力结构是一个由小到大、由内而外逐步拓展的过程，即家主—族长—部落首领—部落联盟首领—国家统治者，最后形成的是一种"家天下"的政治结构。在理念上，"家"和"国"同构，家国一体。国家的产生并不是以氏族组织的瓦解为代价，相反原有的民族关系得以保留。无论是夏商还是周朝，都是拖着深重的氏族脐带而进入阶级社会的。[①] 同时国家权力严格说来并不是表现为"凌驾于社会之上"的公共权力，而是赤裸裸的宗族之间的征服和统治。[②]

我国周朝将宗族这一结构发展到极致，诞生了宗法制。武王伐纣成为天子，将土地分封给自己的儿子及兄弟（也分封给部分有军功的大臣），让这些同姓诸侯联手护卫周朝的天下，各诸侯国和周天子的接替顺序一样：天子的长子世袭天子，非长子当"诸侯"；诸侯长子当诸侯，非长子只能当"卿"；卿长子当卿，非长子只能当"士"。诸侯和卿的位置不是无限的，经过不断的繁衍，即使天子的后代，只要不是长子，用不了几代，就会处于"士"的位置，而处在"士"的位置上的那些人，后代将会进入"庶人"行列，最后只能是一个"国人"。相对于"野人"，"国人"住"国"里，"野人"住城外。周初时，这一管理体制非常成功。由于他们之间有着紧密的血缘关系，依据家庭秩序建立起的天子与诸侯的君臣关系，保持了长期的政治稳定，也带来社会的经济繁荣和文化发展。

之后随着世代的演变，特别是先进技术——铁制工具的运用，生产力水平大幅提高，冲垮了宗法制这种政治结构。经过春秋战国的变革，中国进入了"一君万民"的君主专制的封建时代，一直到清朝结束。

可以说，郡县制并不完全是对宗法制的彻底否定，而是一种有选择性的继承，"在一个社会的公共领域中只保留一个古典家庭"[③]，即帝王家庭，而其他

---

① 杨英杰：《关于"礼"起源的再探讨》，《辽宁师范大学学报》2000年第6期，第91－94页。
② 梁治平：《"法"辨》，《中国社会科学》1986年第4期，第71－88页。
③ 盛洪：《中国与西方是如何分道扬镳的?》，《读书》2014年第5期，第128－139页。

所有政治精英都只是这个唯一政治家庭的受托管理人。大量的贵族家庭被"清退"出政治领域，从而使之与平民家庭的鸿沟被抑平。家庭不断通过道德传统进行强化，家庭秩序成为专制时期传统社会的组织基础。

2. 古希腊城邦特点。古希腊文明从古希腊城邦国家出现起，就使该地区发展出明显不同于其他地区的政治和社会机构范式。古希腊城邦制国家采取的是奴隶制条件下民主管理方式。在城邦国家形成以前的王治时代，古希腊和其他地区没有本质的差别。

在古希腊，经过世代的更替，形成了公民和非公民的分野。这种分野最早不是由种族间的战争形成的，也不是由生产关系决定的，而是和中国古代周朝一样由出生顺序决定的。长子具有家神的祭祀权而成为城邦的公民，非长子们则成为非公民。"阶级的分别肇始于家庭，而继续存在于城邦之中。"① "久而久之，长子集团成为公民，而余子集团则沦为非公民。"② 后来由于战争而获得的战俘或因失败而成为殖民地地区的人群则沦为非公民奴隶。

经过时代的变化，由于长子集团和余子集体存在的巨大不平等，他们自然失去了对因家庭秩序而建立和维系的政治秩序的尊重，变革不可避免。

从东方到西方几乎同时产生的这场大变革，其实质并不一定是种族间的战争，而是家庭内的战争。不论是东方还是西方，其继承方式，不仅不公平，而且还无效率。因为处在统治顶层的管理者并不一定是最优秀的人，这是一个限制能人胜出的机制，一旦外在条件发生变化，就会威胁这一体制的存续。

古希腊和古罗马在解决这一危机上采取了和中国不同的方式：既然以家庭继承等级制这种治理方式靠不住了，就直接彻底抛弃了家庭，实行公民制。具体办法是：长子仍保留家神信仰上的主祭权，即贵族身份，而土地逐步可以买卖，家庭遗产可以由兄弟分享；法律独立于宗教信条，余子们及其长期演化而无家族身份的人和外邦人取得了公民权，变成法律上独立的个人。这一改变所形成的是一种特有的组织形式，家庭主义的社会转变成个人主义的公民社会。民主和契约成为这个社会不可缺少的两种最重要的组织资源。

古希腊所形成的公民社会形式被西方社会所承袭，古罗马及后来的资本主义制度都建立在公民社会基础上。

在中国，经过春秋战国时期的各国的相互混战与兼并，作为统治集团的周王朝及其宗法制度被推翻，代之以郡县制，官僚政治取代血缘政治，贵族封建

---

① 库朗热：《古代城邦——古希腊罗马祭祀、权利和政制研究》，谭立铸等译，华东师范大学出版社，2006，第221页。

② 盛洪：《中国与西方是如何分道扬镳的?》，《读书》2014年第5期，第128-139页。

制走向帝王专制制度。但这场变革并没有把家庭秩序像古希腊一样彻底抛弃，而是做了必要的变通，郡县制并不完全是对家庭宗法制的彻底否定，而是一种有选择的继承。家庭不断通过道德传统进行强化，使家庭秩序一直成为专制时期社会的基础性组织形式。

（三）东西方治理思想来源、观念意识与治理方式的不同

公元前三四百年东西方涌现出了一大批思想家，如古希腊的苏格拉底（Socrates）、柏拉图（Plato）、亚里士多德；中国的孔子、老子、荀子；印度的释迦牟尼等。他们立足于不同的环境条件，产生了对人性的不同理解，开出了不同的解决社会问题的药方。

1. 中国治理的思想来源、观念意识与方式。 人性善是我国历史上治理方式产生的思想源头。家庭秩序的存续是"人性善"观念的出发点和落脚点，建立在血缘关系情感基础上的思想和动机必然是人性善。儒家确立人性善是客观现实的反映，也符合现实存在的要求。作为社会大家庭的成员，凡论是管理者还是被管理者，都彼此以人性善来理解和对待对方，我国各种思想流派主要是基于对人性善的理解而形成的。

人性善是儒家的主流思想，而儒家对人性善的提倡，也是从社会政治文化的治理要求出发来考虑的。对人性的认识是治理方式产生的前提。人性善与治理思想的内在关联在于：既然人性是善的或趋向于善的，那么，统治者只要从自己的本性出发，推己及人，其所作所为就会符合老百姓的利益。因此，所谓治理，无非就是扩充其善心、使之达于天下万民。

在人类社会治理结构中，人治和法治是最基本的治理模式。一个社会实行人治或者法治，都是特定历史条件下的产物。

中国古代治理基于人性善的定位，中国政治文化具有德治传统。中国社会采取的治理方式是"德治"，具体形式是"礼治"，对统治者来说采取的主要办法是"仁政"，反映在最后结果上就是"人治"。

中国德治思想以人性善的预设为前提，提倡从人的善性出发推己及人，通过道德教化的方式，从内部实现对人的治理。

凡事过犹不及，在过分重视道德、法律无法伸张的人治社会，法律只是权力的附庸，是服务统治的工具。

这种人治即权治的思想，经过千百年的历史积淀，它不仅为历史统治者所推崇，所有民众都认为其理所当然。这种被固化了法律心理又反过来影响人们的法律行为，使人们习惯于以对权势的崇拜来代替对法律的捍卫。

2. 西方治理的思想来源、观念意识与方式。 西方世界社会治理模式的思想源头是基于人性恶的理解。西方法治理论"或以'原罪'说的神圣预设，或

以人性恶的世俗预设为前提"①。

古希腊时期，家庭秩序解体，商业交易增多，战争频繁，人们面对的不再是一个温情脉脉的熟人社会，而是一个开放的、充满竞争、威胁甚至危机四伏的暴力社会，因此他们对人性做出了不同于东方社会的理解和判断。

赫拉克利特认为，世界由火组成，一切皆可变，多数人是邪恶的。柏拉图认为，社会是病人，历史是病症。社会的历史是衰败史，人本性是自私的。②伊壁鸠鲁认为，所有人在本质上都有恶性，都是自私的。罗马时代的斯多亚主义也是从人性恶观点出发，论证了法律制约的必要性。

对西方人的人性观点影响最长久的是基督教教义。1世纪，处在罗马帝国残暴统治之下的人们，极度渴望摆脱痛苦，在这样的环境下耶稣创立新说，从心灵上救人们于水火。基督教圣典直接继承了古希腊、古罗马哲学伦理思想，认为正因为人性是恶的，人是有罪的，所以上帝派耶稣来拯救人类。

到了近代，一批资产阶级思想家从人的自我保护的自然本性出发，都不同程度地设定了人性的自私性或恶性。马基雅维利在《君主论》中生动地描述了人性的罪恶与自私："关于人类，一般地可以这样说，他们是忘恩负义、容易变心的，是伪装者、冒牌货，是逃避畏难，追逐利益的。"③ 不同的社会结构及与之相统一的不同的人性判断，导致不同的治理方式。东、西方分别走向了人治和法治的不同治理之路，形成了东西方社会历史上各自比较典型并相互对立的社会治理方式。

西方国家内部存在许多促成法治体系形成的现实因素。如政治权力多元与相互制衡的政治传统、法律至上的文化传统、源远流长的商品经济历史等。④

其一，西方社会很早就演绎出了政治权力的多元与制衡机制。政治权力的多元与相互制衡是欧洲的一种古老的政治传统。不论是古希腊还是古罗马，已经存在公民大会、议事会、公民法庭和众多规模不大的行政机构等国家机关。如雅典国家政权"已被碎化到众多公民个人手中，而个人权力又在三大机构的严密监控和自身集体领导的制约下，只能在非常有限的时间（一年任期）和空间（很小的职权范围）内施展，因此如果不能摆脱这些控制，任何形式的个人

---

① 田薇、胡伟希：《中西德治与法治思想的历史生成及其人性论基础》，《中州学刊》2002年第1期，第168-172页。

② 冒云辉、罗美珍、何鹏举等：《古代中西方人性善恶论比较》，《东莞理工学院学报》2005年第2期，第22-24页。

③ 马基雅维利：《君主论》，潘汉典译，商务印书馆，1986，第80页。

④ 冯梦成：《法治基因概论——西方法治生成路径分析》，《汕头大学学报（人文社会科学版）》2003年第5期，第83-91页。

独裁或小集团的寡头政治都是不可能的"①。

其二,西方国家从文化源头上就信仰法律并具有法律至上的法治观念。近代西方所形成的人民主权、权利至上、法律面前人人平等等资产阶级革命的精神,实际是西方社会长期对法律信仰的结果,它以人们普遍接受和所具有的法律社会心理基础为前提。在古希腊时期,人们就尊重法律、崇尚自由,尤其在梭伦改革以后,更加服从和尊重法律,法律权威高于人的权威,公民在法律面前地位平等成为当时普遍的道德观念。② 柏拉图在谈到为什么需要法律时指出,一般说来,法律是导致文明的力量;如果没有这种力量,让人性听其自然,人就会成为最野蛮的动物。③ 亚里士多德在《政治学》中指出,一个社会即使由最好的人统治,不如由最好的法律统治,因为法律是"不受意愿、欲望和情感影响的纯理性"④。

在现代西方法律重要来源的西欧中世纪三大法律支柱中,除罗马法和日耳曼法两大世俗法律外,作为神权法的教会法,虽曾经被认为导致了西欧中世纪的黑暗和愚昧,但是它对西方法治传统的形成具有非常重要的作用。教会法表面上来看似乎与世俗法律相互并行,互补牵扯,但从深层次上看就会发现,教会法在不直接针对人与人的关系领域做出调整,更令其具有了超越世俗生活的品性,即意识形态层面的意义。同时,依据教会法所建立的金字塔式等级权力结构是按照世俗等级模式建立的,许多法律内容也具有世俗性,其对世俗法律也一直具有影响力。

其三,西方社会具有源远流长的商品经济历史。在西方社会,商品经济源远流长,从而促进了法治环境的形成。古希腊社会就是一个商品经济社会,在古希腊文明的基础上,古罗马时期商品经济已非常发达,马克思曾评价道:"在古罗马,还在共和制的后期,商人资本已发展到古代世界所未有的高度。"⑤ 发达的商品经济造就了"以私有制为基础的法的最完备形式"⑥ 的罗马法,包括了"简单商品所有者的一切本质的法的关系(如买主和卖主、债权人

---

① 施治生、郭方:《古代民主与共和制度》,中国社会科学出版社,1998,第 202 页。

② 张志昌:《资本主义社会法治文化的一般生成逻辑审视与批判》,《河南大学学报(社会科学版)》2015 年第 1 期(第 55 卷),第 42 - 49 页。

③ 柏拉图《法律篇》。

④ 亚里士多德《政治学》。

⑤ 马克思:《资本论》第 3 卷,人民出版社,1996,第 371 页。

⑥ 马克思、恩格斯:《马克思恩格斯选集》第 3 卷,中共中央马克思恩格斯列宁斯大林著作编译局译,人民出版社,1995,第 445 页。

和债务人、契约、债务等)"①

从古罗马颁布的第一部成文法《十二铜表法》中可以看出，早在前 5 世纪前，古罗马已经发展出具有现代意义的法律形式。《十二铜表法》的前三表分别是传唤、审判、求偿。将诉讼程序列于法典之首，表现出程序法先于实体法的特点。

商品经济本质上是一种权利关系，法治是商品经济得以存在和发展的重要条件和保障。可以说，商品经济和法律的起源一样久远。恩格斯在揭示法律产生的根源时曾说："在社会发展某个很早的阶段，产生了这样一种需要，把每天重复着的产品生产、分配和交换用一个共同规则约束起来，借以使个人服从生产和交换的共同条件，这个规则首先表现为习惯，不久便成了法律。"② 商品经济是一种竞争和开放的经济。首先，商品经济所形成的是大范围而又存在不同文化背景和信仰人群的广泛的人际交流，血缘和地缘关系的界限已被打破，难以用某一地封闭社会的道德规范进行行为约束，只能设定一个具有普遍适用性的法律规范来代替各种道德规范，而使其凌驾于任何权力和个人之上。其次，商品经济所遵循的基本原则是等价交换原则，反映在商品经济活动的主体上，就是人的自由和平等。相互独立和平等的个体，自然消除了各自存在的等级观念和彼此间的支配与服从关系，同时又由于不熟悉和竞争所致的利害关系，需要建立大家事先明确、共同遵守的规则，这些规则就是法律。

(四) 东西方私有产权观念的差异

私有产权是市场经济的基础，对私有产权的明确和保护是发展市场经济的前提条件。但是，东西方人在私有产权保护的观念上存在很大的差异。

1. 西方的私有产权保护观念。谈及西方对私有产权保护观念的形成，古希腊、古罗马确实是无法绕开的话题。

西方世界所建立的现代社会制度，在价值理念上大量借鉴了古希腊、古罗马的历史经验。

从古希腊、古罗马到近代社会，西方社会有着悠久的权利意识传统，财产权是西方权利的重要内容。私有财产神圣不可侵犯早已成为西方人内心世界的价值信念，并且通过法律制度化形式表现出来。在西方的历史长河里，财产和正当性相连，并被视为一项重要的伦理安排，私人所有制在正义、进步、和平

---

① 马克思、恩格斯：《马克思恩格斯选集》第 4 卷，中共中央马克思恩格斯列宁斯大林著作编译局译，人民出版社，1995，第 252 页。

② 马克思、恩格斯：《马克思恩格斯选集》第 3 卷，中共中央马克思恩格斯列宁斯大林著作编译局译，人民出版社，1995，第 211 页。

以及幸福的基础上得到维护并逐步发展起来。[①] 在西方各国，也有个别思想家对私有财产有不同的认识，甚至认为私有财产是罪恶的。比如，柏拉图认为，财产权破坏了城邦的统一，玷污了公民的美德；近代思想家卢梭说，私有财产是人类不平等的基础；托尔斯泰认为，财产权是一切痛苦和罪恶的根源。但绝大多数思想家还是对其给予了肯定，如亚里士多德就认为，拥有财产权是人自爱的表现，因为没有财产权，人就无法生活下去。很多思想家把财产权作为人格的一部分。古罗马执政官西塞罗在其《论共和国》中提出，把保护私有财产作为建立国家的目的之一，"精神目的就是维护正义，物质目的就是保护私有财产。国家是人民为了维护正义和保护私有财产，通过协议建立起来的政治组织"[②]。到了近现代，思想家们对财产私有制的认识和重视程度有增无减，以致其成为现代资本主义制度的思想理论基础。

尽管古希腊对古罗马的法律文明产生了深远的影响，但二者又有不同的特征。从内容上看，古希腊是一种"政治性契约法律文明"，而古罗马则是一种"经济性契约法律文明"。[③] 因此，从古罗马法律中更能看出古代西方对私有财产的保护。

可以说，西方文化从起源上表现出法律文化特点，而且首先表现为维护私有产权的私法文化的特点。

在近现代西方人们的信念和生活方式里，普遍渗透着罗马私法的精神，几乎所有问题都可以依从法律的逻辑去思考，也都可以通过法律去解决，从这个意义上说，"西方文化就是法律文化，而且首先是私法文化"[④]。

随着资产阶级的进一步兴起和以财产相匹配的地位的提升及权利的获得，对私有财产权的维护进一步加强。资本主义宪政制度建立的主要目的就是维护私有产权制度。如世界上第一个建立近代宪政制度的英国，其所建立的宪政就是保护私有财产。

现代宪政国家把财产权、生命权和自由权作为公民的三大基本权利。同时，通常把私有财产权价值的保护作为建立社会理想的出发点，认为财产权对于国家和社会都有重大意义，它是民主政治的前提和基础。[⑤] 西方资本主义制

---

① 蔡宝刚：《私有产权保护的意义追问——以"李约瑟难题"的法律解答为例》，《法学评论》2005 年第 3 期，第 3-10 页。

② 谷春德、吕世伦：《西方政治法律思想史》，辽宁人民出版社，1986，第 99 页。

③ 庞朝骥：《中国、古希腊、古罗马法律起源特点之比较》，《法律文化研究》2006 年 9 月，第 494-502 页。

④ 魏红：《试论中西古代刑名观之异同——古罗马〈十二铜表法〉与中国古代〈法经〉之比较》，《贵州大学学报（社会科学版）》2000 年第 4 期，第 31-34 页。

⑤ 张文礼、王芳霞：《试论私有产权的宪法保护》，《科学·经济·社会》2005 年第 2 期，第 93-96 页。

度的建立和扩张，实际是将对私有财产权的保护上升为一种世界性的促进经济发展和社会进步的重要国家制度形式。

以西方文化为代表的现代文明，建立在"私有财产神圣不可侵犯"的基础上，"穷人的寒舍风能进，雨能进，国王不能进"这句经典宪政格言足以证明西方社会对于公民财产权的尊重、保护乃至敬畏。

西方学者大都坚信在效率方面私有产权优于共有产权。他们认为，一种产权安排是否有效率，主要取决于它是否能为在它支配下的人们提供将外部性较大的内在激励。德姆塞茨（Demsetz）也认为，只有产权私有化才能完成推进市场和提高经济效率的任务。西方产权经济学家大都倾向于针对每个经济问题找到以市场为基础的私有产权解释。[1] 在西方个人主义的价值取向与理性经济人的假定基础之上，社会生产的目标是厂商利润最大化和个人利润最大化，这极大地促进了西方经济社会的发展。"近代西方世界的兴起源于有效产权制度的建立和实施，产权的独占性或私有性特质是解读经济发展奥秘的钥匙。"[2] 西方国家的市场化进展实质就是市场经济与私有制相结合的问题。[3]

2. 我国对私有产权的保护观念。在我国传统社会中，绝对的私有财产权是不存在的。"普天之下莫非王土；率土之滨莫非王臣。"马克思总结了作为"亚细亚生产方式"的传统东方社会的特点，指出"东方社会一切现象的基础是不存在土地私有制，这甚至是了解东方天国的一把真正的钥匙。"[4] 土地是传统社会主要的生产资料和生活来源，当土地私有制不存在时，其他私有制也就难以确立。在这种社会状态中，"财产关系必然同时表现为直接的统治和从属关系，因而直接生产者作为不自由的人而出现"[5]。

传统中国社会是一个具有浓厚义务本位色彩的社会，注重社会整体和公共利益，忽视个体权益。春秋战国时期，在诸子百家关于理想社会的学说中，大多是追求道德上的完美主义和价值取向上的"不患寡而患不均"的反映"天下为公"的大同世界构想。传统社会即使存在对私有产权的保护，也只是从维护

---

① 胡乐明：《关于产权分析的若干思考》，《当代经济研究》2002 年第 5 期，第 38 - 42 页。

② 蔡宝刚：《私有产权保护的意义追问——以"李约瑟难题"的法律解答为例》，《法学评论》2005 年第 3 期，第 3 - 10 页。

③ 卢现祥：《论西方产权理论运用在中国经济研究中的四大问题》，《贵州财经学院学报》2003 年第 2 期，第 1 - 6 页。

④ 马克思、恩格斯：《马克思恩格斯全集》第 28 卷，中共中央马克思恩格斯列宁斯大林著作编译局译，人民出版社，1973，第 256 页。

⑤ 马克思、恩格斯：《马克思恩格斯全集》第 25 卷，中共中央马克思恩格斯列宁斯大林著作编译局译，人民出版社，1974，第 890 页。

统治秩序需要和统治者利益出发而实施的手段。

在法律方面，权利缺失和义务本位更是构成了中华法系的基本特质。

我国历史上最早的一部系统的成文法典是《法经》，和西方古罗马《十二铜表法》两者产生于大致相同的年代，分别被认为是中华法系和罗马法系的起源和基础，都具有古代法律文化的一般性特征。

《十二铜表法》被古罗马著名历史学家李维称为"一切公法和私法的渊源"[①]。而我国古代《法经》则始于《盗》《贼》。立法者李悝认为"王者之政，莫急于盗贼"。"盗"主要是指对私有财产的侵犯，将"盗"作为《法经》之始，虽具有保护私有财产权的意义，但《法经》本身是一部关于刑事法律的规定，是用刑事手段来调整被侵害财产所有权利的关系，而不是建立在商品交换基础上的通过私法——民事法律关系米对私有产权的调整，和《十二铜表法》中对私有产权的规定和保护不是一个概念。此后历朝统治者所制定的律法，虽篇目有所增加，体例更加规范，但都承袭了《法经》的精神内容。

根据新制度经济学理论，国家的存在提供了一个博弈的基本原则，没有国家权力及其代理人的介入，个人的有效财产权利就无法得到界定、保护和实施。国家权力是构成有效产权安排和经济发展的必要条件，没有国家就没有有效产权。但是，国家在界定产权的同时，也会对个人的财产权造成侵害，国家又是造成无效产权的根源，这就是有名的"诺斯悖论"。

在中国上下五千年的文明史中，私有产权尽管以广大农户的个体经济形式存在，但它会随朝代的更迭带来重大的变化，历朝历代都存在根据统治者的意愿和需要而随意剥夺个人财产的现象。政府虽是社会秩序的维护者，但同时也是个人财产权利的侵害者。政府权力覆盖个人权利是中国的制度传统和文化传统。

纵观我国长期的社会发展过程，人们始终把"均贫富""天下为公"作为追求的理想目标，相对于西方社会，我国在社会历史上对私有产权既缺乏应有的尊重，又缺乏应有的国家制度的保护。

私有产权在我国真正得到应有的重视始于改革开放，更准确地说是始于市场经济制度的建立，从此我国走上了积极保护私有财产权的制度化轨道。从我国 1982 年及其后确立的《宪法》的规定中，可以清晰地看出个人私有产权的保护不断得到重视。

（五）中西方民主形成与意识的不同

东西方由于不同的自然环境而产生的不同的生产方式和生活方式，促成

---

① 格罗索：《罗马法史》，中国政法大学出版社，1994，第 76 页。

了不同的发展方式和治理模式，进而造就了不同的民主发展过程和意识观念。

民主是什么？"民主"一词源于古希腊，最初是指一种城邦管理体制。最早见于古希腊历史学家希罗多德（Herodotus）的《历史》一书。它由人民和权力两个词组合而成，含义为"人民的权力"，即由人民共同执掌政权而治理国家之意，所体现的就是当时城邦国家制度形式。因此，民主首先是一种国家制度。在原始社会，没有阶级，也没有国家，也就无所谓民主。当民主被作为政治术语使用时，内涵有所扩大和延伸，主要指人民主权。但现实中对民主的理解有更丰富的内涵。

民主可以从过程和结果两方面去理解。从历史过程而言，起初的民主不过是"大树底下的民主"，是一种集体决策机制，或者说是一个议事过程或规则。从发生学的角度分析，民主最初是人类在生产、生活交往过程中组织集体行为的一种集体决策的机制。集体决策机制广泛存在于原始社会氏族成员的议事中，集体决策机制更广泛存在于当今现实生活中，因此有些学者说："实际上，无论从历史看，还是横向比较，我们都会发现'民主'不是一个有无的问题，而是一个程度问题。"① 这种集体决策机制或规则才是民主的实质。至于民主政治制度，实际上也是从集体民主决策演变而来，是集体决策机制历史发展的结果和最高级形式。

1. 西方民主的产生条件、影响因素和形态。西方民主政治完全是在自身文化的发展进程中产生的，或者说，它不是通过模仿、拷贝其他社会的现成制度而形成和发展来的。② 古代民主和现代民主都产生于西方，二者尽管不是因果关系，但这并不能说明二者是彼此孤立发生的偶然现象。实际上，二者发生的背后有其共性的条件，同时，随着时代的发展，现代民主汇集了更多的要素。

（1）西方民主的产生条件。纵观西方社会发展史可以发现，民主的产生首先与商品经济的发展呈正相关，其次与王权的集中度呈负相关。

首先，商品经济因素。虽然，正如亨廷顿所说，"没有一个单一的因素足以解释在所有国家中或是在一个国家中的民主发展"③，但商品经济的发展确实是形成民主制度的最重要条件。古希腊民主是这样，现代民主也是这样。

---

① 王绍光：《民主四讲》，生活·读书·新知三联书店，2008，第2页。

② 顾肃：《基督教在西方民主政治发展中的作用》，《厦门大学学报（哲学社会科学版）》2008年第6期，第49-56页。

③ 塞缪尔·亨廷顿：《第三波——20世纪后期民主化浪潮》，刘军宁译，上海三联书店，1998，第46页。

　　由于"民主性格的主要特征是一个'开放的自我'或者是一种同他人联系并分享价值的能力"[①]，因而，自然经济与其格格不入，与之相对应的经济形式只能是商品经济。商品经济的特性决定其与政治民主存在着一种内在联系。[②]

　　商品经济所遵循的基本原则就是等价交换原则，即自由原则、平等原则。随着商品经济的发展，自由平等交换的不断扩大和深入，以血缘、等级、地域、民族、宗教等因素为代表束缚人们的种种壁垒就会从根本上被冲破，自由平等意识必然在人们的思想中生根发芽。

　　其次，王权因素。西方社会始终没有建立一个强大的王权，即使存在也是非常短暂的，对民主的产生没有形成制约，这是西方社会民主因素一直存在的一个重要原因。

　　（2）西方现代民主的其他影响因素。相对于古代民主，基督教和日耳曼原始民主遗风对西方现代民主也发挥了重要影响作用。

　　首先是基督教的影响。美国圣·刘易斯大学教授 V. C. 彭佐（V. C. Penzo）认为，对西方民主发展起作用的思想和历史变革是：古典希腊（前 600—前 300）的遗产；基督教传统；16 世纪开始出现的近代实验科学和技术与工业化。[③] 其中基督教传统中包含有许多民主因素，这既对现代民主政治的发展产生了积极影响，又成为西方民主思想和具体内容的重要组成部分。一是基督教传统中平等思想对现代民主观念的影响。二是基督教的二元政治观促成了分权和制衡格局。中世纪的欧洲实际存在两个权力实体，即教会和国王。这与政教合一容易形成专制主义的形态正好相反。中世纪基督教的二元政治观促进了教会与世俗国家的二元结构的出现，形成了对抗制的政治模式。三是基督教内部权力架构为现代民主政治体制建立提供了借鉴。中世纪的基督教会，教皇的权力高于国王，还占有大量的土地。在教会内部有一套很像国家政府组织的管理体系和机制。因此，有人认为中世纪最接近近代国家的实体是教会。基督教会的实体性还表现在具体的教会法上，教会法的内容并非仅仅涵盖教会事务，还包括世俗法律中很多内容，如刑法、婚姻法、继承法、财产法、契约法等。教会的法律和司法制度成为后来各王国发展法制时参考和模仿的典范。基督教会中的不同权力之间，分立与制约的管理体制，是三权分立结构的萌芽状态，教

---

①　加布里埃尔·A. 阿尔蒙德，西德尼·维伯：《公民文化》，徐湘林等译，华夏出版社，1989，第287 - 288 页。

②　姜颖：《试论民主意识》，《松辽学刊》1989年第 3 期，第 20 - 23、19 页。

③　V. C. 彭佐：《西方民主的四个支柱》，苏曼、王正毅译，《道德与文明》1989年第 2 期，第 6 - 38 页。

会内部的权力制衡理念成为现代宪政制度的灵魂。①

其次是日耳曼部族的原始民主遗风。古代民主产生于南欧的古希腊、罗马，而现代民主则是由北欧的，在古罗马时期被称为"蛮族"——日耳曼民族的后人创造的，因此现代民主必然打上了很深的日耳曼原始民主遗风的印记。有学者甚至断言，英格兰的宪政法治传统直接来源于盎格鲁—撒克逊人（日耳曼人的一支）所导入的日耳曼原始民主遗风。②

日耳曼部族原始民主的特点是对习惯法的尊崇，注意民主协商，珍视个人自由权利。原始民主遗风在中世纪欧洲得到传承。西罗马帝国在日耳曼人诸部落的入侵打击下崩溃，日耳曼人将其原始部族部落组织的政治传统带到了封建制的欧洲广大地区。日耳曼人原始部族习惯的存在不依赖于任何其他社会机构和权威规则，相反，其是所有社会机构和权威性规则的评判标准。这些原始习惯涵盖了社会生活的各个方面，甚至一些无关紧要的环节。日耳曼部族的习惯法，相对于罗马法律，对日后西欧封建政治建设的影响更大。英国人说："我们的法律之根是日耳曼法。"③ 恩格斯也称赞日耳曼人具有"把一切公共的事情看作是自己的事情的民主本能"④。在日耳曼人眼里，法律不是统治者意志和强权的体现，而是社会大众约定俗成和普遍认同下的产物。

（3）西方社会具有很强的民主意识。意识是人类认识世界和改造世界的心理活动。人类社会认识世界和改造世界的历史越久远，形成的意识就越稳固。因此，民主意识的强度与形成时间的长度是成正比。

民主制度和民主意识二者相互作用、相互影响，共同发展。正如，彭佐教授所说，西方民主首先应该理解为一种生活方式，其次才是一种统治方式。⑤

（4）资本主义的民主意识形态。西方文明从古希腊起就强调个性独立，要求个体自由。到了近代，这种对个性的要求由于符合资本主义私有制的经济原则和伦理规范，从而转化为以利己、追求私利为核心的个人主义。西方资产阶级民主思想家的民主主张是建立在抽象的、人的不可分割的权利基础上，他们将个人自由和个人权利放在首位，作为民主的核心内容来阐释，这种个人主义在政治上的要求就是个体的民主、竞争性的民主，表现在国家的政治形式上就

---

① 季金华、刘腾腾：《论基督教传统对西方宪政的影响》，《江苏社会科学》2011年第6期，第148页。

② 程汉大：《英国宪政传统的历史成因》，《法制与社会发展》2005年第1期，第30-40页。

③ 罗斯科·庞德：《普通法的精神》，唐僧宏、唐湘文、高雪屏原译，法律出版社，2001，第11页。

④ 恩格斯：《家庭、私有制和国家的起源》，中共中央马克思恩格斯列宁斯大林著作编译局译，人民出版社，2003，第162页。

⑤ V.C. 彭佐：《西方民主的四个支柱》，苏曼、王正毅译，《道德与文明》1989年第2期，第36-38页。

是三权分立、权力制衡和代议制民主政府。① 西方文明的特性和资本主义制度的本性造就了资本主义民主的特点。

2. 中国民主的发展及意识。中国古代典籍中虽有"民主"一词，如《尚书》中有"代夏作民主"，《左传》中有"其语偷，不似民主"等，但这个"民主"完全不是近代意义上"人民主权"的民主之义，而是为民之主，非民为主。

中国文明历来强调家庭、集体、国家、社会的作用。文明的主流是家族主义、国家主义。这种以集体、国家利益为重的思想会对社会产生积极作用，但没有包含完整的民主政治概念。

国人对西方民主的了解，是从对西方文化的了解开始的，对其真正的认识和重视又是从对西方的政治体制了解开始的。

鸦片战争以后，西方文化进入中国，但直至辛亥革命后，民主政体到底为何物，仍不被人民大众所理解或知晓。可以说，在中国整个旧民主主义时期，资产阶级民主思想传播只局限于商品经济有了一定发展的沿海地区和中心城市，没有扩展到广大农村；只局限于社会上层，没有深入到广大人民群众中间。由于旧民主主义思想发展太快，且议题多变，民主文化只是表面繁荣。

五四新文化运动高举的是"民主"与"科学"两面旗帜，激励人们冲破旧思想的牢笼，投身反帝反封建的斗争，但并没有形成批判封建主义的思想革命。因此，五四新文化运动就其反封建思想文化的斗争和由此带来的民主意识的形成和传播，无论在深度和广度上同样远没有达到彻底的程度。② 这场思想解放运动，主要是在知识分子中进行的，广大劳动人民特别是农民群众，既没有参与这场斗争，也没有直接受到这些新思想的洗礼。同时，这场运动还表现出重批判轻建设现象。民主与科学首先是作为封建专制主义的对立面提出来的，一开始它就具有浓厚的批判色彩。对民主在实施层面的可行性欠考虑，建设性的构想则比较笼统和抽象；对中国民主建设的艰巨性和可能遇到的困难估计不足。③五四运动并没有完成其反封建和提倡民主的任务。

五四运动后，中国人民争取民主的斗争，走的是一条与西方资本主义国家人民完全不同的道路。在资本主义国家，人民是在已经确立了资产阶级民主制度的条件下，通过合法的斗争形式实现和扩大自己的民主权利。而中国人民能否争取到民主权利，则直接取决于能否赢得革命战争的胜利，而其他斗争则成

①③ 李金：《民主文化与中国的民主建设》，《社会科学》1991年第9期，第15-18页。
② 陆文培：《五四运动和民主意识》，《淮北煤师院学报（社会科学版）》1989年第2期，第1-6页。

了服务革命战争的手段。[①]

社会主义革命胜利后，我国实行的是社会主义公有制，认为人民当家做主已经变为现实。这一阶段，思想界所关心的主要集中在社会主义民主与资本主义民主的本质之类的问题。[②]

作为观念形态的民主意识并不能独立的、脱离社会条件而发展和存在。历史唯物主义认为，社会的政治结构是由其经济结构所决定的，"权利永远不能超出社会的经济结构以及由经济结构所制约的社会的文化发展"[③]。即使是想发展民主，在缺乏商品经济发展的条件下，也很难实现。只有形成社会规模的商品经济，才是自由、平等和民主观念得以产生的客观前提。[④] 而我国实行过的计划经济体制，在理论上是否认商品经济必要性的，在实践上，国家通过金字塔式的等级结构，来组织和管理整个社会的经济生活，这必然导致民主制度的不健全和民众民主意识的淡薄。[⑤] 改革开放后，我国逐步完善各种机制，发展出更加符合中国国情的、代表人民利益的、全过程的中国特色社会主义民主制度，我国国民的民主意识得到不断提高。

总之，在当前农民专业合作社建设中，我国文化传统中的一些意识和观念对合作社的发展和民主管理一直产生着重要的影响，甚至制约了合作社的健康发展。

一是集体意识下对个人权益的忽视。集体观念是我国传统文化中的优秀成分，在我国的历史传统中，集体始终是社会的本位，这对维护国家和社会稳定发挥着重要的作用，和西方的个人主义形成鲜明对比。但是，如果处理不好和集体和个人权益的关系，也会产生问题。在当下农民专业合作社的建设过程中，重集体轻个人利益的现象依然存在。所谓合作，是在保证个人独立基础上的联合。合作社本身虽是一种集体组织，但个人加入合作社的目的，是通过合作社的集体服务来实现个人利益最大化。忽视了个人利益，合作社就失去了存在的合理性和价值。

当前农民专业合作社中较普遍存在的不设立成员账户、盈余不分配或分配比例随意等现象，主要还是受集体意识影响，认为利益终究是大家的，分与不分一样。这种集体意识对个人利益的忽视，不仅表现在合作社管理人员思想行为中，也表现在政府工作人员对合作社的管理和指导中。因此，将集体和个人

---

① 陆文培：《五四运动和民主意识》，《淮北煤师院学报（社会科学版）》1989年第2期，第1-6页。

② 李金：《民主文化与中国的民主建设》，《社会科学》1991年第9期，第15-18页。

③ 马克思、恩格斯：《马克思恩格斯选集》第3卷，中共中央马克思恩格斯列宁斯大林著作编译局译，人民出版社，1972，第12页。

④⑤ 姜颖：《试论民主意识》，《松辽学刊》1989年第3期，第20-23、19页。

利益统一起来，克服单纯集体观念，维护成员利益，是合作社开展民主管理和健康发展的重要因素。

二是权威服从意识下对个人权利的放弃。我们的文化中具有尊重和服从权威的传统，这也在合作社民主管理中有所反映。如对负责人的相信重于对制度的相信，主动放弃对合作社管理权和经营监督权的现象也非常普遍。

当前合作社建设中，产生的一人说了算，长期不召开成员会，财务状况不按规定时间向成员公开，盈余分配等重大事项不进行表决等现象，既有合作社负责人管理失职的原因，也有成员主动让渡权利的原因。

三是政府权力对成员权益的影响。强大政府的存在是东方区别于西方社会的一个重要标志，同时，对政府权力的正当性认同也是东方社会的一个重要特点，所以，政府权力广泛存在，也必然体现在合作社的发展和管理中。

合作社的益贫性和农业的弱质性，需要良好的外部发展环境，其中离不开政府的引导和扶持，但政府权力往往具有两面性。

在合作社的发展实践中，政府权力对合作社的不当干预现象在全国各地都有不同程度的存在。如《农民专业合作社法》出台后，一些地方基层政府出台促进合作社发展政策，定任务、下指标、重考核，结果在促进合作社快速发展的同时导致了大量空壳社的存在。针对这一情况，各地方政府又展开了合作社的清理工作，这些行政化手段与"使市场在资源配置中发挥决定性作用"的要求不相适应。

文化传统往往根深蒂固地存在于人们的脑海深处，要想从根本上解决合作社发展中的问题，落实好《农民专业合作社法》这一制度，就必须将东西方文化贯穿起来，找到结合点，摒弃一些受传统文化影响而不利于合作社建设的制约因素，吸收西方文化的有益成分，尊重合作社的内在本质规律，只有这样，才能找准合作社出路，最终步入健康发展的轨道。

第五章

建立与我国实际相适应的
合作社发展方式及机制

第一节　从不同模式的比较中确定
我国的合作社发展模式

我国应该走什么样的合作社发展道路，发展什么样的合作社组织形式，世界上一些国家为我们提供了可借鉴的经验。

一、世界农业合作组织三大主流模式比较

当今世界农业合作组织主要存在三大主流模式，包括：欧洲模式、以美国为代表的北美模式和以日本为代表的东亚模式。三种模式由于兴起的时间、历史背景及各国（地区）的情况不同，致使农业合作组织的运作方式存在很大的区别。

（一）兴起时间与背景不同

从兴起的时间和背景看，三种模式在不同的历史背景中诞生，这也决定了每种模式是为解决不同的社会问题而出现的。

英国 1844 年的罗虚代尔公平先锋社是欧洲模式形成的起点。当时欧洲正处于工业革命时期，农业生产更多是为工业化大生产服务，工业资本对农业的侵蚀使得分散化的小农生产难以与大资本相抗衡。在农业面临困难和为工业提供原材料及产品销售市场的双重压力下，政府和农民需要调整农业经营方式。

美国模式最早可追溯到 1810 年。美国从 18 世纪末至 20 世纪初对西部进行了大规模开发和拓殖，同时，开始的废奴运动打击了南方的奴隶主，削弱了南方的奴隶制，为美国资本主义的发展提供了更多的自由劳动者。可以看出，美国兴起农业合作组织基本上是为美国资本主义发展服务。

东亚模式的产生则与西方完全不同，从时间上看，最早推广农业合作的是日本。1900 年，日本通过《产业组合法》，这时西方已先行了近 100 年。日本明治维新虽然是封建社会向资本主义社会转变时期发生的资产阶级改革运动，但这一改革之后，封建土地所有制依然存在，资本主义发展与农村封建土地制度之间的矛盾难以调和，因此，政府建立农业协同组织，其根本目的在于调整资本主义与封建土地制度之间的矛盾，稳固土地改革的成果，推动资本主义在日本的发展。所以，日本农协的产生不是资本主义内部大生产与小生产矛盾冲突的结果，而是封建地主和资产阶级对立的生产方式相互调和的产物。

（二）类型不同

欧洲模式和美国模式的突出特点是专业特征，以专业合作闻名。以荷兰为例，传统上，荷兰政府对农业生产的干预较少，农业生产更多的靠市场调节，市场的强势和单个农民的弱势，使得农民在原材料的购买、农产品生产和销售上处于弱势。因此，荷兰农业合作组织承担的职能主要是扭转农民在市场的弱势地位，增强农民抵抗市场风险的能力。

美国的农业特点与荷兰略有不同。美国的农场规模大，在"西进运动"中，政府不断颁布更加优惠的土地法令，促进西部大开发。为了鼓励东部居民移民开拓西部，联邦政府于 1862 年颁布更为激进的土地法令——《宅地法》，规定所有在公有土地上耕作 5 年以上，家主或者年龄达到 21 岁的美国公民，只需要缴纳 10 美元的登记费便可免费永久获得 160 英亩的土地，奠定了美国农户大规模经营的基础。美国商品化和专业化程度较高，农业合作组织为农业生产提供产前和产后服务。美国的农业合作组织更多地反映出专业性特征。

东亚模式以日本农协为代表，日本农协在充分借鉴西方发达国家发展农业合作经验的基础上，独创了一套适合本国国情的农业协同组织制度。"协同组合"型的合作道路是日本实现农业现代化的重要经验，不仅影响农业产前、产中和产后等环节，而且农业协同运作也进入农民生活领域，对日本农民生活方式有很大影响。

（三）特征不同

由于处于不同的地域和具有不同的文化背景，三种模式表现出不同的特征。

美国模式形成于美国特有的社会政治文化背景下。美国的社会结构非常松散，国家实行联邦制，地方州政府有一定权力，加之当时美国人口稀少，非常便于组党结社。因此，法国学者托克维尔（Tocqueville）指出，"美国是世界上最便于组党结社和把这一强大行动手段用于多种多样目的的国家。"① 美国除了有依法以县、市、镇为名建立的常设社团外，还有许多根据个人自愿原则发展的社团。

欧洲国家同样具有自由结社和建立行会的传统和习惯，农业从业者为共同利益需要建立自己的组织，在欧洲也是顺理成章之事。

不论是欧洲模式还是美国模式，更多地反映出农民自身结社的需要，而不是政府强制的，因此，都独立于政府的组织之外。

东亚模式相对于欧洲和美国模式的自主自发性具有明显的被动性，这种被动性源于东亚历史发展的现实。由于地处儒家文化圈，大众具有对权力屈从的心理特征，缺乏主动结社意识，农协作为一个协调二者之间矛盾的组织在日本得以发展，是依靠政府通过有意识的自上而下的外部推动发展起来的，甚至可以说是强制推动的结果。这就决定了其独立性较差，更多地成为一种依附于政府的组织。日本农协被人们认为是名副其实的"第二政府组织"。

二战以后，在驻日美军的强力干预和影响下，日本解散了战时的半官方组织"农业会"，颁布《农业协同组合法》，大力推进土地改革和农村民主化行动，农协的独立性有所增强，但是，日本农协仍具有典型的二重性，既是农民为保护自身利益而自发建立的群众机构，又是日本政府借以推行农业政策的中介机构。②

这些都显示出东亚模式完全不同于欧洲和美国模式的特征（表2-5-1）。

表2-5-1　世界农业合作组织三大主流模式比较

情况 类别	欧洲模式	北美（美国）模式	东亚（日本）模式
起始时间	1844年	1810年	1900年
起源（背景）	工业革命	西部开发和美国废奴运动	资本主义发展与农村封建土地制度的矛盾
特点	市场驱动 内生型 自下而上	市场驱动 内生型 自下而上	政府驱动 外生性 自上而下
主要合作类型	专业性合作	专业性合作	综合性合作
与政府关系	独立	独立	依附

资料来源：宗义湘等：《农民专业合作社管理与实务》，金盾出版社，2012，第136页。

---

① 托克维尔：《论美国民主》上卷，商务印书馆，2004，第213页。

② 宗义湘等编著：《农民专业合作社管理与实务》，金盾出版社，2012，第136-138页。

二、从不同模式的内涵中汲取发展经验

我国合作社发展起步较晚，在合作社发展道路与发展模式的顶层设计中，借鉴国际合作运动中已有的成功经验，形成符合中国实际的特有发展道路和发展模式是其必然的选择。

（一）汲取以日本综合农协为代表的东亚模式经验

无论从人文历史、自然环境还是经营者经营规模的大小来看，与我国匹配度最高的就是以日本为代表的东亚模式。因此，日本农协模式一直是被我国政府和学界共同看好的可以借鉴的模式，即使在我国颁布《农民专业合作社法》之后，很多学者也一直推荐这种模式。

日本和我国都具有人多地少的农业资源禀赋条件，两国的稻作农耕文化存在很多相似性，特别是两国的现代农业经营模式非常相似，即农业生产的经营主体是以家庭经营为主的兼业农户，并且日本农协是在城市化、工业化进程中发展壮大起来的①，这一点也和中国一样。因此，日本的综合农协经验也一直受到我国各级政府的密切关注。

早在 20 世纪 80 年代后期我国农村农民合作组织发展伊始，河北邯郸就曾引入日本综合农协模式；90 年代中期，农业部也曾将陕西省、山西省作为应用日本农协模式的试点省。经过几十年的发展，尽管在一些地区留下了日本综合农协的制度痕迹，如邯郸地区至今仍保留着"农协"的名称和县、地区两级农协组织体系，但是其合作内容与组织运行模式已经与日本综合农协相差甚远。国内借鉴日本农协经验发展综合性农民合作组织的意愿一直存在，但在探索和努力下形成的部分综合农协，无论是在地区分布、数量规模还是社会影响力方面，都是微乎其微的。②

试点的不成功不难理解。准确地说，日本综合农协模式是日本历史文化、日本国家制度、农户生产经营规模及整个国家人口、土地规模的反映。日本与我国尽管有很多相同之处，都受儒家文化影响且农户生产经营规模相近，但也有一些显著不同的地方。

从客观条件来讲，日本农村土地改革也采取类似于我国生产责任制一样的"耕者有其田"办法，表面上农民数量也很多，但从其所处的工业化程度来看，领先于中国合作社发展初期的水平。尽管日本在二战中国民经济受到重创，但日本工业化已经发展到相当高的水平，农业在国民经济中所占比重不大。比如，

---

①② 苑鹏：《日本综合农协的发展经验及其对中国农村合作社道路的借鉴》，《农村经济》2015 年第 5 期，第 118－122 页。

日本的工业化始于 1868 年，到 1930 年，日本的农业人口只占到全国人口的半数。[①] 日本的综合农协模式是在农村推行民主改革的措施，这种将全国农民自上而下组织起来，开展各项服务的模式，不仅有利于小农户发展，也符合日本农业的客观情况。

日本综合农协，在纵向上垂直一体，在横向上覆盖所有农户，是一个完整的体系，发挥着连接农户和政府的桥梁作用。政府通过综合农协来落实国家的农业扶持政策，也通过农协收集农民的各种需求。日本农协内部设置有很多机构，如金融、保险、经济（购买和销售）、厚生·（福利）系统等，为农户提供各种服务。

我国在个别地区的试点，只体现了日本综合农协体系中的部分功能，所以无论怎样努力去为其创造相同的发展环境，都很难达到整体制度环境条件下的状态。另外，农民刚从人民公社体制下解脱出来，对政府组织的综合农协存在一定的忌惮心理，对加入农协也表现出不积极、不主动甚至是排斥态度。同时，当时农户农产品自给程度比较高，商品率低，而合作社的主要优势是销售服务，农协的作用难以充分发挥。

试点不成功是一种表象，从本质上讲，日本东亚综合农协模式并不符合中国的实际。

相较于实行东亚模式的日本、韩国和我国台湾地区，我国无论是土地规模还是农民规模都体量巨大，且地区之间自然条件差异悬殊，想建立一个统一的农民组织开展全方位的综合服务，既不可能又不现实。首先，我国早已进行过这方面的尝试，即自上而下建立的人民公社，最后以失败告终，使我国在合作社道路上走了弯路，为此付出很大的代价，教训深刻。其次，从政治上考虑，将八亿农民组织起来，独立于政府之外，根本不具有可行性，世界上任何一个国家都不会这样做。在我国不仅是过去不能这样做，即使今后农民数量进一步减少，也不可能这样做，因为在中国，农民无论怎样减少其总体数量也是十分庞大的。何况农产品供给始终是我国政府的重大课题，政府一直将农业放在一个非常突出的重要位置并牢牢抓在手上。尽管在现代化发展中需要组织农民，但将农业直接放手托付给农民组织，恐怕难以像日本、韩国那些中小规模国家简单易行。

从操作层面来讲，如果体系过于庞大，就会使单个成员与整体的利益关系疏远，并容易走向行政化，导致成本增加，效率降低，服务功能减弱。另外，面对如此庞大的农民群体，想开展全方位的服务是根本不可能的。我国供销社

---

① 张培刚：《农业与工业化》上卷《农业国工业化问题初探》，华中科技大学出版社，2002，第151页。

体制的式微原因也在于此。

日本农协保持着和行政层次相统一的设置，其组织结构为中央—都道府县—基层三级。2014年，安倍政府对日本农协提出了彻底改革方案，取消中央农协，变三级综合农协架构为中央—基层两级。

我国有五级行政层次，即中央、省、地（市）、县、乡，按照日本农协模式，我国农民组织不仅层次设置多，而且规模巨大，如果完全照搬这种模式，是不可想象的。

任何发展模式都是一个地区历史文化、自然条件和生存条件共同作用的结果。只有符合本国国情的发展模式才是最合适的模式。东亚模式，除了受人口密度大、人均耕地少这一条件制约外，还受历史文化的影响。同时，东亚文化圈从来都存在强权政府，并形成了与之相统一的文化传统，民众具有较强的依附心理，政府合理设计出农民组织体系是很自然的事情。

在我国，很少有人否认东亚模式对我国有借鉴作用，但同时很多学者又一直反对政府对农民合作组织的干预。即一边主张积极学习这种综合农协模式方式，一边又反对政府的干预。中国借鉴日本等东亚模式经验实际上就是从这一矛盾中找到结合点，这个结合点就在日本农协体制的建立和运作中。日本政府的做法是在农协框架设计与扶持这一制度建设上由政府负责，对农民开展的具体服务由农协负责，政府采取了大事干预、小事不管的方式。真正发挥了农协在政府与农民之间的桥梁和纽带作用，实现了政府职能和市场职能的完全分开。

（二）学习欧洲、北美模式发展经验

欧洲模式和北美模式比较相近，只不过，由于受土地资源和人口比例的影响，欧洲农场主经营规模相对于东亚和北美介于之间。北美由于土地资源非常丰富，农场主经营规模很大，动辄几千亩上万亩。二者的共同之处是各不同专业的农场主通过不断自我合作自下而上建立起来的农民组织体系。其特点是政府干预少，以农民自我组织发展方式为主。

欧洲、北美模式给我们的经验，一是专业模式，这非常符合我国农业体量大、农作物品种多，各地自然条件差异大且发展水平不一致的特点。二是政府干预少，主要调动农民的合作积极性开展自下而上的合作。

综上可见，在政府很少干预下的欧洲、北美模式中自下而上的农民专业合作很成功；而在政府强力干预下的东亚模式中自上而下的综合服务也很成功。我们是否可以吸收东西方两种模式中的共性成功经验，为我所用，形成自己的发展模式？这是完全可以的。

关于制度的借鉴或移植，弗里德里希·哈耶克（Friedrich Hayek）曾告诫说："真正宝贵的东西，并非一套轻而易举便能照搬过来的特定制度，而是某些隐而不显的传统。"① 照抄照搬任何一种其他模式都不可能完全适应我国合作社的发展，必须在充分借鉴吸收各种模式有益经验的基础上形成自己的发展模式。

根据东亚的文化特点和我国的实际，首先，我们应借鉴东亚模式中政府对农民合作组织制度设计上的做法，支持、扶持合作社发展，并通过农民组织落实国家政策以培育其功能，但不能直接干预合作社的正常生产经营活动，让农民组织充分发挥协调和服务作用。其次，要学习欧洲、北美合作社模式，将合作社建设中更多的自主权交给农民，在市场经济的发展中不断总结经验逐步实现合作与联合。同时也要充分考虑我国合作社发展尚处于起步阶段，农民合作意识不强、合作水平不高，专业合作相对于综合服务的开展相对容易，应积极借鉴欧洲模式和北美模式中的专业合作形式，形成我国专业合作体系。

第二节　农民专业合作社的支持重点

我国《农民专业合作社法》所规定的合作社类型是农民之间的专业合作，而不是其他类型的合作，这就等于明确了国家当前重点发展和支持的对象是专业合作社类型。同时，也等于将专业合作从林林总总的众多合作社类型中分离了出来。

尽管新修订的《农民专业合作社法》相对于原法在对合作社专业性要求上有所放宽，在其定义中删去了"同类"的限制，但这只是为适应合作社业务种类增加的需要而作的修改，决不等于对农民合作社专业类型要求的放弃。

一、合作社的种类

合作社的种类很多，从世界范围看大致可分为三种。一是农业合作社，如生产合作社、销售合作社、供给（生产资料购买）合作社、服务性合作社（提供农业信贷、农业保险、病虫害防治等专业服务）。二是消费合作社、工业合作社、手工业合作社等。三是共享服务合作社，服务涉及住宅、信贷、婚葬、医疗、托儿等。

我国推行的农民专业合作社，按照不同的标准，有不同的分类。

按照业务功能划分，包括为成员提供农业生产资料投入品的供给专业合作社；销售成员加工的农副产品的营销专业合作社；为成员提供机械等生产设施、仓储等服务的农业服务专业合作社；为成员提供资金、生产生活信贷服务

---

① 李培才：《论我国法律信仰现成的法律心理基础》，《理论界》2006 年第 2 期，第 161－162 页。

的资金互助合作社；及我国新兴的为共同开展农业生产而建立的土地专业合作社；等等。

按照产业划分，包括种植业专业合作社、畜牧养殖业专业合作社、水产养殖业专业合作社、农机服务业专业合作社、传统民间工艺及手工制品加工业专业合作社、休闲农业和乡村旅游业专业合作社等。

按照提供服务内容的多少划分，包括提供某项服务的单一型专业合作社；提供多项服务的综合型的专业合作社。

按照发起者身份划分，包括农村能人（如村干部、生产经营大户、经纪人等）领办型、企业领办型、农机推广部门领办型、基层供销社领办型及其他组织、人员领办型等农民专业合作社。

同时，随着我国农民专业合作社发展经验的不断成熟和农民对合作事业需求的提高，一些其他类型的合作社形式，如社区资产合作社、消费合作社、建筑合作社等一系列为农民及社会成员生活服务的合作社，要么以新的法律予以确认，要么逐步被纳入专业合作社范畴，总之，合作社的种类将会不断增多。

二、农民专业合作社与公司及其他组织的区别

（一）合作社与公司的区别

在农民专业合作社发展实践中，真假合作社的区分实际就是合作社与公司之间的区分。

合作社和公司都是经济组织，都是在工商部门登记的法人；都具有营利性和独立性等企业的一般属性，即在市场上都追求利润最大化；有相似的权力机构、执行机构、监督机构等相互制衡的组织机构；在农业产业经营中，二者关系密切，且连接形式相似。如，公司通过合作社将农民组织起来提供标准稳定的货源或者农民通过合作社参股公司，形成"公司＋合作社＋农民"模式；或合作社开办深加工企业，形成"合作社＋农民＋公司"模式。

但是合作社与企业是性质不同的两种经济组织，在诸多方面存在着明显的差异。第一，产生的直接动因和目的不同。公司是资本的联合，本质上是商业资本通过最大限度的追求利润实现财富的增长，并不断地通过财富积累实施资本扩张，具有进攻性；合作社则是弱势群体为了避免和对抗大资本、中间商的盘剥维护自身生存地位而实施联合，以实现成员利益最大化为目的，具有自卫性。

第二，成员制度不同。合作社是所有者与使用者的同一，即合作社属于全体成员所有，成员通过购买合作社集中采购的产品或向合作社提供所生产的产品而使合作社得以存在，成员加入合作社目的是为了利用其提供的服务；公司

制度下所有者和使用者是相分离的，即股东并不必然需要利用公司的服务。

第三，决策原则不同。合作社和公司性质的本质差异体现在合作社和公司的决策原则上。合作社实行一人一票制，合作社成员权利来源于其成员资格，并不完全取决于成员对合作社的出资份额，合作社成员之间享有平等的表决权；公司决策实行一股一票制，谁拥有股份多谁就有更大的话语权。"人"和"资本"在这两种经济组织中地位相反。

第四，分配制度不同。合作社以服务为宗旨，因此其分配制度建立在成员使用和利用合作社提供服务的基础之上，即使用合作社统一购买的物资和向合作社提供需要合作社帮助销售的产品或其他服务。合作社经营的可分配盈余主要按照惠顾返还原则分配，即按照成员与合作社业务交易量（额）的多少比例返还成员。[①] 公司制企业则完全按照资本分配盈余。

农民专业合作社与公司制企业的区别如表2-5-2所示。

表2-5-2 农民专业合作社与公司制企业的主要区别

项目	合作社	公司制企业
目的	以为成员服务和成员收益为目的； 给相关人员提供就业机会； 实现自由、平等的理念	以追求最大利润为目的； 给一般人提供就业机会
组织	成员限于一定专业和区域； 股金一般不上市	对股东没有行业和地域限制； 股票上市交易
运营	成员（代表）大会决定经营方针和重大事项； 主要采取"一人一票"制	大股东决定经营方针和重大事项； "一股一票"制
资本	以成员出资为主； 一般不发行债券； 所有者和利用者的同一	一般人投资； 发行债券； 所有者与利用者相分离
分配	按与成员的交易量（额）为主； 股金分红率有限制	按股分红； 分红率无限制
法律	《中华人民共和国农民专业合作社法》	《中华人民共和国公司法》

资料来源：申龙均、潘峻岳：《农民合作社研究》，北京理工大学出版社，2015，第4页。

（二）农民专业合作社与农村集体经济组织的区别

农民专业合作社与农村集体经济组织尽管均主要由农民组成，并且很多情

[①] 农业部农村经济体制与经营管理司：《农民专业合作社理事长管理实务》，中国农业出版社，2009，第2-3页。

况下存在成员身份的重叠、民主管理方式相似，但两者间存在着根本的区别。

首先，二者产生的背景和依据不同。农民专业合作社是在我国市场经济体制建立和完善过程中为满足农民发展需要而建立的自我服务的农民组织，对农民专业合作社具有明确的专门的法律规定；农村集体经济组织是计划经济体制下保留下来的以集体所有制为基础的经济组织，缺乏具体专门的法律规定。

其次，覆盖范围和组织原则不同。农民专业合作社具有开放性，农民可以跨地区进行合作，不受行政区域限制，同时农民加入自愿，退出自由。而村集体经济组织具有社区性，与村民委员会所管辖的区域范围一致，其资格的取得与土地或其他生产资料集体共有相联系，其成员身份具有一定的固定性，不具有自主选择权。

再次，所有权与分配方式不同。农民专业合作社在以劳动联合为基础、保留个人生产资料所有权的前提下使成员共同占有和支配所组合的生产要素，并承认成员的收益权。而农村集体经济组织以社区为基础，将集体资产按股份量化给有资格的集体成员，对集体资产进行共同占有、支配和经营，成员与集体不是惠顾关系，成员享有股份收益权。

最后，经营内容和内部治理结构不同。农民专业合作社主要围绕农产品的生产经营开展服务，选举产生机构中的人员主要由直接从事农产品生产经营的成员组成；农村集体经济组织经营内容主要是集体经营性资产和资源，一般是比较单一的固定资产或不动产。由于其来源于原村集体，和社区联系密切，因此与社区事务管理具有相近性，组织机构人员和村"两委"负责人相互兼任程度很大。

（三）农民专业合作社与其他社会组织及农村经纪人的区别

1. 农民专业合作社与其他社会组织的区别。农民专业合作社与一般社会组织都具有为成员提供服务、对内部不以营利为目的的特点，但二者区别很大。

第一，性质不同。农民专业合作社在工商部门登记注册，属于企业法人，是经济实体，进行生产经营活动并承担一定的经济责任。社会组织属于社会团体，是非营利组织，在国家民政部门登记注册，不进行生产经营活动，不承担经济责任，向成员收取活动费用。

第二，目的不同。农民专业合作社是一个经济组织，对外开展经营活动以营利为目的，对内开展服务不以营利为目的。社会组织以服务成员为目的，一般对内对外都不追求盈利润，如协会组织的职责主要是协调和服务。

2. 农民专业合作社与农村经纪人的区别。农村经纪人一般是个体农民，服务对象是农产品供需双方，开展服务的目的是通过提供中介服务收取一定的中介服务费，经营业务范围广泛。而农民专业合作社的经营事项具有专业性。

(四) 农民专业合作社与其他合作社的区别

《农民专业合作社法》对农民专业合作社所规定的合作前提是"在农村集体承包经营基础上"，并对农民专业合作社的服务范围作了具体规定。未列入农民专业合作社法内容的，不属于农民专业合作社范围，即使成员由农民组成，如社区性股份经济合作社或生活消费类合作社，也不属于农民专业合作社。

之所以将农民专业合作社与其他合作社相区别，主要是为了防止发生混乱，以增强各级政府对农民专业合作社发展扶持的针对性，提高扶持效率和服务水平。

三、突出重点区域和重点产业的合作社发展

(一) 突出重点区域的专业合作

我国走专业合作的路子，实际等于各地根据自己的产业特点来确定自己的合作社发展路径，也等于各地在合作社发展方式和形式上有了更多的自主权和选择权。

经过改革开放后几十年的商品经济发展，我国农产品区域化生产格局已经形成，如东北的粮食主产区、山东的蔬菜产区和苹果产区、南方的稻谷和柑橘等水果产区。各地应立足自己的产业优势，有重点地发展专业合作。农产品品种的差异导致合作社具体经营方式上存在很大差异，或者各地有各自的合作社运作方式，相互之间无法完全复制和直接套用。各地要根据自身资源特点，列出优先支持和鼓励发展顺序，切忌平推平拥，在获得主导和重点产业合作社成功经验的基础上逐步发展其他一般产业的合作。实践证明，农民专业合作社没有政府政策扶持是很难发展的，而政府的财力往往有限，进行大规模和全面支持是不现实的，必须突出优势产业，进行优先扶持。

再者，农产品的区域性格局，并不和行政区划相一致，农民专业合作社的成员是按照专业组织起来的，打破了行政地域的界限。而我国合作社在发展扶持上往往以区域内行政单位为主，这就涉及政府在支持合作社发展过程中其扶持政策与所涉及成员对象的非权属范围的问题。这在东亚综合模式和欧美模式中的表现是不明显的。因为东亚综合农协模式是大一统形式，其政策在全国范围内具有一致性；欧美模式下政府扶持主要是中央政府通过财政兑付农民；而我国主要通过项目形式由地方政府具体操作，这就形成了合作社成员区域不统一问题。如何解决跨区域农民入社和地方政府在合作社发展支持上的不统一已成为迫切需要解决的问题。

（二）突出重点产业的专业合作

在众多类型的专业合作社中，到底是全面开花齐头并进地推进，还是有所侧重地排出大体顺序，体现扶持的重点呢？自然是以最需要、最容易和最重要、最关键的专业作为政府优先扶持发展的重点。只有这样才能使政府有限的财力发挥出最大的效能，产生事半功倍的效果。

之所以提出优先扶持原则，首先是因为我国农民专业合作社建设时间不长，经验不多，在重点类型成功的基础上再推广会起到示范作用，利于引导其他类型合作社顺利发展；其次是从政府扶持的角度，除了普惠性的扶持政策，政府再单独对合作社予以经济支持的力度毕竟是有限的，这就势必存在对合作社发展类型的选择优先序问题。可参考如下原则。

第一，"先易后难"原则。根据西方先进国家合作社发展的经验，以鲜活易腐的农产品（如乳产品）销售服务为主的合作社建立较早且数量较多，次之是以蔬菜水果销售服务为主的专业合作社。从我国的实际情况看，乳制品生产者多以企业形式存在，所以应加大对蔬菜等类专业合作社的支持和扶持力度。

第二，"先农产品生产服务后其他服务"原则。《农民专业合作社法》对农民专业合作社所下的定义是："农产品的生产经营者或者农业生产经营服务的提供者、利用者，自愿联合、民主管理的互助性经济组织。"

我国农产品生产能力尽管多年一直保持稳步增长态势，但由于经济社会发展和人民生活水平的提高，人民消费需求也不断提升，农产品供需矛盾还会长期存在，优先扶持为农产品生产经营提供服务的农民专业合作社类型是各级政府最科学的选择。

第三节　我国农民专业合作社法的特点

《农民专业合作社法》是我国关于农民合作组织建立的正式法律制度，这一法律制度实际是国际合作社原则与精神在我国现时代条件下的体现，因此，该法除了体现出不同于其他国家和地区农民合作的专业特色外，更具有不同于其他法律的特点。

首先，《农民专业合作社法》是一部市场主体法。改革开放后，为适应商品经济发展的要求，我国相继颁布了《中华人民共和国公司法》《中华人民共和国合伙企业法》等市场主体法，逐步建立起了趋于完善的市场主体立法方面的法律体系框架，但农业经营组织的特殊性，使原有的法律不能将其涵盖。我国从实际出发，借鉴国外相关立法经验，创设了一整套有别于其他国家和其他市场主体的法律制度，即《农民专业合作社法》，从而明确了合作社作为市场主体的法律地位。

其次，《农民专业合作社法》是一部关于农民市场主体地位的保障法。这部法律突出了农民的主体地位和农民对合作社的民主管理权利。规定了农民成员的比例，成员的平等地位，具体体现在一人一票的基本表决权制度。这些规定为农民成员在合作社中的财产权利和民主权利提供了保障。特别是实行一人一票制，体现的是以人为本和民主管理，是有别于其他市场主体管理的关键所在。同时，该法第六十九条还规定，对农民专业合作社及其成员合法财产的侵犯、生产经营活动的非法干预及向农民专业合作社及其成员摊派，强迫农民专业合作社及其成员接受有偿服务等行为，将依法追究法律责任。

再次，《农民专业合作社法》是一部产业促进法。促进法与一般约束性法律立法的目的有本质的区别。促进法立法目的通常是为了促进国家扶持某项事业的发展，对促进的某项事业或主体给予保护性承诺，在法律规则上表现为对某项事业或主体的授权，法律后果也多是促进某项事业或主体的受益。同时对于有关政府部门履职尽责进行义务性强调，在法律责任章节多是对于没有履职尽责的政府机关进行惩处的规定，也附带对阻碍促进事业的行为依法惩处规定，而不过多展开对政府部门的监管制裁和惩处性措施。而一般约束性法律多是为保护社会群体整体权益，对某项事业或主体的禁止性、义务性规则，法律后果多是惩罚性的。同时，促进法要通过所促进事业主体的积极性、主动性的提高来达到目的，政府只是通过一定的激励手段起到促进作用，且往往需要通过一个较长的过程才能达到法律所要实现的目标。而对一般约束性法律的实施，政府可直接利用强制行政手段，甚至是国家机器达到约束性目的，行动快，效果明显。

为促进农民专业合作社建设，本法还特别专设"扶持政策"一章，规定了国家支持农民专业合作社建设与发展的财政、金融、税收以及农业和农村经济建设项目等方面的优惠扶持政策，这是其他法律法规所少有的。

最后，《农民专业合作社法》是一部农民专业合作社的自治法。该法不仅将民主管理作为农民专业合作社遵循的原则，还为农民专业合作社的自治留下了足够的空间，包括成员的出资额、出资方式，是否设立理事会、成员代表大会的设置及其职权的行使等近 30 处内容可以由《农民专业合作社示范章程》规定，章程可根据成员的意愿和具体情况，在不违反法律原则的情况下，自主确定。①

---

① 本报记者：《学习贯彻〈农民专业合作社法〉推动新农村建设健康发展——访市长助理、市农委主任迟华东》，《青岛日报》2007 年 3 月 2 日，第 11 版。

　　从《农民专业合作社法》的特点中，就不难找到农民专业合作社发展所存在的很多所谓"问题"的合理性解释。

　　比如，合作社的入社门槛问题，从《农民专业合作社法》是一部产业促进法的角度就不难理解，其约束性规定是不符合作为一部促进法的内在精神要求的。如果提高合作社入社门槛，结果必然是"会把弱小者淘汰出去，强势者去办合作社，会与合作社价值目标的背离越来越大。"① 届时，有可能合作社会更加资本化。提高设立门槛也不符合我国现阶段推动小农户和现代农业有机衔接的政策要求。其实，在农民专业合作社法修订过程中，很多基层从事合作社监管及指导服务的工作人员，甚至一些学者都对通过赋予新修法以更多限制性条款来实现合作社的规范化运行寄予厚望，但新修法还是科学地坚持了其产业促进法的特点。

　　再如，合作社的治理结构问题。当前合作社发展相对于传统合作社来说一个重要的变化是，劳动合作越来越多地转向了要素合作。各要素在具体合作社中的组成比例以及发挥作用程度千差万别，是一个非常复杂的问题，对这些问题的解决，法律在规定了"可分配盈余按成员与本社的交易量（额）比例返还的总额不得低于可分配盈余的百分之六十"这一保证成员基本利益的内容之后，剩余部分按其他资本要素或经济因素分配。至于如何体现管理要素的重要性而分配剩余，则由成员讨论决定。合作社是一个自治组织，其治理结构问题最终要靠合作社成员的自治去解决。

　　在《农民专业合作社法》施行一周年之际，全国人大组织了一次执法检查，较全面地了解了法律的实施情况，也检视了法律条文与现实间的差距，但全国人大并没有要求加强执法力度，也没有对地方和合作组织的过度能动性作出限制性要求，在执法检查的总结性报告《全国人民代表大会常务委员会执法检查组关于检查〈中华人民共和国农民专业合作社法〉实施情况的报告》中这样写道："法律实施中要正确处理规范性与包容性的关系……提高合作社的运行质量要有一个循序渐进的过程，关键是要适度规范，促其发展，在发展的同时，逐步健全内部管理机制。把落实扶持措施与合作社规范化建设结合起来。"

　　曾有学者对此发表评论说："一部法律仅施行一年，其立法和执法机构就主动放宽了执法尺度，这在当代中国的法制史上并不多见。这个让步的实质一方面固然是国家对于农民的额外开恩，另一方面其实也是国家面对普遍的名实分离现象的无可奈何。"② 如果从《农民专业合作社法》是一部产业促进法和

---

① 任大鹏：《农民专业合作社法律修订的几个问题》，《中国农民合作社》2014 年第 4 期，第 49-50 页。
② 熊万胜：《合作社：作为制度化进程的意外后果》，《社会学研究》2009 年第 5 期，第 83-109 页。

农民专业合作社是一个自治组织的角度来说，全国人大的执法检查报告无疑也体现出促进和自治的法律特点，同时也体现了"把落实扶持措施与合作社规范化建设结合起来"的解决合作社规范问题的精神。

从《农民专业合作社法》的特点来看，农民专业合作社的健康发展不是靠法律本身所能解决的，根本上要通过合作社成员的自治去实现。但如何实现自治，是合作社的内部治理问题，是《农民专业合作社法》落实当中的实践课题。

第四节　合作社建设所存在问题的解决出路

一、为合作社民主建设实践营造外部支持环境

民主是建设出来的。合作社民主建设必须在合作社的具体建设实践中去实现，但合作社民主建设仅凭内部的自我民主的力量是不够的，还需要政府从外部营造支持环境，通过内外共同发力，使合作社的民主建设步入良性轨道。

（一）民主需要在实践中建设

农民专业合作社是由农民组成的"人合"组织，是实行民主管理的自治组织。当前合作社建设中存在的民主管理问题成为制约合作社建设的主要问题之一。我们应该采取一种什么方式才能解决合作社民主管理问题，钱乘旦教授说："历史告诉我们，民主是建设出来的，不是拿过来的"。这就是说，民主管理问题的解决关键在采取什么方法建设上。

既然民主是建设出来的，合作社的民主建设就需要通过合作社成员共同努力在亲身实践中去完成。

其一，民主意识的树立需要民主实践。"必须明确的是：民主首先是一种政治制度，是一种社会实践，然后才是思想观念，民主观念是对民主实践与制度在思想意识形态领域的反映。"[①] 民主化既是民主制度的建立、完善过程，同时又是民主意识深入人心的过程。民主制度的巩固依赖于与之相适应的民主意识广泛深入人心。只有民众充分广泛地接受与之相适应的民主意识，民主制度才算真正建立起来。民主意识是作为国家主人的人民对参与国家和社会管理的迫切愿望和自觉要求，民主意识对民主制度的建立、巩固和自我完善具有极大的影响和促进作用。[②] 健全的民主社会必须以民主的人格化为基础。只有民主成为一种普遍的人格，成为一种自觉的行为和生活方式，民主的一切理想才

---

① 房宁、冯钺：《西方民主的起源及相关问题》，《政治学研究》2006年第4期，第11-17页。
② 梁全：《民主制度与民主意识》，《河池师专学报》1987年第4期，第38-41页。

能转变为现实，民主制度才能有机地与社会其他方面融为一体。但我国民众的民主意识不强是一个客观现实，没有民主意识的增强民主管理就难以开展，民主管理活动就会流于形式。民主意识从哪里来？马克思主义认为，人是在实践中逐渐认识自身的本质和价值的，民主意识的树立，同样需要通过参加民主管理的实践活动来实现。[①]

其二，民主能力的提高需要从实践中获得。因为民主能力既不是天生的，也不是被人赐予的，它存在于具体的民主实践活动中，只有在长期不断的具体实践活动中才能形成和发展起来。这完全符合心理学所揭示的关于能力产生和发展的一般规律。[②] 民主能力只有在不断参与社会经济政治决策活动中才能锻炼出来。

其三，民主实践本身具有其内在价值。我们不是为民主而民主，民主本身既是一种社会实践又具有其自身价值。获得民主、平等、自由是人类梦寐以求的理想，深置于人们的心灵，但在个人活动的条件下，这些理想无法得到有效的实现，借助民主机制和民主制度，个人的民主、平等、自由就得到前所未有的张扬，而民主也在工具理性的基础上，进一步向价值理性伸张，成为民主的内在价值，从而完成了民主的实践历程。[③] 这或许是合作社民主管理的意义所在。

民主主义以公共事务为社会生活的核心，追求一种公民直接参与公共事务决策的民主方式。……大众参与作为民主的主要标志，本身具有目的性的意义。[④]

（二）政府是合作社民主管理外部环境的主要营造和提供者

在民主的实践过程中，就我国的国情和民众的民主意识程度讲，仅有合作社内部的民主管理是不够的。《农民专业合作社法》颁布以来合作社发展和建设中民主管理作用发挥不理想的现实也说明了这一点。合作社的民主管理还必须借助外部有利的民主发展环境条件来激发成员的民主热情，而外部民主环境的营造超出了合作社本身民主管理范围，需要由外部力量支持。此状况反映的正是我国同西方民主发展方式上的不同，更体现为合作社发展道路上的不同。西方社会的个人主义价值观倾向对民主具有强烈要求，国家的制度设计更多是对民众这一需求的直接反映。而我国民主制度的建立和落实更多地需要从提高民众对民主的认知程度和民主意识开始，而要做到这一点，政府自然是最重要

---

①　肖国飞：《民主意识刍议》，《上饶师专学报（哲学社会科学版）》1987 年第 4 期，第 7－9、12 页。

②　李秋学：《政治民主文化简论》，《殷都学刊》1997 年第 3 期，第 134－136 页。

③　张尧：《西方民主的内在张力：工具理性与价值理性之间》，《上海交通大学学报（社科版）》2002 年第 3 期，第 56－61 页。

④　燕继荣：《两种民主观和民主观念的现代性变革》，《学习与探索》2002 年第 2 期，第 22－25 页。

的外部环境营造和提供者。原因在于：其一，创造民主社会环境是现代民主政府的内在需要。民主是人类不懈追求的政治理想，不仅是政府所追求达到的社会目标之一，也是其实现自身稳定和有效治理的前提。"一个稳定的和有效的民主政府，不光是依靠政府结构和政治结构，它依靠人民所具有的对政治过程的取向——政治文化。除非政治文化能够支持民主系统，否则，这种系统获得成功的机会将是渺茫的。"① 其二，政府是制度的最大供给者。制度经济学认为，制度创新的主体有政府、团体、个人三个层次。其中政府在制度创新中具有强制优势、组织优势、效率优势，处于核心地位。制度创新是政府的一项基本职责。而制度的最终落实才真正完成了整个制度的供给任务。其三，创造民主社会环境是建立社会主义民主社会的需要。"没有民主就没有社会主义，就没有社会主义的现代化"，民主已成为现代化的内容之一，建设高度的社会主义民主已是中国社会改革的根本目标和任务之一。"只有实行民主，才能依靠人民的智慧和力量，掌握好社会主义方向，也才能调动人民的积极性和主动性，齐心协力，进行社会主义建设。"②

政府又如何营造和提供这样的外部环境呢？合作社是以农民为主的组织，合作社的民主管理要依靠农民，而营造合作社民主管理外部环境同样还得依靠农民。合作社规范程度怎样，是否发扬了民主或实行了民主管理，最清楚的莫过于农民，如果在政府的组织下由农民对其进行评判，合作社的问题不就无处藏身了吗？这无疑相当于在合作社外部创造了有利的发展环境。

农民评议合作社是合作社内部民主管理的外部延伸，也是一条非常具体的群众路线，更是一条直接的民主路线。正如朱穆之所说："群众路线可以说是中国的民主路线，它是一切工作都应该遵循的路线。"③ 基层政府应自觉地走好这条群众路线。

二、实现政府扶持政策由合作社发展向合作社制度建设的转变

作为一项制度，合作社发展如何，本质上应归结为其制度建设如何，因为制度具有根本性、长期性和稳定性特征，而其他因素都没有制度重要。也就是说，合作社制度建设上的好，才是根本上的好，而其他则是枝节上的好。

为什么我们原有的扶持方式效果不明显而饱受诟病，最根本的原因就是将扶持的重点放在了整个合作社，而不是合作社中的制度建设这个根本，或者说

---

① 加布里埃尔·A. 阿尔蒙德，西德尼·维伯：《公民文化——五个国家的政治态度和民主制》，徐湘林译，华夏出版社，1989，第 545 页。

②③ 朱穆之：《关于民主的一些思索》，《人权》2002 年第 4 期，第 9-11 页。

没有抓住其中的关键或重点。

要知道，对合作社的扶持和对合作社制度的扶持是两个不同的概念，是两码事。如果不能将二者分清楚，在合作社的规范化建设上即使政府投入再多也不会有很大的成效，甚至会产生相反的效果。支持合作社建设和支持合作社制度建设是整体与部分的关系，也是总体和核心的关系。合作社只有从制度上真正建立起来，《农民专业合作社法》才算落到实处，合作社才能成为真正的合作社。

我们的合作社发展方式，必须转变到合作社的制度性建设上来。对合作社扶持的评判标准，要从合作社的"大"与"小"、"强"与"弱"的数量型考核标准，转变到合作社"真"与"假"、"是"与"否"的质性评价标准上来，更要落脚到合作社制度建设的"好"与"不好"这一根本价值的评判上来。

判别合作社，规模的大小是个定量判断，发展规模是合作社发展状况的外在表现，并不能完全反映合作社制度建设的本质状况；是不是合作社是一个定性判断，是对合作社制度本质规定性的判断；合作社的"好"与"不好"是一个更高标准的价值判断，比"定量"和"定性"标准要求更进了一步。而规模大的"合作社"，不一定是真的合作社，更不一定是好的合作社；真正的合作社仅仅是评价合作社好与不好的起点；以制度建设为主要内容的合作社的价值判断自然包括合作社的发展规模以及合作社的真假问题。也就是说，只有将合作社制度建设好了的合作社才能发展好其他各项事业。

实现政府扶持政策从合作社到合作社制度的转变，实际也是实现合作社由数量发展到质量发展的发展方式的根本性改变。

三、对扶持对象识别方式的转变

国家对农民专业合作社的扶持是《农民专业合作社法》规定的内容。不论是过去对合作社发展的扶持还是今后对合作社制度建设的扶持，除了普惠制扶持政策外，对具体合作社的扶持都首先遇到了一个绕不过去的问题，就是对所要扶持合作社的选择问题，也就是对合作社的识别问题。

第一，识别缺乏依据。合作社识别首先就是合作社真假的问题，这也是对合作社政策扶持争议最大的地方。我国的《农民专业合作社法》并没有关于合作社真假的具体规定。世界上很多国家除了在法律上有具体要求外，在执行上也很严格。如美国把对成员与非成员的交易比例作为判定合作社是否合规的一个重要依据。德国法律规定，合作社成立后必须加入审计协会，通过对合作社实行严格审计来保证合作社制度的严肃性。再如法国，在税收方面，如果合作社与其他非合作社会员有业务往来，往来部分按法国企业通行的 33％税率纳税，也就是采取非优惠措施；其余部分免税。[①] 而我国《农民专业合作社法》只规定了"农民专业合作社与其成员的交易、与利用其提供的服务的非成员的交易，应当分别核算"，这主要是为内部盈余分配所做的规定，并没对交易比例做出限定，再加上农民概念的模糊，使合作社缺乏应有的边界。如果政府直接组织识别，相当于集裁判员和运动员角色于一身，不符合市场经济规律。再就是，合作社不是固定不变的，始终处在不断的发展变化中。比如，今天的合作社明天有可能演变成公司性质；昨天还以公司形式运作的合作社，今天在规范发展的要求下，很可能又按合作社原则规范化运作。

第二，识别标准难确定。根据合作社发展现状，我国学者对此主要存在三种观点。一是从合作社的运行状况看，大多数合作社没有严格按照《农民专业合作社法》的要求去运作，难以将其确定为一个真实的合作社，或者说真正的合作社很少或基本没有，持这种观点的学者比重较大。二是只要办理了合作社营业执照就是合作社。持这种观点的学者较少，如徐旭初等。三是我国农民专业合作社在真和假之间是一种连续的存在。持这种观点的学者更少，如熊万胜等。这些专家、学者的观点，对反映我国合作社的总体发展状况以及由此带来的对合作社扶持政策问题的深入探讨和分析具有十分重要的意义，但对于合作社的识别和在此基础上进行的合作社政策扶持指导意义不大。试想，如果都不是合作社，就谈不上什么扶持问题，这恐怕也不是单纯通过扶持就能解决的问题；如果都是合作社，就不存在社会上对合作社那么大的质疑声；如果合作社在真与假、是与不是之间连续存在，还是归结到合作社真和假的问题，只是不那么绝对地把合作社分为是和不是的问题。

所以对合作社的真假之别，看似容易，但难以入手，也就无法改变原有合作社示范社创建方式，致使合作社示范社的创建继续在"数量"发展的老路上推进。2014 年农业部联合九部委下发的《关于引导和促进农民合作社规范发展的意见》中指出："一些地方重数量、轻质量，一些合作社有名无实、流于形式，制约了农民合作社功能作用的充分发挥。"由此，基层政府开始了对合作社发展中出现的不规范现象的整治。但这一措施不会起到多大的效果，因为，要清理的众多的所谓不规范合作社如"空壳社""僵尸社"等，由于其不发挥作用，也必然产生不了多大负面影响。而真正影响合作社规范发展的恰恰是那些得到政府扶持的"异化"合作社。

对合作社制度建设情况没有比农民更清楚的了，所以，识别合作社的职责

---

① 周建鹏、聂华林：《农民专业合作社品牌化战略研究——基于品牌经济学的视角》，《新疆农垦经济》2011 年第 6 期，第 13－18、70 页。

· 228 ·

要从各级政府行政主管部门移交至农民，由农民去评价和识别合作社，这样既有利于合作社民主建设，也有利于进一步开展合作社制度建设。

第五节　创新农民专业合作社制度 建设优化扶持机制

"徒法不足以自行"，法律的实行必须借助于一定的方式。正所谓，制度不仅包括正式制度和非正式制度，还包括它的实施特征。不同的法律需要不同的实施方式相配套，同种法律在不同国情的国家也必须采取不同的实施方式。

我国《农民专业合作社法》所表现出的不同于世界其他国家相关法律制度的特点，决定了它必须匹配符合我国国情的独特贯彻落实方式。这就需要根据《农民专业合作社法》的规定要求，针对农业和农民的现实状况以及在合作社发展中所表现出来的主要矛盾而采取相应的办法。

一、确立新的农民专业合作社制度建设的扶持机制

合作社制度建设扶持机制的形成受以下几方面主体因素影响：

其一，政府。中国政府是政治、法律和行政的合法性的强势赋予者[1]，这是由东亚文化的特点决定的，并且是难以改变的，如果人为地回避这一客观现实，既不明智也做不到。我国政府的强势地位如果能够加以科学利用，就会转变为支持合作社发展的强有力的优势。政府在促进农民专业合作社发展方式转变过程中应从何入手呢？关键就是要为合作社的民主管理提供有效的外部激励环境以及财力扶持。

其二，农民。"鞋子合不合适只有脚知道"，哪种鞋子好穿、合不合适，要去问穿鞋的人。哪家合作社好，要去问农民。合作社的发展程度往往和农民的认识程度是相一致的，如果农民不了解合作社，只能说明我们合作社的发展水平还很低，更有必要通过一定方式提高农民的认知程度。

其二，合作社。合作社是一种"人合"组织形式，民主管理是农民专业合作社的组织管理形式。我国农民专业合作社发展的实践证明，合作社的民主管理往往受制于资本等其他因素，单凭合作社内部成员的努力是不够的，需要一种力量从外部去激发。

实际上，这些年来我国很多专家学者对合作社存在的问题，总是局限于合

---

① 徐旭初：《农民专业合作社发展辨析：一个基于国内文献的讨论》，《中国农村观察》2012年第5期，第2—12页。

作社本身或内部问题的分析和讨论，没有跳出合作社看待合作社，把政府的作为仅局限于财政资金扶持，并且在如何利用政府权威上缺乏思路和措施。

根据中国国情和东亚模式的经验，必须借助政府的力量和充分调动农民的积极性来发展合作社。因此，将以上三个方面的影响因素加以综合概括为：政府搭建推选平台——农民推选那些在制度建设上搞得好的合作社——政府进行政策扶持。这就是我们所要建立的合作社扶持机制。这一机制，实际上解决了政府对合作社制度性财政扶持由谁来评判的问题，又解决了合作社内部管理不民主的问题。

二、搭建政府推选平台

政府需搭建一个农民推选合作社和将农民推选结果作为扶持依据的平台。平台的搭建包括以下主要内容：

(一) 设立专业组织和配备专业人员

这方面并不难，各地都存在合作社管理机构，将以前的一些职能转换到这方面就可以了。

(二) 制定合作社扶持计划

不谋长远不足以谋一时，不谋全局不足以谋一域。首先要制定一个总体规划，要站在长远和全局的角度并充分考虑各种因素，再去谋划合作社的扶持计划。

其一，量力而行。要根据地方政府财力确定每年所要扶持合作社的数量，并且要评估好对单一合作社扶持资金额度。

其二，积极稳妥。要本着既积极又稳妥的原则，稳扎稳达，扎实推进，切忌急躁冒进。我国合作社发展经验和教训显示，无论是早期的合作化时期，还是《农民专业合作社法》颁布后，合作社发展都存在注重数量轻视质量的现象。要知道，选择扶持的合作社是典型，发挥着示范作用，是其他合作社学习的榜样，必须是过硬的，因此在扶持计划刚开始实施时，要本着不在多而在于"精"的原则进行。要使各级政府的财政扶持力度和农民对合作社发展的认识程度相适应。要做到长规划短安排，切忌扶持的中断。

其三，综合考虑产业特点。在合作社的扶持选择中，到底是齐头并进还是根据地区特点突出优势产业，一定要搞清楚。我国采取专业合作的制度设计，是一种自下而上的合作社发展联合方式。我国的农民专业合作社发展方式实际是"西方的专业合作＋东亚的政府干预"的结合方式。所以，地方政府在农民专业合作社发展方式的扶持上应该有更大的自主权、灵活性和主动性。

其四，先易后难。除了突出区域优势产业这个重点，还要本着先易后难的原则。根据西方先进国家合作社发展的经验，以乳产品销售服务为主的合作社建立较早且数量较多，其次是以蔬菜水果销售服务为主的专业合作社。所以，政府要从农民最需要而又最容易组建合作社的行业入手，将其作为发展农民专业合作社优先扶持的对象，列出优先支持和鼓励发展顺序。

同时，有些合作社虽具有为农民服务的作用，但本质上不属于以农产品生产者为主组成的合作社，应当作为个别合作社类型，比如农机合作社、金融信用合作社、土地股份合作社、旅游合作社等专业合作社，需要予以区别对待，若要扶持，可另行制定奖励扶持政策。

（三）建立农民数据库

让农民对合作社进行优化选择，就要首先对报名参加评选活动的农民进行科学分类并登记造册。这是一项很核心的工作。开展这项工作首先要解决的问题，便是什么是农民的问题。

农民在《农民专业合作社法》中是最重要的基本概念。上海辞书出版社于2000年出版的《辞海》对农民的解释是："直接从事农业生产的劳动者（不包括农奴和农业工人）。"《农民专业合作社法释义》中对农民的定义是："直接从事农业生产的劳动者（不包括农业工人）。"[①]

在我国，长期以来"农民"一词始终不是职业概念，而更是一个身份概念。当然，这种状况也并不是中国特色，发达国家也曾经历了这个阶段。随着中国现代化进程的推进，"农民"一词将被注入职业概念的同时，继续保留其身份概念的含义。职业与身份概念并存，是转型期中国农民概念的一个基本特征。

农民概念在今后一个较长时期将体现多元化特征。[②] 其一，农民是"原住民"的概念，属于农村集体经济组织的成员，拥有土地承包经营权，与是否从事农业生产经营活动无关。其二，承包经营集体土地，从事家庭农业生产经营，农业收入是家庭经营收入的主要或重要来源的农民群体，以及农业收入不是家庭经营收入的主要或重要来源，而主要以其他兼业收入为主的农民群体。其三，没有农业户籍的农业创业者或从业者，通过租赁土地或同农民股份合作，直接从事农业生产经营与服务。其四，小微型农业生产企业，它们拥有土地的经营权，直接开展农业生产活动，与专业农户、家庭农场并无大的区别。按照工信部发布的最新企业分类标准，非工业企业的资产总额不超过1 000万

---

① 本书编写组：《中华人民共和国农民专业合作社法释义》，中国法制出版社，2006。
② 苑鹏：《关于〈农民专业合作社法〉的名称和调整范围的修改建议》，《中国合作经济》2016年第5期。

元，从业人数不超过 80 人时，可视为小微企业。这些农业小微型企业不同于大中型规模化工商资本性的农业龙头企业，它具有"农民"的类似属性。

除了从农民概念上进行科学分类外，还要从农民所从事的不同产业进行分类，也可从农民生产经营规模的大小，农民的专兼职程度进行有效划分。

三、对合作社进行评选

英国学者哈罗德·拉斯基（Harold Lasky）曾经说过这样一句颇有意味的话，他说："制度是活的东西，是不轻易将它们的秘密透露给刻板的文字的。"① 因此，世界各国合作社成功发展的秘密并不完全体现在法律制度文本本身，更重要的是体现在合作社制度具体落实的实践过程中。农民对合作社的评选过程是一个鲜活的制度落实过程，是制度活性的具体体现。

首先，政府管理部门对将进行的择优评选活动的有关情况进行公告。包括何种类型的合作社多少家，甚至可以将政府扶持的标准公知于社会。

其次，合作社报名。合作社可直接向组织评选的基层政府单位报名，上一级单位则接受通过下一级单位评选的合作社报名。

再次，确定并通知参加评选的农民。要根据计划评选的合作社类型，从农民数据库中选择从事本行业的农民。参加评选的农民可从数据库中随机抽取或从数据库中主动报名的人中抽取。至于选择什么样的农民参加，这就是政府的权力所在，从对不同农民的选择中体现政府的意图。

对需要参加的评选农民人数的确定应根据合作社报名数量而定，原则上参加评选的农民人数多一些为好，虽不一定越多越好，但应在能够有效维护推选秩序的情况下，尽量多吸收农民参加，这既是为了对所报名合作社的充分了解，同时也是为扩大影响和激发广大农民参与合作社建设的积极性，以及提高农民对合作社的认知程度。

最后，组织农民进行评选。这是最为关键和重要的环节。评选中可以由合作社的有关人员介绍各自合作社的运行情况，由参与评选的农民进行提问，然后给予评价。

对合作社的运行情况陈述必须实事求是，这自然也是规定之一。对不实事求是的弄虚作假者应取消一定时期内的参评资格。同时建立淘汰制度，对于在运行过程中走向"异化"的原来的优胜者，同样可通过再评选活动将其淘汰出局。

让农民去评价合作社不仅可行，而且必需。

---

① 曹沛霖：《制度的逻辑》，上海人民出版社，2019，第 5 页。

合作社建设说简单很简单，否则不会在《农民专业合作社法》颁布后经过十几年的时间就发展到 200 多万家。如果说复杂，也确实复杂得很。迄今就连各级政府公布的一些示范合作社，一些专家也对其提出异议。

工商资本企业自成立起即将投资资本固定在企业，而合作社并没有出资额的限制，其运行靠的是民主管理方式，因此，从某种意义上说合作社的运行更为复杂。行外人对合作社的运行情况远远不如农民了解得更充分，因此农民最有发言权。反过来说，如果农民对合作社知识和合作社运行常识缺乏应有的了解，是否更有建立这种能够让农民参与的平台的必要？让农民"评议"合作社，等于将政府工作中遇到的困难交由农民解决。这是充分相信群众、充分依靠群众的具体体现，更是在走一条最实际、最基本的群众路线。

四、实行政府财政政策扶持

按照发展计划，政府对农民评选出的合作社进行制度性建设财政政策扶持时要注意以下几项内容：

（一）政府财政扶持合作社制度性建设与扶持其他事项的不同

一是指导思想和目的的不同。以往我们对合作社发展的扶持重点是促进产业发展和扩大合作社规模及提高服务能力，今后必然转变到制度性建设上来。扶持合作社制度性建设主要围绕如何使合作社能够按照法律的要求规范运作起来，体现出的是一种社会组织的行为秩序，是一种生产关系的调整。而促进产业发展和扩大合作社经营规模及提高服务能力建设则主要表现为生产经营能力的提升，属于对生产力发展水平的促进。二是支持的方式不同。政府财政扶持合作社制度性建设主要是资金扶持，围绕保证合作社组织的正常运转而给予基本活动费用保障。如办公经费、经营场所维护费以及政府为合作社购买的其他服务，如财会人员、农产品检测人员统一雇用费用等。当然，在政府财力许可的情况下还可以给予合作社设施设备等扶持。而促进产业发展和扩大合作社经营规模及服务能力建设，则多数是通过一次性的建设项目扶持，如农业生产上的道路维护、节水灌溉设施配备、经营场所的建设等。三是产生的效果不同。促进产业发展和扩大合作社经营规模及服务能力建设的扶持，扶持方法更直接，见效更快，更容易体现政府扶持的效果和实绩。而政府财政扶持合作社制度性建设则是一种间接促进生产力发展的形式，相对于"物化"的基础设施，是一项更为基础的工作，体现出的是一种难以量化的潜绩。这也是之前基层政府没有把扶持重点放在这方面的原因。

（二）政府财政扶持合作社制度性建设需要长效性

制度建设是一个慢工，不是一朝一夕能够完成的，必须要有持之以恒的决心和钉钉子的精神。制度建设也是一个细工，制度的对象是人，制度由人制定并规范人的行为。制度建设的核心是人，需要把工作做细，着力点在人们的思想转化上，这一过程是一个春风化雨润物无声的过程。"现代任何组织或制度，最先都是建立在人们所相信的思想、概念和愿意为其尽力奋斗的基础上。"①制度只有被人们理解、接受并变为人们的自觉行为时，才算最终被落实或建立。

其一，政府对合作社财政扶持要具有持续性。政府对合作社财政扶持的重点是合作社制度性建设的费用，这些费用对合作社来说并不是一次性的支出，是每年都存在的，所以只要列入了扶持范围的事项，就应坚持年年扶持。根据合作社发展需要也可以优先扶持这类合作社的一次性事项，但侧重点主要应围绕制度性建设需要而进行。

其二，要逐步增加合作社的扶持数量和资金投入。只要已扶持的合作社不被机制所淘汰，就要持续地进行扶持。因此，在对合作社扶持的规划中，要充分考虑合作社扶持数量、规模和扶持持续性的平衡问题。"有多少钱，办多少事"，要使现有的财力发挥出最大的效果。对一个地区政府来说，扶持合作社的数量多，分摊到一个合作社的资金必然就少；反之，扶持的合作社数量就少。如果扶持资金数额太少，起不到应有激励作用，就会造成政府资源的浪费；如果扶持的合作社数量过多而又不起作用，浪费就更大。特别是在扶持机制实施的初期，扶持合作社的数量宜少不宜多，一是便于总结经验，二是通过培育出过硬的典型以起到示范带动作用。政府对某一具体合作社的扶持资金，应该是逐年增加，因为随着合作社被扶持，必然带来组织和经营规模扩大，服务水平提高，业务范围增加，相对于其他合作社具有更强的服务能力，需要政府给予更多的扶持。政府的财政扶持应将所扶持合作社的发展充分考虑进去，只有这样的扶持计划才能得到很好的落实，扶持政策才能具有较好的可持续性。同时，随着所扶持合作社规模扩大，总的合作社数量也会随着合作社的合并或注销而减少。

（三）政府财政扶持新老机制的有效衔接

制度建设是个慢工，也就是说政府财政扶持合作社新旧机制转化需要一个过程，并不是一下子就能转换过来的。之前不论是具有公司性质的合作社，还是大股东控制的合作社，都具有承担国家扶持项目的能力，政府扶持项目的实施，在促进产业发展上确实达到了目的。而新机制下农民评选出的合作社注重的是制度建设，因此，合作社的规模不一定大，实力不一定强，如果让其承担

---

① 周连云：《浅析合作社文化的时代价值》，《中国集体经济》2008年第2期，第6-9页。

超出其能力的任务，效果肯定不好。所以，必须保持一定时期的双轨制，采取逐步过渡的办法。

五、扶持评选机制的作用

第一，促进学法用法。"法律只在受到信任并且要求强力制裁时才是有效的。"[1] 如果人们没有对法的认同和崇尚，法将不法。伯尔曼因此发出警告："法若不被人信仰，则形同虚设。"[2] 组织农民评选合作社的过程同时又是一个学法用法的过程。每一个参评合作社的介绍人员，绝不会没有准备地代表合作社参加评选。不仅要掌握合作社的运行情况，而且还必然对《农民专业合作社法》依法、遵法情况进行全面的掌握，不然就难以回答参与评选的农民的提问。农民的提问必然是从《农民专业合作社法》为依据而提出，本身也是一个学法用法的过程。相信他们通过彼此的这种交流一定会对法律的认识和理解更加深刻。《农民专业合作社法》在此过程中将会得到最高效的推广和普及。

第二，促进民主的发展。我国《农民专业合作社法》的特点为合作社民主管理的开展留下了广阔的空间，众多内容都规定了由成员讨论决定，这也为各级政府如何推动合作社实现民主管理提出了要求。

西方学者认为，民主的广度、深度和范围是衡量民主发展的三个重要标准。[3] 民主权利实现的广度和深度在一定程度上反映了一个社会民主的发展水平。农民对合作社进行评选的过程既是一个广泛发扬民主的过程，同时也是对被评选的合作社的民主管理开展情况进行检验的过程，更是真正的民主建设过程。这一过程等于将民主在广度、深度和范围三个方面同时展开。与人民的要求和利益相联系、相符合，这是民主的实质。"[4] 合作社实行的是民主管理，参加评选的农民必然在很大程度上也会瞄准民主管理制度落实情况，对每一个被评选的合作社来说，评选的结果又与自己的经济利益直接挂钩，必然反过来促进合作社民主管理的落实。农民对合作社的评选从外部促进了合作社内部由于资本影响而导致的开展民主管理受到抑制的问题，同时还帮助解决了"合作社的运作逻辑并没有内在地包含'去异化'的机制"[5]

---

① 伯尔曼：《法律与宗教》，生活·读书·新知三联书店，1991，第43页。

② 伯尔曼：《法律与宗教》，生活·读书·新知三联书店，1991，第14页。

③ 朱映雪：《西方民主发展动力论评析》，《湖北社会科学》2011年第9期，第37-40页。

④ 朱穆之：《关于民主的一些思索》，《人权》2002年第4期，第9-10页。

⑤ 陈义媛：《大户主导型合作社是合作社发展的初级形态吗?》，《南京农业大学学报（社会科学版）》2017年第2期，第30-41页。

问题。

农民对合作社的优化评选，不仅会大大提高农民的主人公地位感，也会提高被评选胜出合作社成员的成就感。在当前合作社运行状况良莠不齐、规范程度普遍不高的情况下，能够被农民们推选出来，就其结果本身，作为胜出的合作社的成员们必定会感到收获满满。金杯银杯不如老百姓的口碑，来自农民同行们的认可或许分量更重。

第三，实现国家需求和农民意愿的统一。市场机制和政府扶持是农民专业合作社发展的两股重要力量。对于政府来说，如何使其采取的举措顺应和符合农民意愿和要求，一直是其所追求的一个重要目标。合作社的民主管理性质为政府充分发挥民意提供了条件。农民对合作社的评选活动，实际等于政府顺应了农民的选择，把国家的需求和农民的需求有机结合了起来。二者方向一致、目标一致。

第四，促进政府扶持的公平公正和公开透明。过去在政府扶持合作社上一直存在扶持什么和扶持谁的难题。在扶持什么上，主要是上级行政部门确定扶持项目内容，由下级行政部门组织合作社进行申报。这种情况往往会造成项目内容与合作社要求难以完全相符，扶持项目成效不高。随着各级政府对实施项目的要求越来越严格，找到符合项目实施要求的合作社越发困难，因此，负责组织项目实施的基层政府越来越缺乏积极性。合作社评选机制的实施，首先解决了政府财政扶持内容难确定的问题。在扶持谁的问题上，评选机制本身已经解决了这个问题。政府财政扶持的合作社是在农民群众的评选下形成的，结果公开、透明、公正，既提高了政府财政扶持资金的使用效果，也避免了合作社之间在向上级政府部门争取财政扶持项目过程中存在的不正当行为。

合作社评选机制的建立，使合作社对政府的财政扶持有了更明确的预期，自身的发展有了更明确的方向和目标，并且克服了政府财政扶持对象确定上存在的偶然性，以及"假"合作社得到扶持的无序现象。

按理说，合作社的评选机制并不是什么新鲜事物。这种形式在其他方面，如在政府招用人员和政府机关工程招投标等活动中已被广泛使用，所不同的仅仅是将其他类型的活动中的"专家"变成了农民，由农民来评判属于他们的组织而已。新的机制的核心和实质就是依靠农民来建设合作社，这也是我国民主政治建设在农业经营体制领域的具体实践，应该也是中国特色的合作社发展措施的具体体现。

合作社事业的发展是一场在农业领域的社会制度变革，是农民自己建立自己的组织制度，如果农民本身不行动起来，单凭外在的力量是难以奏效的。同时，任何外在的力量也无法替代农民完成这项任务。只有农民，才是合作社建设的主体。只有找对了调动农民发展和建设合作社积极性的方法，充分依靠农民的智慧和力量，合作社事业的发展才能最终取得成功。各级政府要通过落实财政扶持措施，发挥导向作用，用好有限的财力，把握好节奏和力度，调动农民的参与积极性，推动合作社的规范化发展。

正如牛若峰所言："发展合作经济，关键的关键是确立和保持社员在合作社中的主人地位，并行使管理权和监督权。这需要以一种强势的社会力量为基础、作支撑。这种社会力量就是群众性合作制社会运动。广大农民经过自发到自觉的合作制运动，方能真正觉醒，不仅认识到在市场经济中大家的共同利益所在，而且学会运用组织的和法律的手段来保护群体的共同利益。"[①]

第六节　农民专业合作社建立与管理的程序性规范

一、农民专业合作社的成立

首先，在发起人的策划和协调下，成立筹备委员会，开展筹备工作。其次，进行可行性分析、发动农民参加、筹集出资、起草章程。再次，召开设立大会、成立组织机构、向国家市场监督管理机关申请登记。最后，在登记获得批准后，农民专业合作社按照市场监督管理部门登记的业务范围开展生产经营活动。根据发展的需要，农民专业合作社还可以进一步分立为若干合作社，也可以把若干合作社合并为一个合作社，这些过程与新办合作社的程序是相同的。

（一）发起筹备

农民专业合作社的创立，首先要有人提议并发起。在筹备阶段，主要工作由发起人来做。发起人主要负责合作社成立的策划、组织、协调、宣传及各项规章制度的制定等工作。发起人可以是自然人、企业法人或社会组织法人。从我国已经成立的农民专业合作社的发起人看，多数是农村的产销大户、农村能人、村"两委"干部，以及与农产品生产经营有关的公司或企业及政府经济技术部门等。

由发起人和有关工作人员组成筹委会，具体负责筹备和制订工作方案。由发起人商议并拟定农民专业合作社的名称、办公地点、基本业务区域、范围、经营方式，以及预计会员人数、筹集资金总额等。

---

① 牛若峰：《农业产业一体化经营的理论与实践》，中国农业科技出版社，1998，第150页。

（二）发展目标和生产经营业务的确定

成立一个农民专业合作社的，首先应该通过可行性分析明确其发展目标和生产经营业务，要结合各种外部经济、社会环境、成员需要和发展的可能性等因素综合考虑。

一般说来，农民专业合作社的发展目标应包括经济和社会两个方面。经济目标主要通过为成员提供生产资料购买、农产品销售、技术、信息及资金等服务手段，促进成员生产发展、规模扩大、收入增加，进而提高农民的经济、文化和社会地位。社会目标是在经济目标的基础上，追求合作社的理念和价值，实现社会公正与农民的共同富裕，这是合作社的可贵特质。[①]

农民专业合作社生产经营的业务范围，既要写入经过全体成员通过的章程，也要经国家市场监督管理部门登记予以确认。对农民专业合作社可从事的经营业务法律作了较广泛的范围界定，但具体到某个合作社，就要注意其具体从事专业化服务的经济组织特点。新修订的《农民专业合作社法》尽管对农民专业合作社的定义取消了两个"同类"的限定（即"同类"农产品的生产经营者或者"同类"农业生产经营服务的提供者、利用者，自愿联合、民主管理的互助性经济组织），但经营服务的内容还是有很强的专业性。

从国内农民专业合作社发展的经验来看，其经营业务的确定有一定的规律可循。[②]

一是要与国家产业发展政策导向一致。政策支持往往是国家产业导向的结果，如果经营业务与国家产业导向保持一致，就能得到政府扶持政策的支持，进而有力促进合作社的发展和带来成员的增收。

二是立足于当地产业优势和成员需要。各地的产业优势不是一天形成的，也不完全是人为创造的，而是自然环境和长期农业生产劳动共同作用的结果。一个地区的农产品往往是特有的或不可复制的，围绕主导优势产业开展经营业务，合作社和产业发展会产生相辅相成的效果。

三是合作社的经营业务要有适度的规模。合作社的经营规模在一定程度上决定着合作社的经营绩效。如果经营规模过大，可能服务能力跟不上，影响成员合作共赢目标的实现；如果规模过小，难以形成规模效益，合作社的影响力也小，会影响业务量的增加。合作社的经营规模应与其成员数量、成员出资总额、成员需求量、经济实力、经营管理人员的经营素质和能力等因素有关。因此，每个合作社的经营规模应当根据各自具体情况确定。

农民专业合作社的互助性特点，决定了其发展目标和生产经营业务的确定

---

①② 郑有贵主编：《农民专业合作社建设与管理》，中国农业出版社，2008，第36页。

要经过成员的充分酝酿和讨论，以便达成共识，凝聚各方面力量，形成发展合力和动力，共同把合作社办好。

（三）农民专业合作社章程的制定

农民专业合作社章程是合作社的"根本大法"，是由全体成员依据法律法规并根据合作社的特点和发展目标制定，并由全体成员共同遵守的行为准则。从根本上说，合作社的设立是从章程的定立开始的。

章程的制定是设立农民专业合作社的必备条件和必经程序。《农民专业合作社法》规定了设立农民专业合作社应当具备的五个条件，其中"有符合本法规定的章程"，同时也规定了向国家市场监督管理部门提交的七种文件中，有"全体设立人签字、盖章的章程"。

农民专业合作社章程包括了各合作社的具体制度，这些制度不仅规定了合作社的组织和活动原则及其经营的目的、财务管理办法，还规定了成员的权利和义务，这为成员参与管理和遵守合作社的规定提供了标准和依据。

同时，虽然农民专业合作社章程仅针对成员制定，但章程有利于社会公众、债权人及政府组织等相关方了解农民专业合作社，有利于接受外界监督和服务。

农民专业合作社章程的内容包括很多，这给农民专业合作社的自治留下了较大的空间，充分体现了农民在发展专业合作社中的自主自治原则。

由于我国农民专业合作社的发展还处在初期阶段，各地经济和社会发展及自然条件差异较大，每个农民专业合作社又有自己的特殊性，我国《农民专业合作社法》遵循了宜粗不宜细和适度规范的原则，只是对全国范围内普遍适用的行为规范和若干基本问题进行了原则性规定，尽量把能由章程规定的事项交由章程来规定，这是我国《农民专业合作社法》的一个重要特点。

可以说，农民专业合作社运营得如何，与章程的制定有直接关系。我国合作社发展中的一些问题和章程制度的制定流于形式不无关系。只有在全体成员的共同参与和努力下把章程制定好，使全体成员对未来发展及运作成竹在胸、有"章"可循，合作社才能有条不紊地健康发展。[①]

（四）召开设立大会及组织机构的建立

农民专业合作社召开设立大会是《农民专业合作社法》规定设立合作社必需的一个步骤。在农民专业合作社成立以前，自愿成为该社成员的人以设立人的资格存在。设立大会是农民专业合作社尚未成立时设立人的议事机构。《农民专业合作社法》规定"设立农民专业合作社应当召开由全体设立人参加的设

---

① 郑有贵主编：《农民专业合作社建设与管理》，中国农业出版社，2008，第40-44页。

立大会"。设立大会行使三项职权：制定本社的章程，并且应由全体设立人一致通过；依据章程规定选举合作社机构负责人，包括理事长、理事、执行监事或监事会成员；审议其他重大事项。

（五）农民专业合作社的登记

农民专业合作社通过在国家市场监督管理部门登记获得法人资格。农民专业合作社的登记包括设立登记、变更登记和注销登记等。未经依法登记，不得以农民专业合作社的名义从事经营活动。

农民专业合作社要依法取得合作社的法人资格，应当具备下列五项条件：五名以上符合该法规定要求的成员；有符合该法规定的章程；有符合该法规定的组织结构；有符合法律法规规定的名称和章程确定的住所；有符合章程规定的成员出资。

农民专业合作社申请登记，设立人应向登记机关提交七项文件资料，分别是登记申请书；全体设立人签名、盖章的设立人大会纪要；全体设立人签名、盖章的章程；法定代表人、理事的任职文件及身份证明；出资成员签名、盖章的出资清单；住所使用证明；法律、法规规定的其他文件。

农民专业合作社获得登记即宣告设立阶段结束。

二、农民专业合作社的内部管理

农民专业合作社发展得如何，关键在于内部管理。内因是变化的根据，只有做好内部管理，实现成员之间的互助合作，农民专业合作社才能有活力和生命力，才能不断发展壮大。因此，要在遵循合作社基本原则的前提下，突出组织机构运行作用的发挥，搞好民主管理、产权管理和盈余分配等各项主要内部管理工作。

（一）组织机构及职权

农民专业合作社一经在国家市场监督管理部门登记，就可以运营了，组织机构就可以发挥其作用。

根据《农民专业合作社法》规定，农民专业合作社通常可以有以下机构：成员大会或成员代表大会、理事长或理事会、执行监事或监事会、经理等。成员大会是最高权力机构，理事会和监事会各司其职，并向社员大会负责。考虑到每个农民专业合作社的规模不同、经营内容不同，设立的组织机构并不主张要求完全相同。农民专业合作社在组织机构设置上与公司类似，即都设置了相互制衡的权力、执行、监督和经营管理机构。

（1）成员大会或成员代表大会。成员大会是农民专业合作社的权力机构，就合作社的重大事项做出决议。按法律规定成员大会必须设立。成员大会是合作社的非常设机关，主要通过召开定期会议或临时会议来行使职权。《农民专业合作社法》规定，成员人数超过 150 人的，可以设立成员代表大会。成员大会至少每年召开一次，也可以根据章程规定增加召开次数。成员大会在法律规定的情形下可以召开临时会议。

（2）理事长或理事会。理事长或理事会是农民专业合作社的执行机构，对成员大会或成员代表大会负责。理事会成员人数一般为三人以上的奇数，社员较少的合作社可以只设一名理事长，理事长为本社的法定代表人。农民专业合作社的具体经营管理工作一般由理事长或理事会负责，并且可以按照成员大会的决定聘任经理和财务会计人员。

（3）执行监事或监事会。设立该机构的目的是进行内部监督，防止有关负责人滥用职权。合作社设执行监事的，不再设监事会。理事长、理事、经理及财务人员不得兼任监事。

根据农民专业合作社经营的需要，可以聘任经理和财务人员，由理事长或理事会选聘。经理是合作社的雇员，是理事会的业务辅助执行机构，理事长或理事可以兼任经理，经理和财务人员可以是合作社成员，也可以不是。

（二）实行民主管理

国际合作社联盟规定的合作社七项原则中，非常重要的一条就是实行民主控制，即"一人一票"。我国《农民专业合作社法》也明确了"一人一票"的民主管理原则。由此看来，对成员决策权的高度重视是国内外合作社民主管理的共同之处。《农民专业合作社法》从表决权和决议方法两个方面，对成员决策权的行使做了具体规定。

（1）表决权。农民专业合作社的表决权分为基本表决权和附加表决权。基本表决权就是在农民专业合作社选举和表决时，每个成员都享有的一票表示赞成或反对的权利。之所以做出这样的立法规定，是基于农民专业合作社是成员劳动联合或者以劳动联合为主的经济组织。要保证每一个劳动者都能公平地发表意见，并得到同样程度的重视和发挥同样的作用，就需要保障每一个成员都拥有一票表决权。

附加表决权是指合作社成员在享有"一人一票"的基本表决权之外再享有的投票权。农民专业合作社的经济组织属性，决定了合作社不仅要注重公平，还要兼顾效率。在市场经济条件下，合作社要想立于不败之地，必须重视资本的作用和资本的利益，使拥有更多资本的成员获得相对多的收益，以带来更好的激励，使效率原则得到体现。《农民专业合作社法》结合国际经验和我国实际，做出了附加表决权的特殊规定，"出资额或者与本社交易量（额）较大的成员按照章程规定，可以享有附加表决权。本社的附加表决权总票数，不得超过本社成员基本表决权总票数的百分之二十。"在 20％之内到底执行多少，由各合作社自己确定并纳入章程规定。

（2）决议方法。农民专业合作社召开成员大会，在出席人数达到成员总数三分之二以上的前提下，对不同的决议事项采取不同的通过比例。即"成员大会选举或者作出决议，应当由本社成员表决权总数过半数通过"，对一些重要事项如"作出修改章程或者合并、分立、解散，以及设立、加入联合社的决议应当由本社成员表决权总数的三分之二以上通过"，如果章程还有更高的比例要求，法律规定，应服从章程规定。

（3）重大事项公开。农民专业合作社的民主管理除了上述制度外，还有对重大事项实行公开制度。例如，重大事项除向成员（代表）大会报告外，还可以通过公开栏等渠道使成员知悉并进行经常性监督。

（三）产权制度管理

产权制度对一个经济组织的生存与发展起着决定性作用。由于农民专业合作社的互助性经济组织特点，其产权制度与其他经济组织的产权制度有着重大差异，同时其财产制度又是整个合作社法的基础制度。《农民专业合作社法》对合作社成员的私有财产权保护做了一系列规定，包括建立成员账户、公积金按交易量（额）量化到成员、本社接受国家财政直接补助和他人捐赠形成的财产平均量化到成员等，这种将经济组织财产直接量化到成员的办法是公司等其他经济组织所不存在的。这样的制度设计确实是我国在合作社建设的一大进步，也是借鉴其他国家合作社发展经验，吸取改革开放前农业生产合作化和农村人民公社化运动中财产归大队、不承认成员私人产权而带来惨痛教训的结果，也是我国市场经济体制建立对私有产权保护在合作经济组织中的反映。

（1）农民专业合作社作为一个经营性组织，必须具有一定的资金，这是从事经营活动的基础。

合作社的资产主要有以下几部分来源：成员出资，这是最主要的部分。但是，农民专业合作社成员出资和公司股东出资有很大的不同。公司股东出资是法定的义务，并且是成为公司所有人或者获得公司权利的前提。而合作社成员出资则是"按照章程规定向本社出资"，这表明成员出资不是法定义务，也不是获得合作社成员资格的前提，可以根据农民专业合作社章程规定不出资而加入合作社。原因是：其一，农民专业合作社是以劳动联合为基础的经济组织，成员出资并不是确定其权利义务关系的基础。其二，国内外合作社的普遍做法是为农民加入合作社设置了较低的门槛，甚至不设置任何门槛，因此，成员出资一般是象征性的。因此，我国《农民专业合作社法》也没有设置法定最低出资额标准。其三，我国农民专业合作社的类型多样，经营内容、经营规模差异很大，对从事经营活动的资金需要很难用统一的法定标准去约束。其四，农民专业合作社的交易相对人包括合作社利用者的成员本身即是合作社的对外客户，对交易安全的信任，主要取决于专业合作社向成员提供的各项服务和对外提供成员生产的农产品，而不是取决于由成员出资形成的合作社资本实力。[①]

尽管《农民专业合作社法》没有对成员出资做出具体法律规定，但随着市场经济发展的深入、国际竞争的加强与合作社服务内容的扩展和深化，对资本的需求也越来越迫切，大多数合作社也会更加重视成员出资，会根据合作社业务的需要和事业的发展，增加一些出资方式，并通过章程做出规定。

除了成员出资，合作社还通过从合作社盈余中提取公积金、国家扶持和他人捐赠、对外借款等方式取得资金，以满足合作社经营发展需要。

（2）农民专业合作社的财产权利。农民专业合作社作为独立法人，拥有独立的财产权利。法律规定了农民专业合作社对其财产享有占有、使用和处分的权利，但未规定收益权，因为农民专业合作社的互助性经济组织特点，决定了收益权应当归其成员所有。但是，这不影响农民专业合作社独立行使对这些财产的支配权力，因为这些财产已经作为成员出资形式或国家扶持合作社及合作社公共积累等形式存在，成员可以通过民主管理的方式来经营管理这些财产。

（3）农民专业合作社的成员账户制度。成员账户是指对每位成员进行分别核算而设立的明晰账目。设立成员账户制度也是国外合作社的成功做法。我国法律规定了成员账户主要记载的三项内容：合作社成员的出资额、量化给成员的公积金份额、成员与本社的交易量（额）。

建立成员账户非常重要，它可以为合作社盈余分配和附加表决权的确定提供依据，同时也便于核算成员出资额和公积金变化情况，为成员承担责任及成员退社时的财产结算提供依据。成员账户制度是成员在合作社中的财产权利的具体体现。

《农民专业合作社法》第四十一条规定，农民专业合作社与成员的交易、与利用其提供的服务的非成员的交易，应当分别核算。这样能够更准确地向成员返还盈余和提供优惠服务，更好地体现出合作社服务成员的宗旨。

（四）农民专业合作社的盈余分配

农民专业合作社虽然对外开展经营活动获得赢利，但是对内却不以营利为目的。根据这一特点，为区别于其他营利性组织的经营成果，《农民专业合作社法》将合作社中所取得的盈利称为盈余，而不称利润。当年盈余是当年收入总额减去成本、税金和有关费用的余额。而可分配盈余是按照法律规定"在弥

---

① 郑有贵主编：《农民专业合作社建设与管理》，中国农业出版社，2008，第 66 页。

补亏损、提取公积金后的当年盈余"。

公积金又称储备金或公共积累，是为了提高合作社的对外信用和意外亏损预防能力及发展能力的需要、巩固合作社自身财产基础而设立的一种公共积累制度。《中华人民共和国公司法》规定分配当年税后利润时应当提取利润的10％列入公司法定公积金，当该金额累计达到公司注册资本的50％以上时可不再提取。而农民专业合作社的公积金提取与否则完全取决于合作社的章程或者成员大会决议，体现了农民专业合作社的自主性。公积金的用途主要有：弥补以前会计年度的亏损、用于扩大生产经营和转为成员出资。

可分配盈余的分配办法主要有：

第一，按交易量（额）返还。盈余分配主要按交易量（额）的比例返还，反映了合作社作为互助性经济组织的根本特征。这种分配方式是与公司完全依据出资额进行利润分配的根本不同之处。成员享受合作社的服务是合作社生存和发展的基础，如果成员不通过合作社购买生产资料和销售农产品，合作社就无法运转，更谈不上进一步发展。需要注意的是，其交易量（额）包括成员向合作社提供的原料产品和合作社向成员提供的生产资料这两方面交易量（额），是按交易量还是按交易额计算，要根据成员交售产品的质量和规格的差别，因合作社而异，由章程规定或成员大会决定。按交易量（额）的比例返还不是盈余返还的唯一方式，合作社还可以按照章程规定进行一定的股金分红。

第二，按交易量（额）返还为主、股金分红为辅。在分配顺序上，首先是按交易量（额）的份额向成员返还，然后再按股金分红。需要注意的是，股金分红和借款付息是两个概念。在分配比例上，法律规定，农民专业合作社按交易量（额）比例返还的总额不得低于整体可分配盈余的60％。至于高于60％到多大程度由章程或成员大会规定，股金的分红总额自然低于按交易量（额）比例返还总额的剩余部分。按照交易量（额）返还后的剩余部分，还要以成员账户中记载的出资和公积金份额，以及国家财政直接补助和他人及组织捐赠本社形成的财产平均量化到成员的份额，按比例分配给本社成员，这就形成了按股金分红。这是出于鼓励成员出资、壮大合作社资金实力的需要而规定的可分配盈余分配方式。

第七节　健全农业经营体制

农业经营体制的建立并不仅仅是农民之间的直接合作，而且是在农民之间直接合作的基础上实现进一步的联合。只有实现了联合，才算健全了农业经营体制。

在农民专业合作基础上的联合组织形式主要有两种：农民专业合作社联合社和农民专业合作社联合会。

一、农民专业合作社联合社

农民专业合作社联合社就是在农民专业合作的基础上的再合作。联合社就是一个大合作社：合作社是农民之间的合作，而联合社是合作社之间的合作。可以说，联合社是农民合作社的升级版，是农民专业合作社发展的高级阶段。

（一）农民专业合作社联合社建设的必要性

老农们都知道"密倒秫秫（高粱）稀倒谷"这句农谚的道理，高粱种密了容易倒伏，而谷子种稀了容易倒伏。高粱秸秆柔软，单株也不至于被风吹折，反而种密了容易倒伏；而谷子秸秆脆弱，种稀了容易折断，需要相对密植达到相互依附的作用。此道理说明能够自立的东西，多了反而不利于生存和成长；而单靠自身难以独立的东西需要相互合作和相互搀扶帮助。

农业的弱质性需要农民们开展合作。合作社是处于弱小地位的一家一户的农民为应对日益激烈的市场竞争而不得不进行的合作，通过提高自身的组织化程度，来改变自己的不利地位。

我国《农民专业合作社法》规定有五个以上符合规定的成员就可以组建合作社，虽然没有成员数量上限的限定，但由于我国《农民专业合作社法》规定的专业性，决定了其规模的有限性。我国农民专业合作社的起步时间不长，其组织规模相对于合作社发展时间比较长的其他国家和地区更小。

过小的组织规模使合作社存在着与小农户同样的问题。因此仅凭少量的农民之间的合作，其规模和力量是有限的。尽管对农民专业合作社来说，国家从法律层面为其生存与发展提供了保障，各级政府也在政策、财政、税收、信贷等各方面给予了大力扶持，但作为市场主体而存在的规模较小、规范化程度较低的农民专业合作社还不具备足以与其他市场力量相抗衡的实力。

更为关键的是，合作社本身是一种高成本组织，随着组织规模的扩大，管理成本不断提高，当管理成本大于农户节约的市场交易成本之和时，合作社组织规模的边界就被确定下来。这就需要通过外部制度的创新以解决合作社管理成本高、限制规模扩大的问题，"制度净收益等于制度变迁所获得的制度收益与交易成本节约二者之和。当制度净收益大于零，组织更倾向于实现制度变迁。"[①] 适应这一规律，一种新的制度形式——联合社便产生了。

---

① 张琛、赵昶、孔祥智：《农民专业合作社的再联合》，《西北农林科技大学学报（社会科学版）》2019年第3期，第96-103页。

实际上组织的规模与产生的功能往往是相统一的。如同动植物一样，只有长到那么"大"，或者说发育到那种程度，才能产生某种功能。农民合作组织只有达到一定的规模其相应的功能才会发挥出来。当然，并不是仅具有量上的规模就可以，还需要一个成熟度的问题，有一个自然发育过程。合作或联合组织对成员提供服务的过程，实际就是其功能的发挥过程。如果缺乏自然成长成熟的基础，追求组织规模的扩大，是根本不可能实现的。

在农民专业合作基础上的联合，既是横向上农民（或农业）组织规模的扩大，更是在纵向上合作层级的提高，它是农民合作发展到一定阶段必然的产物。

根据我国农户经营规模小、合作社发展时间短、农民合作程度不高的实际，通过联合社的发展可以很好地克服合作社发展上存在的不足。"在许多欧洲国家，一个国家的某一农产品主要由一家大型合作社控制，这样的合作社大多为联合社，只是由于联合社运作时间过长，最底层的合作社有的已经自动失去了独立经营职能。"[1] 这说明通过联合社的建立可使合作社中的很多职能发生转移，从而使合作社腾出更多的精力专注于对成员的服务。

合作社之间开展的联合可以从两个方向进行。一是在横向上的合作。就是同种专业类型或相同生产环节的合作社之间开展的合作，通过规模的扩大提高议价能力，改善为成员服务的质量，解决合作社依靠自身力量无法解决的问题。从合作社的发展历程看，这是最初形态的合作社联合方式。二是在纵向上的合作。在农业产前、产中、产后合作基础上的上下游产业链上的联合，是向农产品深加工领域的延伸，以扩大合作社的业务范围，巩固和增强合作社的市场地位。联合社可以通过规模经济、外部经济内部化、交易费用的转移和降低等"外部效益"给合作社带来增益。具体来讲，合作社之间通过联合，实现统一技术服务、统一市场拓展、延伸加工链条、创建知名品牌以及协调区域运作、扩展和深化服务范围、形成区域规模优势、寻求产业突破和发展，最终提高市场竞争力，提高成员收入水平。农民专业合作社联合社在被赋予法律地位之前，已经在各地获得了很大的发展。2009 年各地联合社已发展到 8 745 家。[2] 因此，新修订的《农民专业合作社法》增加了联合社的规定范围，为联合社的建立和发展提供了法律依据，满足了我国农民专业合作社发展的现实需要，也带来了联合社的快速发展。截至 2020 年底，全国注册登记的农民合作

① 孔祥智：《再联合是中小合作社发展壮大的唯一途径》，《中国农民合作社》2018 年第 11 期，第 37 页。
② 杨尚武、杨丹：《区域差异与政府行为的关联度：解构农民专业合作社》，《改革》2011 年第 11 期，第 97-103 页。

社联合社突破 1 万家。[①]

实际上，在该新修订法颁布施行前，农民专业合作社联合社已经在各地以不同方式广泛存在。有的省份通过法规形式，使农民专业合作社联合社合法化，并且涌现出了一些表现很好的联合社。如浙江省杭州市富阳区的富阳山居农产品专业合作社联合社，该联合社于 2013 年 12 月由该地区 32 家合作社联合成立，矮子鲜桃合作社理事长何建强任联合社理事长。联合社围绕富阳地区特色，经营包括粮油、水果、蔬菜、水产、禽蛋、蚕桑等六大类特色农产品，开展代理记账、资金互助、创建品牌、统一标准等业务，解决了财政扶持不足、合作社难以留住人才、财务管理不规范和销售困难等难题。[②] 类似富阳山居农产品专业合作社联合社这样运作规范并成效突出的联合社毕竟是少数，当前多数联合社仍具有和农民专业合作社相类似的状态。

（二）农民专业合作社联合社建设所面对的问题

联合社是农民走向合作的必然结果，也是现代农业经营体制的关键内容，具有重要的功能作用。因为联合社是由合作社组成的，合作社发展中所存在的问题，必然也是联合社建设中所要面对的。

联合社的发展必须立足于合作社的发展现状以及我国的国情，就像合作社的发展必须立足于农业和农民现状及我国国情一样。由于政府对农业的扶持具有正当性，因此，很多专家学者也把政府财政扶持作为联合社发展的一个重要手段和条件而积极倡议。但如果扶持资金额度较大，难免存在一些过去把注意力集中于套取国家财政资金的合作社，会摇身一变转成联合社。搞不好就会催生大量"虚假"联合社，演变成又一场"升级版"的合作社数量发展方式。如果这样，政府就会被落下与扶持合作社发展同样的群众埋怨。

这些问题在当前的联合社发展中或许暴露得不突出：一是联合社被赋予法律地位时间不长，才刚刚几年，发展的数量还相对较少。二是由于时间短，人们对联合社真正发挥多大作用还缺乏全面掌握和深刻了解。三是在对联合社发挥的作用中，更多的是期望通过联合社的建立来解决合作社发展中存在的问题。但是，问题的暴露可能会从合作社中的不规范问题始终得不到有效解决的开始，那时人们就开始对联合社发展提出疑问，甚至有可能认为联合社又走了合作社先发展后规范的老路，届时，可能又要提出联合社由追求数量向追求质量发展的转型问题。要知道，"合作社的运作逻辑并没有内在地包含'去异化'

① 农业农村部管理干部学院"农民合作社联合社发展机制与功能创新研究"课题组：《国家农民合作社示范社中联合社发展现状及展望》，《中国农民合作社》2022 年第 1 期，第 66 - 67 页。

② 孙超超：《合作再联合 强服务增实力带农增收》，《中国农民合作社》2017 年第 6 期，第 41 - 42 页。

的机制"①，联合社同样没有内在地包含"去异化"机制。

而且，联合社难以像合作社那样，直接采取农民评选的择优机制。因为联合社是由合作社组成，联合社直接与合作社发生关系，因而掩盖了合作社内部的问题。作为联合社成员，只要以合作社的名义加入并利用联合社的服务，联合社并不关心合作社的真伪，单从联合社的运作中也无法辨认合作社内部的好坏，况且，作为评判合作社重要标准的民主管理形式，有可能在合作社中开展不好，而在联合社中开展得要比合作社好很多，因为，资本所有者必然站在自己的利益上极力维护自己的权利，资本作用越大，这种现象会越明显。曾有学者在调查中发现，"联合社民主管理好于合作社"，如果用农民评选优秀合作社的办法去评价联合社，其结果有可能在表面上和合作社的评选结果相矛盾，即仅从形式上看，被评选出的优秀合作社组成的联合社不一定比不规范合作社组成的联合社表现得更好。所以，如果不能掌握好联合社发展过程中的规律，合作社中存在的问题就有可能被掩盖，使问题的解决更加困难。

（三）联合社建设中的政府财政扶持机制

政府从众多的联合社中选择财政所要扶持的联合社确实是个难题，原因主要在于联合社与合作社对其成员服务上存在着不一致性，即联合社和其成员——合作社之间有可能严格执行了法律和章程规定，但其成员的合作社与其成员——农民之间有可能存在不严格执行法律和章程规定现象，比如联合社按章程规定将盈利分配给了合作社，但合作社如何执行就是另一回事了，它有可能不按合作社章程去分配，这就造成了联合社利益有可能和农民的利益不匹配现象。当前合作社不按章程规定进行盈利分配的现象比较普遍，而联合社从法律上无权对合作社内部管理进行干预。当然，不排除联合社通过自律要求能够提高合作社的规范程度，但从根本上通过建立联合社来实现合作社发展质量的提高缺乏可行性。另外，即使要求通过评选机制评选出的优秀合作社组成联合社，恐怕也存在吸收其他没有被评选为优秀合作社成员参加，或者被评选出的优秀合作社加入其他联合社的可能。如果是这样，对联合社的政府财政扶持，就会存在和评选出的优秀合作社不一致、不统一的问题。

总之，政府财政直接扶持联合社发展必须找到一个有说服力的标准和依据，否则就难以确定具体的扶持对象。

办法还得回到问题起点上，我们建立联合社的最终目的还是为了农民。如

---

① 陈义媛：《大户主导型合作社是合作社发展的初级形态吗?》，《南京农业大学学报（社会科学版）》2017年第2期，第30-41页。

果这个问题交给农民，相信他们会有办法解决。

合作社的好与不好，已经交给农民进行了评判和决定。政府对联合社的财政扶持可通过优选的合作社去落实，即政府对评选出的优秀合作社的财政扶持中再加上对联合社的制度性扶持资金内容，合作社加入哪家联合社，就将其制度性扶持资金投向谁（实际上联合社经费就是来源于合作社），至于合作社加入什么样的联合社由合作社自己选择。相信，被评选出的优秀合作社抱团成立联合社的可能性最大。

这种扶持方法对政府来说是间接的，但对农民来说又是直接的，即通过农民之手，将直接评选出的优秀合作社作为政府财政扶持对象的同时，资金又通过合作社投向了联合社，相当于使国家的财政资金通过农民的层层把关，再投向联合社，比政府直接投向联合社效果要好得多。

二、农民专业合作社联合会

（一）农民专业合作社联合会

农民专业合作社联合会（或协会）是农民专业合作社联合组织的另一种组织形式。

农民专业合作社联合会是一定区域范围内若干农民专业合作社自愿联合组建而成的地方性、行业性、非营利性的民间社团组织。其登记管理机关为民政部门。

农民专业合作社联合会也存在其他涉农企事业单位或农业种植规模比较大的经营者等参加的现象，由于这种现象，多数联合会存在不全部由农民专业合作社组成的情况。

农民专业合作社联合会成立的目的是搭建为会员提供服务以及为会员之间、会员与政府之间沟通交流的平台，不以营利为目的。其对整个行业（产业）内同类主体的自律、相互协调和对外步调的一致，以及避免行业内部的过度竞争和紊乱发挥着无可替代的作用。尽管农民专业合作社联合会不是一个经营性组织，日韩等农协组织本身兼具联合社与协会的双重属性，但它对整个农业的发展和经营体系的完善起着至关重要的作用，因此联合会成为现代农业经营体系中的重要组成部分。

联合会的宗旨一般是：遵守法律法规和国家政策，贯彻执行执政党及政府有关方针政策，弘扬合作精神，宣传农民专业合作社文化，以及团结、帮助、引导、教育、服务广大会员，增进会员之间的交流和协作，维护会员权益，推进合作社事业健康快速发展，促进农村经济发展和社会和谐繁荣稳定。

联合会开展的业务范围主要有：一是建立合作社自律机制，开展合作社的自律管理，倡导守法经营和诚信服务，维护合作社社会形象。二是发挥桥梁纽带作用，向政府和职能部门反映会员诉求，维护会员合法权益。三是开展会员间的交流与合作，发扬互助合作精神，促进产业协调发展，维护共同利益。四是组织会员进行知识、科技和管理教育与培训，提高会员整体素质。五是引导会员开展标准化生产，帮助会员进行产品认证、市场开拓、产品推介、品牌宣传和信息咨询等服务。六是承担政府部门委托的对农业及农民的有关支持与扶持事项等。

（二）农民专业合作社联合会与联合社的区别

农民专业合作社联合会与联合社都是在农民专业合作社基础上组建起来的，二者具有相同或相关的专业性、民办性、合作性和服务性。在利益取向上，都立足章程，以服务会员为宗旨，忠实代表本组织成员利益，面向市场，在一家一户的小生产合作的前提下，进一步提高应对能力，增进成员收益。

联合会由于其非营利性，经费来源主要包括会员交纳会费、政府资助、有关单位捐赠及其他合法有偿服务收入。联合社由于开展经营活动，其经费既可以由成员分摊交纳，也可以从经营收入中扣除，或政府财政资金支持。

农民专业合作社联合社一般规模小于联合会。联合社可以加入联合会，而联合会则不能加入联合社。农民专业合作社既可以同时加入联合社及联合会，也可以选择其一，合作社是否加入或加入何种联合组织，根本取决于哪种组织形式更有助于实现合作社成员的利益最大化。

由于农民专业合作社联合会属于非营利性联合组织，不具备从事生产经营或服务活动的市场主体资格，其处理内外部事务的行为能力受到很大限制，其纯服务和不营利的制度架构决定了农民专业合作社联合会具有松散型合作联盟性质。而联合社由于具有开展经营性活动的营利职能，决定了其具有紧密型合作联盟性质，因此，联合社的合作程度要比联合会更加密切。农民专业合作社联合社"是农民专业合作社走向联合更为有效的组织形式"。[①]

（三）联合会对其成员的行业自律作用

农民专业合作社联合会的建立相对容易，在政府部门或具有一定影响力的合作社主要负责人的倡议下，将现有的合作社召集起来，再通过一定的选举程序就可以成立了，但联合会真正发挥作用的情况不尽如人意。农民专业合作社联合会建立在合作社基础上，其作用的有效发挥建立在规范合作社的基础上。

要充分发挥我国农民专业合作社联合会的作用，还需要把农民专业合作社

---

① 李玉文：《农民专业合作社联合组织形式的比较与选择》，《社会科学家》2011 年第 9 期，第 110 - 113 页。

的规范化建设作为一个前提条件。欧洲、北美模式及东亚模式下合作社联合则不存在这个问题。欧洲、北美模式下的合作社联合会发展和合作社一样，是一个自下而上，在个人主义私利趋使下，并经过长时间的发展过程逐步慢慢发展起来的联合；东亚模式则采取自上而下的"大一统"方式，"联合无外"，将整个国家（地区）的所有合作社联合在一起，没有不在其中的，合作社相当于其分支机构，不存在规范、不规范或者"真假"问题。

行业协会一般都具有行业自律职能，行业自律很重要的一点就是行业组织除了维护同业者的自身利益，还要在行业内遵守和贯彻国家法律、法规、政策。农民专业合作社联合会尽管同样具有行业自律的职能作用，但就当前合作社发展现状看，联合会很难承担起规范合作社建设的职责，联合会这一职能的发挥，需借助于政府搭建的合作社制度建设评选平台，逐步实现优化、规范，最终到达提高合作社水平的目的。同时，接受政府委托服务事项是联合会的重要职能之一。政府组织可以将农民评选合作社的工作，委托联合会组织实施，使联合会在具体的合作社优化实践中，提升自身协调服务能力，提高行业自律水平。

第三编 | PART THREE

实施乡村振兴战略

现代化建设需要载体。现代农业经营体制不仅是为适应现代农业技术而建立的组织和制度，同时也是农业现代化的载体。

实施乡村振兴战略是现代化建设过程中的一个重要历史阶段和一项重大历史任务。实施乡村振兴战略，总目标是农业农村现代化。也就是说，我们实施的乡村振兴战略包括了当前农业农村现代化建设的所有内容和任务。

为阐述方便，本编将现代化建设中的新型农业经营体系构建、农产品品牌建设和农产品多层次市场建设等重要内容，从实施乡村振兴战略的角度单独列出并展开叙述。

第一章

新型农业经营体系构建

第一节　农业经营体制的演变

在传统社会，农业经营者自给自足，除极少数农具和农产品需要调剂外，基本不用和外界打交道，每个农业经营者都是孤立、独立的生产消费者。

随着现代技术的投入，农业生产经营者的独立现象逐步被打破。新中国成立后，我国开始探索建立符合现代生产力发展要求的现代农业经营制度。1950—1955 年，在政府的推动下，农业生产中形成了互助性的产业组织——互助组，当时的互助组还称不上合作组织，只是合作社的雏形。之后建立了农业的初级社，初级社是农户在家庭经营基础上开展合作劳动，实质上已经有了农业合作社的初级形态。

1956 年后，我国农村掀起了农业高级社推行运动，由于高级社将农户土地等生产资料变为村集体所有和村集体统一经营，这就使包括土地在内的农业生产资料产权关系和农业经营体制发生变异。因此，"高级社与其说是初级社的升级，毋宁说是农业合作社的异化"①。1958 年后，实行了规模更大、公有程度更高的人民公社，最后调整为"三级所有，队为基础"的人民公社经营管理体制。虽然在形式上轰轰烈烈，但由于劳动者缺乏自主性和积极性，这是一个低效率的体制，在恰遇三年自然灾害情况下给群众的生活带来了很大的危机。可以说这是一个不成功的经营体制。

1978 年，我国实行改革开放政策，改革首先从农村开始。采取对农村集体土地进行承包经营的办法，就是将土地的所有权和经营（使用）权分开，所有权仍然属于村集体，经营（使用）权则以承包的方式归农户家庭，村集体继

---

① 黄祖辉：《现代农业经营体系建构与制度创新——兼论以农民合作组织为核心的现代农业经营体系与制度建构》，《经济与管理评论》2013 年第 6 期，第 5 - 16 页。

续为农户搞好生产服务，形成了"统分结合、双层经营"的农业经营体制。

20 世纪 90 年代，随着农业产业结构的调整、农产品市场的放开和城市改革的推进，农产品商品率大幅度提高。在此情况下，国家提出了通过对农业龙头企业的扶持，发展农业产业化经营，寄希望于农业龙头企业带动农户进入市场。总结山东省诸城、寿光两地的发展经验，提出"产供销一体化、贸工农一条龙""公司＋农户"的农业产业化经营模式。这些模式虽对农户的农产品销售发挥过重要作用，但公司（农业龙头企业）与农户的关系本质上是不同的利益主体，由于缺乏真正的利益联结机制，农业生产整体经营水平难以提高。

同时，村集体经济的弱化和组织功能的繁杂，以及村组织社区空间的局限，已经严重不适应现代农业的发展，构建新型农业经营体系迫在眉睫。

第二节　新型农业经营体系的含义

党的十八大提出了要"构建集约化、专业化、组织化、社会化相结合的新型农业经营体系"。2013 年在中央农村工作会议上，习近平总书记明确提出"加快构建以农户家庭经营为基础、合作与联合为纽带、社会化服务为支撑的立体式复合型现代农业经营体系。"

新型农业经营体系这一概念包括三层意思：一是"新型"，二是"农业经营体制"，三是"体系"，就是构成以农业经营体制为核心，包括其他服务主体的一个完整体系。

所谓"新型"，是相对于传统农业及人民公社体制和"双层经营"体制下的小规模和分散的农业经营方式而言，即不同于传统农业的自给自足的家庭经营，也不同于"大集体"时期的集体统一经营，亦区别于家庭承包经营下村集体单一服务的小规模分散家庭经营方式。

"农业经营体制"就是在农户家庭经营的基础上开展合作与联合而形成体制，包括农户与原集体经济组织构成的双层经营体制和农民之间开展的自主合作构成的新型经营体制。现代农业经营范围的广泛性和层次的多重性，带来了参与主体的多元性，相对于之前的农业经营有了新的特点。

所谓"体系"，泛指有关事物按照一定的秩序和内部联系组合而成的整体，这里既包括各类农业经营主体，又包括各主体之间的联结机制，是各类主体及其关系的总和。

由于原有的双层经营体制本质上是一种内部的经营服务方式，没有外在市场服务主体的参与，也就构不成"体系"。

综上所述，所谓新型农业经营体系，是指根据一定的发展目标，农业的生产与服务主体围绕农业生产、加工、销售、服务等环节所构成的关系网络和形成的制度安排。更进一步地说，就是在坚持农村基本经营制度的基础上，顺应农业农村发展形势的新变化，通过自发或政府引导，形成的各类农产品生产、加工、销售和生产性服务主体及其关系的总和，是各种利益关系下的传统农户与新型农业经营主体的总称。

新型农业经营体系的基本框架大致包括农业生产主体体系、社会化服务主体体系、实现横向一体化或纵向一体化的产业组织体系以及一系列支持农业发展的政策与制度体系的集成。[①] 概括为具有三个层次的特征：产业体系特征、组织体系特征、制度体系特征。

新型农业经营体系实质上是一种适应农业转型发展和现代市场竞争的农业经营体系。中国的农业现代化转型以新型农业经营体系的构建为表现形式。新型农业经营体系是一种具有多维度视角、多层次特征、多功能属性的系统集成，根本上是农业经营方式的改变。构建新型农业经营体系的重要目的，是通过促使新型农业经营主体健康成长，实现现代农业经营主体与现代农业支撑体系的有机结合和融合发展，形成多元化农业服务体系、多类型农业规模经营、多种农业经营体制与产业组织模式有机耦合、农业产业化经营水平和市场竞争力不断提升的有效农业经营格局。[②]

第三节　新型农业经营体系的特点

现代农业经营体系是世界各国现代农业发展所必须建立的一套农业经营体系，但各国又有所不同，都是根据本国特点建立起来的。我国新型农业经营体系构建需要符合集约化、专业化、组织化、社会化相结合的要求。

集约化是相对于粗放式而言的。人多地少、淡水资源缺乏等实际，决定了我国农业发展受到较强的资源环境条件约束。在农业资源不充裕的情况下，就要重视单位空间内资源的有效投入和科学配置。具体说，集约化就是指在一定面积的土地上，集中投入较多的生产资料，运用先进的技术和管理办法，以求在较小面积的土地上获得较高产量和收入的一种集经济效益、生态效益、社会效益为一体的农业经营方式。集约经营的目的是在单位面积的土地上，通过投入先进适用技术和现代物质装备提高产出能力和产品品质，获得更多的优质农产品，不断提高土地生产率和劳动生产率。

① 赵海：《新型农业经营体系的涵义及其构建》，《农村工作通讯》2013年第6期，第48-50页。
② 黄祖辉、傅琳琳：《新型农业经营体系的内涵与建构》，《学术月刊》2015年第7期，第50-56页。

专业化是相对于兼业化而言的。在传统农业向现代农业转变的过程中，技术和工业科技产品的不断投入带来了农业生产过程上的不断分化和劳动生产效率的提高，这就产生了农业生产和服务上的专业化分工。比如，现在的农业家庭经营者并不是什么事情都自己做，而是将大量的包括产前、产中、产后的农业生产和经营活动通过专业化的服务体系来完成。农户经营的规模越大，这种现象越明显。农户规模经营的前提是专业化分工。专业化是农村社会分工深化和经济联系加强的结果。农业生产经营专业化的发展趋势是专业大户、家庭农场。

组织化是相对于分散经营而言的。组织化是指通过多元化的农业经营组织协调农业分工，将分散的农业生产经营者组织起来，形成有组织、有规模、有科学管理的合作形态，促进分散经营向适度规模的专业化经营转变，并最终实现农业决策的组织化和民主化。

"农业产业的组织化主要是以农民合作组织的发展为标志的，当然也有以农协、农会或者行业组织为标志的，但农民合作组织是农业产业组织化的基础性组织。"[1] 从国际上看，国外农民几乎都加入了合作社。

传统农户组织化程度较低，农户生产过于分散和弱小，因而在许多方面往往处于不利地位，抵御市场风险的能力较弱。提高农业经营者的组织化程度，可以在横向上将分散、小规模状态转为合作和联合生产，实现生产经营规模的壮大，提高市场谈判的议价能力；在纵向上，农户从利益分割、各自为政转向业务合作、能力提升，实现了农业产业链条的延伸，拓展了农业经营的效益空间。通过对农业经营者的组织，还可以提高农业生产经营者对信息的搜集和辨识能力，有效规避市场风险。[2]

社会化是相对于个体而言的。农业社会化是我国特有的提法，核心即农业的服务体系。社会化主要包括两层含义，一是农业生产过程的社会化，即农业生产过程从一系列的农户个人的行动变为一系列的社会行动，突出表现在农业社会化服务对农业生产过程的广泛渗透。农业生产社会化是提高农业生产专业化和生产效率的前提。二是产品的社会化，即农产品通过交换供应整个社会，不再是自给自足。农产品销售社会化是提高农业经营效率的保障。三是农业经营风险分担的社会化，即可以通过保险和期货等机制让其他社会主体分担农业生产经营风险。之所以强调社会化，就是要解决"服务"不足的问题。现代服

---

① 黄祖辉：《现代农业经营体系建构与制度创新——兼论以农民合作组织为核心的现代农业经营体系与制度建构》，《经济与管理评论》2013 年第 6 期，第 5 - 16 页。

② 王定祥、谭进鹏：《论现代农业特征与新型农业经营体系构建》，《农村经济》2015 年第 9 期，第 23 - 28 页。

务体系是多元的，服务主体包括公共服务机构、农民合作组织、社农企业及农业院校和科研院所等，服务主体具有专用性，服务对象具有广泛性，服务模式具有社会性。[①]

第四节　新型农业经营主体及体系构建

新型农业经营体系的构建是现代农业建设的重要内容，其构建程度往往体现着现代农业的发展程度。新型农业经营体系构建的核心是建立现代农业的组织体系和制度体系，即通过农业经营组织及制度创新，形成完整的新型农业经营组织与制度。

新型农业经营体系由一系列各类新型农业经营主体组成。新型农业经营主体是配置资源、组织生产经营和服务活动的最基本单位，是社会生产力的组织基础，是新型农业经营体系构建的最核心部分，是整个体系实现运行目标的载体。

各类新型农业经营主体实际就是一个个的农业产业经营组织。

从国际经验来看，农业经营体系存在三个层面的内容，即，以家庭经营和企业经营为主的生产经营层次，以农业的合作与联合为主的自我服务层次和社会化服务层次。当前我国新型农业经营体系构建主要以新型农业经营主体的培育为重点。

一、生产经营层次

（一）家庭经营

构建新型农业经营体系不是对家庭经营制度的否定，而是家庭经营制度的进一步巩固和延伸。农业的经济再生产与自然再生产融合交织的特点，使农业成为迄今为止人类尚未完全有效控制自然力影响的产业，农业生产与家庭组织形式配匹度高，农业生产经营采取家庭经营方式是世界性的普遍现象。家庭经营制度不仅适用于传统农业，同样也适用了现代农业。构建新型农业经营体系实际就是把家庭承包经营中的优势与现代农业发展所需的规模经济效应有机结合起来。

在家庭经营层次存在两个重点，一是继续巩固家庭经营制度，二是培育专业大户、建立家庭农场等新型农业生产经营主体。

（1）巩固家庭经营制度。农村基本经营制度是党的农村政策的基石，坚持

---

① 赵海：《新型农业经营体系的涵义及其构建》，《农村工作通讯》2013年第6期，第48-50页。

党的农村政策，首要的就是坚持农村基本经营制度。巩固和完善农村基本经营制度，就是要坚持农村土地集体所有，坚持农业家庭经营的基础性地位，坚持稳定土地承包关系。毫不动摇地坚持以农户家庭经营为基础的农村基本经营制度，是保持我国农村长期稳定以及进一步改革和发展的前提。

巩固农业家庭经营制度，就要在不断发展培育新型农业生产经营主体的基础上，注重保护小规模农户的利益。构建新型农业经营体系，包括对传统农业经营组织及要素的重组和现代化改造。根据我国国情，小规模农户在我国会长期存在。所谓"规模经营"，特别是土地规模经营，是一个动态发展的过程。今天的小规模农户已经不完全是生产责任制开始时所承包土地的那些原始规模的农户，很多农户已经不同程度地通过彼此之间的租赁、委托和管护等方式进行了土地流转，规模有所扩大。随着农业现代化的不断推进，今天的所谓"大规模"待到以后可能会成为"小规模"。尽管无法达到美国这类土地资源丰富国家的农业种植规模和水平，但土地规模的扩大是一个趋势。因此，用辩证和发展的观点看，家庭经营在中国必将是永恒的存在。理解了这一点，就会理解维护小规模农户利益与发展适度规模化经营之间在发展方向上是不矛盾的，也就更能理解中央提出的"促进小农户和现代农业有机衔接"决策的深远意义。

新型农业经营体系的建立实际就是通过体制机制的创新，转变农业发展方式、组织方式、经营方式，是以农村土地农民集体所有、坚持家庭经营基础性地位、现有土地承包关系的"三个不变"，应农业经营方式之"万变"的客观要求之举。[①]

（2）培育专业大户。农业生产经营专业大户主要指农业种植养殖大户。通常指那些种植或养殖生产规模明显大于当地传统农户的以农业某一产业的专业化生产为主，初步实现规模经营的农户。目前，国家还没有针对专业大户的评定标准，各地各行业针对专业大户的评定标准差别较大。专业大户是我国农业生产商品化不断发展带来的农业分工的结果。

专业大户的特点是突出专业性，并不仅以土地要素规模的扩大为标志。农业生产经营专业大户在充分应用个人专业知识和发挥管理特长的基础上，综合考虑资本、土地、劳动各要素的影响，而采取专业化生产经营。

农业总体上可以分为两大类型，一类是偏向于土地密集型的农业，主要以粮食等大宗农产品生产为代表；另一类是偏向于劳动密集型的农业，主要以蔬菜、水果、水产、畜禽等产品生产为代表。

---

① 徐建华、龙泽正：《对构建新型农业经营体系的思考》，《山东农业工程学院学报》2015 年第 5 期，第 17 - 36 页。

国家和家庭一样，当土地少而劳动力多时，就尽量多种植或养殖一些占用劳动多的农业产品，同时再辅助使用一些占用资金比较多的设施设备，进一步提高农产品附加值。

根据我国人均土地资源矛盾突出的特点，通过其他要素的投入，提高单位面积上的土地产出率和劳动生产率以及经济效益是我国农业的发展方向。应该说培育农业生产经营专业大户是符合我国国情的，属于未来应该重点鼓励支持的一个重要家庭经营类型。实际情况也是如此，大量的专业农户在有限的土地上，通过利用设施技术采取立体种植、特色种植等形式取得了很好的经济效益，同时一些有专长的农民留在了农村，为农村经济社会的发展和乡村振兴发挥了重要的作用。

（3）建立家庭农场。家庭农场一词源于欧美，在我国它是指以家庭成员为主要劳动力，从事农业规模化、集约化、商品化生产经营，并以农业收入为家庭主要收入来源的新型农业经营主体。

家庭农场和普通生产农户及专业大户的一个重要区别在于，它是一个法人组织，在国家有关部门依法进行了登记。

鉴于其他国家农业规模经营的现实，家庭农场往往给人一种大型农业机械设备的应用和大规模使用土地进行农业生产的印象。家庭农场采取规模化生产是其最基本的特征，不然怎么会称为家庭"农场"？家庭农场和专业大户在本质上没有严格区别，二者都是农业规模生产的主体。但在通常情况下，家庭农场主要体现为以大宗农产品生产为主的土地密集型的经营方式。当前我国对家庭农场登记标准的掌握，主要由地方根据不同农业专业类型进行确定。如设施农业种植面积为 30 亩，蔬菜等经济作物为 50 亩，大田作物为 100 亩等。

家庭农场和专业大户一样，是农产品商品率不断提高、农业分工不断深化、生产效率不断提高的结果。家庭农场是在家庭经营基础上发展起来的新的经营主体，是构建现代农业经营体系的骨干组织，是商品性农产品特别是大宗农作物产品的主要提供者，是发展合作经营的核心力量。家庭农场的发展更有利于维护我国以家庭经营为基础的农村基本经营制度，有利于加快我国实现农业现代化建设的步伐，是我国未来重点培育的农业经营主体之一。在我国，家庭农场快速发展，截至 2021 年 9 月底，全国家庭农场超过 380 万家，平均经营规模 134.3 亩。① 由于土地要素是其实现规模化的一个重要因素，因此土地的流转往往成为影响家庭农场发展的关键。在家庭农场发展的投入要素中，当

---

① 蒲晓磊：《逐步将小农户引入现代农业发展轨道——加快构建新型农业经营体系》，《法治日报》2021 年 12 月 22 日，第 2 版。

前我国的农业投入品的初级市场发育比较成熟，但土地的流转是一个很复杂的问题，既涉及农民的认识问题，也存在失地农民的再就业及社会保障问题，土地问题根本上是一个社会问题，解决土地问题既要慎重，又要积极稳妥，在此方面政府的制度供给和服务就显得更为重要。为实现农村集体承包土地有序流转，我国就农村土地的承包经营权实行了"分置"措施，将经营权从农户的承包经营权中分离出来，为农户承包地经营权的顺利流转扫清了法律上的障碍。

农业经营的规模化是家庭农场的一个突出特点，而经营规模的适度是家庭农场能够健康顺利发展的关键。从家庭农场的定义中可以看出，它与公司制企业的主要区别是"以家庭成员为主要劳动力"，当雇工超越家庭成员范围，从性质上就不再属于"家庭农场"，这也是世界上多数国家定义家庭农场的一个重要标准。美国农业部网站将家庭农场界定为"没有雇用经理、不含非家庭成员的法人或合作组织的农场"。同时，我国还把"以农业收入为家庭主要收入来源"作为一个重要条件，意即家庭成员主要还是以农业，而不是其他兼业收入为主要收入来源。

同时，从农业经营本身的特点去认识，"与工业生产的规模经济性相比，农业生产的规模经济性并不明显"，"农业的资本投入，尤其是机械投入，则对土地具有规模要求，并且具有明显的劳动替代特性，这就意味着，农业的规模经济效应并不是与农业的劳动投入量密切相关，而是与资本的投入量密切相关。研究也表明，在农业领域并不存在随着土地规模的扩大而产生的农产品单位成本下降的效果，农业的规模效应主要体现为农业劳动生产率的提高"。[1]

我国就农业的适度规模经营发展问题专门出台过文件，2014 年 11 月 20 日，中共中央办公厅、国务院办公厅下发了《关于引导农村土地经营权有序流转 发展农业适度规模经营的意见》，对国家重点扶持的适度规模经营的"度"提出了两个"相当于"的原则性的规定，即"现阶段，对土地经营规模相当于当地户均承包地面积 10 至 15 倍、务农收入相当于当地二三产业务工收入的，应当给予重点扶持"。从中可以看出，农业经营规模需要从土地经营规模和农业从业收入水平占比两个方面去把握。

（二）农业企业经营

工业生产是经济再生产过程，而农业生产同时还具有自然再生产的特性。农产品所具有的生命属性和自然周期性决定了它的生产过程和绩效会受自然环境的影响，因此农业的劳动付出程度与产出效果之间存在很大的不确定性，这

---

[1] 黄祖辉：《现代农业经营体系建构与制度创新——兼论以农民合作组织为核心的现代农业经营体系与制度建构》，《经济与管理评论》2013 年第 6 期，第 5－16 页。

会使农业生产的劳动监督成本非常高。由于农业的特点，尽管公司制企业聚集了很多先进生产要素，如资金、技术、人才、设备等，但公司资本一般不会进入种植业生产领域。部分企业为保证农产品质量和原料供应稳定性，会通过土地流转建立生产基地，不过企业往往会通过分工到人或者再返租给农户进行经营，本质上都属于家庭经营的性质。

如果资本想投资农业领域，该投向哪里呢？按照中央文件的规定要求，"引导工商资本发展良种种苗繁育、高标准设施农业、规模化养殖等适合企业化经营的现代种养业"[①]。

二、社会化服务层次

农业社会化服务是现代农业的重要支撑，是新型农业经营体系的重要内容。新型农业经营体系实际上由农业生产体系和针对其开展服务的社会化服务体系构成。农业社会化服务体系是指为农业生产提供社会化服务的成套的组织机构和方法制度的总称，[②] 既是一个庞大复杂的经济系统，又是一个庞大复杂的社会系统。可分为三个方面，分别是农民之间的合作服务、政府部门的公共服务和以营利为目的的私人公司服务。农民合作社尽管也属于社会化服务的范围，但农民之间合作基础上的服务，在本质上属于自我服务范畴，且发挥着生产经营与服务经营之间的联结和渠道的特殊作用，有着不同于政府部门公共服务和以营利为目的的私人公司服务的显著特点。

随着我国农产品市场的逐步放开和农产品商品化程度的提高，我国政府很早就注意到了农业社会化服务的重要性。1991 年 10 月，国务院发布了《国务院关于加强农业社会化服务体系建设的通知》，要求逐渐形成"多经济成分、多渠道、多形式、多层次的服务体系"。

农业的现代化程度，不仅体现在农业生产过程本身的现代化程度，还体现在服务水平的现代化程度，二者共同构成了农业的现代化。樊亢、戎殿新总结了美国农业社会化服务体系的作用，指出："美国农业的高度现代化，同它的农业现代化服务体系较为发达完善是分不开的。甚至可以说，如果没有发达完善的农业社会化服务，就没有美国农业的现代化。"[③] "农业的商品

---

① 中共中央办公厅、国务院办公厅：《关于引导农村土地经营权有序流转发展农业适度规模经营的意见》，2014 年 11 月 20 日。

② 高强、孔祥智：《我国农业社会化服务体系演进轨迹与政策匹配：1978—2013 年》，《改革》2013 年第 4 期，第 5-18 页。

③ 樊亢、戎殿新主编：《美国农业社会化服务体系——兼论农业合作社》引言，经济日报出版社，1994，第 1 页。

化是农业社会化服务体系发展的决定因素"①，推动美国形成发达完善的农业社会化服务体系的原因就是农业的商品化。我国的农业现代化也将具有同样的发展规律。

农业社会化服务体系最初是围绕农业的商品化生产而形成和发育起来的。一般来说，传统农业并不需要社会化服务，商品农业在尚不发达时，对社会化服务的需要程度也较低，不足以形成农业社会化服务体系。当农业商品化和专业化程度逐步提高时，一些过去由农户自己完成的工序，由于社会上其他组织的服务效率更高，如若转移出去对自己更划算，而自己则专注于更能发挥家庭优势的种植养殖生长过程管理，农业社会化服务因此逐步形成了体系。② "农业社会化服务体系实质上是一种高度发达的社会分工体系和市场体系。"③ 现在，我国的家庭农业经营者正是通过将大量的产前、产中、产后的农业生产和经营活动由专业化的服务体系来完成而实现自己的规模效益。农业社会化服务体系的建设与培育对我国农业发展的特殊意义还在于，通过社会多元化服务，实现专业化向纵深发展，从而弥补我国由于土地要素紧缺而导致的农户经营规模偏小的不足。

（一）私人公司的服务

在现代农业高度发达的国家，私人公司在服务领域发挥着重要作用，与合作社相比，私人公司甚至占据主体地位。私人公司开展的产前服务主要是为农业生产经营者提供农业投入品，包括化肥、农药、种子、农用机械及油料等农用物资；产中服务重点围绕农业生产过程中生产经营者的需求，开展病虫害防治等植保活动，以及田间管理服务、耕种收等农事业务；产后服务主要围绕农产品的收购、储藏、加工和贸易进行。在产前、产中、产后各环节的私人公司经营性服务水平，更具有优势。因为，这与农业生产过程相比已不再体现为自然再生产特性，进而对劳动控制与绩效的评定会相对容易，同时这些经营服务都存在明显的规模经济性和资本偏好，这是家庭经营的弱点，却是私人公司制度的强项。北美、欧洲等家庭农场之所以发展到那样大的土地经营规模，一是与其高度的专业化分不开，他们大多只种植一个单一的大宗农产品品种；二是发达完善的社会化服务体系的支撑。

---

① 樊亢、戎殿新主编：《美国农业社会化服务体系——兼论农业合作社》引言，经济日报出版社，1994，第3页。

② 傅殷才、陈昭方：《没有发达完善的农业社会化服务便没有农业的现代化》，《经济评论》1995年第4期，第92-94页。

③ 樊亢、戎殿新主编：《美国农业社会化服务体系——兼论农业合作社》引言，经济日报出版社，1994，第2页。

当前我国农业生产的商品化和专业化也已发展到相当的程度，自给自足的农户已很少见，农业社会化服务获得很大的发展，除非农户土地经营规模过小，服务公司的服务已经基本实现对生产管理以外各环节的全覆盖。此外，我国农机补贴政策的实施，也促进了私人农机服务公司的发展，对农民生产效率的提高有很大的帮助。

就我国当前的发展水平，私人公司的服务还有很大发展空间，政府要加大对私人服务主体的支持，使其不断提高服务能力和水平。特别是要重点支持那些提供金融保险、信息服务、生物技术服务等新型服务主体的发展，满足新型农业生产主体的服务需求。

（二）政府部门及机构的服务

由于农业具有公益性、基础性和脆弱性特征，现代农业的服务体系构建不能仅限于以营利为目的的经营性服务主体的建设，还应加强政府公益性组织建设。如建设公益性农技推广服务体系、农业科研院所等科研机构。

政府部门及机构的服务属于公共社会化服务，是农业社会化服务体系的基础。服务的重点在公益性、外部性和基础性的领域，以及那些以营利为目的的经营性服务机构不愿干和干不了的领域，如新品种新技术的试验示范推广、土壤环境检测、区域疫病防治、农作物病虫害统防统治、产品质量监管、生产技术规范、质量标准及产品认证等。

政府提供服务的另一种形式是政府购买服务，即政府提供服务费用，由相关主体实施服务。如政府开展的很多支农项目，要求符合条件的合作社组织实施，就是一种购买服务方式。

农业不像工业生产那样，在一个比较封闭的环境中进行，农业主要是大田作业，对技术的保密性比较差，容易被模仿和复制，所以，私人公司对农业技术开发的积极性不高，需要由政府提供这方面的服务，公益性科研院所的设立及其研究对农业开展高水平服务具有重要意义，也是世界上各国政府通行的做法，农业现代化越是发达的国家越重视这方面的服务。当然，在一些具有高技术含量并能够形成知识产权保护的生物工程行业，私人公司已成为重要的力量，如在种子行业，美国的孟山都、瑞士的先正达及我国的隆平高科等，都取得了很大成就。近年来随着我国对种业的重视，一些个人投资的制种企业快速发展，如山东寿光形成了以农科院研发为引领、个人研发企业为主体的研繁推蔬菜种业群体，现已研发出具有自主知识产权的蔬菜品种178个，涌现出如山东寿光蔬菜种业集团、寿光市三木种苗、新世纪种苗、永盛农业、鲁寿种业等私人投资研发企业，呈现出服务主体多元化的格局。

总之，我国的农业社会化服务经过多年发展，取得了显著成效，但依然存在服务机构组织规模小、层次低、功能弱、服务能力差的特点，并且同质性较强。从国际经验看，农业生产性服务业的发展日益成为现代农业发展的战略引擎。通过发展农业生产性服务业，促进其市场化、产业化、社会化甚至网络化发展，可以更好地拓展农业发展与产品市场、要素市场甚至产权市场对接的通道。[①] 如果农业产业组织没有竞争力，农业就不可能有竞争力，建设现代农业更是无从谈起。加强各种经营服务主体的建设和培育，是今后构建新型农业经营体系的一项重要而迫切的任务。

三、合作经营层次

农民合作组织在新型农业经营体系中起到承上启下的骨干支撑作用。它不仅在农户之间，同时也在政府和其他私人服务主体之间发挥纽带和联结作用，是组织农户进入市场的桥梁，也是农民反映诉求和接受政府服务的渠道。

政府组织及机构和私人企业的服务主要通过农民专业合作组织进行。从当前情况看，农民使用的很多服务主要直接来自市场经营者（私人组织），这说明，其一，农民专业合作组织体系还不完善，服务能力不强；其二，服务的供给水平还比较低，主要是一些基础性的农业投入品，如化肥、农药、种子、农膜等。农业发达国家的现实告诉我们，农业现代化水平越高，农业经营体系就会越完善，服务水平越高，不论是农民还是其他社会服务组织，对合作组织的依赖就越强。

从实践来看，农民专业合作组织的建设状况不仅会直接影响服务水平和能力的提高，而且也影响私人资本性服务体系的建立和形成。比如当前存在的一些区域性的农药协会、化肥协会、种子协会等，这些行业组织运行状况都不理想。原因在于，它们对其会员的服务需要通过有效的对接对象开展，这些对接对象就是农民合作组织。由于农民合作组织的运行状况不佳，私人服务组织尽管加入了行业组织，但现实是，他们还要直接和每一个农户打交道。同时，涉农服务行业协会的运行状况，也直接反映着农民专业合作组织的建设和运行状况，或者说它是农民专业合作组织建设和运行状况的晴雨表和试金石。

有学者提出，"以农民合作组织为核心构建我国现代农业经营体系与制度"[②]，因为，从世界现代农业的发展历程和现状看，无论是农业经营形式还是农业经营体系，农民合作组织大都占据主导地位；我国农民合作组织的发展

---

① 姜长云：《关于构建新型农业经营体系的思考——如何实现中国农业产业链、价值链的转型升级》，《人民论坛·学术前沿》2014年第1期，第70－78页。

② 黄祖辉：《现代农业经营体系建构与制度创新——兼论以农民合作组织为核心的现代农业经营体系与制度建构》，《经济与管理评论》2013年第6期，第5－16页。

还没能成为农业产业的主导力量和整个农业产业体系的核心主体，非常有必要把农民合作组织建设作为整个农业经营体系与制度构建的重点去落实。

现代农业发达国家的现实也告诉我们，农业社会化服务体系正是通过合作社服务系统延伸到农业生产的各个角落。

新型农业经营体系构建要充分掌握其内在的发展规律，在家庭经营层次，农户具有内在的积极性，且家庭组织具有很强的稳固性，我国保持家庭承包经营长期不变的稳定政策，政府再给予一定的扶持，农业家庭经营方式就会保持旺盛的生命力；在私人资本企业层次，资本的趋利性会使投资者将自己的服务延伸到所有能够取得利益的环节；在政府层次，我国政府始终把农业发展放在重要位置，现在更是将其列为"重中之重"。

在整个新型农业经营体系构建中，农民合作组织建设是其中的软肋。从理论上讲，合作社是农民组织农民建，建好合作社可以解决农民一家一户办不了、办不好、办了不合算的问题。靠一家一户首先办不了的问题，正是合作社建设本身。农民合作组织建设成了整个新型农业经营体系构建的瓶颈和整个现代农业水平提升的最关键制约因素。因此，需要将农民合作组织制度建设作为构建新型农业经营体系的突破口，以此来破解现代农业发展难题。

新型农业经营体系的构建，既是培育农业经营主体的过程，也是各主体间形成内在联系的过程，更是各主体间按照农业生产经营关系形成排序的过程。新型农业经营体系的构建过程，表现在农业生产经营活动中，就是建立新的农业经营秩序的过程。就是明确了谁是"主"，谁是"从"的问题，也即，谁是服务接受者，谁是服务提供者。这个关系必须明确，才能使各经营主体各司其职，新型农业经营体系才能真正建立起来。

实际上，我们在农业现代化建设实践中存在的一些难以解决的问题，关键就在于没有摆正各主体之间的辩证关系，甚至出现错位，进而影响了农业现代化的发展。

第二章

农产品品牌建设

农产品品牌建设是农业在市场经济条件下发展到较高级阶段的结果，也是现代农业发展的必然趋势。在传统农业时代，农户自种自吃，农产品品牌建设没有意义；计划经济时期，国家统一调配农产品供需，品牌创建没有必要；进入商品经济初期，尽管存在市场交易行为，如果农产品不能满足消费需求，处于卖方市场状态，品牌创建也难以兴起。在市场经济条件下，当农产品供给出现剩余，为提高市场竞争力，满足不同消费者不断提高的对品种、质量及服务的需求时，为便于消费者识别，品牌建设才提上了议事日程。自20世纪90年代中期以后，我国农业综合生产能力大幅度提高，农产品买方市场形成，到2001年底加入WTO，农产品生产与消费被纳入国际市场竞争范围，我国农产品品牌建设的内外部环境得以形成，我国农产品品牌建设的紧迫感和主动性由此进一步提升。农产品品牌建设是我国实现农业发展方式转变和农业全面转型的必然措施，也是现代农业发展的重要手段。特别是我国的社会主要矛盾已经由"日益增长的物质文化需要同落后的社会生产之间的矛盾"，转变为"人民日益增长的美好生活需要和不平衡不充分的发展之间的矛盾"，这就使农产品品牌创建不仅是为了适应国际市场竞争环境发展的需求，也成为我国经济社会发展对现代农业建设所提出的一项战略要求。

第一节　品牌的含义及作用

一、品牌的含义

一提到品牌，人们往往会想到工业上的海尔冰箱、华为手机，农业上的烟台苹果、寿光蔬菜、五常大米、赣南脐橙等这些享誉国内外的知名品牌。品牌到底是什么？

简单说，品牌就是过去人说的"牌子"。很多百年老店、老字号及一些传统工艺、地方特产，都属于品牌。其最初就是为区别不同制造者而打在物品上面的"印记"，久而久之成了一种信誉，并具有了潜在价值。今天人们说的创品牌实际就是老百姓过去常说的创"牌子"，也可以说是创"声名"，或叫作打造"信誉"或创造"声誉"。品牌的"品"表层意思是指用米交换的产品或商品，进一步的理解是企业及其产品的信誉或美誉。农产品品牌就是指农产品所创的"牌子"。

传统的"品牌"，其形成很大程度上是一种自发的个人或群体行为，通过长时间的自我积累和积淀最终形成外部社会认可。在表现形式上，至多是一些政府官员，最高至国家统治者给予的一定肯定，或获得周围群众的认可。但今天的品牌及其创建活动则是依据政府制定的一系列规则和标准而确定和进行的。

品牌，可以概括为消费者对产品及其产品系列的认知程度。它是人们对生产主体及其产品、售后服务、文化价值的一种评价和认知，是一种信任，是生产主体和消费者信赖的互动与动态平衡。

品牌是产品的灵魂，没有品牌的产品是没有生命力的，也不可能有魅力；品牌还是质量的象征、标准的承诺、信誉的保证、文化的凝结及个性的体现。[1]

品牌通常表现为一个名称、一种称谓或一个符号，或是它们的组合，但从更深层次看，是其背后让公众及消费者瞬时产生的差异性联想。

品牌分为主体品牌、产品及服务品牌和区域品牌。

品牌在其创建过程中，其内涵被不断丰富。首先，品牌是一种信誉的保证。品牌通过一定的标识区别于其他产品与服务，并形成了消费者对该产品的功能和特色的承诺和保证的认知。其次，品牌是一种象征和精神。戴维森（Davidson）曾提出"品牌的冰山"理论，意思是我们所看到的只是作为品牌内容的很小的一部分。他认为，像冰山那样，浮出水面的标志、符号等仅占品牌的15%，而藏在水下的85%部分是品牌的价值观、智慧和文化，对品牌起重要作用的主要是那些隐形部分。再次，品牌是一种关系。通过产品、符号，生产者与消费者之间形成全方位沟通关系，品牌成为"关系的建筑师"。最后，品牌是一种无形资产。随着公众和消费者对品牌产品的认知度的提高，以及产品竞争力的增强，其价值超出了产品本身通过固有的功能和质量所形成的价

---

[1]　孔祥智、史冰清、何安华：《品牌调查报告之一：当前农民专业合作社品牌建设的现状、问题与对策》，《中国合作经济》2009年第9期，第19-25页。

值，成为一种无形资产。①

二、农产品品牌创建的作用

农产品之间的竞争最终归结为品牌之间的竞争。品牌创建可以起到多方面的作用。

第一，有利于发挥品牌产品的比较优势。品牌的创建能够提高产品附加值，使其在同类产品中具有更加突出的优势，甚至能够通过著名品牌的创建形成垄断性的市场优势。日本学者片平秀贵曾提出，品牌是继人力、物力、财力、信息之后的第五大经营资源，品牌是企业的特有财产。②

第二，有利于拓展品牌产品的贸易空间。当今的市场是国际化市场，通过品牌的培育和创建，在提高产品的质量和信誉、增强市场竞争力的同时，也为开展国际贸易提供了条件。就农业而言，由于一些农产品具有很强的地域特征，通过品牌的打造，可提高其知名度，使其具有显著的对外贸易优势。

第三，有利于降低产品的推介成本。采取品牌策略，尽管从短期品牌推介上看确实增加了一定费用，但是将产品信息"打包"呈现给消费者，不仅能降低长期产品推介成本，也能降低生产销售者和消费者的双向选择成本。从品牌经济学的角度讲，品牌就是与目标顾客达成的长期利益均衡，从而降低其选择成本的排他性品类符号。

第四，有利于提高产品质量和消费信心。就我国农产品而言，由于农业投入品不当使用带来的农产品质量安全隐患，使消费者产生了一定的不信任感，通过品牌创建的标准化实施，能使农产品质量安全水平迅速提高，使消费者买得放心、吃得舒心。

第五，有利于形成区域产业优势。农产品的生产对自然条件和资源有高度的依赖性，农产品的品质受自然条件的影响很大，独特的气候、土壤、水质，以及独特的生产方式与栽培方式，往往使一定区域的农产品具有某一方面的独特品质，从而使农产品的品质具有鲜明的区域特征。品牌创建在提高农产品影响力的同时，可以围绕农产品形成生产、加工、销售及为其提供全方位服务的一系列经营主体，最终形成一个区域优势产业集群。

---

① 王成敏：《农产品品牌成因成长机理研究》，经济科学出版社，2014，第1页。
② 王成敏：《农产品品牌成因成长机理研究》，经济科学出版社，2014，第6页。

第二节　如何打造农产品品牌

农产品品牌创建是一个系统工程，围绕农产品开展一系列包括质量安全控制、标准化实施、国家注册商标申请、营销活动开展等业务，最终取得消费者认可，从而实现提高农业现代化水平和增加农民收益的目的。

一、质量安全是前提

民以食为天，食以安为先。品牌之间的竞争实质上是产品质量和服务的竞争，只有优质的产品和服务，才能打造成品牌，进而获得品牌带来的"溢出效应"。

农产品质量安全事关人民群众身体健康，它是生产经营者进入市场的底线。自 2006 年《中华人民共和国农产品质量安全法》颁布以来，各级政府对农产品质量安全都给予了高度重视，采取了很多非常措施，农产品质量安全水平大幅度提升，农产品生产经营者及监管部门的主动性和责任感大大提升。

一是从源头上解决了影响农产品质量安全的关键因素。农业部自 2000 年开始对甲胺磷等五种高毒有机磷农药加强登记管理。2002 年，先后发布农业部公告第 194 号、第 199 号文件，两次停止受理登记和明令禁止使用的农药达 29 种（类）之多，淘汰了具有高毒高残留性质的对农产品安全具有重大影响的农药品种（类），并对 27 种农药规定了限用范围，从投入品源头上保障农产品质量安全。同时，大力支持和鼓励研发与推广使用高效低毒农药，特别是一些生物农药，至 2015 年，在一些农业发展比较先进的地区，高效低毒生物农药使用率已达 65％以上，至今，生物农药的使用一些附加值比较高的蔬菜等农产品病虫害防治中占主导地位。

二是在县级普遍建立了农业执法机构，形成了上下联动的农业行政执法体系。公安机关也设立了专门针对打击食品安全不法行为的专职队伍。基本做到了从农田到餐桌全程有人管有人抓的监管局面，农产品质量安全实现了"产"和"管"两方面并重。

三是各级政府都设立了专门检测机构。在流通环节，凡具有一定经营规模的组织都设立了检测机构及站点，一些大型经营单位甚至购置了能够进行常规检查的智能设备，以保证检测需要。

通过多年的努力，农产品质量安全建设成效显著，特别是以禁用农药、兽药等为主的农业投入品管理得到严格执行，这也是我国农产品质量安全得以根本改善的关键。但是，就农产品质量安全来说，停用或适量使用国家禁用限用农药仅仅是确保农产品质量安全的最基本因素。而对于一些允许使用但必须符合使用规定的，如使用时要确保一定采收（屠宰）间隔期的农药（兽药），这些农药（兽药）的使用成为影响当前农产品质量安全的重点。同时，对农产品质量安全的管理，也是一个逐步升级的过程，在解决了国家禁用限用农药施用问题后，农药（兽药）安全间隔期保证上升为重点，而作为"软件"的农业生产记录同样属于《中华人民共和国农产品质量安全法》规定的要件。但如果农民组织化程度低，缺乏统一标准的一家一户生产，生产记录制度就无法落实。

另外，其他因素也会影响农产品质量安全，包括工业"三废"排放和农用化学物质的过量使用等，将导致地下水、土壤、空气中重金属及有害物质超标，造成环境风险。对这些问题，普通的农户既难以事先发现，也难以克服和排除，需要通过集体力量去解决和防范。

农产品质量和安全是两个不同的概念，二者具有不同的经济学特征：其中安全更多地具有公共品性质，是所有消费者都应享有的基本权利；而质量则更多地具有私人物品的性质，影响消费者对产品的感受。[①]

总之，要想从根本上解决农产品质量安全问题，最有效的途径就是提高农民的组织化程度，通过对农民进行组织，使农民的生产活动按照一定标准规范去执行。只有农产品质量安全落到实处，消费者才会建立起积极的消费心理。

二、标准化生产是基础

现代农业区别于传统农业的显著特征，是有一套严格而科学的标准，因此，标准化成了现代农业的重要标志。

对农产品进行标准化生产是农产品品牌创建的基础，也是从生产环节确保农产品质量安全的重要措施。标准化生产的含义很容易理解，就是根据国家的规定要求进行生产，生产出来的产品就是归属于某类标准的农产品。消费者通过生产者所采用的生产标准就能了解农产品的质量状况。

农产品质量具有隐蔽性特征，仅从其大小、色泽、性状、外观是否完好等无法全面衡量，这就使消费者进行逆向选择（既然无法确定好坏，就选择便宜的），这就倒逼生产者生产更便宜的产品，使农产品质量朝着更差的方向发展。美国著名经济学家乔治·阿克尔罗夫（George Akerlof）对此提出了"柠檬市场"的概念。"柠檬市场"效应就是低质量产品不断驱逐高质量产品的现象。

---

① 钟真、孔祥智：《产业组织模式对农产品质量安全的影响：来自奶业的例证》，《管理世界》2012年第1期，第79-92页。

信息经济学理论认为，市场交易中产品的卖方对自己所生产或提供的产品，拥有比买方更多的信息，此为信息不对称现象。农产品的销售中实际存在着比工业品更严重的信息不对称现象。农业生产由于受自然环境和生物生长周期性等因素定影响，难以像工业品生产那样在一个封闭空间里严格按照一定程序进行，这就使消费者产生了对农产品质量的困惑。解决农产品的信息不对称问题是消费者放心购买农产品、避免"柠檬市场"现象的重要手段。

农业标准化生产是当前国际上非常普遍的做法。比如日本实施极为严格的农产品质量安全和标准管理，其于 2006 年 5 月底开始实施食品中农业化学品（农药、兽药及饲料添加剂等）残留"肯定列表制度"，该制度对农业的投入品，包括农药、肥料规定了 1 万多个标准。

以 1999 年"无公害食品行动计划"的启动实施为标志，我国农业标准化体系的建立进入快速发展轨道。随着《中华人民共和国标准化法》《中华人民共和国农产品质量安全法》《中华人民共和国食品安全法》等的制定，农业标准化法律体系逐步完善。特别是《中华人民共和国无公害农产品管理办法》《绿色食品管理办法》《有机农产品管理办法》等法规的出台，对农产品质量标志管理和注册做出了具体规定，为我国农产品的标准化生产提供了具体依据。

实施农业标准化有多方面的作用。一是保障农产品质量安全，使农产品的商品化过程在相应标准的监控下，在提高农产品质量的同时提升了农产品国内外市场竞争力；二是它将科研成果和先进技术快速转化成标准，在农民实行生产的同时将先进技术和科研成果进行推广和利用；三是农业标准化既是促进农产品出口的技术手段，打破了国外农产品技术性贸易壁垒，又是防止国外不安全农产品进入市场的有效技术防线。农业标准化的实施对一个国家农业发展水平的提高会起到很大的促进作用，是农业现代化的标志性内容。

当前我国对农产品实行"三品一标"认证，以提高农产品质量标准水平。"三品"认证规定，任何符合标志条件的生产者想获得质量标志，需向政府授权的相关认证机构提出申请，认证机构按照国家有关规定实施认证。2007 年，我国制定了《农产品地理标志管理办法》，对来源于特定地域，产品品质和相关特征主要取决于自然生态环境和历史人文因素的特有农产品，以地域名称冠名农产品标志。这样我国以"三品一标"为主要内容的农产品质量标准认证体系得以建立。

"三品一标"是消费者购买农产品的重要参考依据，属于农产品品牌中具有公信力的品牌标志部分，为农产品品牌创建创造了条件。

三、营销是关键

品牌创建得成功与否，其营销策略和方法很关键。要想把一个产品打造成品牌，仅有好的质量是不够的，这只是为品牌打造创造了基础条件。品牌的创建还需要在营销上多做文章。"三品一标"的认证可以说是农产品品牌营销的向前延伸，从根本上说这只是为营销所做的前期工作，而真正的农产品营销则是从商标的设计和注册开始。

（一）申请注册商标

品牌是产品品质差异的标志。品牌经济学认为，一个品牌的生命力在于其个性化特色，在竞争日趋激烈的背景下，要强调产品的特色，使产品更具个性和传播性，才能具有品牌竞争力和影响力。"三品一标"认证只是农产品品质的基础性标准，并且任何具备条件的生产者都可以申请，具有通用性。所以必须在此基础上还要有一个体现不同于其他生产者的产品标志，这就是农产品的注册商标。

商标是一个专业术语。商标是用以识别和区分商品或者服务来源的标志，或者说是用来区别一个经营者的商品或服务和其他经营者的商品或服务的标记，包括文字、字母、图形、数字、三维标志、颜色组合和声音等及其上述要素的组合。商标在政府有关部门注册后就受到国家商标法律的保护，国家尽管也承认未注册商标形式，但其不受商标法律的保护。

需要注意的是，商标不等于品牌。品牌和商标是两个内涵不完全重叠的概念。商标是一个法律概念，与商标所有人息息相关，商标直接关联的是商品主体和服务。品牌是一个市场概念，与消费者息息相关。品牌凝结着企业的商业信誉，蕴涵着某种文化，并代表一定的价值观念，其关联的是品牌主体的整体形象。品牌不仅是经营者对消费者的承诺，而且它的个性风格能体现一种文化，代表了产品及其生产者的特有市场形象。从某种意义上说，品牌本身不是一个物态的"牌"，其指向是企业或产品，品牌是动态的，其价值犹如股票，随消费者的认知程度而变化。商标是设计出来的，是"死"的；品牌是经营出来的，是"活"的。通常商标是品牌的基础和载体，没有商标，品牌就得不到保护。

企业并不会将品牌的全部组成内容都进行商标登记注册，比如一些广告语、代言人形象等，不一定进行注册，因此，品牌比商标具有更为广泛的外延，有着比商标更丰富的内涵。品牌包含商标。品牌的价值一般要大于商标的价值。特别是一些企业为防止被侵权，往往要注册很多商标，使用的只是很少一部分。

商标是一个法律术语，现代意义上的商标是作为工业产权出现的。[①] 商标专用权也叫商标独占权。商标是品牌的外在表现形式，是品牌的价值载体，品牌的价值可以并且必须通过商标建设实现。品牌价值要进行传递，必须附着在某个看得见摸得着的标志上，通过传播标志，进行品牌价值的传递。

从归属上看，商标掌握在注册人手中，而品牌根植于消费者心里，如果不被消费认可，任何品牌都会一文不值。

在日常生活工作中，商标和品牌这两个不同领域的概念极易混淆，甚至很多人把这两个术语混用，将商标符号当成了品牌本身。

无论商标还是品牌，区别商品来源是它们最原始最本质的功能，其他功能是在此基础上衍生出来的。不过，申请商标注册是与其他经营者产品或服务区别开来的开始，品牌创建则是在商品区别基础上与其他生产经营者的产品和服务形成更大差异的区别。因此，要打造一个品牌需要经过艰辛的努力和长期的积累。

（二）品牌设计

商标不是品牌的唯一载体形式，品牌还通过其他方式得以呈现。品牌的生命力在于个性化特色，在品牌设计上，一要构思新颖，造型美观，给人以美的享受。一个富有吸引力的形象可以建立起品牌与顾客之间的情感联系。二要体现主体特色和产品特色。每一个生产经营主体都处在一定的社会人文环境中，不同的自然环境造就不同质的农产品，品牌设计要体现这些特色。三是品牌所使用的文字、符号、图案等都不要冗长繁复，要力求简洁。四要符合传统文化并为公众喜闻乐见。品牌名称和标志在设计时要注意尊重民族文化，切勿触犯目标销售区域的民族禁忌。

（三）培育品牌文化

培育品牌主体文化是品牌化发展的关键前提。品牌与文化息息相关，主体品牌的发展在很大程度上依赖于组织文化建设。一个品牌要想获得真正的成功就必须要有"文化"，因为只有这样才能获得社会情感和文化认同，文化是品牌的根基。

要使品牌创建主体及产品在顾客心目中有分量，就应该培育独具个性的品牌文化。品牌文化的内涵表现为品牌具有独特的性格特征，即品牌所表现的是目标消费群易于并乐于接受的某种价值。[②]

[①] 康微：《商标与品牌异同比较》，《中国青年政治学院学报》2011年第6期，第69－72页。

[②] 吴声怡、刘文生：《国外农业合作社品牌战略对我国的启示》，《中国合作经济》2008年第8期，第14－17页。

（四）加强宣传推广及销售

品牌是链接生产或经营主体承诺与消费者信赖的最好载体，通过宣传提高消费者的信赖程度，增强品牌效应，提高消费信心。好产品还需要有创意的吆喝。当前宣传的途径多种多样，要采取多种形式进行宣传。可以通过直接农业体验和品尝等形式，在陶冶情操和带来身心愉悦感、亲切感的同时，深入宣传。要充分借助现代化信息科技手段服务于营销，采取线上线下等方式扩大宣传范围，促进产品销售。

四、主体建设是根本

如何创建农产品品牌听起来很玄妙，做起来很复杂，但农产品品牌创建是具有一定规模的生产经营组织主体发展到一定阶段的必然现象。当主体发育到一定阶段，都会想尽办法做得更好，于是品牌创建就提上了议事日程。品牌创建是主体的一种营销手段，是为主体实现其营利目的，进而促进主体进一步发展而服务的。品牌创建无论发挥多大作用，它终究是主体发展的"果"。

农民专业合作社是新型农业经营主体，是农业双层经营体制的有效组织形式，也是农产品品牌的最有效载体和品牌创建的最主要组织力量。同时，农民专业合作社本身也可以成为品牌。有的合作社其品牌名称（标志）与商标名称（标志）合二为一，如美国"新奇士"脐橙，其品牌名称和商标名称是统一的，"新奇士"商标就是用合作社名称注册的。在我国，抛开合作社的性质不谈，其品牌名称（标志）与商标名称（标志）合二为一的情况也并不少见。所以，要想创建农产品品牌，作为主体的农民专业合作社的培育至为关键，其作用体现在品牌创建的各个环节中。

（一）农民专业合作社是保障农产品质量安全的责任主体

作为我国保障农产品质量安全、维护公众健康的专门法律——《农民专业合作社法》，对农民专业合作社限定了很多法律责任，这充分说明了农民专业合作社是保障农产品质量安全的责任主体。这些年来，农民专业合作社在农产品质量安全管理建设上也发挥了一些重要作用。但不可否认的是，由于农民专业合作社规范程度不高，制约了其作用的充分发挥，使农产品质量安全水平提升受到限制，也影响了农业品牌化的发展。

我国《中华人民共和国农产品质量安全法》和《农民专业合作社法》都是在 2006 年颁布的，堪称农业上的一对姊妹法。[①]《农产品质量安全法》在立法意图上是从长期的发展角度而进行的，把农民专业合作社规定为保障农产品质

---

① 王新文等：《合纵连横——助推寿光蔬菜产业再发展》，中国农业出版社，2015，第 156 页。

量安全的责任主体。但合作社的全面建立与正常运行要经历一个较长的过程，在这个过程中难免出现《中华人民共和国农产品质量安全法》被虚置的现象。由于农产品生产者不属于该法规范的范围，对农民生产者的管理主要通过其他一些专业性法规去落实，如对农民不按照规定使用农药的处罚，就按照《农药管理条例》去执行。但是影响农产品质量安全的因素很多，不仅仅是农药，仅从生产源头上说，如工业"三废"排放、农用各种化学物质的过量施用以及水、土壤中重金属和有害物质超标等，再就是在农产品生产记录中落实这些规范化的生产要求，必须通过对农民的有效组织才能实现。从治理结构上看，农民合作社是一种垂直协作的契约组织形式，垂直契约协作是保证农产品质量安全的有效形式。[①]

（二）农民专业合作社是标准化生产的重要实施主体

农业生产的规模化是标准化的前提，没有规模化标准化就难以有效实行，而没有对农民的有效组织就难以实现农业的规模化。农业标准化所涉及的内容很多，信息量很大，单纯依靠一家一户去实施很难完全满足要求。农民加入合作社依靠其组织力量，采取"统一品种、统一技术规范、统一生产资料（饲料）购买、统一品牌、统一销售"，最终实现了农业的标准化生产。同时，由于合作社是一个整体，各成员一损俱损一荣俱荣，且合作社扎根乡土社会，成员都是邻居或亲属，相互十分熟悉，违规的道德成本高昂，有利于社员自觉遵守规定，进行标准化生产。

（三）农民专业合作社是农业品牌建设和运营的主体

农民专业合作社或联合社，在农产品品牌建设中的角色与作用主要体现在三个方面：一是组织载体。只有将分散的农民联合和组织起来，使农业合作组织成为农产品品牌营销的载体和平台，才能整合资源，实现农产品的品牌化经营。二是利益共同体。农产品品牌特别是区域品牌，具有很强的公共属性，可以在很大程度上为当地农户带来共同的经济利益。当地农户可以通过加入合作组织分享其中因农产品品牌建设形成的增量收益，进而促进农业合作组织的发展与壮大。农业合作组织与农产品品牌建设之间具有利益上的天然一致性。三是运营主体。农业生产上的家庭经营优势和公司经营的局限性，使农民专业合作社成了作为农产品品牌经营主体的不二选择。同时，我国的农产品地理标志和区域公共集体商标的注册，都把农民合作组织作为申请主体之一，由此可以看出，国家在事实上承认了农业合作组织在农产品品牌建设中的运营主体

---

① 王瑜、应瑞瑶：《垂直协作与农产品质量控制：一个交易成本的分析框架》，《解决问题探索》2008年第4期，第128-131页。

地位。①

有学者提出，市场竞争是诱发合作社品牌建设的重要外因，但仅有激烈的外部市场竞争是不够的，合作社是否会选择品牌建设或能不能进行品牌建设，关键取决于合作社本身的发展质量和能力。影响品牌建设最重要的内部因素是合作社的发展质量和实力，事实是，只有那些生产经营状况好、实力强、发育质量高和管理者品牌意识强的合作社才会进行品牌建设。②

更有学者认为，农民合作组织作为农产品品牌建设和运营的主要推动力量，其治理机制的完善程度在一定程度上决定了农产品品牌建设的成败。③

第三节　农产品区域公用品牌创建

一、农产品区域公用品牌的含义、特征、价值与意义

（一）农产品区域公用品牌的含义

农产品区域公用品牌是指在一个具有特定自然生态、历史人文环境的区域内，由相关机构、企业、合作组织、农户等共同所有，由若干农业生产经营者共同使用的农产品品牌。这类品牌一般由"产地名＋产品名"构成，原则上产地应为县级或地市级，并有明确的生产区域。农产品区域公用品牌体现着某类农产品的地区区域特征和整体形象，是一个区域的象征。它是区分具有相对独特优势区域与其他区域的生产产品的标志，是一种"群体品牌"，具有超越一般农产品品牌的经济和社会效应。

（二）农产品区域公用品牌的特征

农产品区域公用品牌除了具有一般农产品品牌的特征外，还具有与其他类区域品牌相似的特征。

一是具有广泛性和持久性。农产品区域公用品牌与自有个体品牌相比，更形象和直接，是众多农产品自有品牌经过长期培育及整个产业族群共建的结果，更具有广泛和持久的品牌效应。其相对于自有品牌具有更旺盛的生命力。

二是具有公共性。区域公用品牌是一种集体性的公共品牌，具有公共物品的特征，即非排他性、非竞争性。

区域公用品牌的非排他性，表现为区域公用品牌在一定的区域范围内可以被众多的生产经营主体同时使用，任何使用者都不能阻止他人使用该品牌。所

---

①③　江洪：《农产品品牌建设中农业合作组织的角色分析》，《农业经济》2016年第2期，第136-137页。

②　娄峰：《农民专业合作社产品品牌建设及其影响因素分析》，《经济问题》2013年第3期，第107-113页。

谓非竞争性，是指对于某个给定的区域公用品牌，额外增加该品牌使用者，而不会引起该区域公用品牌及社会成本的任何增加。

而作为农产品生产经营主体创建的自有品牌，则具有私人物品性质，构成了其排他性和竞争性。

三是具有正外部性。所谓外部性，就是一个人或组织的行为，在给自己带来利益的同时，也给其他人或组织带来了利得，同时不因这种利得而要给对方付报酬。外部性具有正外部性和负外部性之分。一个优质的农产品区域公用品牌具有正外部性，并能形成区域公用品牌的"晕轮效应"，即只要区域公用品牌具有较高的知名度和美誉度，所有区域内生产经营者的自有品牌就会在无形中产生一个美丽的光环，从而被消费者迅速接受和喜爱。区域公用品牌有助于区域内所有自有品牌的成长和成功。反之，一个糟糕的区域公用品牌会对整个区域的产品产生负外部性，使整个区域的自有品牌受到连累和不利影响。

四是具有抽象性与具体性。农产品区域公用品牌建立后，整个区域的农产品将作为营销的核心，其目的是提升整体的形象。由于具有区域性特点，缺乏具体区位指认，因此从这个角度说农产品区域公用品牌具有抽象性。但农产品区域公用品牌又仅限于某种或某类产品，有专属的名称，从这个角度说，它又是具体的，或者说它是具体性的区域品牌。①

（三）农产品区域公用品牌建设的价值和意义

农产品区域公用品牌的创建具有重要的价值和意义。其一，创建农产品区域公用品牌是推动区域经济发展的重要措施，与农产品自有品牌的打造相比，能够集中区域内更多资源和力量，在广告、促销、研发等多方面获得规模效应，有更高的价值和更高的成功率。

其二，创建农产品区域公用品牌，可以实现品牌资源的整合，在产生更强烈的品牌效应的同时，还可以带来一定的连带效应。区域品牌经常被称为一个区域的"金字招牌"，随着区域知名度和美誉度的提升，区域吸引投资、人才和扩展市场的能力增强，使大量相关企业和组织在该区域空间内汇集，形成具有相当规模和较强的生产能力和水平的优势区域，最终形成资源共享、市场共享并具有较高市场占有率和影响力的产业集群。

其三，创建农产品区域公用品牌是我国实施农业品牌战略的重要内容，是提高区域农业现代化水平的重要措施，是实现农业全产业链发展的必经之路，是提升农产品国际、国内竞争力的必然之举，也是实现我国乡村振兴的有效手

---

① 洪文生：《区域品牌建设的途径》，《发展研究》2005年第3期，第34－36页。

段。从长远来看，必将对我国农业永续、健康、高质量绿色发展产生深远影响。

创建农产品区域公用品牌成功的例子很多，如美国的艾达华土豆、新西兰牛奶、中国台湾地区的台湾好米等。

二、农产品区域公用品牌创建、管理及经营主体的确定

（一）确定品牌创建主体

农产品区域公用品牌建设和自有品牌的打造一样，也需要有明确的主体。但区域公用品牌的创建要比自有品牌的打造复杂得多。它涉及多方面主体，包括政府、企业、科研机构、合作组织、农户等，其中政府是最关键、最主要的创建主体。确定区域公用品牌创建主体实际就是明确政府在区域公用品牌创建中的主体责任，使政府承担并发挥主导、组织、策划作用。

首先，农产品区域公用品牌的公共物品性质决定了其创建主体是区域基层政府。农产品区域公用品牌具有公共物品性质，区域内的所有农产品生产经营者都可以无偿使用该品牌。这种情况下不可能完全依靠市场机制去创建区域公用品牌，政府是公共产品的主要提供者，有责任和义务承担起区域内公用品牌创建任务。

其次，品牌创建涉及主体和内容的多元性，需要政府组织协调。"区域公用品牌"是某个地域的农产品生产经营主体自有品牌集体行为的综合体现，是群体内众多组织通过共同努力树立的"群体品牌"。区域品牌实际就是"区域产业集群品牌"，共享区域品牌的众多产业组织高度集中在同一区域内，形成了在同一区域生产某类或某一产品及配套服务的格局。产业集群是现代经济布局的一种重要形式，是提升区域经济竞争力的重要手段。产业集群不仅是经济空间结构的演变形态，也是提升产业结构的重要组织特征，是产业组织以区域聚集取代本身组织规模，从而达到规模效应的一种重要区域发展方式。[①] 从表面看是围绕农产品创建品牌，实际形成了产业聚集，产生了产业集群。这种情况不是任何一个机构和组织能够组织和协调的。

最后，从区域公用品牌的创建所具有的重要社会作用看，必须由政府来承担。区域品牌的优势在于群体性、规模性、综合性、共享性，在一个区域品牌范围内的各类主体，从政府到企业、农产品生产者再到产业链，都能受惠于该品牌带来的效益。农产品区域公用品牌的创建和经营在很大程度上是一项社会事业，随着各种资源要素的集聚，产业集群不断壮大，有效带动上、下游产业

---

① 吴菊安：《产业集群与农产品区域品牌建设》，《农村经济》2009 年第 5 期，第 39 - 41 页。

及横向关联产业的发展，从而使整个区域经济充满活力。政府应该把区域公用品牌建设作为当地重要的公共社会工程来抓，安排专门的部门进行管理并投入资金扶持品牌建设，及时解决品牌建设中出现的问题。

一是将品牌培育作为产业发展的重点。农产品区域公用品牌不是偶然产生的，其形成既受自然因素和历史文化因素的影响，又是人为长期培育的结果。在一个行政区域范围内，只有那些具有相当规模和较强生产能力、较高市场占有率和影响力的产业或产品才可能形成区域公用品牌。

二要优化培育重点。品牌创建是一个不断做出选择的过程。每一个地区在确定某一产业或产品作为品牌创建对象之前，都会存在几个具有相对优势的品种或类型。比如山东寿光，在20世纪90年代，存在齐头并进的六大产业，包括畜牧、水产、蔬菜、粮食、盐业、水果，但寿光人根据地区的特点和优势及产业发展趋势，最终选择蔬菜作为主导产业并大获成功。农产品区域公用品牌的培育优化选择过程，要立足当前放眼长远，既要看到当前优势，又要看到未来的发展趋势。特定的地域品牌总是和一定的经济文化特色联系在一起，是某地域的相关集体行为的综合体现，地域品牌一方面是一种经济文化现象，另一方面是该地域的信息载体。一方水土养一方人，每个地区都有自己的特点，区域公用品牌定位的核心是特色价值，而非一般价值。每个区域所具有的独特资源条件、历史传承和人文精神以及普遍沿袭的行为习惯和文化观念，正是各地创建区域公用品牌的基础和条件。

三要制定品牌培育创建长期规划。一个品牌要想培育成功是非常缓慢的，需要几代人的努力才能实现，这就需要政府制定长期规划，一届接着一届干。如果条件具备，可通过当地人大以地方法规（规定）的方式确定下来，各届政府按照统一思路推进，区域品牌建设方会取得成效。

（二）确定品牌管理主体

从国际国内的经验看，区域品牌的管理主要有三种形式。第一种由政府直接（设立专门机构）管理。如新西兰为了在世界市场竞争中找出自己独特的根基，新西兰政府采取了独特的方式，只要经过评估合格的新西兰产品和服务都可以冠以"新西兰"名称方式，以展现产品的特色。我国也有地方政府会设立专门机构负责品牌管理。第二种是政府委托第三方管理。第三种是直接由行业协会负责管理。比如日本农协作为农产品区域品牌建设的重要主体，承担着对品牌进行全国推广和运营的重要工作，同时农协还是农产品区域品牌的拥有者，负责对农产品区域品牌的使用和日常管理。在日本，农产品的地理来源是一个被高度关注的问题，日本消费者对农产品的原产地都十分关注。尽管日本对进口食品依赖性很强，但进口食品并没有对本国生产的农产品造成过多的冲击，在零售价远高于进口农产品情况下，本国产品还是日本消费者的首选，这些与日本农协严格的区域品牌管理是分不开的。①

就我国当前农产品区域公用品牌的现状来看，应该发挥政府和农民合作组织的共同作用。当前我国的农民合作组织的组织能力和管理水平十分有限，在一定时期内还无法承担起像日本农协那样的管理任务，还需要政府设立专门的机构，协助农民合作组织对农产品区域公用品牌进行管理。

区域公用品牌具有公共属性，属俱乐部产品性质。俱乐部的特点是由一定数量的成员组成，其成员必须具备某种资格，且遵守共同规则。对俱乐部成员而言，俱乐部产品具有消费上的非排他性和非竞争性特点。区域公用品牌的俱乐部产品性质，导致具体成员"所有权缺失"现象，这就容易造成"搭便车"问题。区域公用品牌的"搭便车"问题，就是人们可以自由地享受公共物品带来的好处，而不需要支付任何费用。在区域公用品牌经营中，需要从维护区域公用品牌的角度，加强对品牌名义产品及经营者的管理，规范品牌经营行为，保护品牌形象，以维护品牌所有者的利益。

（三）确定品牌经营主体

农产品区域公用品牌经营主体，就是符合区域公用品牌要求的农产品经营者。主要由三个方面组织或个人组成，包括作为农产品生产经营主体的农户和生产企业、作为农产品经营者的合作组织和其他企业组织或个人。

日本农协经营农产品区域品牌，其兼具合作社与协会性质。而我国农民合作组织和协会是两类不同的组织，从农产品区域公用品牌经营来看，农民合作组织更符合品牌经营需要，在这个基础上成立的联合会组织更有利于农产品区域公用品牌管理。

需要指出的是，健康有活力的经营主体群体是搞好区域公用品牌的基础和关键。在一个区域内，只有在把一个个自有单体品牌建设好的情况下，才可能创建成区域公用品牌，进一步说，就是只有把农民合作社建设好，才能创建出好的自有品牌，进而才有可能创建出区域公用品牌，否则，即使一个地方的农产品有再大的体量和规模，区域公用品牌也会无法产生。

有学者研究得出结论，任何一个企业或者组织要想推动品牌创建，均需具备一个完整、健康的组织主体，如在农产品品牌创建中，联合社"成立年限越长、社成员数量越多越有利于品牌创建"②。

---

① 姚春玲：《日本的农产品区域品牌建设》，《中华商标》2014 年第 4 期，第 57 - 59 页。
② 丁卓智、李子涵等：《农民合作社联合社品牌创建的影响因素研究——基于权变理论的视角》，《农业现代化研究》2021 年第 1 期，第 1 - 11 页。

三、品牌营销活动的开展

农产品区域公用品牌和自有品牌一样，品牌营销是品牌取得成功的最关键。农产品区域公用品牌的营销活动大致有以下具体内容。

（一）申请商标注册及品牌设计

与自有商标不同的是，区域公用品牌是集体商标而非个体商标的注册，申请人也不是一个单独的组织或个人。

需要明确，农产品区域公用品牌的注册商标和农产品地理标志不是一个概念。农产品地理标志是指标示农产品来源于特定地域，并以地域名称冠名的特有农产品标志。该标志具有严格的区域性限定，但其区域不一定和行政区域相一致。

（二）建立识别标准规则

区域公用品牌除了拥有一般品牌的特点，还有更鲜明的区域特色和突出的个性，代表着特定的商品属性，体现了某种价值感和文化。对农产品来讲，区域品牌蕴含了地理特征、资源优势和悠久的人文历史渊源内涵，如果脱离了特定区域，这些产品的市场认知度就会大打折扣甚至被认为是假冒伪劣产品。[①]

要建立严格的区域公用品牌经营者市场准入制度，制定严格的质量标准要求和识别标准规则。品牌标志使用申请者的产品只有经过质量认证，达到行业标准后，申请者才被允许使用区域品牌。要做好对内和对外两方面的严格把关，在对内严把质量关的同时，对外要严把主体资格关。区域公用品牌的公共属性是相对的，对内部成员的经济主体共享，但对外来说，它有一定的"私有性质"，是属于区域内集群主体的私有产权，这就需要依据标准规则对不应给予授权经营的主体做出判定并采取限制措施。

（三）组织农产品销售

组织品牌农产品销售是区域公用品牌创建的最重要环节，也是区域公用品牌创建成败的关键和成效的体现。从一个区域公用品牌的角度看，其运营不同于一般的产品。首先，具有行使品牌授予权的组织，对符合条件的经营主体授予品牌产品经营使用权，允许其开展经营活动。其次，区域公用品牌在创建过程中一般要建立产品生产、分级、包装等一系列相关标准与要求，可以通过设计统一的包装进行销售，这样更有利于扩大区域公用品牌的影响，有利于消费者快速识别和加深印象，增强记忆。最后，增加销售方式和渠道，采取线上线下并行、增加直销网点、团购推广等销售措施。

---

① 曹垣：《创建区域品牌，提升农产品竞争力》，《农业现代化研究》2007 年第 1 期，第 69 - 71、92 页。

（四）开展多种形式的品牌宣传

相对于自有单体品牌，区域公用品牌的宣传方式更多，力量更大，效果更明显。地域品牌比单个品牌更容易传播、影响力更大。可以通过挖掘区域特有的、真实感人的历史和文化故事，给区域品牌增添内涵。也可以通过地方政府举一地之力，集中和动员区域内相关力量，举办产品推介会、产品博览会，以展会形式作为平台开展交流展示活动。展会是制造品牌轰动效应的好方式，能够聚集大量高层次、同行业的人流，在短时期内，形成信息的聚集、轰动和媒体占有率。如各地举办的博览会、推介会等都能对当地区域品牌的推广产生积极的影响。也可以利用政府比自有单体品牌所有者更雄厚的经济实力在更高层次的大众媒体上进行宣传。

宣传区域信仰或信念是构建区域品牌的重要手段，也是一种更高层次的宣传。民族有民族的信仰，区域也有区域的信仰。把区域品牌创建提升到一个区域信仰的角度去认识和宣传，同时把构建一个能被消费者所接受的区域信仰作为区域品牌建设的最高目标，区域公用品牌建设既会凝聚起内部力量也会得到消费者的认可，最终取得成功。

四、区域公用品牌对自有品牌建设的促进作用

（一）区域公用品牌的设计提升自有品牌的视觉形象

无论是区域品牌还是自有品牌，其建立都需要一套完整的视觉识别体系，但由于自有品牌受创建主体资金、理念等因素影响，多数设计水平不高。而区域公用品牌作为一个区域水平的体现，一般设计水平要高于自有品牌。自有品牌主体在获得区域公用品牌使用许可后，可以直接使用区域公用品牌的商标、形象等元素，或者直接使用其统一的包装，使自己的产品更好地迅速融入区域品牌体系中，从而减少了自己推销的难度。当然自有品牌主体也可以在包装上加上自己的标识，以体现与其他主体及产品的区别，顺势打出自身知名度，提高影响力。

（二）区域公用品牌因素的挖掘提升自有品牌的内涵

区域公用品牌通过专业团队对区域品牌的主要形成要素如历史地位、人文文化、风土人情、地理特征、产业优势、发展前景等进行挖掘和提炼，以体现品牌的差异性和内涵。自有品牌的主体利用区域品牌的价值基础、品牌口号与市场定位等，可以增加自身内涵，从而减少自有品牌主体在品牌建设过程中的盲目性，提高品牌创建效率。同时借助于区域公用品牌的传播渠道减少开拓新销售区域的成本。

（三）区域公用品牌建设降低自有品牌之间的无序竞争

区域公用品牌创建之前，自有品牌主体必然尽其所能突出自己的品牌影响

力，而一个地区的农产品往往具有很大的同质性，品牌核心的差异性很难突显出来。同时，对消费者来说，品牌多了反而不容易留下印象；对一个地区来说，品牌多了就等于对品牌影响力的自我稀释。区域公用品牌的创建使区域内所有自有品牌置于区域公用品牌之下，形成母子品牌关系，这样既减少了自有品牌主体之间的无序竞争，提高了协作合力，也降低了自有品牌创建的成本，提高了综合品牌效应。

区域公用品牌是区域内所有单个品牌的集合，二者是一种相互关系。单个品牌可以更多地利用区域公用品牌相关信息为其背书，而作为共同拥有资源或是财富的区域公用品牌，也需要不断提升其中每个单体品牌的品质，以此来提升充实区域公用品牌。在某种程度上讲，区域公用品牌也是一把双刃剑，维护得好，大家共同受益；倘若其中的某个品牌产品出现重大问题，也会影响到作为整体的区域公用品牌的信誉，并会对区域公用品牌内的所有单个品牌造成破坏性极大的负面影响。① 注重加强自有品牌建设，保持其自身的独立性与差异性，有利于防止区域公用品牌可能带来的不利影响。

---

① 陈方方、丛凤侠：《地域品牌与区域经济发展研究》，《山东社会科学》2005 年第 3 期，第 124 - 126 页。

第三章

农产品多层次市场建设

市场经济，顾名思义，发展经济得有市场。市场经济是由市场机制发挥资源配置功能的经济；没有市场，经济发展就缺乏手段和条件。

市场的起源很早，可以说自人类从事农耕开始定居下来，就存在余缺调剂进行物品交换活动了，发生这些交换活动相对固定的场所被称为市场。

我国最早反映市场起源状况的历史资料见诸《周易·系辞》，其中写道："神农日中为市，致天下之民，聚天下之货，交易而退，各得其所。"说明市场从神农氏时代就开始出现，尽管神农氏是传说中的上古帝王，但可以肯定地说，市场产生很早。

在古代，市场被称为"市井"，这一词一直沿用至今。意思是交易在井边进行，再进一步引申为交易场所旁边都有井。《史记·正义》就写道："古者相聚汲水，有物便卖，因成市，故曰'市井'。"古代，方便买卖东西的人和牲畜用水也是一个很重要的条件。随着交易规模的扩大，其内涵也逐步从"市"向"场"发展。

市场最早是物物交换，由于双方所交换货物的不等值，带来了很多不便。于是人们想出了通过中介物进行交换的办法。起初用贝壳等相对稀有的东西作为中介物，后来人们发现了更为稀有和更有利于储存和携带的金银及铜等金属，将其作为中介物。北宋时期，我国出现了以政府信用做保证的一种叫"交子"的法定货币，这也是世界上最早使用的纸币，以至于元代时意大利旅行家马可·波罗（Marco Polo）来到中国后，发现中国使用的纸币，大为惊讶，将此记录在了其在1298年撰写的《马可·波罗游记》中，介绍给了欧洲人，到几个世纪之后的17世纪中期，瑞典才开始发行并使用纸币。这说明了当时中国市场在世界上的发展程度，以及中国政府在社会民众中的信用度。

市场是随着私有制的产生而产生的，当劳动成果有了剩余，人们便用此来交换自己所缺少的东西。但市场真正的发展是商品经济条件下社会分工和商品交换的结果。市场与商品经济有着不可分割的内在联系，市场是以商品交换为基本内容的经济联系方式。社会分工和商品生产为交换的产生和存在提供了前提，也为市场的产生提供了条件。由于社会分工，不同的生产者分别从事不同产品的生产，并为满足自身及他人的需要而交换各自的产品，从而使自己的劳动产品转化为商品，使产品生产也转化为商品生产。正是在这一条件下，以满足不同生产者需要的商品交换促进了市场的发展。

随着经济的发展，市场的形态也在不断向更高层次发展演变，产生了一些新的市场类型：由最初的提供商品交换的现货交易市场，发展出以资产凭据为交易对象的股票市场和期货市场，再进一步发展出取代真实场所和地点的以虚拟网络为平台的虚拟市场等。

我国自实行改革开放起，逐步从计划经济体制转向了市场经济，改革首先从农业开始，市场的作用首先从农产品的销售中体现出来，市场成为连接农产品生产环节与消费环节的重要纽带，农业的发展对市场的依赖程度也日益提高，市场成为促进农业和区域经济发展的重要手段和方式。国内外的市场发展经验表明，现代农业越发展，对市场发展水平的要求越高，依赖程度越高。并且，市场层级体系的建立和完善程度成为农业现代化发展水平的重要标志。

农产品市场作为一种独立于其他工业产品和消费品的商品市场类型，又有其自身的特点，因此建立起不同层级的适应不同农产品生产经营者销售需求的市场体系是实现农业现代化过程中的一项十分重要的任务。

第一节　初级农产品市场建设

初级农产品市场是现货市场，是农民直接销售其生产的农产品的交易场所。建设初级农产品市场能够促进农业产品的顺利销售，并进一步带来专业化分工的深化，从而实现生产效率提高和生产规模扩大，提升经济效益。但初级农产品市场建设有其区别于其他市场类型的自身规律性。

一、市场位置

市场营销学上有一个市场构成要素的等式，即市场＝人口＋购买力＋购买欲望。被誉为营销学大师的美国密西根大学教授杰罗姆·麦卡锡（Jerome Mc-Carthy）在其1960年出版的《基础营销学》中，对市场的定义是：市场是指一群具有相同需求的潜在顾客；他们愿意以某种有价值的东西来换取卖主所提供的商品或服务，这样的商品或服务是满足需求的方式。从中可以看出，市场在含义上不仅是作为交易场所的具体存在，还是一种趋向，即指产品要销售的对象，也就是某种产品的现实购买者和潜在购买者需求的总和。在营销学的范畴里，"市场"往往等同于"需求"，并且这两个概念经常被交替使用。这里的市场是一个广义的市场概念。

按照上述营销学市场的定义，市场等同于需求，那必然是需求在哪里市场就在哪里。市场应该建在方便消费者、靠近消费者的地方。古人也很懂得这个道理，《齐民要术·杂说》中写道："如去城郭近，务须多种瓜、菜、茄子等，且得供家，有余出卖。"也说明这些人们经常消费而且不容易长期保存和长距离运输的农产品要尽量靠近消费人群生活的地方生产和销售。消费市场建在离消费群体近的地方是市场建设的基本规律。

但是，农产品市场还有其不同于其他产品市场的特点。其一，农产品生产受地域环境影响非常大，什么地方适合什么农产品生长是确定的，如热带水果不适合在寒带生产，即使采用一些农业设施创造了适应热带作物生长的条件，但受环境所限生产数量不会很大，且往往成本较高，缺乏自然环境条件下生产的农产品所具有的价格及品质等方面的市场竞争优势。其二，农产品具有鲜活易腐特点，不容易在较长时间内储存，需及时销售，这就决定了农产品最适合的销售地点应设在生产区域，而这一特点，与靠近消费群体原则相矛盾。现代交通条件的改善解决了这一矛盾，使农产品迅速从产地运往销地，这也是过去大量存在于城市郊区的菜田消失的重要原因。农产品的这些特点决定了农产品不仅需要靠近消费者终端建立消费市场，还需要靠近农产品生产者比较集中的区域建立产地交易市场。

产地农产品市场建立的前提是农产品要有一定的生产规模，生产规模越大市场就越大；销地农产品市场靠近消费人群，市场的大小取决于"人口＋购买力＋购买欲望"。

产地农产品市场的重要作用是有目共睹的，如果没有农产品产地销售市场，对一个区域的农产品生产来说是无法想象的。也正因如此，人们在农产品生产和市场建设认识上产生了偏差：是生产决定市场还是市场决定生产，二者容易发生颠倒。

如果这个关系搞不清楚，就容易在实践上出现决策的失误。要知道，市场是为农产品生产开展销售服务的条件，是农产品销售的渠道手段。一个区域生产什么农产品是由自然条件和人们长期受这一自然环境影响形成的爱好和习惯决定的，不是能轻易改变的。也就是说，自然条件决定农产品生产，农产品生产决定市场建设。反之，是不成立的。如果仅看到市场的作用就认为市场决定生产，这是认识上的误区。农民的生产才是最关键的，没有农民的生产不会凭空产生什么农产品市场。从属性讲，它是为农民生产服务的，农民可以根据市场需要进行生产，但绝不是作为场所的交易市场决定农民生产，或比农民生产更重要。作为初级农产品产地市场建设来说，其作用就是要适应和服务于农民生产的发展和需要。

二、市场投资主体

初级农产品市场建设应该由谁来进行投资，不外乎政府、合作组织和企业。所谓初级农产品市场，是指具有一定规模的服务范围相对较大的农产品交易场所。在此不是指规模较小的村头地边市场，这些小市场多数是个体经营或以合作社名义开办。

（一）政府投资

农产品市场是农民销售农产品的场所。农产品所具有的公共产品属性，决定了作为其销售场所的农产品市场也具有公共服务性质。因此，世界上的多数国家都采取政府投资建设市场的做法。

比如日本，由于日本农业个体生产经营规模小，集约化程度不高，为有效解决小生产与大市场之间的矛盾，日本政府历来非常重视发挥产品流通主渠道作用的批发市场建设。日本将农产品批发市场视为完善市场体系的基础设施，将中央批发市场作为地方政府的公益性事业来建设。日本共有 87 个由中央财政和地方财政投资的中央批发市场，1 513 个多元化投资的地方批发市场，批发市场交易方法以拍卖为主。[①] 并且日本的农产品批发市场建设是由政府通过立法推动的，在 1923 年就颁布了《中央批发市场法》，1971 年将其修订为《批发市场法》，从市场的设立、运营到拍卖、销售，以及有关市场结构和机能等都做了严格的规定，之后每五年修订一次，足见日本政府对农产品批发市场建设的重视。

再如美国，政府大力支持农产品批发市场的建设。不论是马里兰食品中心，还是纽约 Huntspoint 批发市场，这些有影响力的大批发市场，其土地和设施都是由政府投资购买和建设的。[②] 正像有学者说的那样，在美国，建设批发巿场就像建设自来水厂一样，批发市场成了一种城市的公益设施。

在法国，批发市场同样被作为一项公益性事业来做。

（二）合作组织投资

在重视农产品批发市场建设的同时，由于国外农业合作程度非常高，中小

---

① 俞菊生、王勇：《构建世界级城市上海的农产品市场体系》，《上海农业学报》2004 年第 3 期，第 1－6 页。

② 郑里：《美国农产品批发市场概况及对我国的启示》，《中国市场》2007 年第 25 期，第 66－67 页。

规模的农产品市场主要由合作组织建设。

有些国家的大型批发市场也存在合作组织所有的现象，如荷兰的阿尔斯梅尔花卉拍卖市场就是由花卉、苗木种植者组成的联合组织，会员包括来自全国各地的约 5 000 个花卉、苗木生产者。这些种植者对拍卖市场有共同的所有权。

(三) 企业投资

企业投资市场建设是我国的一大特点，特别是一些大型批发市场，包括产地市场及销地市场，当然还包括一些中等市场，这些市场的投资主体是企业。这些市场的发展与各级政府的扶持是分不开的，我国自 20 世纪 90 年代推行的"贸工农一体化、产供销一条龙"的产业化政策，使各级政府把支持市场建设作为带动农业产业发展的重要手段和措施，从而促进了农产品市场的快速发展。

我国的一些中小型农产品市场投资建设的主要承担者主要是个人，如一些合作社的交易场所以及村头地边收购点，主要由一些经纪人投资和所有。

三、市场经营管理

所有权决定经营管理权。由于各国农产品批发市场存在不同的投资建设主体，所以农产品批发市场的经营管理也存在不同的形式。

比如日本，农产品批发市场的经营管理主要控制在日本农协手中，并且也是日本鲜活农产品流通的主要渠道。果蔬类鲜活农产品经由批发市场的比率高达 80% 以上。[①] 20 世纪 80 年代后，由于大型超市、生鲜食品集配中心、早市等参与农产品的流通，批发市场的经由率也有下降趋势。农协在农产品流通领域中发挥的重要作用，主要通过市场的管理经营体现出来。日本农协建立了一批分类、包装、运输中心和地方农产品批发中心及地方农产品批发市场、超级市场等，从而可充分利用自己的组织系统，为农民销售农产品提供更多便利。日本本土生产的绝大部分农产品从生产领域进入消费领域的过程就是通过批发市场完成的。由生产者（或农协、贩运商等）把农产品运到批发市场，经由一定的交易方式，将农产品出售给零售商，零售商再将农产品分散到销售网点出售给消费者。批发市场内允许存在的交易方式有协商买卖、拍卖，还有信托方式等，日本禁止在批发市场内开展零售行为。[②]

---

① 俞菊生、王勇：《构建世界级城市上海的农产品市场体系》，《上海农业学报》2004 年第 3 期，第 1 - 6 页。

② 刘志雄：《日本农产品市场发育及其给中国的启示》，《新疆农垦经济》2006 年第 11 期，第 58 - 62 页。

再如美国，政府虽然投资建设了农产品批发市场，但并不直接参与批发市场的管理，批发市场一般由一个独立的公司管理。批发市场内的批发商需要根据自己的营业情况向政府纳税。[①]

我国的农产品市场经营管理主要是企业运作形式。

客观来说，农产品市场的经营管理由农民组织来承担最为合适，因为销售农产品的主要是农民。农民为改变自己的弱势地位，提高市场谈判能力，对抗资本的盘剥而成立组织。因此，日本农协、荷兰花卉市场采取了直接由农民组织经营管理农产品批发市场的办法。美国虽然采取了独立公司管理的形式，但美国的这些参与市场经营的独立公司到底所有权是属于谁，才是问题的根本。像荷兰的阿尔斯梅尔花卉拍卖市场尽管属于生产者成员所有，但其经营管理却以公司形式进行，其本身就是1968年由两家拍卖公司合并组建而成的。[②] 美国的这些经营批发市场的独立公司也不会是完全的资本投资形式，采取公司运作应该只是农民组织管理市场的一种方式而已。

市场的功能是多方面的，初级农产品市场不仅具有农产品销售的交易功能，还有把交易活动中产生的经济信息进行传递，并对信息交换当事人予以反馈的功能。农产品交易双方在市场上进行交易活动的同时，不断输入着有关生产、消费等方面的信息，这些信息经过市场转换，又以新的形式反馈输出。市场信息的内容和形式多种多样，体现着市场的供求趋势，最终反映着社会资源在各部门的配置比例。这些信息的有效传递与反馈需要畅通的渠道。如果市场是由单纯的公司性质的企业去运作，其结果，一来这些信息被阻断，二来企业只是从本身需要的角度出发，去重点收集对自己经营有用的部分信息，至于农民需要什么信息，企业既无从知道也不会去关心。

只有充分地利用好这些市场信息，才能为农民提供更多更好的服务，才能使农民做出更有利于农产品生产的安排。日本农协将农产品批发市场的经营管理权掌握在自己手中，有其合理性。

农民组织举办的企业对市场开展经营管理就不影响这些信息的获得，因为本质上企业属于农民组织，是农民组织的一种服务形式。从长远来看，还得由农民组织直接参与市场经营管理活动，这样不仅可以从中获得经营收益，还全面掌握了信息，有利于农业发展和农民增收，有利于国家通过市场对社会资源进行调控。不过，前提是要实现真正的农民合作，如果仅在形式上合作，是无

---

① 郑里：《美国农产品批发市场概况及对我国的启示》，《中国市场》2007年第25期，第66-67页。

② 王金昌：《世界最大的花卉拍卖市场——荷兰阿尔斯梅尔花卉拍卖市场介绍》，《农村研究》1998年第2期，第56-58页。

法担负这一重任的。

我国农产品市场的公司化经营是有其原因的。20世纪90年代，我国提出了产业化理论，支持龙头企业发展。在当时缺乏农民组织、政府又积极推行市场化改革的情况下，各级政府如果直接投资市场建设会与其倡导的市场化改革道路不符。加之，在我国对外开放初期，国际市场环境已发生深刻变化，我国急需建设与国外农产品需求水平相适应的出口加工企业，所以，我国提出扶持龙头企业发展也是当时的现实选择。不过，农产品市场的公益性质终究需要政府作为投资者参与，同时，农民组织逐渐参与到农产品市场的经营管理中也是现代市场体系建设和市场功能发挥的内在要求。

从当前我国农民组织的现状看，还难以承担起经营管理市场的任务，制约着初级农产品市场服务农民作用的发挥，因此，农民合作组织建设是使初级农产品市场发挥更大服务作用和功能的前提。

第二节　农产品期货市场建设

随着商品经济的发展，在现货市场的基础上又产生出一种新的市场类型——期货市场。现货市场、期货市场都是现代市场经济体系的重要组成部分。农产品期货市场的发展程度已成为农业现代化水平的重要标志。

一、农产品期货市场的含义及发展演变

期货市场，从狭义上理解是指期货交易所；从广义上理解，就是形成期货市场功能的组织机构，包括期货交易所、结算所和结算公司、经纪公司和期货交易员。期货交易所是买卖期货合约（合同）的场所，是期货市场的核心。

随着农业生产力水平的提高和商品经济的发展，市场供求变化状况更为复杂，仅通过单纯的农产品现货交易来实现供需双方利益已经不能体现不断发展的商品经济的需求，于是产生了反映市场供求预期变化的远期合约形式——期货交易。而仅通过反映市场供求预期变化的一次性远期合约交易价格，不能够连续反映潜在供求状况变化的全过程的价格，无法实现及时根据价格变化进行再交易，为适应这种不断交易的需求，便产生了提供交易服务的专门固定场所——期货交易所。

期货市场最早萌芽于17世纪中叶的日本，产生于日本大阪的大米市场。德川幕府时期，日本就存在运用存货证明进行期货交易的米商。[1] 1867年日本明治维新

---

① 艾成龙：《浅析日本期货市场的历史发展及特点》，《现代日本经济》1994年第3期，第25－28页。

后，政府开始开办大米交易所，1893 年颁布《交易所法》，在其后的上百年内，日本期货交易所并未受到战争的影响，且持续发展。① 日本的期货市场后曾被一些国家仿效。如今日本期货市场出现衰退现象，成交量和投资者数量明显下降，这应该与 2004 年新修订出台的《商品交易所法》有关，其规范和要求的严格程度超出了市场承受力。

真正具有现代意义的农产品期货市场以 1848 年诞生于美国芝加哥的期货交易所为标志。19 世纪美国西部大开发后，农业迅速发展，农产品供给量增加，现货市场贸易繁荣，芝加哥凭借地理区位优势成为当时重要的粮食贸易集散地和加工中心。谷物经销商是农场主与贸易商和加工商之间的桥梁，其在谷物的收购、仓储和销售过程中，承担着巨大的价格波动风险，为规避价格波动，谷物经销商选择以远期合约形式与贸易商和加工商合作。现货远期交易成为普遍流行的交易方式②，农产品期货市场就此诞生，之后逐步完善了各种内部制度，如成立结算所等，期货市场结构走向健全。

目前美国共有芝加哥期货交易所、中美洲商品交易所等六家农产品期货交易所，上市交易 27 种农产品期货合约和 23 种期权合约，成为农产品期货交易品种最多的国家。③ 美国作为世界上最重要的农产品出口国及现代农产品期货的发源地，通过期货市场确立了其世界农产品定价中心的地位。不仅是国际粮食的定价中心，也主导了肉类、软商品等贸易活跃农产品的国际定价权。④

尽管期货市场的历史是从农产品开始的，但后来增加了铜铝等金属及能源等大宗初级产品。20 世纪 70 年代之前，期货市场交易品种主要是商品期货，之后衍生出以利率、股票和股票指数、外汇等金融产品为代表的期货市场和期货交易品种。此外，美国还开发出了超过期货品种数量的衍生品合约。

我国的期货市场起步较晚，于 20 世纪 90 年代初建立。1990 年 10 月 12 日，中国郑州粮食批发市场经国务院批准成立，该市场以现货交易为基础，引入期货交易机制，1993 年推出标准化农产品期货合约，标志着我国农产品期货试点正式起步。之后陆续有多家期货市场开业。

2000 年之前，由于缺少有效监管经验和监管法律依据，我国期货市场的

① 孙炜琳、王瑞波、薛桂霞：《日本发展政策性农业保险的做法及对我国的借鉴》，《农业经济问题》2007 年第 11 期，第 104 - 109 页。

② 王燕青、武拉平：《国外农产品期货市场发展及在农业发展中的应用》，《世界农业》2017 年第 5 期，第 4 - 12 页。

③ 程扬勇：《美国农产品期货市场的现状、运行效果及其启示》，《甘肃农业》2005 年第 8 期，第 79 - 80 页。

④ 郭晨光、熊学萍：《充分发挥期货市场对农业农村现代化的服务功能》，《农业经济问题》2021 年第 3 期，第 75 - 86 页。

不规范行为和风险事件频发，严重影响了期货市场运行秩序，在历经了两次清理整顿后，我国期货市场的发展正式迈入新的阶段。特别是 1999 年 6 月国务院颁布了《期货交易管理暂行条例》，为期货市场发展提供了根本法律依据，标志着我国期货市场正式步入规范发展期。其间，经整顿仅保留了三家农产品期货交易所（郑州商品交易所、大连商品交易所、上海期货交易所）和九个农产品期货上市品种。2004 年，棉花期货品种上市，之后随着豆粕、大豆、强麦和白糖等品种的重新上市，我国农产品期货再次焕发新的活力。2017 年，随着苹果、红枣等特色农产品期货上市，农产品期货市场发展迈入新时代，体现出了期货市场开始服务于国家战略的主动性和自觉性。[①] 截至 2021 年 4 月 30 日，我国上市农产品期货品种达 27 个，实现了对粮食、饲料、油料、禽蛋、纺织、糖料、林木、果蔬等多个农产品细分领域的覆盖。

二、农产品期货市场的主要功能及作用

（一）农产品期货市场的功能

农产品期货市场具有多方面的功能，主要是价格发现、转移农业风险和资源配置等功能。

第一，价格发现功能。期货交易是一种购买未来商品的交易机制，未来价格的确定是在期货市场中通过各经营主体包括生产者、经营者和投机者对未来商品价格的不同预期和公平竞争而综合形成的期价，这个期价受供求、政策、自然、心理等多种因素影响。在这个期价形成过程中，人们对影响未来价格变化的供求、政策、气候和心理等因素特别关注，并且交易者越多，市场所了解的影响未来价格变化的信息就越多，据此形成的期货价格就越逼近未来的实际价格，这就是期货市场价格发现功能的内在规律。

第二，转移农业风险功能。农产品生产经营者可以通过期货交易中的套期保值功能规避风险，使农业风险转移出去。

套期保值是一种为避免或减少价格发生不利于己方的变动而造成损失，以期货交易临时替代实物的一种行为。其具体方式是，某一时间点，在现货市场和期货市场对同一种类的商品同时进行数量相等但方向相反的买卖活动，即在买进或卖出实货的同时，在期货市场上卖出或买进同等数量的期货。当价格变动使现货交易出现盈亏时，可由期货交易上的亏盈予以抵消或弥补。从而在"现"与"期"之间、近期和远期之间建立一种对冲机制，以使价格风险降至

---

① 郭晨光、熊学萍：《充分发挥期货市场对农业农村现代化的服务功能》，《农业经济问题》2021 年第 3 期，第 75-86 页。

最低限度。其基本原理是，由于现货和期货这两个市场受同一供求关系的影响，并且现货和期货市场的走势趋同，但由于在这两个市场上实行了相反的操作，所以盈亏整体实现平衡，由此形成了套期保值。农业生产经营者利用期货市场进行套期保值交易，实际上是一种结合现货交易操作的以规避现货交易风险为目的的风险投资行为。虽然农产品生产经营者通过套期保值手段保证了利益不受损失，但是总要有人承担其中的损失。农业是弱质产业，其生产过程容易受自然、政策、市场等因素的影响，是一种风险高、周期长、收益低的基础产业，所以，工商资本不愿意投资农业。由于农产品的风险性，加上农产品还是一个消费弹性系数比较小的商品，即消费数量相对固定，因而生产量的多与少都会导致价格的剧烈波动。农产品的这种价格的波动性反映在期货市场中，正好可以吸引众多以期获得盈利的社会资本投机者用于投机获利，并且期货具有以小博大的特点，以较少的保证金就可以进行较大额的交易，因此，深受投资者青睐。当然这些投机者在此过程中也成为客观上的价格风险的承担者，农产品期货市场的农业风险转移功能就此形成。

第三，资源配置功能。市场是社会资源的配置者，农产品期货市场同样具有资源配置功能。一是可以配置农业资源。农业生产分散，资源难以有效集中和流动，通过期货市场的价格发现功能可以实现在一个广泛区域甚至在国际市场上对农业资源的调配和优化。二是本质上，农产品期货市场属于金融市场的重要部分，具有金融资源配置功能。它可以通过套期保值保护农产品生产经营者的利益，将社会资源配置到农业。同时，农产品期货市场的对冲风险特点，能较好地提高社会和金融资本参与的积极性。农产品期货市场等于在农产品生产经营者和金融机构之间充当信用担保中介的角色，如期货市场套期保值交易的凭证可以作为还款能力的证明，成为金融机构发放贷款的重要依据。除信贷市场外，农产品期货市场还能对农业保险起到降低风险、减少损失的作用。农产品生产的特点同样使农业保险具备赔付率较高、损失定价困难等特点，大部分保险公司对农业保险有着严格的规范和限定。

（二）农产品期货市场的作用

第一，有利于农户和农产品生产企业的生产安排。期货市场交易提供了接近实际的远期价格信息，农业生产企业和农民利用期货市场的价格发现功能，可以更加清晰地认识市场行情，按照其合理而有效的价格波动来调整生产结构，调节生产经营活动，判断在什么时间、以什么价格出售；同时，也利于消费者安排自己的采购，控制成本。由于农民在未播种之前就了解未来的产品价格，改变了农民只能根据当年价格和市场状况来安排下年度生产经营活动的被动局面，变价格的滞后调节为事先调节，在很大程度上减少了生产经营者的盲目性。①

第二，有利于稳定和保障农民收入。农产品期货交易相当于先找市场后生产，可以说是一种非常先进的农产品经营手段。

期货套期保值能够保障农产品生产者的收入，虽然通过期货市场农产品的价格确定了，但由于受自然因素的影响，生产者的产量无法保证。国际上很多国家对农民开展目标收入保险，以保证农民收入的稳定。如美国就采用了收入险这一农业保险形式，以期货价格作为参考依据，确定目标收入，使农产品生产者可得到一个市场化的公平保障。

第三，有利于农产品经营加工企业的稳定发展。农产品期货市场是稳定农产品价格、规避农业风险的有效机制。期货价格是市场化价格，其公开透明的价格信息及时有效地反映着现货市场价格的变化，减少了信息不对称。期货价格领先现货价格的走势，能够提前反映出标的商品和相关产业的运行情况，为涉农主体的经营决策提供了依据。合理利用农产品期货市场发现远期价格的功能对稳定农产品的产销关系、促进供求衔接、强化涉农主体自身的风险管理都具有重要作用。首先，利用期货市场的价格发现功能来稳定农产品的供求关系和价格。期货能确定现货的价格和远期农产品的价格，供求双方都能通过期货市场来预计未来的市场需求和供给，从而稳定农产品价格，明确下一步计划，有利于形成稳定的农产品供求关系。其次，利用农产品期货市场的风险对冲进行风险管理，如今已经成为许多现货企业的共识。"以大豆产业链为例，目前国内外大型粮油企业和超过 90% 的大豆加工企业都通过大豆、豆粕和豆油期货进行风险管理，而我国已经成为全球最大的豆粕、豆油期货市场。"② "国内日压榨能力 1 000 吨以上的油脂油料企业中，超过 90% 的企业均通过期货市场进行套期保值；全国 30 强的饲料企业中超过半数参与了豆粕、玉米等农产品期货交易。"③

第四，有利于政府调控。当今世界即使像美国这样的农业最发达的国家，农业也是政府干预最多、受财政影响最大的一个产业。农业的市场化程度越高，其面临的风险就越大，就越需要政府的干预和保护，期货市场正是政府实施农业调控的一种有效金融工具。

农业生产及生产者的高度分散性、地域性和生物生长特点，决定了政府

① 徐一丁、赵昌文：《中国农产品期货市场发展评论》，《社会科学研究》1995 年第 6 期，第 43 - 48 页。

② 郭晨光、熊学萍：《充分发挥期货市场对农业农村现代化的服务功能》，《农业经济问题》2021 年第 3 期，第 75 - 86 页。

③ 郭卫东、程安、李国景：《我国农产品期货市场的发展回顾及未来展望》，《金融理论与实践》2020 年第 7 期，第 3 - 9 页。

很难对其进行直接调控和合理配置农业资源。但在农产品期货市场中，参与主体广泛而集中，且很多都是农产品生产者和经营者，政府可通过对期货市场的调控，合理引导农业生产，使之符合国家的政策意图和农业资源配置需求。

农产品期货交易机制形成的价格参数是政府有效调控市场运行的重要依据，特别是制定价格政策、信贷政策的重要参考。在特殊情况下，政府还可以直接参与期货市场，通过调节价格波动的幅度和方向来调控农业生产。在期货市场中，国家订货已成为政府监督和调节社会经济活动的重要形式。国家的参与能力和影响力远大于普通的交易者，且期货市场的参与者对影响经济的政策因素特别敏感，各项政策可以迅速传导至期货市场，影响期货价格波动的幅度和方向，使之符合国家政策指导，所以更有利于保障和调控期货市场的发展，也利于保障农产品生产者和消费者的利益，以及更好地引导农业经济发展。政府还可以将农业补贴政策与期货（期权）市场结合起来，实现财政直补向市场机制的转变。

第五，有利于农业标准化的实施。期货市场的交易是通过合约交割实现的，期货合约是通过交易达成的一项具有法律约束力的协议，期货合约的制式是期货市场的一种标准的规范性文本。事实上除了价格以外，期货合约对很多内容都有统一的规定。如商品的买卖数量、预期交货时间和地点以及产品质量等。因此，作为交易的标的物——农产品，必须具备统一的质量标准，否则合约无法达成，也就无法交易。

农产品期货市场对农产品的质量等级、规格，如果沿用传统农业生产方式下的要求，势必面临无法交易的情况。

当前我国农产品标准化水平不高，现货市场标准化质量分级的范围小覆盖面窄，农产品的"优质优价"和质量可追溯难以实现。农产品期货市场的有关制度及市场优势，可促进农产品现货产品质量标准化。

三、存在问题

农产品期货市场作为重要的金融基础设施，在我国历经了 30 多年的探索和发展，在不同程度上提高了农业发展水平、提高了农业效益和增加了农民收入，可以说从整体上对我国农业现代化建设发挥了重要的引领和促进作用。同时，由于我国的期货市场发展时间不长，还存在一些问题。

（一）农产品期货市场的功能发挥不足

主要表现在我国农产品期货市场上存在套期保值力量过低、套期保值者数量不足的问题。我国参与农产品期货交易的大多是一些购销商和粮食企业，而按照其他国家的经验及期货市场本身的发展规律，期货经营主体构成中必须具有相应比例的农户和生产企业。投机者和套期保值者对于期货市场缺一不可，并且农户和生产企业应该成为最活跃的套期保值主体。但由于我国期货市场中投机者过多，套期保值者不足，使期货市场脱离了现货基础，不能反映真实的供求状况。"期货市场主体结构、参与程度在一定程度上决定着其功能的实现，主体结构的多元化能够增强市场流动性和稳定性，促使期货市场更好地发挥其功能。"① 期货市场中农户成分的参与程度低，不仅制约了期货市场的发展，农户也无法享受由期货市场带来的利益，更无法体现国家设立农产品期货市场的价值。

（二）农产品期货上市品种少、市场活跃度不足

目前，我国已上市的农产品期货品种主要为大宗种植业品种，而畜产品、水产品等其他农业大类品种缺失明显。畜产品中仅有鸡蛋等期货上市，水产品中至今没有上市的期货品种，总体上缺少对投资者有吸引力的农产品期货品种。2010—2020 年，我国农产品期货品种的交易规模整体呈下降趋势②，且中国目前的农产品期货交易品种总共才 30 个左右，活跃的交易品种不多。这导致套期保值效果差，企业参与期货市场的积极性不高，在不利于企业有效防范价格风险的同时，也影响了期货市场价格发现功能的发挥。

同时，我国期货市场仍缺乏规避自然灾害风险的品种，而温度、降水等自然风险因素是农业生产面临的主要风险因素，天气期货等品种的缺失，意味着农民缺少规避自然风险的工具。③

（三）农产品期货国际化水平偏低

一方面，现有期货市场规则体系与国际市场差异较大，影响期货市场国际化参与水平。当前中国农产品期货交易市场的监管机制和运行机制中行政控制、干预色彩较浓，与发达国家相比，缺少市场化机制，主要是交易所缺乏自主权。④ 交易所、期货公司由中国证券监督管理委员会统一监督管理，对交易所新品种上市采取审批制，这与国际期货机构在管理机制、制度规则等方面不尽一致，在一定程度上影响了期货市场的国际化程度。另一方面，农产品期货市场参与者缺乏国际市场投资经验，在国际竞争中处于劣势。虽然 2007 年修订的《期货交易管理暂行条例》相比于 1999 年的版本有较大改进，但还是明

---

① 程扬勇：《美国农产品期货市场的现状、运行效果及其启示》，《甘肃农业》2005 年第 8 期，第 79 - 80 页。

②③ 郭卫东、程安、李国景：《我国农产品期货市场的发展回顾及未来展望》，《金融理论与实践》2020 年第 7 期，第 3 - 9 页。

④ 吴迪：《美国农产品期货市场的发展经验》，《世界农业》2016 年第 9 期，第 169 - 173、231 页。

确将期货经纪公司的期货自营业务排除在外，我国农产品期货市场的投资者结构中仍以散户和中小机构为主，缺乏较大机构投资者，交易策略相对落后，参与国际市场的经验不足。[①]

我国期货市场存在的问题，与我国期货市场的起步晚有很大关系，同时也与我国的现实国情有直接关系。一是我国"大国小农"的现实限制了农产品期货市场的有效需求。从农业的体量和规模来看，我国是名副其实的农业大国；从农业的生产经营组织形式和人均农业资源来看，我国又是典型的"小农"经济。由于普通农户生产经营规模小，通过期货市场上的套期保值进行风险管理对小农户吸引力不大。二是我国政府从粮食安全和保护种粮农民积极性及利益的角度，采取最低收购价和临时收储等政策，也在一定程度上影响了农产品期货价格的波动，由于价格波动范围的收窄，套保者的避险需求逐渐降低，投资者的狭利空间受到挤压，导致其进入市场的动力明显下降。

需要明确的是，农产品期货市场作用再大、再有成效也只是手段。我国农业的小规模经营是我国的国情决定的，国家的收储政策也是政府确保粮食安全的重要措施，不能单纯为迎合期货市场的发展而人为地推动农业的大规模经营及放弃对重要农产品的管控措施，做"削足适履"的不当之举。政府对农产品期货市场的管理要在遵循期货市场发展规律的前提下采取和我国农业发展实际相符的法律政策措施。

四、期货市场建设的重点

农产品期货市场问题的表现主要集中在三个方面：套期保值的农民主体的缺失、期货市场制度的缺陷、期货标的物的不足。实际这三个方面正是对应了作为农业生产经营主体的农民、作为期货市场制度供给的政府以及作为期货市场本身的运作机制，需要从这三个方面发力来加强农产品期货市场建设。

（一）提高农民合作组织化程度是关键

农民是农业生产的主体，如果农产品期货市场缺乏农民的参与，就和现货市场"有场无市"的状态一样，特别是当套期保值的农产品生产者少，而投机者多，期货市场的秩序只有两种可能，不治则乱，治则萧条。世界期货市场产生的历史，实际上就是农民为避免风险，通过与农产品贸易商、加工商签订远期合约进而发展成期货市场的历史。我国开办期货市场的初衷首先也在于减少农产品的价格波动，转移价格风险，保护农民利益和农业生产，所以推动农民

[①] 郭卫东、程安、李国景：《我国农产品期货市场的发展回顾及未来展望》，《金融理论与实践》2020年第7期，第3-9页。

进场参与期货交易是我国期货市场建设和发展的重点。

从国际经验看，一些期货市场比较发达的国家，农户的参与率非常高，如美国"有超过90％的农场主和100％的农业企业参与农产品期货交易，以期规避市场风险、获得稳定收益"①。

但是农民进入期货市场绝非像进入现货市场那样简单，需要有一定的期货基本知识和对未来市场行情走势的分析能力，农产品期货市场是现代化大市场，是一种规范化程度极高的高级市场形态，对于单个普通农户而言，受知识水平等限制，既难以对市场信息进行准确把握，也难以掌握其中的运作规则。同时，由于我国小规模的农业经营本身就缺乏主动性，由此进一步制约了农户的参与程度。有些学者调查得出"中国农民利用期货市场的比例较低，间接利用的比例不足1％，直接利用期货市场的几乎没有"②。农民作为一个整体长期游离于农产品期货市场之外是不可想象的，"本应该作为市场交易主体的农户却不能参与期货交易，不能不说这与建立农产品期货交易市场的初衷是相悖的"③，它不仅不能有效保护农民利益，而且对农业生产调节的功能也大打折扣。

有学者曾深刻指出，我国农产品期货市场运行中农民缺位是由于缺少有效连接农民参与市场运作的载体。④

即使是西方国家的农户，也不是主要依靠本身直接参与期货销售，"在美国有大约10％的农民不同程度地直接利用期货市场，其产量约占全部产量的30％"⑤。也就是说，只有那些非常大的农场主才直接利用期货，而90％的农产品生产者则间接利用期货市场，他们的普遍做法就是通过合作社来参与期货市场交易。而我国农民的期货市场参与程度低，也由此印证了我国农民专业合作社发展质量不高的问题。

要想让农民参与期货市场，根本的办法就是提高农民的组织化程度，把分散的农民组织起来，通过发展购销组织，把分散而量小的农产品生产者聚合起来，在合作社专业人员统一帮助和操作下，进入期货市场，合作社所发挥的正是农民进入市场的桥梁和渠道作用，"有活力的市场主体是市场发展和运行的

---

① 刘岩、于左：《美国利用期货市场进行农产品价格风险管理的经验及借鉴》，《中国农村经济》2008年第5期，第65-72页。

② 徐欣、胡俞越、韩杨：《农户对市场风险与农产品期货的认知及其影响因素分析——基于5省（市）328份农户问卷调查》，《中国农村经济》2010年第7期，第47-55页。

③ 吴迪：《美国农产品期货市场的发展经验》，《世界农业》2016年第9期，第169-173、231页。

④ 冯冠胜：《政府介入农业风险管理的方式与绩效评价》，《农村经济》2007年第1期，第89-91页。

⑤ 徐一丁、赵昌文：《中国农产品期货市场发展评论》，《社会科学研究》1995年第6期，第43-48页。

动力之源"[1]。农民进入期货市场，在带来农民自身利益增加的同时，还能促进期货市场发展和繁荣。

（二）健全期货市场制度是基础

要素市场建设相对滞后于产品市场是我国比较突出的现象，这一现象也反映在农产品期货市场建设中。2016 年以来，中央 1 号文件中多次强调发展农产品期货期权市场。中国共产党第十九届中央委员会第五次会议通过的《中共中央关于制定国民经济和社会发展第十四个五年规划和二〇三五年远景目标的建议》，对建设高标准市场体系做出战略部署，将"高标准市场体系基本建成"作为"十四五"时期经济社会发展的主要目标之一。市场体系是我国社会主义市场经济体制的重要组成部分和有效运作基础，而作为市场体系重要组成部分的期货市场也必然成为今后市场体系中的一项重要内容来加强建设。

市场建设，既有赖于市场基础设施等"硬件"的发展，也依托于制度规则等"软件"的改革和完善。市场发展程度越高，对制度的依赖性越强。

要素市场建设很大程度上体现为制度建设内容。农产品期货市场要在立足我国发展实际的基础上充分借鉴其他国家先进经验，在制度上不断健全和完善。

第一，通过立法保证期货市场的健康发展。1999 年，国务院颁发了《期货交易管理暂行条例》，2007 年颁布了正式条例，并完善了一些配套制度，之后对条例进行了四次修订，但至今还缺乏一部具有权威性的法律。法律制度的缺位不利于期货市场所具有的金融资源配置功能的发挥，也不利于期货市场的规范发展和保护。

第二，加强期货市场监管。在监管方式上既要和我国实际相统一，也要综合借鉴世界上的不同监管模式的经验。比如，欧美国家对期货市场的监管以期货协会为主导模式；而日本模式的最大特点则是期货行业协会对期货市场的监管权力极为有限，政府在监管中占据最为重要和主导的地位，如对经纪会员管理就采取了欧美国家所没有的政府官员批准和审查认定的办法。同时，在日本，政府有对期货交易所直接进行行政管理的权力，体现了欧美国家所不具有的浓厚的国家干预色彩。[2]

我国应在有效管控过度投机活动的同时，积极转变政府职能，逐步减少行

---

① 马建堂：《建设高标准市场体系与构建新发展格局》，《管理世界》2021 年第 5 期，第 1－10 页。

② 肖顺武：《刍议我国农产品期货市场制度创新的三个核心问题》，《兰州学刊》2010 年第 7 期，第 90－93 页。

政干预，防止过度行政化倾向，为期货市场发展提供宽松的政策环境。加快期货交易市场内部改革，改变期货交易所经营者与监管者角色重叠及经纪公司自做和代理不分的现象；改善和畅通品种上市及退市机制，简化程序，提高审批效率，以适应国际期货及金融衍生品市场飞速发展的需要。对于符合上市标准的农产品，要积极支持进入期货市场进行交易；对于有待开发的新品种要鼓励和支持精心培育；对于活跃度差、交易量低、已经无法有效发挥期货市场功能和作用的品种，应及时做出退市规定。

（三）丰富上市期货品种结构是前提

期货市场必须有货，缺少经营者青睐的期货品种，期货市场就不会兴旺。自农产品期货市场治理整顿后，我国保留和后来增加的主要是大宗农作物品种。2017 年，随着苹果、红枣等特色农产品期货上市，农产品期货市场发展迈入了一个新时代。2020 年，中央 1 号文件指出"继续推出农产品期货期权品种上市"，中央的这一精神必然会加快我国农产品期货期权品种上市的进度，使期货市场的期货品种日趋丰富。根据我国的地域特点，区域特色农产品品种有很大的发展潜力，今后应在继续丰富已有品种的产业链结构，推动各大类别（如粮食、饲料、油料等）农产品子品种上市的基础上，开发生猪、活牛、鸡肉、羊肉等畜产品品种及部分水产品品种上市，并把具有区域特色的农产品如大蒜、土豆及干果等开发上市，作为扩大期货市场规模的一项重要内容。当然，区域性农产品存在标准化程度较低，品种规模不大，产值较小的问题，很容易造成期货价格波动大和更易被操纵的现象，有可能加大农产品期货品种的开发难度和市场监管难度。

目前，我国上市的 33 个农产品期货期权在粮食、油脂、纺织加工等领域形成了较为完整的品种序列。2019 年，全球交易规模位居前 20 名的衍生品合约中，我国占 13 个，为世界农产品期货市场的发展作出了重要贡献。[①] 我国农产品期货市场已经具有了一定的基础和规模，随着我国农产品期货市场的不断发展和特色期货品种规模的增加，我国将很快会形成一批具备区域性定价权的农产品期货品种，并成为具有中国特色及优势的农产品特色品种期货国际定价中心。

第三节　农产品电子商务平台市场建设

现代信息社会，充分利用信息技术是促进当今经济社会发展的重要力量。

---

① 郭晨光、熊学萍：《充分发挥期货市场对农业农村现代化的服务功能》，《农业经济问题》2021 年第 3 期，第 75－86 页。

如果将信息技术付诸市场建设，不仅能够带来市场本身的飞速发展和层次提升，也能促进经济社会加快发展。现实规律正是如此，信息技术发展到互联网时代就催生出了新的市场类型——电子商务平台市场。

电子商务平台市场的出现已经成为推动我国经济社会发展的重要因素，不仅有利促进了市场流通，降低了销售成本，提高了生产经营及决策效率，也深刻地改变了人们的消费方式和生产生活方式。

一、电子商务平台市场的含义

电子商务平台市场的含义既简单又复杂。说简单，它就是一个市场，和传统的集贸市场在本质上没有什么不同。传统的集贸市场开设，一是有开办的组织，比如过去一般是在一个比较大的村，由该村集体投资一些基础设施及费用而开办。二是有管理人员，按照一定规则进行管理并收取一定费用。三是有买卖双方，或服务的供需双方。四是有为集市提供专门服务的第三方，如提供货物寄存、拉脚送货等服务的组织。电子商务平台市场也由这些成分组成，根据《中华人民共和国电子商务法》第九条规定：电子商务平台经营者，"包括电子商务平台经营者、平台内经营者以及通过自建网站、其他网络服务销售商品或者提供服务的电子商务经营者。"其中，"电子商务平台经营者，是指在电子商务中为交易双方或者多方提供网络经营场所、交易撮合、信息发布等服务，供交易双方或者多方独立开展交易活动的法人或者非法人组织。"今天的电子商务平台经营者，包括过去传统市场的经营场所提供者和管理服务者两方面，即网络平台发起商和运营商合二为一。

不论是过去的传统市场还是现在的电子商务市场，都可以概括为一个平台，一个为供需双方搭建的交易平台，通过提供场所和场内的各种服务，方便供需双方的顺利交易。

但电子商务平台市场又与传统市场有根本的区别。传统市场表现为一个场地，比较直观，往往通过直接管人去维护市场秩序。而电子商务平台市场是借助互联网信息系统建立的虚拟市场，不是直接管人而是管事，要通过一系列的制度、标准和程序等规则规范交易秩序。而且电子商务平台市场更体现出中间人特色，起到将一个群体中的成员（如想搭车的人）与另一群体中的成员（如寻找乘客的司机）连接起来的作用。[①] 特别是作为电子商务平台市场的硬件设备和各种软件及规则，需要具备专业知识的人员操作和管理，因此，电子商务

---

① 戴维·S.埃文斯、理查德·施马兰奇：《连接：多边平台经济学》导言，张昕译，中信出版社，2018。

平台市场具有更大的复杂性。

人们以往之所以必须到集市去买卖东西，除了货物齐全、便于买卖外，更重要的是买卖双方无法确定货物价格。由于集市上买卖的人多能形成合理的价格，才容易成交，导致这种现象的本质原因是买卖双方信息的缺乏。电子商务平台市场正是利用信息技术解决了信息获取困难问题，才使这一市场类型表现出强大的生命力。

二、电子商务平台市场的特点

其一，市场的全球性。电子商务平台市场依托的基础是互联网技术，互联网使整个世界成为一个即时性全球社区，这就为商务活动开辟了一个崭新的空间，这个空间突破了传统市场必须以一定地域存在为前提条件的限制，形成了开放、多维和立体的市场空间。电子商务突破了交易时间和空间的限制，可以使商家通过网络平台市场向全世界的消费者推销自己的商品，其潜在的客户群无疑达到最大；对消费者来说，足不出户就可以漫游世界的网上商品市场，获得最多的信息资讯。

其二，市场的虚拟化。电子商务交易通过互联网进行，是一种以数字化方式进行的交易活动，在一个虚拟的电子空间完成。

其三，无时限全天候营销。电子商务的虚拟商店，可以通过计算机程序自动签约销售，摆脱了实体经营店必须人工值守和夜间难以营业的局限，使得任何潜在客户都可以随时随地在网上进行浏览、查询和定购，大大增加了交易机会。

其四，成本的低廉化。电子商务为交易双方提供的最大好处就是节约交易成本，包括时间成本和费用成本。由于其所提供的信息全面，交易可以迅速进行，直接节省了商品交易的时间。同时，也减少了从批发到分销的多层环节，节省了销售成本。此外，生产商必然一改过去先生产再销售的经营策略，转变为以销定产，省却了货物积存的资金、储存场所及设备等资源占用和折旧及相关人工费用。

其五，服务的个性化。随着社会的发展和物质水平的提高，消费的个性化倾向越发明显，电子商务的发展使得满足消费者个性化需求成为了可能，为生产和销售商提供个性化服务创造了条件。企业可以通过电子商务系统收集访客的资料，建立数据库，同时根据顾客的消费偏好，有针对性地进行促销，激发潜在客户的购买欲望，甚至可以根据客户的个性需求进行定制生产。[1]

---

① 李兵：《论电子商务的特点与影响》，《山东经济》2001年第1期，第78-80页。

其六，用户数量的规模化。电子商务平台市场有一个"扎堆"现象，参与的人越多吸引力越大，同时只有用户达到一定规模电子商务平台才能生存下来。因此电子商务平台"成功或失败取决于其用户数量是否达到关键规模"。经济学家把这种现象称为直接网络效应。一个网络连接的人越多，对于网络中的每个人来说，这个网络的价值就越大。经济学家还把这种效应叫作正网络外部性。网络连接的客户越多，其他客户越愿意参与进来。"那么网络效应意味着一家公司或者一个标准将会控制整个市场，因此，将会形成赢者通吃的市场。"[①] 由于这一特点，电子商务平台市场容易走向集中和垄断。

三、农产品电子商务平台市场的意义

（一）互联网信息技术的重要性

当今社会被称为信息社会，足见信息技术的重要性。信息技术在150多年的发展过程中不断更新迭代，"大家还没搞清 PC 时代的时候，移动互联网来了；还没搞清移动互联网的时候，大数据时代来了。"[②] 信息技术代表着先进生产力的发展方向，信息技术在全球的广泛使用，深刻地影响着经济结构与经济效率。

信息技术的每一次进步都产生了巨大的威力，并深刻地改变着世界。互联网的出现同样如此，它就像当初的"电力和电报驱动的那些创造性破坏一样，推动着创造性破坏浪潮，至少在未来的几十年里，将会横扫多个产业"[③]。

在世界企业的市值排行榜中，互联网企业位居前列。如 2015 年，世界上市值最高的五家公司中，就有三家互联网公司——苹果、谷歌和微软。在市值最高的十家创业公司中，有七家公司采用了这种商业模式，包括优步和爱彼迎。[④] 其企业市值反映的不仅是企业本身的价值，同时也是其发挥社会作用程度的体现，是社会的一种认可。

（二）农产品电子商务平台将是农业生产经营最重要的信息技术利用方式

信息化时代，不及时利用信息技术就会落伍，不利用信息技术就会被淘汰。只有那些积极拥抱信息技术的组织或个人，才有可能成为幸存者或立于时

---

① 戴维·S.埃文斯、理查德·施马兰奇：《连接：多边平台经济学》，张昕译，中信出版社，2018，第 20-22 页。

② 张其金：《大数据时代下的产业革命》，中国商业出版社，2016，233 页。

③ 戴维·S.埃文斯、理查德·施马兰奇：《连接：多边平台经济学》，张昕译，中信出版社，2018，第 233 页。

④ 戴维·S.埃文斯、理查德·施马兰奇：《连接：多边平台经济学》，张昕译，中信出版社，2018，第 5 页。

代潮头。

农业生产和工业生产最大的不同，就是农业生产的自然属性。农作物的生长过程主要依靠阳光、土地、水分等自然条件，因此相对于工业生产其对现代技术的使用程度要低许多。不过，随着农业现代化的发展，农业科技已由以往的农户单独分散应用转变为大面积集约化应用；已由某种技术措施的单项实施转变为多项技术组装配套实施；已由农业经营者一家一户采用转变为由服务体系和农技队伍综合实施。互联网技术的发展使上述现象更为普通，比如借助于农产品电子商务平台，通过建立农业生产服务模块，对农业生产进行信息技术改造，提高农业生产各方面水平。更重要的是，对于农产品的市场销售问题，借助互联网信息技术，实现对农产品的销售服务。很明显，利用互联网信息技术建立农产品电子商务平台市场是解决农民进入市场的最有效途径。当然，互联网信息技术在农业上的用处还有很多，但就当前阶段，最关键、最重要的当属在农民销售其产品上的应用。

（三）农产品电子商务平台市场的多边性

农产品电子商务平台可以帮助农民销售农产品，并将农民聚集于此，提供更多服务。农业生产资料的购买，农业生产技术、标准和职业农民的培训教育，农业、农民保险，农产品品牌宣传，以及农民劳动力流动和雇用等多种信息的提供，都可以利用这个平台。平台还可以接入其他端口，如政府网站，宣传上级政策、法律法规。也可以接入一些大型平台，以扩大影响力，提高知名度，以利于农产品销售。

美国学者克里斯·安德森（Chris Anderson）于2004年在《连线》杂志上发表了一篇名为《长尾》的文章，"长尾"是指那些原来不受重视的销量少但种类多的产品或服务，由于总量巨大，累计起来的总收益（不限于经济上的）超过主流产品的现象。在互联网领域，长尾效应尤为显著。这说明基于农产品销售需要，利用互联网技术建立起来的农产品电子商务平台市场，除农产品销售作用之外还有更大的作用，农产品电子商务平台市场的多边性就是其长尾现象的表现。

电子商务平台市场不仅改变了农产品的销售和流通体系，也会改变农民的生产方式。信息链的打通使农业生产者可以直接获取消费者信息，农产品个性化生产成为可能，农业生产方式也会产生深刻变革。

农产品电子商务平台的建立等于形成了一个与物理空间平行的数字空间。传统的市场也好，现在的电子商务也好，所建立的都是一个平台，平台就是一个地方，一个社区，存在的目的就是提供一个供参与者聚集的场所。在很多方面，多边平台都很像村庄，像城市。无论是实体的还是虚拟的，或者两者兼而有之，可以实现一方参与者与另一方参与者的互动，因此，农产品电子商务平台市场也成为农民与同业者之间进行互动的场所。电子商务平台市场提供了一个支持多用户、实时、双向交互的平台，这是人类历史上从未有过的对信息传播的最大解放，其在迅速改变农业生产经营方式的同时，也在迅速促进农民素质的提高和思想的转变。

（四）农产品电子商务平台市场形成的数据是财富

互联网在发展过程中，通过万物互联产生了大量信息——数据，这些数据中包含着很多人们需要的具有规律性的东西，由此数据便有了价值。这些海量数据的撷取、存储、管理、分析处理，已大大超出了传统数据库软件工具能力范围，这就需要一些新的技术手段和方法，大数据技术由此产生了。大数据技术是又一次信息技术革命，从此开启了一个崭新时代。在大数据时代，数据就是财富，人们将其比作 21 世纪的石油和金矿，数据已成为最宝贵的生产要素。

同时，大数据技术也被赋予了多重战略含义，"世界各国对数据的依赖快速上升，国际竞争焦点将从资本、土地、人口、资源的争夺转向对大数据的争夺，重点体现为一国拥有数据的规模、活跃程度以及解释、处置、运用的能力，数字主权将成为继边防、海防、空防之后另一个大国博弈的空间。""谁掌握了数据的主动权和主导权，谁就能赢得未来。"[1]

大数据技术是一场"革命"。当数据量变得足够大后，人们必会发现，社会上的一切现象都是有一定统计规律的。实验的不断反复、大数据的日渐积累让人类发现规律、预测未来不再成为难事。大数据正在改变人类探索世界的方法，也正在改变我们的生活以及理解世界的方式。大数据时代中的事物不再是因果关系，而是相关关系，让人们放弃对事物因果关系的追求，随即转向关注相关关系。[2] 大数据在让各行各业产生翻天覆地变化的同时，也在改变人们的思维方式。

在农产品生产经营领域，透过大数据能够对顾客群体进行分门别类的分析，实现对每个群体的准确生产销售，并通过对顾客群体行为特征的分析，进行各种产品、服务和模式的创新活动。

要想使数据实现最大利用程度，就必须有一个和所有数据关联度最大的东西发挥枢纽作用，使更多的数据产生可利用的价值，"只有把庞大的数，变成有用的据，才能被称为'大数据'"[3]。这个发挥纲举目张作用的东西就是农产

---

① 本书编写组：《大数据领导干部读本》序言一，人民出版社，2015，第 2 页。
② 张其金：《大数据时代下的产业革命》，中国商业出版社，2016，第 116 页。
③ 张其金：《大数据时代下的产业革命》，中国商业出版社，2016，第 19 页。

品电子商务平台市场，在这个市场中形成的数据既全面、丰富，又具有最大的利用价值。并且这种数据是专有的和唯一的，应该说这是农民的另一笔财富。随着大数据技术在农业上的应用和电子商务平台建设及农民合作组织作用的发挥，农民的生产经营活动所形成的数据将会纳入产权保护，任何其他组织和个人使用这些数据都需要向农民组织付费。①

四、以合作组织建设促进农产品电子商务平台市场建设

（一）非农产品电子商务平台市场对农民服务的局限性

现在涌现出一些辐射范围广、知名度高、平台内经营者多、影响力和购销流通量大的电子商务平台，很多农民特别是新生代农民，充分利用这些平台进行农产品销售和购买农业生产资料或开展一些经营活动，带来了很大的方便。

但是其他电子商务平台市场无论多么发达、便捷，都不能代替农民自己组织建立的农产品电子商务平台市场。农民必须建立属于自己的农产品电子商务平台市场。原因是，其一，现在农民使用的电子商务平台其所有权及平台经营者主要是工商资本投资开办的以营利为目的的企业。无论是申请开店或销售产品，电子商务平台所有权人都要收费。其二，电子商务平台主要起到中间人的作用，为购销双方提供交易服务，其服务范围较窄，收集的信息有限，并且这些信息的所有权属于电子商务平台。其三，电子商务平台所有的"长尾效应"难以实现，很多农民所需要的并能带来效益的服务内容以及一些公益性服务难以开展。其四，平台上都是经营者，农民这一生产者身份被掩盖了，在电子商务平台里找不到农民的身影。其五，浩瀚的电子商务平台大市场及农产品本身的同质性带来更进一步的激烈竞争，总体来说，农民的弱势将会被进一步加剧。

（二）农产品电子商务平台市场的内在规律

不论市场发展到何种程度，利用了何种先进技术，进行了多大程度的改变，万变不离其宗，市场终究是市场，其根本性的东西并未改变，仍体现着市场所具有的本质特点。

现货农产品批发市场建设在农产品生产和销售比较集中的区域和交通便利的地点，已是非常明了的事实，农产品期货市场同样遵循这一规律。作为国际上最早的现代意义上的农产品期货市场，美国芝加哥期货市场所在地芝加哥是美国国内农产品的主要集散地之一。中国的三家期货市场中，郑州商品交易所位于我国小麦主产区，处于京广和龙海大铁路干线中心，是农产品期货市场的

---

① 王新文等：《合纵连横——助推寿光蔬菜产业再发展》，中国农业出版社，2015，第199页。

首选地；大连商品交易所所在的大连市，是我国最大的粮食中转枢纽和粮食流通集散中心之一，拥有世界级的现代化粮食中转码头——北良港，背靠东北粮食生产基地——我国最大的商品粮基地，具有得天独厚的农产品期货市场地理优势；上海期货交易所，其所在地上海是我国最大的工商业、金融业城市和交通枢纽，拥有大批人才，也是培育农产品期货市场的理想地点。

同样，利用互联网信息技术销售农产品的电子商务平台市场，也同样受农业生产特性的制约，需要建立专门的农产品电子商务平台市场，最好应建立在农产品生产比较集中和农业生产者密度最大的区域，并且采取不同于其他电子商务平台市场的所有权形式。

（三）以农民合作为基础

农民合作组织的本身就是平台，农民合作组织利用电子商务技术可以形成农产品电子商务平台市场。也可以说，农产品电子商务平台市场应是建立在农民合作组织平台基础上的电子商务的应用。

农产品电子商务平台市场和其他电子商务平台市场的最大不同，首先是组织性质不同，它不是由资本所有者控制的资本联合组织，而是由农民合作组织派生出来的，是人的联合组织，如果农民采用或委托公司制运作，本质上也没有改变人的联合的性质，因为其控制权还在农民合作组织。

由此可以概括为，农产品电子商务平台市场建设水平和规模，取决于农民合作组织的建设水平和规模，是农民合作组织建设状况的外反映。

电子商务不是一两个农民就能"玩转"的，只有众多农民一起"用力"，这一庞大技术工具才能"运行"，也就是需要众多农民的参与这张"网"才能形成和运行。这就是说，要想让电子商务在农业上发挥作用，必须首先建设好其载体——农民合作组织，否则这项技术就不能得到有效使用。可以说农产品电子商务平台市场建设必须从组织农民合作开始。电子商务只是农民组织利用的一项重要技术手段，而且农民组织本身才是这一工具技术实施的载体与基础。

不能认为，只要到电子商务平台市场上销售农产品或购买农业生产资料就是利用了电子商务，这与其说是利用电子商务，倒不如说是被电子商务所利用，是让工商资本的互联网公司给"网"住了。这是一个主动组建电子商务平台为我所用和被动使用电子商务平台被人利用的关系。也可以说，这是农民对电子商务的使用，而不是被电子商务的利用。

电子商务信息的畅通，一是需要健康的组织，二是必须有同质的组织，否则就会出现"排异"现象而使信息中断。我国农民合作组织在电子商务技术利用方面可能就存在这个问题。由于部分合作社的异质性，导致信息阻隔中断，信息传递失败。所以，要想使电子商务技术真正发挥作用而建立起电子商务平台市场，就必须以健康而又货真价实的农民合作组织的存在为前提。

很多企业、个人以及一些地方政府，建立了不少农业电子商务平台，应该说初衷都是好的，都想通过建立一个多功能的电子商务平台让农民参与进来，实现组织农民，整合社会资源，在为农民提供服务增加效益的同时实现自己增益目的。但其中能够运作好的少之又少。其根本原因是没有搞明白一个道理，即发挥感知作用的电子商务技术内生于组织系统内部，是组织的组成部分，不存在独立于农民组织之外的农产品电子商务平台市场。

只有把农民组织做扎实，再借助电子商务技术，电子商务技术在农业上才会变得更加灵敏、智慧和有力。农民组织要在紧密合作的基础上不断加强横向联合，这样才能使电子商务合作做得既大又严密，电子商务技术才能发挥出最大效能。

（四）农产品电子商务平台市场的建立及管理

第一，投资及实施主体。农产品电子商务平台市场和现货市场一样是服务农民的基础设施，需要政府作为投资人。作为数据载体和驱动力量，存储系统成为大数据基础架构中最为关键的核心。可以利用各级政府已经普遍应用的大数据设备进行数据存储。而其中的软件要根据农民服务的需要进行单独设计。农产品电子商务平台市场的建立和实施主体必然是农民专业合作组织。当然，农民组织也可以委托第三方公司进行网络技术运作和管护，但其最终控制权必须是农民组织。

第二，提高规模化程度和活跃度。资本型电子商务平台有一个特点，就是存在一个"关键规模"，达不到一定规模就面临着失败，"多边平台必须确保用户数量达到关键规模，否则就完蛋"[①]。农产品电子商务平台市场也存在这样的规律，不过这个规模取决于农民数量和农产品购买者数量，这就需要合理布局农产品电子商务平台的数量和位置，要以农民合作组织预期发展规模及状况为设立依据。创建这样的平台本质是发挥活跃市场的作用，所以，"平台的设计不仅要有助于平台获得足够数量的合适参与者，还要确保参与者之间会发生互动。毕竟，这才是参与者加入平台的原因所在"[②]。在保证农民数量的同时，要开发适应农民的生产、生活、文化及社交等多种需要的服务功能，以增加其活跃度。此外，还要按照市场建设的一般规律，"建"在农产品生产规模大、

---

① 戴维·S.埃文斯、理查德·施马兰奇：《连接：多边平台经济学》，张昕译，中信出版社，2018，第73页。

② 戴维·S.埃文斯、理查德·施马兰奇：《连接：多边平台经济学》，张昕译，中信出版社，2018，第141页。

农民数量比较集中的区域。

　　农产品电子商务平台市场的建立，作用是多方面的，实际就是给农民搭建了一个多功能平台。这一平台的建立，必将带来农民思维方式和发展方式的改变，实现对现有农业潜力的再次挖掘，并实现新技术条件下农业的转型。

第四章

实施乡村振兴战略

第一节　乡村振兴战略概述

近代以来，我们为之奋斗的一切就是为了实现现代化，实现中华民族伟大复兴的中国梦。党的十九大提出了乡村振兴战略，这一战略实际是我国现代化和民族复兴大业在农业农村的具体表达。乡村振兴战略的实施等于为全面建成富强民主文明和谐美丽的现代化强国梦而在农业农村吹响的集结号，使我国的农业农村现代化建设进入了一个加快发展的新时代。

中国是一个农业大国，也是一个农民大国。自古以来，历朝历代对农业都非常重视，当前我们党更是极为重视，将农业、农村、农民问题作为全党工作的重中之重，并一直紧紧抓在手上。习近平总书记更是始终站在历史的高度对"三农"工作提出要求："历史和现实都告诉我们，农为邦本，本固邦宁。我们要坚持用大历史观来看待农业、农村、农民问题。"① 我国人多地少人均土地资源相对不足的国情实际，决定了农业不仅仅是个经济问题，还是一个重要的国计民生的社会问题；农民也不仅仅是种地农民的问题，还是大量具有兼业和未被城镇化农民的问题；农村也不仅仅是农民集聚地的问题，而是中华文明基本载体的问题。总之，"三农"工作不仅是"三农"本身，而是事关我国政治、经济、社会的问题，事关整个现代化事业及中华民族伟大复兴中国梦实现的全局问题。

自新中国成立，特别是改革开放以来，我国经济社会发展取得了巨大成就，当前，我国社会的主要矛盾已经由人民日益增长的物质文化需要同落后的社会生产之间的矛盾转化为人民日益增长的美好生活需要和不平衡不充分的发

---

① 习近平：《坚持把解决好"三农"问题作为全党工作重中之重　促进农业高质高效乡村宜居宜业农民富裕富足》，《人民日报》2020年12月30日第1版。

展之间的矛盾，其中以城乡发展不平衡、农业农村发展不充分表现尤为突出，解决的办法就是通过实施乡村振兴战略，即将城市和乡村置于平等的地位，从根本上改变城乡二元对峙状态，通过采取农业农村优先发展的措施，建立健全城乡融合发展体制机制和政策体系，构建起互促互进、互融互通、共同繁荣的新型工农城乡关系，实现城乡之间要素、空间、产业、体制等各项融合，激发乡村内生动力，实现城乡共同繁荣发展。

农业农村现代化是我国整体现代化的组成部分。而我国农业现代化同工业化、信息化和城镇化相比，仍是"四个现代化"的短腿，农村现代化仍是整体社会现代化的短板。正如习总书记所讲："没有农业农村现代化，就没有整个国家现代化。""如何处理好工农、城乡关系，在一定程度上决定着现代化的成败。"①

我国农业农村现代化的"短腿"和"短板"有其深刻的历史原因。相比于一些西方国家的凭借掠夺式扩张而进行的工业化发展过程，我国的现代化过程几乎是完全凭借自身的力量并且是在资本主义国家的围堵中发展起来的，因此中国走了一条不同于西方国家的发展道路。

自新中国成立始，我国就把发展工业作为国家的工作重点，采取了"以农补工"政策措施。在农产品生产领域实行集体经营，在流通领域实行统购统销，在定价环节实行价格剪刀差等制度，通过集中农业剩余实现了发展资本密集重工业所需要的资本原始积累。② 同时，采取限制城乡人口流动的涵盖劳动就业、商品供给、社会保障等不同方面的社会二元体制，以及计划性配置财政投入、鼓励农村资金流向城市等。至改革开放前，累计占比73%、额度1 412亿元的农村存款流向工业领域③，使我国形成了城乡分割的社会历史发展环境。

改革开放后，我国逐步打破了计划经济体制，尽管人力资源和一些其他要素流动加快，但还存在一些制度性的障碍，起着制约作用，农业支持工业和城市发展的政策依然存在。受城市"集聚效应"的影响，我国乡村人才、资金、信息、原材料等继续向城市单向集中，与此同时，由于大批资源的流失，乡村"失血"严重，削弱了本就处于弱势地位的乡村综合发展能力，特别是随着青壮年争相外出务工，乡村面临被边缘化、"空心化"的困境。有专家的研究显

---

① 习近平：《把乡村振兴战略作为新时代"三农"工作总抓手》，《农村工作通讯》2019年第12期，第5-6页。

② 李周：《改革以来的中国农村发展》，《财贸经济》2008年第11期，第82-90、127页。

③ 王雪磊、郭兴平、张亮：《建国以来农村金融的发展历程及其评述》，《农村金融研究》2012年第7期，第66-70页。

示，一直到 2000 年以前，中国的农业支持保护仍然是负的。[①] 学者们做过调查，自新中国成立后的 60 年间，中国城市工业从农业提取了 17.3 万亿元的资金。[②] 直到进入 21 世纪，随着我国加入 WTO，在农业政策上和国际接轨，以及随着工业化的发展，财力水平的提高，我国才逐步停止了对农业的索取政策。

2004 年后，我国出台了对主要粮食品种的最低收购价政策。2005 年，中国共产党第十六届中央委员会第五次全体会议通过的《十一五规划纲要建议》提出了社会主义新农村建设的建议，标志着我国总体上进入了以工促农、以城带乡的发展阶段，开始了工业反哺农业的政策措施。2006 年，全面取消了在我国延续了 2 600 年的农业税，并开启了对农业的各种补贴，如良种补贴、农机补贴、种粮补贴等。

新农村建设提出了"生产发展、生活宽裕、乡村文明、村容整洁、管理民主"的发展目标。经过十多年的努力，特别是自 2004 年开始，一直将"三农"工作作为中央 1 号文件的内容，对农业的持续关注，使我国的农业农村发生了很大改变，取得了长足的发展。粮食产量持续保持增长态势，农民收入逐步提高，城乡收入之比由升而降，农村环境得到改善。特别是近十年来，通过不断加大投入，全面推广医保、社保及加大扶贫力度，"三农"事业取得了前所未有的成效。但是，由于历史欠账较多，制约农业农村现代化的因素依然较多，如城乡之间收入水平绝对数的进一步拉大、城乡之间要素流动不畅、农村基础设施投入不足、农村公共服务短缺和社会保障水平不高等，都制约着我国整体现代化的实现，这就需要付出比新农村建设更大的努力和进行更具战略全局及长远的制度设计。

乡村振兴战略具有以下特点：

第一，乡村振兴是社会主义新农村建设的升级。乡村振兴的总体要求是产业兴旺、生态宜居、乡风文明、治理有效、生活富裕"五位一体"，相比于新农村的发展目标，乡村振兴的要求都提高了，由原来的生产发展提升到产业兴旺，由生活宽裕提升到生活富裕，由管理民主提升到治理有效，由村容整洁提升到生态宜居，唯独乡风文明没变，这说明经过这么多年的努力，四个方面都有比较大的进步，而乡风文明本身是一个标准非常高的文明要求，需要持续努力。

[①] 陈锡文：《实施乡村振兴战略，推进农业农村现代化》，《中国农业大学学报（社会科学版）》2018 年第 1 期，第 5 - 12 页。

[②] 温铁军：《综合性合作经济组织是一种发展趋势》，《中国合作经济》2011 年第 1 期，第 29 - 30 页。

乡村振兴战略不能简单理解为"村庄振兴"和"农村振兴"。新农村建设过程的最大教训之一就是将建设重点和基本单元设置为村庄，结果在实践中将新农村建设简化为新村庄建设，甚至简单化为新房建设。造成的结果是资源、资金使用效率低下，利用方式粗放，各种生产要素和发展因素高度分散，不能形成结构性整体，政府的行政力量和市场的资源配置作用不能很好地契合，政府各部门的力量也无法实现有效整合。

乡村振兴战略所指向的"乡村"，并不是一个实体性概念，而是要在城市和农村之间的关系中来定义的关系性概念。从指称含义上讲，农村与城市相对应，主要是一个经济概念，强调的是物质方面的内容差异；而乡村则与都市等概念相对应，指的是一个有情感色彩和充满人文关怀的生产生活共同体，更强调精神价值、生活方式和归属感，凸显的是相对于都市来说的综合性关系，它的本质含义是"家园"。因此，所谓乡村振兴，不只是农村经济发展和农业的进步，其内涵更丰富、内容更综合。[①]

第二，乡村振兴是对农业现代化的拓展。过去我们一直提"四个现代化"，不论是"老四化"还是"新四化"，农业现代化都是其中之一。但是农村现代化却是十九大报告第一次提出，将农业现代化和农村现代化放在了一起。在农业现代化过程中，农业不断走向与二、三产业的跨界融合，并且延伸出农村现代化和农民现代化的问题，人们越来越认识到农业、农村、农民是密不可分的"三位一体"的关系。因此，农业现代化应有狭义与广义之分，狭义的农业现代化是指农业这个产业的现代化，广义的农业现代化包括"三农"的现代化。[②] 陈锡文曾说，中国的"农"字，大家概括得好，叫"三农"。尽管农业的现代化包括"三农"的现代化，但人们在认识上还是存在一定的局限性。党的十九大报告明确提出农业农村现代化，意义非常重大。农村现代化的提出说明，我国不仅仅是要解决农业的问题，更重要的是要解决数量如此庞大的农民的福祉问题。[③] 同时，与农业现代化不同的是农业农村现代化更强调全面现代化。

根据到 2050 年要把我国建成富强民主文明和谐美丽的社会主义现代化强国的要求，我国现代化的内涵包括了富强、民主、文明、和谐、美丽五个方面

---

① 王立胜：《以县为单位整体推进——乡村振兴战略的方法论》，《中国浦东干部学院学报》2020 年第 4 期，第 119－126 页。

② 朱道华：《略论农业现代化、农村现代化和农民现代化》，《沈阳农业大学学报（社会科学版）》2002 年第 3 期，第 178－181 页。

③ 陈锡文：《实施乡村振兴战略，推进农业农村现代化》，《中国农业大学学报（社会科学版）》2018 年第 1 期，第 5－12 页。

内容。意味着我国将实现的是物质、政治、精神、社会和生态文明的全面提升。

农业农村现代化要求是全面的，作为社会单元的农村也应体现五大文明的内容，其具体体现就是产业兴旺、生态宜居、乡风文明、治理有效、生活富裕的总体要求，是全面现代化在农村的具体化。

第三，乡村振兴是对城乡关系的重塑。乡村振兴并不是就"三农"解决"三农"问题，尽管乡村振兴战略的总目标是农业农村现代化，但核心是建立健全城乡融合发展体制机制和政策体系。新农村建设的政策导向在于"统筹"，即城和乡都要兼顾，不可偏废；乡村振兴战略的政策导向则在于城乡"融合"，即城与乡要水乳交融、混为一体、互为内在。城乡融合是总体论，城乡统筹是"两块论"。"统筹"的前提在于承认并首先考虑其矛盾性，从矛盾性出发进行"统筹兼顾"；"融合"的本意是承认并首先考虑其统一性，从统一性出发进行创新发展，形成新的形态和样貌。[①] 通过打破现有城乡二元结构框架，以及支持农业农村优先发展，重塑城乡新型关系，实现乡村振兴，形成兼具城市之活和乡村之美的新型城乡生产生活共同体。

乡村振兴战略的科学内涵，就是通过乡村振兴战略的实施解决中国城乡发展不平衡和农村发展不充分的矛盾，这就必须将乡村振兴置于城乡融合、城乡一体的架构中推进，形成"以城带乡""以城兴乡""以工哺农""城乡互促互进"融合发展的格局。乡村振兴战略的提出，并不意味着城市发展的放缓。城乡之间本身就是一对相互联系又相互制约不能分割的共同体。农村是城市的生产消费市场，是城市生活、生产资料产品的供应来源渠道，是工业化过程中城市劳动力的主要供给方，也是消化吸收城市生活副产品及创造城市良好生态环境的大后方。当然，城市是农业生产的消费市场，是农村农业生产资料、生产设备及技术的保障者和提供者，是农业现代化的重要智力来源和推动力。乡村的现代化和振兴要以城市化的充分发展为前提。因此，从人口流动和空间集聚的角度讲，中国乡村振兴的过程，一定是城市化充分发展的过程，是人口和产业在城乡之间优化配置、城乡互动和融合发展的过程。其基本逻辑是：城市化离不开乡村人口和要素的融入，而乡村振兴和现代化也离不开城市对乡村的带动和城市人口对乡村的向往。现在的情况恰恰是城乡之间严重的发展不平衡，在制约农村发展的同时，也制约了城市的进一步发展。也就是说，破解城乡二元结构，建立城乡一体、城乡融合、城乡互促共进、共同繁荣的体制机制，应

---

① 宋棠：《从"新农村建设"到"乡村振兴"》，《文化纵横》2021年第2期，第101－108页。

成为乡村振兴和乡村现代化的必要条件。[1]

第四，乡村振兴不会自然产生。国内外历史实践表明，一个国家在进入以工业化、城市化和市场化为核心的现代化时代后，其农业的产业竞争力就越来越不如工业、服务业。[2] 从经济学的观点看，城市在资本、人才和产业性质方面具有明显的竞争优势，城市发展往往对农村的优势资源如土地、资金及具有经营能力的年轻农民、智力优胜者等产生单向的"虹吸效应"，如果一直朝着城市越来越强而乡村越来越弱的城乡失调的方向发展运行下去，最终必然导致社会问题的发生。这方面的例子较多，如部分拉美国家，由于没有处理好城乡关系，产生了一系列如贫富差距悬殊、失业率急剧攀升、通货膨胀严重等社会问题。由于大量农村人口过度涌入城市，城市难以及时消化而形成了大量贫民窟，不稳定因素增加，致使社会环境恶化，从而跌入"现代化陷阱"。

放眼世界，在人口超过1亿的11个大国中，只有美国和日本实现了现代化，但二者和我国的人口差距很大。而我国，如果到2030年，按城镇化率达到70%计算，还有4.5亿人生活在农村，再设想一下，到2050年城镇化率达到80%，农村至少还会有3亿人。这说明，我们不能照搬美国和日本的农业农村现代化发展道路，同时，我国在这么大数量农村人口的背景下无论如何也不能让农村衰败下去，否则我国就会面临一种难以承受之重。[3] 习近平总书记特别强调："在现代化进程中，如何处理好工农关系、城乡关系，在一定程度上决定着现代化的成败。"[4]

"道者反之动，弱者道之用"，乡村振兴战略正是逆要素单向流向城市和改变农业农村的弱势地位而采取的用道之策。也是乡村领域单凭市场这只"看不见的手"失效的情况下，发挥政府这只"看得见的手"的为政之道。

第五，乡村振兴是整个"三农"工作的总抓手。全面实施乡村振兴，采取农业农村优先发展，加快农业农村现代化，使城乡在融合惠通基础上实现各自优势的最大发挥，这既是关系到亿万农民幸福感和获得感的大事，也是决定着我国整个社会主义现代化实现的大事。

自党的十九大提出乡村振兴战略以来，经过多年的努力，乡村振兴的制度

---

①　黄祖辉：《准确把握中国乡村振兴战略》，《中国农村经济》2018年第4期，第2—12页。

②　马克斯·韦伯：《民族国家与经济政策》，甘阳等译，生活·读书·新知三联书店，2018。参见王春光：《迈向共同富裕——农业农村现代化实践行动和路径的社会学思考》，《社会学研究》2021年第2期，第29—45页。

③　陈锡文：《实施乡村振兴战略，推进农业农村现代化》，《中国农业大学学报（社会科学版）》2018年第1期，第5—12页。

④　中共中央党史和文献研究院编：《习近平关于"三农"工作论述摘编》，中央文献出版社，2019，第42页。

框架和政策体系初步健全。2018 年，中央提出了《关于实施乡村振兴战略的意见》；2018 年 9 月，《乡村振兴战略规划（2018—2022）》出台；2020 年底，中共中央、国务院制定出台了《关于实现巩固拓展脱贫攻坚成果同乡村振兴有效衔接的意见》；2021 年，中央下发《关于全面推进乡村振兴加快农业农村现代化的意见》；2021 年 3 月，《中华人民共和国国民经济和社会发展第十四个五年规划和 2035 年远景目标纲要》公布；2021 年 4 月 29 日，第十三次全国人民代表大会常务委员会第二十八次会议通过《中华人民共和国乡村振兴促进法》，2021 年 6 月 1 日起施行。其间各部委也陆续配套出台了几十个重要文件。同时，乡村振兴的各项具体措施也获得了很大的丰富，为进一步的乡村振兴事业发展奠定了基础。

乡村振兴大政方针和政策、制度已定，最关键的是落实。乡村振兴到底应该怎么干？或者说乡村振兴，振兴什么？具体来说就是搞好"五大振兴"，即产业振兴、人才振兴、文化振兴、生态振兴、组织振兴，最终实现乡村全面振兴。

第二节　以三产融合促进乡村产业振兴

产业兴，则百业兴。产业振兴是实现乡村全面振兴的主要基础和根本前提。

在我国乡村振兴战略确定的总目标的五项内容中，"产业兴旺"排在第一位。与此相对应，"产业振兴"也被列为乡村振兴的五大振兴内容之首。由此可以看出，产业振兴是乡村全面振兴进程中需要着力解决好的主要矛盾。只有抓住了产业振兴这个乡村全面振兴的关键抓手，才能发挥"牵一发而动全身"作用，从而推动乡村全面振兴。

经济基础决定上层建筑，发展是解决所有问题的根本之策。乡村振兴归根到底是发展问题，而产业是一个区域经济发展的重要支撑，产业兴旺是乡村振兴的根本。产业振兴是农业农村现代化的"重头戏""先手棋"，唯有产业全面振兴、产业兴旺发达，才能增强乡村可持续发展的经济实力，为乡村各项基础设施建设与事业发展提供坚实的物质基础。①

乡村产业振兴的根本途径则是一二三产业融合发展，而实现产业融合发展的关键是新型农业经营体制中组织载体作用的发挥。

---

① 刘良军：《论怎样推进乡村产业振兴》，《长江论坛》2021 年第 3 期，第 40 - 45 页。

一、一二三产业融合发展的有关理论

产业融合发展是经济发展的必然要求，也是社会分工发展的必然结果。农村三产融合是指不同产业在发展过程中由于发展的内在需求出现相互融合渗透、交叉重组等形式，形成新的产业业态及新型农业组织方式的过程。[①]

（一）产业融合发展符合节约市场交易成本理论

随着工业技术在农业上投入的增加，农业专业化水平不断提高，农业被不断分化细化，这一过程实际是沿着两条路径进行的：一条是纵向路径，即农业生产经营过程中的环节不断让位于社会服务组织承担，而农民则在专业规模扩大的同时主要专注于种养管理过程，农业产业链不断拉长，另一条是横向路径，从单纯的生产农产品发展出多功能性农业，如农业观光旅游、休闲、体验等。

农业产业的不断分工和细化，在使劳动生产效率大为提高的同时，也使市场交易成本迅速增加，侵蚀了因分工带来的好处。产业融合本质上是产业之间的融合，将市场上频繁的交易内化为组织内部交易，减少了产业之间的市场交易频率，节约了交易成本，使融合的产业分享节约的成本带来的收益，提高了产业效益。因此，符合新制度经济学有关市场交易成本的理论学说。

（二）信息技术推动农业三产融合理论

从新技术的发展看，由于新技术革命导致产业关联关系改变，使产业融合向更深层次发展。工业经济时代的产业之间的分工主要体现在农业、工业和服务业各自明确的产业内容，产业之间界限明晰，分立发展，产业划分主要建立在以原材料、技术工艺和产品为核心要素的产业分类标准之上。不同产业的发展主要依赖于资本、劳动力、土地、工业技术等传统生产要素。产业之间的协作主要体现在三大产业之间存在的以产品、生产技术、价格、劳动就业、投资等为依托的纵向产业依存联系。

每一次科技革命，必然导致产业结构的相应变化。18 世纪 60 年代，以蒸汽机发明为标志的第一次科技革命，使人类由农业社会进入了工业社会，国民经济的主导产业由农业转向工业。19 世纪 70 年代，以电力和内燃机技术为标志的第二次科技革命，使主导产业从轻工业转向了重工业。20 世纪 50 年代兴起的以微电子和计算机技术为代表的第三次科技革命，以及延续到 20 世纪 70

[①] 肖卫东、杜志雄：《农村一二三产业融合：内涵要解、发展现状与未来思路》，《西北农林科技大学学报（社会科学版）》2019 年第 6 期，第 120 - 129 页。

年代的以信息技术为代表的新技术革命，导致主导产业由重工业逐步转向知识、智力密集型的信息产业。知识和信息日益成为产业发展中的核心要素，产业之间逐步建立起以知识、信息为核心的各产业之间的新型关联关系。新型产业关联关系建立的内在逻辑是：信息技术在产业之间快速扩散，产生了巨大的技术溢出效应，使得产业之间逐步建立起共有的技术基础平台，导致产业之间存在纵向关联关系的同时，形成了横向产业关联关系。

由于知识和信息成为信息时代产业发展中的核心要素，其他要素则将围绕这一核心要素进行重新组合和安排，以原来农、工、商三大产业的分类观点看，其结构出现了融合化发展的趋势，表现为"产业结构重叠化"或"产业边界模糊化"特征。① 产业结构融合化，一方面知识的高度渗透使产业迅速分化，形成核心技术趋同的许多新兴产业，如生物工程技术对各产业渗透的结果，产生了具有跨产业属性的生物农业、生物化工、生物医药等新型产业业态；另一方面，产业之间技术的融合化导致了产业重叠加深，使得以原有的材料、技术工艺和产品等要素为基础的产业分类标准面临巨大挑战，客观上需要建立新的产业分类标准和分类体系。

第三次科技革命带来的信息技术革命和生物工程技术革命，使农业与非农业之间横向和纵向新型产业关联得以建立，农业呈现出与高新技术产业、工业及服务业共享技术或信息资源融合发展的态势。传统的三大产业之间界限分明、各自分立的格局被逐步打破，农业与不同产业之间呈现出横向和纵向上的交叉渗透、融合发展的现象，使产业重叠加深，产业边界越来越不清晰。如农业与工业、农业与服务业、农业与生物技术及其产业、农业与信息技术产业等融合发展，形成了一些新型业态。新型产业业态兴起，其在拓展农业发展空间的同时，成为新的经济增长点，不仅有力促进了国民经济发展，并且提高了农业在国民经济中的产业竞争力。产业融合化发展，还会使农业呈现出绿色发展的趋势，形成资源节约、环境友好、生态保护的功能。②

（三）"六次产业"理论

20 世纪 90 年代中期，日本学者、社团法人 JA 综合研究所所长今村奈良臣研究发现，日本农业生产的农产品与日本国民消费的农产品（食品）之间存在巨大的价值差。这种价值差主要凝结在农产品加工和流通环节中，并且在农村之外区域形成，因而农业产业的增值收益未能留在农村和农业生产者手中，

---

① 马云泽：《世界产业结构软化趋势探析》，《世界经济研究》2004 年第 1 期，第 15 - 19 页。

② 梁伟军：《我国现代农业发展的路径分析：一个产业融合理论的解释框架》，《求实》2010 年第 3 期，第 69 - 73 页。

制约了农民增收。对此，今村奈良臣提出"六次产业"的理念。

以 2005 年为例，在日本食品产业的市场规模中，国内农林渔业生产者仅得到 13％的收益，食品加工业、餐饮业和流通业则分别获得收益的 33％、19％和 34％。因此，今村奈良臣提出，要通过鼓励农业生产者搞多种经营，发展农产品（食品）加工业、肥料等农资制造业、农产品和农资流通业等服务业以及农业旅游业，形成集农产品生产、加工、销售、服务于一体的完整链条，将流到城市等农村外部的就业岗位和附加值内部化，为农业生产者获得更多农产品加工、流通等环节和农业旅游业的附加值创造条件，借此增加农民收入，增强农业发展活力。① 所谓"六次产业"，即"第一产业＋第二产业＋第三产业＝六次产业"。后来，今村奈良臣进一步强调，"第六产业"是第一、第二、第三产业的乘积，即"六次产业＝第一产业×第二产业×第三产业"，意在强调农村一二三产业的融合发展，基于产业链延伸和产业范围拓展，推进农村一二三产业之间的整合和链接方式。第一、二、三产业在数字上不论是相加还是相乘都等于"六"，因此称为"六次产业"。

日本政府借鉴了"六次产业"的发展理念，2008 年制定《农工商促进法》，支持农工商开展合作。2010 年 3 月，日本内阁会议通过新的《食品、农业和农村基本计划》，提出要通过发展"六次产业"增加农民收入，创造新商业模式，还将六次产业化与环境和低碳经济结合在一起，在农村创造新产业。当年，日本农林省相继颁布了《六次产业化：地产地销法》和相关纲要文件，提出了多项推进"六次产业"发展的政策措施，支持农民自己开发新产品、新产业、新市场，支持农业技术创新。日本推行"六次产业"后，农业活力增强，农民收入也明显增加。②

日本推进农村"六次产业化"的动机，也不完全在于促进农民增收。日本政府发现，保留适当的农业经营有利于水土保持和防御洪涝灾害；保留适当的人口居住，有利于振兴农村，维持农村经济社会的可持续发展和城乡协调发展，在那些人口过疏化问题较重的区域尤其如此。这些对维护村落功能、保护生态系统和农村环境等具有综合作用。

从国内外特别是日本经验看，推进农村一二三产业融合发展，有利于丰富农业农村发展内涵，提升农业竞争力和农业附加值，促进农业增效、农民增收和农村繁荣稳定；也有利于培育农业、农村乃至国民经济的新增长点，推动乡

---

① 姜长云：《日本的"六次产业化"与我国推进农村一二三产业融合发展》，《农业经济与管理》2015 年第 3 期，第 5 - 9 页。

② 马晓河：《推进农村一二三产业深度融合发展》，《中国合作经济》2015 年第 2 期，第 43 - 44 页。

村建设；还为实现城乡融合发展创造了条件。①

(四)"微笑曲线"理论

20 世纪 90 年代，中国台湾科技业者、宏碁集团的创始人施正荣根据波特理论及其在 IT 产业的丰富经验，提出了"微笑曲线"理论，从另一个侧面对农业的产业融合提供了依据。

"微笑曲线"理论指出：制造业的价值链包括三个主要环节，即研发设计、加工制造和市场营销，其中，处于价值链两头的研发设计和市场营销的附加值较高，处于中间环节的加工制造的附加值较低，这样便形成了一条两头高、中间低的"微笑曲线"。

在价值链的上游和下游，即产品研发、流通环节的附加值高，利润空间大，而处于中游的加工制造环节的附加值低，利润空间小，若要提高附加值，就需要努力走向"微笑曲线"的两端。"微笑曲线"理论是以附加值高低来判断某一产业竞争力的，实际上，"微笑曲线"在其他行业也普遍存在，如农业领域。在市场经济体制下，市场在资源配置中处于决定性地位，资源的稀缺性决定了资源必然流向生产效率相对高的产业部门和领域。农业的生物学特点决定了农业是一个生产效率较低的产业部门，聚集在农业生产领域的资源少，相对于农资供应及农产品深加工领域，其竞争力弱、附加值低。因此，要想提高农业附加值，增加产业竞争力，必须提高农业产业迂回程度，延伸农业产业价值链。一些农业发达国家的农产品深加工程度达到 70% 左右，而且农产品的增值能够达到原值的 5～7 倍，我国由于农产品加工技术落后，农产品深加工程度不高，农产品增值只能达到原值的 2～3 倍。②

二、推进农村三产融合发展的现实意义

乡村振兴的关键是产业振兴，而产业振兴的根本途径是三产融合，三产融合是乡村振兴的重要手段。如果离开了产业融合发展，产业振兴就无从谈起，农业也减少了增值和提升空间，农民收入增长失去了依托，农业农村经济的多元化发展也将受到制约，乡村全面振兴就会推进乏力。因此，农村三产融合对全面振兴产业、提升农业、富裕农民、繁荣农村、促进城乡融合发展具有非常重要的现实意义。

---

① 姜长云：《日本的"六次产业化"与我国推进农村一二三产业融合发展》，《农业经济与管理》2015 年第 3 期，第 5－9 页。

② 樊惠玲：《基于"微笑曲线"分析农业产业价值链优化的路径选择》，《江苏农业科学》2014 年第 1 期，第 397－399 页。

（一）农村三产融合发展有利于促进全面产业振兴

首先需要明确，乡村振兴背景下的一二三产业融合，是以农业产业为基础的三产融合，是以第一产业——农业为依托，以农民及相关生产经营组织为主体，通过高新技术对农业产业的渗透而实现的。三产间的联动与延伸、体制机制的创新等多种方式，将资金、技术、人力及其他资源进行跨产业集约化配置，将农业生产、加工、销售、休闲农业及其他服务业有机整合，形成较为完整的产业链条，带来农业生产方式和组织方式的深刻变革，实现三产协同发展。[①]

乡村振兴中的产业振兴泛指农村的所有产业，不应局限于农业。也就是说，实施乡村产业振兴既要基于第一产业又不能囿于第一产业，而应着眼于优化一产，在此基础上大力发展二三产业。[②]

农村一二三产业的融合，不是三大产业的物埋相加，而是一种有机融合，形成的是 1+1+1>3 的效果，甚至像日本学者今村奈良臣提出的"六次产业"理论那样，是一二三产业的乘积。因此，三产融合带来的产业振兴，不仅是农业本身的振兴，也会带来与农业产业相关联的二三产业的振兴，同时也会带来整个乡村产业的全面振兴。

（二）农村三产融合发展有利于促进农业提升

实施乡村振兴战略就是要推动农业全面升级、农村全面进步、农民全面发展，让农业成为有奔头的产业，让农民成为有吸引力的职业，让农村成为安居乐业的美丽家园。而农业的全面提升成为促进其他方面发展和进步的基础和条件。三产融合发展对促进农业提升的作用是多方面的。

其一，提升农业竞争力。当今的竞争不再是某一产品的竞争，而是整条产业链的竞争。三产融合使农业"接二连三"，延长了产业链，提升了价值链。同时，二三产业的参与不仅注入了人力、物力、技术、资本等各项要素，也将二三产业中的生产方式和经营理念带入农业，从而提升了农业的产业竞争力。

其二，促进农业的多功能开发。传统农业以农产品的生产为主，随着人们生活水平提高所带来的对美好生活的更高需求和新技术要素作用的日益增强，农业的多功能性被不断开发出来。而三产融合中的很多融合形式就是立足在农业的多功能上，促进三产融合发展就是一种变相的促进农业多功能开发

---

① 赵霞、韩一军、姜楠：《农村三产融合：内涵界定、现实意义及驱动因素分析》，《农业经济问题》2017 年第 4 期，第 49-57、111 页。

② 于志华：《乡村振兴视域下产业振兴研究：范畴、基础与路径》，《商业经济》2020 年第 9 期，第 121-123 页。

方式。

其三，推动农业导向从增产向提质和增强我国农业创新能力上转变。三产融合包括一产内部的融合，应该说，在第一产业与二三产业融合之前，应首先表现为一产内部的融合。例如，当前农业生产中表现出的因化学肥料的过量使用带来的面源污染、土壤有机质含量降低及肥力下降，养殖业中畜禽粪便处理渠道不畅、费用较高、经营者积极性不高，造成的环境污染，这都是典型的一产内部没有实现融合的表现。中医学说，"通则不痛"，上述现象就是因为一产内部各产业之间相互分立与隔离，不能形成内部种养循环，因"关节不通"所致。一产的内部融合，既有经济效益，也有生态效益，还有社会效益，是一个一举多赢措施。随着信息技术的发展，生产者与消费者之间信息不对称程度将会大幅度降低，未来的农产品消费者一定会更注重农业生态环境，并会主动为良好生态环境下生产的农产品增值买单。三产融合能更好地应用信息技术，既可以利用信息技术将高品质农产品推销出去，又可以通过信息技术应用提高农业效率和产品质量，实现农业发展由数量增长向质量提升的转型。

其四，有利于农产品质量安全水平提高、标准化实施和品牌创建。三产融合可延长产业链，并使农产品通过精深加工克服区域内农产品由于具有同质性而进行自我竞争的弱点，同时，还可以借助二三产业的管理和营销优势，扩大品牌效应。由于农产品生产、加工和销售各环节都融合在一个共同体内，每个环节的运行效果都通过最终产品体现出来，与每一个环节经营者的利益紧紧联系在一起，从而提高了经营者的责任心和质量管理水平。三产融合后由于环节增多，必然带来生产加工等规范程度的提高，整个流程的标准化程度也会提升。

（三）农村三产融合发展有利于促进农民增收

以农业为基础的三产融合，目的就是将农产品附加值更高的加工和销售环节的收益留在农村，留给农民。增加农民收益是农村三产融合的最直接目的和最本质体现。

三产融合可以使农民不仅获得第一产业的收益，还可以分享第二三产业中的利益。农民可以通过多种方式参与二三产业，如可以通过参与创办企业入股分红，也可以参加合作社，通过合作社创办的企业或与企业合作，从合作社中按交易额获得返还盈余。三产融合还为当地农民就业提供了机会，是农民增加收入的一个重要渠道。

农村三产融合使农民收益增加已被国内外实践所证明，如日本政策金融公库进行的一项调查显示，实施"六次产业化"后，日本约70%的经营主体明显增加了收入。① 韩国同样通过开展"六次产业化"让农村地区各产业深度融合，在第一产业基础上，开展农产品加工和特色农产品开发等第二产业，直销店、餐饮、住宿及文化等第三产业，增加了附加值，创造了新的工作岗位，增加了农民收入。我国一些运作比较好的合作社，通过开展农产品初加工、包装、销售，取得了较好的经济效益，也促进了其成员收益的增加。

（四）农村三产融合发展有利于促进农村繁荣

农村繁荣的首要条件是要有产业，如果没有产业支撑，农村必然走向萧条和衰败。有了产业就有了"人气"，有人气就会呈现出繁荣景象，如果农村缺少了人气，必然走向凋敝。三产融合使农产品加工业、网络销售及乡村旅游等二三产业在农村兴起，一方面带来产业就业容量提高，使一些原本外出打工的农民可以在家门口就业，更重要的是为那些留守在农村的劳动能力相对较差的人群，提供了一些打工机会，是一种切实帮助低收入农民群体增收的有效方法。另一方面，产业融合所带来的产业兴旺，不仅促进了与农业相关联的融合产业兴旺，也激活了其他农村产业，包括为一二三产业和人口消费提供服务的产业部门，如农村运输、快递及生活物品消费服务行业等。三产融合带来的产业兴旺成为农村永不枯竭的源头活水和走向繁荣的动力之源。

（五）农村三产融合发展有利于促进城乡融合发展

当前我国社会主要矛盾中"最大的发展不平衡，是城乡发展不平衡；最大的发展不充分，是农业农村发展不充分"。造成这一矛盾的原因，既有国家为实现工业化发展而实行的城乡二元格局，使农村资源流向城市的原因；也有农业本身的弱质性，与二三产业相比竞争力弱的原因；更有农村缺乏体制机制创新，缺乏要素聚集和承载的机制载体的原因。正如张红宇所说："外部矛盾在于工农城乡发展不平衡，资源要素交换不平等，农业农村难以获得平等的发展机会；内部矛盾在于乡村发展环境有待改善，农村产权制度不完善、经营机制不灵活、资源优势难体现、集聚效应难形成。"② 也就是说，既有外部大环境的原因，也有内部的原因。因此，乡村振兴战略提出了"两个融合"要求，一是城乡融合，并实行农业农村优先发展；二是产业融合，实现农村产业振兴。农村产业融合是城乡融合的重要基础和中国城乡一体化的重要组成部分。只有建立起农村三产融合机制，才有利于拓展城市及社会资本和生产要素进入农业、农村的通道，强化农村产业发展的要素支撑，才能形成城乡融合发展

---

① 姜长云：《推进农村一二三产业融合发展新题应有新解法》，《中国发展观察》2015年第2期，第18-22页。

② 张红宇：《加快推动中国特色乡村产业振兴》，《中国党政干部论坛》2018年第4期，第32-35页。

机制。

三、三产融合发展产业组织建设是关键

乡村振兴需要从内部和外部共同发力。从外部，或者说大的宏观政策环境是实行城乡融合；从内部，或者说政策的落实层面是实行产业融合，以此作为城乡融合要素流动交换的渠道和承接各种汇集乡村要素的载体。

内因是变化的根据，外因是变化的条件。实施乡村振兴战略，农业农村优先发展是先决条件。相对于外在支持的条件外因，内部健全的产业融合机制内因更为关键。可以说，没有农村的三产融合，就难以开展农村的产业振兴，也难以落实城乡融合的利好政策，乡村振兴战略的制度就难以落到实处。因此，三产融合发展非常关键，它直接决定着乡村振兴战略的成效。

（一）农业产业化发展中存在的问题

20世纪90年代的农业产业化经营，虽然在提法上和三产融合不一样，但核心意思是一样的。二者之间如果说在本质上有什么区别，就是由于当时农业产业分化程度较低，体现为一二三产业的纵向一体化；而今天农业产业分化形成的多功能化，使产业融合同时向横向拓展。

有学者认为，三产融合是农业产业化的高级形态和"升级版"[①]；也有人认为，是农业产业化的继承和发展。不论是升级还是发展，事实上农业产业化都已经作为基础存在。如果当时的产业化非常成功，或许今天就没有再提出三产融合的必要了。今天提出三产融合虽不一定是对产业化的否定，但也说明产业化并没有实现"产业化"的目的。这需要从中找出问题所在，以免影响三产融合的健康发展。

首先从农业产业化的定义说起。理论界对农业产业化这一提法有不同看法。[②] 很多学者对农业产业化这一名词的科学严谨性持怀疑态度。[③] 学者王化信认为，"农业产业化"的提法不科学不妥当。农业早已是全世界公认的第一产业，还怎么产业化？这是非常明显的同义反复。不要把什么都装进"农业产业化"这只袋子里。

到底什么是农业产业化？有这样的概括："'农业产业化'作为一种新的生产经营方式，其基本内容和发展形式为以国内外市场为导向，以经济效益为中

---

① 肖卫东、杜志雄：《农村一二三产业融合：内涵要解、发展现状与未来思路》，《西北农林科技大学学报（社会科学版）》2019年第6期，第120-129页。

② 阮文彪、扬名远：《关于农业产业化若干理论问题的思考》，《当代财经》1998年第5期，第46-48页。

③ 潘光辉、罗必良：《农业剩余与农业产业化》，《广东社会科学》1998年第3期，第50-54页。

心，围绕区域性支柱产业，实行多层次、多形式、多元化，优化组合各种生产要素，以农业增产、农民增收、财政增收为目标，实行区域化布局、专业化生产、规模化建设、系列化加工、一体化经营、社会化服务、企业化管理，通过市场牵龙头，龙头带基地，基地连农户的形式，逐步形成种养加、产供销、贸工农、农工商、农科教一体化生产经营体系，或各具特色的'龙头'型产业实体，使农业和农村经济走上自我发展、自我积累、自我约束、自我调节的良性发展轨道。以农业产业化，促进高产、优质、高效农业的发展，推动农业（和农村）现代化进程。"[①]

就这段关于什么是农业产业化的论述，王化信认为，涉及农村方面的十几个系列的"化"，不仅包括经济基础的方方面面，也涉及上层建筑方面，内容很丰富，但读过之后，还是不得要领，一口气一连提了十几个"化"，可到底什么是农业产业化？还是不清楚。既然什么工业、商业、科学、教育等都归入"农业产业化"了，那么"农业"到底是什么？按照这些观点，恐怕世界上没有几件事情不算"农业"了。如果"工"和"商"都成了"农"的一部分，也就不存在可与"农"相提并论的"工"和"商"了，只剩下一个"农"，"农工商"一体化也就无从谈起。[②]

名称很重要，"名不正，言不顺，事不成"，但问题的关键并不在这里。比如"现代化"这个词就不理想，费孝通说它意思模糊；钱乘旦说它"词本身甚至文不达意、表达不明。"但被一个具有实质且起关键支撑作用的东西——工业化，弥补了其词意上的缺憾，工业化是现代化的核心，其实质性的发展使现代化成了一个实实在在的发展过程。

农业产业化，也称"农业产业化经营"，其核心是"农业产业一体化经营"。学者牛若峰把农业产业化定义为"农业产业一体化经营"。如果在农业产业化的实践中真正实现了这种说法，至于农业产业化之称谓是否科学严谨，就无关紧要了，但"农业产业一体化经营"没有做起来。

"产业化"意在把产供销各环节重新联结起来，构成涵盖农业扩大再生产全过程的完整的产业链条，也就是"农工商、产供销一体化经营系统"。一体化系统内部的"非市场安排"与系统外市场机制结合起来，使外部经济内部化，建立起"风险共担，利益共享"的经济共同体。

从本质上说，农业产业一体化经营是多元参与者主体建立的经济利益共同

---

① 张慎：《农业产业化的实质、客观要求和历史任务》，《中国农村经济》1996年第6期，第16-23、2页。

② 王化信：《关于农业产业化的若干理论问题》，《北京社会科学》1998年第3期，第37-41页。

体，它的基本内涵是"风险共担，利益均沾"。是否建有这种利益共同体是判别经营实体是否纳入了农业产业一体化经营的关键。

农业产业一体化经营系统内的经济共同体，可以从两个层面去理解。一个是在产供销经营层面上形成的经济利益共同体，另一个是在产权层面上形成的经济利益共同体。[①]

判断某一经营实体是否纳入农业产业一体化经营，要用"三看"标准来衡量：一看"龙头"单位与多元参与者主体是否具有直接的共同利益；二看是否有一定的组织方式或载体联结；三看是否有一定的制度来维系。不符合这些标准的，不能算是农业产业一体化。[②]

农业产业化的主要措施最后落脚在了支持农业产业化龙头企业的发展。而实际上一体化形式是龙头企业和农户之间建立的收购农户产品的合作方式，其中部分通过签订购销合同规定双方权利义务。尽管企业和农户之间签订的合同也是一种利益联结形式，但如果就此认为是一种"一体化"，显然是不合适的。

农业产业一体化经营必须通过一定的组织形式来实现，并按照相应的制度来运行。"农业产业化实质上是一种农业产业组织形式的创新，是一种集约化、市场化和社会化的农业"[③]，因此，"农业产业化是我国农村市场取向改革的结果，而不是改革本身"[④]。也就是说，农业产业化必须通过农业体制机制改革实现农业产业组织形式的创新来实现，它是改革的结果。然而农业产业组织形式创新却始终没有实现突破。

我国《农民专业合作社法》的出台，为农业产业化组织形式创新找到了出路，理应成为农业产业化理论创新的支撑点，但农民专业合作组织并没有融入农业产业化中，二者一直处于并行发展状态。在实践中，政府既对农业龙头企业进行扶持，又对合作社进行扶持，并没有将其进行有机的结合，形成"一体化"扶持的概念。农业产业组织形式创新是农业产业化一直没有解决好的问题，因此也就没有真正在实质上实现农业产业化，农业产业化只是一个形式上的用语。

需要声明的是，作者虽指出了农业产业化存在的某些不足，但并不否认农业产业化在推动我国农业发展中发挥的作用。农业产业化没有解决好的产业组织问题，必然留给作为其发展升级的"三产融合"去解决。

（二）农民专业合作社建设是"三产融合"的重点

"三产融合"不是三次产业的物理相加，而是三次产业的化学反应。三产

---

① 牛若峰：《农业产业一体化经营的理论与实践》，《经济研究参考》1997 年第 54 期，第 2-21 页。

② 牛若峰：《农业产业一体化经营的理论框架》，《中国农村经济》1997 年第 5 期，第 4-8 页。

③④ 袁永新：《山东省农业产业化理论与实践》，中国农业科学技术出版社，2003，第 100、34 页。

融合的反应器是什么？就是三产融合的产业组织，没有这一组织的建立，三产融合就不会发生；即使发生，也只能是形式上的物理堆砌。

三产融合的产业组织最基本和最基础的单位就是农民专业合作社，合作社是三产融合的核心主体①，可以在农民专业合作社基础上实现进一步的合作与联合，形成更大规模和更高层次的产业组织，实现更大范围和更高层次的产业融合，但起点必须是从农民专业合作社建设开始。

合作社是发展"三产融合"最合适的载体之一。第一，合作社的功能定位与"三产融合"目标不谋而合。农民专业合作社以自主经营的农户为主体，基本功能在于延伸产业链、提升价值链，主要目标是解决单个农户无法解决的问题，其本身就是一个融合组织，其产生就是为了将农产品生产的产前、产中、产后服务融为一体。日本农民合作组织直接被定义为综合农协，其"综合协同组合"的定义，即具有融合之意。第二，合作社有利于保证"三产融合"中农民的主体地位。"三产融合"的基础是农业，主体是农民。当前，中国农村地区职业分化和社会分层明显，仅仅依靠农民开展"三产融合"显得力不从心，单纯依靠工商资本又无法保证以农业为基础、以农民为主体的主旨，在合作社基础上开展三产融合既能保持为农民服务的宗旨，又发挥了资本运作的优势。第三，合作社有能力成为"三产融合"发展的主导力量。农民合作社的发展提高了农民的组织化程度，汇集起农民的智慧和力量，在国家农业农村优先发展政策的扶持下，农业向二三产业延伸和扩展，使大量农民留在了农村并凝聚在合作社组织下，成为三产融合发展的主导力量。②

真正实现三产融合发展，就要充分认识其在我国所具有的长期性、艰巨性和深远意义及区别于其他国家的不同特点。日本的"六次产业化"是在农协制度成熟、组织健康运行的基础上可以直接推行的融合措施。日本的经验表明，即使是那些实力较强的规模化农业生产者，单靠其自主发展也存在巨大困难，需要工商业的带动和协力支持。③ 而我国产业组织发展刚刚起步，还难以承担起融合发展的重任，需要优先把产业组织培育好，在此基础上才谈得上产业融合，这是一个相对漫长的过程。二产融合对以农民合作为主的产业组织来说是一个很复杂很困难的事情，从另一个角度说，三产融合也是对产业组织发展情况的检验。正如牛若峰所说："国际经验证明，没有发达的合作经济，就不会

①　孔祥智：《合作社是三产融合的核心主体》，《中国农民合作社》2018年第5期，第38页。

②　马彦丽：《合作社在"三产融合"中大有可为》，《中国农民合作社》2019年第1期，第52页。

③　姜长云：《推进农村一二三产业融合发展新题应有新解法》，《中国发展观察》2015年第2期，第18-22页。

有全国规模的农业产业一体化经营，也就不会有发达的现代市场经济。"① 要防止"农业产业化一体化经营"中因缺乏应有的产业组织创新而使"一体化"无法落实的现象重演。

四、农村三产融合的本质要求与发展的主要形式

（一）农村三产融合的本质要求

第一，乡村振兴的根本是实现农业农村现代化，让农业成为有奔头的产业。农业是乡村的本业，是国家最基础、最刚需的产业。无论时代怎样发展，无论乡村怎样演变，农业始终是一国百姓的食物之源，也是全社会生态供给的主要来源，更是农民繁衍生息的谋生之业。因此，三产融合必须立足于农业，如果离开了农业，仅仅是二三产业在农村发展，就不能算乡村振兴中的"三产融合"。

第二，推进三产融合的主体是农民，核心是完善惠农、富农的利益联结机制，让农民真正分享产业链延伸、产业功能拓展的成果。离开了农民的主体地位，就脱离了三产融合发展的根本目的，也不能算"三产融合"。

第三，三产融合的理论基础是农业的多功能性和多重价值。借鉴农业的多功能性理论，一方面可有意识地促进农业、农村的资源更多地在市场上实现对价，另一方面可以为针对三产融合发展的扶持政策提供理论支撑。

第四，促进三产融合发展，既要求实现"农业竞争力的明显提高"，还要求"农民收入持续增加，农村活力显著增强"，决不能仅用经济效率来评价"三产融合"发展的成效。

第五，三产融合发展的关键，是加强以农民合作组织为重点的新型经营主体建设，完善农业经营体制机制，充分调动各类市场主体的积极性，充分发挥市场在资源配置中的决定性作用。政府要强化政策引导、财政扶持、公共服务和市场监管，但不能越俎代庖造成不当干预。②

（二）农村三产融合发展的主要形式

第一，按顺向融合方式延伸的农业产业链。这是典型的融合形式，该形式立足农业，向农产品加工业和农产品直销、餐饮、农产品物流等农村服务业顺向融合，如兴办农产品产地加工业、建立农产品直销店等，甚至直接形成链接农业生产与农产品消费的农业全产业链发展模式。还包括种植业、养殖业、畜牧业等子产业在经营主体内或主体之间建立起来的产业上下游之间的相互衔

---

① 牛若峰：《农业产业一体化经营的理论与实践》，中国农业科技出版社，1998，第50页。

② 马彦丽：《合作社在"三产融合"中大有可为》，《中国农民合作社》2019年第1期，第52页。

接、循环往复发展状态的融合形式，如典型业态有立体农业、林下经济、循环农业等。还有产业融合组织开办农资生产企业，实现与农业产前第二产业的延伸融合等。

从国际经验来看，在顺向融合方式中，能够做到一二三全产业链融合的还是少数，主要是一产与三产的融合。

世界上三大合作模式也形成了三种融合模式。

（1）东亚融合模式。在横向上以农户联合为主，纵向上以产业融合为辅。产业融合从农产品生产到批发市场环节，比较典型的是日本、韩国。日本政府实施的"六次产业化"主要是"地产地销"措施。

（2）西欧融合模式。在横向上的农户联合主要是专业联合，而纵向上的产业链延伸比较长比较完整。以位于流通环节上端的种植者（合作社）为主导，政府统一规划与建设，开展农产品加工销售。如荷兰花卉产业，就是合作社举办农业加工企业，经加工包装和市场销售形成纵向一体化关系。欧洲国家在一体化融合中，合作社还与农业原材料供应企业形成纵向协调关系。

（3）北美融合模式。北美农户农业生产规模大，主要通过专业合作社与下游流通环节终端的零售商和物流商签订合同，实行"规模订单＋专业加工＋物流配送"①。

20 世纪 90 年代初，美国北部北达科他州和明尼苏达州兴起了一种纵向一体化的新一代合作社模式。新一代合作社主要聚焦于附加值提高上，其特征是：社员支付较高的首期投资；社员享有同投资额相当的交货权；交货权权益（包括增值收益和贬值损失）可以转让；成员资格具有封闭性；整个股本金具有稳定性；主要发展加工业，以提高产品的附加值，增加社员收入；利润及时以现金形式返还给社员，社内不做或少做留成。② 这种合作和产业融合方式或许对我国三产融合方式的借鉴意义更大。

第二，按逆向融合方式延伸农业产业链。依托农产品加工或流通企业，建设优质、高效、生态、安全甚至高产的农产品原料基地，实现农村一二三产业逆向融合。

这种情况在我国比较普遍，特别是在畜牧养殖业较为突出。尽管这一形式主要是资本主导型，限于我国农民组织化程度低，当前依然对农民增收具有积极的促进作用。主要表现在，一些公司制加工企业除了直接投资建设养殖场

---

① 朱富云、柯福艳：《农业六次产业化发展现状与逆社会分工视角下的主要特征——日本案例及对我国农业发展的启示》，《浙江农业学报》2015 年第 12 期，第 2234－2239 页。

② 王震江：《美国新一代合作社透视》，《中国农村经济》2003 年第 11 期，第 72－78 页。

外，还与农民建立类似于生产车间的紧密型合作关系，企业提供生产资料供应和畜牧产品收购服务，农户专注于生产养殖环节管理。

由于农业生产适宜家庭经营的特点，一些从事农产品加工的龙头企业为保证原料供应和产品质量，建立了自己的种植基地，但规模往往不是很大。

第三，横向上农业功能拓展型融合。通过发展休闲农业和乡村旅游，激活农业的生活、生态功能，赋予农业环保、科技、教育、文化、体验等内涵，提升农业的生产功能和经济价值。随着生活水平的提高，人们对农业的多功能性需求增强，这种融合方式具有较好的发展潜力。

第四，服务业引领型融合。这是一种新型的融合形式，即通过成立市场化的农业生产性服务组织、建设平台型企业，或推动农产品生产及加工企业向农业服务企业甚至农业综合服务商转型，引领或更好地辐射带动农业发展方式转变。[①] 不论哪种融合形式，前提是必须符合以农民为主体、立足于农业发展的要求，否则就不属于乡村振兴中三产融合的范畴。

第三节 以多元方式和渠道促进乡村人才振兴

"功以才成，业由才广"，乡村振兴，人才是关键。人才振兴是乡村振兴的前提。

人的要素及其衍生的人才资源既是全面推进乡村振兴的起始点和基础性条件，也是其落脚点和评判性标尺，更是关乎现实样态与发展走向的关键变量。[②] 在乡村振兴这一农业农村现代化过程中，人的现代化是最关键和最根本的环节，它不是现代化过程结束后的副产品，而是现代化制度赖以长期发展并取得成功的先决条件。[③] 因此，人才振兴对整个乡村振兴战略的实施具有决定性作用。

一、乡村人才的概念和分类

乡村人才是一个包含"乡村"和"人才"的复合词。既可以是乡村场域范围内的人才，也可以是与乡村有直接行为联系，具有相对较高的素质（如知

---

① 姜长云：《推进农村一二三产业融合发展的路径和着力点》，《中州学刊》2016 年第 5 期，第 43 - 49 页。

② 李金海：《全面建成小康社会与解决相对贫困的扶志扶智长效机制》，《中共党史研究》2020 年第 6 期，第 17 - 23 页。

③ 艾利克斯·英格尔斯：《人的现代化——心理·思想·态度·行为》，殷陆君译，四川人民出版社，1985，第 4 页。

识、技能、能力或影响力）以及热爱"三农"的价值观，并对乡村振兴具有较高积极价值的人。[①]

2021 年 2 月，中共中央办公厅、国务院办公厅印发的《关于加快推进乡村人才振兴的意见》中，将乡村人才分为五大类：农业生产经营人才、乡村公共服务人才、乡村治理人才、乡镇党政队伍人才、农业农村科技人才，进一步又再分为 20 个类别。

学者刘晓峰在此基础上，依据"空间属性"将乡村人才分为"在乡人才""返乡人才"和"下乡人才"三大类。

"在乡人才"是指具有内生动力的土生土长且未曾长时间离开过乡村的人才，这是乡村人才的主力军。

"返乡人才"是指有在外务工、经商、参军或接受高等教育等经历，并积累了 定技能、特长、经验或知识，返乡创业的人才，以及一些退休的具有丰富社会阅历和经验，到农村参与农村治理的人才。尚未返乡创业或参与乡村发展和治理的这方面人才是一种潜在返乡人才。

"下乡人才"是指身在城市，但以智力、资本或社会资本等要素投入乡村振兴的人才。如科研院所的专家学者、政府组织内农业技术及推广人员和经营管理辅导人员、法律及社会工作者、乡村教师及医生、企业家等人才。

二、乡村人才振兴的现实困境

人是最关键、最活跃、起决定性作用的因素，乡村振兴的各方面事业都需要有人来实施，更需要人才来创新发展。人才短缺直接制约着乡村的发展，也将直接影响乡村振兴战略的实施。

美国学者西奥多·W. 舒尔茨开创的人力资本理论的核心论点是，人是影响现代经济发展的首要因素。他改变了传统古典经济学认为的，经济增长主要取决于土地、资本和劳动三大要素及其投入状况的观点。把人力资本作为现代经济发展的最主要因素，而教育又是人力资本中最大且最容易理解的部分，所以教育是向人投资的合适代表。[②]

从当前情况看，乡村人才是乡村振兴的薄弱环节，是短板中的短板。具体表现为，总体上人才统筹能力不强，"在乡人才"短缺且综合素质不高，人才引进困难，外流现象依然较重，人才内生动力不强等。

---

① 刘晓峰：《乡村人才：从概念建构到建设路径》，《人口与社会》2019 年第 3 期，第 76 - 85 页。

② 西奥多·W. 舒尔茨：《改造传统农业》，梁小民译，商务印书馆，2006，第 150、159 页。

（一）乡村人才统筹能力不强

乡村振兴是一项系统而庞大的工程，它不是由一个部门或主体可以独立完成的任务，而是一项涉及城乡融合发展的综合事业，需要不同层级、各部门以及全社会都重视甚至直接参与，其中的统筹协调尤为重要。但当前我国农村人才的管理、使用和服务工作，特别是县域农村人才统筹，仍然存在"九龙治水"的现象，即一些事务由多部门主管，缺乏一致性和协同性，没有形成各部门相互协调、相互配合，农村人才流动顺畅、进出有序的人才统筹工作体制机制。

（二）"在乡人才"外流严重且存量综合素质不高

由于我国城乡二元制的长期存在，特别是改革开放 40 多年来，随着工业化和城市化的高速发展，大批中青年农民进城打工，使农村具有一定专长和能力的人才流向了城镇，农村精英人才大量流失，导致农村人力资源严重短缺，存量劳动者素质偏低，"在乡人才"综合素质不高。2017 年，中共中央组织部会同人力资源和社会保障部、国家统计局组织开展的全国人才资源统计结果显示，我国人才资源总量达 1.75 亿人，农村实用人仅 1 692.3 万人，占人才资源总量的 9.67%，总量严重不足。[1] 农村实用人才队伍中 69%受教育程度仍然在初中及以下，且农村实用人才的 73.2%分布在东、中部地区，区域分布不均衡现象十分严重。[2]

（三）乡村人才引进困难

除了上述"在乡人才"外流的问题，乡村地区还存在人才"难招引""难留住""难匹配""难认定"等"输血"功能不足现象。尽管乡村振兴战略实施已经取得了很大进展，但还没有完全实现城乡人才双向流动的平衡和解决乡村人才的"止损"问题。

我国长期存在的城乡二元体制结构的弊端与乡村人才引进困难是分不开的。一是当前农村在公共资源、交通条件、务工就业、社会保障、学习教育等方面与城市存在差距。近几年，农村人才在基层工作中任务繁重、生活条件差、人员工资收入低、发展空间受限、升迁缓慢的问题虽大有改善，但农村依然存在对各类乡村人才吸引力不大的问题。二是受传统观念所带来的偏差，许多人认为乡村地区各方面赶不上城市，年轻人缺乏发展前景，城市生活才是最好的归宿和奋斗向往的目标，形成了在城市哪怕临时没有工作或收入不高也不愿意回去创业的排斥心理。

---

① 蔡若君：《乡村振兴中的人才振兴考量》，《干部工作》2019 年第 4 期，第 25 - 27 页。
② 农业农村部科技教育司：《中国农业农村科技发展报告（2012—2017）》，中国农业出版社，2018。

(四) 乡村人才内生动力不足

第一，乡村地区对人才培养的资源投入极为有限。各地的物质资源投入多直接用于经济建设，对人才培育的资金投入不足，导致人才队伍建设缺乏后劲。第二，作为乡村人才培育重要阵地的乡村教育教学机构，在基础条件、师资力量、设施建设等方面显著落后于城市，导致乡村教师外流、优质教师资源引入困难。第三，在高素质农民培训方面，无论是培训规模还是培训体系制度都难以适应乡村振兴新形势发展的要求。同时，由于农民合作和组织化程度不高，难以有效汇集和反映农民需求，使农村人才培训缺乏精准的培训内容和整体规划，重形式、轻内容的现象较严重，且对乡村人才的培养、培训集中在种养技术、经营管理等方面，对农村文化人才、服务人才、管理人才队伍建设等方面重视不够，技能型、经营型、科技型人才比重相对较小，尤其是在农产品精深加工、电商、营销、农旅、物流等农村新兴产业方面人才最为欠缺。培训内容的更新跟不上三产加速融合条件下的农村新产业、新业态的发生及生产经营模式的创新发展需要，总体上乡村人才的培养滞后于乡村经济社会发展的需要，制约了乡村人才素质的提升。与西方发达国家相比，我国在新型农业经营主体的培训力度、培训形式上都存在一定差距。同时，由于对高素质农民身份认同感普遍不足，农民参加培训的积极性不高。

三、乡村人才振兴的促进措施

乡村人才振兴的目标定位是培养和造就千千万万有志于乡村建设的各类人才，打造"懂农业、爱农村、爱农民"的乡村振兴人才队伍。为此，需要在体制机制、政策发展环境、平台建设等方面为乡村人才提供外部条件。在乡村人才队伍建设上采取"用、育、强、招、请、借"等具体措施，在造就在乡本土人才的同时，不断吸收返乡人才和下乡人才，聚天下人才而用之，实现乡村人才振兴。

(一) 抓住体制机制创新根本

第一，加强顶层设计，统筹乡村人才振兴工作。做好乡村人才工作，必须加强顶层设计，以城乡融合发展为基本出发点，畅通城乡之间、部门之间乡村人才的流通渠道，推进乡村人才工作的统筹安排。要发挥好党组织纵览全局、协调各方的领导核心作用，完善好各级党委集中统一领导、组织部门牵头实施、各职能部门相互配合的人才工作运行机制。坚持党管干部和党管人才的原则，将"五级书记"抓乡村振兴的侧重点放在乡村人才建设上，使乡村人才建设成为各级党组织的一项重要工作内容。

第二，建立健全乡村人才振兴的体制机制。要严格落实好《关于加快推进乡村人才振兴的意见》要求，根据各地区实际情况制定好各项配套制度。要全面建立职业农民制度，深化职称制度改革，健全人才引进、培养、培育、使用评价和激励等机制，以机制创新推动人才振兴。健全乡村人才管理协调机构和乡村人才工作机制，强化人才振兴保障措施，形成推动乡村人才建设的有效合力，调动乡村人才参与乡村振兴事业的积极性。

（二）优化乡村人才振兴发展环境

乡村人才振兴最关键的问题是把人"留下来"，优化环境是留住人才的重要保障。

第一，要着力构建积极开放的政策环境。城乡融合本质上是消除、破解处于不同区域的居民之间在享受基本公共服务、获取经济社会发展资源和机会等方面存在的差异、梗阻、区隔等。政府要强化城乡人才流动的制度性供给，针对乡村外来人才积极探索在权利保障方面的制度创新，使他们能够在一个清晰的制度环境中发挥应有的主体作用，具体包括决策参与、意见表达、评判监督、成果收益等，同时要探索给予乡村外来人才准村民的待遇，除土地承包权和宅基地使用权等特殊权益外，构建能够使外来人才分享乡村振兴红利的机制和渠道，增强其归属感和获得感。[①]

第二，要着力打造创业创新的工作环境和爱才敬才用才的社会环境。首先，要解决乡村人才的后顾之忧。积极围绕农村人才的市场配置、职称、医疗和养老保险等，联合相关部门研究、探索和建立农村乡土人才的社会化管理机制，保护各类农村人才的合法权益。通过制定优惠政策、提高生活待遇、改善工作环境，吸引并留住各类农村人才。要在资金和技术上积极引导、支持、帮助农村人才创新创业，努力解决各类人才在生产生活中遇到的困难和问题，让他们在农村广阔的天地上施展才华。[②] 其次，注重政策激励，为农村人才发挥聪明才智、推动农业和农村经济快速发展营造良好的社会环境。制定有利于农村人才成长和发挥作用的政策，因势利导，从政治、荣誉、待遇等多个层面进行激励。对在科技开发、科技承包或服务中取得重大经济和社会效益，在带头发展生产、带领群众致富中作出贡献的农村人才给予经济奖励，并保护其合法收入。加大评比表彰力度，对农村各类人才进行专项评比表彰。对具有一技之长且做出一定业绩的实用人才授予荣誉称号。

（三）构建乡村人才平台

第一，政府部门要建立好乡村人才资源库。将各种乡村人才统一分类，建

① 李海金、焦方杨：《乡村人才振兴：人才资本、城乡融合与农民主体性的三维分析》，《南京农业大学学报（社会科学版）》2021年第6期，第119-127页。
② 蔡若君：《乡村振兴中的人才振兴考量》，《干部工作》2019年第4期，第25-27页。

立档案，纳入不同行政层次的数据库，为乡村人才使用提供方便。

第二，搭建实用平台。利用互联网信息平台技术搭建人才交流平台、人才创业平台、人才教育平台等，以利于乡村人才交流的供需对接。

第三，搭建好以农民合作组织为重点的组织平台。农民合作社具有集聚人才、培养人才、造就人才的载体功能作用。乡村人才包括各行各业的产业人才，而重点凝结在以农业为基础的三产融合的产业组织上。如果没有产业组织这一载体，乡村人才就没有立足之处，以农民合作组织为重点的组织建设是乡村人才创新创业施展才能的真正平台。

（四）乡村人才队伍建设的具体措施

第一，增"强"乡村干部素质。"政治路线确定之后，干部就是决定的因素。"[1] 乡村人才振兴，必须在增强乡村干部素质上下功夫。乡村干部是贯彻落实党的农村政策、推进新农村建设的骨干力量，是最基层、最直接的乡村振兴组织者、指挥员、带头人。他们是重要的人才资源，担负着贯彻党的路线方针、组织实施和引领带动群众实现乡村振兴战略的重大任务。当前，要抓好乡镇干部队伍建设，更要高度重视农村"两委"队伍建设和后备人才培养工作，通过素质教育、能力培训、学历教育、专业知识学习等措施，提升乡村干部队伍素质，为顺利实施乡村振兴战略奠定良好基础。

第二，要把乡村现有的能工巧匠尽快"用"起来。人们对美好生活的向往，使那些积淀着深厚民族文化、代表着独特民间艺术的传统工艺显得弥足珍贵。现在一些地方评选的各种文化传人、手工艺大师就是他们中的典型代表。要对这些传统工艺进行迅速统计摸底、抢救性挖掘，搞好保护传承，使这些能工巧匠的手艺重新"活"起来，成为乡村振兴的文化资源和产业优势。

第三，突出高素质农民培"育"，造就新型农业经营主体。主体行动的意愿和能力是制约改革效率的重要因素[2]。乡村人才振兴要坚持以当地农民、本土人才为主体。高素质农民是乡村产业兴旺的具体实践者和推动者，必须加强对以职业农民为主的新型农业经营主体的培育。

要积极培训家庭农场和培育专业大户生产经营主体以及农民合作社领头人和农业企业经营者，并将其作为重点人才进行管理和精心培养。突出培育高素质农民，构建和完善以各级农业广播电视学校、农业职业学校为主体，农业高等学院、科研院所为拓展，社会力量广泛参与的多元化高素质农民教

---

[1] 毛泽东：《毛泽东选集》第二卷，人民出版社，1991，第526页。

[2] 袁方成、游琪：《治理"短板"：地方改革的效率逻辑——一个"行动-效率"的解释框架》，《甘肃行政学院学报》2019年第6期，第95页。

育培训体系。创新培训方式，搭建高素质农民网络学习平台，探索由农业专家教授线上授课、基层农民培训机构线下实训辅导的培训模式。积极借鉴荷兰大学与产业结合经验，构建"高校—政府—产业"三者共同支撑的教育生态体系。

提高培训的针对性和有效性，要注重对年轻的后备高素质农民队伍的培养，使之成为真正的农村事业的接班人，解决未来谁来种地的问题。

第四，主动将有返乡意愿人才"招"回来。改革开放以来，我国农村一批又一批的年轻人，通过上学、参军、打工、经商等多种途径离开农村，他们在外面经风雨见世面，经过多年摸爬滚打，积累了很多经验和资源。"美不美，乡中水；亲不亲，故乡人"，这部分人熟悉社情民意和各种条件，从情感上亲近故乡且更容易被接纳，其从事的事业更能得到周围群众的信任和支持。这些现成的潜在乡村人才资源，一旦返乡创业成功率很高。主动把他们招回来，将他们所积累的宝贵经验和知识财富用来回报乡村的建设与发展，实现了宝贵人才从乡村外流到返回乡村的良性循环。他们的回归，对新思想、新文化、新知识在乡村的传播，对教化乡民、泽被乡里、温暖故土、凝聚人心、促进和谐、重构基层格局，对农村经济发展和文化振兴，以及健全乡村自治、法治、德治相结合的治理体系都将发挥重要作用。

第五，把外在精英"请"进来。乡村振兴需要集合和调动各方面人才力量，除了充分利用本乡本土的"在乡人才"和"返乡人才"，还需要利用一些愿意到乡村创新创业的有识之士和各界精英，以及想融入乡村社会的各种人才。

近年来，人工智能等高新技术快速发展，带来了因工业生产效率的大幅提高而形成的全球工业产品的日益过剩，这种新趋势使城市人才回流农村，要积极吸纳这些人才为乡村振兴作贡献。一是愿意到乡村创新创业的有识之士和各界精英。包括到乡村进行各种投资的人才，以及在基层乡村进行长期服务的农业生产性服务人才，如农业生产资料供应、信息和互联网技术服务人才，这是现代农业发展的重要新生力量。二是利用乡村独特的田园风光、诗意山水、民俗风情、乡土文化、农家美食，以及在经济、文化、生态、社会等方面城市不可替代的价值，吸引一些外在精英人才到乡村生活或创业。

第六，把专家智慧"借"过来。在乡村振兴中，高校和科研院所的技术智力支持不可或缺。高等院校、科研单位人才济济、成果累累，这些人才和成果也需要通过一定渠道付诸实践和转化，根据乡村振兴的实际需要，在法律和政策许可范围内，吸引高校和科研单位到乡村发挥知识、技术、人才专长，把智慧、知识、技术推广应用到乡村。同时，要积极利用高校和一些涉农职业院校中的教育培训资源优势，为乡村振兴培养专业化实用人才。

第四节　以文化重构促进乡村文化振兴

乡村文化振兴在乡村五大振兴中位于中间位置，具有核心作用。乡村文化振兴不仅对应着乡村振兴战略目标要求中的乡风文明，还对乡村有效治理具有重要作用。

党的十九大报告指出："文化是一个国家、一个民族的灵魂。文化兴国运兴，文化强民族强。没有高度的文化自信，没有文化的繁荣兴盛，就没有中华民族伟大复兴。"习近平总书记高度重视中华优秀传统文化的作用，他强调："博大精深的中华优秀传统文化是我们在世界文化激荡中站稳脚跟的根基。"①

乡村文化是乡村的魂。乡村文化振兴是乡村振兴战略的"铸魂"工程。振兴乡村文化关乎乡村振兴的成败。

如何实现乡村文化振兴？推进乡村文化振兴的"技术"手段是必需的，但核心在于实现乡村文化的重构，即对乡村文化本身的重新建构。只有实现乡村文化的重构，才能实现乡村文化振兴。乡村文化重构既是乡村文化振兴的过程，也是乡村文化振兴的前提。可以说，乡村文化振兴的程度取决于文化重构的程度。

一、传统乡村文化的生成

中华文化的根基是中华优秀传统文化，而中华优秀传统文化的本源则是乡村文化。

中华文明源远流长，中华文化灿烂辉煌，历经五千年而不辍，中华文明是世界上唯一一个没有中断的文明。五千年的文明发展创造出璀璨的中华文化，中华优秀传统文化积淀着中国民族最深沉的精神追求，它不仅是中华民族得以生存的根本，也是中华民族历经劫难而又不断重新走向振兴的重要支撑和中华民族文化自信的重要源泉，更是新时代中华文化的丰厚滋养和在世界文化激荡中站稳脚跟的重要根基。

中国自古就是一个农业大国，其社会也是一个乡土社会，泱泱五千年中华文明历史积淀出的浓厚乡土文化，成为中华优秀传统文化的基本内核，中国文化本质上是乡土文化。

"'文化'指的是一个民族，或者群体，共有的生活方式与观念体系总和。"② 是某一群体在长期的生产、生活过程中逐渐形成和积淀起来的人与自

---

① 习近平：《习近平谈治国理政》，外文出版社，2014，第 164 页。
② 费孝通：《费孝通九十新语》，重庆出版社，2005，第 164 页。

然、社会及自身关系的总和。文化具体包括物态文化层面、行为文化层面、制度文化层面及精神文化层面等四个方面。乡村文化则是生活在乡村这一地理空间中的人们长期以来形成的特有而相对稳定的生产生活方式与观念体系的总称。① 众所周知，历史上的中国社会是以乡村为基础、以农民为主体的农耕文明社会。以农村为主要生存空间的乡村文化构成了中国传统文化的主体，乡村文化的原点在村落。"所有文化，多半是从乡村而来，又为乡村而设——法制、礼俗、工商业等莫不如是。"② "新中国的嫩芽必须从旧中国的老根——乡村——中长出来"，乡村成为中华文化发源和传承的重要载体。

"文化作为特定意识形态的产物，其形成具有复杂性与长期性的特点"③，中国传统乡村文化的形成更是如此。

第一，自然地理环境上的广袤和封闭性。历史上的中国，位于欧亚大陆板块东部，东部面海，西部是世界屋脊——青藏高原，南面是山，北面是高原，中央是广袤的平原，形成了一个三面高山环抱面向东海的类似簸箕状的地理环境。大部分地区温度和降水配合良好，雨热同季，为农业生产提供了适宜的条件。黄河中下游地区，气候温和适宜耕作和生活，先民们很早就在这里生活繁衍、发展农业，成为华夏文明最早的发源地之一，并创造了光辉灿烂的中华文化。因为具有这样的地理环境，在生产力水平还不高的情况下，我国阻挡住了历史上来自西方其他蛮族的侵袭，从而中华文明成为世界上唯一一个没有中断的文明。

第二，自给自足的小农家庭生产方式。自给自足的农业生产方式是历史上农业的主要生产方式，劳动人民被固守在自己的土地上。一方面，中华农耕文明主要发源于黄河中下游区域，旱作农业是其主要特征，并且受日照时数的限制，稍有延误就会影响下一季成熟，这就要求人们必须及时根据季节的变化进行大田管理和耕作。农时具有"机不可失，时不再来"的特点。农业上的每一分收获都是精耕细作和辛勤付出的结果，农业的生产方式造就了我国劳动群众吃苦耐劳、勤俭持家、淳朴善良的品质。另一方面，自给自足的以家庭为基本单位的生产方式，其生存经验和基本的生产生活资料依赖于祖祖辈辈的传承，离开了家庭，个人就难以生存，形成了"个人——家庭——家族（村庄）——宗族"，最后到国家的一种"差序格局"关系。

第三，儒家伦理文化思想。中华文明实质上是一种农耕文明，我国传统文

---

① 范建华、秦会朵：《关于乡村文化振兴的若干思考》，《思想战线》2019 年第 4 期，第 86 - 96 页。

② 梁漱溟：《乡村建设理论》，上海人民出版社，2011，第 10 - 11 页。

③ 沈费伟：《传统乡村文化重构：实现乡村文化振兴的路径选择》，《人文杂志》2020 年第 4 期，第 121 - 128 页。

化本质上是一种农业文化，就其内容，无论在物质上还是精神上都建立在农耕基础之上。中华文明的传播也主要是随着农业规模的扩展而不断向四方扩大。

农耕文明最显著、最基本的特征就是追求生活的稳定。因为民众生活的一切几乎都与土地密切相关，需要在固定的土地上进行生产生活，由此，人与土地紧密地捆绑在一起。费孝通把古代中国称为"乡土中国"正源于此。中国文化首先表现为一种血缘文化，血缘关系加上农业特点决定了生产生活的稳定性，形成了中国古代的"亲情文化"，塑造出了人情社会或者说是"熟人社会"。

重伦理道德规范是中国传统文化的重要特征。在人类发展史上，虽然任何民族及其文化都有重视道德、宣扬道德的传统，但恐怕没有一个民族像中华民族这样重视道德，把道德放在了整个文化系统的核心。在中国传统农耕文明基础上结成的人与人之间的社会关系，本质上是一种血缘、人伦、宗法关系。人与人之间关系的处理，主要建立在人的伦理关系基础上，是以人们的情感信念为纽带来实现。因此，在社会生活中，伦理具有调节秩序和处理人与人关系的至关重要的意义。伦理道德中的三纲五常思想对民众的意识观念影响尤为深刻，因此也塑造了古代民众男尊女卑、逆来顺受、安于现状、惧怕权威的消极性格。[1] 但以儒家文化中的伦理思想为主要内容的价值追求，对构建传统乡村文化的价值，满足人们的精神需求，建立有序的社会及政治关系，特别是，儒家伦理文化思想的另一重要内容——"礼"的突出强调，对维护古代社会的稳定产生了重要作用。[2]

第四，国家社会政治结构。经济基础决定上层建筑，国家实行什么样的社会政治结构是由这个国家的经济基础以及由反映经济基础的人们的生产生活方式共同决定的。由于经济基础保持了长期不变，文化也与之相适应，我国社会政治结构保持了长期的稳定。自秦朝实行郡县制以后，历朝历代的更替可以说仅仅是官员人事的变化，国家治理体制与治理结构始终没有变化。政府机构相当于皇室的延伸，官员只是帝王的差使。正如马克斯·韦伯对中国古代政治结构所总结的那样，"家产官僚主义"，这种国家政治结构对中国传统乡村文化的形成影响深远[3]，甚至比上述的自然地理环境、自给自足的农业家庭生产方式和儒家伦理文化发挥着更为核心的作用。国家社会政治结构的专制集权特征，

---

① 张中文：《我国乡村文化传统的形成、解构与现代复兴问题》，《理论导刊》2010 年第 1 期，第 31－33 页。

② 沈费伟：《传统乡村文化重构：实现乡村文化振兴的路径选择》，《人文杂志》2020 年第 4 期，第 121－128 页。

③ 赵玉祥、金晓秋：《中国传统乡村文化的形成析要》，《行政论坛》2000 年第 6 期，第 52－53 页。

虽然造就了老百姓屈服权威、轻视个人权利的特征，但也形成了普遍的对大一统国家及其政权广泛认同的文化观念，增强了华夏民族凝聚力。

乡土性孕育了传统乡村文化，形成了我国注重实际、重义轻利、勤劳节俭、长幼尊卑、集体主义的民族特点和品质。

二、传统乡村文化的解构

近代以来，西方的入侵打开了传统中国的大门，西方工业文明与传统中国的农业文明之间发生了直接的交流与碰撞，"使中国原有的身份认同发生了两个根本性变化，一方面是从政治上自我中心的'天下—王朝'变为屈居一域的'民族国家'，另一方面便是从文化上无比优越的'礼仪之邦'变为愚贫弱私的'乡土中国'"[①]。在这样一种逻辑前提下，传统乡村社会成为"落后"的代名词，亟须改造。而作为传统的乡村文化也成为一种"封建的"文化形态，需要重构。

新中国成立以来，乡村社会先后经历了农村土地革命、农业社会主义改造、家庭联产承包责任制改革和市场经济体制转型四次重大历史变迁，乡村社会日益从封闭稳固的"熟人社会"走向开放流动的"半熟人社会"和"陌生人社会"。尤其是进入 21 世纪以来，在工业化和城镇化的共同推动下，我国乡村社会出现了大规模、大范围的"离土"潮流，大量精英农民进城务工经商，使乡村社会陷入凋敝和"空心"状态，乡村文化赖以生存与发展的基础条件和文化生态遭遇破坏，甚至是主体上的缺失。按理说，乡村人口向城市的单向流动，会将乡村文化"推开"而影响城市文化，但文化的传播却形成了与人口的反向流动，"将现代化、全球化的城市文化'带回'乡村社会，乡村传统文化空间受到挤压，乡村传统文化在与现代城市文化的交流与碰撞中日益式微和边缘化"[②]。集中表现在：在风俗习惯方面，传统文化日渐式微，国家公共文化逐渐延伸，传统节日习俗日渐变异，传统礼仪习俗趋于简化并流于形式，传统的日常生活方式日益消失而现代化的生活方式逐渐普及；在乡村社会关系方面，传统的差序格局逐渐松动和瓦解，人情关系日益淡薄、邻里关系逐渐疏远、宗族关系日益淡化、代际关系逐渐疏离，家庭生活中，父母与子女的代际关系失衡，长幼关系出现了尊卑错位；在价值观念方面，特别是市场经济对乡村社会的渗透，引发了农民人生态度与价值观念的转变，由传统农村社会注重

---

① 徐建新：《"乡土中国"的文化困境——关于"乡土传统"的百年论说》，《中南民族大学学报（人文社会科学版）》2006 年第 4 期，第 5 - 12 页。

② 范建华、秦会朵：《关于乡村文化振兴的若干思考》，《思想战线》2019 年第 4 期，第 86 - 96 页。

的道德本位和以血缘、地缘为核心，转变为市场经济强调的经济效益，人和人之间的关系首先是物质利益关系。① 在利益机制的驱动下，村民在价值目标上变得越来越关心个人的切身利益，以现实的物质利益追求取代了乡村熟人社会的礼尚往来。可以说，市场经济所倡导的物质利益吞噬着传统乡村的文化价值，使传统乡村文化逐渐地失去自身所特有的精神内涵。乡村群众的身份认同日益迷失，乡土情怀逐渐淡化，勤俭持家的消费观念日益扭曲，婚姻趋利化现象严重，离乡成为一种追求而回乡只是短暂安排。②

伴随现代化的不断推进，乡村文化赖以生存和发展的客观环境发生了重大变迁，在这些变革中尤其是人地关系的疏离与变迁，导致传统农耕生活方式的根本性变革，并由此带来了乡村聚落、乡村建筑、民族民间技艺、与农事相关的各类节庆活动与组织方式、乡规民约、价值观念等一系列文化形态的变迁。乡村社会原有的文化生态系统遭到了前所未有的破坏。

现代化对传统乡村文化的解构是全方位和综合的，并不局限于某个具体的村庄和某项具体内容，而是普遍的乡村整体文化的变迁，将传统乡村文化的整体风格、模式特征进行了整体性的解构变迁，村民们的乡土概念、身份认同和生产生活特征都发生了根本变化。这种全方位的整体解构过程是史无前例的，并且对乡村社会产生了巨大的衍生效应，引发了乡村文化领域之外的对公共事务治理起主导作用的现象。③ 同时，在国家加大乡村公共文化投入、提供文化服务产品的过程中，存在非需求主体代表了需求主体，用公权力决定公众需要，重投入轻管理、重文化基础设施建设轻文化人才培养等问题，使外部乡村公共文化服务体系的"嵌入"存在成效并不突出的现象。

三、乡村文化的重构

乡村文化的重构，就是对现有的乡村文化要素进行综合分析，保留精华、去除糟粕，吸收现代先进文化，经加工融合，形成符合新时代要求的乡村新文化。乡村文化重构本质上是对中国传统优秀乡土文化的继承和创新。

"'振兴'与'衰落'是一对反义词。提出'振兴'必然是以'衰落'的出

① 包巧英、黄立志：《试论社会主义市场经济对农村社会的影响》，《重庆科技学院学报（社会科学版）》2010年第17期，第58-60页。

② 陈波：《二十年来中国农村文化变迁：表征、影响与思考——来自全国25省（市、区）118村的调查》，《中国软科学》2015年第8期，第45-57页。

③ 沈费伟：《传统乡村文化重构：实现乡村文化振兴的路径选择》，《人文杂志》2020年第4期，第121-128页。

现为前提的。"① 乡村文化振兴正是对乡村文化衰弱的自我觉醒与积极应对。乡村文化传统在城市化、工业化和市场化机制作用下的解构过程实际就蕴含着重新构建的过程。

农业农村现代化不是去民族化，也不是与传统民族文化彻底决裂。乡村文化的重新建构，既不是对传统乡村文化的全盘否定和批判，也不是对传统乡村文化的全面吸收，而一定是一个去粗取精的过程，是促使它与乡村陈旧文化进行分离，进而激发村民群体主体认知的过程。

乡土文化、乡村文化是中国文化的根脉，是中华民族文化的基因所在，换句话说，这是中华民族区别于其他民族的重要标志。农业农村现代化的过程，也是乡村文化现代化的过程，核心是通过深入挖掘乡村传统文化中的优秀因子和精华部分，推动乡村优秀文化在现代化发展中的传承，并在此基础上实现重构，即实现乡村文化的现代化转型。

"你且看文化是什么东西呢？不过是那一个民族生活的样法罢了。"② 文化这一上层建筑必然反映着一定阶段的生产力水平，以及在这一水平基础上的生产、生活和社会状态。乡村文化也反映着乡村社会的现实情况。乡村文化的转型和乡村经济社会的现代化发展互为表里的关系，在乡村振兴大背景下，乡村文化亟待重塑，也即乡村文化需要实现创造性转化。

（一）挖掘吸收我国传统文化中的优秀成分

乡村文化的振兴首先是对中国传统优秀乡土文化的继承。我国乡村传统文化中蕴含着丰富的历史积淀、民众智慧，应对其进行深入挖掘以形成新时代乡村文化的价值内涵。一是继续弘扬吃苦耐劳、勤俭节约的民族传统。"历览前贤国与家，成由勤俭败由奢"，在中华五千年的文明史上，先辈们在艰苦的自然条件和社会环境中培育出的吃苦耐劳、勤俭持家、艰苦奋斗的作风，在今天并没有过时，如同习总书记说的，"幸福是奋斗出来的"，并且这些优良传统必将成为今后我们民族复兴和进一步发展的重要推动力量。二是继续宣扬诚信友爱的传统美德。传统美德是民族文化的结晶，凝结着丰富的民族精神和思想内容。"忠、孝、礼、义、廉、耻"等优秀传统美德，在中华民族的历史长河中一直得到尊崇并延续。以诚信建设为重点，营造崇德向善的氛围，形成修身律己、礼让宽容的道德风尚，有利于提高村民的修养水平和社会和谐程度，降低社会治理成本。三是人与自然和谐统一的理念。"在原始形态农耕文明中形成的以生命为本原，以亲和自然、人与自然为友的理念，使得万物获得旺盛的生

---

① 范建华：《乡村振兴战略的理论与实践》，《思想战线》2018 年第 3 期，第 149 – 163 页。

② 梁漱溟：《东西文化及其哲学》，上海世纪出版社，2015，第 33 页。

命力，成为中国传统文明生命观的有机内涵"①。中华农耕文化强调的是人与自然的和谐统一，人是自然界的产物，"天人合一"，主张尊重大自然顺应大自然，强调自然界的和谐之美，认为自然界各物种和睦共存是最美结构、最佳形式，同时在政府行为上倡导"无为而治"，顺应事物本身的规律而为。

（二）吸收城市的文化发展成果

现代化过程中，乡村传统文化所面对的碰撞和冲突是多方面的，包括传统的城市文化与乡村文化的冲突、工业文化与农业文化的冲突，也包括本土文化与外来文化的冲突、中国文化与西方文化的冲突。② 乡村文化的重构实际是充分吸收其他文化建立起新的乡村文化，而这其中以城市文化对乡村文化重构的影响最大。

乡村振兴背景下的乡村是一个开放的乡村，是城乡之间人员、要素等双向流动的乡村。同时，乡村人口在其流动过程中也不断受到城市文化的浸染。构建新时代乡村文化，吸收城市这一现代化文明成果的文化，既是内在要求，也具有必然性。不过，乡村文化作为一种独特的生产生活方式和文化形态，具有与城市文化不同的性质、特点和发展逻辑，很难从属于城市文化。正如农村无法取代城市，农业不能取代工业一样，城市同样不能取代乡村，工业也无法取代农业。乡村文化与城市文化、农业文化与工业文化的相互促进、和谐发展才是我国现代文化发展的科学道路。③ 在新时代乡村文化的重构中，城市文化中的效率观念、对公民权利的尊重、对资本手段的重视及企业运行管理经验等都是可吸收借鉴的重要文化内容。同时，也要将我国革命文化、建设文化及改革开放以来形成的先进文化融入其中，形成具有引领时代前进方向的乡村文化。

乡村文化的重建过程也是农民或乡村居民精神的形成过程。乡村文化是乡民自己在社会生产中创造出来的一种文化形态，乡民理应是乡村文化创造的主体，即使是社会精英也不能替代，我们的制度设计和文化建设只有深深扎根于乡村土壤并成为乡民生产生活的一部分，才能对乡村社会和文化的发展真正起到积极的建设性作用。

（三）借鉴吸收其他国家乡村文化建设经验

应积极借鉴其他发达国家在推动农村文化建设中的经验和做法，如韩国的新农村建设、日本的农村建设及西方国家在农村建设中的文化建设经验，为我所用。同时，要紧紧把握时代脉搏，积极适应时代发展需要，在积极融入世界

---

① 田阡：《汲取传统躬耕智慧助力生态文明建设》，《中国民族报》2020年2月18日，第5版。

② 李松：《城镇化进程中乡村文化的保护与变迁》，《民俗研究》2014第1期，第8—10页。

③ 张中文：《我国乡村文化传统的形成、解构与现代复兴问题》，《理论导刊》2010年第1期，第31—33页。

潮流的同时，发挥中国乡村文化的独特魅力，以中国特色的乡村文化，为人类命运共同体核心价值的塑造作出重要贡献。

总之，我们的任务就是："在尊重历史传统的基础上活化乡土文化资源，用现代文明方式和理念重新诠释、解读乡土文化价值体系，满足当前民众多重精神需要，唤醒农民文化自觉意识。"[①]

四、乡村文化重构的意义

（一）为乡村铸魂

乡村是有灵魂的。乡村的灵魂就是乡村文化。新时代下乡村文化的重构就是乡村的铸魂工程。

文化的作用在于影响人们的思想和行为。乡村文化规范着乡村群众的生产生活行为和思想活动。乡村文化是乡村社会的精神系统、智力系统、道德系统和价值规范系统，发挥着塑造乡民、满足群众精神需要、维系群众的生存和乡村秩序，为乡村经济社会发展提供精神动力、智力支持和方向引领的功能。

乡村文化因其根脉性、原生性等特点，延绵数千年，在涵养民族文化、保存文化根脉、维系乡村社会的生产生活秩序等方面功不可没，即使在今后，乡村文化依然要肩负多维的使命。有学者将乡村文化建设的作用形象地比作"乡村社会的稳定器、乡村振兴的加速器，也是农民精神的伊甸园"[②]。其实，乡村振兴战略的要旨不完全在"形体"乡村的振兴，更有"乡愁"情感下的精神家园这一深层文化价值的实现。"露从今夜白，月是故乡明""举头望明月，低头思故乡"等诗句镌刻在中华民族的精神世界里。中华文明的无主流宗教文化，是因其对终极价值问题的解答，部分的由"故土情结"来回应了：一个人生于此地，这是其生命的来源；成功之后，"衣锦还乡""荣归故里"是人生价值的实现方式；老去后，"落叶归根""回归故土"是生命的终极归宿。[③] 乡村文化的重构正是乡村振兴战略中的精神家园建设。

（二）满足乡村群众美好生活需要

随着我国社会主要矛盾的转化，人民群众对美好生活的需要成为经济社会发展最根本的价值诉求。更好地满足乡村群众对美好生活的需要，提升乡村群

---

① 沈费伟：《传统乡村文化重构：实现乡村文化振兴的路径选择》，《人文杂志》2020 年第 4 期，第121 - 128 页。

② 陈运贵：《关于乡村文化振兴的理论检视与现实思考》，《皖西学院学报》2018 年第 3 期，第 30 - 31 页。

③ 曹立、石以涛：《乡村文化振兴内涵及其价值探析》，《南京农业大学学报（社会科学版）》2021 年第 6 期，第 111 - 118 页。

众的整体素质，促进他们的全面发展成为乡村振兴战略实施的初衷和愿景。在乡村群众基本物质条件得到满足之后，满足乡村群众的文化精神需求将成为美好生活需求的重要内容。

文化不是先天就有的，它是人类为满足需要而创造出来的。文化承担着支撑人的生产生活实践、满足人的精神需求、维系社会运行秩序、调节纲常伦理、为人的安身立命提供智慧支撑和价值引领等多重作用。文化还具有"人化"和"化人"的作用。"我们是文化的生产者，但我们也是文化的创造物。"① 文化的价值除了体现在满足人的生存和发展需要之外，还可以丰富人们的精神世界和增强人们的精神力量，更重要的还体现在对人的塑造、教化上。乡村文化是乡村群众的生存方式，是维系乡村社会秩序和调节人际关系的准则，是乡村群众表达情感和娱乐的方式，也是他们寄托心灵和情感的精神家园，承载着人们的乡愁。此外，乡村文化还发挥着保持乡村群众实践智慧和历史记忆的重要功能。乡村文化的重构正可以满足新时代乡村群众对美好生活的这些需求。

乡村文化重构还可以提高乡村的社会文明程度，实现自治、法治、德治相融合，推进乡村治理能力和治理水平现代化，最终实现乡风文明的乡村振兴战略目标。

（三）助推文化强国建设

"实现中华民族伟大复兴，必须坚定中国特色社会主义道路自信、理论自信、制度自信、文化自信。"而"文化自信，是更基础、更广泛、更深厚的自信，是更基本、更深沉、更持久的力量。"② 中国要成为世界强国，也必须是一个文化强国，而文化强国的建设中树立文化自信是前提。乡村文化重构，既是中国文化强国建设的应有之义和内容，更是弘扬和传承优秀传统文化、实现文化自信的基础。

没有乡村文化重构带来的乡村文化振兴，文化建设就不完整，文化强国就无法实现。乡村文化土壤肥沃、根基深厚，民族文化之树才会强壮。③

乡村文化是中华文化的根脉所在，乡村文化重塑本身就是一个深入挖掘和弘扬优秀传统文化的过程，由此必然形成对中华文化的历史自觉和文化自信。

（四）为世界文化多样性发展作出贡献

文化的多样性，是人类文明得以弘扬的前提，是形成缤纷美丽世界的重要条件。在人类历史上，不同区域、不同族群的人们在适应自然、利用自然的过

---

① 蓝德曼：《哲学人类学》，彭富春译，工人出版社，1988，第264页。
② 习近平：《习近平谈治国理政》第二卷，外文出版社，2017，第349页。
③ 张清林：《乡村文化振兴的价值诉求和实践方略》，《桂海论丛》2021年第2期，第108-113页。

程中，经过不断探索，创造出了不同的物质文明和精神文明内容，正是这些不同的文明的存在，使我们深刻认识到，即使在全球化的今天，也要充分尊重文化的多元表达和多样式呈现。只有这样才能真正使人类文明异彩纷呈，文化生命力生生不息。"越是民族的就越是世界的"，中国通过实施乡村文化振兴，弘扬和复兴乡村优秀传统文化，实现优秀传统文化与现代文化的融合发展，必将为世界文化多样性发展留下宝贵的文化火种，从而使世界文化呈现出"各美其美、美人之美、美美与共、天下大同"的多元表达和多样式存在形式。同时，随着中国经济社会的发展和国际地位的提高及影响力的增大，中国乡村文化将成为世界人类文明史上文化多元发展的重要部分，为人类农耕文明的传承、发展与复兴提供有益的启示与借鉴样本。[①]

五、乡村文化重构的实现路径

(一)消除传统与现代的二元对立观念

在现代化进程中，乡村往往成为被抛弃、被批判、被拯救的对象，其重要根源之一就是城乡之间的价值失衡。乡村振兴的一个核心问题是实现城乡的价值平衡，尤其是乡村价值的回归或乡村的再价值化，其内含的次级问题是乡村传统文化的保留、现代文明的融入、发展理念的进入以及城市与乡村价值的融合。[②] 要做到这一点，存在着继承传统和发展现代的矛盾。

一般而言，在社会急剧变革时期，传统文化常被作为一种消极力量对待。恩格斯就曾从社会革命的角度来揭示"传统"的消极作用和影响，他说："传统是一种巨大的阻力，是历史的惯性力"[③]。实际上，传统中的惯性力量对变革形成阻力的部分主要是其中的消极部分，而惯性中需要被保留的部分，正是确定未来发展方向的属于正能量的那部分。当然，惯性力量往往作为一个整体存在，从中分离出需要的部分的过程也是新文化再造和重塑的过程。

消除传统与现代的二元对立观念，实际就是要在保留传统文化中正能量的基础上实现与现代要素融合，克服要么传统、要么现代的二元对立观念。

(二)发挥农民合作社在乡村文化中的重要作用

要大力发展以农民专业合作社为重点的乡村文化载体建设。合作社所倡导

---

① 范建华、秦会朵：《关于乡村文化振兴的若干思考》，《思想战线》2019年第4期，第86－96页。

② 李小云：《全面推进乡村振兴，需要乡村的再价值化》，参见李海金、焦方杨：《乡村人才振兴：人才资本、城乡融合与农民主体性的三维分析》，《南京农业大学学报（社会科学版）》2021年第6期，第119－127页。

③ 马克思、恩格斯：《马克思恩格斯文集》第3卷，中共中央马克思恩格斯列宁斯大林著作编译局译，人民出版社，2009，第521页。

的互助团结、民主平等、诚信公开，以及"人人为我，我为人人"的社会责任和关心他人的精神，与中国的传统文化和社会主义核心价值观内涵是相吻合且一脉相承的。合作社这一现代农业组织形式，在最大限度保留传统农耕家庭组织方式的前提下，引入现代合作理念，其本身是对农耕文明有效的传承。农户的家庭经营形式较完整地保存了农耕文明历史中的生产生活组织状态，可以说是传统农耕文明的"活化石"。从内在机理上看，合作社就是一个汲取传统与吸收现代的融合工具。乡村文化的重构，大力发展合作社是一个一举多得、事半功倍的有效措施和重要途径。农民在合作社的建设和发展过程中会自觉地将传统文化与现代理念融合起来，只有这样才能实现合作社的顺利发展。同时，因为广大农民都参与到以合作社为主的产业组织内，合作社的教育功能及其经常性的生产经营管理活动，实际也是一个建立在"调动民众自主、自发、能动过程"[①] 基础上的乡村文化建设具体行动。

（三）挖掘培育乡土文化人才

乡土文化人才是乡村传统文化的传承载体，是乡村文化重构的重要人才保障。乡村文化建设绝非简单的输入，更重要的是需要从田野和乡村中找到文化发展的内生动力。要积极培养当地的"草根文化"人才队伍，发挥乡土文化人才作为乡村文化建设主体的作用，提高村落非遗文化传承人的社会地位，提升福利待遇。同时，要鼓励基层干部、大学生村官等参与乡村文化建设，还要借助社会力量参与，鼓励文艺工作者深入农村，贴近群众，创造出符合新时代要求并具有乡村特色的文化艺术作品。

要搞好乡村物质及非物质遗产挖掘、保护和传承，以乡村"草根文化"人才为依托找回被遗失的传统文化资源并保护好现有文化资源。将传统文化遗产之"形"，付诸现代文化之"神"，实现传统与现代的联结，使乡村更有神韵，文化更加绚丽。"从某种意义上说，谁开始喜欢你的文化，你就开始拥有谁。"[②] 乡村的凝聚力、向心力和吸引力由此产生。

（四）发展壮大乡村文化产业

传统乡村文化记载和反映着古代农耕文明，其中蕴含着悠久的历史价值、深厚的文化价值和难以估量的经济价值。对传统乡村文化的挖掘、整理、保护和利用，会起到传承我国农耕文明、为乡村发展注入文化精神内涵、丰富农村群众精神生活的作用，还会为乡村文化的构建发展提供经济基础。需要注意的

---

① 刘姝曼：《坚定文化自信　重建乡村主体性——〈中国乡村文化建设发展报告（2018—2021）〉项目启动暨撰稿人会议综述》，《哲学动态》2021年第3期，第119页。

② 赵启正：《文化振兴是实现强国之梦的必需》，《外交评论》2006年第2期，第10-11页。

是，如果过度重视利用市场化手段对文化资源进行商业开发，就会扭曲弘扬传统优秀文化的价值，要适度掌握二者关系的平衡。

(五) 完善乡村各种文化制度

要搞好综合设计，完善各种制度，使各种文化资源有序流动和对接，在保护好传统文化资源的基础上不断融入现代要素，形成有利于乡村文化重构的良好生态。

一要完善乡村现代公共文化服务制度。二要推进传统文化遗产保护政策的建设。三要利用数字信息技术推进对乡村传统文化遗产的保护，实施"乡村记忆工程"。[①] 四要落实好传统文化教育制度。建设面向乡村居民的文化教育场所，通过建立乡村记忆馆、传统文化教育馆、传统文化广场，制作主题雕塑及墙绘艺术等方式，提升村民对中华优秀传统文化的认可度和归属感。开展传统文化进校园活动，从小培育学生对中华优秀传统文化的认同感。

第五节　以农业绿色发展促进乡村生态振兴

乡村要振兴，生态振兴是前提条件。实施乡村振兴本质上就是不断改善农村生态环境的过程。[②] 乡村振兴的根本在于一种自身循环体系的重建。没有实现生态振兴的乡村振兴是不存在的。良好的生态环境是农村的最大优势和宝贵财富，它不仅是乡村居民生产生活所必需的，也是城市所必需的。优美的乡村自然生态是城市生态系统赖以存在和发展的屏障和城市的后花园。乡村自然生态之于美丽中国建设的重要性也不言而喻，它是构成美丽中国拼图的底色和主体部分。

但是，我国乡村生态所暴露出来的各种问题，与我国新时代社会主要矛盾发生转化的现实要求严重不符，到了必须下大气力解决的时候了。

如何解决乡村生态问题，最终实现乡村生态振兴，需要对乡村生态存在的问题及产生这些问题的原因进行深入分析，最后找出解决问题的办法。

一、乡村生态问题的表现

生态问题是工业化发展的产物。乡村生态作为问题来提出是随着工业化发展的深入逐步延伸到农村而出现的。

---

① 舒坤尧：《以中华优秀传统文化促进乡村文化振兴》，《人民论坛》2022 年第 3 期，第 123 – 125 页。
② 任志芬：《生态文明视域下乡村振兴的路径探析》，《绍兴文理学院学报》2018 年第 6 期，第 45 – 49 页。

人类社会自诞生以来，就通过不断地利用自然、改造自然而生存。特别是进入农业革命以来，人类改造利用自然的能力大大增强，并通过驯化动物、培植植物实现对部分动植物的有效控制和利用。按理说，任何对大自然的改造行为都属于对大自然的一种伤害。"人所创造的文化以及人所构建的社会，实际上都可以说是'反自然的'，或者更准确地说应该是因为抗拒某种自然而存在的，它显然不是反对自然，而是跟自然的走向相反。"尽管农业本身是一种跟自然走向相反的取向，但是在"对立和抗拒之中巧妙地隐含着一种人跟自然之间的和解和互惠"，最终统一在遵循自然、顺应自然和利用自然的过程中。[①]

由于传统农业时代生产力水平很低，人类对大自然的伤害程度远远小于大自然自身的修复能力，所以，在传统农业时代人类一直保持着和大自然和谐相处的状态。我国劳动人民在与自然打交道的过程中，不仅发展出了非常精细的农业生产管理技术，而且形成了非常优秀的农耕传统文化，蕴含着许多优秀传统思想。其中"天地与我并生，万物与我为一"的"天人合一"思想，成为中国哲学中关于天人关系的一个重要观念，很多思想都是从自然出发而建立起来的。如《易经》中说："观乎天文，以察时变；观乎人文，以化成天下"。《老子》中："域中有四大，而人居其一焉。人法地，地法天，天法道，道法自然。"《齐民要术》中有"顺天时，量地利，则用力少而成功多"的记述。"天人合一"思想构成了我国传统文化的主体，先人们就是按照这一理念一代代繁衍生存下来的。

社会发展到近现代，工业技术条件下对农业的大量投入，特别是我国实行改革开放和 21 世纪以来城镇化推进带来的社会转型，在技术、经济及社会的多方面作用下，乡村环境问题逐步暴露并被重视起来。实际上，现代化带来的乡村生态问题是一个世界性的普遍现象和过程，不过，由于我国的工业化进程非常急促，仅用几十年的时间就走过了西方国家几百年所经历的发展过程，作为工业发展的伴生物——乡村生态问题暴露得非常集中。又加上我国人口与生态资源关系紧张，导致对生态环境治理、修复等压力大、困难多。

乡村生态问题可分为环境污染问题和生态破坏问题。环境污染问题包括农业面源污染和工业点源污染，具体表现在土壤污染、水体污染和空气污染等；生态破坏包括山水林田湖草及其生物链等生态系统的破坏。乡村生态环境问题的出现，一部分源自城市及工矿业的发展，主要还是农村经济社会发展过程中

---

① 赵旭东、孙笑非：《中国乡村文化的再生产——基于一种文化转型观念的再思考》，《南京农业大学学报（社会科学版）》2017 年第 1 期，第 119－148 页。

带来的"负"产品①，即产业发展及农村居民生活造成的环境污染。

（一）农业面源污染

面源污染相对于点源污染，在空间和时间上具有不确定性的特征。当前我国农村的生态环境问题，尽管"既有源自工业企业的点源污染，又有源自农业自身的面源污染，这些污染直接影响了耕地土壤和水体质量，进而对农产品质量安全构成威胁"②，但主要还是面源污染问题。农业面源污染有两大主因，分别是种植业化肥、农药等无机化工产品过量不合理使用及规模化畜禽养殖排污，这也是构成农村土壤污染、大气污染、水体污染和产品污染等污染的主要矛盾。

第一，化肥的过量使用。化肥是现代农作物种植必不可少的重要农业投入品，在农业生产中被广泛使用。如果化学肥料过量使用，就会对土壤和水质造成严重污染，不仅影响农作物的生长，也会对农产品品质及安全造成威胁。其对土壤的具体危害是：加重土壤板结，导致土壤质量下降与退化；土壤对重金属的固定作用减轻；土壤的 pH 降低，影响土壤养分有效性。③ 2020 年，农业农村部官网显示，全国农作物化肥使用量从 1980 年的 1 269.4 万吨增长到 2019 年的 5 403.59 万吨，增长了 4.2 倍，农作物每公顷化肥使用量达 506.11 千克。其他相关资料显示，我国化肥（氮肥、磷肥）平均用量达到 400 千克/公顷，是世界公认警戒线上限 225 千克/公顷的 1.8 倍以上，更是欧美国家平均用量的 4 倍以上，我国东北地区甚至高达 600 千克/公顷。④ 化肥的过量使用，给农地、水、环境和农产品等都带来了非常严重的污染影响。

第二，农药的过量使用。农药的过量使用同样会对土壤、水体、大气造成污染，影响农产品的品质和安全。同时还会造成病菌、病虫对农药的抗性，有益生物被杀伤、野生生物和畜禽中毒等。2014 年《全国土壤污染状况调查公报》显示，我国土壤中的六六六、滴滴涕、多环芳烃等三类有机污染物点位超标率分别为 0.5%、1.9%、1.4%，镉、汞、砷、铅、铬、镍等重金属污染物点位也均有超标。

2019 年，我国农药使用量为 145.6 万吨（折合原药为 48 万吨），平均使

---

① 钟廿琪、周申倡：《马克思主义政治经济学视域中的乡村生态振兴》，《观察与思考》2020 年第 2 期，第 42 - 51 页。

② 杨滨键、尚杰、于法稳：《农业面源污染防治的难点、问题及对策》，《中国生态农业学报》2019 年第 2 期，第 236 - 245 页。

③ 张远新：《推进乡村振兴的必然逻辑、现实难题和实践路径》，《甘肃社会科学》2022 年第 2 期，第 116 - 124 页。

④ 袁倩：《乡村绿色发展之路：坚持人与自然和谐共生》，中原农民出版社、红旗出版社，2019，第 17 - 18 页。

用量为 10.3 千克/公顷，远高于世界平均水平，水稻、小麦、玉米三大粮食作物农药利用率为 39.8%，其中有 60%～70% 残留在土壤中。[①]

另外，农用地膜在农业生产中大量使用，不易被消解和吸收，也对土壤造成了一定的污染。生态环境部、国家统计局、农业部公布的《第二次全国污染源普查公告》显示，2017 年，我国地膜使用量 141.93 万吨，多年累积残留量 118.48 万吨。

由于农业化学投入品的过量使用，我国农村土地污染情况比较严重，调查公布的结果显示，我国土壤环境状况总体并不乐观，有些地区土壤污染十分严重。[②]

第三，规模化养殖粪污排放。随着人们生活水平的提高，消费者对畜禽的需求量也不断提高，加上养殖设施及管理技术水平的提高，养殖规模越来越大。在养殖规模扩大的同时，粪污处理能力并没有跟上。规模化畜禽养殖增加了农村生态环境的压力，"畜禽养殖业排放的化学需氧量、氮、磷分别占全国所有污染物排放总量的 41.9%、21.7% 和 37.9%"[③]，畜禽养殖业产生的生态破坏和环境污染问题，也成了制约自身发展的一个重要因素。

（二）非农产业的点源污染

和农业的面源污染相比，农村非农产业的污染呈现点源污染现象。农村的点源污染主要是第二产业包括农产品加工业的污染。我国改革开放后发展了很多乡镇企业，随着工业发展质量的提高，国家治污力度的加大，绝大多数企业基本解决了污染问题，但是个别经济发达地区由于企业密度较大，生态环境保护压力依然较大。

（三）农村公共生活空间的生态问题

农村居民微观个体在生活中产生的污染也是造成生态环境问题的一个重要因素，如生活垃圾问题、生活污水处理问题、农村水环境问题等。尽管相较于其他生产中产生的污染要少得多，但由于群体规模大、农村环境保护的硬件基础设施不足和缺乏必要的监督管理，依然是一个不容忽视的因素。

二、乡村生态问题产生的原因分析

乡村生态问题产生的原因是多方面和复杂的，只有找出其中最主要的原

---

① 张宇峰：《发展经济学视角下农村生态振兴路径选择研究》，《北京农业职业学院学报》2022 年第 2 期，第 58－63 页。

② 张远新：《推进乡村振兴的必然逻辑、现实难题和实践路径》，《甘肃社会科学》2022 年第 2 期，第 116－124 页。

③ 牛利民、刘忆兰、姜雅菊：《养殖户对〈畜禽养殖业污染排放标准〉的遵循意愿及影响因素研究》，《黑龙江畜牧兽医》2018 年第 14 期，第 30－34 页。

因，才能为解决乡村生态问题找到出路。

（一）工业化只是乡村生态问题产生的初步原因

现代文明主要是工业文明，工业文明发展到今天，在取得辉煌成就的同时也面临危机，主要表现是生态危机，这种危机也构成人类生存的危机。就农业本身而言，主要是大量工业合成化学用品的投入使用及化肥、农药的过量使用不仅造成了直接的面源污染，还造成了生态破坏，使很多有益生物绝种，破坏了生物链，并进一步增强了农业生产对化学农药的依赖。

农业现代化的发展曾经将一些工业化成果在农业上的运用作为现代化的标志，其中，化肥的使用量就曾是一个重要指标。不可否认的是，工业技术在农业上的运用还将继续进行下去。换句话说，如果将农村环境污染责任完全记在工业化的账上，那么农村环境污染问题就无解了。

从许多发达国家走过的历程看，现代农业发展过程中对自然生态造成的破坏性影响都曾不同程度地产生和存在过。

20 世纪 60 年代初，美国海洋生物学家蕾切尔·卡森（Rachel Carson）在《寂静的春天》一书中，对当时美国在工业化过程中造成的对自然环境的破坏进行揭露和检讨，着重论述了化学制剂，特别是农药杀虫剂对环境的污染问题。该书一经问世，即引起了人们对大量使用农业化学品的反思，开启了现代环境保护运动。现在的美国农业采取休耕和轮作等措施，培肥地力，减少病虫害浸染机会，化肥、农药制剂使用量得到有效控制。

由此说明，乡村生态问题在一定程度上是工业化过程中起始阶段的产物，会随着经济社会的发展得以解决，二者之间不是孪生关系。

（二）城市中心论是乡村生态问题产生的关键原因

从工业化普遍过程来看，对农村环境问题的认识大体经历了三个阶段。第一阶段，将城市作为经济社会文化的发展中心，乡村只是作为城市生活和工业原材料的供应基地。也就是，乡村的定位和价值是进行农业生产。此时期被有些学者称之为"生产主义"。长期的城市中心论的思维方式，使得很长时间内人们未曾真正从乡村主体的角度对乡村发展做整体性考量[1]，由此导致农业生产要素不断非农化，乡村的衰落也成为必然趋势，这一过程是一个全球性的普遍现象。纵观世界各国的发展历史，伴随着乡村衰落的是乡村生态环境逐渐被破坏，出现了生态环境与经济同时退化的问题。部分地区甚至陷入生态恶化与

---

[1] 张京祥、申明锐、赵晨：《乡村复兴：生产主义和后生产主义下的中国乡村转型》，《国际城市规划》2014 年第 5 期，第 1-7 页。

经济落后相互影响的恶性循环。① 第二阶段，一味地以大量化学肥料和农药等投入为主要增长手段的农业生产发展，不仅带来了乡村生态的破坏，最终也危及了城市地区，在这种情况下，又出现了"后生产主义"观点，即把环境问题的矛头指向农业和农民本身，认为农业是环境的威胁者，农民成了环境的破坏者，在此观点下，各国开始减少对农业发展的政策支持，以修复受损的生态环境。② 第三阶段，人们开始重新认识乡村的重要价值，将城乡纳入共同发展道路，由此带来了农村环境问题的改善。

同样，在我国，乡村生态并不是一开始就受到重视。我国长期实行城乡二元制结构，农业从属于工业、农村从属于城市，农村地位的高低也必然反映在国家对乡村生态的重视程度上。我国是在农产品实现了有效供给，城镇化发展到一定程度，人民群众生活水平有了较大提高，对农产品质量提出了更高要求的前提下，才开始重视农村生态环保问题。

党的十八大以来，我国重视环保治理的力度空前，总体上已经取得了很大的成就，黑臭水体、浓烟重霾已不多见，蓝天白云已成为正常状态，能耗物耗不断降低，生态环境水平和质量得到很大提升，绿水青山就是金山银山的理念已经成为全社会的共识。农业面源污染通过实施减肥减药行动计划，使用量有所减少。

党的十九大提出了乡村振兴战略，将乡村生态振兴作为其五项重点内容之一。在实行城乡融合发展，农业农村优先发展，打破以城市为中心的二元发展格局框架下，我国的农村生态水平必将实现质的飞跃。

（三）农业经济效益低是乡村生态问题产生的根本原因

如果单从经济理论视角去看待农户，他们就是纯粹追求效用的"经济人"，农户的生产决策是在经济理性的指导下，根据"以最小成本达成最大效益"的原则进行的。③ 但农民宁可增加成本也要使用过量化肥、农药，这到底又是为什么？

农产品产自土地，只有好的土壤条件才能生产出优质的农产品，只有优质的农产品才能卖出好的价钱，如果按照这个逻辑，农民就会重视生态环境。为什么农民没有选择这一逻辑？

---

① 阳盼盼：《乡村生态振兴：理论逻辑、历史演进与实现路径》，《重庆理工大学学报（社会科学）》2019年第12期，第70-79页。

② 刘祖云：刘传俊：《后生产主义乡村：乡村振兴的一个理论视角》，《中国农村观察》2018年第5期，第2-13页。

③ 陈卫平：《乡村振兴战略背景下农户生产绿色转型的制度约束与政策建议——基于47位常规生产农户的深度访谈》，《探索》2018年第3期，第136-145页。

我国改革开放后主要解决的是温饱问题，重点解决"菜篮子"和"米袋子"不满的问题。这种条件下的发展主要是数量式发展。当温饱问题解决以后，人们才开始注重农产品质量的提高。但这个过程由注重安全和质量两个阶段组成。最初，重点主要放在安全上，还没有上升到最终的质量上，也就无法反映在生态环境的改善上。此过程中消费者对农产品好与不好的认知，主要集中在感官上。这一时期，本质上还是数量型发展方式，并没有实现向优质优价发展。农业生产者通过过量使用化肥农药能获得更多产量以此产生更多的收益，因此从农民的现实情况讲，这也是一种符合现实需要的理性选择。由此，如果外在环境条件不发生变化，农民的生产方式还会维持下去，乡村生态环境问题还是得不到解决。

当前，我国社会主要矛盾已发生变化，人民群众的需求结构发生了深刻变化，过去"盼温饱""求生存"，现在"盼环保""求生态"，发展方式已经由数量型增长转变为质量型发展，消费者对生态安全的优质农产品需求大幅度提高，消费者对农产品质量的要求从单纯外表转到了内在质量本身，这就需要农业进行供给侧改革，提供更多优质生态农产品以满足消费者需要。农业生产者作为理性"经济人"按照市场需求进行生产，生态环境问题就会得到解决。我国乡村振兴战略，特别是生态振兴，正是基于新时代社会主要矛盾变化而提出的一项现代化发展措施。

要解决以农业面源污染为重点的乡村生态问题，只有通过转变发展方式，在不断提高经济效益的情况下，才能提高生产者减少化学制品投入的自觉性，最终实现生态环境改善和农民收入增加的双丰收。

三、以农业绿色发展破解乡村生态问题，实现乡村生态振兴

乡村生态问题属于发展中的问题，"发展中出现的生态环境问题需要被消解于更高质量的发展中"[①]。

以农业面源污染为重点的乡村生态问题，不同于其他生态环境污染问题，虽同属于污染，却存在不同形成和治理机理，更无法沿用城市及工业污染治理的办法。传统的用于工业企业污染的末端治理模式、命令型和控制型手段等都不能适用于农田污染和畜禽养殖等农业农村面源污染，乡村环境问题与城市环境问题相比具有分散性、隐蔽性、随机性、不确定性和不易检测性等特点。[②]

---

① 钟廿琪、周申倡：《马克思主义政治经济学视域中的乡村生态振兴》，《观察与思考》2020 年第 2 期，第 42-51 页。

② 赖章盛：《环境伦理：环境法治的价值理念》，《云南民族大学学报（哲学社会科学版）》2007 年第 2 期，第 9-12 页。

相对而言，点源污染的控制和解决难度要小于面源污染。

乡村生态问题的解决必须建立在导致这一问题产生的最根本原因的解决基础上，也就是生产者所改变的一切必须和他所获得的利益统一起来，生产者产生内生动力和行动自觉。国家推行的乡村振兴战略，特别是乡村生态建设的主张是与乡村民众的意愿高度统一的，面源污染的形成也是农民的无奈之举。这就要求采取"疏"的方式，而非其他污染治理"堵"的办法。这一方式就是农业生产的绿色发展方式，也是习总书记多次强调的"生态环境问题归根到底是发展方式和生活方式问题"[①]。

其基本逻辑是：通过实行规范化绿色农业生产——生产出优质生态农产品——创建品牌——扩大宣传使消费者知晓——优质优价获得较好的收益——再反过来进一步促进绿色生态发展。

有学者曾指出："起初人们认为生态问题只是技术问题，可以通过发展技术来寻求解决途径，而现实情况告诉我们，生态问题只靠技术是不能完全解决的，它还是一个经济问题，需要借助经济手段来解决。"[②]

绿色发展方式确实是解决乡村生态问题的根本之策，也是提高农民收益的最有效措施。"保护生态就是保护自然价值和增值自然资本的过程，保护环境就是保护经济社会发展潜力和后劲的过程。"[③] 当人类以友好的态度合理地保护和利用自然时，大自然的回报常常是慷慨的，生态环境优势最终会转化成经济社会发展的优势。从长久的发展来看，农民收益增加的潜力就在其中。

绿色发展方式的实施必须借助一定手段，否则难以落实。比如，单家独户的农民，即使严格按照一定的绿色生态标准，生产出了优质生态农产品，但如何让消费者知晓是一个大问题。消费者不了解农产品的状况肯定就不会多付费购买，想要更多的消费者了解农产品，其宣传成本要大大高于农产品增值所带来的收益。由此说明，如果将农业生产的绿色发展方式建立在一家一户销售的基础上是行不通的，必须对农民进行有效组织才能解决。这又回到了农民专业合作社的建设问题上来。

"一个有效率的组织是经济增长的关键"。从前述的农产品品牌创建中已经得出，农产品品牌的背后是主体品牌，表面上看消费者是选择的品牌产品，核心是对主体整体状况的首肯，包括规模、实力、信誉、技术水平和能力等，产品是主体整体状况的外在反映。在农产品销售中，消费者对农产品选择的本身

①　习近平：《努力建设人与自然和谐共生的现代化》，《求实》2022年第11期，第4-9页。

②　张宇峰：《发展经济学视角下农村生态振兴路径选择研究》，《北京农业职业学院学报》2022年第2期，第58-63页。

③　李干杰：《坚持人与自然和谐共生》，《求实》2017年第24期，第21-23页。

实际就是对农产品生产组织的一种选择。只有将农民组织起来，生产出好产品，共同打造品牌，才能卖出好价钱。可以说，没有农民合作组织的建立就没有农业绿色发展方式的转变，乡村生态振兴就缺少了支撑。

生态农业强调的是元素循环。农民合作组织的建立可以将畜禽养殖形成的粪污及生活剩余物、农作物秸秆，内化为生态链的一个个环节，变废为宝，增加土壤有机质，替代化学肥料。由于生态环境治理与农民合作组织成员的利益紧紧联系在一起，成员会更加关注生态环境，更加自觉地维护乡村生态环境，还会通过农民合作组织，开展各项乡村生态行动，如生活垃圾、生活污水等管理与整治等。

当前，在实行绿色农业发展方式上，还有很多工作要做。除了支持农民合作组织的发展，还需要在支持绿色发展机制上进行创新，"建立健全生态产品价值实现机制，让保护修复生态环境获得合理回报"[①]。但从当前农业发展支持制度来看，其更有利于常规生产，例如，现有的农业研究成果和生产投入品供应更适应于常规生产，从事常规生产的农民也更容易获得信息、销售渠道。较之于常规农业生产，绿色农业在组织管理，尤其是如何调节农业与生态环境系统的关系方面，有着截然不同甚至对立的观念和生产规范。例如，对美国小麦生产农户的研究表明，对于什么是科学种植，常规农户和有机生产农户具有不同的看法。常规农户认为主要是高产，追求产量或经济回报的最大化；有机生产农户则强调生物多样性最大化和保持农业生态系统健康。他们对于土地在生产中作用的认识、对杂草的控制也都有不同的看法。[②] 从常规生产到绿色发展，不论是思想观念、组织形式还是经营理念都将发生根本性的改变，可以肯定地说，绿色发展方式的转变就是一场深刻的革命。

乡村生态振兴对整个乡村振兴至关重要。乡村振兴本质上是一种人的振兴，而人的振兴，一部分是现有农村人口能够留下来，再一部分主要是吸收那些从乡村里走出去而愿意回来的原属于本村的人。从人的内心诉求看，优美的田园风光是乡愁的载体，乡愁是乡村流出的精英的魂之所系，宜居的乡村是城市居民放松心情、短暂逃离工作和生活压力的好场所，也是打破人与人之间的疏离感，摆脱现代物欲困扰和城市生态困境的地方。[③] 有学者提出"乡村应该是一种可以回得去的乡村"。所谓"回得去"，不仅意味着政策上的引导，更重

---

① 习近平：《努力建设人与自然和谐共生的现代化》，《求实》2022年第11期，第4-9页。

② 陈卫平：《乡村振兴战略背景下农户生产绿色转型的制度约束与政策建议——基于47位常规生产农户的深度访谈》，《探索》2018年第3期，第136-145页。

③ 朱力、王筱卉：《乡村视听审美的生态沉思》，《湖南大学学报（社会科学版）》2019年第3期，第122-126页。

要的是乡村要有美丽的田园风光。对于在外工作和创业人来说，基于一种土地认同和依恋，人们在生计的需求上获得满足之后，往往会有一种归来乡村的欲求和向往。"卸甲归田"，过一种田园牧歌般的生活，可能是许多人的人生理想，也成为乡村仍旧有吸引力的基础。乡村对城市年长者而言，是一个可以依归之所，虽然不一定每个人都要亲自去居住，但这种追求可以持续存在。在这一点上，乡村成为每个人可能向往的舒适和幸福生活的动力来源，对当下的人们而言，这种想象更为强烈。[①] 具有良好生态环境的田园对这些想回去而又能"回得去"的人来说是一种很重要的资源。

第六节　以权能重塑促进乡村组织振兴

乡村组织振兴对应着乡村治理有效。乡村组织振兴是乡村振兴的根本保障。

乡村组织振兴不仅是乡村应有组织的建立和完善，更重要的是使各组织的功能增强与协调，以此来实现乡村社会的有效治理。这需要首先了解乡村治理方式演变和现代化治理的价值取向，然后对基层组织进行权能重塑，使其迸发出新的活力和更大能量。

一、乡村治理方式的演变

经济社会发展必然带来以组织方式和形态改变为主要内容的社会治理方式演进。我国自秦统一实施郡县制以来，乡村社会先后经历了乡绅治理模式、"经纪模式"、政府全能主义模式、"乡政村治"等模式。

（一）传统社会的"官督绅办、乡绅治乡"

我国传统社会的管理采取"官督绅办、乡绅治乡"的办法。传统社会主要存在两种秩序，一种是"官制"秩序，是以皇权为中心，自上而下地形成等级分明的梯形结构秩序；另一种是乡土秩序，是以家族为中心聚族而居形成的自然村落，每个家族（宗族）和村落就是一个天然的自治体。

传统政权的主要功能是维持社会统治秩序。传统社会属于农业社会，农业社会的特点是自给自足，农民的生产生活不是求助于社会，而是依靠家庭。因此底层社会的治理方式是自治，而不是他治。但是，这上、下两种秩序之间并不是完全隔离的，发挥连接作用的是"乡绅阶层"。在乡村活动中，乡绅利用

---

① 赵旭东、孙笑非：《中国乡村文化的再生产——基于一种文化转型观念的再思考》，《南京农业大学学报（社会科学版）》2017年第1期，第119-148页。

自身的名望，发挥了领导和控制乡村社会的作用，由此构成了与官府良性沟通以及参与国家事务的基础。"在 100 年前就已超过 4 亿人口的一个国家里，正式官员不到 2 万名，带功名的士绅却有 125 万之多。"① 国家基层的治理主要依靠士绅去进行。本质上，士绅属于社会上层，虽然没有统治阶级的权力，但官府与乡绅有一种默契，乡绅有配合官府治理乡村的义务和责任。由此构成了"皇权不下乡"的治理格局的形成。士绅曾主宰了中国人的生活，以致一些社会学家称中国为"士绅之国"②。

（二）清末至民国时期乡村治理组织的缺失

清末，朝廷终止了自隋朝完善起来的科举制度，由此切断了乡绅阶层的来源，同时切断了朝廷与农村社会的纽带，国家与农民的关系因此而脱节。清朝政权被推翻后，原有的乡绅阶层更是彻底失去了其存在的靠山，乡村治理陷入组织危机。

辛亥革命后，除了共产党对农村社会的组织领导外，孙中山创建的国民党主要活动在城市，并没有渗透到乡村。

现代国家与传统国家在社会治理上不同的是实施政党制，由政党组织发挥重要的政治整合作用。孙中山在以革命建构国家的过程中，提出了"以党建国""以党治国"的思想，认为只有"全国人民都化为革命党，然后始有真正中华民国"。其核心是要"全国人民都遵守本党的主义"。③ 但国民党的活动范围主要是在大城市。

清末民初还有一种现象，国家致力于政权现代化建设时，将权力渗透到社会基层，主要是为了增强对乡村社会资源的汲取能力，表现出"征收赋税成为国家政权统治乡村社会的主要体现"的特征，出现了国家依赖"乡村经纪体制"来征收赋税并实现乡村社会统治的现象。"经纪模式"形成，一方面需要依靠这些"乡村经纪人"实现对乡村社会的统治并汲取资源，另一方面国家又失去了对这些"国家经纪人"的控制能力。"乡村经纪人"的存在进一步阻碍了国家权力向乡村社会的延伸，形成了所谓的"国家政权建设内卷化"现象。

（三）人民公社时期的"全能"政府治理

现代国家需要整合社会，主要通过政党制度对农民进行组织与动员，从而实现对社会的整合，进而构建一个现代政党领导和组织下的政治社会。中国共产党对中国社会的整合，成功之处在于政党向乡村的延伸，有学者称其为"政

---

① 杨成林、何自力：《乡村振兴：组织与人才困境》，《改革与战略》2019 年第 5 期，第 26 - 36 页。
② 费正清：《美国与中国》，张理京译，世纪知识出版社，1999，第 38 页。
③ 广东省哲学社会科学研究所历史研究室编：《孙中山年谱》，中华书局，1980，第 256 页。

党下乡"①。

中国共产党自一开始就注意将其活动延伸至乡村。1923 年的中国共产党第三次全国代表大会通过了《关于农民问题的决议案》。20 世纪 20 年代，李大钊发表了《土地与农民》等系列文章，提出："中国浩大的农民群众，如果能够组织起来，参加中国革命，中国革命的成功就不远了。"②

20 世纪 20 年代后期，以毛泽东为代表的中国共产党人将革命的重心由城市转向农村。随着开展武装斗争和建立革命根据地，在农村发展党组织成为中国共产党的一项重要工作。

中国共产党的革命取得胜利后，首先从变革农村土地生产关系入手，对乡村社会权力进行改革与重组。国家通过合作社对农业进行社会主义改造，其重要任务就是将农民组织起来，最终通过人民公社体制成功将国家政权完整地"嵌入"乡村社会。同时，共产党在革命时期的重要经验是"支部建在连上"，而合作化运动的一个重要成果就是将"支部建在村上"和"支部建在生产单位"，并确立了党组织的核心地位。在党组织建立在农村社会的基础上，还建立了青年团、妇联、民兵组织，这些都是在共产党直接领导下的一些人民团体组织。

同时，在农业生产上采取"三级所有，队为基础"体制，实际上是建立了一套生产组织体系。人民公社体制是一种"集党、政、经、军、民、学于一体"的"全能主义"的组织管理体制，这种体制下任何组织都在党组织和政府的领导与控制之下。我国实行这种高度集权的计划经济体制，党和政府垄断了各项资源，对社会实行严密控制，政府是一种全能主义的控制性政府。

(四) 农村家庭承包责任制后的"乡政村治"

我国农村实行的家庭联产承包责任制改革，使高度集权的人民公社体制解体，需要对乡村治理结构进行再组织和重建。

一是取消人民公社体制，建立乡镇政府；二是废除生产队体制建立村民委员会，即所谓的"乡政村治"。③ 其职能的调整，一是"政社分开"，建立乡镇政府，从农业农村的具体事务中分离出来，不再直接从事生产管理，而是从服务社会的角度来领导本区域的经济、文化和各项社会事业；二是"乡村分治"，在乡镇以下建立村民委员会，作为基层群众性自治组织，将原来的乡村的垂直领导关系变为指导关系；三是"党政分工、政企分开"，着眼于理顺基层党政、

---

① 徐勇：《"政党下乡"：现代国家对乡土的整合》，《学术月刊》2007 年第 8 期，第 13 - 20 页。
② 李大钊：《李大钊文集》下，中国李大钊研究会注，人民出版社，1999，第 834 页。
③ 许远旺、陆继峰：《现代国家建构与中国乡村治理结构变迁》，《中国农村观察》2006 年第 5 期，第 45 - 50 页。

政企等组织各自的权力边界和职责义务。"乡政村治"模式对我国基层民主发展以及国家与社会现代化转型产生了深远影响。

"乡政村治"模式体现出国家与乡村社会关系的转型与重构，根本上是为适应市场经济体制的变化，政府职能从原来的统治转向了管理，政府角色从一个公共权力的集中掌控者，转向社会管理与公共秩序的维护者。这一时期的政府，以经济发展为主要目标，以效率和经济效益为价值取向，是一种典型的经济发展型政府。[①] 而村级基层组织处于一种被动从属地位，作为上级政府的执行组织存在。

二、现代化治理中的价值取向

党的十八大后，我国进入了一个新的发展时代。中国共产党立足我国经济社会发展实际，提出了一些新的发展理念及措施。在市场经济体制建设上提出了"使市场在资源配置中起决定性作用"；在社会建设上提出了将治理体系和治理能力现代化作为全面深化改革的总目标。党的十九大又提出了我国社会主要矛盾转变为人民对美好生活向往和发展不平衡不充分之间的矛盾，以及作出了乡村振兴这一战略安排。同时，党的十九大报告还提出，要推动社会治理重心下移，发挥社会组织作用，实现政府治理和社会调节、居民自治良性互动，这些理论和战略措施的提出奠定了乡村治理的价值取向，指出了乡村组织振兴的发展方向。

治理不同于管理，管理的运作模式是单向的、强制的和刚性的，而治理是指公共权威为实现公共利益而进行的管理活动和管理过程。[②] 治理的主要理念包括：治理主体的多元化，政府与市场、社会、公民之间共同协作，治理网络的构建与治理技术的现代化。治理的最终目的是善治，即"实现政府与公民对公共生活的合作管理，政治国家与公共社会达到最佳状态的一种新颖关系，是实现公共利益最大化的社会管理过程"[③] 要实现治理现代化，就必须立足我国的发展阶段、市场在资源配置中的作用及城乡关系的调整，重新审视政府职能及经济社会组织应具有的权能，以实现广泛的公民参与和公共利益最大化。

（一）公共利益至上的价值取向

公共利益至上的价值取向首先是由现代国家的来源决定的。今天我们对现

① 唐兴军、齐卫平：《治理现代化中的政府职能转变：价值取向与现实路径》，《社会主义研究》2014年第3期，第83-90页。

② 俞可平：《中国治理变迁30年（1978—2008）》，《吉林大学社会科学学报》2008年第3期，第5-17、159页。

③ 俞可平：《全球治理引论》，《马克思主义与现实》2002年第1期，第20-32页。

代国家的认知，基本上是由领土边界、民族现象、理性官僚系统治理、人民主权等方面构成的。现代国家来自民族国家的概念，民族国家近代最早出现在欧洲，进而被世界其他地区效仿成为当前主导型的国家形态。民族国家以民族命名，并围绕民族来构建制度机制。民族是一群基于历史、文化、语言与其他人群有所区别的经长期历史发展形成的稳定共同体。

民族国家是取代王朝国家演进而来的，其核心是国家主权从君主所有转变为民族拥有。其主权通过两种方式体现出来：一是民族的成员拥有对国家制度维护和保障的权利，是具体的权利主体；二是拥有权利的民族成员在与国家的互动过程中，实现了相互认同，并将国家视为民族的政治屋顶。①"国民"乃一国之民，这与传统上的"臣民"及中国历史上"某朝的国民"有着本质的区别。国民是社会构成中最基本的社会政治身份认同，是在现代过程构建和运行中发挥作用的基本形式，在现代国家制度体系的构建中发挥着关键作用。国家主权从君王转移到了由人民产生的议会组织，社会成员与王权的关系转化为与国家的关系。

我国的社会制度性质更决定了其公共利益至上的价值取向。中国特色社会主义的本质特征是中国共产党的领导，而人民立场是中国共产党的根本政治立场，以人民为中心是中国特色国家治理现代化的内在要求和最大特色。中国共产党一再向其成员提出，除了人民的利益没有自己特殊的利益，这种把人民利益放在至高无上地位的立场和指导思想，通过执政党的政策得到贯彻和落实。

因此我国的治理在追求多样化主体平等博弈的同时，始终以求取多元主体利益的合理与公正以及社会公共利益的最大化为目标。

（二）政府、市场和社会等多元治理主体协作与共治的目标取向

新时代，我国的国家治理正式由管理走向了治理，社会管理体制由传统的单向一元管理向多元协调治理迈进，而这一价值取向取决于两个方面。

第一，多元治理主体协作共治目标取向，是我国经济社会发展阶段决定的。首先，我国改革开放后，逐步实行了市场经济制度，社会活力增强，经济快速发展，经济组织和社会组织数量也迅速增加。如何使这些组织参与国家治理，是一个迫切需要解决的问题。其次，随着我国经济和社会事业的发展，人民生活水平日益提高，人们从过去的以物质消费为主，向更加广泛的生活内容和更高质量标准的需求方向转变，如何满足人民大众的这些不同内容不同层次

---

① 周平：《国民对现代国家的意义》，《武汉大学学报（哲学社会科学版）》2021年第2期，第135-146页。

的需求，单靠政府是难以解决的，只有依靠广泛的经济和社会组织的参与。同时，各种组织参与治理本身也是人民关心政治、参与政治、参与社会建设的需要。实际上，在现代多中心治理框架中，政府不再是唯一的权力主体，它更多地扮演中介者和裁决者的角色，主要职能体现在制定多主体治理的规则和行为准则，同时为它们的运转提供良好的环境和更多的服务。[1]

第二，多元治理主体协作共治目标取向，是我国市场经济体制深化改革的要求所决定的。中共十八届三中全会提出"使市场在资源配置中起决定性作用"。资源配置从"基础性"作用向"决定性"作用的转变，说明在资源配置中更加重视市场规律的作用。市场配置资源方式的转变，将带来多方面的变化。一是政府在直接配置资源方面的作用减弱，把工作重点转向了从宏观上为市场经济发展创造有利于资源流动的外在制度环境条件，同时加强市场监管，以防止市场机制失灵，保障市场有序运行。实际上是抓大放小，政府对微观管理的放权，是自身改革和职能转变的过程，也是由"全能型"管理政府向"服务型"治理政府转变的过程。二是市场配置资源起决定性作用，必然使市场配置资源效率迅速提高，市场活力进一步增强，市场力量不断提升。三是市场经济的发展必然带来社会组织结构的相应改变，"市场经济意味着被它卷入其中的社会制度不得不从属于市场机制的要求"[2]。同时，也促使社会力量增强。

在社会治理中，只有提高市场主体的参与程度才能充分反映市场经济规律的发展要求和市场组织的诉求。因此，实现多元治理是市场经济体制改革的必然结果和内在逻辑。

三、乡村组织的权能重塑和活力提升

实现乡村组织的振兴本质上是对乡村组织权能重塑的内在过程，是在基层党组织的领导下，围绕政府、市场和农村社会三方面组织职能进行调适，以活跃原有组织，发展培育新型组织，实现乡村组织振兴。乡村各组织之间既发挥各自优势又互为补充，形成社会各主体的协同共治，在促进组织本身健康发展的同时，最终推动乡村振兴战略健康快速地实施。权能重塑是乡村组织振兴的核心内涵，乡村组织振兴是乡村组织权能重塑后的表现形式和结果，乡村组织权能重塑是乡村振兴战略实施中的重要内容之一。

---

[1] 肖杰：《新时代我国国家治理的多元化主体及其能力提升路径》，《求知》2019年第1期，第29-31页。

[2] 卡尔·波兰尼：《大转型：我们时代的政治与经济起源》，冯刚、刘阳译，当代世界出版社，2020，第185页。

要想实现乡村组织的权能重塑，首先要了解乡村组织具体包括哪些组织，它们是什么样的架构。

按照《中华人民共和国乡村振兴促进法》的规定，乡村包括乡镇和村庄等，"是指城市建成区以外具有自然、社会、经济特征和生产、生活、生态、文化等多重功能的地域综合体"。也就是说，乡镇一级组织也包括在乡村组织范围内，由此说明乡村组织从总体上说是一个双重立体的组织架构。具体包括乡镇一级的党组织和政府组织及经济和社会组织；村级的党组织和经济及社会组织，如农村经济合作组织、专业合作组织和村民委员会群团社会组织等。

乡村组织振兴的核心就是通过深化改革重新确立各组织的功能和边界，通过权能重塑，建立起适应新时代要求的乡村运行体制机制，可以说，乡村组织振兴的过程就是乡村体制机制不断完善的过程。

（一）乡村党组织：加强党的基层组织建设，提高先进性

乡村党组织振兴的路径和标志是通过加强党的基层组织建设，提高先进性。

乡镇党委和村级党组织都属于乡村组织的范围，都是党的基层组织。

如果将乡村各组织之间的关系比作人身上的组织系统，党组织无疑是中枢神经系统中的大脑，起到主导机体内一切活动过程并调节机体与周围环境平衡的作用。中国共产党组织是其他一切组织和各项社会事业的领导核心。

中国革命胜利的一个重要经验，就是通过"政党下乡"将"一盘散沙"的乡土社会最终整合为高度组织化的政治社会，具体办法是政党向乡村的延伸和渗透。"对于现代中国建构中的乡村治理来说，政党整合发挥着政权整合所不能够发挥的作用。"[①]

从某种程度上说，党组织成为乡村治理的权力主体，和传统乡村社会精英治理体制有类通之处，是对传统乡村社会精英治理体制的替代。亨廷顿曾指出："没有组织的参与就会坠落为群众运动；而缺乏群众参与的组织就坠落为个人宗派。"[②] 可以说，政党是现代社会的产物。我国乡村社会正是通过党组织而不是政权组织加以治理的。因为政权组织的权力来源于国家并对上负责，它总是独立于农村社会。国家和农民的联系依靠政权组织是很难建立的。我国改革开放后，社会治理结构的设置上采取了国家政权保留在乡镇一级，让广大

---

① 徐勇：《"政党下乡"：现代国家对乡土的整合》，《学术月刊》2007年第8期，第13-20页。

② 塞缪尔·P. 亨廷顿：《变化社会中的政治秩序》，王冠华等译，生活·读书·新知三联书店，1989，第371页。

农村基层实行自治的方式；通过政党组织在农村区域的延伸，使党的主张能够及时地宣传至广大基层群众，发挥党的领导核心作用。这是对我国传统乡绅治理的一种升华，是被政治实践所证明，社会上层实现"官治"和社会下层实现"自治"这一最低成本治理方式的最有效形式。

相对于传统社会士绅阶层其影响力的朝廷赋予，以及现代社会人民公社体制的"政社合一"，也即"党政合一""党经合一"，村级党组织作为上级权力的执行机构，其社会基础已发生了根本变化。

自改革开放以来，随着经济社会的发展，大量新型经济和社会组织不断涌现，其中就有农民组织的迅速成长与发展。这使传统的党群关系模式面临新的挑战，要求党的基层组织在自身建设和领导方式上要顺应这一变化的要求。相对于村民委员会、妇联等一些"准行政"组织，大量的农民组织是"去行政化"的，具有较强的独立性。过去的农村基层党组织主要依赖"行政资源"实施领导，现在，农村基层党组织已经转变为"社会化"的党组织，必须寻求一种"无行政权力依托"的新的领导方式。尽管农村党组织仍然要发挥"领导核心"和"战斗堡垒"作用，但是，农村基层党组织和农民社会组织的具体关系模式却发生了新的变化。

乡镇一级党组织仍属于基层政府架构内的基层组织，其行为逻辑也主要是行政逻辑。但是村级党组织已经失去"行政权力依托性"。尽管其在运行中仍然可以借助基层政府和职能部门的行政权力因素，但主要的资源依托已经变成农村社会关系中的社会资源。村级党组织与所在村的农民组织的关系由过去的上下"垂直"，变成一种横向的平等性的协商互动关系，其领导地位更多地表现为通过党组织自身的先进性实现对其他农民组织的引领和规范。也就是说，农村基层党组织要想在农村社会取得领导地位，必须回归农村社会，通过自身的先进理念和行为方式，通过党组织在政治和思想上的先进性，以及农村社会中先进分子加入党组织的队伍发挥引领和示范作用，赢得支撑其领导地位的资源。更进一步地说，就是通过加强党组织自身的先进性建设来领导其他各类基层组织建设，也即党的十八大报告提出的"以党的基层组织建设带动其他各类基层组织建设"。[1]

（二）乡镇政府组织：转变职能，提供公共保障

实现乡镇政府组织振兴的主要路径和标志是，促进职能转变，建设服务型政府，提高服务水平和社会治理能力，为经济社会发展提供公共保障。

---

[1] 王建国：《新时期农村基层党组织与农民组织的关系》，《社会科学研究》2014 年第 2 期，第 53 - 59 页。

　　乡镇政府是我国最基层的行政机构，行使本行政区域的行政职能。在乡村振兴战略的实施中，负责落实党组织及上级部署的各项任务，重点提供公共保障。

　　现代社会，政府在经济社会发展中的作用毋庸置疑。卢梭认为，国家之所以需要政府，是因为政府作为公共权力的行为代理人，在公意的指导下发挥作用；它将充当国家和主权者之间的联系；它对公共人格发挥的作用，就像把灵魂和身体联合起来对人发挥作用一样。① 就连那些西方最为激进的个人自由主义者也不得不承认政府存在的积极意义。"没有一个有效的政府，无论经济还是社会的可持续发展都是不可能的。"② 在政府、市场和社会的关系中，政府和市场的关系是根本性的，它左右和影响着政府与社会，以及市场和社会的关系。③

　　政府作为公共权力的行为代理人，既是制度的供给者和制度体系的安排者，也是公共服务的主要提供者，更是推动国家治理现代化的行动者。政府职能的转变直接关乎市场经济改革的深化和国家治理的全面推进。市场作用的充分发挥，市场机制的充分展现，都需要政府创造有力的保障环境，这很大程度上依赖于政府对产权与交易秩序的维护。同时，市场与公民社会等其他治理力量的生长和作用的发挥，都取决于政府及其派生的公共权力机构的规范。通过转变政府职能为市场和社会组织的成长让渡空间，调动一切公共与私人部门的民众参与国家治理，实现公共利益最大化。反过来，市场组织广泛参与治理的过程，不仅是实现良好治理的重要路径，也是对政府职能本身的构建过程。

　　正因为政府的作用如此重要和关键，为适应乡村振兴建设的要求，政府自身的改革就显得尤为紧迫。乡镇政府要积极推进"放、管、服"改革，进一步转变职能。从一定意义上说，推进改革的过程，也是重新调整和确定政府与市场和社会组织之间关系和重塑其边界的过程。要把市场能办到的事交给市场，通过竞争实现资源的优化配置；把社会能办到的事交给社会，通过自治解决问题，强化政府作为规则和程序制定者以及矛盾调节和仲裁者的角色。克服地方政府"长于统治而拙于治理"的弱点，即一旦治理失效就想通过扩大政府公共权力解决，而扩大公共权力又使治理进一步失效的"地方权

---

① 卢梭：《社会契约论》，何兆武译，商务印书馆，2011，第 64 页。
② 邓雪琳：《市场与社会双向互动推动政府角色变迁》，《经济体制改革》2014 年第 1 期，第 183 - 187 页。
③ 胡宁生：《国际治理现代化：政府、市场和社会新型协同互动》，《南京社会科学》2014 年第 1 期，第 80 - 86、106 页。

威主义治理"困局。① 坚定多元主体协作共治方向，促进政府功能的充分发挥。

（三）乡村市场经济组织：由市场决定资源配置和利用，增强活力和主体动力

市场配置资源的第一原则是效率。马克思曾强调："市场不承认任何别的权威，只承认竞争的权威。"② 竞争是市场的主要机制，市场通过竞争机制调节价格和供求关系，推动社会资源向着社会平均利润率最高的领域流动，达到资源的最优利用。

市场经济组织权能的获得和提升与政府部门对资源配置权力的下放有很大关系。各级政府要积极落实"使市场在资源配置中起决定性作用"的要求，取缔各种限制资源流动的因素，制定有利于促进资源配置的制度措施，畅通资源流通渠道，以建立全国统一大市场为立足点，健全和完善有利于资源优化的体制机制，促进市场经济组织增强活力、提高动力。

乡村振兴战略的实施意味着大量外部资源进入农村社会，政府必然是最主要的资源注入方。在此情形下，乡村振兴战略实施中扮演保障者角色的乡镇政府要努力提高资源配置的科学性，切忌和防止利用手中的权力，对资源直接进行调动和调配，或者对一些扶持项目在内定的情况下搞一些形式主义的招投标。

当然，政府也要通过多元共治，特别是积极采纳社会组织及村民的意见，实现对资本的管控，防止因资本的趋利性带来的偏离乡村建设发展方向的问题。特别是在乡村建设的初始状态下资源配置就完全由市场主导，可能会加剧乡村社会发展的失衡状态，反而不利于乡村的全面振兴和共享发展。

要兼顾经济效益与社会效益，短期行为和长期利益的关系。防止资本对农村资源的掠夺式开发，防止以牺牲生态环境来招商引资或推动产业发展，使乡村市场组织一开始就沿着促进乡村振兴这条正确的道路发展。

（四）农村社会组织：培育发展主体与自生能力

在现代社会条件下，社会不仅需要政府组织和市场组织，还需要社会自治组织，不同类型的组织主体各有功用，并且随着现代社会治理的多元化，社会组织的作用不断增强。历史实践证明，上层社会官治、下层社会自治，也是最节约成本的一种治理方式。因为，政府权力在向下层层落实到基层的过程中，

---

① 周庆智：《地方权威主义治理逻辑及其困境》，《中共中央党校（国家行政学院）学报》2020 年第 5 期，第 56 - 65 页。

② 马克思：《资本论》第 1 卷，中共中央马克思恩格斯列宁斯大林著作编译局译，人民出版社，1972，第 394 页。

其效力是递减的。①

　　当前，我国农村社会组织显著的特点是发展比较晚、发育比较慢，除了村民委员会组织等一些"准政权"性质组织按照法律规定建立早、运转比较正常外，其他社会组织，一是发展滞后，二是活力不足。总体上"我国的农民组织处于低组织状态"②，制约着乡村多元治理能力的提升。因此，农村社会组织振兴的关键是培育发展和提升自生能力。

　　促进农村社会组织振兴的措施不同于促进市场主体组织振兴措施，二者都需要政府放权和良好的制度环境，但市场组织可以通过经济手段激发活力；社会组织虽然也需要存在一定的经济支持措施，如大学生村官、公益岗位政府购买等支持社会组织建设措施，但主要还是通过参与共治实现权益表达而提高活力和动力。

　　农民是乡村振兴的主体，如果农民参与程度不高，乡村振兴就会失去动力。随着社会的发展和分工细化，农村人口分别参与不同的社会行业中，形成了不同的利益群体，社会也因此而碎片化。个体农民力量分散、弱小，利益诉求渠道狭长，只有实现农民的组织化才有助于增加乡村群众参与乡村振兴的机会，提升农民的参与能力，使其真正发挥主体作用。"现代的个体都是权利主体，它们之间因权利而平等，彼此之间的联系只靠契约建立。为了实现权利，大规模的社会组织和普遍的社会交往成为必需。"③ 乡村振兴需要多层次、多面向、多维度的社会参与，这就需要对农民进行有效的组织。但是，当前乡村中尤其缺乏专业化服务组织，难以满足村民不断增加的多元化、个性化、专业化公共服务需求。因此，农村社会组织的发展是一个重点。但是农村社会组织的发展，要以现有组织的培育和能力的提升为前提，如果现有的社会组织尚且活力不足，社会组织的进一步发展就不现实，必须从盘活存量和实现增量两方面入手。

　　乡村振兴是一个战略，绝非应一时之需的权宜之计，乡村振兴的前提必是组织振兴，而组织振兴中农民组织振兴最为关键。乡村振兴的主体是农民，但并非分散的个体农民，如果没有农民的组织，由国家直接面对亿万小农户，无论国家如何支持农村，也绝无可能满足地域极其广大、情况千差万别的农村的发展需要。

---

　　① 王韬钦：《传统乡村政治文化与当代乡村组织力重塑》，《治理现代化研究》2019 年第 4 期，第 75 - 81 页。

　　② 高玉琴：《农民组织程度的提升：乡村治理的生长点》，《齐鲁学刊》2010 年第 2 期，第 96 - 100 页。

　　③ 曾德雄：《道德的处方如何开出》，《南方周末》2007 年第 7 期。参见张晓忠、杨嵘均：《农民组织化水平的提高和乡村治理结构的改革》，《当代世界与社会主义》2007 年第 6 期，第 133 - 136 页。

　　需要着重提出的是，在乡村组织振兴中，农民专业合作组织的培育和发展应是农村市场经济组织和社会组织振兴的核心内容，因为，农民专业合作组织具有经济组织和社会组织的双重属性。农民专业合作组织在农村整个经济和社会组织中发挥着基础性作用。首先，它是农业产业振兴的重要组织，没有农民专业合作组织的振兴，乡村产业振兴就无法实现。同时，乡村农业产业聚集了大量从业人员，通过培训、教育和管理以及举办社会事业解决了成员的生活困难，对村庄治理发挥着重要作用。其次，乡村人才主要凝聚在农业产业上，如果没有产业组织的振兴，乡村人才就缺乏振兴的依托。再次，乡村文化振兴离不开农民合作组织，其合作基础的家庭经营是农耕文化的直接传承。最后，生态振兴主要通过农民合作组织来落实和实现。因此，农民专业合作组织的建设，不仅直接推动了农民组织的振兴，而且是整个乡村全面振兴的关键，只有紧紧抓住这个"牛鼻子"，乡村振兴战略的实施才算真正落到了实处。

人类社会三大工具技术时代及未来农业贡献

农业的未来如何发展，不是由农业本身决定的，而是由作为生产力发展水平标志的生产工具技术及由此带来的社会变革共同决定的。

人类社会自产生以来，以使用的工具手段区分，先后经历了石器工具技术时代（或称石器时代、石器工具时代）和金属工具技术时代（或称金属时代、金属工具时代）两个阶段，现在正处于第三个阶段。

农业的发展水平不仅是生产工具技术水平的直接反映，而且农业的产生与发展也是生产工具技术发展的直接结果。

预知未来农业的方向和出路，需要从人类社会生产工具技术发展和由此带来的社会变革的历史与未来大趋势中去寻找。

第一章

石器工具技术时代

考古学将人类最早的历史时期称为石器工具技术时代。大约始于距今二三百万年，止于距今 5 000～2 000 年，分为旧石器工具技术时代和新石器工具技术时代。

第一节　旧石器工具技术时代

人类同其他动物区别开来已有约 250 万年的历史。我国目前被确认的最早的古人类是距今 170 多万年的元谋人。人之所以称为人，主要体现在直立行走、语言、使用工具和火，其中人类的直立行走和使用火，成为人和其他动物更为根本的区别。其他动物也存在一定程度的使用工具和"语言"能力，不过这只是动物在长期演化过程中形成的一种固定的本能；人类的使用工具和语言是随着人类的发展需要而不断变化的。

根据人类在使用工具上的变化，划分出不同的社会历史阶段。至于人类的语言，则是根据工具技术的发展而产生和不断丰富。人类语言的产生大概因为开始使用石器工具使人类的活动变得复杂，作为动物性的"语言"已不能适应需要，因而产生和形成了人类语言。

有学者曾形象地描述，我们的祖先是操着石头进入人类社会的。人类最早开始使用的工具主要是就地取材的木棍和石头，使用的石头主要是直接从大自然中捡拾现成的石块，后来学会了通过相互打击获取自己所需的具有棱角或薄片等不同形状的加工品，此阶段在考古学上称为旧石器工具技术时代，是以使用打制石器为标志的人类文化发展阶段。

旧石器工具技术时代的历史时期很长，人类过着采集渔猎的生活，在一个地方将可食用的植物采集完或动物被捕猎得很少了就到其他地方去。由于大自然供人获取的食物资源有限，因而人口容量较小。依赖大自然，就必然被大自然所支配。为了追猎动物、寻找野果或渔猎场地，人类不得不经常过着流动的生活；为适应有限食物资源的需要，他们只好分成小群行动。随着人口的增长，人类的活动范围不断扩大并向外扩展，至农业革命前夜，也就是"到今约10 000年，即最后一次冰河期的末期，各种族在全球的分布已和现在大致一样"[①]。

不要小瞧人类的这种取食力量，人类在地球上扩展散布以及后来新石器时代农业革命的产生，应该与获取足够食物需要有直接关系。在人类最后到达的两大区域——澳大利亚和美洲，大型哺乳动物的灭亡过程足以证明人类扩展的原因。今天，我们把非洲看作一些大型哺乳动物的集聚地。现代的亚欧大陆也有许多大型哺乳动物，如亚洲犀、大象和老虎以及欧洲的驼鹿、熊等。今天的大洋洲和美洲已经没有同样的大型哺乳动物了，但历史上这两个地方都存在过比非洲更多的大型哺乳动物。比如澳大利亚曾有大袋鼠、大如牛的古草食有袋动物以及有袋类的"豹"；以前还有一种体重400磅重如鸵鸟的不会飞的鸟，以及一些大得吓人的爬行动物，包括1吨重的蜥蜴、巨蟒和陆栖鳄鱼等。美洲曾有成群的大象和被狮子及猎豹追逐的野马，还有许多诸如骆驼和巨型地獭之类的奇异动物。这些巨型动物的灭绝是在人类到达不久后发生的，在大洋洲大概发生于3万年前，在美洲则发生在17 000年~12 000年前，和人类到达这两个地区的时间相吻合，并且在美洲发现许多毛象骨骼的肋骨之间都嵌着克罗维人的矛头。据考古证实，美洲和大洋洲大型野生动物的大量减少以致大部分大型动物的灭绝，直接与人类的到来有关。[②] 以上完全可以说明，人类是随采集的扩展和追逐猎物而不断前进的。

旧石器工具技术时代的结束在世界各地很不一致，最早结束于新月沃地区域。新月沃地是指西亚伊拉克两河流域（底格里斯河和幼发拉底河）连接叙利亚一带地中海东岸的一大片弧形地区，因土地肥沃，形如新月，故名。最晚的则在18世纪末英国殖民者到来之时，整个大洋洲的土著居民仍处于旧石器时代的食物采集阶段。旧石器工具技术时代，人类发展主要是占有更多的渔猎空间，以获取生存和发展所需要的能量。

---

① 斯塔夫里阿诺斯：《全球通史——从史前史到21世纪》上册，吴象婴、梁赤民、董书慧、王昶译，北京大学出版社，2006，第18页。

② 贾雷德·戴蒙德：《枪炮、病菌与钢铁——人类社会的命运》，谢延光译，上海译文出版社，2016，第10~16页。

第二节　新石器工具技术时代

新石器工具技术时代以使用磨制石器为标志，是石器工具技术时代的第二个人类物质文化发展阶段。大约从 1 万多年前开始，结束于距今 5 000 多年至 2 000 多年。从时间段上看，尽管这一历史时期占比很小，但从人类社会历史发展的成就来看，人类文明主要集中在新石器工具技术时代开启以来的 1 万多年中。

新石器工具技术时代的意义、主要特征在于农业的兴起。农业革命是新石器工具技术时代的主要内容。人们的食物来源已不再靠狩猎或采集获得，大半甚至全部是靠栽培植物和畜养动物。

任何物种只要不受生存环境的限制，繁殖就会很快，人类同样如此。从旧石器工具技术时代大洋洲和美洲大型哺乳动物的灭绝来看，仅依靠直接取自人自然的食物是不可持续的，必须另寻出路，这大概是农业革命产生的一个重要原因。

从人类发展的整个过程来看，虽然生产的物质越来越多，但从事休闲和娱乐的时间越来越少。在旧石器工具技术时代，正常情况下成年人每周仅花 15 小时去狩猎和采集，其他时间主要是增强成员感情的团聚和从事食物消费及为这些消费做准备。靠捕猎为生的原始人在正常情况下过的并不是忍饥挨饿的生活，没有一个靠捕猎为生的原始人会自愿抛弃舒适、可靠的生活方式，而去做终日被禁锢在自己的土地或牧场上、无休无止地劳作的农民。[①] 进入农业革命后，人类将更多的时间投入为获取食物的努力中。甚至，考古学家证实，"许多地区最早的农民同被他们取代的以狩猎采集为生的人相比，身材矮小，营养较差，患严重疾病的较多，死时平均年龄也较轻。"[②] 可以说，人类进入农业革命既是人类自然发展演化生存能力提高的必然，也是迫于环境难以满足人口发展需要的压力而不得不被动做出的一次强制性转变。

所谓农业革命，就是人类在长期的实践中，通过逐步观察和熟悉某些动植物的生存规律，慢慢进行驯化以适应人类生存发展需要的过程。农业革命产生了农业和畜牧业，是人类历史上的一次巨大革命，使人类从食物的采集者和狩猎者转变为食物的生产者，由此改变了人与自然的关系，使人类从采集和狩猎

---

① 斯塔夫里阿诺斯：《全球通史——从史前史到 21 世纪》上册，吴象婴、梁赤民、董书慧、王昶译，北京大学出版社，2006，第 25 页。

② 贾雷德·戴蒙德：《枪炮、病菌与钢铁——人类社会的命运》，谢延光译，上海译文出版社，2016，第 95 页。

的流动状态，逐步过渡到定居生活。农业革命为以后的一系列社会变革打下了基础。

新石器工具技术时代，生产力水平非常低，尽管在漫长的历史发展中人类已散布到世界各地，但各地都处在相对隔离状态，特别是美洲和大洋洲几乎完全处于与亚欧大陆隔绝的状态。由此，农业革命出现了多源独立发展的格局。世界上有三个比较重要的农耕中心区域，分别是西南亚的新月沃地、东亚的中国和美洲，其中美洲又可具体可分为中美洲的墨西哥中部和南部及毗邻区域、南美洲的安第斯山脉区域、美国东部三个区域（表附-1-1）。

表附-1-1 独立驯化发源地及物种举例

地区	驯化物种		已证明的最早的驯化年代
	植物	动物	
西南亚	小麦、豌豆、橄榄	绵羊、山羊	前 8500 年
中国	稻、黍	猪、蚕	不迟于前 7500 年
中美洲	玉米、豆、南瓜属植物	火鸡	不迟于前 3500 年
安第斯山脉和亚马孙河地区	马铃薯、木薯	羊驼、豚鼠、猪	不迟于前 3500 年
美国东部	向日葵、藜属植物	无	前 2500 年
萨赫勒地带	高粱、非洲稻	珍珠鸡	不迟于前 5000 年
热带西非	非洲薯蓣、油椰	无	不迟于前 3000 年
埃塞俄比亚	咖啡、画眉草	无	—
新几内亚	甘蔗、香蕉	无	约前 7000 年

资料来源：贾雷德·戴蒙德：《枪炮、病菌与钢铁——人类社会的命运》，谢延光译，上海译文出版社，2016，第 90 页。

从别处引进祖代后在本地进行的驯化包括：西欧的罂粟、燕麦（前 6000—前 3500 年），印度河河谷的芝麻、茄子、瘤牛（前 7000 年），埃及的西克莫无花果、铁荸荠、驴、猫（前 6000 年）。

世界比较公认的农业革命发生最早的区域，是西南亚的新月沃地区域；其次是中国的黄河及长江中下游区域。尽管埃及的粮食生产非常早，在前 6000年开始，但主要是引进西南亚作物和动物，埃及人当时只驯化了西克莫无花果和铁荸荠。[1]

为什么农业革命最早发生在西南亚的新月沃地区域？这首先是由该区域的自然条件决定的。

---

① 贾雷德·戴蒙德：《枪炮、病菌与钢铁——人类社会的命运》，谢延光译，上海译文出版社，2016，第 91 页。

　　新月沃地地处地中海气候带，冬季温和湿润，夏季漫长、炎热而干燥，不利于高大茎秆植物生长，而利于随气候变化的一年生植物生长。并且，这一区域存在多个不同的自然环境条件，在短距离内高度和地形富于变化，形成了在很小范围内的生物多样性。

　　自然界中植物的数量很多，单是会开花的野生植物就有20万种，但其中只有几千种可供人类食用，而只有几百种得到了或多或少的驯化。这几百种作物中，大多数作物只是对人类的饮食起次要补充作用，而真正支撑起文明兴起的仅仅有十几种作物，这十几种作物的产量占现代世界全部作物年产量的80％以上，具体包括：谷类中的小麦、玉米、稻米、大麦和高粱，豆类中的大豆，根或块茎类作物中的马铃薯、木薯和甘薯，糖料作物中的甘蔗和糖用甜菜，水果中的香蕉等。[①]

　　如果一个区域可供驯化的备选作物品种非常少，就难以形成驯化的促进效应。新月沃地和中国具有适合驯化的多个品种资源，不仅有大量的重要作物的野生祖先，也有大量的得到驯化的大型哺乳动物的野生祖先，从而使最初的农民有了巨大的选择余地，或者说形成了一套"组合"，具有$1+1>2$的效果，导致农业革命发生比较早，而其他地区则相对较晚。

　　可供备选的野生植物品种主要是大种子禾本科植物品种。地理学家马克·布鲁姆勒（Mark Brumler）从世界上几千种野生禾本科植物中列出了种子最大的56种，这些禾本科植物种子比中等的禾本科植物种子至少要重10倍。[②]

　　相对于品种繁多的野生植物，世界上只有148种大型野生哺乳类陆生食草或杂食动物，可以被认为是驯化的候选对象，并且只有不多的因素能够决定某种哺乳动物是否适于驯化。

　　在这148种作为驯化的候选对象中，只有14种通过了试验。对其余134种动物，弗朗西斯·高尔顿（Francis Galton）曾作"注定要永远野生"[③]的结论。除骆驼外，能够驯化的动物都是在前8000年—前2500年驯化的。前2500年后，再也没有出现过任何有意义的被驯化的动物。也就是说，大型哺乳动物的驯化，实际上在4 500年前就结束了。那时，世界上全部148种可以用来驯化的候补大型野生哺乳类动物必定已被试验过无数次，结果只有十几种通过了

　　① 贾雷德·戴蒙德：《枪炮、病菌与钢铁——人类社会的命运》，谢延光译，上海译文出版社，2016，第124-128页。

　　② 贾雷德·戴蒙德：《枪炮、病菌与钢铁——人类社会的命运》，谢延光译，上海译文出版社，2016，第132页。

　　③ 贾雷德·戴蒙德：《枪炮、病菌与钢铁——人类社会的命运》，谢延光译，上海译文出版社，2016，第163页。

试验，剩下的再也没有适合驯化的了。① 有些看似能够驯化，但也是驯化的失败者，如斑马，其缺点是性情暴躁，并且有咬了人不松口的坏毛病；有的能驯化但不合算，如猩猩类，生育期很长；有的能驯服但难以驯化，如大象，它们在圈养情况下几乎不繁殖，如果从小圈养其生育期很长，不如从野外捉来加以调教省钱；有些本身就处在生物链顶端的大型肉食性动物，不仅不经济而且还吃人，人类避之不及，更谈不上驯化了。近现代一些小动物被驯化，如兔子，在中世纪被驯化；老鼠，在 20 世纪被驯化；仓鼠，在 20 世纪 30 年代得到驯化。这些小动物在农业革命时期并不一定不能驯化，有可能是限于当时的圈养条件、管护和饲料收集难度等而被放弃。

这里需要解释的是，在亚、欧、非三大陆，野生大型哺乳动物和人类共处时间长，从而进化出了足够的防御能力；而大洋洲和美洲的野生大型哺乳动物面对人类的突然到来，很多动物一点防御能力也没有，这可能是当时这些区域野生大型哺乳动物灭绝的主要原因。② 今天的大洋洲和美洲区域已经没有了像亚、欧、非三洲那样的大型野生哺乳动物，在大洋洲只剩下袋鼠，美洲则只剩下了羊驼。这些野生大型哺乳动物的消失对其后人类历史的发展造成了严重的影响，原本可以用来驯化的一些大型野生动物被消灭了，致使再没有属于本地的家畜了，这进一步影响了农业革命的产生或发展，也就无法支持文明的兴起，以致在 1500 年后欧洲人到来的时候，有些区域还没有进入金属时代。一场新石器工具技术时代和金属器工具技术时代的不同工具技术时代的人的战争，结果是显而易见的。

在新石器工具技术时代，人类的发展优势在于农业革命，其核心是动植物的驯化。每一个动植物品种的驯化，对人类社会的发展来说都是零的突破和绝对的增长，对人类社会发展的促进意义是革命性的。一是每一个被驯化的品种不断增产，如最早的玉米，其果穗只有成年人的大拇指甲那么大，但到 1500 年，墨西哥印第安农民已经培育出长达 6 英寸（1 英寸≈0.025 米）的玉米果穗，而现代的玉米果穗则可长达 1.5 英尺（1 英尺≈0.305 米）。③ 二是每一个被驯化品种不断被向外推广与扩展。动植物的驯化使同样单位面积的土地能养活更多的牧人和农民，使人们从此进入定居农业社会。

---

① 贾雷德·戴蒙德：《枪炮、病菌与钢铁——人类社会的命运》，谢延光译，上海译文出版社，2016，第 160 页。

② 贾雷德·戴蒙德：《枪炮、病菌与钢铁——人类社会的命运》，谢延光译，上海译文出版社，2016，第 11 页。

③ 贾雷德·戴蒙德：《枪炮、病菌与钢铁——人类社会的命运》，谢延光译，上海译文出版社，2016，第 108 页。

在新石器工具技术时代，农业革命的三大要素是新石器工具、野生动植物品种和土地。新石器工具是技术条件，野生动植物化品种是基础条件，满足动植物品种扩展需求的土地是发展条件。如果将野生动植物品种的驯化比作"动能"，土地就是农业革命和发展的"势能"，土地越多，农业发展优势就越突出。

第二章

金属器工具技术时代

继石器工具技术时代之后，人类进入了金属工具技术时代，开启了人类文明历史时期。在石器工具技术时代，整个人类发展方式是相同的，但进入金属工具技术时代后，不同地域的人们依据生存环境条件的不同，走上了不同的发展道路。整个金属工具技术时代，从纵向上按金属材料性质的不同，可分为铜器工具技术时代和铁器工具技术时代；在横向上，人类社会表现出截然不同的发展形式，即人类的绝大部分区域的大陆文明和西方区域的海洋文明，西方的海洋文明最后发展出现代的工业文明。为了比较的方便，本章仅就中国和西方的情况进行分析。

第一节　铜器工具技术时代

在新石器工具技术时代后期，也就是农业革命后期，人类在获得天然铜的基础上，学会了金属铜的冶炼技术。前5000年，世界各地先后出现了人工冶铜技术并开始推广使用铜器，人类开始进入铜器工具技术时代。[①]

在新石器工具技术时代，人类使用磨制的石器和制作的陶器。石器和陶器的最大缺点是质脆而缺乏韧性，容易损坏，制作过程也非常费时，效率低下。铜器工具克服了石器工具的这些不足，比石器更精巧、轻便，且具有良好的延展性，具有耐久、不易损坏、可以反复再利用和制作使用的特点，由此促进了社会生产力的大幅度提升。

铜器的产生与发展先后经历了红铜时期和青铜器时期。红铜时期，人们通过冶炼从铜矿石中获得纯度比较高的铜，后在长期实践中发现在铜中加入不同的其他金属（如锌等元素），可以提高铜器的品质，如硬度增加、生锈少、耐

---

① 毛卫民、王开平：《金属与中西方文明的崛起》，《金属世界》2020年第6期，第1-4、16页。

腐蚀等，因此发展出青铜器工具。考古发现，我国直接用在农业生产上的铜和青铜器工具很少，出土的青铜器主要是礼器，是具有一定身份的人的用品或陪葬品，相对于后来铁器的广泛使用和推广，铜器的这一现象可能与铜矿资源不如铁矿丰富、价格昂贵、铜质地相对较软等有关。张光直曾说："青铜农具没有发现，这是一个事实上的而不是我们主张上的问题。青铜农具假如有的话，也是非常少的。在春秋战国时代，长江流域下游有较多的青铜农具出现。但是据我所知，在殷商、西周时代，青铜农具非常稀罕，甚至是没有。"① 在农业生产中以石质工具为主的状况一直延续到春秋前后，即使进入铁器时代，石质工具的使用仍然维持了极其漫长的历史时间。②

铜器尽管没有直接在农业生产上得到广泛普及和推广，但作为制作农业生产工具的工具却发挥了重要作用，如锤头、斧头、凿子、锯等。铜器在农业生产上的直接和间接使用极大地提高了生产力水平，使劳动产品出现了更大的剩余。

铜制工具带来了生产力的迅速发展，由此出现了新的社会结构。首先是家庭的出现，氏族公社解体；其次，出现了人类历史上的第一次分工——种植业和畜牧业的分工，使畜牧业从农业中分离出来；再次，出现了专门从事管理的组织和维护生产与社会秩序的队伍；最后，出现专门从事加工的手艺人。

由于旧石器工具技术时代人类以狩猎、采集为生，不能生产多余的农作物供重新分配和贮藏之用，除了维持自身生存，并没有多余的劳动能力和物质积累，所以无法养活不事狩猎的行政官员、首领、专门手艺人、军队。铜制工具的使用使情况发生变化，农业生产力水平提高，使产品有了剩余，从中分离出一系列专门的部门，如以前的部落首领，转变为专门从事管理的统治阶层，正如斯塔夫里阿诺斯所说，"文明的代价之一就是将人分成了统治者和被统治者"③；人类定居下来并存在产品剩余的情况下，需要有专门的组织保护农民的私有财产，维护根据生产力发展起来的新的制度秩序；对工匠的需要成为必需，不仅农民的生产需要工具，而且定居的方式也需要日常生活用品，作为统治阶层，更是需要各种消费物品和由此为之提供服务的各种工匠。

人工冶铜技术的出现使人类社会得以摆脱野蛮和愚昧，成为人类文明的开端，由此进入文明时代。铜器技术成为人类文明时代的重要标志。但是，从人

① 张光直：《中国青铜器》，生活·读书·新知三联书店，1990，第121页。
② 谌中和：《先秦农业生产方式与中国古代文明的演进》，《湖南师范大学社会科学学报》2005年第5期，第122-125页。
③ 斯塔夫里阿诺斯：《全球通史——从史前史到21世纪》上册，吴象婴、梁赤民、董书慧、王昶译，北京大学出版社，2006，第72页。

工冶炼和制作铜器开始到铜器的广泛推广使用，并促成国家形态的文明形成，则需要很长的时间。

人类社会自进入铜器工具技术时代，特别是进入文明社会以来，由于对金属工具技术利用条件和方式的不同，形成了大陆文明和海洋文明，并在发展取向上有了更大的差异。

一、中国铜器工具技术时代

中华文明是世界上最古老的文明之一，也是世界上唯一没有中断且持续时间最长的文明。这与中国古代铜器技术的发达是分不开的。

尽管前 5000—前 4000 年中西方都出现了人工冶铜技术，但由于远古中国地区拥有较多的铜矿资源和良好的高温烧陶技术[①]，中国铜器工具技术时代的铜器技术水平和使用量都远超西方。自约前 3000 年开始的五帝时代，中国的铜器技术已经应用于战争和生产工具的制造。夏初时即铸有九鼎，以象征华夏九州和国家的统一昌盛。商周时期，中国的青铜器技术更是发展到历史顶峰时期。

我国发现最早的铜器制品有近 7 000 年的历史。在陕西临潼姜寨出土的约前 4700 年的人工冶炼和制造的原始红铜残片和黄铜管，是我国目前已经发现的最早的铜器制品。[②] 在甘肃东乡林家和青海同德宗日都出土了约前 3000 年人工冶炼和制造的铜刀。[③] 可以说，我国文明历史的起源就是从人工冶铜技术的掌握开始的。约前 3000 年，起源于甘肃东部陇山地区的夏族较早掌握了人工冶铜技术，尔后通过战争合并，在部族首领黄帝和炎帝的带领下逐渐向东扩展，自此中国进入千年五帝时代，即中国最初的文明时代。

中华文明早期，借助铜器技术，实现了中国古代夏族、商族、周族等主干民族在迁移中与其他民族的融合，最终形成了华夏民族。这一过程的结果是形成了一个超大规模的部落联盟集团。集团中各个大部落联盟或部落都有自己稳定的领地，各部落首领管理各自领地并代表各部落成为联盟集团决策层的成员。例如，舜是五帝时代末期被部落联盟集团决策层选出来的最高领袖，而商族的首领契在舜时被任命为"司徒"主管教化，周族首领弃则被任命为"后稷"主管农业。[④] 在这一时期后期，部落联盟集团首领的产生方式是

---

① 李家治：《中国科学技术史·陶瓷卷》，科学出版社，1998。

② 华觉明：《中国古代金属技术》，大象出版社，1999 年版，参见毛卫民：《铜器时代起源以来中西文明的海外拓展特征》，《金属世界》2021 年第 1 期，第 5—11 页。

③ 参见毛卫民：《铜器时代起源以来中西文明的海外拓展特征》，《金属世界》2021 年第 1 期，第 5—11 页。

④ 郭泳：《夏史》，上海人民出版社，2015。

禅让制。

中国正式步入文明的门槛，始于夏朝。在中国，铜器工具技术时代所对应的国家形态是夏、商、周（至春秋）三代。

大禹建立了夏王朝，集团首领的产生不再借助领导层的推荐，而改成了世袭制。禹在主管部落联盟集团时推行了一些改革措施，包括将所管辖范围划分为九州，建立了"九州攸同"原则；建立了贡赋制度，即一年一贡的"禹贡制度"；后基于铜器技术水平而铸九鼎，代表九州。这些措施增强了王朝内地方与王朝的融合力和归属感，也促进了各部族之间的交流。

商族部落联盟首领汤率领军队打败夏桀，其建立的商朝传承了世袭制，管理方式也大体保留了类似夏朝部落联盟的特色。但周朝在管理体制上制定了分封制、宗法制、井田制等一系列新制度，使之前历代的原始平等、上层民主协商等传统行为不复存在。分封制模式以封地为单位使各族群混合进入封地居住，弱化了族群的差异，促进了不同族群的融合，进而完成了自五帝时代以来中华民族的第一次融合高潮①。井田制的推行，使农民都处在一个集体组织中，通过相互协作，提高了铜器工具的使用效率，促进了农业生产力的提高；应该说，井田制是一项促进铜器工具作用充分发挥的重要组织措施。宗法制虽维护了贵族世袭统治，但同时也避免了因权力争夺和更迭带来的社会秩序混乱，保持了社会的长期稳定。

铜器技术的作用是巨大的，促进了生产力发展和武器装备水平的提升，进而促进经济社会的发展。铜器工具技术时代对古代中国最大的贡献是各部落之间实现了民族大融合，汇集成为一股巨大的社会力量。但是，受地理条件所限，古代中国在铜器工具技术时代一直走的是农业发展道路，相对于西方发展出的海洋文明这一新的经济社会发展运行方式，经济发展方式单一，同时由于农业革命以后农业动植物驯化潜力已尽，这就决定了中国进一步发展的后劲潜力不足，只不过这些不足被中国巨大体量的增长所掩盖。

二、西方铜器工具技术时代

西方文明的源头来自两河文明。农业革命发生最早的地区必然成为人类文明发生最早的地区。人类最早的文明发生在两河流域的美索不达米亚。据两河流域及附近地区的考古证实，在伊朗的锡亚尔克遗址发现了前4500年的铜针；在伊朗泰佩叶海亚遗址发现了前3800年的铜器；在叙利亚阿穆克发现了约前

---

① 张肇麟：《夏商周起源考证》，科学出版社，2018。

3500 年的铜工具。① 约前 3500—前 3200 年，在两河流域的下游地区出现了人类最早的文明——苏美尔文明。继苏美尔文明之后，约前 3200—前 3100 年，北非尼罗河流域出现了人类另一个早期文明——古埃及文明。② 这两个早期文明区域的出现，除了农业革命发生早之外，人的相互交流也是一个重要原因，甚至有可能是推动农业革命最早产生的原因。美索不达米亚地区是欧、亚、非三大洲的交汇处，是三地人员交流的必经之地，埃及的尼罗河地区则是非洲和亚洲唯一的陆路通道，人员的交流汇集了更多的信息，必然促进文明的产生。当然苏美尔文明和尼罗河流域的古埃及文明有所区别，前者属于城市文明，后者则属于帝国文明。两河流域和尼罗河流域文明虽然衰亡了，但欧洲大陆借鉴这两个文明不断发展，最后形成了古希腊文明，成为延续至今的西方文明。

"与中国的铜器时代相对应，欧洲的铜器时代却长期处于低迷状态。"③前 5000 年，欧洲及附近地区即出现了人工冶铜技术，但是由于自然环境上的地理阻隔和人口分散，信息流通不畅，难以促进技术发展；加上，铜矿资源缺乏和高温技术的局限，导致欧洲铜器技术虽有起伏，但总体上属于低迷状态。约前 1000 年，亚欧大陆及北非逐渐进入传统铁器时代，中华文明已有约 2 000 年的发展历史，并以铜器技术实现了部落"融合"和"统一"，逐步走向强盛；此时，西方文明出现仅约 1 000 年，西方文明的萌生比中华文明延后了约 1 000 年。④

西方文明自一出现就表现出与其他大陆文明不一样的运行方式和政治治理结构。

欧洲最早的文明当属克里特岛的米诺斯文明。约前 2200—前 1400 年，克里特岛上已经有城市并已开始使用铜器，产生了米诺斯文明。米诺斯文明实际就是一种"海洋文明"。克里特岛位于地中海东部的中间，和欧、亚、非大陆具有基本相等的距离，岛上的商人们在几乎始终能够看到陆地的情况下航行到地中海沿岸的所有国家，且陆地环绕的地中海上的风暴不像大西洋那样凶猛，是理想的贸易场所。克里特岛的繁荣依靠的是它的贸易，范围包括从地中海的一端到另一端的不同国家。其海上力量非常强大，以至于岛上的城市都不设防；克里特村社无论在社会地位还是经济上，似乎都比大陆上的村社更奉行平等主义。当时的克里特文明以这种方式成为欧亚大陆诸古代文明中的一个伟大

①③ 毛卫民、王开平：《欠发达铜器时代孕育的西方文明及其早期价值观念的特征》，《金属世界》2021 年第 5 期，第 1-6 页。
② 毛卫民：《铜器时代起源以来中西文明的海外拓展特征》，《金属世界》2021 年第 1 期，第 5-11 页。
④ 毛卫民：《传统铁器时代中西方文明的差异化发展》，《金属世界》2022 年第 1 期，第 1-9 页。

的例外。①

克里特文明灭亡后，随之而来的是希腊地区的迈锡尼文明。约前 1500 年，后起的迈锡尼文明也属于"海洋文明"，它借鉴克里特文明经验，面向海洋，建立起一支令人生畏的海上力量，他们视各种机会，进行劫掠或经商活动。其商业活动在非常早的时期就已经发展到相当程度，同埃及之间的贸易非常发达，产品出口到整个地中海沿岸。迈锡尼的发展瓦解了先前克里特岛在地中海的经济霸权，到前 15 世纪，还劫掠了克里特岛本身，加上一连串毁灭性的地震，使伟大的米诺斯文明彻底灭绝。迈锡尼文明继承和发展了克里特文明，成为整个爱琴海区域文明的重要组成部分。

继迈锡尼文明之后兴起的是腓尼基文明。生活在地中海东岸边沿上的腓尼基人曾依靠航海和经商建立起高度文明的古代国家，12 世纪初，腓尼基达到极盛时期。腓尼基人在全盛时期控制了西地中海的贸易。今天我们熟悉的 26 个英文字母，其源头就是腓尼基人创立的 22 个字母。之后从属于新巴比伦王国、波斯帝国及希腊人和罗马人的统治，最后因古罗马发动的三次布匿战争，至前 146 年，被彻底打败，首都迦太基城被夷平。腓尼基文明成为历史。

约前 1200 年，希腊人的先民多利安人侵入迈锡尼地区，新入侵的多利安人又使迈锡尼人遭遇克里特岛人的相似命运。他们用精良的铁制武器，攻占了迈锡尼的一个个城堡和城市，使希腊的行政制度瓦解，又回到了以农业和畜牧为基础的经济中。希腊地区渡过了近 3 个世纪的所谓黑暗时代，直到前 900 年左右诸城邦兴起。

铜器工具技术时代，中西方之间表现出的差异和发展取向的不同是：

第一，西方铜器生产技术低迷，生产力发达的文明时代萌生相对缓慢；中华文明呈现出极度发达的铜器时代，比西方文明早萌生约 1 000 年。② 中国夏朝就能铸鼎，商周时期的大型铜器不仅体大、厚重且极为精美，如商王武丁夫人的妇好墓出土的 468 件青铜器，体现出高超的制铜技术和丰富的铜器资源。而欧洲的大型铜器则显得比较粗糙且为实用器。③

第二，中国铜器技术除了作为高档礼器外，还作为手工工具以制作农具，促进农耕文明的发展；而西方则发展出以船舶运输和商业贸易为重点的海洋文明。

---

① 斯塔夫里阿诺斯：《全球通史——从史前史到 21 世纪》上册，吴象婴、梁赤民、董书慧、王昶译，北京大学出版社，2006，第 67 - 68 页。

② 毛卫民、王开平：《铜器与中西方文明的萌生》，《金属世界》2020 年第 4 期，第 1 - 5 页。

③ 毛卫民、王开平：《中西方铜器时代差异分析》，《金属世界》2019 年第 4 期，第 12 - 15、19 页。

第三，借助于铜器技术的发展，古代中国实现了各部族的不断融合，形成了超大体量的华夏民族，成为后续中国文明的重要特征；西方则表现为一个个的小型城邦国家形式。

第四，西方文明不断被打断，但海洋文明形式一直存在连贯性；中国古代王朝更替，但作为中国古代文明核心的政治理念一以贯之，制度框架则保持了同一性。

第二节　铁器工具技术时代

"其作始也简，其将毕也必巨。"工具技术的发展是一个使人类社会由简单到复杂的过程。金属工具技术发展到铁器工具技术时代，特别是其后期，技术本身和人类社会变得非常复杂，并且发展速度也越来越快。

铁器工具技术时代是人类发展史中一个极为重要的时代。约前 1000 年，欧亚大陆各地逐渐进入传统铁器工具技术时代。恩格斯曾就铁的重要性指出："它是在历史上起过革命作用的各种原料中最后的和最重要的一种原料。"[①]

铁器技术最早产生于小亚细亚中部、黑海南岸的古赫梯帝国，大约在前 1400 年，赫梯帝国掌握了铁的冶炼技术，是世界上公认的最早进入铁器工具技术时代的民族。赫梯国王把铁视为专利，不许外传一直保密。直到前 12 世纪赫梯灭亡，赫梯铁匠四散各地，随即冶铁技术扩散开来。赫梯人因最早掌握冶铁技术而成为一个帝国，在前 13 世纪达到鼎盛。赫梯的铁兵器曾使埃及等国为之胆寒。由于在与埃及的争霸中两败俱伤，后来被席卷东地中海地区的腓尼基人灭亡。应该说，最先发明和使用铁器的赫梯人大大推动了人类生产力的进步，对古代世界文明的发展产生了深远的影响。

铁器比铜器具有更多的优点。相对而言，铜的质地较软而铁的硬度较大，铁器具备坚硬、锋利、轻便、耐用的性能。

虽性质非常相近，但铁器技术比铜器技术晚十几个世纪，主要原因是铁的熔点要比铜高很多。铜的熔点是 1 084℃，而铁的熔点则高达 1 530℃，熔化铜的熔炉达不到熔化铁所要求的起码温度，限于当时的条件，再提高熔炉温度难以实现，这是铁器技术发现较迟的主要原因，也是铁器工具技术时代早期，各种铁器都是锻造而成，而红铜和青铜器一开始通常都是铸造形成的原因。后

---

① 恩格斯：《家庭、私有制和国家的起源》，《马克思恩格斯选集》第 4 卷，中共中央马克思恩格斯列宁斯大林著作编译局译，人民出版社，1972，第 159 页。

来，人们逐步发现了利用木炭还原铁矿石的办法，能在 800℃～1 000℃ 较低温下得到比较纯净但质地疏松的铁块。但是，这种情况下获得的铁是一种灰色的多孔体，后来发现，将铁反复加热、捶打、投入冷水（淬火）并与木炭接触，可使其坚硬。因此，铁器工具技术不仅是对新金属的发现，更是一种新的冶金术的产生。

相对于铜器工具，铁器工具的传播速度、应用和普及程度大为提高，除了其本身所具有的优点外，丰富的铁矿储量是关键因素，这为各地充分利用自身资源优势和条件优势发挥铁器工具作用创造了条件。

一、中国铁器工具技术时代

铁器技术的传入，极大地促进了中国古代生产力的提高和经济的发展，也带来了重大的政治社会变革，由此使古代的中国从分封体制走向了中央集权的帝国体制，并一直延续到工业化这一新的技术时代的到来。

（一）铁器工具技术的传播及对传统秩序的冲击

一般认为，我国铁器工具技术源于西方，是从西亚传至中亚，至前 1000 年左右传到我国新疆地区[①]，这是我国铁器工具技术时代的开端。考古发掘证实，西周晚期以后，铁器先在陇甘青地区，后在中原等地增多。春秋早期，中原地区已经出现铸铁。[②]

考古发现中，中原一带于春秋中期尤其是春秋早期和西周晚期的铁器十分有限，如西周晚期河南三门峡上村岭虢国墓地中的铁器只见于贵族墓。战国时期，中原使用铁器已很普遍，尤其战国中期以后，铁器在农业和手工业中已经基本取代传统的青铜工具和木、石、蚌器，在军事和其他领域的应用也日益得到加强。[③] 并且，"铁"字的出现也是在战国时期，在商代和西周时期的甲骨文与青铜器铭文中都没有出现[④]，吕振羽先生曾说："铁之称铁，大抵始于战国，在春秋时犹以恶金名之。"[⑤]

相对于铜资源的稀少，铁的最大优势就是资源丰富。约成书于战国时期的《山海经·中山经》记载："天下名山，经五千三百七十山……出铜之山四百六十七，出铁之山三千六百九十。"《山海经》的统计虽未必可靠，但铁资源远远

---

①　陈戈：《关于新疆地区的青铜时代和早期铁器时代文化》，《考古》1990 年第 4 期，第 366－374 页。

②　韩汝玢：《附录六：天马一曲村遗址出土铁器的鉴定》，载《天马一曲村 1980—1989》，科学出版社，2000，第 1178－1180 页。

③　唐际根：《中国冶铁术的起源问题》，《考古》1993 年第 6 期，第 556－565、553 页。

④　世界上古史纲编写组：《世界上古史纲》，人民出版社，1979。

⑤　吕振羽：《殷周时代的中国社会》，生活·读书·新知三联书店，1962。

比铜为多确是事实。这就决定了铁器工具技术一旦被人们掌握，就能够形成大批量的生产，并能实现在生产上的广泛普及和应用。铁器工具技术不仅广泛应用于农业，同时也应用于军事，特别是一些游牧民族，借助马匹优势和铁器技术，增强了进攻能力。

由铁器工具技术在我国的东向传播就不难理解为什么周王室一再东迁，为什么周朝天下大乱，为什么由秦国实现了最终的统一。

西周晚期，周朝屡遭西戎犯境，最后竟戎狄交侵，被迫东迁。这应该说是游牧民族西戎获得铁器技术而提高了经济和军事实力的缘故。当然，夹在戎、狄之间的秦人，自然也率先获得了铁器技术，"事实上，秦人是最早用铁制武器取代青铜武器、用骑兵取代战车兵的中国人"[①]。这或许是当时非常弱小的秦人，能够有能力保卫周王室并护送平王东迁[②]，以致被正式封为诸侯国并最终统一六国的原因。

铁器工具技术传到哪里，哪里的秩序就要重建，当传到中原时，整个"天下"就乱了。

周王室的东迁，标志着"王道衰微"。由于距离周朝按血缘关系建立起来的宗法制和分封制时间已很长，天子与诸侯之间的关系已经疏远。更重要的是，随着应用铁器工具技术的诸侯国变得日益强大，各诸侯国逐渐以自我为中心，周王朝只是保留着天下共主的名义。周天子依附于诸侯，王室衰微是必然的事情。

春秋时期，社会生产力有了很大的发展，主要表现为铁制工具的使用，如农业用手工工具和牛耕。

其实，犁早在前1400年已经传入我国。当犁铧换成铁制的以后，其效率不知提高了多少倍。铁器牛耕的出现，不仅有利于深耕，也为开垦荒地和兴修水利提供了有利条件。

铁器工具技术的使用，使人们的生产能力有了很大的提高。一是人们不再局限于井田制这种需要协作才能进行生产的组织形式，依靠一家一户就能进行生产，使农夫们可以不依托或离开井田制去开垦荒地，使家庭独立生产成为可能。《诗·齐风·甫田》中记载有"无田甫田，维莠骄骄""无田甫田，维莠桀桀"，"甫田"就是井田中间那块公田，"骄骄"和"桀桀"表示野草茂盛的样子。《国语》卷二《周语中》记载"今陈国道路不知，田在草间，功成而不

---

① 斯塔夫里阿诺斯：《全球通史——从史前史到21世纪》上册，吴象婴、梁赤民、董书慧、王昶译，北京大学出版社，2006，第160页。

② 王光军：《中国通史》第2卷，印刷工业出版社，2001，第404页。

收"，也就是说，农夫们不再去公田尽义务，公田没人管了。二是通过牛耕这一先进生产工具的使用，能够开垦井田以外的大量荒地，而这些荒地的开发并不用承担以前井田制度中的"公田"义务，这使统治者失去了维护生活及统治的经济来源。不仅农夫不愿再去为公田尽义务，一些统治者也不再去维护这一制度，《汉书·食货志》记载："周室既衰，暴君污吏慢其经界，徭役横作，政令不信，上下相诈，公田不治。"至此，井田制被迅速破坏。

井田制作为周朝的一项经济制度而存在，不仅表现为一种组织形式，并且体现的是一种土地所有制形式，其土地权属归周王室，并由周王室进行土地配置。而铁制工具技术的使用，使农夫可以不再需要统治者去分配，可以直接去开垦荒地；而诸侯们又理所当然地认为封国内的土地是属于他们的而非天子的，对庶民的占有同样是这样。周天子对土地的控制权逐步丧失，所谓"普天之下莫非王土，率土之滨莫非土臣"这一原则行之不通了。经济基础决定上层建筑，当井田制这一经济基础发生动摇时，也必然动摇周王朝的统治秩序。

面对井田制的解体，各诸侯国采取了一系列改革，也涌现出了一些改革的优胜者，并不断将一些弱国和小国兼并，形成了一些具有霸主地位的诸侯国。

春秋时期各国的改革主要还是体制内的改革，是在周王朝这一体制下的改革，并且重点是围绕经济领域的改革。

失去了经济来源的统治者们，改变了由农夫直接参加公田劳动的剥削方式，转变为进行土地征税的经济手段。各诸侯国为了扩大税源，增加财政收入，先后进行了赋税制度改革。齐国和晋国是最早进行改革的两个诸侯国，分别推行了"案田而税""作爱田"的赋税改革。稍后，鲁国于前594年推行了"初税亩"改革，这是按占有土地面积征收耕地税的制度。这一制度在我国延续了整整2 600年，直到21世纪初才被废止。初税亩制度的实行，实际就是开始承认土地私有的合法性。之后，楚国、郑国、秦国也相继进行了赋税改革。

改革促进了诸侯国在强盛的过程中不断进行兼并。春秋早期，齐桓公任用管仲变法革新。齐国通过改革并凭借"鱼盐之利"，以"尊王攘夷"为旗帜，联合诸侯，抗击夷狄，提高了号召力，"九合诸侯，一匡天下"，最终取得了中原霸主的地位。

晋献公继位后，改革内政，晋国开始强盛，"并国十七，服国三十八"，又先后灭掉耿、霍、魏三个小国，接着又灭掉了虢、虞两国，疆土从黄河北岸延伸到南岸，成为继齐之后的中原霸主。

前627年，秦穆公向东扩张被晋所阻，于是转而向西发展，"益国十二，开地千里，随霸西戎"，秦成为西方的大国。[①]

至春秋末，诸侯国只剩下 20 多个，并且一些周边的蛮、夷、戎、狄小国也都被纳入其中，这是继铜器工具技术时代初期部落大融合之后的又一次民族大融合。

(二)战国时期诸侯国的改革和秦朝的统一

各诸侯国在春秋时期改革的基础上，相继进行更深入的改革。春秋时期各国所实现的多次改革，从总体上看，大多限定在经济体制方面，世卿世禄制度依然被各国奉行，只是国家大权基本旁落到卿大夫手中。[②] 战国时期，各诸侯国改革的重点已经上升到政治体制方面，当然，这并不是说，经济领域的改革从整个社会改革中就此淡出，而是出现了与春秋时期迥然不同的崭新内容。

战国初期，率先进行改革和变法的是魏国。魏国通过改革实现了国富兵强，成为中原霸主。

魏国的变法发生在魏文侯当政时期，面对诸侯间日益激烈的征战，外部军事压力增大。为了增强魏国国力，魏文侯任用李悝为相，变法图强。李悝的变法包括以下几个方面：

第一，废除世卿世禄制度，实行食有劳而禄有功。这是一项重要的政治改革，从根本上否定了周王朝建立的分封制。尽管之前实行赋税改革，贵族已不再以井田制中的公田作为经济来源，但世卿世禄制度还是存在的，这就证明周王朝的管理体制还继续存在。废除世卿世禄制度，就是从根本上剥夺旧贵族世代所享受的政治上和经济上的特权。实行"食有劳而禄有功"政策，实际上就是使贵族们成为自食其力的劳动者，等于在用人制度上重新洗牌，成为战国时期主张加强君主专制统治的改革派人物在政治上追求的首要目标。[③]

第二，推行"尽地力之教"和"平籴法"。铁器农具的使用和井田制的松动，提高了农夫的生产效率和生产积极性，但是铁器农具的改进、大型农田水利工程的兴建和大范围的农产品丰歉调剂，不是个体农夫所能办到的。农业越发展，越需要国家组织的介入，通过建立新的机制，进一步提高生产效率、保护生产积极性的持续性，以强兵富国。"尽地力之教"是李悝改革中发展农业的基本政策，即把国家掌握的土地分给农民耕作，要求农民"治田勤谨"，精耕细作，发挥土地潜力，提高粮食亩产量。"地力"指土地的出产能力，包括

① 王光军：《中国通史》第 2 卷，印刷工业出版社，2001，第 401-405 页。
② 黄中业：《战国变法运动》，吉林大学出版社，1990，第 1-10 页。
③ 吉家友：《魏国变法改革在战国时期的示范作用》，《华北水利水电学院学报（社科版）》2010 年第 5 期，第 96-99 页。

土地肥沃程度等。魏国地处中原，土地利用开发得比较彻底，缺乏对外开荒扩展的潜力，因此重点采取了对土地内部挖潜措施。"尽地力之教"提出了很多具体的办法，如杂种五谷、力耕数耘、还庐树桑等，可以概括为精耕细作。

"平籴法"是李悝推行的农业经济改革，也是与"尽地力之教"政策相配套的措施。李悝认为"籴甚贵伤民（士、工、商），甚贱伤农""民伤则离散，农伤则国贫"，丰年按平价购进农民多余的粮食，国家储存起来；荒年按平价卖出国库粮食平抑价格。这一兼顾士、农、工、商"四民"利益的办法，为历代王朝所仿效，成为后世常平仓之滥觞。

第三，制定《法经》。《法经》是中国历史上第一部比较系统的成文法典，这是李悝对魏国乃至中国的又一个重大贡献。《法经》不仅对魏国的发展起到了重要作用，也成为战国时期其他国家制定法典的依据，是历代法典之蓝本，在整个中国法制史上具有里程碑意义。

魏文侯还任用吴起进行军事改革，建立"武卒"制，以爵位和田宅赏赐军功。

魏国改革成功后，其他国家纷纷效仿，如楚国吴起变法、秦国商鞅变法、赵武灵王军事改革、韩国申不害变法、齐威王改革、燕昭王改革等。

魏国的强盛不仅使西邻秦国屡屡兵败，丧失了河西之地，增强了秦国变法图强的紧迫感。秦孝公在秦献公基础上加大力度继续变法，颁布变法求贤令。商鞅正是应求贤令来到秦国，并挟魏之法令政教以西。正如齐思和所言，商鞅之变法，即将山东诸国之法制输之于秦而已。[①] 商鞅变法分先后两次进行，第一次变法基本依照魏国的变法内容，第二次则更体现出秦国自己的特点。

战国后期，齐、楚、燕、韩、赵、魏、秦七个强国之间为实现统一争夺权利，最后秦国取得胜利，灭掉六国实现了统一，建立起延续两千多年的中央集权的专制帝国体制。

为什么最终实现统一的是秦国而非其他六国中的国家？秦国可以说占尽天时、地利、人和。在"天时"方面，铁器工具技术时代来临时，秦国最先将铁器用于军事，"春秋早、中期，在中国早期冶铁史上，秦国是一枝独秀。春秋晚期，楚国的冶铁似乎与秦国并蒂争艳"[②]。在"地利"方面，秦地地广人稀，铁器的使用具有很大的向周围开发的潜力。加之前318年，秦占领了四川的产粮大平原，既扩大了地盘，也增强了国力，具有了相对于其他六国的优势，以及易守难攻的地形优势。在"人和"方面，统治者都是能干而又有统一野心的

---

① 齐思和：《中国史探究》，河北教育出版社，2003，第165页。
② 张天恩：《秦器三论——益门春秋墓几个问题浅谈》，《文物》1993年第10期，第20-27页。

现实主义者，率先应用法家学说，并通过改革和耕战措施，将思想和积极性统一到了战争取胜中。

铁器工具技术时代的到来，我国实现大范围的统一是必然，这是由铁器工具技术决定的，秦国只是及时抓住了历史机遇，凭借地理优势和改革及人才优势赢得了最终胜利。

（三）"重农抑商"的产业政策

铁器工具技术兴起后，我国实施了"重农抑商"的经济发展产业政策。

"重农抑商"自商鞅变法时提出并实施，几近延续到专制帝国王朝灭亡，是中国历代王朝最基本的经济指导思想和产业政策。抑制商业是秦汉以后中国历代经济政策的主基调，其间虽然也有过政策调整和改变，商业也曾断续地存在过一些繁荣时期，但相对于两千多年的抑制过程是短暂和零散的，不具有代表性。"重农抑商"政策传统的历史延续，有其特殊的原因。

1. "重农抑商"合理性的一般解释。

（1）"重农抑商"思想及政策的形成。农业起源早于其他产业，并且"农业是整个古代世界的决定性的生产部门"①，重农思想具有很强的历史基础和现实性。

重农抑商思想滥觞于春秋，形成于战国时代列国争霸和变法图强的政治经济实践活动中。重农抑商作为一项完整的政策，最早于魏国李悝的变法思想与实践中实施。"尽地力之教"就是发展农业，认为财富的产生根源就是农业，"农伤则国贫"。同时，李悝又认为："雕文刻镂，害农之事也。锦绣纂组，伤女工者也。农事害则饥之本也，女工伤则寒之原也。……故上不禁技巧则国贫民侈。"② 其"平籴法"就是让粮食的经营权不再掌握在私人手中。

商鞅承袭了李悝的观点和经验，将重农抑商作为重大国家政策和法律落实到具体的变法中。重农抑商的内涵是以农业为"本"业，把商业作为"末"业，本质是以农业为重，抑制商业发展。商鞅的重农并不专以发展社会生产为目的，而是要通过农业的发展来加强国家的军事实力。重农抑商成为秦国军事扩张需要的农战方针的基本内容。发展农业被提高到"立国"的高度，商鞅明确提出"事本而禁末"。除了"使商无得籴"，不准商人贩卖粮食，重要商品实行官营，"无得取佣"，不准商人雇用劳动力，还对商人实行"重关市之赋"③政策，加重其徭役负担，降低人身等级身份，对商业进行限制。

---

① 马克思、恩格斯：《马克思恩格斯全集》第 21 卷，中共中央马克思恩格斯列宁斯大林著作编译局译，人民出版社，1965，第 169 页。

② 刘向：《说苑·反质篇》。

③ 《商君书·垦令》。

战国晚期，重农思想和政策有了新的发展，荀子把农业看成唯一的财富产生的本源，将"省工贾，众农夫"作为治国之道。韩非子"末"的概念，不仅包括商业，还包括手工业，把手工业列为同商业一样的不生产的末业。韩非子甚至将工商业者视为"五蠹"之一，大力推行"上农除末"①的政策。

自商鞅变法以后，"重农抑商"政策在历代推行，虽然目的和方式不同，但一直被延续下来。

（2）传统中国"重农抑商"政策的合理性。秦至清代，"重农抑商"政策经历了十多个主要王朝的更迭，这项政策的存在绝不是偶然的，必有其内在的合理性。

"重农抑商"合理性的一般解释如下：

其一，经济现实需要论。农业是衣食之源，富民之本，是国家财富积累和财政收入的源泉，只有农业的繁荣才能实现社会稳定；农业为战争提供物质基础，"地之守在城，城之守在兵，兵之守在人，人之守在粟"②。同时，农业也是国家贫富的标志。《管子·八关》直接说明了农业发展状况与国家贫富程度的关系："行其山泽，观其桑麻，计其六畜之产，而贫富之国可知也。"因此，农业成为当时最重要的生产部门，发展农业、安定农民、稳定兵役和粮食供给，成为关乎国计民生的优先大事。

其二，政治和社会控制需要论。统治者为了维护统治基础和保卫国家安全，从社会控制的角度出发，需要采取重农抑商的政策或法律。比如，工商业与国家争夺"山泽之利"，与农业争夺劳动力资源，甚至使农田荒芜威胁国本；私人工商业容易形成对朝廷构成威胁的"反叛"势力；工商业者将剩余投向土地形成土地兼并集中和农民破产等。

其三，文化及伦理精神需要论。例如我国传统文化中重义轻利的"义利观"；商业和商人对传统"不患贫而患不均"的"均平"伦理秩序的破坏；对君臣上下、贵贱尊卑等级秩序的危害；商业容易使社会形成荒淫奢侈的风气，破坏自给自足自然经济状态。重农抑商有利保持良好淳朴的社会风尚。

以上解释均有一定道理，证明了古代社会重农抑商政策的具体合理性。不仅如此，有学者甚至还提出，"重农抑商政策具有必然性和进步性"③。

2. "重农抑商"合理性的铁器工具技术解释。"重农抑商"政策如果从铁器工具技术上去解释，可能更具有说服力。

---

① 《史记·秦始皇本纪》。

② 《管子·权修》。

③ 胡鸣焕：《重农抑商政策的必然性和进步性》，《中国农史》1997年第2期，第16-19页。

重农抑商为商鞅变法中的一项经济政策，而这一变法和秦国的统一均有赖铁器工具技术的使用；重农抑商政策的现代消亡则缘于西方凭借先进技术的扩张对农业国家体制造成冲击，然后，各个国家在现代体制确立后走上了市场经济道路。

（1）"重农抑商"是铁器工具技术发展成熟的产物。商业的萌芽非常早，应该说和农业的历史一样早。农业革命后人类定居下来，无论是生产工具还是生活用品，都需要通过物物交换来实现。铜器工具的出现，相对于石器工具使生产效率大幅度提高，出现了管理组织、文字和城市文明形态，并形成了人员集中的消费区域。工商业得到进一步发展，这时不仅需要农业和手工业的生产者，还需要发挥商品流通作用的专业商人。

但这一时期，总体上生产力水平低，消费需求量小，农业和工商业均不甚发达，可以交换的东西不多，二者被置于同等地位予以重视，并不存在轻视和抑制工商的观念。"农攻粟、工攻器、贾攻货"[①]，只是分化出了不同的工种，农工商各业并不存在地位上的差别。

铁器工具技术的传入使生产力水平大幅度提高，生产效率的提高促进了产业的分工，新的行业、门类及产品不断出现，为工商业的发展提供了重要机遇。春秋战国时期，私人工商业由原来不占显要地位转而变得日益壮大。除活跃着众多的个体小商小贩之外，还出现了富可敌国的大商人，如白圭、管仲、子贡、范蠡、吕不韦等。

春秋时期的一些诸侯国统治中心的城邑，到战国时也发展成交换中心。如当时周都洛阳、魏都大梁、韩都阳翟、齐都临淄、宋都陶、赵都邯郸、楚都郢、卫都濮阳、燕都蓟，既是政治中心又是著名的商业城市。分裂期的诸侯国国君不可能排斥和抑制商业的发展，其城邑商业的繁荣应该是鼓励发展的结果。在这个商业蓬勃发展的上升期，任何一个诸侯国要想在激烈的竞争中站稳脚跟，必须积极发展商业，因为工商业可以在提供产品、促进流通、调节余缺、开发资源、增加税收等方面发挥积极的作用。

技术和任何事物一样，都有一个产生、上升发展和平稳发展期。铁器工具技术亦如此，其潜能的释放也存在一个由盛到衰的过程。铁器工具技术自春秋早期传入，至战国中期已有几百年的历史，技术已经非常成熟，并广泛应用于生产生活，进入了平稳发展时期。如农业上需使用的铁制工具已基本开发齐全，特别是牛耕这一在农业技术使用动力上的革命，在我国一般认为商代已经

---

① 《吕氏春秋·上农》。

出现，春秋时期确已出现①，从孔子弟子的名和字中已有所体现，如"冉耕字伯牛""司马耕字子牛"等。

从战国期间的变法中也可看出铁器工具技术发展的成熟程度，魏国李悝的"尽地力之教"主要是利用现有技术，在农业耕种上实行精耕细作，本质是农业的内部挖潜。再者，战国时期变法的主要内容是体制改革，一个时代的体制和重要技术是对应的。只有技术定型的情况下，才能预测未来社会的发展趋势和基本形态，才能设计出符合社会发展要求的政治管理制度。反之，如果技术的变化不可预测，社会管理体制就无法设计，变法方案就存在不确定性，进而难以提出和执行。商鞅变法应该说就是在铁器技术非常成熟，且由此而来的商业发展进入平衡发展情况下的应时措施。

（2）关于"重农抑商"的不同理解。按理说，既然历代都沿袭了重农抑商的经济政策，应该在重农抑商的道路上越走越远，或最终走向"禁商"的道路，但实际不是这样，历代商业政策和法制都采取了功利而务实态度。黄东海认为："在中国古代法中，'重农抑商'更多存在于意识形态的讨论或者政治态度的宣示中。历代商业政策和法制是功利而务实的，中国历史上并不存在一以贯之的'抑商'法律实践。"② 不同朝代实行"重农抑商"政策，具有不同的目的和措施。

商鞅变法中的重农抑商主要是为了实现国家富强和统一天下霸业的耕战需要；汉武帝时期的重农抑商主要是为满足穷兵黩武情况下的财政困难，以及从根本上解决商人对社会稳定构成威胁的需要；唐宋对商业管制的放松主要是商业利益中增加了政府收益；明清"禁海"等重农抑商政策重点是阻止外来干扰而保障统治安全和社会稳定。总体上，传统中国的"抑商"政策在王朝新兴和稳定时期，抑商程度低，在中末期或不稳定时期，抑商程度高。这也是一种"危机先于严格管制"③ 的现象。

实际上，历代王朝的统治者们不是不知道商业的重要性，对此，即使商鞅也不是不清楚商业不可取消。正如有学者指出的，他的意图是用法律政策手段抑制商业过度发展罢了。④堵塞农战政策之外的一切获利途径，使全社会"利出一孔"⑤。晋人傅玄在《检商贾》中说，"夫商贾者，所以充盈虚而权天地之

---

① 张芳、王思明：《中国农业科技史》，中国农业科学技术出版社，2011，第64页。

②④ 黄东海：《国家财政取向下"重农抑商"传统的法制真相》，《法制与社会发展》2008年第1期，第63-72页。

③ 斯塔夫里阿诺斯：《全球通史——从史前史到21世纪》上册，吴象婴、梁赤民、董书慧、王昶译，北京大学出版社，2006，第136页。

⑤ 《商君书·靳令》。

利，通有无而一四海之财。其人可甚贱，而其业不可废。"整个传统国家的"重农抑商"政策实际上是王朝统治者的工商业调控政策。王安石对此说得很清楚，"……盖制商贾者，恶其盛。盛则人去本者重；又恶其衰，衰则货不通。故制法以权之：稍盛则廛而不征；已衰则法而不廛"[①]，其核心思想就是国家的商业政策和法律常识须因时而变、因地制宜。因此，重农抑商与其说是"重农"和"抑商"，倒不如说是一种行政管理手段。本质上是传统中国社会的一种经济管理措施和历代王朝因时而变的产业调控政策。

历史上真正对商业进行严格限制达到取缔程度的时期很少，只有秦始皇统一六国后，一度推行过"上农除末"政策，即崇农禁商，但终究不能持续，一年后就匆匆废止。我国历史上各朝代所采取的农商轻重关系，实际是对国民经济生产结构的平衡和调整。可以说，是具体的政策措施。

在当今大力发展工商业的思想基础上去理解过去的"重农抑商"政策，往往会带来很多歧义。比如"谪发商人"制度，春秋以来，军队的主要成员是"国人"中的士和农，而奴隶则没有资格，谪发商人也不一定是一种治罪措施。再如衣冠服制、乘舆之制，来源于我国历史上的等级制度，是中国传统社会伦常所系，在一定程度上是为便于管理的需要。至于限制充当官吏的规定，汉初吕后惠帝时就有，唐时犹存，其中固然有抑商之意，但绝非仅仅专门针对商人。宋代以前选官制度一直都与宗族、贵族有关，如果商人可以做官就不可能与商业完全脱离干系，利用政治权力去经商是很必然的事，势必造成整个官场风气败坏。而实际情况是，从来就不缺少商人入仕，即使是抑商程度最高的汉武帝时期，非贵族和军功出身而成为卿大夫者，如桑弘羊、东郭咸阳、孔仅和卜式等，都是商人。[②]

对重农抑商的常见理解是增加赋税，但将这一现象与"重农抑商"本身相等同。清代俞正燮曾提出"征商"无关"抑商"，他反问道："商贾若是末，则圣王循天理不得因末为利。若云重征以抑末，则何如禁绝之，乃反诱而征之哉？"如果说重农抑商是圣王行使仁政，为什么又"征农"，难道"农岂亦末作、罔利、当征之，使反本循天理冻馁欤？"其结论只能是"……不征商，非仁政；征商，非抑末也。夫征商与征农，其义一也"，征农和征商都是一回事。[③]

杨联陞先生对我国历史上的重农抑商措施做了概括性的总结："中国传统，

① 《答韩求仁书》。

②③ 黄东海：《国家财政取向下"重农抑商"传统的法制真相》，《法制与社会发展》2008年第1期，第63~72页。

远自两千余年以前，早已以农为本，视工商为末业，政府对四民之待遇，因有重轻。然就全帝国时代而言，亦不可一概而论。"①

（3）官营禁榷制度。在整个重农抑商制度框架中，与具体重农抑商政策并行的一项措施是官府对一些重要的生产生活资料进行专营，即所谓禁榷制度。本质上说，历史上的重农抑商政策不是"抑商"，抑制的仅仅是"私商"。在一定的商业空间内，官营范围大了，私营活动范围就小，反之亦然，二者具有一定的替代性。

中国向来具有由官府办工商业的传统，即使在没有推行重农抑商政策的周代，也采用"工商食官"的工商业官办形式，这在《周礼·考工记》中有系统的记载。

早在春秋时期，范蠡就主张对粮食实行国家领导价格，实行平粜，把价格波动控制在有利于农业生产和流通的一定幅度之内。齐国宰相管仲提出"管山海之利"之说，"唯官山海为可耳"②。

汉武帝时开始实行盐铁官营，官营禁榷制度逐渐形成，之后几乎为各朝沿用、推行并不断发展完善。③

官营禁榷制度，通过官营压缩私营空间，达到控制商业的目的，是一项非常有效的重农抑商措施。

在铁器工具技术进入平稳发展期后，农业和工商业的分工和发展也进入相对平衡的发展期。同时，铁器工具技术尽管促进了产业的发展和进一步的分工，但行业门类较少。在这种分工相对稳定且行业门类范围较窄的环境条件下，通过国家政权力量对那些事关"国计民生"的物资进行统一经营未免不是好的措施，既保证王朝的工商收入，"因民所急而税之"，与商贾争利，又维护国家统一市场的正常经营秩序，防止因工商业对农业的冲击而造成社会秩序混乱。

我国历史上的商人历来坚持"以末致富，用本守之"的信条。商业获得收益相对容易，是致富的最快手段，正如史学家司马迁所言："用贫求富，农不如工，工不如商，刺绣文不如倚市门，此言末业，贫者之资也。"④商人一旦积累了财富，就将它投向土地，"多买田宅，以长子孙"。中国传统社会的商业资本

---

① 杨联陞：《传统中国政府对城市商人的统制》，载于宗先、王业键《中国经济发展史论文选集》，台北联经出版事业公司，1980，第1027页。

② 《管子·海王》。

③ 岳强：《中国传统产业政策思想的发展图景——兼谈重农抑商思想的成因与流变》，《经济问题》2018年第8期，第6-11页。

④ 《史记·货殖列传》。

不直接同产业结合，而是转向土地的投资，带来土地兼并。① 历代王朝采取禁榷制度，实际就是压缩商人经营空间、抑制商业侵害农业，防止造成农民大量破产而导致社会混乱。但情况往往是，在每个朝代末期，重农抑商政策虽然更严，但执行力减弱，土地兼并加剧，引发社会动荡。

（4）"重农抑商"传统的大国困境。近代以来，历史上的重农抑商政策一直被诟病，认为这是中国落后于西方世界的原因，这一观点很值得商榷。

以西方为例。西方一直有重视工商业的传统。古罗马帝国实际上就是一个以追求商业利益为出发点通过战争扩张而形成的国家，从来不存在不重视商业的问题，但这一西方帝国于 5 世纪灭亡，并且灭亡得很彻底，再没有后继者。古罗马帝国因商业而兴，因商业而亡。其灭亡有三个原因：表层原因是北方蛮族的入侵；深层原因是因不限制商业发展，使商人对土地进行大规模兼并而导致大量小农户破产，社会不稳定因素增加，同时使得雇用这些自由人比农场主自己养活奴隶成本低，导致封建因素产生，奴隶制解体；根本的原因是罗马帝国得了"器质性病"，即"在取得诸如冶金术、犁、轮子、帆和太阳历这些核心发明的新石器时代之后，未能大大促进技术的发展"②，也就是在缺乏技术发展支撑的情况下，导致生产率低下，经济不发展所致。但在同样缺乏技术发展和遭遇蛮族入侵的情况下，古代中国则采取了"重农抑商"政策，使帝国体制长期延续下来。

又如，17 世纪下半叶，法国国王路易十四和路易十五先后实行以牺牲农业发展工商业为代价的重商主义政策，最终陷入困境。新航路开辟后，重商主义兴起，认为流通是产生财富的唯一手段。法国作为欧洲大陆的大国，在此思想影响下也想借着对外贸易来提振国力。结果使本来就不太景气的农业很快衰落下去。③ 随后，起用苏格兰银行家兼大投机商约翰·罗又一次推行重商主义政策，但最终同样以失败告终；重商主义在法国宣告破产。④ 实践证明，经济是否发展并不能单纯依靠商业发展来实现。

历史逻辑已经基本明了，技术进步能够提高生产率、促进经济发展和商业繁荣，即技术发展是因，商业繁荣是果；没有技术的进步，商业可以繁荣一

---

① 赖作卿、王曾金：《从封建社会生产力看"重农抑商"的合理性》，《中国农史》1995 年第 4 期，第 33－39 页。

② 斯塔夫里阿诺斯：《全球通史——从史前史到 21 世纪》上册，吴象婴、梁赤民、董书慧、王昶译，北京大学出版社，2006，第 134 页。

③ 黄世瑞：《中国古代重本抑末与西方重农主义的考察》，《农业考古》1990 年第 2 期，第 158－161、157 页。

④ 吴运生：《论中国古代的重农思想》，《长沙水电师院学报（社会科学学报）》1994 年第 1 期，第 117－120 页。

时，但最终会坚持不住。当然，从西方发展经验来看，是近代商业的发展促进了科技的发展和西方的兴起。但这一做法恐怕在中国难以做到，原因在于：其一，如果放松对工商业的限制，恐怕国家混乱在前，没有发展可言。其二，没有技术的发展，就不存在商业发展的基础和条件，也就不存在对商业抑制政策的取缔。这实际形成了一个双向的互为制约关系。

之所不能像西方那样对商业发展不作限制，还在于传统中国是一个地域相对封闭的大国。在中国，商业受到限制，表面上是"农本商末"或"重农轻商"，实际是一个农商比例问题，即把商业限定在一定范围内。就是在一定技术条件下商业占整个经济的比重要合理，根本上是从事商业的人数不能超过合理的限度。也就是说，少数人做多数人的买卖可以，一旦超过一定限度社会必乱，因为社会没有那么大的商业容量。

近现代以来，劳动力不断流向工商业，是因为近现代社会发展出了现代工业这个"自我驱动发展"系统，是技术不断发展的缘故。世界近代技术革命注定不可能在中国首先发生，这造成中国现代社会的起步只能是被动地学习和接受外部技术输入的宿命。后来的实践也不断证明，中国的发展不可能单纯通过发展商业来解决和实现。从西方列强用坚船利炮打开中国的大门，逼迫中国开展贸易，到清政府承认民营企业的合法性用了60年的时间。1898年，清廷颁布了《振兴工艺给奖章程》。1904年，又颁布了中国历史上第一部公司法——《公司律》。而从中国共产党领导建立起稳定的现代国家政权，又过了40多年后的1992年才提出发展市场经济的要求，21世纪才基本建立起市场经济体系，现在还处在进一步改革完善中。

事实充分说明，我国历史上采取"重农抑商"政策确实有其合理性。

（四）中国古代技术优势及其原因

自铁器工具技术使用以来，中国古代的技术一直在持续发展，并且在近代科学产生以前的1 000多年时间里，始终保持世界领先地位。我国长期存在的大一统体制是导致这一结果的根本原因，当然其强大的惯性也影响了现代科学及技术的产生。

1. 中国古代主要技术发展状况。16世纪近代科学产生以前，中国技术一直保持绝对优势，根据英国科学技术史学者李约瑟（Joseph Needham）的研究，从6世纪到17世纪初，在世界重大科技成果中，中国所占的比例一直在54%以上；而到了19世纪，剧降为只占0.4%。[①] 3—15世纪，中国有世界公认

---

① 毛克盾：《中西方近现代科学技术发展对比研究》，《长江大学学报（社科版）》2015年第12期，第68-72页。

的科学技术发明达 70 多项。① 直到 1800 年，中国经济仍处于世界领先地位。中国古代技术的领先水平是多方面的。

（1）冶铁技术。在铜器工具技术时代，中国发展出先进的冶炼技术和精湛的加工工艺，为中国铁器技术发展奠定了基础。春秋末期出现块炼铁渗碳技术，战国时期出现白口铁处理技术。在铁器工具技术时代，中国在炼铁、炼钢方面有许多领先于世界的重要技术。前 500 年以前，中国多地出现了竖炉冶铁，即可以把铁水直接浇铸成生铁铸件，而直到 14 世纪欧洲才出现类似的技术。再比如，将生铁铸件再次加热，以减损碳的含量或改变碳的形态，降低所制铁器的脆性并大幅度提高铸件的性能，这些在春秋战国时期已经出现、秦汉时期得到广泛应用的技术，直到 17—18 世纪欧洲才出现。中国开始把煤用于冶铁是在 10 世纪，16 世纪把焦炭用于冶铁，而欧洲直到 17 世纪才在冶铁中使用这些更高燃烧值的燃料。② 研究表明，中国在 17 世纪以前，至少有 10 项钢铁技术居世界领先地位，对世界文明作出了重要贡献。③

中国历史上的冶铁生产规模也很大。11 世纪末，据估计，铁的产量达到 15 万吨，如果按人均计算，是当时欧洲的 5～6 倍。④ 而直到 18 世纪初，整个欧洲的铁才达到或超过这一生产水平，其中英国 1788 年的年生产量仅为 6.8 万吨。⑤

（2）农业技术。我国自古以来对农业非常重视，加上先进的冶铁技术，极大地促进了农业和手工业的发展。同时，也带来了与农业关系密切的学科如天文学、农学、地学、医学等在中国古代的较大发展。我国农民使用人畜粪便等有机肥料，使土地能够年年种植而保持地力常新，后被西方学者大为称赞。

我国大型水利工程的建设就是铁器工具技术及其各方面知识的综合体现和应用。都江堰、郑国渠、黄河大堤、海塘等我国古代水利工程都是闻名世界的杰作，集中反映出我国古代水利工程与水文知识所达到的技术水平。

早在 13 世纪就已极为通行的农业保护措施，传到欧洲曾引起英国 18 世纪的农业革命。截至 13 世纪，中国的农业可能一直都是世界上最为精细、单产

---

① 赵启正：《文化振兴是实现强国之梦的必需》，《外交评论》2006 年第 2 期，第 10 - 11 页。

② 北京科技大学冶金与材料研究所：《铸铁中国——古代钢铁技术发明创造巡礼》，冶金工业出版社，2011。

③ 韩汝玢：《中国早期铁器（公元前 5 世纪以前）的金相学研究》，《文物》1998 年第 2 期，第 87 - 96 页。

④ 林毅夫：《制度、技术与中国农业发展》，上海三联书店，2014，第 185 页。

⑤ 费罗：《论英国工业革命前后社会阶级结构的变化》，《湖南科技大学学报（社会科学版）》1987 年第 4 期，第 69 - 74 页。

最高的农业。① 欧洲历史上长期使用的粮食产量计算单位是施用种子的倍数，足以说明其生产水平和生产能力的低下。

（3）船舶技术。唐末，中国海船技术水平已经十分先进。宋元时期，中国海船更是蜚声中外，几乎垄断了中国到南洋之间的航线。如设置水密隔舱，这一船舶结构的改变，既解决了船体部分损坏带来透水的危险性，又增加了船体的坚固程度，至宋代后在海船中被普遍使用，部分内河船也有采用。18 世纪末，欧洲才开始采用水密隔舱结构。

宋元时期，我国的船舶制造技术已经达到很高水平，据南宋吴自牧《梦粱录》记载："海商之船大小不等。大者五千料（石），可载五六百人。中者二千料（石）至一千料（石），亦可载二三百人。"南宋朱彧在《萍洲可谈》中说："舶船深十丈。"最大的船舶载重量达到了万石以上。郑和"七下西洋"更是我国船舶水平的集中体现。根据资料推测，郑和每次出洋的船舶数量当在 100 艘以上，其中大型宝船占一半以上，每次出航人数都在 27 000 人以上。这不论在我国还是在世界其他国家或地区，都是史无前例的。②

（4）中国的四大发明。众所周知，指南针、造纸术、火药和印刷术是中华民族奉献给世界并改变了整个人类历史进程的伟大技术成果。这些技术传入欧洲后深刻影响了欧洲的历史乃至世界的进程。马克思对此曾给予高度评价，他指出："火药、指南针、印刷术——这是预告资产阶级社会到来的三大发明。火药把骑士阶层炸得粉碎，指南针打开了世界市场并建立了殖民地，而印刷术变成新教的工具，总的来说变成科学复兴的手段，变成对精神发展创造必要前提的最强大的杠杆。"③

按照英国经济学教授安格斯·麦迪森（Angus Maddison）的估算：中国的国内生产总值（GDP）在世界 GDP 中所占比重依次为：1000 年占 22.7%，1500 年占 25.0%，1600 年占 29.2%，1700 年占 22.3%，1820 年 32.9%，均居世界第一位。④

2. 中国古代技术优势形成的原因

（1）大一统的国家体制。我国古代技术长期领先于世界的原因很多，但根本性原因是大一统的国家体制。这一体制提高了信息流通效率，节约了技术传播成本。

中国自秦始皇统一六国后，统一中央集权的大国体制始终是社会结构的主导形式。强大、统一的行政控制，内部经济商业贸易的密切交流，统一的文化和信仰，这一切都有利于信息交流，并能加快技术传播速度、节约技术传播成本。

中国自秦统一后实施郡县制，政令通行于海内，虽然间或有分裂，但是合始终是大趋势，特别是还有几个王朝的生命周期超过了400年；全国语言、文字、度量衡全部一致，"统一度量衡"和"车同轨"措施降低了各地区贸易往来的成本，为形成统一的市场提供了条件。"在这么大的空间上，建立一个统一性的政府，其本身就具有明显的规模经济，再佐以统一的度量衡、法令规则、文字与器械制式，以及水路交通路线之开辟，关卡之开放，使交易成本大为降低，为经济活动提供广泛的外部经济。"①

国家的规模大小虽不完全遵循制度经济学中的企业规模边界理论，但是一个大规模的国家，肯定比同等规模的由众多林立的小国形成的国家管理成本和商品流通成本的总和要低得多。同时，从具体朝代的存亡中也明显体现出大国和小国管理和运行成本的高低，一个非常明确的事实是，新兴的王朝往往轻税薄赋，而在王朝末期老百姓则因不堪忍受赋税徭役而造反。"大国的规模经济与国家内部组织的低成本是构成中国古代统一成为历史潮流的最重要原因。"②"在古代中国，保护的规模效益、协作治水、抵御风险、协调外部性以及对统一市场的需求，极大地提高了国家统一的收益，促使分裂的小国重新走向统一。"③ 这也是中国历史上一直追求统一的现实原因。

（2）领先的社会和经济制度。中国历史社会很早就出现了"现代化"的面貌，不仅具有相当的开放性，同时社会阶层之间有很大的流动空间。

中国自秦朝起形成的是一个统一的大帝国，政府组织部门及其职能逐步健全，官僚体系运转自如而富有效率，早已呈现出近代西方官僚制度的特点。正如李零所说："若以西洋史的眼光看，都是非常'现代'的创设。"④ 自汉代开始的科举制度，虽不属于经济制度，但它在客观上使中国社会拥有稳定的均衡状态，为经济增长和技术进步提供了必不可少的稳定的社会环境。

中国古代技术的发达，除了缘于大一统的社会组织形态，还与利于配置资源合理使用的经济制度有关。手工业技术水平取决于商品经济发达的程度。侯

---

① 侯家驹：《中国经济史》，新星出版社，2008，第162页。

② 俞炜华、董新兴、柳春：《规模经济、交易成本与中国古代的统一分裂》，《山东大学学报（哲学社会科学版）》2014年第2期，第12-19页。

③ 郭艳茹：《经济史中的国家组织结构变迁：以明清王朝为例》，中国财政经济出版社，2008，第43页。

④ 张宏杰：《简读中国史》，岳麓书社，2019，第5页。

家驹认为，中国早期建立的如家庭耕作制度等具有"现代"制度性质。[1] 黄宗智等研究发现，中国古代社会有相当发达的市场体系，中国的小农经济体制并不排斥商品经济。这和西欧封建社会的情况明显不一样。[2]

一般认为，私有产权是市场经济体制的基础，中国在春秋战国变法时起即推行了土地私有制，允许土地自由买卖。而欧洲土地特别是在中世纪，世袭罔替，不存在土地市场。中国还有一个劳动力市场，中国的农民是自耕农或雇农而不是农奴，他们有人身自由，虽然很大程度上被约束在自己的土地上，但是毕竟比欧洲农民的人身依附关系要好很多。古代中国的市场规模远比分裂成城邦和庄园的欧洲大得多，这也促进了劳动力分工水平的提高。古代中国不仅存在要素市场，商品市场更是十分活跃，这方面从我国古代文艺作品中就能看出，如张择端的《清明上河图》，就是当时商品经济活跃程度的体现。[3]

（3）大规模的人口。前现代社会没有专门的科研机构，一项新技术的产生和发展，主要是人们从不断试错经验中获得。这样人口的多少便成了这种试错概率的决定因素。也即，人口愈多试错的人就愈多，获得技术的概率就越大。

从经验中获得的新技术是没有成本的，而通过实验获得的新技术则要付出较高的成本。[4] 这也许是古人一直没有走出从经验中获得新技术这一老路的原因。

人口愈多，意味着工匠、思想家和农夫愈多，这是一个正比关系。当假定来自遗传的独创性的水平和分布在不同人口数量下相同时，一国经济中的人口愈多，表示此经济中天才和多才多艺的人也愈多。人口和新技术的产生为正相关关系。

当经验是技术发明的主要源泉时，中国发明出更好技术的概率比欧洲要大。这是对中国在现代科学产生前技术更为先进的主要解释。[5]

（4）官办事业的推动。我国历代王朝对实用技术还是比较重视的，即使秦统一后出现的"焚书坑儒"事件，也是"所不去者，医药、卜巫、种树之类"。就与农业关系比较密切的技术，一些朝代还设立专门的技术部门和推广机构。同时，我国自古以来就有兴办大型水利工程和官办企业的传统，这些都成为我国古代技术产生和发展的重要推动力量。受官府主导影响，科学技术成果在一个朝代内的发明高峰多出现于中前期，发展趋势呈马鞍形曲线；而历朝总体呈

---

①　胡淑晶：《科技史中的悬案：关于李约瑟之谜研究综述》，《甘肃社会科学》2006 年第 6 期，第 214 - 216 页。

②　黄宗智：《长江三角洲小农家庭与乡村发展》，中华书局，1992。

③　刘磊：《中国古代强盛和近代衰落的经济增长解释》，《消费导刊》2010 年第 2 期，第 53 - 54 页。

④　林毅夫：《制度、技术与中国农业发展》，上海三联书店，2014，第 195 页。

⑤　林毅夫：《制度、技术与中国农业发展》，上海三联书店，2014，第 196 页。

现出向上的波浪式发展。①

17世纪之前，传统中国绝大多数的主要科学技术领域，一直遥遥领先于其他国家，并且经济优势一直保持到18世纪。但是，"一个在特定的技术和物质条件下显得优越的制度，在其他条件下反而有可能会成为社会进步的障碍，一个有自身稳定功能的制度，在一定条件下反而成为拒绝良性变革的理由"②，中国由于强大的制度惯性，在现代化转型中遇到了严重的困难。

二、西方铁器工具技术时代

铁矿资源在世界各地分布都很丰富，西方由此克服了铜矿资源不足而限制金属工具发展的困难。西方国家自进入铁器工具技术时代起，便借助于铁器工具技术和海洋条件不断走向对外扩张，在日益增强的技术需求推动下，最终发生了工业革命。西方在铁器工具技术时代存在三种社会形态：奴隶社会、封建社会和资本主义社会。

（一）铁器工具技术与西方古典文明的兴起

西方社会和东方社会一样，自进入铁器工具技术时代就迎来了深刻的社会变革。希腊城邦兴起之后，紧接着罗马城邦兴起，古罗马通过对外征服形成了一个与东方秦汉帝国相对应的规模庞大的帝国。

1. 希腊城邦兴衰。铁器技术在约前1000年传到希腊，并逐步实现由青铜工具技术时代向铁器工具技术时代的过渡。在度过了相对稳定的荷马时期后，古希腊社会经济水平不断提高，城邦开始萌芽。前8—前6世纪，希腊进入古风时代，即城邦形成时期。由于希腊人口的增加，出现了向地中海各个方向的大规模移民，并建立了为数众多的殖民地，范围到达黑海沿岸、西西里和南部意大利。③前5—前4世纪是城邦繁荣时期，也是希腊最为繁荣和强大的时期。

希腊地区形成的是城市国家，即以一个不大的城邦为一个国家，众多城邦即为众多的国家，表现出与大陆国家不一样的政治结构。

在希腊城邦中，没有专制君主，没有职业官僚，没有职业军队，没有警察，也没有成体系的税收和公共财政，主要靠公民来管理。公民管理国家的主要方式是出席公民大会，决定有关国家战争与和平、分发钱财这些重大的事情。为公民大会准备议案的是议事会，议事会也是由若干公民组成。公民还出

① 张涛光：《论中国古代科学技术的发展态势》，《华南师范大学学报（社会科学版）》1986年第4期，第42-48页。

② 刘磊：《中国古代强盛和近代衰落的经济增长解释》，《消费导刊》2010年第2期，第53-54页。

③ 启良：《公元前八—前六世纪希腊移民运动中的农商关系》，《北京师范大学学报》1987年第4期，第94-99页。

席陪审法庭业务。希腊城邦的官员通过选举或者抽签确定，任期一般只有一年。希腊城邦的这些直接民主形式建立在奴隶制度的基础上，因为大量的农业和手工劳动由奴隶承担，所以公民才有时间参与城邦国家的管理。包括文学、艺术和哲学在内的希腊文明不仅开创了整个西方文明，对整个现代人类文明的发展也产生了重要影响。

城邦毕竟是城邦，尽管能够通过联合抵御来自大陆波斯帝国的威胁，但由于规模小、城邦"万国"并存，竞争加剧，内部战争不断，以至于前 5 世纪末走向衰落。前 4 世纪末，在希腊北部的马其顿国王亚历山大组织下开始了大规模的远征，希腊历史进入了希腊化时代。希腊文明虽得到了大范围的传播，但希腊城邦多数也成为国王和僭主统治下的保有一定自治权的地方自治单位。

2. 罗马帝国的崛起。约前 1000 年，铁器工具技术传到意大利地区。[①] 在铁器工具技术的推动下，意大利地区逐渐出现了一些城邦。意大利中部的一个城邦——罗马，于前 753 年建城，凭借优越的地理位置，不断调整内部关系，逐步统一了意大利，之后征服整个地中海及外围部分地区，成为一个大帝国。

罗马建城后采用了王政制度。其管理结构有三套组织，分别是王、人民大会、元老院。王是最高首长，但王的权力是受到限制的。约前 510 年，罗马人驱逐了最后一位国王，结束王政时代，建立了罗马共和国，从此迸发出巨大活力。王政时期的人民大会和元老院被保留下来，成为共和国的国家机构，与部族会议形成三权分立。

罗马的对外扩张主要是在共和时期。罗马首先用了大约 200 年在陆地上统一了意大利地区，成为当时环地中海地区势力最强盛的国家之一，为进一步争霸地中海打下了基础。海上扩张阶段，罗马采取以扩张养扩张的措施，实现了对环地中海地区的征服。前 2 世纪，罗马将地中海变成了自己的内湖，成为地跨亚欧非三洲的大国。到前 1 世纪，恺撒又征服了北边的高卢地区，至此罗马的扩张基本结束。罗马人统治整个地中海地区达 500 年之久，成就了罗马的伟大。

罗马对外征服的步伐之所以不得不停下来，主要是由于相对于地中海沿岸的征服，其陆地成本增加并且征服之后的管理成本很高。罗马有一个旧国策，就是"如果可能，他们应不在意大利海以外据有属地，保持戍兵，而应以纯粹政治的主权使他们众多的属国遵守秩序"[②]，这无疑是非常明智的策略。

---

① 毛卫民、王开平：《金属与中西方文明的崛起》，《金属世界》2020 年第 6 期，第 1-4、16 页。
② 特奥多尔·蒙森：《罗马史》第二册，李稼年译，商务印书馆，2017，第 306 页。

"征服一个自由民族比较容易，使被征服的永远听命却比较困难。"① 之前很多对外征服产生的问题通过进一步再征服得以解决，随着对外征服的停止，问题都暴露了出来。罗马人在体制上采取了行省制度，即由原来对附属国的保护方式改为直接管理措施，但罗马对行省的治理在共和时期却非常失败，以至于革命现象四方涌动，最终走到了尽头。前 27 年，罗马元老院授予屋大维"奥古斯都"的尊号，建立了元首制，进入帝国时代。

进入帝国时期，罗马不再进行大规模对外征服，步入了相对稳定阶段。罗马帝国保持了几百年的经济繁荣，原因包括：有效的行政管理、稳定的币制、大规模的基础设施建设及帝国内外广泛的贸易等。

古罗马从前 8 世纪建城一直到 2 世纪的 1 000 多年时间里一直处在发展和扩张之中，但在最后不到 200 年的时间里迅速瓦解衰败。帝国衰落带来的民众的苦难生活为基督教的传播提供了土壤，人们不得不从救世宗教中寻求安慰。罗马帝国在北方蛮族的数次入侵后灭亡。

罗马帝国灭亡的原因，美国著名历史学家勒芬·斯塔夫罗斯·斯塔夫里阿诺斯（Leften Stavros Stavrianos）认为是自新石器时代之后未能促进技术发展的原因。实际上罗马的崛起是铁器技术兴起的结果，由于在铁器技术上没有进一步的发展，现有技术的潜能已释放殆尽，终致帝国消亡。然而，相比于同样在技术上没有大的进步的东方中国，其帝国体制却又存在了 1 400 多年。

西方的罗马帝国和东方的秦汉帝国，这两个同属于青铜时代过渡到铁器时代的产物，具有非常惊人的同步性，并且出现过很多相似的地方。但二者又有本质的不同。罗马帝国灭亡，没有继承者，也没有恢复过。而秦汉帝国之后虽多次分裂但总能走向统一，且范围不断扩大。

罗马帝国和秦汉帝国相比，具体不同表现在：其一，秦汉和罗马虽都号称帝国，并且都是由皇帝统治的国家，但罗马帝国不是一家一姓之帝国。"罗马帝国"一词的本意为"元老院与罗马人民"。帝国皇帝是通过选举制度选出来的。元老院授予的皇权属于某个个人而不是家族，虽有父传子的现象，但在总体上不是普遍现象。秦汉帝国归属皇帝自己，由皇帝行使控制权。

其二，在政治结构上，秦汉帝国征服各地后，实行郡县制，中央政令通达全国各地，地方上整齐划一。而罗马帝国的大部分地方实行自治，对所征服地区，基本上因地制宜，让各地的城市按原来的方式管理，并且各城市之间一般也没有形成管辖关系。"二世纪的罗马帝国仍是自治城市的联盟和凌驾于这个

---

① 特奥多尔·蒙森：《罗马史》第四册，李稼年译，商务印书馆，2017，第 250 页。

联盟之上的一个近乎专制的君主政府二者奇妙的混合体"①，如埃及行省，就一直保持着相当的自治性，"托勒密时期的制度几乎原封不动地保留下来了"。中央政府主要是一个协调机构，主要关心能不能收上税来，对各地的管理相当松散，重点靠自治。

其三，相对于秦汉帝国在文化上和思想上的高度统一，罗马帝国没有形成统一的意识形态。罗马帝国的文字没有统一，政治制度没有统一，甚至法律也是不统一的，保留大量地方自治因素。罗马帝国的繁荣依托于强有力的军事和经济因素，建立在中央集权和地方自治的有机结合之上。②

（二）罗马帝国衰亡与商业的过度发展

古罗马极度重视商业发展，而极度发达的商业又使强大的罗马帝国走向衰亡，并退回到几近原始的自给自足的自然经济的封建状态。帝国的崩塌，商业的消失，从根本上说，是因为技术没有发展、经济缺乏增长效率及蛮族的入侵，但商业发展失控才是其直接原因。

1. 商业过度发展使帝国经济严重失衡。地中海地区由于具有发展海洋贸易的优势，很早就发展出了城邦国家——这一不同于大陆民社的具有商业性质的国家组织形式。古罗马更是以其优越的地理位置，凭借商业贸易基础上的对外扩张成为一个大帝国。"熟知罗马人及其历史的人无不知晓：罗马人的公私活动的特色奠基于城市生活和经商之道"③，严格履行节约和经商投机是深入罗马人精神深处的观念。

罗马的商业程度很高，比如罗马的钱业经济，其初始经营业务就是放债，以致职业放债者和钱商或银行家的业务成为罗马人最热心从事的商业，罗马商人利用各行省地区经济不发达的条件开展高利贷业务。在一切经营活动中，作为最无生产力的钱业和包税业却成为罗马经济的骨干。

罗马人的一切都商业化了，甚至对外征服与扩张的目的也在于获得更多财富。每征服一地，除了劫掠对方财富、把土地化为罗马国家公有、将人口变为奴隶，也将商业渗入被征服地区。对外征服给罗马带来了巨大的利益，解决了罗马内部的各种矛盾。

第一，在长期的对外征服与扩张中，罗马人积累了大量资本，这些资本在对外扩张基本结束后对准了农业。自古以来，罗马的经济既基于两个相互相求却又永远相争的因子，一个是小农人的农业，一个是资本家的金钱。资本所有

---

①　罗斯托夫采夫：《罗马帝国社会经济史》上册，马雍、厉以宁，商务印书馆，1985，第 201 页。
②　张宏杰：《简读中国史》，岳麓书社，2019，第 106-108 页。
③　特奥多尔·蒙森：《罗马史》第一册，李稼年译，商务印书馆，2017，第 56 页。

者虽然瞄准农民的土地，但由于对外征服带来了大量土地，资本所有者能够从这一渠道获得，同时广大农民不断得到公地分配，使这一矛盾被掩盖。

资本对小农的残害，之前是通过贷款方式，把小农人降为债主管家的地位；后大地产商利用奴隶生产粮食及从其他殖民地运来的廉价粮食开展竞争，使小农人不断破产，土地向放债老板及其他大的资本所有者集中。势力日盛的罗马资本将意大利和各行省的中等地产和小型地产渐渐消灭，政府不但不加制止，反而从意大利大地主和大商人的利益出发，以几种法规促进这种土地分割。各行省亦未对挽救当地农民免于罗马投机者的土地竞买活动做丝毫努力，致使大量农民失去土地。"早在前 134 年，本地旧贵族与罗马资本家相联合，便做到当地不复有一个自由农民的地步。在首都的市场上，人可以厉声说，兽类各有其巢穴，可是市民除空气和日光外却一无所有，以世界的主人见称的，不复有一个土块在他名下。"① "根本的祸患……即农业人口的绝灭和商业人口不合理的增加，其他无穷的祸患都连带出来。"②

第二，用金融手段透支未来财富。为了解决社会矛盾，古罗马统治者采取了通过金融手段透支未来财富的办法。1 世纪中期，政府为了提高国家财政收入，通过通货膨胀增加税收，但到后期，罗马皇帝无节制的肆意铸造货币，使货币大幅贬值，严重的通货膨胀导致 304 年的物价水平为 260 年的 20 倍，250—284 年，物价连年增速 9%，在罗马帝国后期造成金融危机。③ 为抑制日益加剧的通货膨胀，罗马帝国于 301 年颁布物价敕令，规定了数千种商品和劳务的最高价格，并将利率限制在 6%～12%。这些金融手段最终伤害的是最底层的民众。同时，由于政府赋税的加重，大量土地出现抛荒现象。以资金堆积和投机事业为基础的田庄大地产经济和资本家的无节制发展，在财富分配上造成了极可怕的不均。有习语说罗马是"一个由百万富翁和乞丐合组的国家"④。

2. 帝国政府难以对商业资本进行有效控制。 罗马帝国初期，有效协调了过度商业化与农业、手工业之间的关系，甚至出现整个国家欣欣向荣的景象，经济发展程度超过了共和时期。但由于资本参与政治，政治代表资本利益，政府终究难以将商业长期控制在合理的状态之下，最终使帝国走向衰亡。

一是个人政治权利渗入经济。自罗马肇始以来，资本就是一种政治力量。随着长期对外征服所获得的巨大财富，统治者通过直接和间接的获得，以及依靠政治优势带来的商业利益，变成了资本所有者及其代理人。罗马统治者早就

---

① 特奥多尔·蒙森：《罗马史》第三册，李稼年译，商务印书馆，2017，第 82 页。
② 特奥多尔·蒙森：《罗马史》第四册，李稼年译，商务印书馆，2017，第 482 页。
③ 王延庆：《瘟疫与西罗马帝国的衰亡》，《齐鲁学刊》2005 年第 6 期，第 60 - 64 页。
④ 特奥多尔·蒙森：《罗马史》第四册，李稼年译，商务印书馆，2017，第 485 页。

参与到商业经济中，"罗马富人无一不以署名或匿名的股东资格参与承租国税的事；每人必更以其平均很大的一部分资本投在一般的商业会社"①。资本家利用掌握的政治优势获取私利，通过承租公地和承租税收，使国家的一大部分或一大半的收入都流入其私囊。

二是政治服务于资本。素来重视商业的传统和政府官吏都不同程度参与其中的情况，必然体现在对外对内的政策中。在对外征服中，除了从被征服地区直接获得巨大利益外，商业利益更是其考虑的重要因素，比如，罗马人对两个商业城市的处理格外残酷：将迦太基这个城市夷为平地；希腊地区首屈一指的商业城市——科林斯，竟也遭到全不必要的毁灭。罗马还规定禁止将来有人移居这些非常适于商业的地区，目的就是毁灭这两个城市以铲除商业上的敌人。

政治为商人服务。在被征服地区和行省中，对罗马商人不喜欢的商业对手，政府就用国家的军队加以铲除。罗马商人的贪婪、肆无忌惮，使一些城市不是牺牲在残酷的贪权下，而是牺牲在更凶狠的残酷投机中。这些现象和行为之所以受到非法的纵容，商人在其中发挥了至关重要的作用。

三是政府的腐败。政治一旦和资本联姻，腐败是必然的。罗马帝国后期，官僚腐败成为非常普遍的现象，出现了"大官大贪，小官小贪"的局面。帝国行省政府成为元老院议员阶级发财致富的新源泉②。在共和时期起到中流砥柱作用的元老院元老们，其手中的权利也成了发财的工具。"公家官吏，无论地位高低，都靠贪污行贿发了财。"③ 各类官吏明码标价，卖官鬻爵的现象屡见不鲜。

为防止和制止官吏腐败，政府增加监督人员，但每一次增加官吏的名额、每一次扩大监督人员的队伍，其结果都只是增添了靠贿赂为生的人数。④ 因此，有学者说，"罗马帝国的崩溃除了其他原因，千万不要低估日益堕落的帝国政府机构及管理人员这一重要原因"⑤。

官僚贵族腐败堕落，加上一些大资本所有者生活奢侈，带来了整个社会风气的败坏。有钱人的骄奢淫侈，来源于对下层群众的剥夺，"到帝国末期，土地税率超过共和国后期税率大约3倍，国家收取的税额，占全部农业产量的四分之一到三分之一"⑥。受崇尚奢华世风的影响及赋税的加重，作为中小生产

① 特奥多尔·蒙森：《罗马史》第二册，李稼年译，商务印书馆，2017，第377页。
② 罗斯托夫采夫：《罗马帝国社会经济史》，马雍、厉以宁译，商务印书馆，1986，第34页。
③ 罗斯托夫采夫：《罗马帝国社会经济史》，马雍、厉以宁译，商务印书馆，1986，第721-722页。
④ 罗斯托夫采夫：《罗马帝国社会经济史》，马雍、厉以宁译，商务印书馆，1986，第698-699页。
⑤ 奥托·基弗：《古罗马风化史》，姜瑞璋译，辽宁教育出版社，2000，第446页。
⑥ 佩里·安德森：《从古代到封建主义的过渡》，郭方、刘健译，上海人民出版社，2001，第85页。

者的罗马平民也十分鄙视劳动，生产者越来越少，经济凋敝成为必然。

统治者也懂得小地产的重要性。恺撒（Kaesar）将土地看作关系民族生命的问题。在恺撒以前的执政者——提比略·格拉古（Tiberius Gracchus）和苏拉（Sulla），都曾制定永久限制土地自由买卖的法令，但都同归无效。因为包括土地在内的买卖自由是罗马的一个国家原则，而罗马人对农业的关注点在于土地的利益。

实际上，罗马人走的是一条商业资本不受控制的不归路，没有哪一种力量能够遏制商业资本，只能是一条道路走到黑。相比于传统中国"重农抑商"政策下对小农的保护和根据情况的适当调整，罗马不受控制的资本的弊端显而易见，由此也决定了这两个帝国的不同寿命。同时，罗马人将注意力集中在商业经济上，并不在国家制度核心的文化构建上，即使有文化上的成就，也无非"物本"文化，因此，一旦崩溃则不仅是政权解体，而是这个国家的不复存在。

罗马帝国灭亡后，欧洲即进入了封建制，各地封建主依托庄园自给自足。所有生活用品基本自己生产，包括种地打粮、养牛养猪、手工制作加工，处于与世隔绝状态。"每一个庄园就是一个社会。农民们大概一辈子都不会跑出家乡十里地以外去；庄园是一个自给自足的地方，若没有战争波及这里，它与外界就几乎没有任何关系。当时英国布满大大小小这样的庄园。"[①]

罗马帝国繁盛的商业哪里去了呢？罗马的繁荣实际上是建立在以掠夺其他地区和压榨普通民众的零和博弈基础上的虚假繁荣，本质是铁器工具技术兴起带来的生产力发展所表现出的现象，当现有的技术潜力释放结束时，商业发展的动力就会枯竭。在当时技术发展停滞的条件下，根本容不下那么大的商业比重，也就是说根本没有可供其长期繁荣的支撑存在，其所谓的繁华只是一种浮华，因此才进入了封建庄园状态。从罗马帝国到西方的封建制，实现了对商业的深度自然调整。

传统中国政府采取的是对农工商各业的强有力干预，而西方则是一种不受控制的商业资本发展，其结果是在古罗马帝国解体后，中国的帝国体制又存续了近 15 个世纪。

（三）西方的航海事业及其技术本质

进入金属工具技术时代后，东西方表现出了不同的发展轨迹，保持着相对平行的发展态势，但自西方大航海以来，东西方发展方式产生了很大区别，发展差距日趋扩大。西方充分利用自然力进行大航海事业，由此进入对生产力发

---

① 郭俊岩：《中世纪西欧农民的日常活动与贫困化之探讨》，《台东师院学报》1988 年第 10 期，第 51-74 页。

展的巨大需求和进一步促进生产力发展的相互推动中。

古罗马帝国商业泡沫的破灭将西方推进到了中世纪的封建制度中。中世纪被西方学者称为"黑暗的中世纪"，但西方在经济和技术发展方面并没有完全停止脚步，经过不断积累，最终开启了大航海运动。

1. 船舶和航海技术的发展为大航海提供了前提条件。早在中世纪初期，西欧的造船技术就开始发生改变。6 世纪中叶，马赛港即出现装有三角帆并具有吃水较深龙骨的可以抢风调向的大船。[①] 11 世纪后，随着地中海贸易的兴隆，西欧造船业获得较大发展，能制造排水量 200～300 吨的大船。14 世纪，地中海船只开始使用船尾舵。进入 15 世纪后，西欧造船技术有了重大突破，从一桅一帆演变为三桅多帆船，破除了单桅船只适合内海或沿岸航行而不具备深入大洋远航的限制，奠定了 16—18 世纪大帆船时代船舶桅帆装置的基本样式。葡萄牙人在 15 世纪后半叶之所以能够远航南非并安全返航，主要得力于这种帆船。

在航海业，船舶技术是一个方面，航海技术与知识也很关键。12 世纪，指南针从东方传入，真正改变了欧洲的航海事业。指南针的使用，彻底扫除了像阴云密布的天气原因等造成的航海障碍，使全天候航行与越洋跨海的航行成为可能。14 世纪伊始，西欧知识界掀起了认识地球的热情，丰富了对地球的认识，为进一步探索和研究打下了基础。

此外，中国人发明的"火药"也经阿拉伯人之手，于 13 世纪左右传入西欧。14 世纪 20 年代，西欧已能生产火炮。[②] 15 世纪初，欧洲的军舰开始装备大炮。15 世纪末，廉价的铁炮取代了昂贵的铜炮。以舰载火炮为主要杀伤兵器的海上力量的建成，使西欧在向东方扩张中拥有了军事技术上的绝对优势，对欧洲历史进程形成了巨大推动力。这些技术上的发展为西方的大航海运动提供了前提条件。

2. 大航海运动是西欧经济全面复苏和发展的迫切要求。中世纪后期，西方农业的发展促进了商品的流通，特别是南部自治城市的出现，使西欧商品经济得到发展、资本主义得以萌芽。15 世纪，欧洲实行货币金本位制，黄金是起货币作用的商品，是商品交换的重要支付手段。加上东西方贸易中往往是商品单向流入西方，而反方向金银流入东方。黄金的稀缺，使拥有黄金成为当时西方人的一种心理渴望。还有，西方与东方贸易通道的东地中海区域，先是被阿拉伯国家控制，后又被拜占庭和威尼斯共同控制，使得西方需要的香料等必需品贵得离谱。

[①] 卡洛·M. 奇波拉：《欧洲经济史》第 1 卷，徐璇、吴良健译，商务印书馆，1988，第 131 页。

[②] 卡洛·M. 奇波拉：《欧洲经济史》第 1 卷，徐璇、吴良健译，商务印书馆，1988，第 130 页。

再就是受《马可·波罗游记》中"东方遍地是黄金"这一渲染的影响，这些紧靠大西洋国家的探险者们，依靠已经掌握的船舶和航海技术，另辟蹊径，沿非洲西海岸南行和直接西渡大西洋，开始了目标直指东方的"寻金"热潮。

葡萄牙由于紧靠大西洋，率先进行大航海活动。1487年，绕过好望角。1498年，登上了印度西海岸。1511年，占领马六甲。1515年，控制了整个印度洋。其间，1514年，葡萄牙船到达广州。西班牙的航海探索相对于葡萄牙起步稍晚。1492年，哥伦布首次登上美洲，发现了一个新知的大陆。1522年，麦哲伦船队完成了人类首次环球航行。

新大陆的发现和新航路的开辟，使西方国家开始了对外进一步的一系列征服活动。当来自北海地区的不列颠、法兰西、荷兰等国战胜了葡萄牙和西班牙成为胜利者，又开始进行新的殖民征服和占领，并相互争夺。

3. 海洋为人类提供了其他方式无法比拟的交通优势。

（1）海洋为人类提供了陆路无法比拟的优越交通条件。大自然赋予人类的不仅是陆路交通，还有水路。随着船舶技术和航海水平的提高，大航海成为可能。人类不再局限于陆地交通，逐步走上了人类自身及商品交流更为经济和便捷的海洋通道。海洋通道的开辟对人类发展产生了极其重要的作用。首先表现为对商业发展的促进作用，正如美国历史学家马汉所言："海洋本身并无什么产出，但作为主要的商业通道和交通场所，它有着独一无二的价值。"[1] 同时，在政治上的作用更为突出，"当海洋这一根本能量在16世纪突然爆发后，其成果是如此深巨，以至于在很短的时间内它就席卷了世界政治历史的舞台"[2]。

西方的大航海具有划时代的意义，从此"海洋"代替"草原"，使西方走向了强盛。阿诺德·约瑟夫·汤因比（Arnold Joseph Toynbee）认为，近代西方人正是通过海洋这个"宽阔的跳板"征服了整个世界。[3] 大航海运动就是在探索海洋通道并实现海路控制基础上的对大陆区域的征服与占领。

地球上七分海面三分陆地，从海洋视角看陆地，仅是些大小不同的陆岛。海洋为人类提供了更大的活动空间和视野范围，这或许是海洋文明容易产生对外征服的一种地理因素反映。同时，海洋是权力控制比较弱的区域，人一旦进入大洋深处，陆地权力往往失效，这也是长期以来海盗一直盛行的原因。因此，黑格尔（Hegel）说："大海邀请人类从事征服，从事掠夺。"[4] 强权即公理在海洋世界往往被证实。

① 阿尔弗雷德·塞耶·马汉：《海权论》，熊显华译，中国社会出版社，2019，第140页。
② C. 施密特：《陆地与海洋——古今之法变》，林国基等译，华东师范大学出版社，2006，第49页。
③ 赵林：《大航海时代的中西文明分野》，《天津社会科学》2013年第3期，第46-52页。
④ 黑格尔：《历史哲学》，张作成、车仁维译，北京出版社，2008，第163页。

由于海洋的重要性，衍生出了对海洋的占有和控制权力。"一个国家的实力往往由国家的财富积累所决定，而国家财富的积累又常常取决于该国对海上资源的经营，这是海权商业价值的体现。"① 对海权的拥有和控制，早在古罗马时期西塞罗就提出："谁能控制海洋，谁就能控制世界。"② 古罗马的胜利和成功也是因自己成为海权国而铸就的，前 260 年，"把一个陆权国变为一个海权国"③。今人也得出同样的结论，马汉认为："得海权者得天下。"④美国总统约翰·肯尼迪（John F. Kennedy）就海权的重要性，也说："控制海洋意味着安全，控制海洋意味着和平，控制海洋意味着胜利。"⑤

（2）船舶运输具有其他运输方式不可比拟的成本优势。船舶运输最大的优势在于运力大而成本低，较公路、铁路运输成本要低得多。有资料介绍，美国内河航运的运输成本为铁路的1/4、公路的1/5；德国内河航运的运输成本为铁路的1/3、公路的1/5。⑥ 尽管铁路运输成本大大低于公路，但也无法与水路相竞争，其速度优势不足以弥补运量和成本上升的劣势。海上运输，"不管出发点和方向怎样改变，海上航线总是随着船只的航行而延伸"。在传统时代，相比于陆路运输，内陆水路运输还有不受天气影响的优势。我国历史上曾因水路运输的优势、经若干朝代的努力开凿形成了京杭大运河，使漕运成为历代王朝生命支撑和运转的重要物资供应系统。元朝统一江南后，开始将江南粮运往大都，起初利用天然河道和人工运河，后开辟海路。初创时，船队沿海岸北行，后到达离海岸较远的"青水大洋"，再到离海岸更远的"黑水大洋"，"当风信有时，自浙西至京师，不过旬日而已"。⑦ 从商业贸易角度看，通过船舶运输大宗商品，会使商品具有很大的价格竞争优势。

4. 航海技术发挥了许多重要技术的集成和发展引领作用。在大航海运动中，以船舶为表现形式的航海活动实际集成了当时各种先进的技术，包括船舶制造和运行技术、航海技术、军事技术乃至食品储存技术等。同时，随着大航海运动的深入，一些新的技术不断形成并被及时应用于航海中。对船舶和航海技术的重视，还表现为西欧各国对航海事业采取举国体制予以支持。

随着铁器工具技术的发展，船舶越造越大，承载量越来越多，航海距离越来越远，但人所使用的动力却是一种自然动力——海风和洋流等，这不能不说

①④　阿尔弗雷德·塞耶·马汉：《海权论》，熊显华译，中国社会出版社，2019，第3页。
②　张开城：《海洋社会学概论》，海洋出版社，2010，第290页。
③　特奥多尔·蒙森：《罗马史》第一册，李稼年译，商务印书馆，2017，第36页。
⑤　叶自成：《陆权发展与大国兴衰》，新星出版社，2007，第17页。
⑥　赵履新：《内河航运发展优势浅谈》，《江苏交通》1999年第9期，第21-23页。
⑦　李增新：《元代航海业述论》，《北京行政学院学报》2003年第6期，第78-81页。

是人类利用自然力智慧之集大成。尽管人们同时创造出风车、水磨及水力风箱等利用自然力的工具，但这些与帆船在自然力的应用和在近代所发挥的作用相比，差得很远。大航海时代，新航路的开辟、新大陆的发现和对世界众多区域的征服，以及开展的商品、奴隶的世界贸易，都是依靠这种非人力和非机械力帆船实现的。

西方国家在商业利益驱动下进行的大航海运动，从表面上看是一系列的经济、军事的扩张和征服，如果从技术观点看就会发现，大航海运动本质上是一种对非人力动力的最充分利用，海洋则为这种利用提供了巨大的潜力。小林恩·怀特（Lynn White Jr）对此评价道："中世纪后期最可夸耀的不是那时的大教堂、史诗或经院哲学，而是有史以来首次建立的一种复杂文明。这种文明并非建立在挥汗如雨的奴隶或苦力的脊背上，而主要以非人力的动力为基础。"[①]

大航海运动使人类利用非人力动力达到了极致水平，这是船舶和航海技术长期积累的结果，同时又极大地促进了各项技术及经济、社会的发展。以至于有西方历史学家指出："近代科学最主要的进步发生在与地理学和航海术有着密切联系的天文学领域。"[②] 国内学者也曾指出："大航海的全部历程，就是一部西欧近代科学技术发展的历史。"[③]

西欧这种充分和集中反映当时最先进生产力水平的船舶和航海技术，其根本落脚点在于对非人力动力的利用，在这一巨大非人力动力的需求下，试想，距离机械动力的产生和应用还会远吗？

（四）英国与工业革命

西方对非人力动力的重视和利用，最典型的表现是大航海运动；而西方工业文明的到来就是建立在这种不断提高的对非人力动力的应用和需求上。英国工业革命的发生，根本原因是西方大航海运动和由此带来的工商业发展，这使对非人力动力的强烈需求最终达到了燃点。

工业革命在英国首先发生，说明英国具有更有利于这种非人力动力发展的经济社会条件和自然环境。

1. 大航海运动对经济发展的推动作用。经济发展是英国工业革命发生的第一推动力。大航海运动对英国经济发展带来的影响和促进作用巨大而深远，

---

① 斯塔夫里阿诺斯：《全球通史——从史前史到21世纪》下册，吴象婴、梁赤民、董书慧、王昶译，北京大学出版社，2006，第387页。

② 斯塔夫里阿诺斯：《全球通史——从史前史到21世纪》下册，吴象婴、梁赤民、董书慧、王昶译，北京大学出版社，2006，第482页。

③ 朱寰、王晋新：《论西欧大航海活动的科技文化条件》，《社会科学战线》1993年第1期，第200-208页。

并成为工业革命发生的最大推动力量。

英国地处大西洋的东北部，西面隔洋与美洲相望，东面仅靠西欧大陆国家。海在不列颠人生活中一直起着重要的作用。由于与大陆隔绝，航海就成为英国人经济生活中的重要内容。不列颠群岛具备对航海业和商业有利的地理条件，"第一，环绕大不列颠诸海由于有北大西洋暖流，从不封冻，终年可以航行。第二，大不列颠的海岸有许多深切的海湾和港湾。该岛中心部分离开海岸不超过 120 公里，这就使该国大部分地区可以利用海运"[①]。地理大发现后，其地理位置所具有的经济意义充分体现了出来。

随着美洲大陆的发现和人类在航海造船方面技术的进步，海上国际贸易的主要路线从地中海转入大西洋。英伦三岛正处在大西洋贸易的要冲和中转之地，成为 17—18 世纪最适于开展海洋贸易的地区。处在重商主义和海外贸易大背景下的英国，利用这一有利地理条件和历史机遇，使工业革命的资本原始积累不断加快，引起了对手工业产品的大量需求与生产，成为刺激英国进行工业革命的主要因素。

1651 年，英国议会通过了第一个旨在保障英国产业发展，排除其他欧洲国家在贸易上的竞争，保护本土航海贸易垄断的法案——《航海条例》。此后，通过一系列战争，排挤了商业及海运劲敌荷兰与法国，占有了世界上最多最有利的殖民地，独占了殖民地货物对欧洲的转口贸易，到 18 世纪 60 年代，成为世界最大贸易区域的中心。[②]

英国《航海条例》给英国带来的好处是多方面的，除了商业赢利，还包括货物贮存及保险费、港口搬运工人的收入等。此外，对殖民地土特产品的加工，大多数是在转运港口进行的。远洋转口贸易成为当时贩卖奴隶外的最大获利方式。外部世界的财富源源不断地流入英国人的腰包，英国国民财富的增加所导致的资本积累，最终促进了手工业的发展和技术的改造。

2. 农业革命的基础性作用。18 世纪的英国农业革命成为工业革命不可忽视的条件之一，有人称之为"孕育工业的子宫"。

一是新技术的利用和改进。铁农具的改进和使用，为深耕提供了条件，进而促进农作物产量提高。马耕代替了牛耕，提高了效率。二是耕作方式的改进。逐渐取消作物休耕制而代之以轮种制。三是农业经营方式的改进。在中世纪后期就开始了，"最迟不过 13 世纪晚期，庄园经济内部也在经历着一场深刻的变革，其中最重要的表现为劳役地租向货币地租的过渡，又被称为

---

① A. C. 道布罗夫：《英国经济地理》，王正宪译，商务印书馆，1959，第 5 页。

② 许洁明：《工业文明为什么起源于英国》，《世界历史》1993 年第 2 期，第 65 - 73 页。

'折算'"①，这为进一步的土地租赁铺平了道路。15世纪末即已零星出现圈地运动，租地制成为英国土地关系的主要形式，由此促成了大地产和规模经营者的形成。

农业革命不仅为工商业的发展提供了良好的基础条件，同时，农业发展本身也对手工业的发展起到了很大的推进作用，比如铁消费量的增加等。

3. 不同的社会结构因素。英国在工业革命前较早地出现了一个有一定数量的中间阶层，模糊地形成了土地贵族—资产阶级—劳动者的三层式社会结构，与欧洲大陆国家尚占主导地位的土地贵族—依附农民的社会结构不同。②

英国的三层式社会结构，具有更多的开放性和流动性。一是上下之间社会地位的垂直流动性。"英国是一个有经商传统的民族"③，对追求财富抱有很大的热情，追求财富成为民众职业选择的首要标准，使社会整体流动性不断增加，"此种社会灵活性使得才智之士很容易根据有利前途，从一个行业转到另一个行业"④。

此外，政治制度建立是工业革命产生的重要前提。1688年爆发的"光荣革命"开启了君主立宪制，为英国资产阶级经济的发展提供了制度保障，维护了资产阶级的利益，由此也创造了长期稳定的国内外发展环境。

问题是，为什么同样进行大航海运动的西欧其他国家没有创造出这些条件呢？

葡萄牙是大航海运动的领航者，但国家规模小并且在16世纪后期至17世纪中期被西班牙吞并过。更重要的是，西班牙和葡萄牙大航海活动的初衷是"到东方找金子"，把重点放在了金银矿的开采，结果银子过多物价飞涨，劳务费过高，反而阻碍了手工业发展。荷兰一度成为海上力量最强大的国家，被称为海上"马车夫"，但过分重视商业贸易，就连军事开支都舍不得，宁可采用开支费用较少的雇佣军打仗也不愿保持费用高的常规军。工业革命的根本是工业，不重视工业发展怎么会产生工业革命！

工业革命的标志是蒸汽机的广泛使用，核心是非人力动力机器的产生。非人力动力机器是铁器工具技术不断发展和演化的结果，也是铁器工具技术的升华。

总结历史不难发现，西方世界的强大始终沿着更有利于海洋优势发挥的方

---

① 侯建新：《现代化第一基石——农民个人力量与中世纪晚期社会变迁》，天津社会科学院出版社，1991，第147页。

② 杨豫：《英国的社会结构与经济起飞》，《世界历史》1986年第6期，第19-28页。

③ 许洁明：《工业文明为什么起源于英国》，《世界历史》1993年第2期，第65-73页。

④ 卡洛·M. 奇波拉：《欧洲经济史》第3卷，林尔蔚译，商务印书馆，1988，第181页。

向发展：先是地中海东岸附近，再是希腊诸岛、迦太基—古罗马、葡萄牙—西班牙、荷兰、法国—英国。孤悬海外的英国是在当时技术条件下最具有海洋优势的国家，因此成为最后的成功者。有学者提出："大航海时代西欧各国先后称雄的序列，与造船方面科学技术的进步程度有着直接关系。"[①] 但决定称雄顺序的根本是一个国家在地理区位上所具有的能够利用的海洋优势，而非船舶和航海技术本身的优势。

工业革命发生在英国，或者说发生在西欧有其必然性，不是可以任意改变的。除了前文所述中世纪西欧的文化、社会和经济这些因素，更为直接的技术原因是对非人力动力的利用，也是大航海运动带来的结果。

而大航海运动产生于西欧也具有必然性。德国历史学家特奥多尔·蒙森（Theodor Monsen）在总结古罗马历史时指出："一个民族所占的地势往往足以预示它的历史使命。"[②] 一个民族的文化往往由地理环境所塑造，而制度更与历史传统和文化有直接关系。古希腊时期的亚里士多德，以及近现代法国的孟德斯鸠和德国的黑格尔、拉采尔（Ratzel）等都坚持"地理环境决定论"这一观点。

打开世界地图不难发现，欧洲的地形就像垒在亚非大陆西端的一个假山。特别是西欧地区，本身是半岛，三面环海，周围岛屿星罗棋布。海洋和水路是西欧各民族和国家的重要环境因素和生存条件。且西欧纬度偏高，气候比较寒冷，物产不丰富，需要通过贸易获得生存的必需品。受地理环境影响，西欧各国对工商业、航海业极为重视。

在大航海运动中，随着船舶和航海技术的不断发展和提高，以及技术优势在西欧各国的区位转移，英国最终发生了工业革命。

为什么世界上其他国家也存在一定的海洋条件和航海活动，却最终没有形成西欧那样的趋势和潮流？航海贸易是西欧人的一种重要生存方式，而其他区域从整体上说则不是。民国时期我国军事教育家蒋百里论断："自世界有史以来迄今日，发现一根本原则，曰：'生活条件与战斗条件一致则强，相离则弱，相反则亡。'"[③] 航海对西欧人来说，既是"吃饭家伙"又是"打仗家伙"，所以西欧不仅开启了大航海运动，也注定了工业革命必然产生于西欧。

工业革命首先在西方发生也可以做另一番解释。自农业革命动植物驯化完

---

① 朱寰、王晋新：《论西欧大航海活动的科技文化条件》，《社会科学战线》1993年第1期，第200-208页。

② 特奥多尔·蒙森：《罗马史》第一册，李稼年译，商务印书馆，2017，第10页。

③ 姚家坤：《蒋百里军事思想简论》，《南京社会科学》1995年第4期，第48-50页。

成后，农业本身的技术潜力已经全部被挖掘出来。人类再发展的潜力已发生转移，主要是围绕着工具技术做文章，也就是如何节省劳动力，所以，农业革命之后，加工业的发展成为社会发展的主要推动力，西方由于地理环境的影响具有促进这一工具技术发展的最有利条件，因此，从长期历史发展来看，工业革命产生于西方也是必然现象。

第三章

第三大工具技术时代

通常认为，我们当前的技术时代是第四次工业革命技术时代，但是当前的工具技术是与工业革命具有完全不同质地的工具技术，列入工业革命技术的范畴显然非常牵强，有必要对此重新定义。对此，本章将通过对数次工具技术革命的分析，提出第三大工具技术时代的概念，并对新的技术革命的发展及其带来的社会变革、文化重建进行探析。

第一节　现代技术的内质性分析和时代定义

铁器工具技术时代后期，发生了工业革命。工业革命从英国工人詹姆斯·哈格里夫斯发明的珍妮纺纱机开始，其标志是瓦特改良蒸汽机的发明及运用。从普通的纺织机械到结构、原理复杂的蒸汽机械，工业革命中机器本身及性能仍为铁器属性。

工业革命以后，人类社会又发生了三次重大的技术革命。第一次以电力的广泛应用为标志；第二次以电子计算机的发明和使用为标志；第三次即今天人们所称的第四次工业革命，包括互联网、大数据、人工智能等信息技术和生物工程。

从工业革命开始后的这四次技术革命看，第一次工业革命与后三次的所谓"工业革命"有着根本的不同。

其一，从质地看，第一次工业革命中的工具（机器）是铁器属性；后三次"工业革命"则不属于铁器属性，而是属于磁电（或电磁）属性。人类石器工具技术时代和金属工具技术时代的划分实际上就是根据使用工具技术发挥作用的大小，然后以工具"质地"的不同而划分的。

除了从工具技术质地上分，就第一次工业革命和第二次"工业技术革命"来说，尽管作为第一次工业革命标志的蒸汽机器是能源的转化，而电力也需要能源的转化产生，但二者有本质的不同。蒸汽机器的动力直接来源于能源转换，而电力则通过能源转换成动力，再通过动力转化成电力——这一新的"物质"。"电"实际上是一种依托于其他载体而存在的新的物质形态。这种新的物质形态不仅成为后来两次技术革命的直接能量及动力来源，而且使后来电的工具技术形态（比如电机）越来越复杂，越来越重要。

以电力的广泛应用为标志的第二次"工业技术革命"，主要是将"电"作为一种"力"的形式去运用和理解，因此又称电力革命。随着研究的深入，人们对磁和电这两个相互转化的物质形式中的"磁"的功能进一步研发与应用，使磁功能不断扩大，成为后来整个人类技术的重要内容。

其二，从作用发挥看，后来的"工业技术革命"和第一次工业革命相比已发生了质的改变。在前工业时代，商品生产主要是手工业，其组织形式是手工工场。工业革命后，机器的使用带来了大规模的生产和组织，组织形式的改变是大规模机器生产的工厂代替了手工工场。但随着第三次"工业技术革命"电子计算机的应用，特别是第四次"工业技术革命"互联网、人工智能等信息技术的推广，工厂自动化程度不断提高，已经表现出和工业化时代完全不同的组织形式、运作方式和经济价值（表附-3-1）。

表附-3-1　1870—1940 年美国商品制造业和服务业就业情况

单位：万人，%

行业	1870 年		1990 年		1920 年		1940 年	
	人数	比重	人数	比重	人数	比重	人数	比重
商品制造业	1 063	82.4	1 962	67.7	2 360	56.7	2 561	51.4
农业、林业、渔业	745	57.8	1 090	37.6	1 140	27.4	910	18.3
服务业	299	23.2	902	31.1	1 549	37.2	2 425	48.6

资料来源：丹尼尔·贝尔：《后工业社会的来临——对社会预测的一项探索》，高铦、王宏周、魏章玲译，新华出版社，1997，第 141 页。

以我国为例，1970 年，第二产业增加值超过了第一产业。1980 年，第二产业增加值比重达到最大值。1985 年，第三产业增加值超过第一产业。2012 年，第三产业增加值超过第二产业。2015 年，第三产业增加值超过第一、第二产业之和（表附-3-2）。

表附-3-2　1970—2015 年中国第一、二、三产业增加值比重

单位：%

产业	1970 年	1980 年	1985 年	2012 年	2015 年
第一产业	34.8	29.6	27.9	9.1	8.4
第二产业	40.3	48.1	42.7	45.4	40.8
第三产业	24.9	22.3	29.4	45.5	50.8

资料来源：国家统计局。

1994 年，第三产业就业人数超过第二产业。2001 年，第二、三产业就业人数之和与第一产业持平。2011 年，第三产业就业人数超过第一产业。2014年，第二产业就业人数超过第一产业。2021 年，第三产业就业人数占总就业人数的 48%，预计不出几年第三产业就业人数将占 50% 以上，超过第一、二产业就业人数之和。中国由此进入服务业社会行列（表附-3-3）。

表附-3-3　1994—2021 年中国第一、二、三产业就业人员及比重

单位：万人，%

产业	1994 年		2001 年		2011 年		2014 年		2021 年	
	人数	比重	人数	比重	人数	比重	人数	比重	人数	比重
第一产业	36 628	54.3	36 399	50.0	26 472	34.7	22 372	29.3	17 072	22.9
第二产业	15 312	22.7	16 234	22.3	22 539	29.6	23 057	30.2	21 712	29.1
第三产业	15 515	23.0	20 165	27.7	27 185	35.7	30 920	40.5	35 868	48.0
总数	67 455	100.0	72 797	100.0	76 196	100.0	76 349	100.0	74 652	100.0

资料来源：国家统计局。

更为关键的是，知识和信息成为重要的资源，人力资本已从体力转向脑力，人员去向主要是科研、教育和卫生部门，并且这些科研部门成为经济发展贡献者和 GDP 的主要提供者。如 1969 年美国农业、工业和服务业，在国民生产总值中的占比分别是 3.0%、36.6%、60.4%；劳动力在三个产业之间所占比重分别是 5.2%、33.7%、61.1%。[1]

在美国，"物质资本（机器和技术）与'人力资本'在 1929—1957 年美国经济成长中的相对贡献，人力要比物质资本的重要性大 5~8 倍"[2]。

---

① 丹尼尔·贝尔：《后工业社会的来临——对社会预测的一项探索》，高铦、王宏周、魏章玲译，新华出版社，1997，第 17 页。

② 丹尼尔·贝尔：《后工业社会的来临——对社会预测的一项探索》，高铦、王宏周、魏章玲译，新华出版社，1997，第 145-146、166 页。

　　从这些方面来看，现在的经济状态并不表现为工业形式。现在的"铁器"工具只是现代技术的骨架，现代工业则成了现代信息技术的躯壳，发挥功能作用的本质上已不再是铁器工具技术本身。

　　电磁的作用不仅非常大并且还将继续持久地影响未来。"电对于全世界的普遍刺激，比从安培时代到今天发生的全部所谓'政治'事件，都产生了更多的结果，都更能改变今后的生活。"[①]

　　其三，从工具技术历史发展的过程及结果看，石器工具技术发展的最终结果是发生了农业革命；金属工具技术发展到最后产生了工业革命。

　　现在有一种普遍认识：当前的时代被称为信息时代，并且将信息时代和之前的农业时代、工业时代相并列。这就出现了矛盾。石器工具技术发展的最终结果是发生了农业革命，使人类进入了农业时代；金属工具技术发展的最终结果是发生了工业革命，使人类进入了工业时代；而人类进入了信息时代，是什么工具技术导致了信息革命？难道是信息本身？信息本身能构成一个工具技术状态吗？这显然是不正确的，信息应该说仅是某种工具技术的一种表现形式而已。

　　此外，农业革命和工业革命都是产业革命，是主要工具技术长期发展演化带来的产业变革。信息技术革命尽管带来了重大的产业变革，但它本身却无法与农业革命、工业革命这两次产业革命相并列，因为三者不同质。将现在的时代定义为信息技术时代没有错，但它只能算是某工具技术时代的一个具有信息特征的阶段。

　　对当前时代的称谓，由于从不同的方面去理解形成了不同的定义。不过，美国学者丹尼尔·贝尔反对将一些具有当前因素特征的现象作为当前社会的定义，如"定为'服务业社会'或'信息社会'或'知识社会'"[②]，认为即使这方面的要素存在，其名称也是片面的，是为了追求时尚而曲解。他提出了"后工业社会"的概念。这一提法同样存在问题：当前并不表现为工业社会的现象；"后工业社会"命题所指为此后的"30年至50年间"出现的现象，那以后又属于什么社会呢？

　　有学者用"现代社会"和"后现代社会"区分工业社会前后的区别，这同样存在未来社会阶段划分的最终时间界限问题。丹尼尔·贝尔说："一个社会

---

　　① 丹尼尔·贝尔：《后工业社会的来临——对社会预测的一项探索》，高铦、王宏周、魏章玲译，新华出版社，1997，第376-377页。

　　② 丹尼尔·贝尔：《后工业社会的来临——对社会预测的一项探索》前言，高铦、王宏周、魏章玲译，新华出版社，1997，第5页。

对于正在发生的事情找不到语言来表达是可悲的。"① 他同时指出："价值观念的变化和新的社会进程的出现，预示着重要的社会变革，它的趋向可以大致按照历史时期勾划出来。"② "在现在与过去之间的巨大鸿沟上，技术一直是区分社会时代变化的主要力量之一，因此实行一种新的度量制或者扩大我们对自然界的控制，就是技术改变了社会关系和我们观察世界的方式。"③

关于如何概括一个时代的社会，马克思在《资本论》中曾明确提出："各种经济时代的区别，不在于生产什么，而在于怎样生产，用什么劳动资料生产。劳动资料不仅是人类劳动力发展的测量器，而且是劳动借以进行的社会关系的指示器。"④

因此，自电力革命发生，人类社会即进入一个新的工具技术时代，这个时代应该称为电磁（或磁电）器工具技术时代，是继石器工具技术时代和金属工具技术时代后第三大工具技术时代。只是电磁时代和金属时代有一个交汇期，就像石器工具技术时代向金属工具技术时代过渡一样，需要有一个过程。

尽管我们已经进入电磁器工具技术阶段，但工业化给我们带来的影响实在太大了，对其间工具质地的更换，我们竟全然没有觉醒。或许因为电磁本身的无形，使我们忽略了它作为工具意义的存在，进而把不同质的电磁工具技术革命归属于工业技术革命范畴之中。但从本质上来说，除第一次工业革命之外的后"三次工业技术革命"实际上是电磁器工具技术的三次革命。我们所处的时代是电磁器工具技术时代。

第二节　电磁器工具技术发展带来的改变

人类社会已发展到第三大工具技术时代——电磁器工具技术时代。电磁器工具技术时代的第一阶段，仅表现为一种"力"的存在形式，之后又发展出多种新的技术形式，如电子计算机、互联网、人工智能等信息技术以及生物工程等技术。

电磁器工具技术显然与之前的石器和金属工具技术性质不同。这项技术威

① 丹尼尔·贝尔：《后工业社会的来临——对社会预测的一项探索》，高铦、王宏周、魏章玲译，新华出版社，1997，第 322 页。

② 丹尼尔·贝尔：《后工业社会的来临——对社会预测的一项探索》，高铦、王宏周、魏章玲译，新华出版社，1997，第 6 页。

③ 丹尼尔·贝尔：《后工业社会的来临——对社会预测的一项探索》，高铦、王宏周、魏章玲译，新华出版社，1997，第 207 页。

④ 马克思：《资本论》第 1 卷，中共中央马克思恩格斯列宁斯大林著作编译局译，人民出版社，1975，第 204 页。

力巨大。农业革命后，金属工具技术出现，在不断促进农业发展的同时，使农业社会状态保持了近万年。而电磁器工具技术产生后，工业化速度不断加快，特别是电子计算机技术的产生，仅仅半个多世纪，就迅速改变了工业化的社会状态，使工业社会仅存在了几百年的时间；当然，现在世界上还有许多国家没有走完工业化的进程。

电磁技术对现代社会的冲击将是全方位的。存在于今天的人类文明，是随着金属工具技术的产生而形成的，其性质属于金属工具技术文明。

一、电磁器工具技术及其时代特征

电磁器工具技术在当前阶段主要体现为信息技术。信息技术赋予传统铁器工具以"灵魂"，使之成为智能化的工具。

在石器工具技术时代，人类发展的潜在"势能"在地上，捕猎、采集或者获取动植物驯化资源以及驯化后的种植养殖，都依靠占有土地空间的多少作为生存条件，以致农业革命后的农业时代人类争夺的资源依然主要是土地。

金属工具技术时代，随着工具技术的发展，生产力水平不断提高，人类发展的潜在"势能"扩展到了海上，依托海洋释放出了比陆地更大的发展潜力，表现出海洋文明不一样的发展路径。

电磁器工具技术时代，人类发展的潜在"势能"扩展到了"天"上。所谓"天上"，就是自然界存在和人类社会形成的"场"或"场域"的空间，未来的竞争就是对这些空间技术的开发和利用。电磁技术的特点是"场""场域"，是空间技术形态（不是单指航空、航天空间技术），极大改变了人类对客观世界的认识，不仅将人类的视野引入浩瀚广阔的宇宙太空，也引向微观世界中的细胞、分子、电子、质子、夸克。

火车、轮船和飞机的出现极大地缩短了人类空间距离感，加快了人员和物资流动及信息交流速度。电话、电报及电视的出现开辟了直接的信息通道。而电子计算机的发展，使国际实现互联互通，"为人们获得信息、传递信息和处理信息创造了一种完整的电象空间"[①]。

在计算机互联的基础上，通过传感系统实现与物的连接，可进一步实现万物互联，使计算机的应用推进到了与人类有关的社会生活的各个方面。由此，在这些连接中形成一系列信息数据，基于这些海量数据进行有效的获取、储存和管理，就形成了大数据技术系统。根据人类需要，通过云计算系统从海量的数据中进行挖掘和分析，找出隐藏在数据背后具有规律性的可供利用的事物之

---

① 王鸿生：《科学技术史》，中国人民大学出版社，2011，第383页。

间的相关关系。大数据和云计算是一体两面，大数据让云计算派上了用场，云计算使大数据有了更广阔的应用空间和更高的使用价值。由于具有很强的计算能力，计算机信息系统也就有了类似人类那样的学习和"思维"能力，即人工智能。

总体来说，以互联网为基础，集大数据、云计算、人工智能、物联网于一体的现代信息技术虽然刚刚起步，但发展势头迅猛，越来越深入当代经济社会发展的各个层面，越来越深刻地改变着人们的生产、生活，大大推动了经济社会发展，其今后的发展不可估量。由于互联网技术发展的时间相对较短，物联网更是刚刚起步，数据收集处理还存在很多短板，现在的大数据和人工智能相对于未来大数据的大量收集、存储、利用和作用发挥来说，还有巨大的发展潜力和空间。随着大数据技术的发展，数据越多越丰富，人们对客观世界规律性的掌握则越来越准确，其中的利用价值也越来越高。特别是，目前包括我国在内的部分国家已经在量子通信和量子计算机方面取得了重大技术突破，量子计算机的计算速度和安全性，为大数据和云计算更好服务人类发展提供更高阶的技术优势和支撑。信息技术的这场革命，既是一场技术革命也是一场管理革命或治理革命，同时也使人类的认知能力发生了深刻变化。因此，掌握信息的多少和吸收、利用能力成为国家软实力和竞争力的重要标志和内容。

当前人类的竞争，从金属工具技术时代的"海上"转移到了电磁器工具技术时代的"天上"，未来人类通过信息技术实现人与人、人与物、物与物的互联，整个自然世界和人类世界被信息所充斥。信息无处不在、无处不有，不受时间、空间、地域阻隔。谁在这些空间上技术上占有优势，谁就具有竞争优势和发展潜力。

电磁器工具技术时代的信息技术阶段，只是整个电磁器工具技术时代的一个阶段性特征，也是当前的主要技术特征，未来电磁器工具技术到底发展到什么程度、指向哪里无从预判，但可以确信的是，电磁器工具技术时代是人类社会的第三大工具技术时代，这是一个显著不同于石器工具技术时代和金属工具技术时代的新时代。我们已处在这个时代中，其发展之快、变化之剧烈可能超出我们的想象。

二、经济逻辑的改变

随着互联网、大数据和人工智能等信息技术的发展，数据被提升到新生产要素的高度，颠覆了人们对传统生产要素的认知，也由此带来了整个经济逻辑的改变。

（一）生产要素的转变

我们熟知，传统的生产要素主要由资本、劳动力、土地等组成，传统产品主要体现为有形的物质产品。随着工业的发展，人类体力劳动被解放出来，大量劳动者进入了服务类行业，呈现出服务产品类型不断增多的趋势。在体力被机器替代的同时，智力因素得到最大程度的发展，表现为被物化的知识型产品类型。就当前看，人们通过不断开发电磁产品，形成了以电子信息技术为主要内容的无形知识型产品。随着互联网、云计算和人工智能技术时代的到来，作为信息载体的数据被提升到新的生产要素的高度，由此颠覆了人们对生产要素的认知。

为什么数据成为新的生产要素？这是因为，随着科技的发展，人类认识和利用客观世界的水平和能力不断提升，由物质到能量，再到信息，步步深入；信息已成为现实世界中物质、能量、信息三大基本构成要素之一。

在物质、能量和信息这三大基本要素中，首先被人类认识的是物质。人类凭感觉器官接受物质发出的信息，即通过对物质的直觉印象经思维加工而形成的概念。因能量的概念比物质的概念抽象得多，因此，直到近代人类才对能量的本质有所认识。能量不同于物质，不具有大小、形状、体积和质量等属性，表现为机械能、热能、光能、核能等多种形式，虽无法被观察，却可以被感受或用仪器测量。现代物理学告诉我们，物质之间不仅存在普遍的相互作用，而且在相互作用过程中不断地进行能量交换；物质的质量和能量的转化遵循一定规律。

事物属性和事物运动状态以什么来表示呢？这就是信息。美国哈佛大学研究小组曾就物质、能量和信息三者之间的区别与关系提出：没有物质，什么都不存在；没有能量，什么都不会发生；没有信息，任何事物都没有意义。因此，信息对人类社会认识世界意义重大，它不仅是物质和能量的本质属性的反映，同时也是人与认识对象之间的桥梁和构成知识的元素与材料。离开信息，任何事物都不可能被认识。

随着信息技术的发展，数据已成为一种新的资源，并成为继石油之后的新的大宗商品，作为今后的关键投入要素，成为所有科技创新和经济发展的重要驱动力量，也将催生出新的产品、新的业态、新的服务，会对整个传统行业和业态产生巨大冲击。根据中国网络空间研究院发布的《世界互联网发展报告 2017》，2016 年，中国数字经济规模高达 22.58 万亿元，占中国全部 GDP 的比重为 30.3%，居全球第二；美国数字经济规模总量则为 112 万亿美元，占美国 GDP 的 59.12%。2012—2021 年，中国电子信息制造业 GDP 年均增速达 11.6%，营业收入从 7 万亿元增长到 14.1 万亿元，可见发展势头之猛。①

（二）对传统经济学理论的冲击

信息技术革命的发生，使数据成为生产要素，由此带来一些传统经济学无法解释的经济活动和经济现象。

其一，对以劳动时间作为衡量商品价值的冲击。在传统生产中，劳动往往被理解为体力劳动。因此，劳动时间往往通过均质计件的方式进行计量。但随着知识经济的发展，劳动中的脑力付出更为重要，仅通过衡量劳动时间难以核算劳动成果。但是，由于脑力劳动者个体之间的成效差异更大，其劳动投入与成果之间的不确定性也大，对知识生产和分配以及知识产业的提法直到20世纪60年代以后才出现。随着机器对人力的代替，以脑力劳动为主的知识经济已成为主流，仅用劳动时间作为衡量商品价值的传统理论早已过时。

其二，对只有生产过程创造价值的冲击。古典劳动价值理论从生产领域考察商品价值的来源，得出了只有生产过程创造价值、流通过程不创造价值的结论。

劳动可被定义为劳动力的消耗，本质属于能量的消耗，包括体力和脑力的消耗两个方面。生产过程是劳动力的能量消耗过程，而流通过程同样存在劳动力消耗的过程。因此，仅用时间定义劳动，并不能把握劳动的本质。只有从物质、能量和信息出发去定义劳动，才能抓住劳动的本质。

劳动不仅可以引起商品结构的变化，还可以引起商品位置的变化。商品位置变化所花费的劳动时间同样消耗了能量。处于不同时间和空间的商品即使物质形态没有变化，它们的价值形态也是完全不同的。从这样的角度看，生产过程和流通过程在本质上是相同的，都属于能量消耗过程，也是价值增值过程。只有生产过程创造价值的理论必然被颠覆。

其三，对只有活劳动创造价值的冲击。劳动是人类创造财富的过程。传统劳动价值理论将创造财富的劳动进行了进一步的区分。大卫·李嘉图（David Ricardo）将其区分为简单劳动和复杂劳动、直接劳动和间接劳动。直接劳动是直接投入商品上的劳动，间接劳动是投入劳动工具、工厂和建筑物等物品上的劳动，直接劳动创造商品价值，间接劳动不能创造价值，只能把原有价值转移到产品中去。这一理论后来被马克思继承下来。马克思区分了劳动力和劳动、活劳动和物化劳动等概念，认为只有活劳动创造价值，物化劳动不创造价值，只能转移价值。但在数字经济时代，智能机器人有望取代绝大部分人类劳动，比如，实现对人类体力劳动的完全替代和脑力劳动的部分替代。如果我们

---

① 赵志君：《数字经济与科学的经济学方法论》，《理论月刊》2022年第2期，第68-78页。

从能量消耗的角度理解生产过程就会发现，机器和人的劳动在商品生产中的贡献本质上是相同的，两者之间可以相互替代、相互转化。并且机器人生产的产品和直接劳动力产品完全可以在市场上进行等价交换。但不论智能机器人的功能有多么强大，它所体现的仍然属于物化劳动，这就意味着物化劳动创造了价值，对活劳动创造价值、物化劳动只转移价值而不创造价值的理论提出了挑战。[①]

（三）经济运行方式的改变

首先，生产要素测定核算方式改变。当数据成为新的生产要素、基础性资源和战略性资源后，国家经济的构成成分就发生了根本性改变。在传统经济学中，数据并没有被赋予生产要素的地位，针对数据这一新的生产要素，如何设定生产函数，如何度量数据在经济增长中发挥的作用，如何对数据要素进行测量和定价，成为需要解决的问题，否则国家经济核算体系就无法建立。虽然从某种程度上来说，数字信息产业属于服务业范畴，但服务业的"低生产效率"特点，已被数字信息产业在促进经济增长方面的巨大作用所改变。同其他服务业一起被纳入第三产业进行统计，无法反映出它在国民经济中的地位，也无法测度它所带来的经济运行效率和创新能力的提升，也不能精准地把握该行业的发展现状和存在的问题。一个更为现实的问题是，作为国家运行财政来源的税收，面对数据要素如何设定和征管？如果仅以物化产品作为依据，显然无法真实反映其本质内涵和全部内容。

其次，具体经济运行方式改变。数字经济生产的突出特点是，数字信息产品的生产较多依赖生产者的智力、技术和数据，人力资本比物化资本更重要，在一定程度上摆脱了"死劳动对活劳动的统治"。生产过程需要大量成本，然而一旦该数字信息产品生产出来，就能够以几乎为零的成本进行复制。数字化的信息产品不仅成为必不可少的投入品和中间产品，也是越来越常见的直接消费品。其交易主要依靠虚拟市场，而非有形市场；其消费主要依靠线上消费，而不是线下消费。因此，数字经济的组织形式表现为平台企业特征。

数字信息经济特征还表现为：第一，规模经济。平台企业通过网络外部性实现规模经济。网络的价值以用户数量的平方速度增长。当网络用户超过某一临界点，网络价值则呈爆发式增长。传统工业经济追求规模效益，当达到一定临界点时，新增加的每一单位可变要素所获得的报酬是递减的。第二，范围经济。平台企业改变了传统的由产品的相关性转向不同用户数量的规模性集聚，带来了商品和服务范围的扩大，并能将更多资源集结在互联网平台上，形成资

源供给池和需求池，有利于快速和低成本的自我匹配，进一步实现共享经济。第三，交易成本下降。平台企业利用大数据将大量的供求双方直接联系在一起，减少了信息不对称问题，从而大幅度降低了信息搜寻成本、议价成本以及监督成本。[①]

数字经济的这些特点，使政府配置资源的能力大为增强，能够准确、及时、快速地获得信息，更有利于决策。同时，使政治和经济的关系变得更为密切。

三、商业逻辑的改变

商业是指以买卖方式使商品流通的经济活动，是基于人们对价值的认识的等价交换，是在生产产品的互通有无中形成的行业。商业本质上是交换，联通着生产和消费。一个独立的商品经营者或组织，目的就是在市场上通过购销之间的价格差实现盈利。价格差形成的核心在于对市场行情的把握。市场价格之所以瞬息万变，主要是由组成市场价格变动的各种因素变化带来的，由此对各种信息的及时了解和掌握非常关键。可以说，信息是商业经营的生命，不重视信息作用的商业经营活动必会死路一条。春秋时期范蠡坚持"贵出如粪土""贱取如珠玉"的经营方法，关键就在于对不断变化的市场信息的及时、准确把握。信息的重要性在今天更为明显，如股票市场、期货市场，与其说是财产权利交易的场所，倒不如说是一个及时反映财产价值变化情况的信息系统。

信息对商业很重要。因此，信息手段的改变必然带来商业的改变，在一定程度上，信息手段改变的程度决定了商业改变的程度。

在新的信息技术条件下，商业（包括商业交易的内容和商业的运作模式）必然大变，最终发生性质的改变。

前已述及，石器工具技术时代最终产生了农业革命；金属工具技术时代最终产生了工业革命；电磁器工具技术时代最终将产生什么革命呢？事实已经很清楚，电磁器技术发展到电子信息技术阶段，其带来的最大改变莫过于商业模式的变革，这在当前商业变革中已清楚地表现出来。可以说，电磁器工具技术时代最终产生和对应的将是商业革命。

（一）商业交易内容和方式的改变

当前，电磁器工具技术已发展出了智能信息技术，不仅为商业提供信息服务，而且使有形产品不再是实现价值的唯一载体，作为信息载体的数据变成商

---

① 裴长洪、倪江飞、李越：《数字经济的政治经济学分析》，《财贸经济》2018 年第 9 期，第 5 - 22 页。

业经营本身的商品，成为市场交易的重要内容。随着信息技术的发展，信息要素越来越重要，在整个社会中发挥的作用也越来越大，在未来商业交易中所占的比重也会越来越大。特别是随着信息技术发展带来的消费转型，有形物质消费的比重将不断减少，而意识消费将成为新消费主流，人们的需求转向以体验、服务和娱乐为主。[①] 商业交易中的知识经济内容将会成为市场的主要成分。

电子商务开创了人类历史上一种全新的商业形式，彻底改变了人类的交易方式，使市场交易从现实世界转移到了虚拟世界。电子商务不仅为交易双方增加了交易机会，提高了交易效率，简化了交易流程，降低了交易成本，还促进了经济变革和经济全球化。

以电子信息技术为内容的电子商务平台是当今世界最有竞争力的领域，其中市值排名靠前的多为信息技术和互联网平台企业，这既反映出电子商务在经济社会发展中的作用，也体现出当前市场对这种商业模式的高度认可，更标志着未来商业的发展方向。

（二）商业性质的改变

在人类历史发展进程中，可以称之为商业革命者有多次。比如，货币的出现就属于一次商业革命。货币的出现改变了人类商业文明开端以来"以物易物"的形式，让"物品"变成了"商品"，使交换双方的供求可以在时间、空间上产生暂时的分离，从而导致交换的规模和范围急剧扩大，发生频率急剧增加，为商业流通与繁荣创造了重要条件。当然，从贵金属到纸币的使用也是一次革命，因为其货币价值由贵金属的稀有性让位于纸币的政权强制性和公众信任性。商业信用体系建立应该说是又一次商业革命，它的出现为交易者降低交易风险、克服资金困难和进行长距离贸易提供了便利，极大地降低了社会交易成本，促进了社会分工和交换的规模、范围。连锁商业的产生当属于更进一步的商业革命，连锁商业的出现是适应现代工业大生产的产物，它使商业经营的分散性、社会性特性与现代工业的规模性、批量性特性得到统一。[②] 还有学者单纯从商业的经营方式和经营观念上区分不同商业革命类型，如以"销售为中心"的百货公司形式，以"市场为中心"的超级市场形式，以"消费者为中心"的自动售货与计算机应用形式。[③] 以上这些商业变革，从变革的程度来

---

① 李毅、罗晖：《科技创新：新商业革命的强大引擎》，《全球科技经济瞭望》2018年第4期，第54-59页。

② 彭飞、蔡文浩：《现代商学体系架构要适应商业革命的进程》，《兰州商学院学报》2003年第6期，第114-118页。

③ 赵德海：《知识经济与商业革命》，《商业研究》1999年第12期，第18-20页。

看，无疑具有一定的革命性，称之为"革命"也不为过。

不过，之前这些革命从根本上说属于"商业变革"，是商业内部的革命。而这次电子信息技术带来的商业改变则是"变革商业"，从这场变革的最终指向上看，将是商业性质的改变。也只有这次变革足以与农业革命、工业革命并称为产业上的"革命"。

工业发展为农业提供了工业机械和技术，农业劳动生产率的提高使农业劳动力转移到了工业，工业自动化程度的提高使劳动力流向了资本有机构成相对较低但劳动密集程度较高的第三产业。机器替代的是人的体力劳动，人工智能取代的是人的脑力劳动，或者说二者是对人类体力和脑力劳动的替代。受人工智能冲击最大的产业当属第三产业，因为第三产业的劳动人数最多。结果已经非常明显，人工智能的发展在使大量劳动力退出现有工作岗位的同时，还进一步提高了生产力水平，物质上的富余会进一步满足人们的需求。加之，信息技术使资源配置能够更顺畅、高效、及时反映在系统中，为有计划的安排生产和满足需求提供了可能。未来满足人们各种需求的主要形式不是交换方式，而将是一种分配形式，由此基于交换的商业性质将得到彻底改变，这是根本上的"商业革命"。

四、人本身的改变

石器工具技术时代解决了动植物的驯化问题，金属工具技术时代解决了人类的使用工具和手段问题，电磁器工具技术时代要解决的可能是人类本身的问题。

大约 7 万年前，人类发生了一次"认知革命"，能够表达从未看过、碰过、耳闻过的事物，成为"智人"。[1]

自进入智人阶段的几千年来，社会、政治、经济、科技一直在发生巨变，但有一件事始终未变，那就是"人类本身"。而现代技术的发展正在朝着改变人类本身的方向疾驰。

首先是信息技术对人类的超越。互联网、大数据、云计算、人工智能等信息技术的发展，使人类活动的一切皆可以用算法表示，算法成为人们行动之圭臬，也成为当前这个世界上最重要的概念。

人类有两种基本能力，包括身体能力和认知能力。在工业时代，机器和人类的竞争仅限于身体能力，随着机器取代纯体力工作，人类便转向专注于从事一些认知技能的工作。但是，一旦算法在记忆、分析和辨识各种模式的能力上

---

[1]　尤瓦尔·赫拉利：《人类简史：从动物到上帝》，林俊宏译，中信出版社，2017，第 3、23 页。

超过人类，这种情况就会改变。过去一些人认为，有些事情是算法"永远"都无法做到的，后来事实证明，这些"永远"只能保持一二十年，如人脸识别。实践证明，科技越发展，人类的工作越专业化，计算机取代人类越来越容易。这不仅是因为算法变得更聪明，也是人类的专业化为计算机取代人类提供了方便。

对大多数的现代工作来说，99％的人类特性及能力都是多余的。人工智能要把人类挤出就业市场，只要在特定行业需要的特定能力上超过人类，就已足够。[①]

我们一向认为，人的智能与意识是紧密而相互依存的关系。只有具有意识，才能执行智能任务。然而，无意识的算法很快就能形成"无意识智能"。无意识但具备高度智能的算法，可能很快就会比我们更了解自己。因为你做过的事自己可能忘记，但它能知道并记得什么会让你笑、什么让你哭、什么让你生气，甚至就连那些情绪和欲望实际上也不过是某些生化算法。计算机一旦掌握这些算法，它们的成绩一定比智人好。如果人们的行动时时由电子算法网络实时监测和指挥，哪怕算法不是很完美，只要比自己做选择犯的错更少，人类就会把越来越多的选择和人生大事交给算法来做决定，最后可能一分一秒都无法与这个全知的网络断开。

尼克·伯斯特隆姆（Nick Bostrom）等专家和思想家对此曾提出警告，认为人类大概还承受不住这样的退化，因为一旦人工智能超越人类智能，可能会直接消灭人类。人工智能这么做的理由，一是可能担心人类反扑、拔掉它的插头；二是要追求某种我们现在还难以想象的目标。毕竟，等到整个人工智能系统比人类更聪明时，要再控制系统动机，实在有如天方夜谭。[②]

其次是信息技术和生物技术的融合对人类的改变。有些学者曾就生物技术的发展乐观地认为，到2050年，只要身体健康，钞票也够多，人类就可以大约每十年骗过死神一次，从而长生不老。[③] 按照他们的设想，大约每十年接受一次全面治疗，祛除疾病，同时让衰老的组织再生。而待下次治疗之前，又发明出各种新的药物、治疗方法和医疗装置了。

同时，现代信息技术已经向脑机接口上迈出了一大步。也就是说，人类头脑中的思维和记忆都能通过电脑反映出来。智人的实验显示，人也像大鼠一样可以被操纵。只要能刺激人脑正确的位置，即使是爱、愤怒、恐惧或沮丧这些

---

① 尤瓦尔·赫拉利：《未来简史：从智人到智神》，林俊宏译，中信出版社，2017，第290页。
② 尤瓦尔·赫拉利：《未来简史：从智人到智神》，林俊宏译，中信出版社，2017，第294页。
③ 尤瓦尔·赫拉利：《未来简史：从智人到智神》，林俊宏译，中信出版社，2017，第22页。

复杂的感受，也能够被创造或抑制。如果这项技术完全成熟，脑与机之间的信息就可实现直接的输出和输入。这样，人的记忆就被输入在电脑中，由此实现人的永生，人的构成元素也由碳基变成了硅基。人工智能具有连接性和可更新性，可以将计算机集成为一个网络。人在这个网络中，既可以输入他人记忆，也可以输出记忆到他人大脑中成为"自己"，或到已失去的故人大脑网络中进行思想交流。

人工智能和生物技术的联手，导致大量人员失业。过去的智人因为能工作和打仗，而具有经济和军事上的用途和意义，而此后经济和政治制度怎样继续认同这些失业人员的价值？即使社会系统仍然认为人类有其整体价值，但个人则无价值；或认为某些独特的个人有价值，那一定是一个超人类的精英阶层，而不是一般人众。

如果任由资本发展和决定，大数据算法可能导致数字独裁并由此带来人类的改变。大数据发展可能导致所有权力集中在拥有大数据控制权的一小群精英手中，而大多数人则如同草芥，无足轻重。这时，针对大众的医学也将随之走入历史，精英阶层会认为，无需再浪费资源为大量无用的人提升甚至是维持基本的健康水平，而应该集中资源，让极少数人升级到超人类，成为不同的物种。或者，数据巨头在破解生命最深层的秘密后，不仅能为我们做选择或操纵我们，甚至可能重新设计生物或无机的生命形式。[①] 升级后的"人"还算不算人呢？

第三节　全球统一秩序的建立

当前新信息技术的发展必然带来社会的剧烈变革。面对新技术，如果人类社会能够及时做出适应性调整，它就会造福人类；否则，人类将会面临严峻的新技术考验。

信息技术的互联互通特点决定了未来的人类社会必然是全球性的，同时信息技术也为全球秩序构建提供了条件。构建具有全球统一秩序的"人类命运共同体"已成为今后全人类共同的奋斗目标。

一、全球政治体制统一的必然性

实现全球政治体制的统一不仅是人类社会发展的必然，也是解决人类共同现实问题的迫切需要。

---

① 尤瓦尔·赫拉利：《今日简史：人类命运大议题》，林俊宏译，中信出版社，2018，第314、74页。

（一）人类历史发展的方向

人类对未来的发展能否进行预测，丹尼尔·贝尔认为："只要存在规律性发展和重复出现的现象（那都是罕见的），预测就有可能。"[①] 这样，用人类已经经历过的不同工具技术发展阶段的规律性来分析人类政治体制的趋势应该是成立的。

使用什么样的生产工具，便需要什么样的生产组织或产生什么样的社会组织。处在什么样的工具时代，便需要什么样的政治体制和形成什么样的社会结构状态。人类使用的工具技术是和所处社会的体制结构相对应的。石器工具技术时代人类所处的是原始的社会形态，金属工具技术时代人类则进入了文明社会。

在工具技术与政治体制相对应这方面，没有比历史上的中国更典型的了。自铜器工具技术，各部落开始走向联合，并最终走向国家形式。自铁器工具技术，国家开始走向进一步的统一，最后实现了秦帝国的完全统一。至工业革命，中国又和世界上其他一些现代国家一样建立了民族国家，实行现代国家制度。应该说，民族国家这一现代国家形式，是与工业化大生产相适应的政治体制。

历史有没有大方向？答案是有的。历史地看，人类的发展过程实际是不断走向统一的过程，并且工具技术决定了其统一的实现程度。随着技术的发展，人类由小范围的统一，不断向更大范围的统一迈进。大约在前 10000 年，地球上有数千个人类文明，但到前 2000 年，这个数字只剩下数百个。[②] 哥伦布"发现"新大陆以后，人类的历史由此变成了世界史。自此，人类文明的数量更是急遽下降，但具体的人类文明的规模在不断扩大。

人类文明的数量减少，统一的范围扩大，最后统一到什么体制形式中呢？尤瓦尔·赫拉利（Yuval Noah Helali）认为，方向应该是帝国形式，一种"不受任何特定国家或族群管辖的"世界政治秩序——"全球帝国"。

人类历史上早已做了帝国形式尝试，比如亚洲的秦汉帝国、欧洲的古罗马帝国、南美洲的印加帝国以及后来西方海上扩张形成的另一种形式的帝国（如西班牙日不没帝国和英国日不没帝国）等。实际上，前 200 年左右，大多数人都已经活在了各个帝国中。

帝国不同于现代民族国家，民族国家存在着具有生物学意义上的种族含

[①] 丹尼尔·贝尔：《后工业社会的来临——对社会预测的一项探索》，高铦、王宏周、魏章玲译，新华出版社，1997，第 2 页。

[②] 尤瓦尔·赫拉利：《人类简史：从动物到上帝》，林俊宏译，中信出版社，2017，第 159 页。

义。而帝国作为一种政治秩序和结构，"有两项重要特征。第一，帝国必须统治着许多不同的民族，不同的民族各自拥有不同的文化认同和独立的领土。第二，帝国的特征是疆域可以灵活调整，而且可以几乎无限扩张。帝国不需要改变基本架构和认同，就能够纳入更多其他国家和领土"①。

除此之外，一个更重要的发展是在意识形态上。在前 1 000 年间慢慢发展出"世界一家"的观念，这说明全球统一既是人类发展的方向，也是人类的理想追求。

自大航海时代起，世界已经被连接在了一起，在很多事项上已经实现了统一，如地球这一名词的应用、一些世界性区域名词的确定以及计量单位的统一等。

再就是国家间组织的建立。比如，1945 年成立的由主权国家组成的政府间国际组织——联合国，几乎囊括了世界上所有的主权国家。地区内的国家间政府及经济组织也纷纷建立，如欧洲联盟、亚太经济合作组织、上海合作组织等。就是一些纯粹的营利性组织也具有全球性，很多跨国公司在全球范围内开展生产经营业务。今天全人类都接受同一套地缘政治体系，使用同样的市场经济制度，采用和遵守基本相同的人权制度、国际法律制度，执行同样的科学体系。

现今，世界政治虽然仍处于各行其政状态，但国家的独立性正在迅速降低。没有任何国家能够行使真正独立的经济政策，甚至连国家内政也无法实现完全独立决定。对于全球市场，各个国家只能采取开放政策，接受全球企业和非政府组织的干预，还得面对全球舆论的监督和国际司法的干涉。各国也得遵守全球在财政、环保和法律上的标准。

电子通信技术不仅使世界连接在一起，更克服了人们时空上的距离。特别是互联网时代的到来，使世界实现了互联互通、变成了"地球村"。在信息化时代，哪个国家要想使自己独立于世界，恐怕要比那些想统一世界的更困难。在世界现实危机面前，只站在本民族角度出发，并无法保障本民族的利益；只有在保障和维护全人类人权和利益的人类政治的方向前提下才能实现。

现在只有全球政治体制的统一这条路了。

不难发现，电磁器工具技术时代特别是发展到信息技术时代，其所对应的体制就是全球统一的政治体制。能够肯定的是，在未来全球政治体制统一建设中，贡献最大的国家必是那些信息技术发展最好最快的国家。

在前信息技术时代，将太多的信息和权力进行集中并不利于信息的有效利

① 尤瓦尔·赫拉利：《人类简史：从动物到上帝》，林俊宏译，中信出版社，2017，第 180－181 页。

用，因为没有人能及时处理完所有信息并作出正确决定，这就是过去采取计划经济模式效率低下的原因。但是，人工智能使情况发生了反转，它"可能会让集中式系统比分布式系统效率更高"，"一心想把信息集中，在 20 世纪曾是专制政权的主要弱点，但到了 21 世纪却可能成为决定性的优势"①。由于信息技术使数据成为重要的人类资源，而数据的意义在于为人服务，这就使一个拥有 10 亿人组成的完整信息库绝对会比只有 100 万人的部分信息更能形成优秀的算法，得出价值更高的信息结果。因此，在全球政治体制统一过程中，人口大国有可能做出更大的贡献。

（二）解决人类所面对共同问题的需要

人类社会的现代发展过程，就像坐在高速行进的列车上，制约列车进一步提高速度的是制动系统而非动力系统。单从动力方面说，列车完全可以跑得更快，但只有能够有效排除险情、进行安全控制的速度才是人们所要的速度。

眼下，人类社会面临着三大挑战：科技颠覆、生态崩溃和核战争，这是任何一个国家都无法独立解决的全球性问题。人类之所以通过不断实现联合并最终打造出国家这种共同体，就是因为遇到了任何部落都无法独立应对的难题。今天国家与部落一样遇到了自身难以解决的问题，"国家"这一身份认同已不足以应对今天的挑战。同时，由于现代文明的这些"成果"破坏力巨大，人类实在禁不起更多的测试失败。但是，在这样一个充满竞争的世界，落后的代价是可想而知的，只要存在高回报，高风险科技依然不会妨碍国家的选择，其他国家也会被迫跟进，向下竞争的局面还在加剧，进一步增加了全球统一政治体制建立的紧迫感和艰巨性。

首先是核战争。在各国残酷竞争的世界环境中，最先进的工具技术往往首先应用于军事，为保护人类安全而生产的所有最先进、杀伤力最大的武器恰恰针对人类自身。核武器好像悬在人类头上的一把利剑，灾难随时都有可能降临。现在公开拥有核武器的国家不是很多，但据相关报道，有 30 个国家拥有迅速生产核武器的能力，这个数量已经接近全世界国家总数的 1/6。即使现有国家的现存核武器，也够毁灭人类几十次之多。好在各国都知道这一杀伤性武器的厉害，它的存在还在一定程度上制约了战争的发生。但这总不是解决问题的根本办法，最终的解决办法就是全球统一政治体制的建立，届时国家之间的敌人不存在了，武器也就失去了作用，这些核材料就可以被放心地应用于人类的生产生活，以增进人类的福祉。

其次是生态崩溃。之前人类一直担心地球上的能源很快被用完，随着科技

---

① 尤瓦尔·赫拉利：《今日简史：人类命运大议题》，林俊宏译，中信出版社，2018，第 62 页。

的发展，这一担心被解除了，因为人类可以凭借不断进步的技术找到更多替代能源的渠道和办法。但是人类在不断增加消费的同时，对自然环境形成的破坏性积累却越来越严重，丝毫没有减轻的迹象。并且，资本主义为了制度本身的生存需要，创造出了"消费主义"这一新的伦理观，导致生产的无限扩张。而"工业生产所需的资源，80%是不可再生的；工业产品，80%以上是不可回归自然的。不可再生，便会枯竭；不能回归自然，便会成为地球垃圾"①。可以说自工业革命以来，人类所取得的巨大成就是以牺牲环境为代价的，包括赔上了几乎所有其他动物的命运。

当前碳排放所形成的地球温室效应以及对臭氧层的破坏，同样不是靠一两个国家就能解决的，必须在全球统一体制下才能形成可执行性强的规则。

最后是科技颠覆。信息技术和生物技术带来的科技颠覆才刚刚开始，但这两项技术带给人类的变化，要比工业革命带来的变化大得多，带给人类的挑战也同样大得多。没有不花代价的技术进步。工业革命以来连续发生了两次世界大战，就是人类工具技术发展的代价。信息技术和生物技术革命带来的恐怕是更大的代价，但其表现形式可能会有所不同。

核战争和环境的改变威胁的只是人类的生存，但信息技术和生物技术融合带来的科技颠覆威胁的是人类本身。正如赫拉利所说，如果人类无法制定并执行全球公认的伦理准则，科学怪人满街跑将为时不远。②

核战争、生态崩溃和科技颠覆，才是人类面对的共同敌人，这三个问题中每一个都足以威胁人类文明的未来，其解决办法就是建立全球统一的政治体制。

二、未来人类社会的发展趋向

人类社会已发展到第三大工具技术阶段——电磁器工具技术时代，必将发生相较于之前社会更大更根本性的改变。这一过程既是对旧的社会观念和制度不断继承与否定的过程，也是新的社会秩序产生和建立的过程。

（一）自由主义秩序的幻灭

自由主义不是"自由"本身，而是一种意识形态和哲学。个人的自由是整个自由主义的核心和一切立场的出发点；其基本观点是个人本位主义，个人先于社会，将个人自由置于最优先地位。自由主义是现代资本主义的主流意识形

---

① 刘毓庆：《中国历史上的三次商业革命浪潮及其启示》，《山西大学学报（哲学社会科学版）》2017年第3期，第159-171页。

② 尤瓦尔·赫拉利：《今日简史：人类命运大议题》，林俊宏译，中信出版社，2018，第113页。

态。自 17 世纪产生以来，经历了三次演变，虽具体政策主张不断变化，但坚持个人自由、维护个性发展、反对任何形式的强制施加于人的核心主张一直没有变。

自由主义在促进资本主义的发展中发挥了重要作用，但在信息技术和生物工程技术面前却遇到了大麻烦。

起初，自由是资产阶级通过与封建主义斗争而获得的。当然这种自由首先是维护资产阶级的利益，首当其冲的是私有财产权利。

资产阶级以资本为手段促进本阶级的发展，但本身存在固有的矛盾性。马克思对此分析得很透彻，提出了非常卓越的经济见解，指出随着资本主义的发展，无产阶级队伍不断扩大并与资产阶级的矛盾日趋激烈，最终成为资产阶级的掘墓人。资本家们吸收了马克思的理论，不断施惠于产业工人，如福利政策和参股企业等，导致无产阶级的革命最终没有在工业化阶段发生。

资本主义将科学和资本两种手段并用，极大地促进了生产力的发展。资产阶级在把蛋糕做大的同时，也拿出小部分分享给产业工人。同时，替代劳动的大机器工业生产不断发展，在机器抢走工人原有工作岗位的同时，又创造出一些新的就业机会，使资产阶级和无产阶级之间的矛盾得以临时消解。

但是，无产阶级革命的现象之前不发生不等于今后不发生，更有可能的是革命形式的改变。人工智能技术的发展使机器替代人类劳动和由此转向从事智力因素的劳动，可以说已不存在什么疑义，至此，无产阶级队伍才真正出现，自由主义将无法立足。

自由主义还建立在个人理性基础上，就是每个人具有自我判断价值的能力，集体意志是每个人理性选择的总和。自由主义将自由扩张到政治领域就是所谓的人手一票的公民选举。公民选举既是公民自由意志的体现，也是一种人的价值和权威的体现。信息技术的发展使计算机算法比公民自己更了解自己，对公民的言行举止、了如指掌，此时，还用得着公民去投票吗？至此，个人主义、人权、民主统统不存在了，即使是形式上的自由主义也没有了。失去自由主义的资本主义必然像抽去了筋的躯体而无法自立。人工智能技术的发展，已经让今天的人们隐隐地感觉到自己将被未来所抛弃。

自由主义的政治体系建立于工业时代，应该说是和工业时代相适应的一种思想理念，显然无法适应信息时代的发展要求。面对人类生态崩溃和科技颠覆这两大问题，自由主义对此并没有给出明确的答案。过去自由主义平息棘手的社会矛盾和政治冲突，靠的主要是经济增长；正是因为经济增长，才以越来越多的破坏性创新为基础，加快了科技对经济的颠覆。

当然，以自由主义为思想理念的资本主义并不会立即退出历史舞台，诚如马克思所言："无论哪一种社会形态，在它所能容纳的全部生产力发挥出来以前，是决不会灭亡的。"① 资本还是推动当今社会发展的一种重要力量，不仅资本主义国家是这样，就是社会主义国家也积极采用这种手段，并且也有效推动了社会主义制度的完善和发展，为实现生产力高度发展基础上的转变积蓄着力量。但，这并不会改变自由主义秩序最终幻灭的历史命运。

（二）与新工具技术相适应的新社会形式

石器工具技术时代，人类社会的发展势能在"地上"，土地规定人们的生产空间和发展潜力，土地越多潜能越大；金属工具技术时代，人类社会的发展势能在"海上"，海洋为人类提供了最节省动力、最节省成本以及远距离和大范围的交通潜力，由此既可以促进人类信息交流，又可以实现大范围物质资源的优化配置；今天的电磁工具技术时代，人类社会发展势能则是在"天上"，特别是发展到当下的信息时代，事实已非常清楚，体现的就是一个网络和空间技术（包括宏观和微观空间），谁在空间技术上更先进，谁就具有更大的优势。

由电磁技术决定的未来社会应该是人类最高阶段。先哲们虽不知道今天的电磁技术社会是什么，但他们对社会的发展趋势和最后形态，早已进行了设想。不论是儒家推崇的大同社会，还是马克思提出和共产党人追求的共产主义，都将属于这一阶段。这是确凿无疑的。曾有人希望列宁用一句话来定义共产主义，他非常明确地回答说："共产主义就是苏维埃政权加全国电气化。"这实际已经明确阐述了人类共产主义社会技术手段就是"电气"，也就是电磁器工具技术是共产主义阶段的主要工具技术特征和手段。当然，列宁所处的社会，电主要还是作为一种动力形式，在其他方面的功能，只发展出了电灯、电话、电报、无声电影等。从今天的人工智能、大数据、互联网等综合信息技术来看，列宁的这一判断是再准确不过了。

未来的人类社会到底什么样？儒家所宣传的大同世界，是指人类的最高理想社会，也是人类社会的最高阶段，实行包括权力公有和财物共有的全民共有的社会制度。其中权力公有的口号是"天下为公"，具体措施是选贤与能，讲信修睦。

马克思在《哥达纲领批判》中对共产主义的描述是："在共产主义社会高级阶段上，在迫使人们奴隶般地服从分工的情况已经消失，从而脑力劳动和体力劳动的对立也随之消失之后；在劳动已经不仅仅是谋生的手段，而且本身成了生活的第一需要之后；在随着个人的全面发展生产力也增长起来，而集体财

---

① 马克思、恩格斯：《马克思恩格斯选集》第 2 卷，中共中央马克思恩格斯列宁斯大林著作编译局译，人民出版社，1972，第 83 页。

富的一切源泉都充分涌流之后，——只有在那个时候，才能完全超出资产阶级法权的狭隘眼界，社会才能在自己的旗帜上写上：各尽所能，按需分配!"①

大同社会和共产主义是人类的理想社会和奋斗目标，但更重要的是通往这一目标的发展过程。要知道这次工具技术带来的变革是一次遽变，超过人类历史上任何变革的幅度和力量，人类必须做好充分的应对准备。

历史经验告诉我们，人类历史中的许多灾难都源于这样一个事实，即社会的变化总是远远落后于技术的变化。造成这个时间差的原因在于：技术变革能提高生产率和生活水平，所以很受欢迎，且很快被采用；而社会变革则由于要求采纳新思想、新制度和新做法，通常会让人感到受威逼和不舒服，因而易遭到抵制。这同时又解释了当今社会的一个悖论：虽然人类正在获得越来越多的知识，变得越来越能依照自己的意愿去改造环境，但却不能使自己所处的环境变得更适合于居住。②

自电磁器工具技术产生已有近200年的时间，人类至今对这一不同质地工具技术的改变浑然不觉，还将它列入工业革命技术（或者说铁器工具技术时代）的范畴，这说明当今人类对这一工具技术本质的认识和定义不仅远远落后于技术的发展本身，也落后于已经开始发生改变的社会现实。

总之，人类社会发展的终点一定是一种理想的社会形态。但对其发展过程中具体的预测从来都不可能是准确的，而今天要做预测又比过去更为困难。因为生物工程技术的发展可能改变人类的身体、大脑与心智，当这个作为衡量万物尺度的主体——人发生改变，预测就更没准了。因此，正如贝尔所说，我们对"社会预测的探索所能做的是提出一张问题议程表而不是全套答案"③。

第四节　人类未来文化的重建

以生产方式为主要内涵的时代文化，是由历史文化传统和现实生产工具共同塑造的。有什么样的生产工具技术，必然形成与之相适应的时代文化。人类社会已经进入到第三大工具技术阶段——电磁器工具技术时代，我们今天所使用的文化是人类社会自进入金属工具技术时代创造的，是适应金属工具技术时代

① 马克思、恩格斯：《马克思恩格斯选集》第3卷，中共中央马克思恩格斯列宁斯大林著作编译局译，人民出版社，1972，第12页。
② 斯塔夫里阿诺斯：《全球通史——从史前史到21世纪》上册，吴象婴、梁赤民、董书慧、王昶译，北京大学出版社，2006，第7页。
③ 丹尼尔·贝尔：《后工业社会的来临——对社会预测的一项探索》，高铦、王宏周、魏章玲译，新华出版社，1997，第532页。

的文化。电磁器工具技术的使用，不仅要求未来的文化与电磁器工具技术相适应地改变，并且要以世界为单位进行调适，由此，必然带来世界范围的文化重建。

一、新工具技术使人文主义文化遭遇根本性危机

人文主义是西方文艺复兴时期形成的思想体系和世界观。它主张一切以人为本，反对神权，把人从中世纪的神学枷锁下解放了出来。该主义倾向于对人的个性的关怀，注重强调维护人类的人性尊严，提倡宽容的世俗文化。但在现代信息技术条件下，人文主义遭遇了发展难题。今天人类又面临着新的威胁——受信息技术和生物工程技术的控制，甚至作为生物学意义上的人的改变，即不仅是人类存在的价值和意义发生了改变，而且作为"万物尺度"的人的本身也在改变。人文主义解救了人的精神，现在需要解救的还包括人类本身，或者说是整个人类。

首先，单纯从信息技术方面来看，信息技术的发展使数据成为最重要的资源，随着人工智能对人形成的替代，人的作用将会大大削弱，可能的情况是在21世纪，数据主义将使以人为中心走向以数据为中心。[①] 万物互联，整个社会已普遍使用算法，人类的一切行动都无法逃过信息工具的法眼，高度智能的算法比每一个人更了解自己。

从理论上讲，作为信息技术的算法，本质上是一个技术工具，受人类的控制，但经验让我们把越来越多的问题交给算法来处理，如出门对导航的依赖等，最后逐渐由自己放弃做决定的权利到失去为自己做决定的能力。同时，人工智能的运用在一定程度上应该以人类的意识为准，但这里的危险在于，目前人类对自己意识的研究和开发并不多，而过分注重发展人工智能，当计算机有了更先进的人工智能后，反而更增强了人类的"自然愚蠢"。况且，我们对于人类自身能力的研发，主要是为了满足目前经济和政治体制的迫切需要，而不是为了让人类在很久之后仍然是一种保有意识的生物。[②] 一旦权力从人类手中交给算法，在不远的未来，人类将再也无法观察到真正的自己，一切由算法告诉我们，并且由算法为人类决定我们是谁。由此，以人为中心的世界观就会走向以数据为中心的世界观，至此，人文主义的哲学议题就可能惨遭淘汰。

其次，生物工程技术方面，在全球各地的实验室里，科学家正在努力改造各种生物，他们打破自然选择的法则，使这个具有40亿年的自然选择系统面临一个前所未有的挑战。在改造其他生物的同时，人类尽管从人伦角度反对对

---

① 尤瓦尔·赫拉利：《未来简史：从智人到智神》，林俊宏译，中信出版社，2017，第352页。
② 尤瓦尔·赫拉利：《今日简史：人类命运大议题》，林俊宏译，中信出版社，2018，第66页。

自身的改造，但卫生医疗的试验研究为此提供了"借口"，由此人类正在对自身进行由部分到整体的改造。

更重要的是人工智能和生物技术的融合。一方面，生物学家正在揭开人体（特别是大脑和人类感受）的种种奥秘；另一方面，计算机科学家们获得了前所未有的数据处理能力。大数据算法将比自己更能检测和理解本人的感受。二者的融合能让人类拥有重塑和重新设计生命的能力，如果人类真的被升级，这就意味着人类的本质乃至"人"的定义的根本改变，也代表整个智人历史的终幕。如果对整个人类进行普遍升级还好说，最可怕的是只有一小部分具有经济能力的人能够升级。现在，世界上最富有的 1% 人群拥有全球一半的财富。更令人警醒的是，最富有的 100 人所拥有的财富，已经超越了最贫穷的 40 亿人。① 之前所谓的富人，主要是拥有和控制资本、土地和矿产等物质资源；而今后的财富则主要是数据。如果只有富人能够有经济能力进行升级，人类就会出现分层，形成两类不同的物种。

从远古时代开始，人类就一直在问：我是谁？我这辈子要做什么？人生有什么意义？由于人类的已知和未知不断变化，所以每个时代都需要一个新的答案。几千年来，先知和哲人更是言者谆谆，要人们"认识自己"。在电磁器工具技术时代，"我们究竟想要变成什么"，而且"我们究竟希望自己干什么"？对这些问题的回答，哲学家很有耐心，而投资者却等不得。当今，人类对人工智能和生物工程会有诸多疑虑，然而一旦面临竞争等自身存在的危机，出于理性，就会继续冒险前行。现代人不知道刹车在哪儿，也不知道到哪里去，就像在漆黑的夜晚乘坐在一列缺乏照明条件下的疾驰的列车上的乘客。从经济发展的角度看，如果我们设法成功踩了刹车，就会让经济崩溃并拖垮社会。对此，赫拉利曾警告说："拥有神的能力，但是不负责任、贪得无厌，而且连想要什么都不知道。天下危险，恐怕莫此为甚。"②

在新的工具技术时代，旧的人文主义故事已经过时，急需要构建新的人文主义来回答我们是谁，生命的意义和价值是什么，以及这辈子要做什么，或需要什么技能等，以此保护人类、拯救社会。而面对科技的快速发展，留给人类回答这一问题的时间已经非常短促，否则，人类的未来就有可能随"机"决定了。

二、新工具技术对人类未来文化发展的深刻影响

工具技术既是人类文明程度的重要体现和标志，也是构成时代文化的要素

---

① 尤瓦尔·赫拉利：《今日简史：人类命运大议题》，林俊宏译，中信出版社，2018，第70页。
② 尤瓦尔·赫拉利：《人类简史：从动物到上帝》，林俊宏译，中信出版社，2017，第392页。

内容和新文化产生的推动力。文化是人类在社会历史发展中形成一切物质财富和精神财富的总和，作为生产方式核心的工具技术在其中发挥着最为核心和关键的作用。新工具技术的重大发展和改变在深刻影响人类文化的发展方式和方向的同时，必催生出与之相适应的新文化。

（一）工具技术的发展使文化不断走向融合

随着工具技术的进步，人群之间交流频次增加、范围扩大，不断走向融合，特别是金属工具技术的使用使这一融合速度不断加快。如中国自铜器工具技术使用以来，各部落不断走向融合，最终形成了以华夏族为主体的部落联盟，建立了具有国家形式的夏朝。之后商族和周族又并入这个大的族群，形成了中华民族的核心部分。部落融合的过程实际也是文化的融合过程。

铁器工具技术的使用，又进一步促进了融合和统一。以中国为例，秦朝在春秋各诸侯国统一于六国的基础上，又进一步统一了六国，实现了车同轨、书同文、统一了度量衡。汉朝则"独尊儒术罢黜百家"，形成了以儒家思想为主导的中国文化。之后随着周边少数民族不断加入中原王朝的版图，最终形成了由 56 个民族共同构成的中华文化。世界其他区域也出现文化融合趋势，一些规模小而简单的各种文化逐渐融入较大而复杂的文明中，如欧洲形成了以基督教为核心的文化，阿拉伯地区形成了伊斯兰教文化。同时，宗教也从多神教向一神教方向发展，比如佛教、基督教和伊斯兰教等已发展成全球性宗教。

现代信息技术已使世界成为一个"地球村"，信息技术本身就具有加强人类交流和沟通的功能，因此，实现具有全人类共同价值和利益需求的新文化既是必然趋势和结果，也是人类社会的迫切需要。

（二）工具技术的发展必然催生出新的文化

文化的发展总是反映着工具技术发展的水平和需要。作为文化工具的语言，其产生就是因为石器工具技术的使用，因为仅依靠肢体和本能的动物语言难以满足相互之间交流表达的需要。而随着新石器工具的使用形成农业革命，劳动产品有了剩余，由此产生了管理和祭司的阶层，从管理的需要产生了文字。比如，中国文字大约起源于前 6000 年（属于新石器早期，由出土器物上的符号推断）至前 2100 年左右（夏商之际，小屯殷墟甲骨文，成熟文字之前）。目前能看到的最早的汉字是殷墟甲骨文，此后经西周金文、战国文字、秦代小篆、汉代隶书，魏晋以后形成楷书，延传至今。[①] 可以说我国文字产生于新石器时代，成熟于铜器工具技术时代，完成于铁器工具技术时代。

---

① 赵同良：《新时代中国特色社会主义文化自信的深厚根基》，《云梦学刊》2020 年第 5 期，第 104 - 111 页。

铁器工具技术的使用，使人类文明出现了重大突破，以前 500 年左右为中心（前 800 年至前 200 年）形成了"轴心时代"，标志着全人类的共同文明目标和道德精神的形成。这一时期出现了一批思想家，如中国的老子、孔子等诸子百家，希腊的苏格拉底、柏拉图、亚里士多德，印度的佛陀等。让人不可思议的是，老子、孔子、苏格拉底、佛陀等这些思想家几乎是同时产生的，并且孔子、苏格拉底、佛陀以及后来的耶稣并没有写下任何著作，但却成为思想范式的创造者，其中孔子和苏格拉底分别成为东西方哲学思想的奠基者。"一个民族的中心价值大体上在这一阶段得以定型，之后这些价值对该民族此后的发展则起到范畴的作用。"① 每当人类面临危机或要进行新的跨越时，总是要反思轴心时代先哲们的思想。在东方，儒家学说一直是中国两千多年的正统思想；在西方，"后来的西方哲学，基本上都是对柏拉图、亚里士多德等人学说的解说或者注释"②。尽管那个时代东西方缺乏交流，但人们已经有着共同的心智和理性，这并非单纯的历史巧合，而是有着某种深刻的同质性根源——铁器工具技术的普及和应用。当然，中国文化五千年一以贯之，不同于其他中断的文明，孔子只是针对铁器工具技术带来的变化对历史文化做了一个全面的总结，集中国历史思想文化之大成。

电磁器工具时代，人类对应着现实和虚拟两个世界，必定形成一套适应于虚拟世界需要的网络语言。同时，人类今天的文化主要是与金属时代特别是铁器工具技术时代相适应的文化，未来必须建立起适应现实物理世界和虚拟网络世界共同需要的文化。

（三）新工具技术发展带来全球性基本文化的趋同

文化是人类社会长期历史积淀的产物，是传统历史文化和现有生产技术共同形成的生产方式及生活方式的时代反映。

在历史文化的形成过程中，地理因素发挥着决定性作用。往往不同的地理环境形成不同的区域文化。钱穆先生在《中国文化史导论》弁言中说："各地文化精神之不同，穷其根源，最先还是由于自然环境有分别，而影响其生活方式。再由生活方式影响到文化精神。人类文化，由源头处看，大别不外三型。一、游牧文化，二、农耕文化，三、商业文化。游牧文化发源在高寒的草原地带，农耕文化发源在河流灌溉的平原，商业文化发源在滨海地带以及近海之岛屿。"③

---

① 卡尔·雅思贝尔斯：《历史的起源与目标》，魏楚雄、俞新天译，华夏出版社，1989，第 28 页。
② 晏绍祥：《光荣归于希腊：为何西方文明发端于古希腊?》，《历史教学》2022 年第 7 期，第 3-5 页。
③ 钱穆：《中国文化史导论》，上海三联书店，1988，第 2 页。

人的所有行为的"集合"就是"文化"。在未来的时代，其一，大多数人主要生活在城市，具有几乎一样的生存环境，直接受自然环境的影响相对越来越小。其二，人们使用和面对的将是电磁器工具技术这一共同的工具手段。由于人们具有基本相同的生存环境和工具技术，也就形成了基本相同的生产方式和生活方式，因此人类的文化也会不断趋同发展。

三、世界文化多元互补共存格局的构建

随着科技的发展和人类的进步，世界范围内的各种交流不断加深，人类文化在相互交流中不断吸收其他先进文化，增加共识，从而使人类统一性文化成分越来越多。但是，这并不意味着人类文化走向统一。不同民族都开始重新审视和认识自己的文化，"文化的自觉"已成为当今世界民族的共同现象。由此，未来人类文化的构建必朝着构建新的世界人文主义伦理文化及多元互补共存格局的方向发展，而中华民族的多元一体格局建构实践正对世界文化的重建提供了范式。

（一）世界文化的多元性

人类文化走向统一的道路虽然越走越宽，但绝不意味着走向单一和同质。人类需要共同的文化，这有利于在普遍共识的基础上，形成基本的价值认同，进而实现世界秩序的稳定。同时，更需要具有不同民族特点的传统本土文化，通过共识提高认同感，增强凝聚力，为区域人群提供精神、生活及行为准则。因此，世界文化应该是一个多元性存在。

文化是什么？人类社会学家费孝通给定义为："共同生活的人群在长期的历史当中逐渐形成并高度认同的民族经验，包括政治、文化、意识形态、价值观念、伦理准则、社会理想、生活习惯、各种制度等。这是在千百年的历史中形成的民族经验，具有相当强的稳定性。"[①]

任何民族的生息繁衍都有其具体的生存空间，民族格局总是反映着一定的地理生态结构。人是自然界演化的一个过程和结果，所谓"社会""人文"也是自然的部分，是人根据自身的需要造出来的第二环境。[②] 也可以说，文化是人造的世界。所以，文化首先是一定地理环境的产物。同时，一个自在的民族实体形成可能仅有几千年的历史，但是形成这个民族不同于其他民族根本性内在区别的，可能是上万或几十万年的时间，所以民族文化又是历史的产物，是一个民族历史积累下来并经过不断改革的集体生活经验。因此，"根据文化

---

① 费孝通：《中国文化的重建》，华东师范大学出版社，2014，第58页。
② 费孝通：《中国文化的重建》，华东师范大学出版社，2014，第211页。

特征把人们划分为不同的文明与根据身体特征把人们划分为不同的种族，其结果有相当大的重合"①。

"文化认同对于大多数人来说是最有意义的东西。"② 任何民族都有一套关于自己民族来源的说法，这套说法尽管有可能不完全符合历史上存在的客观事实，但它起到的是对民族认同情感的支持作用。因此，每一个人都依赖他所受之于前人的文化，取得生存的物质和精神基础，并生活在人和人组成的社会中。人类依靠文化得到生存和生活，具体生活在不同的文化或价值观念体系中。在多元格局中，各民族在接触中也存在竞争机制，虽然相互吸收比自己优秀的文化，但都不失其原有的个性。从人类社会学的角度看，世界上所有的文明都蕴含着人类的智慧，每一种文明都值得我们关注、研究并从中汲取营养。③ 只有民族的，才是世界的。

以文明为基础的全球化世界秩序正在出现，一个世界性的大社会已经形成，但是各地各民族还是依靠从个别历史中积累成的文化，提供不同的价值观念、意识形态、政治信仰、社会理想。尽管迅速扩展的互联网大幅度缩短着文化群体之间的距离，使在经济上的联系更为密切，相互间利害相连，休戚相关。经济、技术、人员、信息及跨国公司等方面对以民族国家为核心的各种制度冲击明显，并由此导致文化之间的交流频繁加剧，但这并没有带来文化差异的消失。要知道，即使一个文明主动适应时代发展的需要去积极改进自己的文化，其文化转型也不可能是个急转弯。因此，费孝通说："若是天真地认为'全球化'正在造就一个文化一体的世界，那就离开实际情况有太大的距离了。"④ 美国学者亨廷顿也有相同的结论，他指出，从一个文明转变为另一个文明的努力难以成功，"有些国家的领导人有时企图摈弃本国的文化遗产，使自己国家的认同从一种文明转向另一种文明。然而迄今为止，他们非但没有成功，反而使自己的国家成为精神分裂的无所适从的国家"⑤。文化的深厚性往往规定体制和行为模式，引导人们走上一条适合自己的正确道路。比如瑞典，相对于欧洲其他国家，其宗教信仰是最薄弱的，但路德教对这个国家的影响是根本性的，包括体制、社会实践、家庭、政治和生活方式，如果认识不到这一

---

① 塞缪尔·亨廷顿：《文明的冲突与世界秩序的重建》，新华出版社，周琪、刘绯、张立平、王圆译，2010，第21页。
② 塞缪尔·亨廷顿：《文明的冲突与世界秩序的重建》，新华出版社，周琪、刘绯、张立平、王圆译，2010，第4页。
③ 费孝通：《中国文化的重建》，华东师范大学出版社，2014，第299页。
④ 费孝通：《中国文化的重建》，华东师范大学出版社，2014，第57页。
⑤ 塞缪尔·亨廷顿：《文明的冲突与世界秩序的重建》，新华出版社，周琪、刘绯、张立平、王圆译，2010，第281页。

点，就无法理解这个国家。

费孝通曾举例说，生活水平越高人们越追求多样性，世界越发展人类同样越需要文化的多样性。未来的文化世界必然是一个"各美其美、美人之美、美美与共、天下大同"①的多元性存在。

（二）人类文化的自觉

西方的文艺复兴带来了"人的自觉"，由此写下了人类文化发展的重要篇章；21世纪，各民族都开始重视和认识自己的文化，出现了"文化的自觉"，这将带给人类更加辉煌的未来。

"文化的自觉"是费孝通先生提出来的概念，他认为，文化自觉"是指生活在一定文化中的人对其文化有'自知之明'，明白它的来历、形成过程、所具有的特色和它发展的趋向"②。当然，文化自觉并不是"文化回归"，也不是"复旧"。他指出，文化自觉是一个艰巨的过程，首先要认识自己的文化，更要理解所接触到的多种文化，要根据自己文化对新环境的适应力决定取舍和对其他文化吸收融合，只有这样，才有条件在这个正在形成中的多元文化的世界里确立自己的位置。

其实，人类文化在世界范围的统一性扩展和各民族文化的自觉并不矛盾。世界范围的统一性文化是那些具有共同价值需求的部分的统一。如把谋杀看作罪恶，实际上在所有的社会里人类都具有某些共同的基本价值观；再如，人类对自由、人权、民主等的追求，这可以说是一直埋藏在人类心底深处的理想追求，只是由于人类在没有解决物质需要之前制约着这些理想追求的实现。

文化的自觉体现的是具有各民族特色的内在文化，而全球统一性文化体现的则是处于表层的共同文化，它更体现为一种工具文化，而非终极文化，"是有很大部分的中间目标，它们分离于并独立于最终目标"③。

当今世界的人类文化自觉主要来源于两个方面：一是西方的衰弱和非西方世界的兴起；二是社会发展带来的生活改变需要，使一些本土文化复兴。

文化有一个特点，它几乎总是追随着权力走。近代以来，西方凭借先进的航海技术征服了世界其他民族。实力是改变他人或群体行为的能力，西方所具有的实力强烈地改变和影响着世界。由于文化追随着权力而扩张，这大大增强了西方文化和意识形态对其他民族的吸引力。因此，其他民族也积极学习西方的管理方式、技术及体制，同时西方也极力宣扬他们的价值观。

---

①② 费孝通：《中国文化的重建》，华东师范大学出版社，2014，第144页。

③ 塞缪尔·亨廷顿：《文明的冲突与世界秩序的重建》，新华出版社，周琪、刘绯、张立平、王圆译，2010，第56页。

几个世纪以来，非西方民族一度羡慕西方社会，包括经济繁荣、先进技术、军事实力和政治凝聚力，努力在西方的价值观和体制中寻求成功的秘诀，一旦发现自认为可能的答案，就尝试在自己的社会中加以运用。非西方社会就是在这一基础上接受西方的影响。

西方主导建立的世界秩序主要围绕经济全球化而展开。人类在文化上的全球化并没有真正实现或正在趋同，非西方民族也没有接受西方提供的价值观、信仰、实践和体制。

现在，西方的影响正在退潮，其根本原因就是西方经济的衰退。其实这一衰退早已开始，只是没有引起人们更多的注意。1800年，欧洲殖民地控制了地球表面土地的35％，到1878年这一数字为67％，1914年时为84％。第二次世界大战后，各民族纷纷开展独立运动，西欧几乎在一夜之间又回到了它原来的地盘。西方所主导的整个世界，到1910年时，在政治上和经济上比以往人类历史上的任何时期都更加联为一体。国际贸易占世界总产值的比例高于以往任何时期，而且直到20世纪70—80年代前没有再次接近于这一比例。① 实际上，西方对广大国际社会的控制能力自进入20世纪开始一直在走低，"西方衰落"成为20世纪历史的主题。而成对应关系的是各文明或国家在世界制造业产值中所占份额的增加和控制力的提高，可以说，西方的相对衰落在很大程度上是东亚迅速崛起导致的。

东亚及其他一些非西方国家并没有将自身经济的迅速发展归因于对西方文化的引进，而是归因于对自身本土文化的复兴与伸张，用"现代化"一词重新解释当前的进步。

本土文化的复兴还有一个原因，即随着现代化的快速发展，大批人员从农村移居到城市，脱离了本来的环境和根基，面对新的环境和陌生面孔，需要重新建立一套情感认同体系，以获得精神安慰，同时也需要一套新的道德规范来赋予他们意义感和目的感，本土文化满足了这些需要。

（三）中华民族多元一体格局范式对世界文化重建的意义

中国经济社会的超常发展是有目共睹的，自改革开放以来，国内生产总值保持较长时间的两位数增长，2010年中国成为世界第二大经济体。按照亨廷顿的观点，"物质的成功带来了文化的伸张，硬实力衍生出软实力"②，"一个文明权力的扩张通常总是同时伴随着其文化的繁荣，而且这一文明几乎总是运

① 塞缪尔·亨廷顿：《文明的冲突与世界秩序的重建》，新华出版社，周琪、刘绯、张立平、王圆译，2010，第30页。
② 塞缪尔·亨廷顿：《文明的冲突与世界秩序的重建》，新华出版社，周琪、刘绯、张立平、王圆译，2010，第89页。

用它的这种权力向其他社会推行其价值观、实践和体制"①。照此观点，中国不仅要实现自身文化的复兴，而且在未来世界文化重建中还要发挥重要作用。实际上，这已成必然之势。

世界范围内科技经济发展带来的非西方国家的兴起，使世界原有格局的平衡被打破，出现"百年未有之大变局"。同时，全球化的发展使民族国家的作用逐步降低，国家边界已日益变得容易被渗透。各国政府不仅在相当大程度上失去了对资金流动的控制能力，而且其思想、技术、商品和人员的流动越来越难控制。在世界范围内非西方国家文化的复兴和自觉，使"全球政治正沿着文化的界限重塑"②。也就是说，国家之间的关系也存在一个以文化而不是意识形态的认同问题，进一步讲，"文明间的断层线正在成为全球政治冲突的中心界限"③。

中华文化中有很多优秀的思想，比如在对待与他国关系上的"协和万邦"思想，在对待不同观点和看法上的"和而不同"思想，在处理人与人或国与国之间关系上的"己所不欲勿施于人"的思想，在处理人与自然、当前发展与未来环境关系上的"天人合一"思想，特别是中国历史文化中的"天下观"和"人本观"所具有的整体观念、意识及"道德主体"思想。这些观念和思想使中华文化具有很强的包容性，从而形成了多元互补格局。"多元互补"是中华文化融合力的表现，也是中华文化得以连绵延续不断发展的原因之一。"一国两制"的构想和实践，以及"一带一路"倡议、"构建人类命运共同体"的理念，都是中国文化特点中包容性的当代体现和继续发展。正如费孝通先生所言："我们相信中华文化中还有许多特有的东西，可以解决当今人类面临的很多现实问题，甚至可以解决很难的难题，这是可以相信的，不然哪里会有曾绵延了 5 000 年的巨大活力。"④ 当然，近现代以来西方形成的民主、自由、法治等思想，也必然成为全球文化重建的重要内容和组成部分。

人类文化的自觉，正在使世界进入一个不同文明多元共存的时代。但非常现实的情况是，在这个拥挤不堪的狭小世界里，如何使各种文明和谐共存；建立一个多文明"多元互补"的文化格局是最有效的出路；尤疑中华民族多元一体格局对世界文化重建具有借鉴和范式意义。

---

①② 塞缪尔·亨廷顿：《文明的冲突与世界秩序的重建》，新华出版社，周琪、刘绯、张立平、王圆译，2010，第 72 页。

③ 塞缪尔·亨廷顿：《文明的冲突与世界秩序的重建》，新华出版社，周琪、刘绯、张立平、王圆译，2010，第 105 页。

④ 费孝通：《中国文化的重建》，华东师范大学出版社，2014，第 37 - 38 页。

第四章

未来农业的贡献

预知未来，必先为史。未来存在于过去的历史中。只有对过去工具技术的发展及其所带来的变化进行深入了解，才能对未来工具技术的发展带来的各种变化找到一定的规律性，才能更好地确定农业的未来发展方向。

中国五千年文明史积累了很多非常宝贵的东西，这些足以成为未来人类发展的稳固基石。中华农耕文明中所蕴含的价值或许在未来的社会建设中能够重新显现出来，为人类文明的转型做出贡献。这些，都需要深入到中华文明和文化传统历史中去寻找答案。

电磁器工具技术发展到今天，我国的农业，一只脚才刚刚迈进现代化建设的进程，另一只脚还没有从传统农业中抬起，而后一只脚抬起迈进的将是后现代农业时代。费孝通将从农业社会到工业社会再到信息社会的过程称为"三级两跳"[1]。实际上，我们的传统农业改造，在工业社会状态下农业现代化的任务还没有全面完成，人类社会就进入了信息社会。农业的转型，只能将两步并作一步走，变成了"三级一跳"。

站在新一代工具技术条件下的信息技术发展历史起点上，面对人类的未来，农业能给我们带来什么呢？

第一节 食物保障功能

农业对人类食物的保障功能恐怕是在任何时代都难以改变的首要功能。当今世界更为如此。

"洪范八政，食为政首。"食物保障功能是在任何时代实现有效治理和社会稳定的最重要因素。农业对食物的保障功能对当下有着近 14 亿人口的中国更

---

① 费孝通：《中国文化的重建》，华东师范大学出版社，2014，第 42 页。

有着特殊重要的意义。中国领导人对此更是重视有加，习近平总书记对此一直高度重视，并在多个会议上多次强调粮食安全的重要性，他指出："手中有粮，心中不慌。我国有十三亿人口，如果粮食出了问题谁也救不了我们，只有把饭碗牢牢端在自己手中才能保持社会大局稳定。因此，我们决不能因为连年丰收而对农业有丝毫忽视和放松。"[①] "我国是人口众多的大国，解决好吃饭问题，始终是治国理政的头等大事。" "要依靠自己保口粮，集中国内资源保重点，做到谷物基本自给、口粮绝对安全，把饭碗牢牢端在自己手上。"[②] "我们的饭碗应该主要装中国粮。"[③] "我国有十三亿多人口，粮食安全是头等大事。如果粮食等主要农产品供给出了问题，谁都不可能救我们。"[④] "对粮食问题，要善于透过现象看本质。在我们这样一个十三亿多人口的大国，粮食多了是问题，少了也是问题，但这是两种不同性质的问题。多了是库存压力，是财政压力；少了是社会压力，是整个大局的压力。对粮食问题，要从战略上看，看得深一点、远一点。"[⑤]

粮食安全对我国具有特殊的重要性，其一，就现实来看，粮食供给本身就存在一个不小的缺口。我国是一个人多地少的国家，地大物博是就其总量来说的，换算成人均占有率，则是资源禀赋相对不足的国家。我国占世界人口的18%，但是耕地只占9%，淡水资源更是仅占6%。用9%的耕地、6%的水养活18%的人，尽管我们实现了粮食的基本自给，保障了农产品供应，但粮食安全保障压力非常大。满足我们现在的农产品需求，需要有35亿亩农作物播种面积，但即使算上复种面积（一年多茬），我国也只有25亿亩的农作物播种面积，还有10亿亩缺口，占总需求面积的28.57%。耕地资源的约束使粮食安全成为最重要的一个问题。[⑥] 这10亿亩的缺口主要通过进口解决，包括每年1亿吨左右的大豆、其他油料作物品种和其他粮食品种，还有饲料和畜产品等。

其二，随着我国经济社会的发展，人对吃的要求标准越来越高，食物保障

① 中共中央党史和文献研究院编：《习近平关于"三农"工作论述摘编》，中央文献出版社，2019，第67页，2012年12月15日《在中央经济工作会议上的讲话》。

② 中共中央党史和文献研究院编：《习近平关于"三农"工作论述摘编》，中央文献出版社，2019，第67-68页，2013年12月10日《在中央农村工作会议上的讲话》。

③ 中共中央党史和文献研究院编：《习近平关于"三农"工作论述摘编》，中央文献出版社，2019，第72页，2013年12月23日《在中央经济工作会议上的讲话》。

④ 中共中央党史和文献研究院编：《习近平关于"三农"工作论述摘编》，中央文献出版社，2019，第68-69页，2013年12月12日《在中央城镇化工作会议上的讲话》。

⑤ 中共中央党史和文献研究院编：《习近平关于"三农"工作论述摘编》，中央文献出版社，2019，第87页，2017年12月28日，《走中国特色社会主义乡村振兴道路》。

⑥ 刘奇：《乡村振兴六问》二，《农村工作通讯》2021年第19期，第31-35页。

功能更加严峻。过去我们的要求标准低吃饱就行了，后来要求吃好，再后来进一步要求吃出营养，今天则要吃出健康。针对这些需求的提高，食物保障任务必然越来越艰巨。人们吃的标准的提高需要从两个方面用粮食"换"。一是肉蛋奶的生产需要通过粮食、饲草等进行转化，也就是说要通过使用粮食和增加饲草面积而减少粮食面积来实现；二是食物品质的提高则往往需要通过牺牲之前那样的数量发展为代价，如不再继续通过大量的使用化肥和农药来促进产量的提高。

现在全世界的粮食消费结构为 4：2：4，人的口粮占四成，畜禽饲料用四成，两成是工业原料，医药、化工原料很多都来自粮食。饲料需求量比人的口粮增加速度要快得多，现在粮食消费的比重相对越来越少，但肉、蛋、奶则直线上升，由此确信，食物保障功能的压力今后不仅不会缓解，有可能进一步加大，而现在世界上粮食能够自给有余的国家不足 1/4，能够基本自给（自给率在 80%～99%）的约 1/5，两者相加不足一半。[①] 因此，即使未来某一天世界建立起统一的政治体制，粮食问题也不过是由每一个国家的问题上升为世界的问题，其供给压力不会减小。

粮食这种商品具有自己的特点，农作物具有比较严格的地域性，难以完全像工业生产那样实现国家间的比较优势原则，自由贸易虽在促进经济增长方面非常有效，但对农业无效，同时，多数国家也不把农业完全开放。农产品的贸易和流动常常受国家间政府关系变化影响，因此食物保障功能的责任和行为就主要来自每一个国家的内部。

确保粮食安全，保障食物供应，对我国来说依然是未来农业发展的一项十分艰巨的重要任务，因此要采取"多措并举""多管齐下""开源节流"等多种方式加以解决。

第一，就当前来讲，可采用直接增产和减损措施，包括国家正在实施的中低产田改造，盐碱地改造，推广海水水稻种植面积，改造沙漠推广抗旱的农作物品种；提高机械设备质量，减少农作物在收、储、加工过程中的损失率等。同时，充分利用工业技术手段发展设施农业，利用现代先进技术和社会资本建设高档设施，提高劳动生产率，在较少的土地面积上获得更多的农产品和收益。

第二，就长远来讲，要加大生物工程技术开发力度，培植高产优质抗病农作物新品种。我国植物资源多，野生植物资源丰富，有利于新品种的开发；培植转化率高的畜禽新品种，提高饲料转化利用率，这些方面虽然我国起步较

---

① 于维栋：《中国农业现代化的过去、现在和未来》，《科学与现代化》2012 年第 3 期，第 13－21 页。

晚，但发展速度很快，已有了很大的后发优势；同时要积极利用生物菌技术，通过生物菌转化或合成，开发出可供人类直接食用的如糖类、蛋白质、脂类、维生素类等食物新品种或畜禽饲料，这样可以进入工厂化生产，减少耕地占用和大自然环境条件的制约，形成"三维"农业模式①；加大科研开发力度，支持技术开发，以满足人类不断增加的消费需求。

第三，大力提倡增施有机肥，培肥地力，提高保墒抗旱能力，提高农产品产量和质量，通过推广农作物秸秆还田、禽畜粪便综合利用、餐厨剩余物回收等措施，变废为宝，在增加土壤有机质含量的同时，提高农产品品质；推广生物防治病虫害，减少化学农药使用量，提高农产品安全水平。

第四，采取大食物观，从海洋、深林、高原寻找食物。海洋是人类开发和利用较晚的生物资源空间，我国有 300 万千米² 的海域，要积极向海洋要"食物"，合理开发和利用生物资源，这不仅能够提高食物的供应能力，还能提高我国人民的生活质量和水平。

第五，要提高储备能力。"手中有粮，心中不慌"，在粮仓里储备的粮食才真正算是"手中有粮"，它没有生产过程中的自然风险，没有进口过程中的国家之间的政治风险，也没有贸易过程中的市场风险。现代的科技水平完全有条件搞好粮食等农产品的长期储备。我国有广大的高纬度和高海拔区域，这些低温或干旱的自然环境，为我国低耗能、低成本储存运行和长期保存农产品创造了条件。同时，如小麦等还具有后熟特性，本身需要加工前储存一定时间；谷子在不脱皮的自然状态下可以保存很多年。要充分利用这些自然特性进行储备，为我国的社会事业发展提供坚实的物质基础。

第六，要节约粮食。"谁知盘中餐，粒粒皆辛苦。"勤劳节俭一直是中华民族的传统美德，但浪费现象依然较普遍存在，可以通过立法的形式进行规制，从而形成人人节约的良好风气。

总之，以粮食为主的食物保障功能始终是农业最重要的议题。诸如现代化、未来美好社会，只要人们的食物需求不能满足，或者说粮食出了问题，一切都成为空谈。

需要注意的是，今后的食物需求是质和量的统一，是有质量的发展②，而我们在解决"量"的问题上积累了丰富的经验，但解决质和量相统一的农业转型发展问题还是一个新的课题，需要进行深入而又认真的探索与研究。

相信，随着中国国际地位的提高和影响力的增强及现代化强国的建立，中

---

① 杨承训：《中国农业产业革命探析》，河南人民出版社，2013，第 80 页。
② 陈文胜：《论大国农业转型》，社会科学文献出版社，2014，第 5 页。

国一定会在"构建人类命运共同体"理念下，在保障自身 14 亿人口食物供应安全的前提下，在全球性的食物保障机制方面做出更大的贡献，这也是一个负责任大国应有的担当和作为。

第二节　给人带来心理幸福与快乐

人类的幸福与快乐，分为心理和生理两个层面。

演化心理学认为，现在人类的各种社会和心理特征早在农业时代之前就已经开始形塑。比起先前几万年甚至更长时期一直进行的狩猎和采集，我们现代的谋生方式在整个人类发展史上只是一瞬间的事。所以，即使到现在，我们的大脑和心灵还是以狩猎和采集的生活方式在思维。我们的饮食习惯、冲突和性欲之所以是现在的样貌，正是我们还保留着狩猎和采集者的头脑，尽管我们比前人享有更多的物质资源，拥有更长的寿命，但又觉得疏离、沮丧而压力重重。[1] 人类的演化，其方向是让我们的思想和身体符合狩猎和采集生活。而人类有了越来越多的能力之后，转型到了农业以致后来的工业，创造出了机器世界，这并不符合人类实际的需要，使人类坠入不自然的生活方式，让人类无法完全实现基因中固有的倾向和本能。[2]

当今科技的发展潜力极其巨大，其发展的结果，一是今后大规模失业的发生已成必然趋势，二是很有可能就算这些无用的大众什么事都不做，整个社会也有能力供养这些人，让他们活下去，然而问题是，什么事能让这些人打发时间，获得满足感？正如凯恩斯在他的文章《我们孙儿辈的经济可能性》中说的，如果经济问题解决了，"人类就将摆脱它的传统目的。……我想到老百姓在无数世代中所培养的习惯和本能要重新加以调整，现在要求他们在几十年内抛弃掉，我一想到这一点就感到惧怕"[3]。人总得在做些什么，否则肯定会无聊到发疯。到时候，要怎么过完一整天？

赫拉利认为，答案之一可能是靠药物和电脑游戏。那些多余而无用的人只能在 3D 虚拟世界里寻求刺激，诱发更多情感投入。[4] 看看当今人不离手机的现实，还大有这种发展趋向。要想彻底改变这一状况是不现实的，要想回到采集和狩猎的生活方式也是不可能的。怎么办？好在人类在与自然打交道的过程

---

① 尤瓦尔·赫拉利：《人类简史：从动物到上帝》，林俊宏译，中信出版社，2017，第 39 页。

② 尤瓦尔·赫拉利：《人类简史：从动物到上帝》，林俊宏译，中信出版社，2017，第 355 页。

③ 丹尼尔·贝尔：《后工业社会的来临——对社会预测的一项探索》，高铦、王宏周、魏章玲译，新华出版社，1997，第 508 页。

④ 尤瓦尔·赫拉利：《未来简史：从智人到智神》，林俊宏译，中信出版社，2017，第 294 页。

中演化出了一种人与自然交互的方式——农业，并且人类离开这种方式还去之不远，它或许为未来人类的幸福与快乐派上用场。

一是从直接的农业活动中获得快乐和幸福。人类在1万多年前就开始对动植物进行驯化，创造了农业，农业也改变了我们。比如不同区域的人对不同动植物品种的生产和食性需求存在偏好。人类与生俱来就和大自然打交道，农业更是人类更进一步了解自然和大自然深入交互的活动。人本身也是大自然的产物，人在大自然中演化和存在的方式早已刻录在人类的基因片段中，埋藏在人类心底深处，这段深藏的记忆只要一回到大自然怀抱中就会立马被激活和唤醒。

早在古希腊时期，历史学家色诺芬（Xenophon），就力图证明农业是最幸福的行业。色诺芬从不同产业本质特性的比较上去认识，认为农业能够给人们带来更多的幸福，能够培养人的一切美德，是一种享乐。他说："……最富足的人也不能离开农业，因为从事农业在某种意义上是一种享乐。"① 色诺芬总结说："农业是其他技艺的母亲和保姆，因为农业繁荣的时候，其他一切技艺也都兴旺。"② 因此，农业是农家的幸福源泉，是最愉快、最好和最幸福的行业。后来的西方重农学派汲取色诺芬的思想理论精神，弗朗斯瓦·魁奈（Francois Quesnay）认为："人们的福祉，其根基在于来自土地即农业的收入"③，"在一切收入有保障的职业中……没有比农业更幸福的生活了，不仅从有利于整个人类所履行的义务来看是这样，而且从它给人类提供的适合于人性，甚至适合于上帝的使命的一切所带来的喜悦、丰裕和丰富来看，也是这样"④。美国首任总统乔治·华盛顿（George Washington）在1796年给国会的咨文中就指出："毫无疑问，无论是对于个体的幸福还是国家的繁荣，农业都是头等重要的。"⑤

农业是一个利用自然和顺应自然的自然生产和经济生产相统一的过程，人类不仅享受大自然赋予的美好环境，还能按照人的意志获得大自然的赐予。要知道，未来的农业已不再是面朝黄土背朝天的为生计而劳作的苦差事，不再是一种纯粹的谋生手段，而是向着人本身需要的方向发展。身处农业，春天的播种给人以希望，秋天的收获给人以喜悦和幸福，仅就眼前的情境就会足够让人陶醉：绵延的山峦，湛蓝的天空，静谧的村庄，清新的空气，翩飞的小鸟，伴

---

① 色诺芬：《经济论》《雅典收入》，张伯健、陆大年译，商务印书馆，1997，第16页。
② 色诺芬：《经济论》《雅典收入》，张伯健、陆大年译，商务印书馆，1997，第18页。
③ 弗朗斯瓦·魁奈：《〈经济表〉及著作选》，晏智杰译，华夏出版社，2005，第56页。
④ 弗朗斯瓦·魁奈：《〈经济表〉及著作选》，晏智杰译，华夏出版社，2005，第192页。
⑤ 伊莎贝拉·塔斯科克：《美国农业转型：特征和政策》，《大国经济研究》，2012，第145-150页。

随着袅袅的炊烟和人们的日起而作、日落日息。恬淡闲适的田园生活，必是令人神往的好去处。

二是满足人的私欲占有心理需要。农业最好的生产经营方式是家庭组织，这不仅提供了生产劳动获取生活资料的场所，也提供了属于个人的生存空间。人类对生存空间的占有欲，大约从形成人类以来就很强烈。如果西方一些历史学家的人口迁徙的结论正确的话，人口的迁徙从 100 万年前就开始了，人口的迁徙受气候变化的影响是一个方面，更重要的是人类繁衍受食物的制约而不得不向外不断扩展。尽管私有财产产生是在原始社会后期生活资料剩余的结果，但对人类生存空间的占有和争夺恐怕要早得多。对一定自然生存空间的占有应该是任何物种的一种本能，对于人类，一个能够属于个人支配的空间，一定会使人有一种稳定、安全、踏实的自在感和安居乐业的幸福感。农业提供给人类的正是一个属于自己支配的空间。西方哲学中一直强调私有财产是幸福的直接源泉：私有财产是保证人格存在的基础，是自由行使权利的基础，同时私有财产权利与生俱来就蕴涵着正义的自我道德辩护的本质，其本身就是正义的道德因子。[①] 西方社会以致将私有财产和作为"人"的定义等同起来，失去财产就有可能意味着失去人身自由或有可能被贬为奴隶。我国先哲们对私利也非常认可。孔子虽然很少谈及利益的问题，但他并不排斥获利行为，办法是"取之有道"。朱熹更直接："利者，人情之所欲。"[②] 即是说，对利之追求也是人之常情。马克思主义关于消灭私有制实现共产主义的理论，消灭的只是财产的私有制度而非财产私有本身，共产主义依然存在个人的私有财产。对社会财富的占有欲或许是人的天性。当信息社会将一切财富都体现为数据的时候，人们有一块属于自己支配的有形的自然空间和私有财产该会有多么大的幸福感和实在感。

三是农业组织提供情感归属。农业生产经营活动最适合的组织形式就是家庭和由此组织起来的农民合作社。农民合作组织在为从事农业的人提供生产经营服务的同时，也提供了情感归属所在地。

在几百万年的人类早期活动中，人类发展出的主要是小团体的生活方式，每个小团体不超过几十人，活动范围也不大，一般不超过 1 000 千米^2，小团体之间相互交流不多，由此，最终演化形成了一个 150 人的最紧密团体阈值，社会学家将之定义为"150 人定律"，即大多数人能够真正了解的人并不会超

---

① 方兴：《私有财产权利的道德正当性探析——正义、自由、人格的维度》，《赤峰学院学报（科学教育版）》2011 年第 4 期，第 83 - 84 页。

② 朱熹：《四书集注》，岳麓书社，1987，第 102 页。

过 150 个，一旦超过这个阈值，大多数人就无法真正深入了解所有成员的生活情形。即使到了今天，人类团体还是继续受到这个神奇数字的影响。只要在150 人以下，不论是社群、公司、社会网络，只依靠大家的相互认识、彼此消息互通，就能够运作畅通；超过这个数，就需要编造一个集体想象的虚构故事来维持。

实际上，即使进入农业社会，我们也长期处在一个非常小的社会单元中，比如家族、村庄。我国人口自清代开始增长至现在的 14 亿之多，清代之前都没有突破 1 个亿。也就是说大多数村庄人口在历史上长期保持在 150 人以下规模。加上又以宗族形式存在，因此，费孝通先生称中国农村社会为"熟人社会"。

经过数百万年的演化，人类的生活和思考方式都已经属于社群。小团体的存在是人类的生存需求之一，人处在一个小团体中就会有温暖、安全和归属感，要想过得好，就要有亲密的社群支持；如果没有这些小团体的支持，人就会觉得寂寞，甚至被孤立。

不幸的是，在过去两个世纪，随着现代化的发展，各种亲密的社群正在瓦解，特别是互联网等信息技术快速发展，使这一瓦解进一步加剧。虽然整个地球连接得更加紧密，成为一个"地球村"，但人却进入了虚拟社群中，并且虚拟社群成长迅速。无论虚拟社群怎么发展，实体社群仍然拥有虚拟社群无法比拟的深度，因此人们总感到生活比过去更加孤独，并由此引起了许多社会和政治纷扰。原有社群组织的瓦解代表着许多人的需求需要在其他地方找到使命感和支持，但信息技术提供的是向着一个虚拟的原子化状态的方向不断的"分"。而人属于社交动物，自己幸福与否，在很大程度上取决于与他人的关系。没有爱、没有友谊、没有群体的支持，谁能快乐得起来？如果过着孤独、以自我为中心的生活，大多会感到痛苦。所以，想要快乐，你至少得关心你的家人、朋友以及所属社群里的其他人。[①] 而在未来的信息时代有没有一种满足人们情感需要的实体社群组织形式来填补这个空缺呢？有，它就是农民合作组织。我国的农民合作组织首先是一个小规模组织，其次也是一个几乎由熟人组成的同类生产者组织。《农民专业合作社法》规定了合作社成员直接参与的规模标准是150 人，超过 150 人就采取代表制。加上是相同专业的熟人组成，这就提供和满足了人们直接接触交流沟通的机会和需要，从而增加了亲密感，解决了未来社会中人们因日益疏离带来的孤独感。

---

① 尤瓦尔·赫拉利：《今日简史：人类命运大议题》，林俊宏译，中信出版社，2018，第 191 页。

第三节　提供维护身体机能的劳动机会

农业革命之后，人类主要围绕着如何节省人力做文章，这一过程贯穿了整个金属工具技术时代；也可以说，整个金属工具时代的发展方向就是节省人力。

水磨、风车、帆船等都是为了节省劳动力，结果最后直接发生了替代人类劳动力的社会现象——工业革命。工业革命尽管本质是机器替代劳动，但由于工业本身的发展导致了产业部门的增加而又占用了大量劳动力，使一些替代下来的劳动力转移到了智力因素成分较大的服务行业，没有发生过多的劳动剩余。随着电磁器工具技术时代的到来，在计算机控制下，工业机器能够进行自我生产和生产自我，即机器生产机器。一些通常被认为难以取代的服务行业岗位，随着智能机器人的开发也不断被置换，人类面临着前所未有的失业危机。如是，这些大量的不缺吃穿而又无可世事的人怎么办呢？虚拟世界可以在一定时期内满足人的精神和心理需求，但人是有身体的，身体如何受得了？如是，又该将身体如何安置？

信息科技的发展会使人类与自己的身体日益进一步疏离。20 世纪，科技已让我们与身体的距离越来越远，人们一头扎进智能手机和计算机，游走于网络之间，对网络上发生的事要比大街上发生的事感兴趣得多；与远在天边的人交流相对容易，与近在咫尺的人交流却已经不习惯，两眼盯着手机头也不回地应答着彼此不多的提问；科技使人日行千里、万里，若没有手机提供的导航系统，恐怕连去车站、机场都困难。人把一切都交给了信息技术手段，随着技术工具的功能不断强大，人所具有的基本技能却在退化。与身体、感官和真实环境的日趋疏离，导致了人类身体机能的下降。正如赫拉利所言，人类"一旦与身体失去联系，日子就肯定无法过得开心。只要你在自己身体里感觉不自在，在这个世界上不可能自在"[①]。看来，未来世界安顿身体和安放心灵同样重要。

身体是人的精神、思想、心理、情感的载体，并且是一个有机载体，其状况直接决定着被承载内容的状况。

人同时还归属于动物，只不过是一个高级动物。人类和其他动物的差别很小，孟子说："人之所以异于禽兽者几希。"[②] "几希"就是很小、很少的意思。

---

① 尤瓦尔·赫拉利：《今日简史：人类命运大议题》，林俊宏译，中信出版社，2018，第 83 页。
② 《孟子·离娄》下。

动物，之所以称之为动物就在于"动"，如果身体不动肯定不符合自然规律的要求。人之"动"根本是劳动，人之所以为人，就在于有目的的劳动。因此，马克思将人类的劳动分为谋生的手段和人的第一需要两种不同目的的劳动，但不管什么目的的劳动，人类只有劳动才能很好地生存下去。因此，解决人类与身体、感官和真实环境的日趋疏离问题的根本办法还得从劳动入手。

问题是，面对机器对人的强势替代，又到哪里去找劳动呢？这不得不让我们想起了农业。

农业是一个主要依靠自然环境条件进行生产的行业，始终受自然环境条件的制约，是一个不可控环境下的生产活动。风、雨、霜、雪等自然气候条件随时都能改变农业生产状况。这种难以控制的被动状态只能通过人的灵活主动性来弥补。所以农业既很难完全用机械取代人，又需要人进行临场处置。再就是，农业对劳动的容纳度很大。农业有一种"内卷化"现象，舒尔茨和黄宗智对此都有很深的研究。农业的内卷现象就是随着劳动投入的增加，劳动产出率呈递减趋势，但是其生产量却始终呈增加趋势，只是增加的幅度在减小，但始终不为零。总体趋势是，农业的产量随着劳动力投入的增加而增加。当然，如果单纯从经济效益和生产率方面分析，农业确实存在"内卷"现象，但单从劳动投入和产量来看，劳动投入增加会带来产量的增加，并且不同时期的劳动对整个生产过程的结果来说同样重要。舒尔茨在《改造传统农业》一书中，发现传统农业劳动力的边际生产率始终是正的，并且是有效率的，"贫穷社会中部分农业劳动力的边际生产率为零的学说是一种错误的学说""在传统农业中，生产要素配置效率低下的情况是比较少见的"。①

随着物质资源向数据资源的转变，以及智能机器人对人的替代和大量人劳动机会的失去，未来农业越来越成为一种解决劳动需要问题的部门，这样既可以实现农业的增产，又能形成更多的农业数据。未来的农业已不再仅仅是农民谋生的手段，更向着马克思关于劳动"本身成了生活的第一需要"②这一趋势的方向发展和演进，同时，也越来越具有并呈现出一种人类祖先留给后人的一份福利的趋向。就我国人多地少的实际来讲，不论当下和今后，都需要采取精耕细作的农业生产方式，这为劳动提供了更多的机会和可能。

农业不断向着对劳动的吸纳功能和由此带来的缓解人们心理压力及体质保护功能发展，并且发挥出日益重要的由于信息技术发展所带来的剧烈社会变革

---

① 西奥多·W. 舒尔茨：《改造传统农业》，商务印书馆，1987，第33页。
② 马克思、恩格斯：《马克思恩格斯文集》第3卷，中共中央马克思恩格斯列宁斯大林著作编译局译，人民出版社，2009，第435页。

的缓冲区、减压阀和压舱石的社会作用。

需要说明的是，我们以上这些对农业的趋势性分析，绝不是想要回到传统农业的生产方式或创造一个新的农业社会时代，而主要是在于，在未来的电磁器工具技术时代，面对科技带来的社会巨变，以及由此带来的人类远离大自然所致的种种问题，充分发挥农业这一古老产业的独特优势作用，在人类社会的转型和跳上新阶梯过程中，做出新的贡献。

农业对中华民族来说太重要了，它不仅仅是一个产业，更是承载着一种文化，中华五千年文明的核心是农耕文明，农业几乎成为中国人的信仰。在人类社会的转型升级中，中国农业承担着比任何其他国家的农业都重要的历史使命，其重要性不仅在农业本身，它还具有文化意义；不仅在中国本身，还具有世界意义。随着中华民族的崛起，作为文化自信根基的农耕文明，不仅是中华民族屹立于世界民族之林站稳脚跟的根基，也必定对整个人类未来社会转型及文化的构建产生积极影响乃至做出重要的贡献。

站在人类历史的交汇点上，中国共产党及政府实施的"乡村振兴战略"和农村集体土地承包保持长期不变的基本政策，不仅是实现农业农村现代化这一现实之举和社会稳定之基，更具有深远的战略意义，甚至事关我们中华文明的赓续发展和中华民族的永续繁衍。

参考文献
REFERENCES

阿尔弗雷德·塞耶·马汉，2019. 海权论［M］. 熊显华，译，北京：中国社会出版社.

阿尔文·施密特，2004. 基督教对文明的影响［M］. 江晓丹，赵巍，译，北京：北京大学出版社.

阿里巴巴集团，2017. 马云：未来已来［M］. 北京：红旗出版社.

巴林顿·摩尔，1987. 民主和专制的社会起源［M］. 拓夫，张东东，等，译，北京，华夏出版社.

白美清，2015. 中国粮食储备改革与创新［M］. 北京：经济科学出版社.

伯特兰·罗素，2012. 权力论［M］. 吴友三，译，北京：商务印书馆.

陈武，1997. 比较优势与中国农业经济国际化［M］. 北京：中国人民大学出版社.

陈锡文，2013. 构建新型农业经营体系刻不容缓［J］. 求实（22）：36-41.

陈锡文，赵阳，陈剑波，罗丹，2009. 中国农村制度变迁60年［M］. 北京：人民出版社.

陈运贵，2019. 乡村文化振兴的逻辑内涵探究［J］. 湖北经济学院学报：人文社会科学版（11）：105-107.

陈忠海，2016. "重农抑商"与古代政治［J］. 中国发展观察（4）：62-64.

迟树功，2015. 中国发展经济学［M］. 北京：经济科学出版社.

崔宝玉、刘峰、杨模荣，2012. 内部人控制下的农民专业合作社治理：现实图景、政府规制与制度选择［J］. 经济学家（6）：85-92.

大卫·弗罗伊登博格，周邦宪，2008. 走向后现代农业［J］. 马克思主义与现实（5）：106-113.

大卫·盖尔·约翰逊，2004. 经济发展中的农业、农村、农民问题［M］. 林毅夫，赵耀辉，编译，北京：商务印书馆.

觅咨义，2015. 制度涵义、制度功能、制度创新与经济发展［J］. 经济师（3）：16-18.

德·希·珀金斯，1984. 中国农业发展：1368—1968年［M］. 宋海文，等，译，上海：上海译文出版社.

丁泽霁，1991. 世界农业：发展格局与趋势［M］. 北京：农业出版社.

段迎晖，2006. 叩响现代社会之门的重商主义［J］. 江淮论坛（2）：34-40.

范建华，秦会朵，2019. 关于乡村振兴的若干思考［J］. 思想战线（4）：86-96.

范杰武，2015. 国家社会关系视角下的城乡二元体制改革分析［J］. 领导科学（11）：20-21.

费孝通，2008. 乡土中国［M］. 北京：人民出版社.

冯开文，2000. 合作社：兼顾公平与效率的经济组织——从合作理论变迁角度所作的初步分析 [J]. 农村合作经济经营管理 (1)：12-14，11.

冯开文，等，2013. 农业合作社的农业一体化研究 [M]. 北京：中国农业出版社.

格里高利·克拉克，2009. 应该读点经济史：一部世界经济简史 [M]. 李淑萍，译，北京：中信出版社.

龚昌菊，庞昌伟，2014. 中国古代"重农抑商"政策表现、成因及启示 [J]. 商业时代 (27)：143-145.

国鲁来，2001. 合作社制度及专业协会实践的制度经济学分析 [J]. 中国农村观察 (4)：36-48.

韩俊，2007. 中国农民专业合作社调查 [M]. 上海：上海远东出版社.

韩俊，2008. 中国经济改革 30 年 [M]. 重庆：重庆大学出版社.

韩明谟，2001. 农村社会学 [M]. 北京：北京大学出版社.

何秀荣，2009. 公司农场：中国农业微观组织的未来选择？[J]. 中国农村经济 (11)：4-11.

洪晓楠，林丹，2009. 反思现代性：现代性社会基础的解构与重建 [J]. 社会科学导刊 (1)：24-27.

胡鞍钢，2015. 中国现代化之路：1949—2014 [J]. 新疆师范大学学报：哲学社会科学版 (2)：1-16.

胡川，2007. 产权组织演进与产权制度变迁的关联研究 [M]. 武汉：武汉大学出版社.

胡霞，2015. 现代农业经济学 [M]. 北京：中国人民大学出版社.

胡振虎，2010. 完善农产品期货市场的国际经验及启示 [J]. 世界农业 (7)：9-11.

胡卓红，2009. 农民专业合作社发展实证研究 [M]. 杭州：浙江大学出版社.

黄桂田，李正全，2002. 企业与市场：相关关系及其性质——一个基于回归古典的解析框架 [J]. 经济研究 (1)：72-79.

黄泰岩，张培丽，2005. 知识经济的结构革命 [J]. 政治经济学评论 (2)：63-85.

黄新建，姜睿清，付传明，2013. 以家庭农场为主体的土地适度规模经营研究 [J]. 求实 (6)：94-95.

黄洋，2014. 古代希腊政治与社会初探 [M]. 北京：北京大学出版社.

黄宗智，2000. 华北的小农经济与社会变迁 [M]. 北京：中华书局.

黄宗智，2012. 中国过去和现在的基本经济单位：家庭还是个人？[J]. 人民论坛·学术前沿 (1)：76-93.

姜波，2012. 商品生产者的第一个世界性的法律："罗马法的起源与发展"教学分析 [J]. 历史教学 (19)：54-59.

焦若水，高怀阳，2018. 共享经济：范式革命与中国叙事 [J]. 兰州大学学报：社会科学版 (1)：13-22.

金观涛，樊洪业，刘青峰，1983. 历史上的科学技术结构：试论十七世纪之后中国科学技术落后于西方的原因 [J]. 自然辩证法通讯 (1)：14-24，80.

卡尔·A 魏特夫，1989. 东方专制主义 [M]. 徐式谷，奚瑞森，邹如山，译，北京：中国社会科学出版社.

孔泾源，1992. 中国经济生活中的非正式制度安排 [J]. 经验研究（1）：70-80，49.

李道亮，2017. 互联网＋农业：农业供给侧改革必由之路 [M]. 北京：电子工业出版社.

李光宇，2009. 论正式制度与非正式制度的差异与连接 [J]. 法制与社会发展（3）：146-152.

李建军，2014. 农产品品牌建设：基于农业产业链的研究 [M]. 北京：经济管理出版社.

李健，2017. 生态农业与美丽乡村建设 [M]. 北京：金盾出版社.

李人庆，2021. 合作社高质量发展与乡村振兴 [J]. 中国发展观察（24）：84-86.

李先德，宗义湘，2012. 农业补贴政策的国际比较 [M]. 北京：中国农业科学技术出版社.

李雄鹰，陆华东，2018. 乡村振兴莫让形式主义带歪 [J]. 农村·农业·农民：B版（12）：13-14.

廖允成，2017. 农业概论 [M]. 北京：高等教育出版社.

林坚，马彦丽，2006. 农业合作社和投资者所有企业的边界：基于交易费用和组织成本角度的分析 [J]. 农业经济问题（3）：16-20.

刘凤芹，2015. 新制度经济学 [M]. 北京：中国人民大学出版社.

刘涛，2021. 转型期乡村文化振兴的依托基础、现实困境及重建路径 [J]. 农业经济（8）：13-15.

刘西川，徐建奎，2017. 再论"中国到底有没有真正的农民合作社"：对《合作社的本质规定性与现实检视》一文的评论 [J]. 中国农村经济（7）：72-84.

刘西忠，2014. 政府、市场与社会边界重构视野下的社会组织发展 [J]. 江苏社会科学（6）：43-48.

刘越山，2021. 农民合作社是乡村振兴生力军：访农业农村部管理干部学院副研究员邵科 [J]. 经济（12）：122-124.

龙文军，张莹，王佳星，2019. 乡村文化振兴的现实解释与路径选择 [J]. 农业经济问题（12）：15-20.

娄向鹏，2013. 品牌农业：从田间到餐桌的食品品牌革命 [M]. 北京：企业管理出版社.

陆福兴，2019. 振兴乡村文化，建设有灵魂的乡村 [J]. 团结（1）：56-58.

罗必良，李玉勤，2014. 农业经营制度：制度底线、性质辨识与创新空间——基于"农村家庭经营制度研讨会"的思考 [J]. 农业经济问题（1）：8-18.

罗伊·普罗斯特曼，蒂姆·哈斯达德，李平，1996. 中国农业的规模经营：政策适当吗？[J]. 中国农村观察（6）：17-29.

骆世明，2001. 农业生态学 [M]. 北京：中国农业出版社.

马尔库斯·波尔齐乌斯·加图，2013. 农业志 [M]. 马香雪，王阁森，译，北京：商务印书馆.

马克斯·韦伯，2013. 社会科学方法论 [M]. 韩水法，莫西，译，北京：商务印书馆.

马歇尔，1964. 经济学原理 [M]. 朱志泰，译，北京：商务印书馆.

马彦丽，2013. 论中国农民专业合作社的识别和判定 [J]. 中国农村观察（3）：65-71，92.

马云泽，2004. 世界产业结构软化趋势探析 [J]. 世界经济研究（1）：15-19.

孟秋菊，2008. 现代农业与农业现代化概念辨析 [J]. 农业现代化研究（3）：267-271.

明恩溥，2016. 中国的乡村生活 [M]. 陈午晴，唐军，译，北京：电子工业出版社.

牛若峰，1998. 农业产业一体化经营的理论与实践 [M]. 北京：中国农业科技出版社.

农村实用人才带头人培训教材编审指导委员会，2008. 农业专业合作社建设与管理 [M]. 北京：中国农业出版社.

农业部，2009. 农民专业合作社理事长管理实务 [M]. 北京：中国农业出版社.

裴长洪，倪江飞，李越，2018. 数字经济的政治经济学分析 [J]. 财贸经济 (9)：5-21.

彭飞，蔡文浩，2003. 现代商学体系架构要适应商业革命的进程 [J]. 兰州商学院学报 (6)：114-118.

钱穆，1996. 国史大纲 [M]. 北京：商务印书馆.

乔治·瑞泽尔，2003. 后现代社会理论 [M]. 谢立中，等，译，北京：华夏出版社.

曲金良，2012. 西方海洋文明千年兴衰历史考察 [J]. 人民论坛·学术前沿 (6)：61-75.

任大鹏，张颖，黄杰，2009. 合作社的真伪之辨 [J]. 农村经济管理 (7)：19-21.

尚旭东，朱守银，2015. 家庭农场和专业农户大规模农地的"非家庭经营"：行为逻辑、经营成效与政策偏离 [J]. 中国农村经济 (12)：4-13, 30.

施展，2018. 枢纽 [M]. 桂林：广西师范大学出版社.

斯蒂芬·沃依格特，2016. 制度经济学 [M]. 史世伟，黄莎莉，刘斌，钟诚，译，北京：中国社会科学出版社.

宋才发，2020. 传统文化是乡村振兴的根脉和基石 [J]. 青海民族研究 (4)：36-43.

宋小霞，王婷婷，2019. 文化振兴是乡村振兴的"根"与"魂"：乡村文化振兴的重要性分析及现状和对策研究 [J]. 山东社会科学 (4)：176-181.

速水佑次郎，神门善久，2003. 农业经济学 [M]. 沈金虎，等，译，北京：中国农业出版社.

孙久文，2006. 区域经济学 [M]. 北京：首都经济贸易大学出版社.

孙立平，1989. 社会现代化内容刍议 [J]. 马克思主义研究 (1)：73-86.

孙亚凡，2003. 合作社组织文化探析 [J]. 农业经济 (1)：11-13.

唐宗焜，2007. 合作社功能和社会主义市场经济 [J]. 经济研究 (12)：11-23.

汪兵，汪国风，2013. 古希腊民主制形成的人文地理环境原因 [J]. 天津师范大学学报：社会科学版 (2)：19-24.

汪丁丁，1992. 制度创新的一般理论 [J]. 经济研究 (5)：69-80.

汪莉，2015. 行业自治与国家干预 [M]. 北京：经济科学出版社.

王定祥，谭进鹏，2015. 论现代农业特征与新型农业经营体系构建 [J]. 农村经济 (9)：23-28.

王飞跃，2017. 人工智能：第三轴心时代的来临 [J]. 文化纵横 (6)：94-100.

王宏广，等，2005. 中国粮食安全研究 [M]. 北京：中国农业出版社.

王颂吉，2016. 中国城乡双重二元结构研究 [M]. 北京：人民出版社.

王韬钦，2019. 乡村组织振兴的基本逻辑及实现路径探讨 [J]. 岭南学刊 (2)：36-41.

王晓毅，1991. 乡村振兴与乡村生活重建 [J]. 学海 (1)：51-56.

王玉奇，李治邦，2021. 文化自信视域下乡村文化振兴的困境与对策 [J]. 艺术科技 (21)：76-78, 114.

王振海，等，2015. 社会组织发展与国家治理现代化 [M]. 北京：人民出版社.

王治河，2010. 关于农业与农村发展的后现代哲学考量 [J]. 哲学动态 (4)：5-14.

威廉·理查德·斯科特，2010. 制度与组织：思想观念与物质利益 [M]. 姚伟，王黎芳，译，北京：中国人民大学出版社．

温铁军，2009．"三农"问题与制度变迁［M］．北京：中国经济出版社．

肖雪，2013．试论"轴心时代"孔子与苏格拉底道德哲学思想之比较［J］．辽宁工业大学学报：
社会科学版（4）：69－72．

徐勇，2010．农民理性的扩张："中国奇迹"的创造主体分析：对既有理论的挑战及新的分析进
路的提出［J］．中国社会科学（1）：103－118．

许纯祯，1999．西方经济学［M］．北京：高等教育出版社．

许建明，2016．政府如何科学有效扶持合作社发展［J］．中国农民合作（10）：11－12．

许建明，李文溥，2015．合作社与政府：制度性建构优于物资性支持［J］．制度经济学研究
（1）：21－40．

宣杏云，王春法，等，1998．西方国家农业现代化透视［M］．上海：上海远东出版社．

雅思贝尔斯，1989．历史的起源与目标［M］．魏楚雄，俞新天，译，北京：华夏出版社．

亚当·斯密，2016．图解，国富论［M］高格，译，北京，中国华侨出版社

严立冬，邓远建，屈志光，2015．绿色农业组织与管理论［M］．北京，人民出版社

晏绍祥，2022．光荣归于希腊：为何西方文明发端于古希腊？［J］．历史教学（7）：3－5．

杨红炳，2011．发展现代农业重在农业组织制度创新［J］．经济问题（3）：85－87．

杨明斋，2014．评中西文化观［M］．上海：上海三联书店．

叶全良，2001．WTO与农产品营销［M］．武汉：湖北人民出版社．

殷晓茵，李瑞光，何江南，李静贤，2022．乡村振兴战略与农村三产融合发展的实践逻辑及协
调路径［J］．农业经济（1）：52－54．

尹成杰，2009．粮安天下：全球粮食危机与中国粮食安全［M］．北京：中国经济出版社．

于建嵘，翁鸣，陆雷，等，2007．农民组织与新农村建设：理论与实践［M］．北京：中国农业
出版社．

于语和，董跃，2000．《法经》与《十二铜表法》之比较研究［J］．南开学报（4）：9096．

袁永新，等，2003．山东省农业产业化理论与实践［M］．北京：中国农业科学技术出版社．

约瑟夫·熊比特，1990．经济发展理论［M］．何畏，易家详，译，北京：商务印书馆。

约瑟夫·熊比特，1999．资本主义、社会主义与民主［M］．吴良健，译，商务印书馆．

张椿年，2012．海洋文明与中世纪西欧社会转型［J］．人民论坛·学术前沿（7）：90－95．

张芳，王思明，2011．中国农业科技史［M］．北京：中国农业科学技术出版社．

张进选，2003．家庭经营制：农业生产制度长期的必然选择［J］．农业经济问题（5）：46－51．

张京华，2007．中国何来"轴心时代"：上［J］．学术月刊（7）：129－136．

张梅，郭翔宇，2010．农民专业合作社的效率特征分析［J］．青岛农业大学学报：社会科学版
（2）：15－18，23．

张培刚，2002．农业与工业化：农业国工业化问题再论［M］．武汉：华中科技大学出版社．

张体，连山，2016．全彩图说经济学［M］．北京：中国华侨出版社．

张维迎，2015．经济学原理［M］．西安：西北大学出版社．

张绪山，2005．经院哲学：近代科学思维之母体［J］．经济社会史评论（1）：185－194．

张云华，2015．读懂中国农业［M］．上海：上海远东出版社．

张志伟，2017. 陪审团制度：价值与构建［M］. 北京：法律出版社.

章权才，1963. 礼的起源和本质［J］. 学术月刊（8）：48-56.

赵冈，陈钟毅，2006. 中国土地制度史［M］. 北京：新星出版社.

赵光元，张文兵，张德元，2011. 中国农村基本经营制度的历史与逻辑：从家庭经营制、合作制、人民公社制到统分结合双层经营制的变迁轨迹与转换关联［J］. 学术界（4）：221-229，289，271.

赵士林，2016. 中华民族：未完成的精神突破［J］. 社会科学家（12）：17-23.

赵阳，2022. 现代化背景下我国乡村文化振兴的路径建构［J］. 云南社会主义学院学报（1）：112-120.

赵志君，2022. 数字经济与科学的经济学方法论［J］. 理论月刊（2）：68-78.

郑阳，夏华平，2021. 区域公用品牌对合作社品牌建设的影响与作用［J］. 中国农民合作社（7）：40-42.

中共中央党史和文献研究院，2019. 习近平关于“三农”工作论述摘编［M］. 北京：中央文献出版社.

中共中央宣传部理论局，2020. 中国制度面对面［M］. 北京：学习出版社、人民出版社.

周安平，2002. 社会自治与国家公权［J］. 法学（10）：15-22.

周其仁，2004. 产权与制度变迁：中国改革的经验研究［M］. 北京：北京大学出版社.

朱启臻，2009. 农业社会学［M］. 北京：社会科学文献出版社.

庄垂生，2002. 论制度变迁视野中的政府与市场［J］. 求实（1）：28-31.

后记
POSTSCRIPT

  书终于置笔付梓了。本书刊行之时，笔者已办结退休手续离开工作岗位；这本书算是笔者上交的最后一份"在职工作总结"，自然也成为开启笔者下一站人生旅程新起点的见证，想来感慨良多。

  笔者常自勉，也许是上天的安排，让自己一直服务于"三农"事业。笔者自参加工作近四十年来从未离开"三农"，并长期处在基层"三农"一线，由此与农民建立了很深的感情，对农业怀有独特的情愫，深知农民不易、农业辛苦，也深切地感悟到对农民进行组织是改进这一状况的最有效办法，这是笔者写这本书的内在动因。

  对农民进行组织谈何容易。中华农耕文明源远流长，而农民合作组织是产生于西方文化背景下的一种现代技术和商品经济发展的现代农业组织形式，对我国来说，农民合作组织制度的建立，很大程度上意味着对传统社会和传统文化的改造。因此，要找到适合我国国情特点的发展合作社的办法很不容易，而能够持之以恒地将这种办法坚持下去则更难。这也是笔者费尽心力写这本书的直接原因，以期通过阐述合作社优化机制，深化读者对实施这一机制艰巨性和长期性的认识。

  这本书的撰成，历经笔者两年半多的艰苦写作，其背后凝结和包含的是笔者四十多年的亲身经历、近四十年的"三农"工作体会、十多年来的深入学习和调查思考，以及自参加工作以来对笔者观念形成和在成书过程中提供支持帮助的众多领导、同仁的无私奉献。

  感谢李培吉、张延明、张明华、李宝华、杨秀英等在乡镇工作期间的老班长们，以及张效武、田子欣、孙子福、张万全、朱继生等前辈和同事们。他们在言传身教中，教会了笔者很多做人、做事的道理，对笔者观念的形成发挥了重要的基础性作用。之所以认定合作社优化机制这一方法，与笔者在乡镇工作的具体实践和经历是分不开的。

感谢杨德峰、马金涛、王教法、桑文军、林立星、王惠玲、于家亭等多年来分管农业的领导，及孙德华、杨维田、张茂海、李秀欣、王立新等农业农村局的直接领导。他们超前的意识和创新的思路，推动寿光农业一直走在全国前列，为笔者找到解决合作社优化途径奠定了基础、提供了条件。

感谢张林林、秦安德、李茂光、孙志刚、范立国、闫育英、张君杰、崔秀强等同仁，对本书初稿提出了一系列真切中肯的意见建议，并给予了认真的修改完善。特别是李茂光、范立国等同事慷慨为拙稿做了文字上的修饰，使该书增色不少。一并感谢张艳丽、曲志强、王鹤璇等年轻同事对本书进行的认真校对。

感谢付彬同志，他是笔者的一位志同道合者。本书中提出的合作社优化机制，是笔者和付彬同志一起在合作社调查中得出的答案，由此减少了笔者对这一机制可行性的疑虑，增强了写这本书的信心。

感谢三元朱村党支部书记王乐义同志。笔者对农业认知程度的提高是从王乐义1989年组织17名党员干部试验冬暖式蔬菜大棚开始的。笔者当时作为驻村干部吃住在该村5个多年头，见证了王乐义同志试验大棚种植的艰辛过程，也分享了农民增收、农村发展的喜悦，深受激励和感染。王乐义同志无私推广大棚种植技术的宽广胸怀和一心为农的高尚情操成为笔者心中的楷模和倾心"三农"事业的动力来源。

感谢农圣贾思勰与《齐民要术》研究会的刘效武、李昌武两任会长，是他们极力推荐笔者参加农史方面的有关研究活动，使笔者从深厚的农耕文化史中找到了寿光农业处于领先地位的基因密码。可以肯定地说，如果不是立足于寿光这片土地，笔者是难成此书的。

最应该感谢的是中央农村工作领导小组原副组长兼办公室主任、第十三届全国人民代表大会农业与农村委员会主任委员陈锡文主任，他在百忙之中为本书题写了序言，充分肯定了探索建立合作社优化机制的观点，并热情向"三农"工作者及其他读者推荐本书。

本书参考引用了大量文献资料及前人研究成果，从有些书籍中引用了相对较多的内容，如钱乘旦的《世界现代化历程》、斯塔夫里阿诺斯的《全球通史》、赫拉利的《人类简史》三部曲、戴蒙德的《枪炮、病菌与钢铁》等著作。对直接引用的内容及文献在书中进行了标注，对未标注的其他参考文献在书末也进行了列明，但也可能存在遗漏现象，在此笔者对所引用文献的所有作者致以衷心的感谢！

有道是，有得必有失。书写成了，但付出和失去的注定很多。笔者愚钝，写书的过程与其说两年多倒不如说十年多。实际十多年前就已投入到紧张的文献和各种书籍资料的学习、阅览、收集中，经年累月，甘苦自知，人有"十年辛苦不寻常"之感。其间疏离了同学、同事，疏远了亲戚、朋友。更令笔者内疚的是小外甥女至今快五周岁了，几乎没有完整地照看过她几天，虽谈不上大恩失爱，但也确实没有尽到应该赋予的那份责任。在此也感谢妻子刘桂芳，是她承担了所有的家务并无怨无悔地奉献，才使笔者能够全身心地投入到书的准备和写作过程当中，以致没有中途功亏。

笔者一直从事基层"三农"工作，写东西既非所长也非所好，实际是强己所难，只是有一种深藏在内心深处的使命感激励着自己坚持了下来。面对文稿，笔者并不满足自己在撰写上所做的努力，特别是本书又主要围绕制度阐述，缏短汲深，笔者提出的一些想法，还需要在实践中进一步验证和丰富。总之，受笔者水平所限，书中难免存在疏漏和错讹之处，恳请读者不吝赐教。

信俊仁

2023 年 12 月

图书在版编目（CIP）数据

现代化农业之路：新型农业经营体制的制度性探析 /
信俊仁编著. —北京：中国农业出版社，2024.4
ISBN 978-7-109-31023-0

Ⅰ.①现… Ⅱ.①信… Ⅲ.①农业经营－经济制度－
研究－中国 Ⅳ.①F320.2

中国国家版本馆 CIP 数据核字（2023）第 157205 号

中国农业出版社出版

地址：北京市朝阳区麦子店街 18 号楼
邮编：100125
责任编辑：孙鸣凤　邓琳琳
版式设计：王　晨　　责任校对：张雯婷
印刷：三河市国英印务有限公司
版次：2024 年 4 月第 1 版
印次：2024 年 4 月河北第 1 次印刷
发行：新华书店北京发行所
开本：700mm×1000mm　1/16
印张：30.25
字数：560 千字
定价：158.00 元
